An Excavation Report
on the Xinyicun Site, Chengdu

成都新一村遗址
发掘报告

成都文物考古研究院 编著

上海古籍出版社

图书在版编目(CIP)数据

成都新一村遗址发掘报告/成都文物考古研究院编著.—上海:上海古籍出版社,2022.9
ISBN 978-7-5732-0301-4

Ⅰ.①成… Ⅱ.①成… Ⅲ.①文化遗址-发掘报告-成都 Ⅳ.①K878.05

中国版本图书馆CIP数据核字(2022)第103367号

成都新一村遗址发掘报告

成都文物考古研究院 编著

上海古籍出版社出版发行

(上海市闵行区号景路 159 弄 1-5 号 A 座 5F 邮政编码 201101)

(1)网址:www.guji.com.cn

(2)E-mail:guji1@guji.com.cn

(3)易文网网址:www.ewen.co

上海雅昌艺术印刷有限公司印刷

开本889×1194 1/16 印张24.75 插页31 字数613,000

2022 年 9 月第 1 版 2022 年 9 月第 1 次印刷

ISBN 978-7-5732-0301-4

K·3166 定价:358.00 元

如有质量问题,请与承印公司联系

本书为国家文物局重大研究项目

考古中国"川渝地区巴蜀文明进程研究"成果

国家社科基金重大项目"古蜀地区文明化华夏化进程研究（21&ZD223）"

"三星堆文化与中国文明研究（21&ZD224）"阶段性成果

本书的出版得到国家重点文物保护专项补助经费资助

目　录

插 图 目 录

第一章　绪　　论

新一村遗址位于成都市青羊区十二桥路以南，成都市文化公园以北，东临西郊河，西距十二桥遗址Ⅰ发掘区约100米，中心地理坐标为北纬30°39′50.6″，东经104°02′34.5″。新一村遗址位于十二桥遗址的东部边缘，为十二桥遗址群[1]的组成部分。新一村遗址曾先后两次进行考古发掘。十二桥遗址群由十二桥遗址、新一村遗址及邻近的青羊宫遗址、抚琴小区遗址、指挥街遗址和上汪家拐街遗址等组成，是成都市区西部一处较为集中的先秦时期遗址群。在十二桥遗址群附近还分布有金沙遗址、商业街船棺葬墓地等先秦时期的重要遗址（图一、图二）。

第一节　地理环境[2]

成都市地处川西北高原山地和川中丘陵之间，兼有川西北高原山地、盆西平原和川中丘陵三大地理单元。东出20千米有连绵起伏的龙泉山拱卫，西出50千米有邛崃山脉屏障。境内山地、丘陵、平原三种地貌类型均有分布。其中，平原占40.1%，丘陵占27.6%，山地占32.3%。

成都市境内地质历史悠久，地层比较齐全。除寒武纪外，元古代至新生代地层均有出露，总厚度大于2万米，但分布不一。元古代、古生代地层（形成于距今19亿年至225亿年）出露于西北部的龙门山、邛崃山褶皱带，主要由岩浆岩、变质岩和浅海相沉积岩组成；中生代地层（形成于距今225亿年至6500万年）主要出露于西北部山区元古代、古生代的东侧（也有部分出露于西侧）和东部的龙泉山、长丘山地区，主要由砖红色的砂岩、泥岩等河湖相沉积岩构成；新生代地层（距今6500万年后形成）分布于中部平原地区，主要由第四纪各种冲洪积物、坡积物、残积物，即砾石、砂、含泥砂石、砂卵砾石和黏土等组成，覆盖厚度由东向西逐渐递增，东部在10米以内，中部30米左右，西部最厚达数百米。

成都市地处四川盆地向青藏高原的过渡地带，属中纬度地区。在中国气候区划上属亚热

[1]　孙华：《四川盆地的青铜时代》，科学出版社，2000年，第68页。
[2]　本节内容参见成都市地方志编纂委员会：《成都市志》第一册，方志出版社，2017年，第40-56页；成都市地方志编纂委员会：《成都市志》第二册，方志出版社，2017年，第258-269页。

分省（区、市）地图—四川省

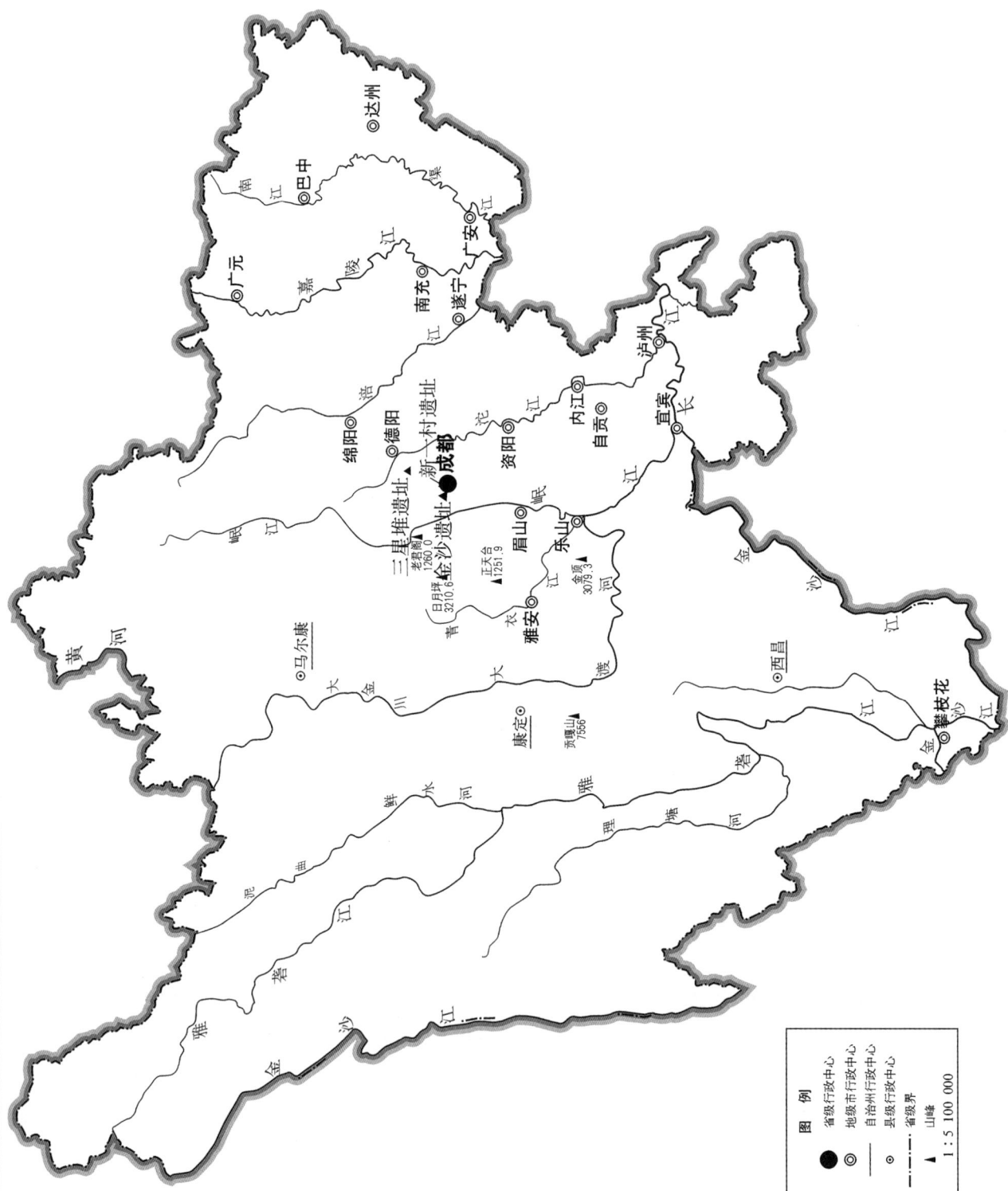

图例

● 省级行政中心
◎ 地级市行政中心
◎ 自治州行政中心
◎ 县级行政中心
—— 省级行政界
-·-·- 县级行政界
▲ 山峰

1:5 100 000

审图号：GS(2019)3333号

图一　新一村遗址在四川省的位置示意图

自然资源部　监制

带湿润季风气候区,雨量充沛,四季分明,雨热同季。年平均温度约15.2-16.7°,无霜期长达270-300天,不仅宜于各种粮食作物和一般经济作物的生长,而且年可两熟有余。热量的季节分配特点是:冬无奇寒无酷暑。这对大、小春作物的生长是极为有利的。但秋季气温下降过快,9月下旬即可出现日平均温度低于20°的情况,从而对晚稻的抽穗扬花带来不利影响。

成都市地处亚热带湿润气候区,蒸发量小于或接近降水量,因是地面径流丰沛,河流众多。地面径流分岷江、沱江两大水系。岷江水系流域面积占89.4%,沱江水系占10.6%。岷江流域占全市径流量的96.97%,沱江流域只占3.03%。

在中国气候区划中,成都东南部平原和低山丘陵属于"东部季风气候区—中亚热带湿润气候带—四川盆地气候区西缘",西北部山区属于"青藏高原气候区域—川西北高原山地温带的东缘"。在四川农业气候区划中,成都市东南部属于"四川盆地业热带农林牧区—盆西边缘山地亚热带暖温带最适林、牧、农小区"。

"天府沃土"著称古今。成都地区肥沃深厚的水稻土面积超过耕作土壤总面积70%以上,加上高度熟化的菜园土,肥力较高的紫色土,适合林木生长的黄壤、暗棕壤、黄棕壤等,全市适合农、林、牧利用的土壤面积达到土壤总面积的98%以上,为成都市土地高度利用和高度产出提供了基本条件。

第二节　历 史 沿 革[1]

古蜀时,成都是蜀国都城,蜀国疆域大致包括今四川省大部和云南、贵州部分地区。公元前316年秦国灭掉蜀国,改蜀国地为蜀郡,成都是蜀都治所在地。经过西汉时的拆分,蜀郡辖地基本固定于成都平原及周边丘陵、山地范围之内,领有成都、广都(今双流县)、郫、繁(今新都县、彭州市等地)、江源(今崇州市、都江堰)、绵虒(今茂县、汶川县一带)、临邛(今邛崃市、大邑县、蒲江县一带)等15县。

隋朝统一后,成都是西南道行台、蜀郡治所在地。蜀郡辖有成都、双流、新津、晋源(今崇州市)、青城(今都江堰市)、绵竹、郫、玄五(今中江县)、汉(今广汉市)、阳安(今简阳市、金堂县一带)、平原(今龙泉驿区)等共13县。

唐至德二年(公元757)改蜀郡为成都府,统领13县:成都、华阳、新都、新繁、犀浦、郫县、双流、广都、温江、灵池(今龙泉驿区)等。

宋代设成都府路,辖3府10州1监,成都府为3府之一,现有成都、华阳、犀浦、温江、双流、灵池等县。

明代四川布政使司设成都。成都府辖有成都、华阳、双流、温江、郫县、新繁、新都、崇宁(今郫县唐昌镇)、灌县、金堂、仁寿、井研、资中、资阳、内江、安县、崇庆、简州、新津、汉州、什

[1]　本节内容参见成都市地方志编纂委员会:《成都市志》第二册,方志出版社,2017年,第258-259页。

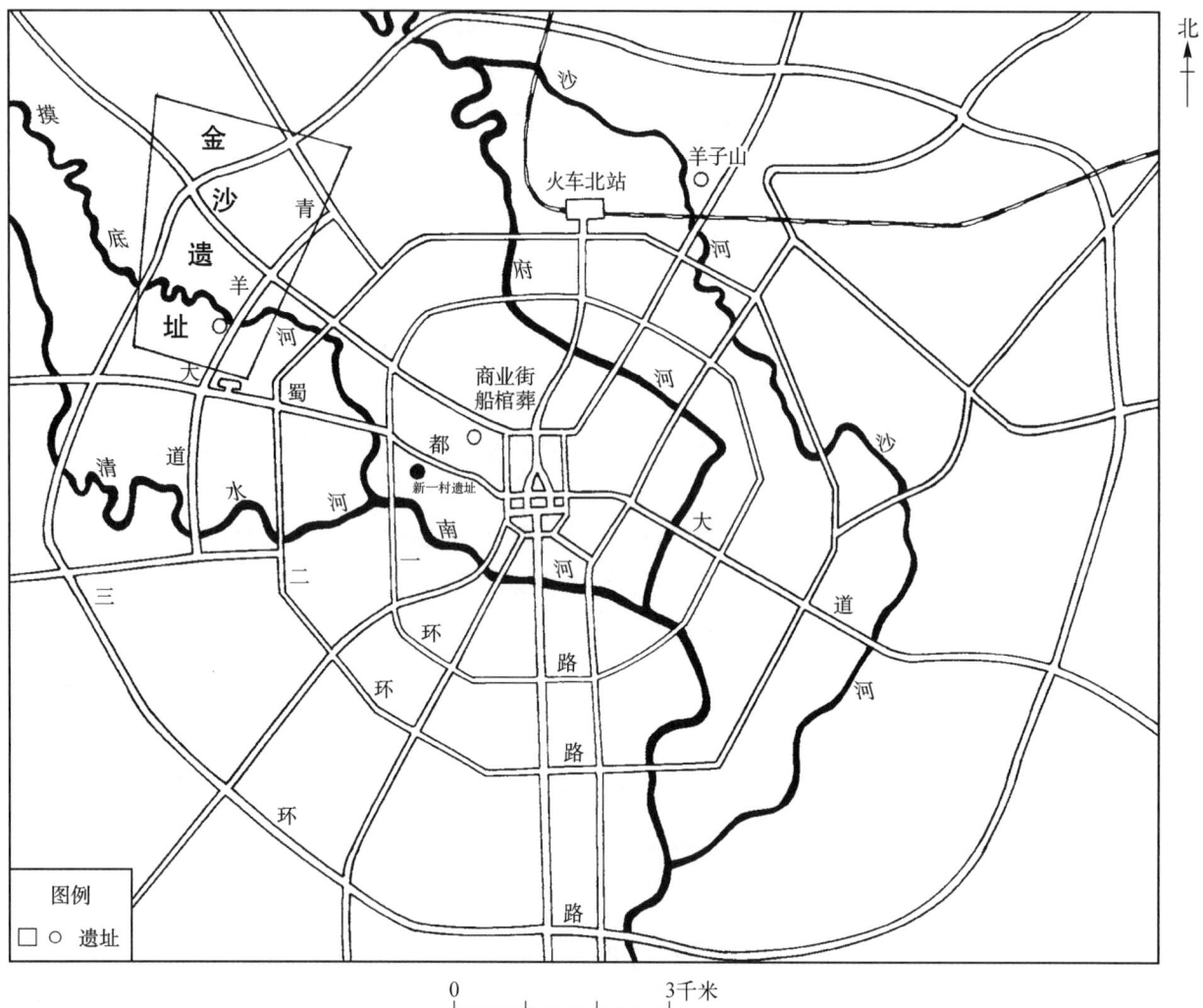

图二　新一村遗址在成都市的位置示意图

郫、绵竹、德阳、绵州、罗江、汶川、茂州、威州28州县。

清代，成都是四川省省会。顺治、康熙年间，成都府辖36州县，雍正中改为16州县，即成都、华阳、双流、温江、新津、新繁、新都、郫县、崇宁、彭县、金堂、什邡、灌县13个县和崇庆、汉州、简州3个州。其疆域为"东西距三百四十里，南北距二百七十五里。（成都府署）东至潼川府乐至界一百六十里，西至茂州汶川县属瓦寺宣慰司一百八十里，南至眉州彭山县界一百十五里，北至绵州绵竹县一百六十里，东南至资州资阳县界一百六十里，西南至邛州直隶州界一百二十里，东北至潼川府中江县界一百五十里，西北至茂州汶川县界一百四十里"（嘉庆《四川通志·疆域》）。省会成都城"东西九里三分""南北七里七分"，由成都、华阳两县于城内鱼市口（今青石桥北街与东大街交会处）分界而治。

1912年中华民国成立，1913年废除成都府建制，四川省省会成都城仍由成都、华阳两县分治。民国11年（1922）鉴于成都城内人口超过30万，设立成都市政公所，民国17年（1928）

升格为成都市政府。初期,市政府无管辖实地,仅能在省会警察局警区范围内行使行政权(警区范围不超出城郊南北方2里,东西方3里)。民国20年(1931),市长黄隐呈请省政府明令划定市区范围,经四川省民政厅审核明定以省会警察厅所辖警区范围为成都市政府管辖实地。民国24年(1935),省民政厅召集成都市政府、成都县政府、华阳县政府代表,会同省、市、县地政人员勘定成都市区界线:东至小龙桥、伍显庙等处;南至元通桥、火烧桥等处;西北化成桥、同善桥等处,北至驷马桥、赛银台等处。

1949年12月27日,成都成为川西行署区的驻地。1952年中华人民共和国中央人民政府撤销各行署、恢复四川省建制后,成都市一直为四川省省会。

第三节 发掘与整理经过

新一村遗址曾先后两次进行考古发掘(图三)。

1995年2月至3月,为配合成都蜀华房地产开发公司新一村商业住宅楼的修建,成都市文物考古研究所对该工地进行了考古勘探与发掘。勘探表明新一村遗址面积约3500平方米,本次发掘共布设规格为6×6平方米的探方11个,发掘面积为396平方米(图四)[1]。发掘领队为江章华,参加发掘的人员有黄晓枫、谢涛、宋世友、李平、陈洪。

2010年12月至2011年8月,为配合成都市内环线通惠门至青羊上街道路工程的建设,在紧邻1995年发掘区的南面布方发掘,共布10×10平方米的探方16个,5×10平方米的探方5个[2],布方方向为北偏东35°,发掘面积为1850平方米(图四、图五)。发掘领队为周志清,参加发掘的人员有易立、左志强、邱艳、林圭侦("中研院"史语所)、高寒(四川大学)、陈贵元、宋世友等。

2011年夏,在发掘工作结束之后,随即转入室内整理,先后参与整理的人员有周志清、左志强、邱艳、易立、刘祥宇、熊谯乔、田剑波等。相关科技分析在发掘结束后展开,植物遗存研究由姜铭负责;彩陶分析由杨颖东负责;人骨由四川大学原海兵副教授负责;标本测年由姜铭及"中研院"史语所林圭侦负责。2017年,室内整理工作基本完成,随后由田剑波、邱艳负责报告的编写工作,至2019年,报告编写完成。

---

[1] 成都市文物考古研究所:《成都十二桥遗址新一村发掘简报》,《成都考古发现》(2002),科学出版社,2004年,第173-208页。

[2] 新一村遗址在最初布设探方时,为5×5平方米的小探方,实际发掘时按10×10平方米的大探方进行,故每个大探方由4个小探方组成,本报告编号取大探方中的"西南-东北"两个探方号来代表该大探方。如TN05W08-N06W07即代表TN05W08、TN05W07、TN06W08、TN06W07四个小探方所组成的大探方。

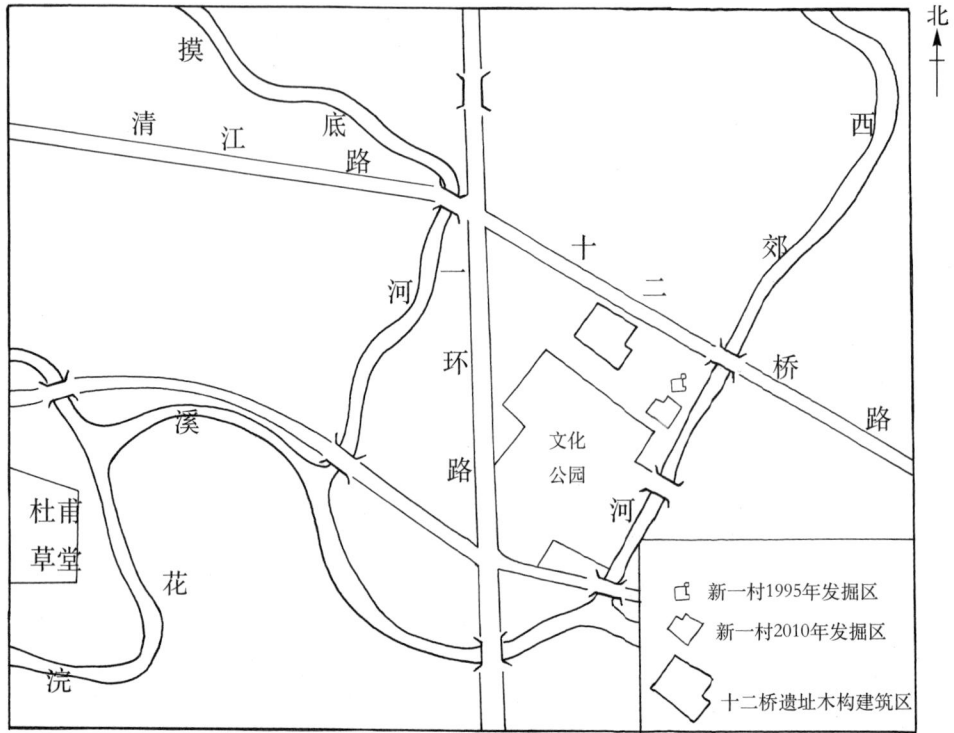

图三　新一村遗址发掘区位置及周边环境示意图

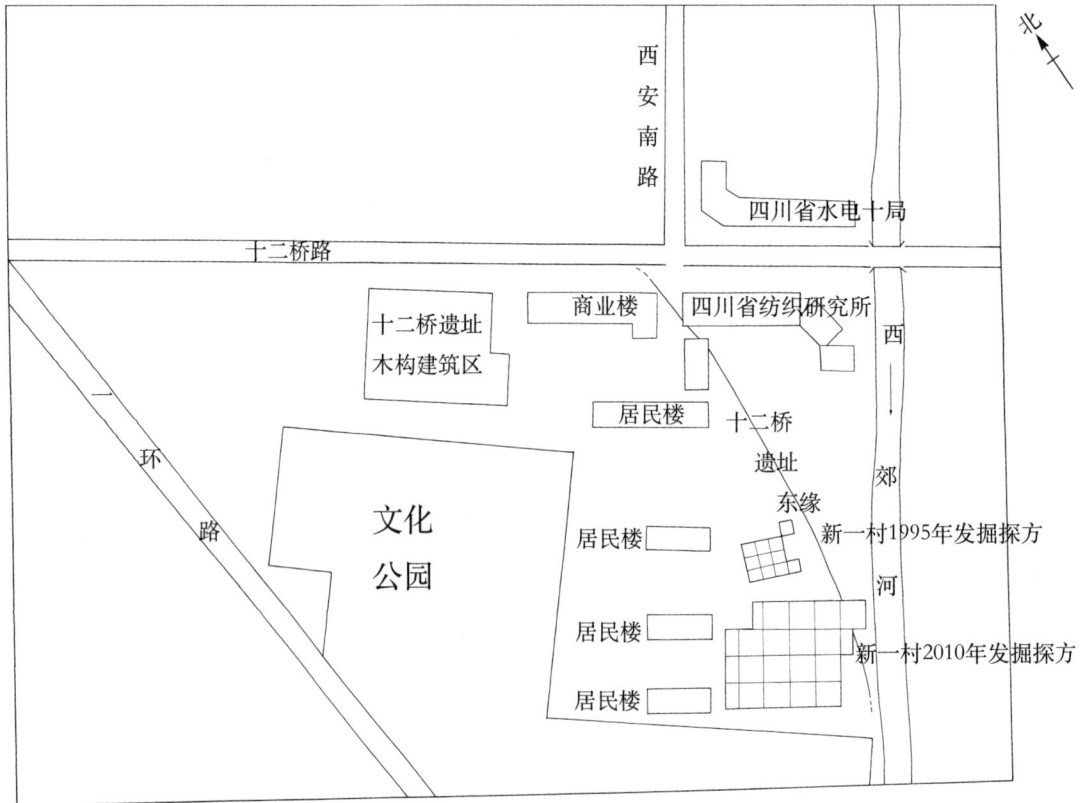

图四　新一村遗址发掘区探方分布示意图

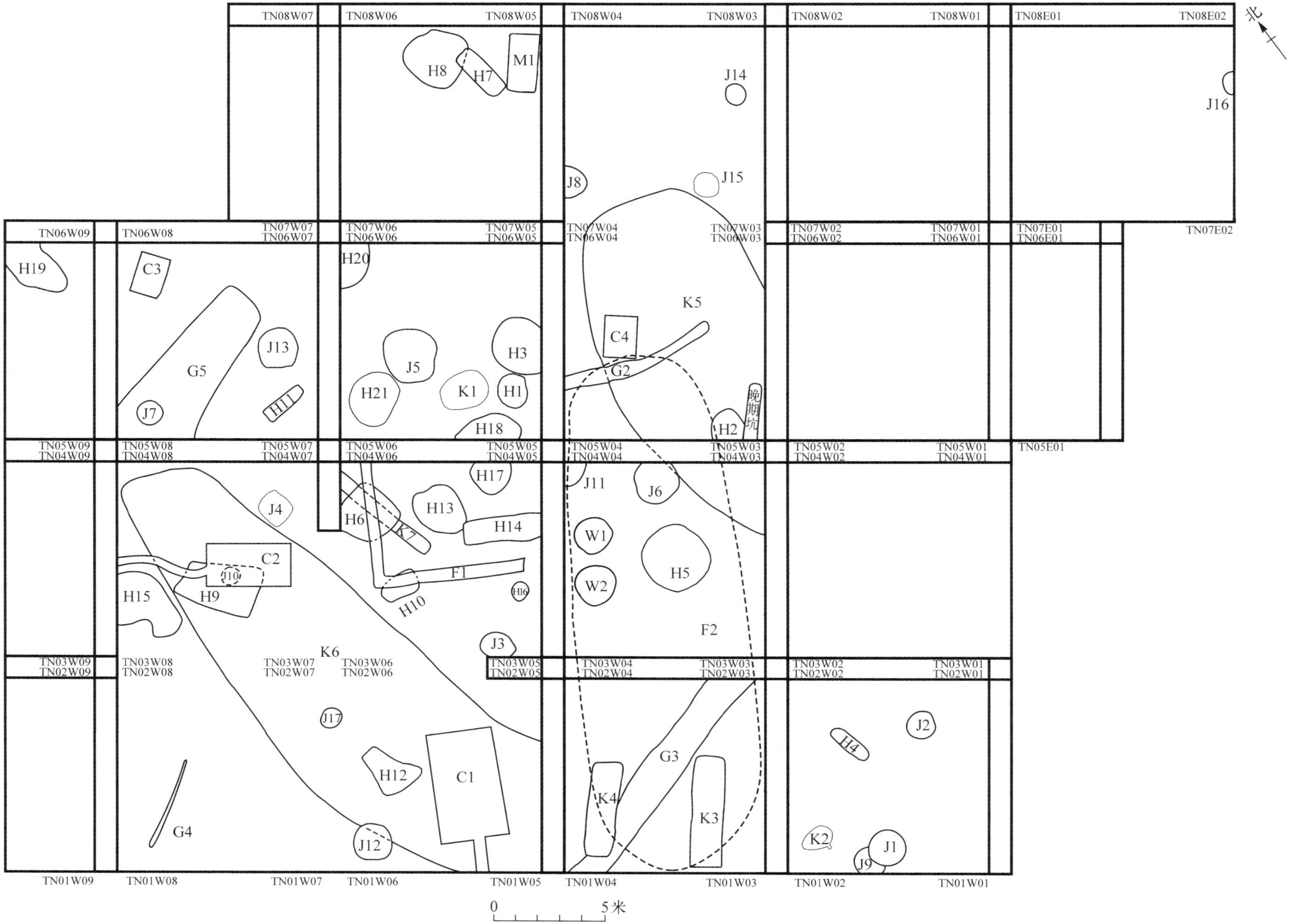

北

J16

TN08E02 TN07E02 TN06E01 TN05E01

TN08E01 TN07E01

TN08W01 TN07W01 TN05W01 TN03W01 TN01W01
         TN06W01 TN04W01 TN02W01

J2

J1
J9
J4
K2
TN08W02 TN07W02 TN05W02 TN03W02 TN01W02
         TN06W02 TN04W02 TN02W02

J14

J15

K5

陶窑址
H2

K3
F2

G3

C4
G2

J8
J14

K4
TN08W03 TN07W03 TN05W03 TN03W03 TN01W03
         TN06W03 TN04W03 TN02W03

H5

J6

J11
W1
W2

M1
H7
H8

H3
H1
H18
H17
H14

J3

C1

H13
F1

K1
K7
H6
H10

H12

J17

J12

K6

G5

J13

J5
H21

H20

C3
J7

C2
H9
J10
J4

H15

G4

H19

TN08W04 TN07W04 TN05W04 TN03W04 TN01W04
         TN06W04 TN04W04 TN02W04
TN08W05 TN07W05 TN05W05 TN03W05 TN01W05
         TN06W05 TN04W05 TN02W05
TN08W06 TN07W06 TN05W06 TN03W06 TN01W06
         TN06W06 TN04W06 TN02W06
TN08W07 TN07W07 TN05W07 TN03W07 TN01W07
         TN06W07 TN04W07 TN02W07
TN06W08 TN05W08 TN03W08 TN01W08
         TN04W08 TN02W08
TN06W09 TN05W09 TN03W09 TN01W09
         TN04W09 TN02W09

0   5米

图五 新一村遗址 2010 年发掘总平面图

第二章 综 述

第一节 遗存发现概况

新一村遗址共计发现清理了各类遗迹56处,包括建筑遗迹(房址)2座、坑28个(H1-H21、K1-K7)、水池4个(C1-C4)、沟4条(G2-G5)[1]、水井17口(J1-J17)、墓葬3座(M1、W1、W2)(图五;彩版三,1)。文化遗存包含了新石器时代遗存,周代文化遗存,秦汉时期遗存及唐宋时期遗存。其中新石器时代遗存较少,仅零星分布于第⑩层的局部区域,且无相关遗迹。周代文化遗存主要包括第⑨层、第⑥层、第⑤层下的所有遗迹及第④层下的部分遗迹和第⑩至第⑤层的文化堆积。包括建筑遗迹1处、坑8个、沟1条、墓葬1座。秦汉时期遗存包括第④层和第③层下的部分遗迹和第④层的文化堆积。包括坑10个、沟2条、水井10口、墓葬2座。唐宋时期遗存主要包括第③层下的部分遗迹和第②层下的全部遗迹以及第②、③层的文化堆积。包括房址1座、坑10个、水池4个、沟1条、水井7口。

清理的遗物种类丰富,包括陶器、瓷器、石器、玉器、骨器、铜器、铁器等。其中周代遗存以陶器、石器、玉器、骨器等为主;秦汉时期遗存以陶器为主;唐宋时期遗存以瓷器、陶器为主。

第二节 地 层 堆 积

整个发掘区的地层在发掘时统一编号,各区域地层堆积基本一致,共分为11层。第①-⑨层在整个发掘区均有分布,第⑩、第⑪层零星分布在发掘区中西部,东部较少。下面以TN05W08-N06W07南壁和TN03W04-N04W03西壁为例,介绍本次发掘的西部和东部堆积情况。

一、TN05W08-N06W07南壁(图六)

第①层:青灰色土,土质疏松,夹杂植物根茎和建筑垃圾等。仅分布在东部。厚0-0.1米。为现代耕土层。

第②层:灰褐色土,较疏松,夹杂一些炭屑。厚0.06-0.17米。出土较多瓷片,可辨器形有

---

[1] 经核查发掘记录,G1为C1的附属水沟,在遗迹介绍中,合并至C1中,不再单独介绍,其余4条沟的编号遵循原发掘记录,不做改变。

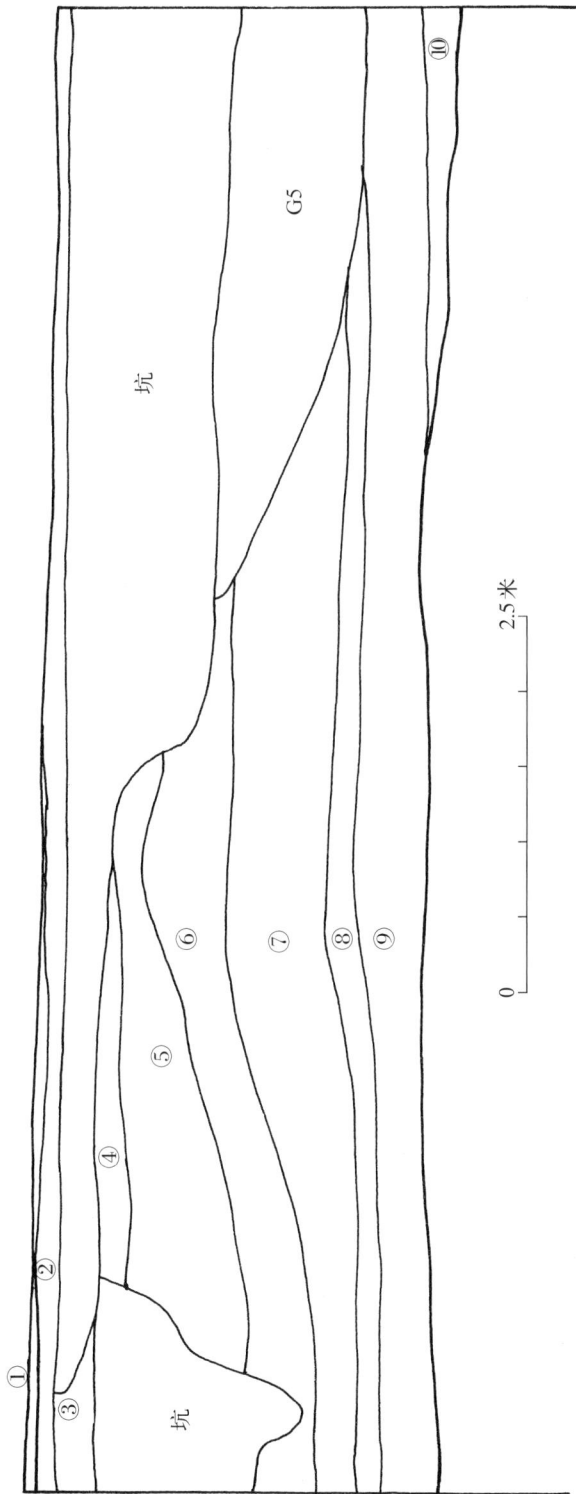

图六 TN05W08－N06W07 南壁剖面图

碗、罐等。大致呈西高东低分布。为唐宋时期文化层。

第③层：浅灰褐色土，较紧密，夹杂一些炭屑。厚0-0.25米。出土大量瓷器和少量陶器，可辨器形有罐、碗、瓦当、盆等。仅分布在东部。为唐宋时期文化层。

第④层：灰黄色土，土质疏松，夹杂一些炭屑和红烧土颗粒。厚0-0.25米。出土大量陶器，可辨器形有罐、钵、釜、瓮、盆等。仅分布在东部。为汉代文化层。

第⑤层：灰黄色沙性土，土质较疏松，夹杂一些炭屑和红烧土颗粒。厚0-0.85米。出土陶器可辨器形有尖底盏、豆、钵、器盖等。分布在东部，西高东低。为周代文化层。

第⑥层：灰黑色土，土质疏松，夹杂一些炭屑和红烧土颗粒。厚0-0.6米。出土少量陶片，以夹砂陶为主。分布在中东部，西高东低。为周代文化层。

第⑦层：灰色沙土，土质较疏松，夹杂一些炭屑和红烧土颗粒。厚0-0.75米。出土较多陶片，可辨器形有尖底盏、罐等。呈西高东低分布。为周代文化层。

第⑧层：黄色沙土，含较多细沙，土质疏松，夹杂一些红烧土颗粒。厚0-0.25米。出土较多陶片，可辨器形有罐、盏、杯、钵、盆等。西部略高于东部。为周代文化层。

第⑨层：褐色沙土，土质较疏松，夹杂一些红烧土颗粒。厚0.3-0.5米。出土较多陶片，有罐、盏、杯等。西部略高于东部。为周代文化层。

第⑩层：青灰色沙土，土质疏松。厚0-0.25米。出土少量夹砂陶器。仅分布在西部。为新石器至周代文化层。

第⑩层以下为生土。

二、TN03W04-N04W03西壁（图七）

第①层：青灰色土，土质疏松，夹杂植物根茎和建筑垃圾等。仅分布在北部。厚0-0.15米。为现代耕土层。

第②层：灰褐色土，较疏松，夹杂一些炭屑。厚0.08-0.2米。出土较多瓷片，可辨器形有碗、罐等。大致呈水平分布。为唐宋时期文化层。该层下开口唐宋时期水井J11等。

第③层：浅灰褐色土，较紧密，夹杂一些炭屑。厚0.13-0.3米。出土大量瓷器和少量陶器，可辨器形有罐、碗、瓦当、盆等。大致呈水平分布。为唐宋时期文化层。

第⑦层：灰色沙土，土质较疏松，夹杂一些炭屑和红烧土颗粒。厚0.2-0.3米。出土较多陶片，可辨器形有尖底盏、罐等。略呈南高北低分布。为周代文化层。

第⑧层：黄色沙土，含较多细沙，土质疏松，夹杂一些红烧土颗粒。厚0.1-0.38米。出土较多陶片，可辨器形有罐、盏、杯、钵、盆等。略呈水平分布。为周代文化层。

第⑨层：褐色沙土，土质较疏松，夹杂一些红烧土颗粒。厚0.55-0.75米。出土较多陶片，有罐、盏、杯等。略呈南高北低分布。为周代文化层。

第⑩层：青灰色沙土，土质疏松。厚0.05-0.1米。出土少量夹砂陶器。大致呈水平分布。为新石器至周代文化层。

第⑪层：灰色沙土，土质疏松。厚0-0.08米。仅有极少的夹砂陶片出土。仅分布在南部。为新石器时代文化层。

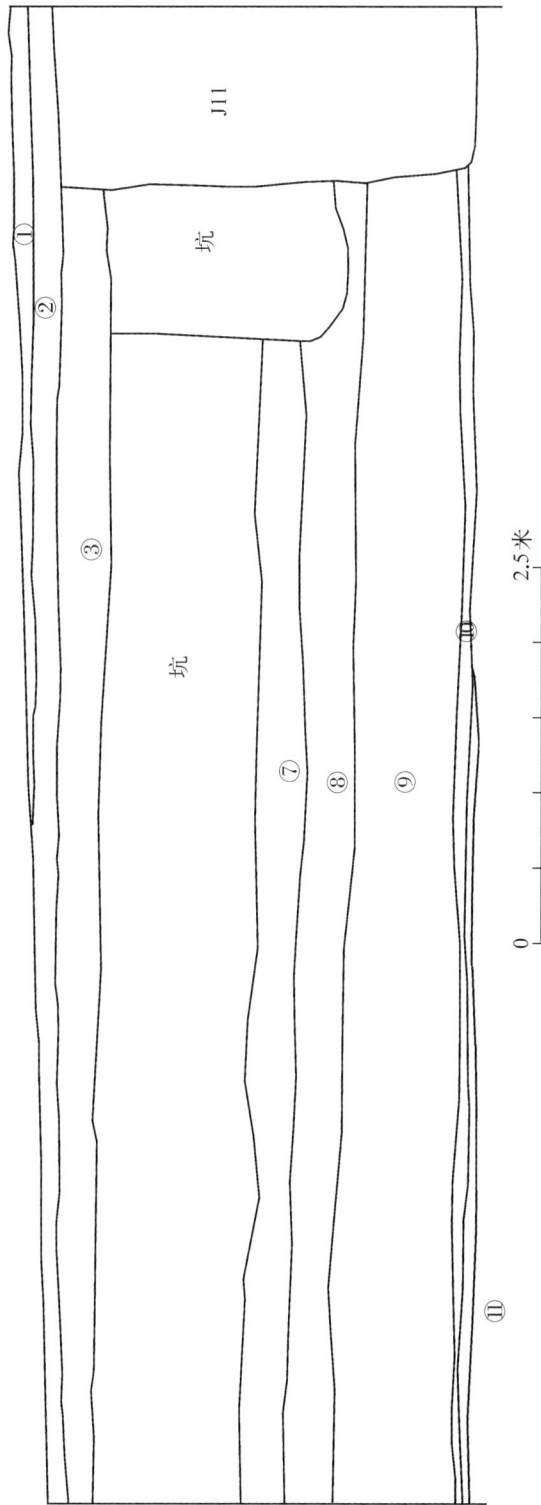

图七　TN03W04-N04W03西壁剖面图

第三章　新石器时代遗存

新石器时代无遗迹发现,仅有少量陶器出土于部分探方的第⑪和第⑩层中。

第一节　出土遗物

出土遗物均为陶器。陶器以泥质陶为主,夹砂陶次之。陶色以灰黑、灰褐等灰色系为主。纹饰有粗绳纹、交错绳纹、凹弦纹、凸棱纹、戳印纹、附加堆压印纹、镂孔等(图八)。器类包括绳纹花边罐、喇叭口高领罐、尊及各类圈足、器底等。按器类介绍如下。

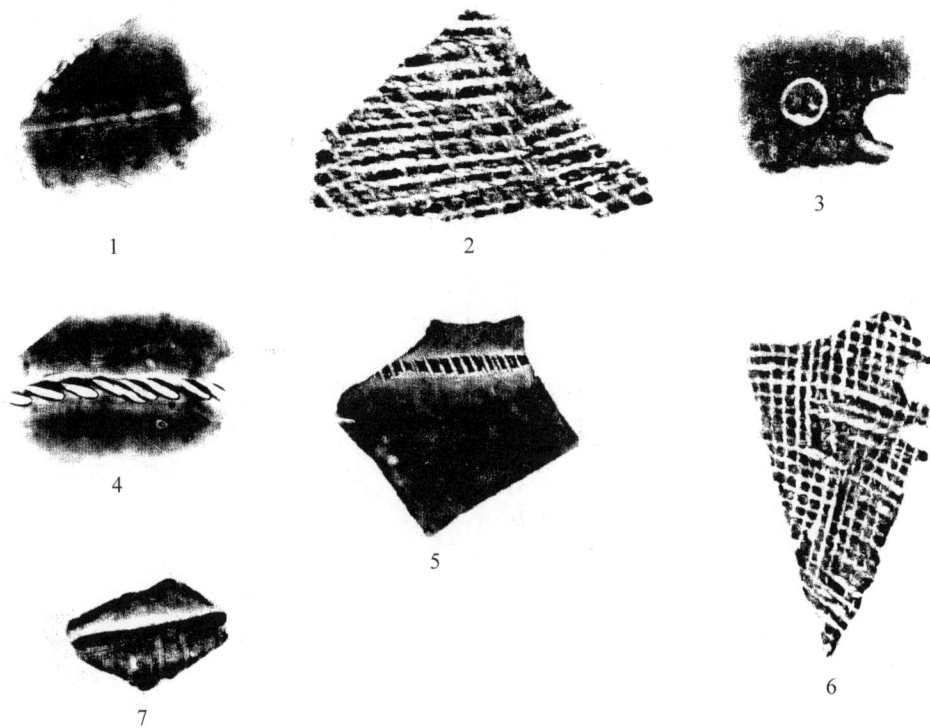

图八　陶器纹饰举例
1.凹弦纹　2.绳纹　3.镂空纹　4.戳印纹　5.附加堆纹　6.交错绳纹　7.凸棱纹

1. 绳纹花边罐 5件。

标本TN03W04-N04W03⑩:42,夹砂灰黄陶。侈口、束颈、鼓肩。沿外侧及肩部压印绳纹,颈部饰戳印纹及凹弦纹。口径30、残高6厘米(图九,1)。标本TN03W04-N04W03⑩:38,夹砂灰黑陶。侈口、束颈、鼓腹。沿外侧及肩部压印绳纹,口径22、残高4.8厘米(图九,2)。标本TN03W04-N04W03⑩:40,夹砂灰黑陶。侈口、卷沿。唇部及腹部饰绳纹。残高4.2厘米(图九,3)。标本TN03W04-N04W03⑩:37,夹砂灰黑陶。侈口、卷沿。唇部及腹部饰绳纹。残高5.5厘米(图九,4)。标本TN03W04-N04W03⑩:39,夹砂灰黑陶。侈口、折沿。唇部饰压印纹,腹部饰绳纹。残高5.8厘米(图九,5)。

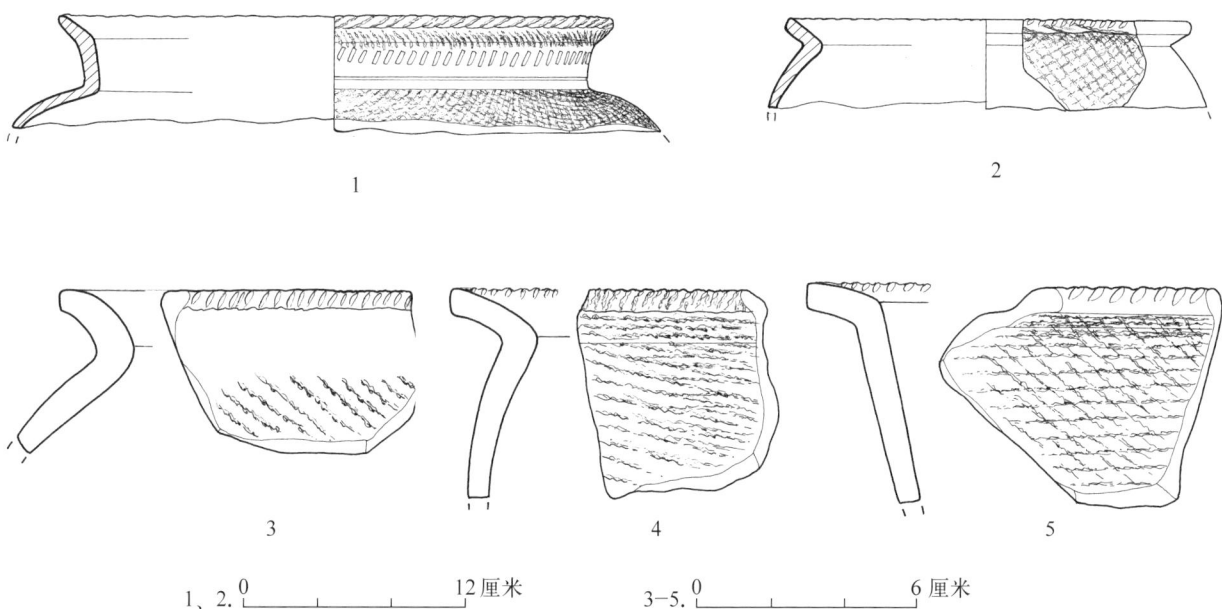

图九 绳纹花边罐

1. TN03W04-N04W03⑩:42 2. TN03W04-N04W03⑩:38 3. TN03W04-N04W03⑩:40 4. TN03W04-N04W03⑩:37 5. TN03W04-N04W03⑩:39

2. 喇叭口高领罐 14件。

标本TN03W04-N04W03⑩:8,泥质灰黑陶。大敞口、高领。口径20、残高6厘米(图一〇,1)。标本TN03W04-N04W03⑩:9,泥质灰黑陶。大敞口、高领。口径22、残高6.8厘米(图一〇,2)。标本TN03W04-N04W03⑩:21,泥质黄褐陶。大敞口、高领。口径21、残高10厘米(图一〇,3)。标本TN03W04-N04W03⑩:5,泥质灰黑陶。大敞口、高领。口径24、残高8.2厘米(图一〇,4)。标本TN03W04-N04W03⑩:7,泥质灰黑陶。大敞口、高领。口径25、残高10厘米(图一〇,5)。标本TN03W04-N04W03⑩:6,泥质灰黑陶。大敞口、高领。口径24、残高11厘米(图一〇,6)。标本TN03W04-N04W03⑩:12,泥质灰黑陶。大敞口、高领。口径22、残高8.4厘米(图一〇,7)。

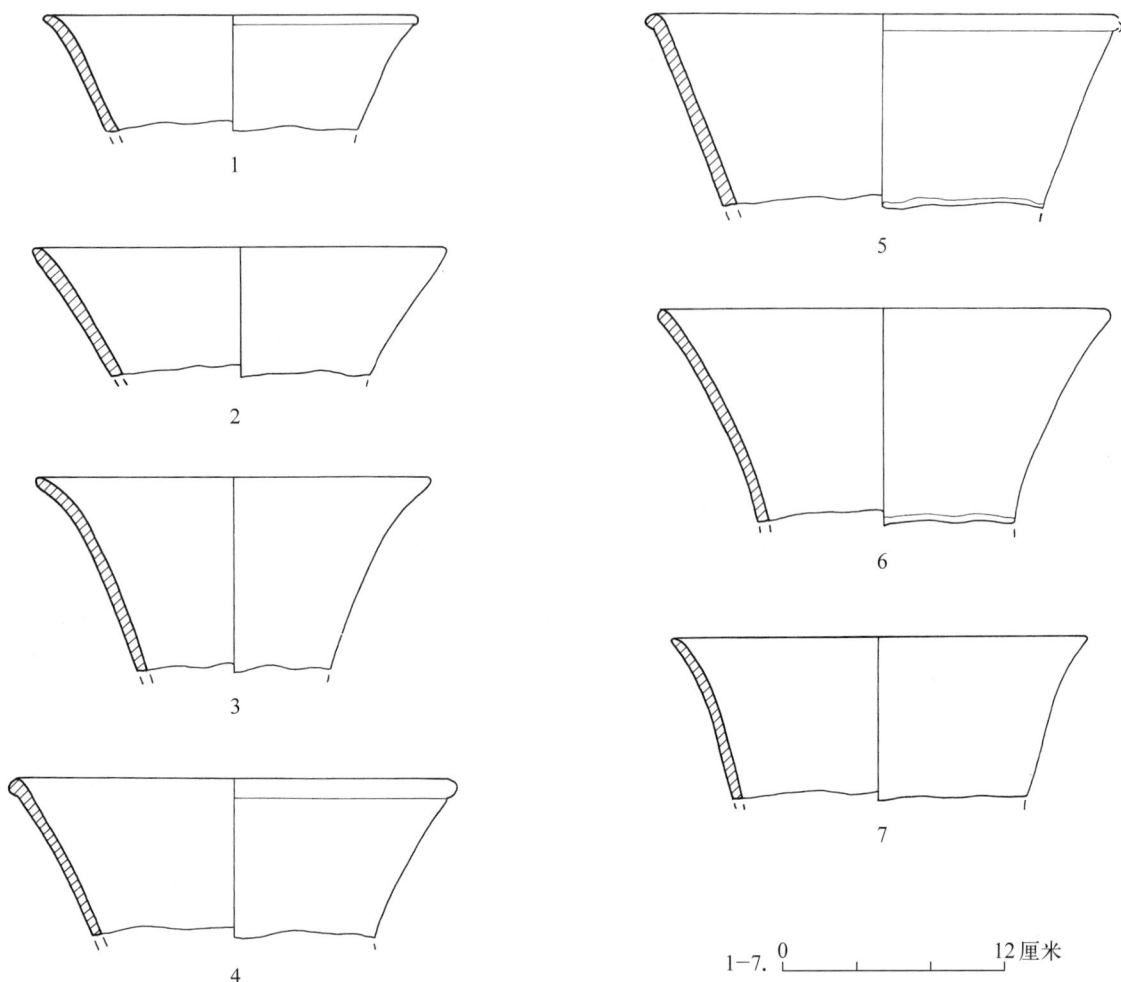

图一〇 喇叭口高领罐

1. TN03W04-N04W03⑩：8　2. TN03W04-N04W03⑩：9　3. TN03W04-N04W03⑩：21　4. TN03W04-N04W03⑩：5
5. TN03W04-N04W03⑩：7　6. TN03W04-N04W03⑩：6　7. TN03W04-N04W03⑩：12

　　标本TN03W04-N04W03⑩：41，夹砂灰黑陶。大敞口、高领。颈部饰绳纹。口径22、残高5.6厘米（图一一，1）。标本TN03W04-N04W03⑩：13，泥质灰黑陶。大敞口、高领。口径26、残高5厘米（图一一，2）。标本TN03W04-N04W03⑩：19，泥质灰黑陶。大敞口、高领。口径22、残高4.8厘米（图一一，3）。标本TN03W04-N04W03⑩：10，泥质灰黑陶。大敞口、高领。口径16、残高3.4厘米（图一一，4）。标本TN03W04-N04W03⑩：11，泥质灰黑陶。大敞口、高领。口径30、残高7厘米（图一一，5）。标本TN03W04-N04W03⑩：14，泥质灰黑陶。大敞口、高领。口径18、残高4.6厘米（图一一，6）。标本TN03W04-N04W03⑩：18，夹砂灰黄陶。大敞口、高领。口径28、残高9厘米（图一一，7）。

　　3. 尊　10件。
　　标本TN03W04-N04W03⑩：16，泥质灰黑陶。敞口、直腹。口径28、残高10.4厘米（图一二，

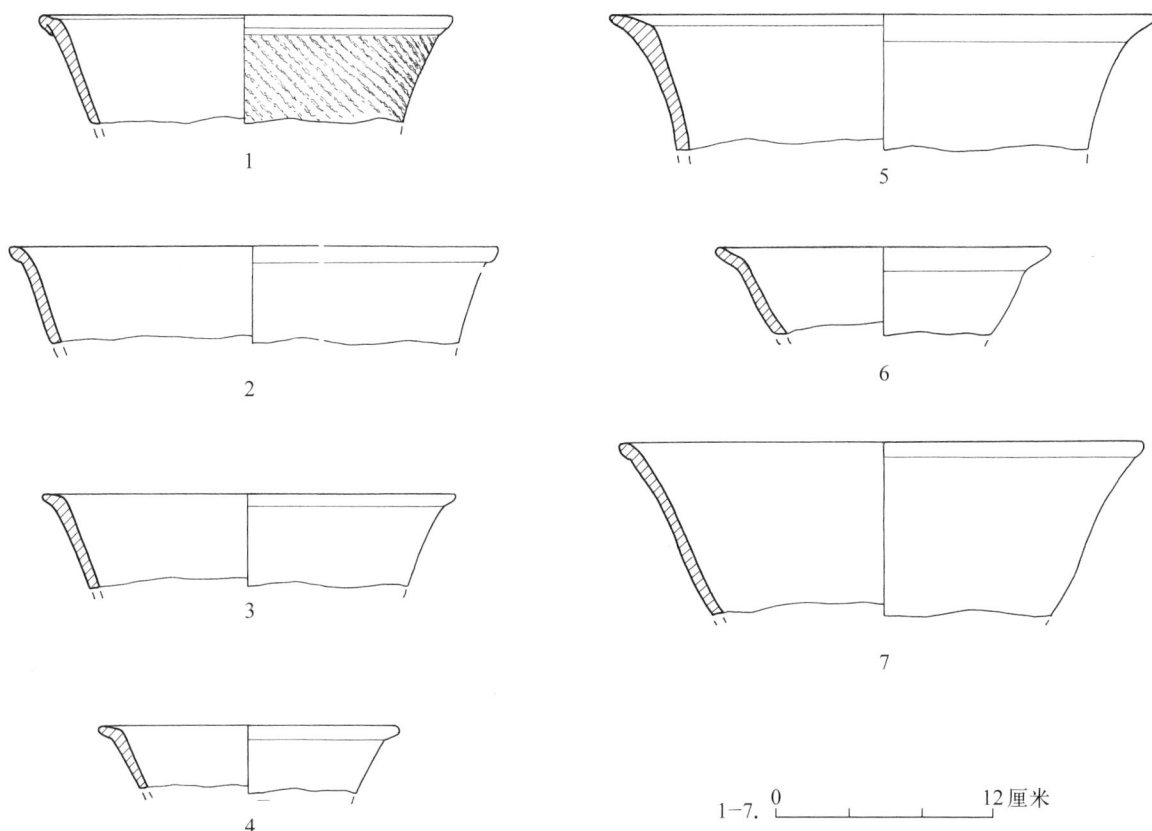

图一一　喇叭口高领罐

1. TN03W04－N04W03⑩：41　2. TN03W04－N04W03⑩：13　3. TN03W04－N04W03⑩：19　4. TN03W04－N04W03⑩：10
5. TN03W04－N04W03⑩：11　6. TN03W04－N04W03⑩：14　7. TN03W04－N04W03⑩：18

1）。标本TN03W04－N04W03⑩：35，夹砂灰黑陶。敞口、鼓腹。器表附着烟炱，腹部压印绳纹及多周凹弦纹。口径13.2、残高9.8厘米（图一二，2）。标本TN03W04－N04W03⑩：46，夹砂灰黑陶。敞口、折沿、直腹。腹部饰一周戳印纹及两周凹弦纹。口径32、残高4.6厘米（图一二，3）。标本TN03W04－N04W03⑩：34，夹砂褐陶。敞口、折沿、斜直腹。腹部饰一周戳印纹及三周凹弦纹。口径30、残高5.6厘米（图一二，4）。标本TN03W04－N04W03⑩：45，夹砂灰黑陶。敞口、折沿、直腹。器表附着烟炱，腹部饰一周戳印纹及四周凹弦纹。口径28、残高5.2厘米（图一二，5）。标本TN03W04－N04W03⑩：44，夹砂灰黑陶。敞口、折沿、直腹。沿外侧及腹部各饰一周戳印纹及四周凹弦纹。口径20、残高6.8厘米（图一二，6）。标本TN03W04－N04W03⑩：49，夹砂灰黑陶。敞口、折沿、直腹。沿外侧及腹部压印绳纹。口径20、残高4.4厘米（图一二，7）。标本TN03W04－N04W03⑩：20，泥质灰黄陶。卷沿。残高3.6厘米（图一二，8）。标本TN03W04－N04W03⑩：15，泥质灰黑陶。敞口、折沿、腹部微弧。腹部有一周凸棱。口径28、残高8.8厘米（图一二，9）。标本TN03W04－N04W03⑩：43，夹砂灰黑陶。折沿。腹部饰两周戳印纹及四周凹弦纹。口径18、残高6.6厘米（图一二，10）。

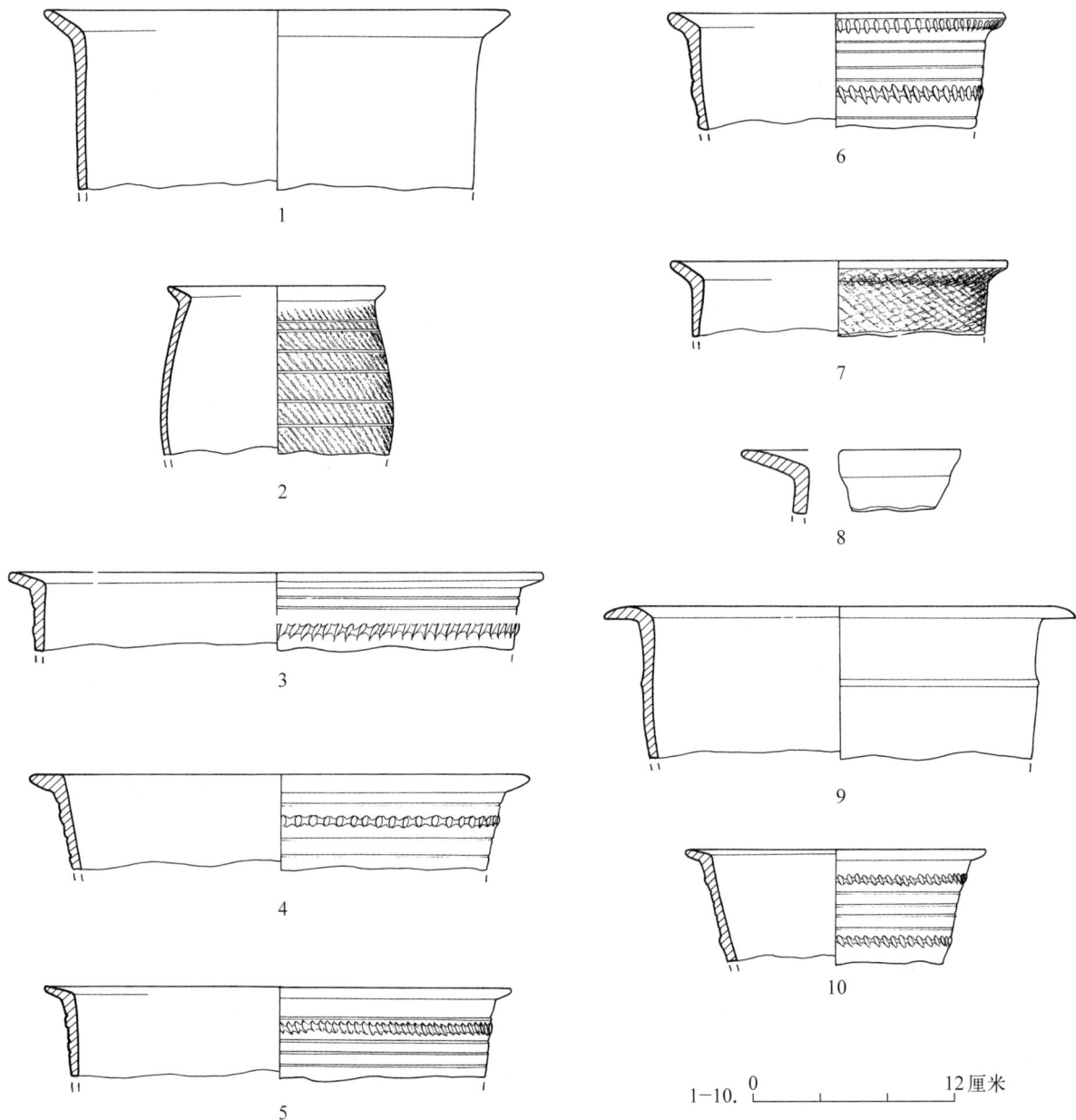

图一二 尊

1. TN03W04-N04W03⑩:16 2. TN03W04-N04W03⑩:35 3. TN03W04-N04W03⑩:46 4. TN03W04-N04W03⑩:34
5. TN03W04-N04W03⑩:45 6. TN03W04-N04W03⑩:44 7. TN03W04-N04W03⑩:49 8. TN03W04-N04W03⑩:20
9. TN03W04-N04W03⑩:15 10. TN03W04-N04W03⑩:43

4. 圈足 6件。

标本TN03W04-N04W03⑩:31，夹砂灰黑陶。器壁附着烟炱，足壁饰三周戳印纹及多个圆孔。足径14、残高10.8厘米（图一三，1）。标本TN03W04-N04W03⑩:47，夹砂灰黑陶。足壁饰一周戳印纹及3个圆形镂孔，器内外壁均饰划纹。足径6.5、残高5厘米（图一三，2）。标本

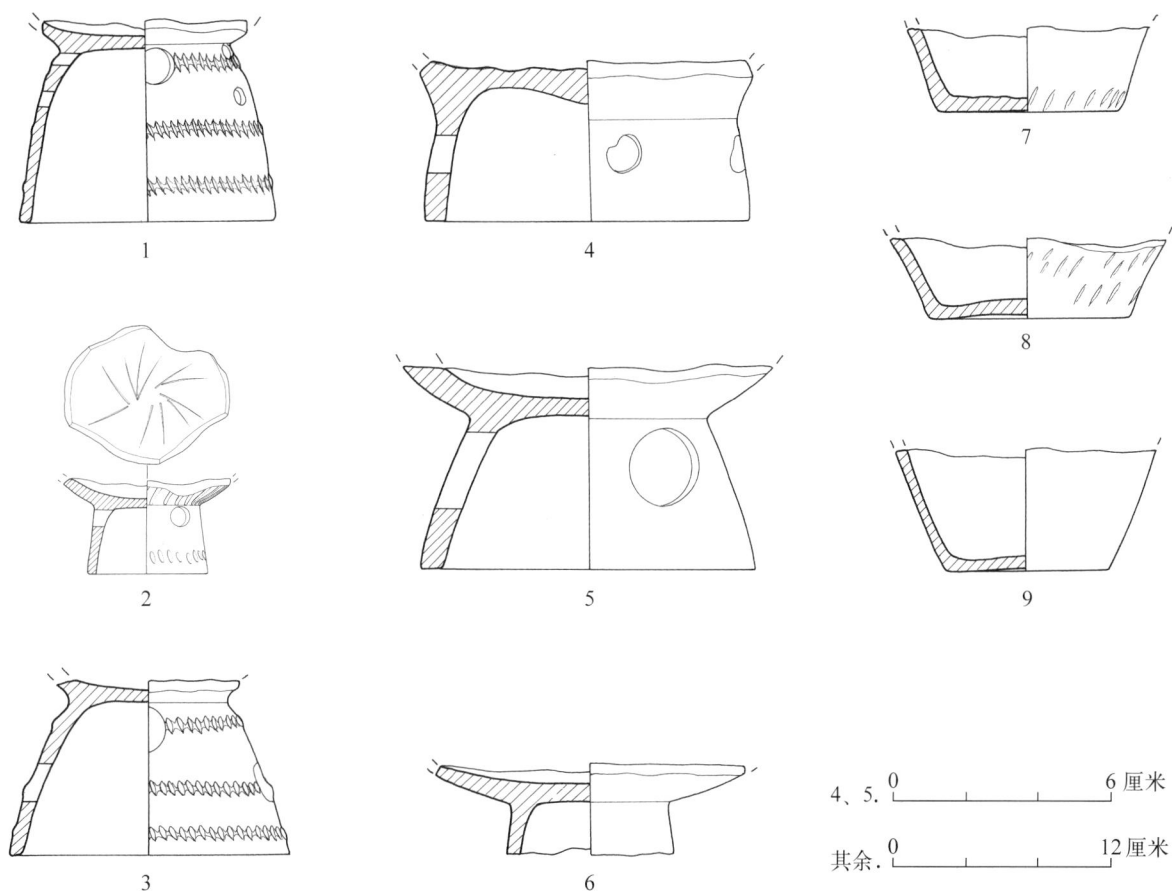

图一三　圈足、器底

1. TN03W04-N04W03⑩∶31　2. TN03W04-N04W03⑩∶47　3. TN03W04-N04W03⑩∶33　4. TN03W04-N04W03⑩∶48
5. TN03W04-N04W03⑩∶32　6. TN03W04-N04W03⑩∶3　7. TN03W04-N04W03⑩∶29　8. TN03W04-N04W03⑩∶30
9. TN03W04-N04W03⑩∶28

TN03W04-N04W03⑩∶33,夹砂灰黑陶。足壁饰三周戳印纹及4个圆形镂孔。足径15、残高9厘米(图一三,3)。标本TN03W04-N04W03⑩∶48,夹砂灰黑陶。足壁饰4个圆形镂孔。足径8.8、残高4.2厘米(图一三,4)。标本TN03W04-N04W03⑩∶32,夹砂灰黑陶。器壁附着烟炱,足壁饰3个圆形镂孔。足径9、残高5.3厘米(图一三,5)。标本TN03W04-N04W03⑩∶3,夹砂灰黑陶。残高4.6厘米(图一三,6)。

5. 器底　3件。

标本TN03W04-N04W03⑩∶29,夹砂灰黑陶。器表饰戳印纹。底径10、残高4.4厘米(图一三,7)。标本TN03W04-N04W03⑩∶30,泥质灰黑陶。器表饰戳印纹,底部内凹。底径11、残高4.2厘米(图一三,8)。标本TN03W04-N04W03⑩∶28,泥质灰陶,表面有黑色陶衣。底部内凹。底径9、残高6.2厘米(图一三,9)。

第二节　年　代

　　新一村遗址出土少量新石器时代遗存,主要为一些陶器,器形包括喇叭口高领罐、绳纹花边罐、尊及部分器底、圈足等,大多为泥质灰陶,少量为夹砂灰陶。这些陶器器类和陶系特征均与宝墩文化陶器较为一致。因此,新一村出土的新石器时代遗存应属于宝墩文化。目前研究表明,宝墩文化可分为四期,既有较多尊,也有绳纹花边罐,还有一些较高的圆形镂孔圈足器,是宝墩文化第三期陶器比较显著的特征[1]。新一村出土的这批陶器与之接近。同时,不见有宝墩四期的钵、敛口罐等器物,推测新一村遗址宝墩文化遗存年代约为宝墩三期,绝对年代为距今4100-3900年。第⑩层和第⑪层各有一测年数据,在距今4100-3700年左右,大致亦为宝墩文化的范畴。

---

[1]　江章华、王毅、张擎:《成都平原先秦文化初论》,《考古学报》2002年第1期。

第四章 周代遗存

新一村遗址周代文化遗存较为丰富,但遗迹较少。包括建筑类遗迹一处:F2;坑8个:H11、H13、H17、H19、H20、H21、K6、K7;沟1条:G5;墓葬1座:M1。其中F2开口于第⑨层下;H21、K7开口于第⑥层下;H19、H20、G5开口于第⑤层下;H11、H13、H17、K6、M1等开口于第④层下(图一四)。第⑩层至⑤层也属于周代文化堆积。出土器物包括陶器、玉器、石器、骨器、铜器等。

第一节 陶器类型学分析

陶器以夹砂陶为主,泥质陶次之;陶色以灰褐、灰黑等深色为主;纹饰不发达,大多为素面,主要纹饰包括绳纹、戳印的菱形纹饰、凸弦纹、凹弦纹、乳丁、凸棱等(图一五)。以下仅对周代主要器类进行类型学分析,其中部分器类沿用至汉代,也一并进行了型式划分,在汉代章节中不再重复划分。

1. 尖底杯

依据整体形态差异,分为三型。

A 型　整体形态较高,呈"炮弹形"。依据口、腹部形态分为二亚型。

Aa 型　口微侈,瘦高型。标本TN03W06-N04W05⑨:44(图一六,1)。

Ab 型　敛口,腹部凸出,微胖型。标本TN03W04-N04W03⑨:114(图一六,2)。

B 型　器形较小,钵形,圜底。标本TN05E01-N06E01⑨:3(图一六,3)。

C 型　罐形。厚胎。依据口部形态分为二亚型。

Ca 型　敛口,无颈。标本TN05W06-N06W05⑨:35(图一六,4)。

Cb 型　侈口,短颈。标本TN05W04-N06W03⑨:123(图一六,5)。

2. 尖底盏

依据口部特征差异,可分为三型。

A 型　敛口。依据腹部深浅变化,可分为二式。

Ⅰ式　腹部略深。标本TN07W06-N08W05⑨:33(图一七,1)。

Ⅱ式　腹部变浅。标本TN07W07-N08W07⑨:1(图一七,2)。

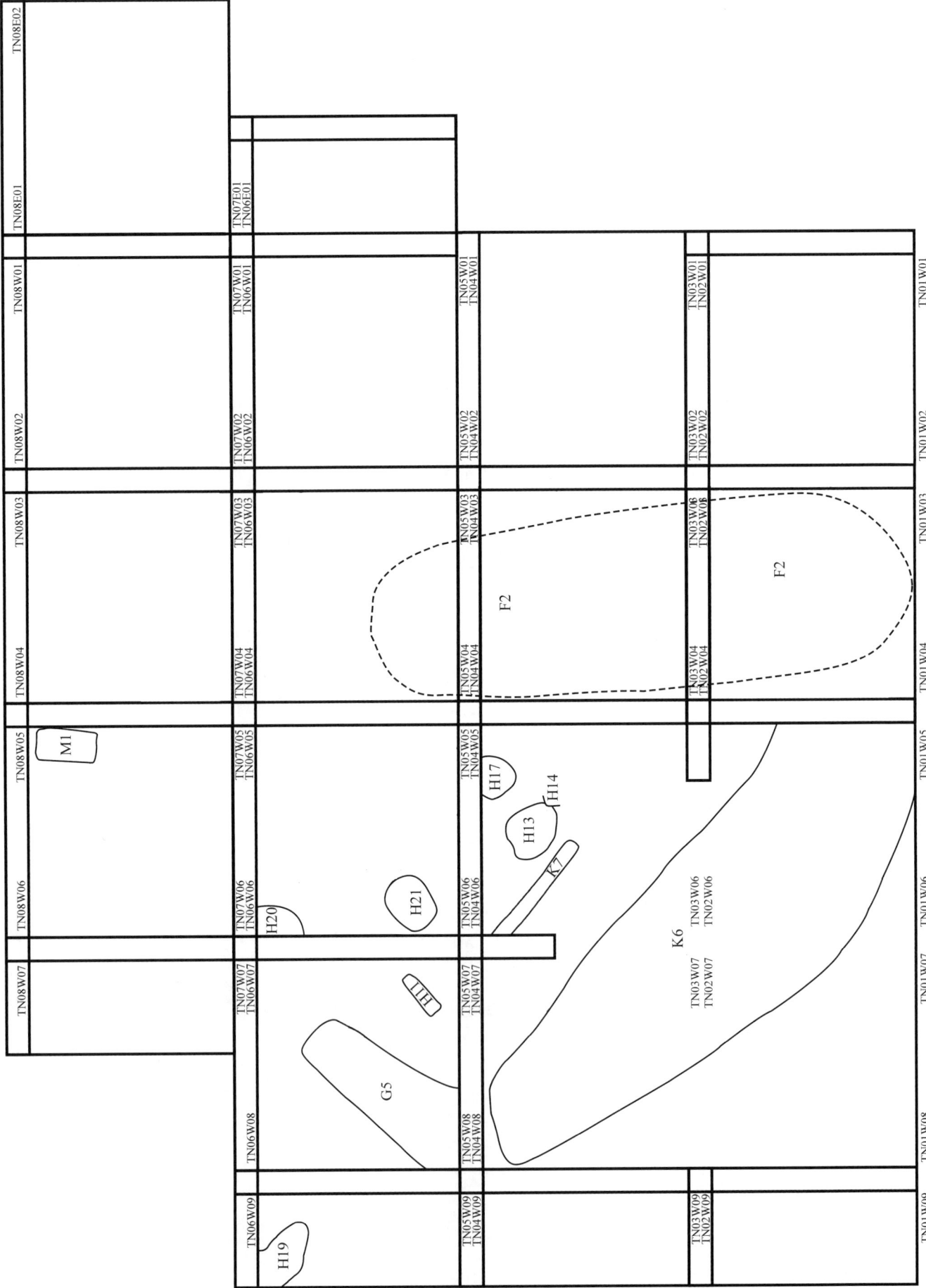

图一四 田仕遗址平面图

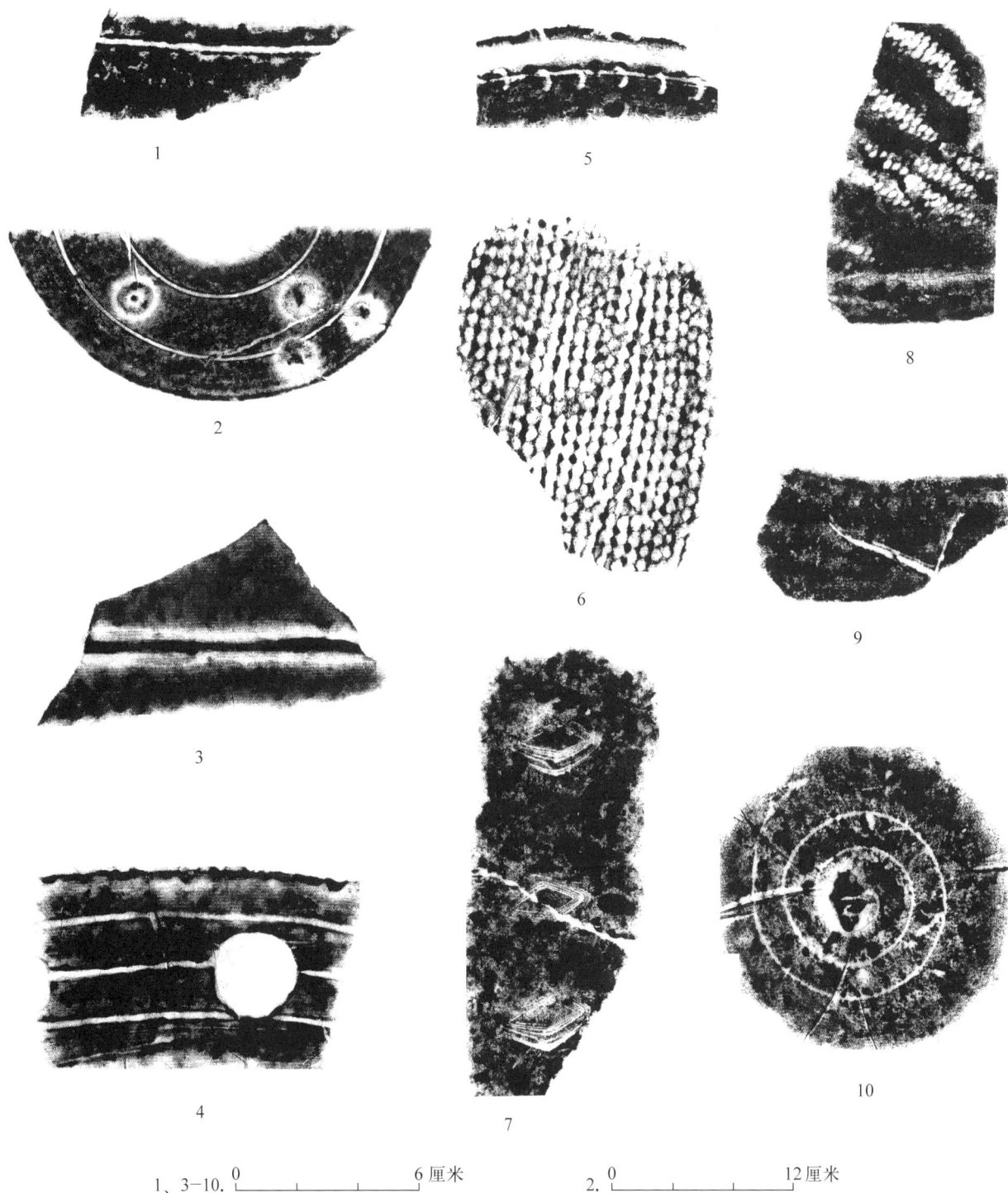

1、3-10. 0 ————————— 6 厘米   2. 0 ————————— 12 厘米

图一五 周代陶器纹饰举例

1.凹弦纹（H13②：4） 2.乳丁纹（H21：6） 3.凸棱纹（TN03W04-N04W03⑩：52） 4.镂空纹（TN03W06-N04W05⑨：42）

5.戳印纹（TN03W06-N04W05⑧：3） 6.绳纹（TN05E01-N06E01⑨：20） 7.重菱纹（TN05E01-N06E01⑨：21）

8.压印纹（TN05E01-N06E01⑨：23） 9.刻划纹（TN05W04-N06W03⑨：93） 10.螺旋纹（TN07W04-N08W03⑩：5）

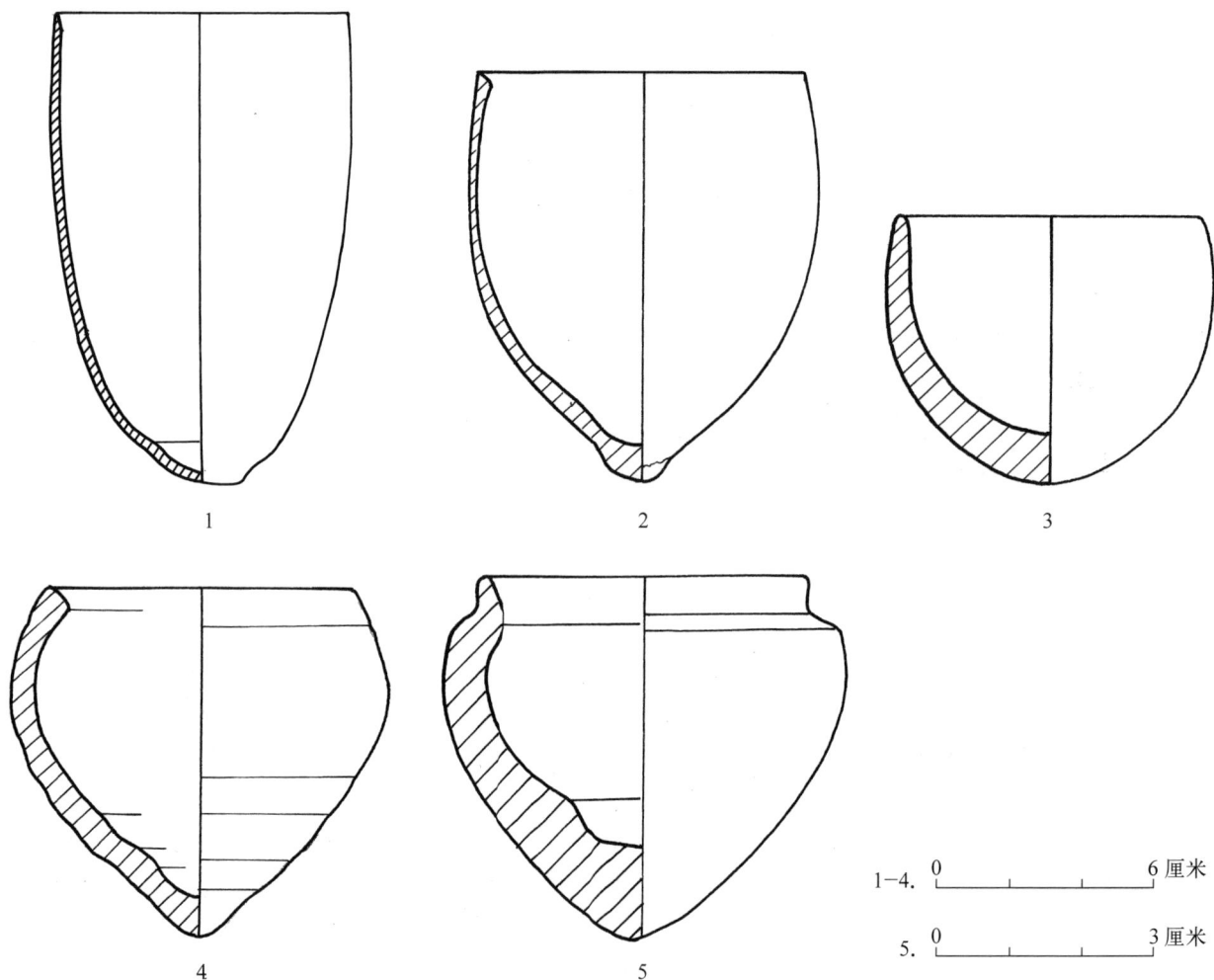

1-4. ┠─┼─┼─┼─┼─┨ 6 厘米
          0

5. ┠──┼──┼──┨ 3 厘米
      0

图一六 尖底杯

1. Aa 型（TN03W06-N04W05⑨：44）   2. Ab 型（TN03W04-N04W03⑨：114）   3. B 型（TN05E01-N06E01⑨：3）
4. Ca 型（TN05W06-N06W05⑨：35）   5. Cb 型（TN05W04-N06W03⑨：123）

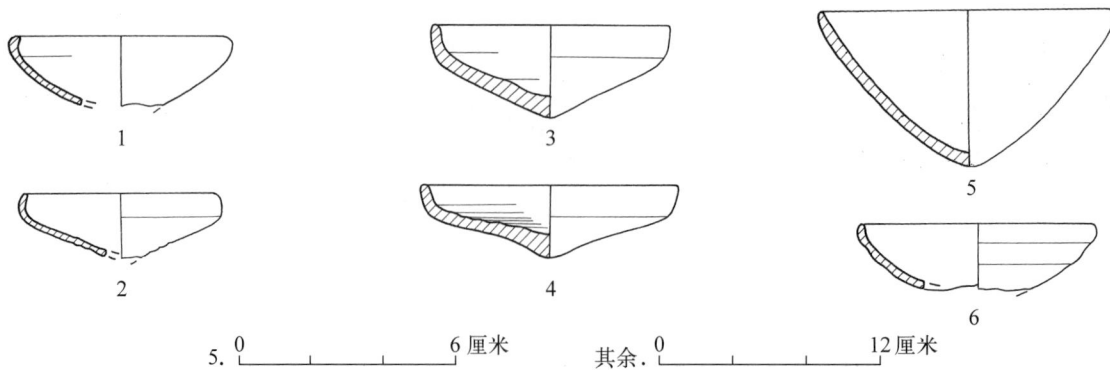

5. ┠──┼──┼──┨ 6 厘米   其余. ┠──┼──┼──┨ 12 厘米
      0   0

图一七 尖底盏

1. A Ⅰ式（TN07W06-N08W05⑨：33）   2. A Ⅱ式（TN07W07-N08W07⑨：1）   3. B Ⅰ式（TN07W02-N08W01⑨：1）
4. B Ⅱ式（TN05E01-N06E01⑨：81）   5. C Ⅰ式（TN07W07-N08W07⑨：3）   6. C Ⅱ式（TN03W06-N04W05⑦：10）

B型　近直口。依据腹部深浅变化,可分为二式。

Ⅰ式　腹部略深。标本TN07W02-N08W01⑨:1(图一七,3)。

Ⅱ式　腹部变浅。标本TN05E01-N06E01⑨:81(图一七,4)。

C型　侈口。依据腹部深浅变化,可分为二式。

Ⅰ式　腹部略深。标本TN07W07-N08W07⑨:3(图一七,5)。

Ⅱ式　腹部变浅。标本TN03W06-N04W05⑦:10(图一七,6)。

3. 尖底罐

依据口、领的形态,分为三型。

A型　矮领,鼓肩,矮胖型。依据肩部形态,可分为二亚型。

Aa型　圆鼓肩,肩部较为凸出。标本TN03W06-N04W05⑨:1(图一八,1)。

Ab型　圆鼓肩,肩部相对稍窄。标本TN03W06-N04W05⑦:6(图一八,2)。

B型　高领,整体器形偏高。标本TN05W08-N06W07⑦:3(图一八,3)。

C型　盘口,束颈。标本TN07W04-N08W03⑨:9(图一八,4)。

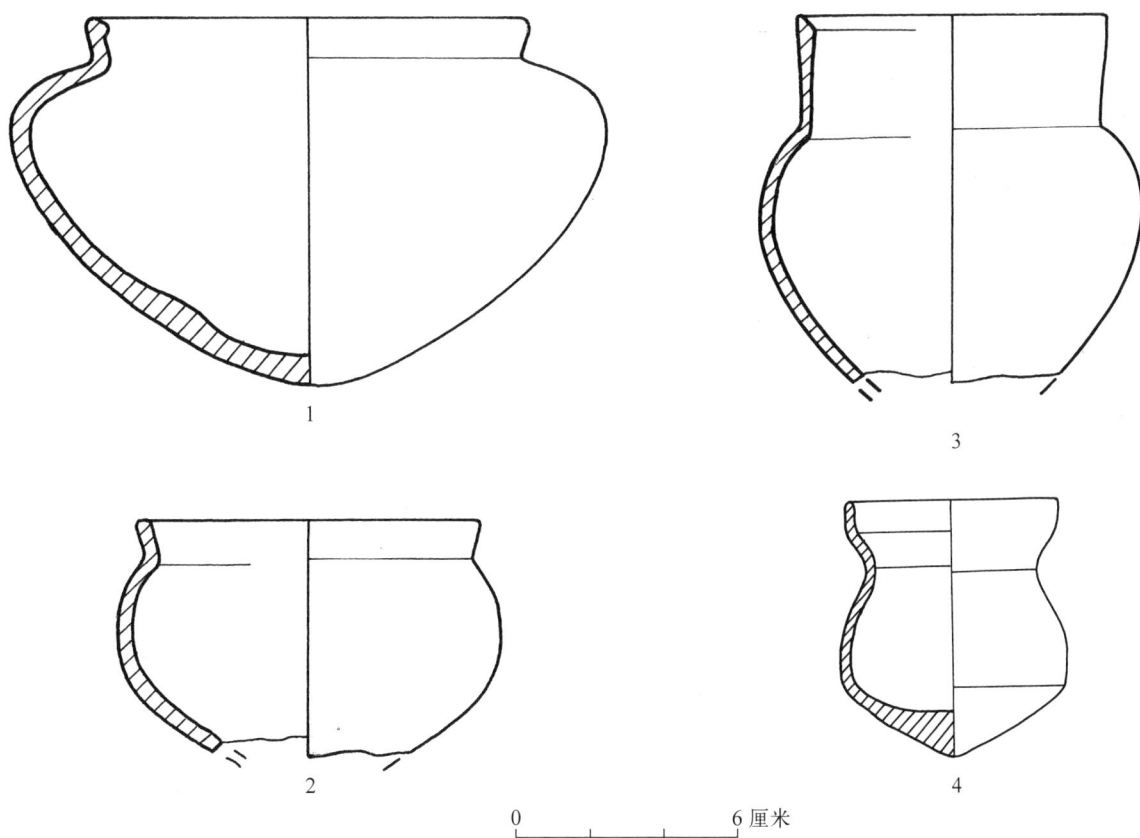

0 ————— 6厘米

图一八　尖底罐

1. Aa型(TN03W06-N04W05⑨:1)　2. Ab型(TN03W06-N04W05⑦:6)　3. B型(TN05W08-N06W07⑦:3)
4. C型(TN07W04-N08W03⑨:9)

4. 敛口罐

依据肩部形态差异,分为三型。

A型　窄鼓肩。标本TN05W08-N06W07⑨:13(图一九,1)。

B型　广肩。标本TN07W06-N08W05⑨:38(图一九,2)。标本TN05W09-N06W09⑨:18(图一九,3)。

C型　微折肩。标本TN05E01-N06E01⑨:72(图一九,4)。标本TN05W06-N06W05⑨:15(图一九,5)。

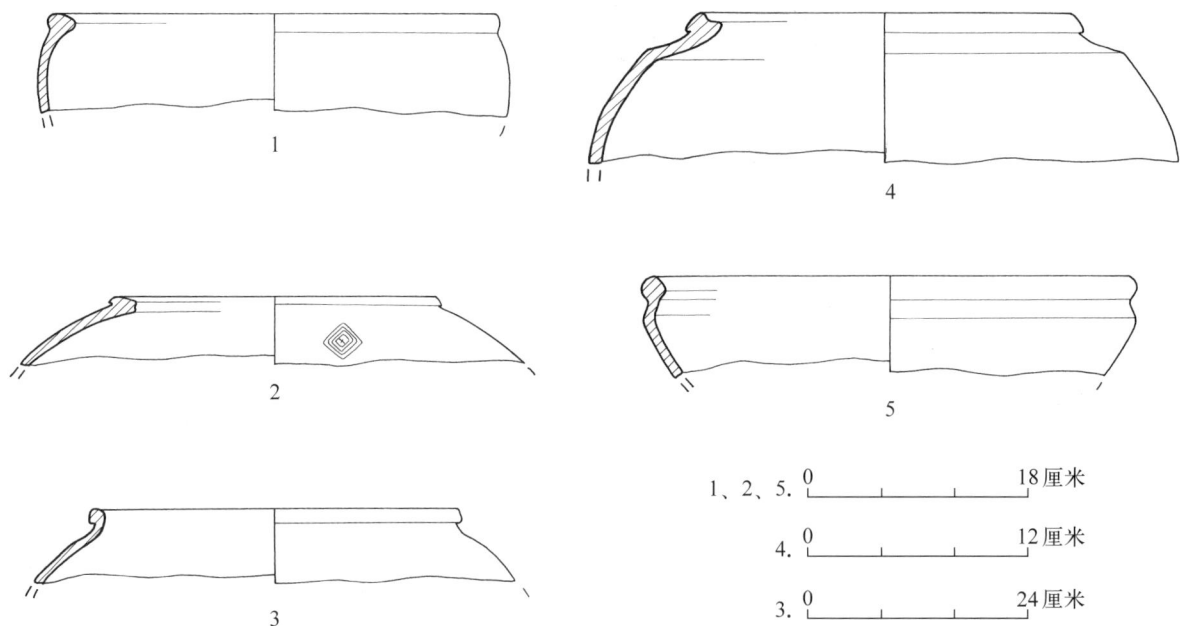

1、2、5.　0　　　　　　18厘米
4.　　　　0　　　　　　12厘米
3.　　　　0　　　　　　24厘米

图一九　敛口罐

1. A型(TN05W08-N06W07⑨:13)　2、3. B型(TN07W06-N08W05⑨:38、TN05W09-N06W09⑨:18)

4、5. C型(TN05E01-N06E01⑨:72、TN05W06-N06W05⑨:15)

5. 高领罐

依据口部及领部形态,可分为二型。

A型　喇叭口,束腰形,弧领。标本TN05W09-N06W09⑦:4(图二〇,1)。

B型　敞口,斜直领。标本TN05W08-N06W07⑥:4(图二〇,2)。

6. 矮领罐

依据口部形态,分为三型。

A型　口近直。标本TN05W06-N06W05⑥:8(图二〇,3)。标本TN03W06-N04W05⑨:17(图二〇,4)。

B型　侈口。标本TN05W04-N06W03④:9(图二〇,5)。

C型　敛口。标本H19:34(图二〇,6)。

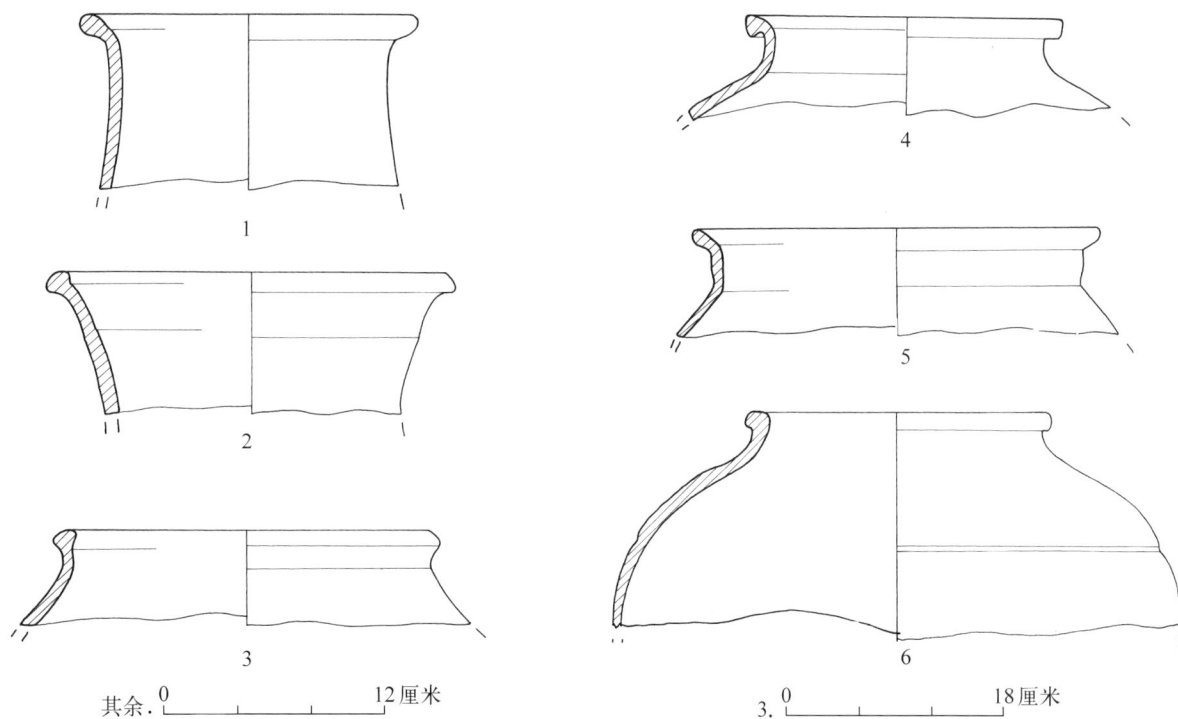

图二〇 高领罐、矮领罐

1. A型高领罐（TN05W09-N06W09⑦:4） 2. B型高领罐（TN05W08-N06W07⑥:4）
3、4. A型矮领罐（TN05W06-N06W05⑥:8、TN03W06-N04W05⑨:17） 5. B型矮领罐（TN05W04-N06W03④:9）
6. C型矮领罐（H19:34）

7. 束颈罐

依据纹饰差异,可分为二型。

A型 肩部饰绳纹等纹饰。标本TN05W04-N06W03⑨:95（图二一,1）。

B型 肩部无纹饰,依据肩部形态差异,可分为二亚型。

Ba型 圆鼓肩。标本H19:2（图二一,2）。

Bb型 弧肩。标本TN05W06-N06W05⑦:15（图二一,3）。

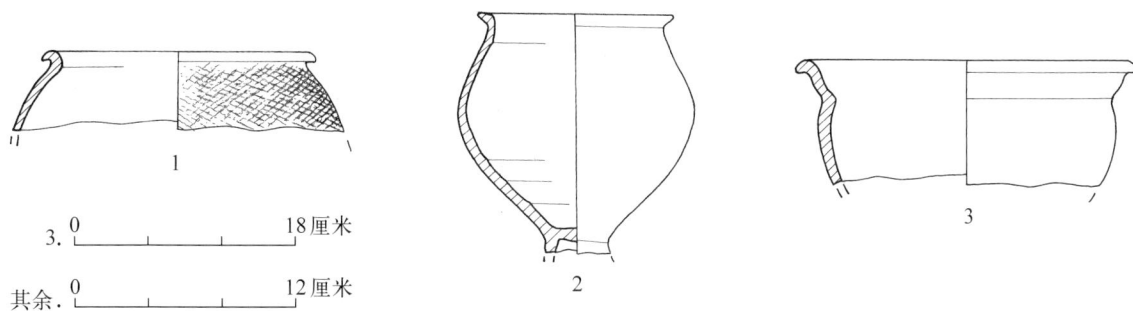

图二一 束颈罐

1. A型（TN05W04-N06W03⑨:95） 2. Ba型（H19:2） 3. Bb型（TN05W06-N06W05⑦:15）

8. 盆

依据口部及腹部形态,可分为三型。

A型　敛口,鼓腹。标本H20∶5(图二二,1)。

B型　直口,弧腹。标本TN07W06-N08W05⑨∶46(图二二,2)。

C型　敞口。标本H17∶14(图二二,3)。

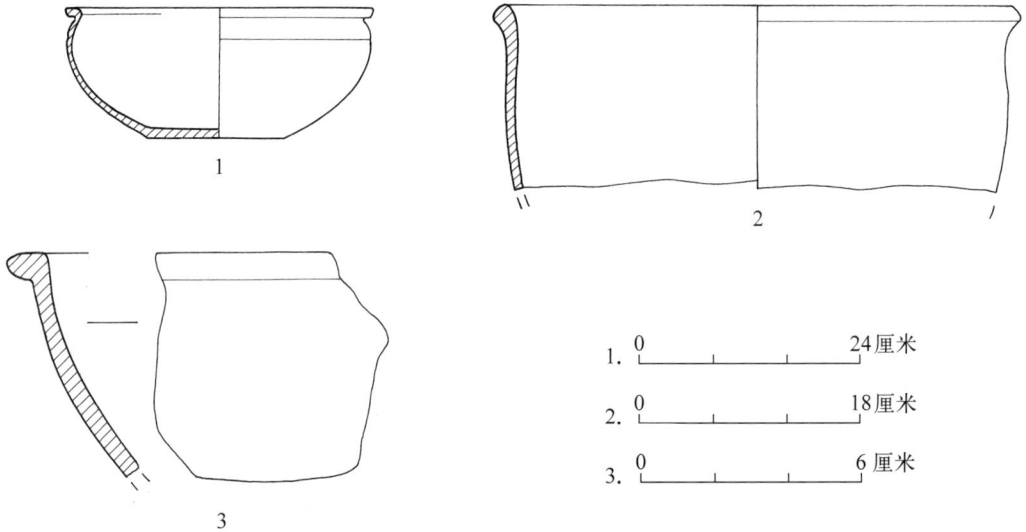

1. A型(H20∶5)　2. B型(TN07W06-N08W05⑨∶46)　3. C型(H17∶14)

1.　0 —————————— 24厘米

2.　0 —————————— 18厘米

3.　0 —————————— 6厘米

图二二　盆

9. 瓮

体量均较大,依据领部形态差异,可分为二型。

A型　高领。标本TN05E01-N06E01⑨∶40(图二三,1)。标本TN03W06-N04W05⑨∶10(图二三,2)。

B型　矮领。标本H19∶9(图二三,3)。标本H19∶11(图二三,4)。

10. 绳纹深腹罐

依据肩部形态差异,可分为二型。

A型　广弧肩,器形总体较大。标本TN05W04-N06W03⑨∶110(图二四,1)。标本G5∶5(图二四,2)。

B型　窄弧肩。标本TN05E01-N06E01⑨∶20(图二四,3)。标本H18∶1(图二四,4)。

11. 釜

依据整体形态差异,可分为四型。

A型　矮领,束颈,垂弧腹,圜底。标本J9∶17(图二五,1)。标本J9∶9(图二五,2)。

B型　无领,圆鼓腹,圜底。标本TN01W06-N02W05⑤∶3(图二五,3)。H13∶23(图二五,4)。

C型　无领,腹部较直,圜底近平。标本G3∶19(图二五,5)。标本G3∶18(图二五,6)。

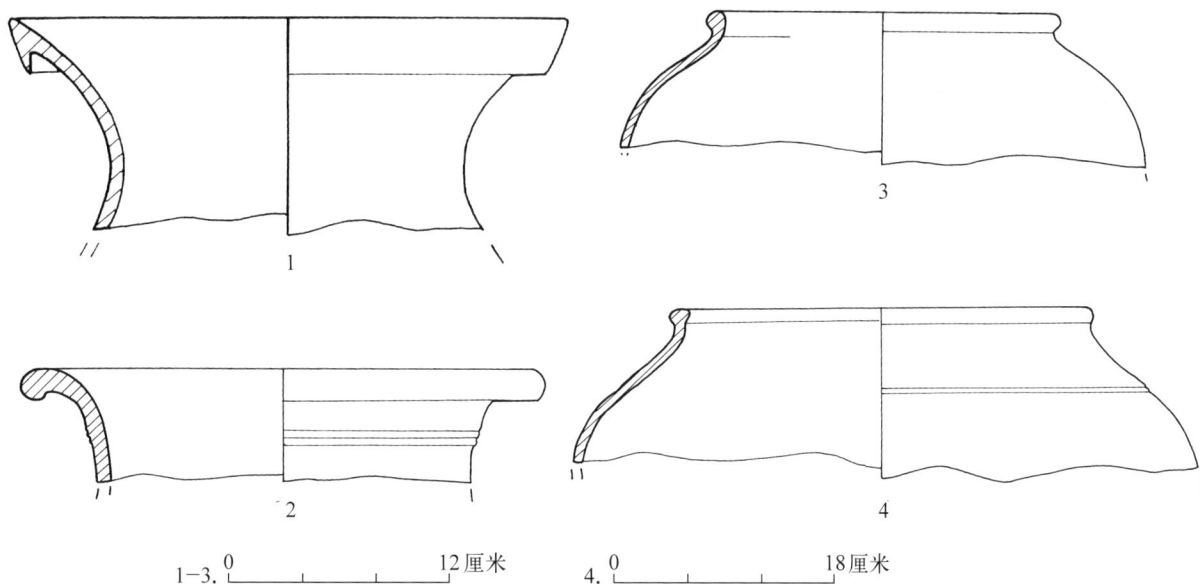

1-3. 0 _____ 12厘米   4. 0 _____ 18厘米

图二三 瓮

1、2. A型（TN05E01－N06E01⑨：40、TN03W06－N04W05⑨：10） 3、4. B型（H19：9、H19：11）

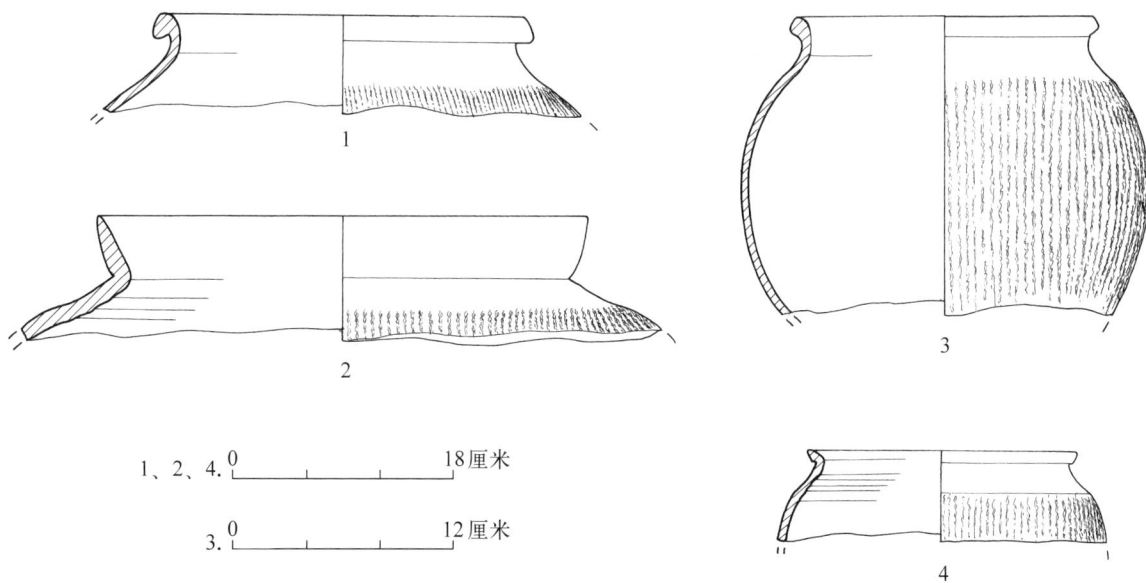

1、2、4. 0 _____ 18厘米

3. 0 _____ 12厘米

图二四 绳纹深腹罐

1、2. A型（TN05W04－N06W03⑨：110、G5：5） 3、4. B型（TN05E01－N06E01⑨：20、H18：1）

D型　大敞口，高领，鼓腹。标本H7：18（图二五，7）。标本TN07W06－N08W05④：7（图二五，8）。

12. 盆形器

依据口部形态差异，可分为三型。

A型　敛口。标本TN05E01－N06E01⑨：25（图二六，1）。

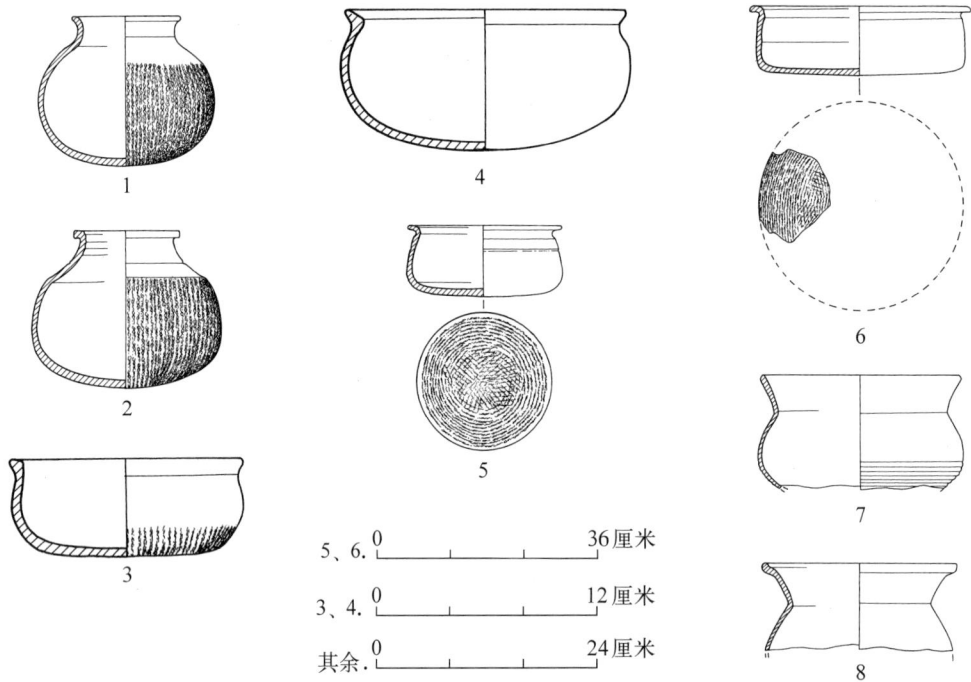

图二五　釜

1、2. A 型（J9：17、J9：9）　3、4. B 型（TN01W06－N02W05⑤：3、H13：23）　5、6. C 型（G3：19、G3：18）
7、8. D 型（H7：18、TN07W06－N08W05④：7）

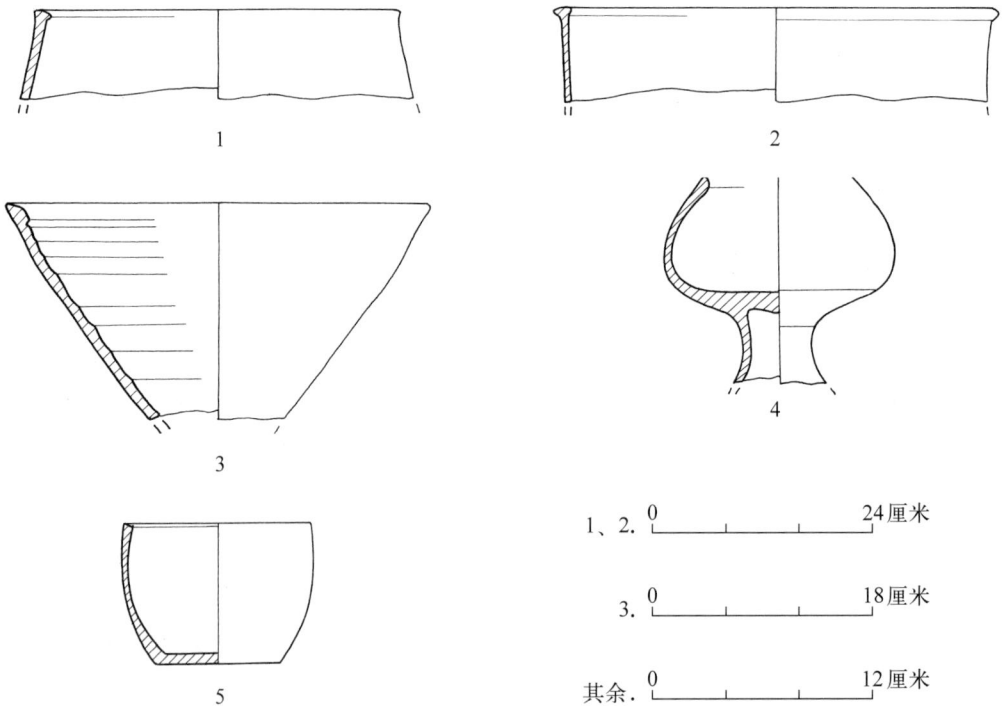

图二六　簋形器、杯

1. A 型簋形器（TN05E01－N06E01⑨：25）　2. B 型簋形器（TN05W04－N06W03⑨：102）
3. C 型簋形器（TN03W04－N04W03⑤：1）　4. A 型杯（TN07W04－N08W03⑩：12）　5. B 型（TN03W04－N04W03⑨：112）

B型 直口。标本TN05W04-N06W03⑨:102(图二六,2)。

C型 敞口。标本TN03W04-N04W03⑤:1(图二六,3)。

13. 杯

依据整体形态差异,可分为二型。

A型 圈足。标本TN07W04-N08W03⑩:12(图二六,4)。

B型 平底。标本TN03W04-N04W03⑨:112(图二六,5)。

14. 豆

根据豆盘形态差异,分二型。

A型 碗形。依据豆柄形态分二亚型。

Aa型 矮圈足柄。标本TN03W06-N04W05⑧:3(图二七,1)。

Ab型 高圈足柄。标本H13:30(图二七,2)。

B型 浅盘形。依据豆柄可分二亚型。

Ba型 柄较细。标本M1:5(图二七,3)。

Bb型 柄较粗高。标本TN07W04-N08W03⑩:84(图二七,4)。

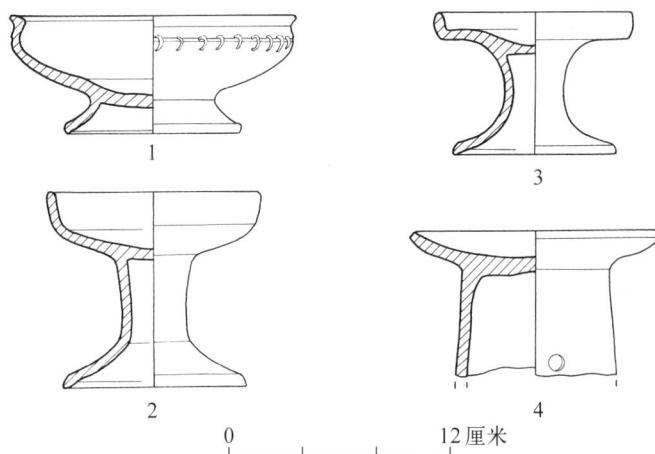

图二七 豆

1. Aa型(TN03W06-N04W05⑧:3) 2. Ab型(H13:30)
3. Ba型(M1:5) 4. Bb型(TN07W04-N08W03⑩:84)

15. 器盖

依据整体形态差异,可分为三型。

A型 近似覆碗形或钵形,或有捉手。标本H21:6(图二八,1)。标本TN05W08-N06W07⑦:6(图二八,2)。标本TN07W04-N08W03⑨:44(图二八,4)。

B型 近似覆盏形。标本H19:40(图二八,3)。

C型 近似斗笠形。标本TN05W04-N06W03⑨:57(图二八,5)。

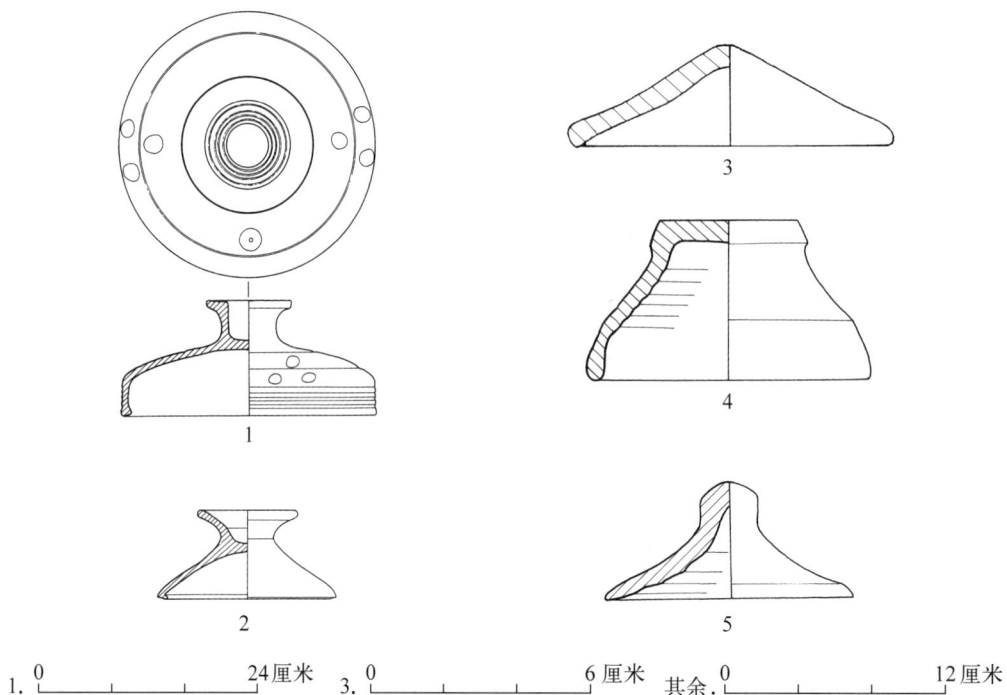

1. [0 ———————— 24厘米] 3. [0 ———————— 6厘米] 其余. [0 ———————— 12厘米]

图二八　器盖

1、2、4. A型（H21：6、TN05W08－N06W07⑦：6、TN07W04－N08W03⑨：44）　3. B型（H19：40）
5. C型（TN05W04－N06W03⑨：57）

16. 器纽

盖身残缺，依据纽部形态差异，可分为五型。

A型　盘状纽。标本TN05W04－N06W03⑨：85（图二九，1）。标本TN05W04－N06W03⑨：133（图二九，2）。

B型　"8"字形纽。标本TN05W04－N06W03⑨：82（图二九，3）。

C型　长圆柄状纽。标本TN05W08－N06W07⑨：48（图二九，4）。

D型　圆饼状纽。标本H12：2（图二九，5）。

E型　不规则泥突状纽。标本TN05W04－N06W03⑨：59（图二九，6）。

17. 圈足

依据足部形态差异，可分为四型。

A型　喇叭状矮圈足，足外侈。标本TN05W06－N06W05⑥：3（图三〇，1）。

B型　高圈足，斜直壁。标本TN05E01－N06E01⑨：10（图三〇，2）。

C型　圈足极矮。标本TN05W08－N06W07⑨：5（图三〇，3）。

D型　矮圈足，外壁呈台阶状。标本TN01W04－N02W03⑤：9（图三〇，4）。

18. 纺轮

依据整体形态差异，可分为六型。

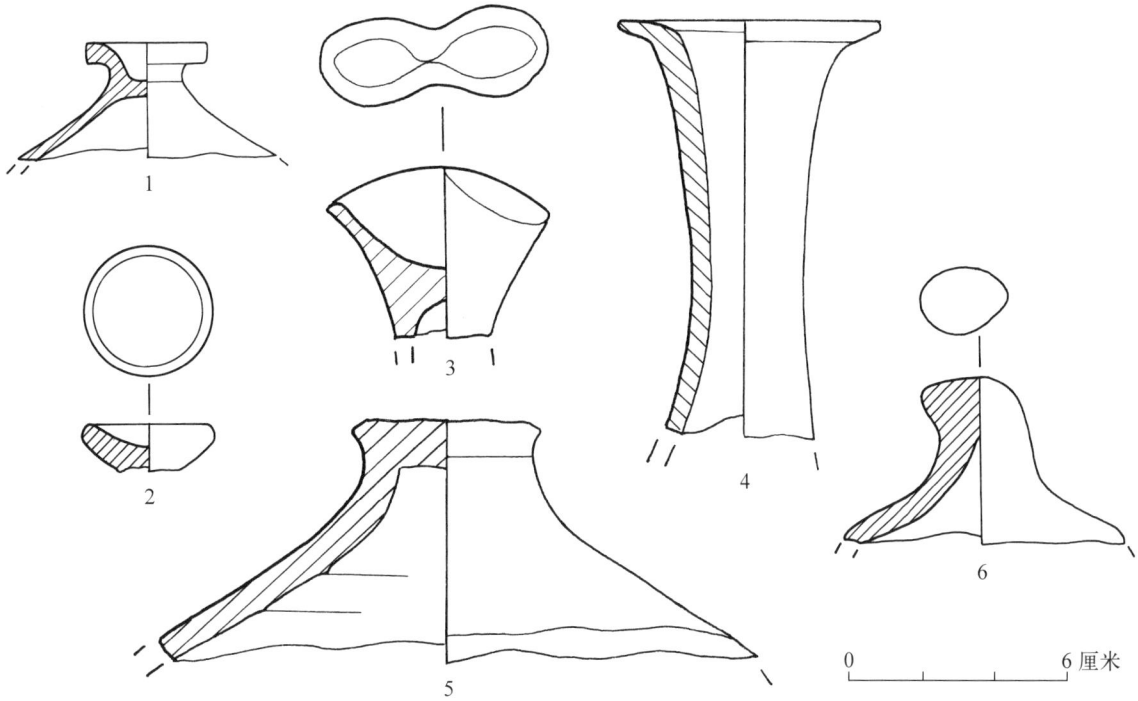

图二九　器纽

1、2. A 型（TN05W04−N06W03⑨：85、TN05W04−N06W03⑨：133）　3. B 型（TN05W04−N06W03⑨：82）

4. C 型（TN05W08−N06W07⑨：48）　5. D 型（H12：2）　6. E 型（TN05W04−N06W03⑨：59）

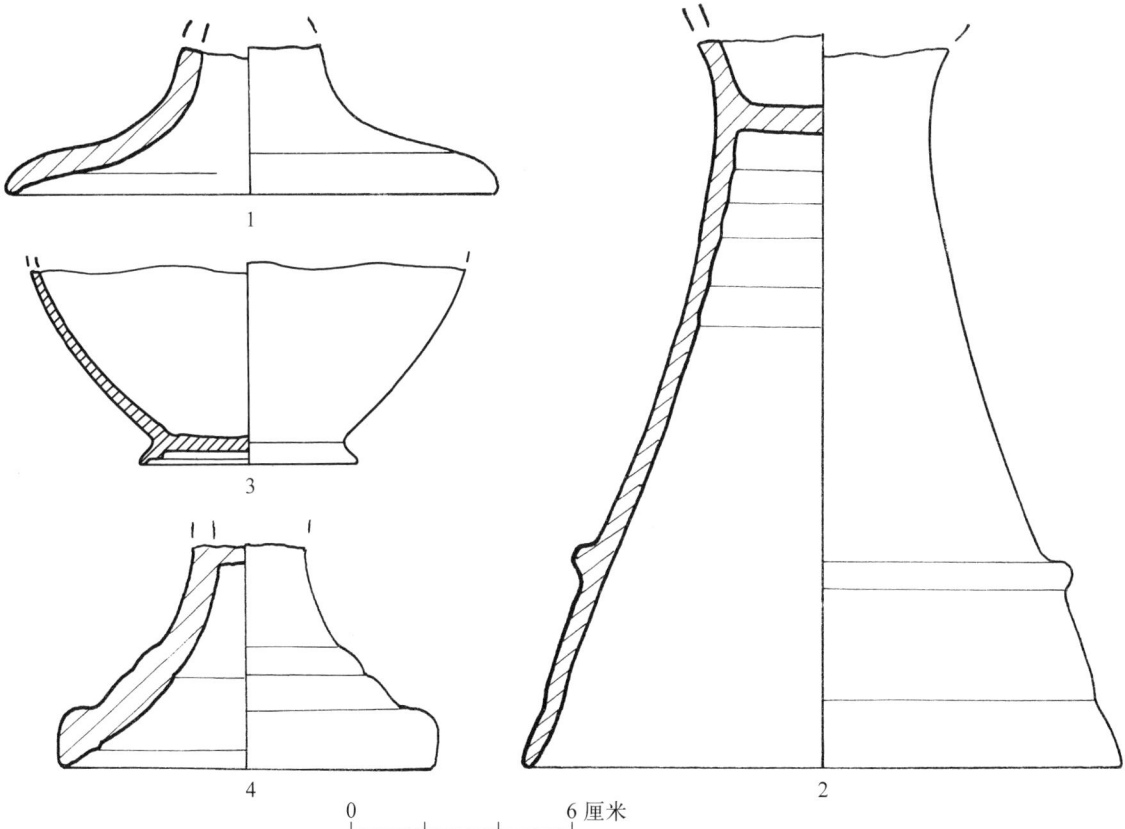

图三〇　圈足

1. A 型（TN05W06−N06W05⑥：3）　2. B 型（TN05E01−N06E01⑨：10）　3. C 型（TN05W08−N06W07⑨：5）

4. D 型（TN01W04−N02W03⑤：9）

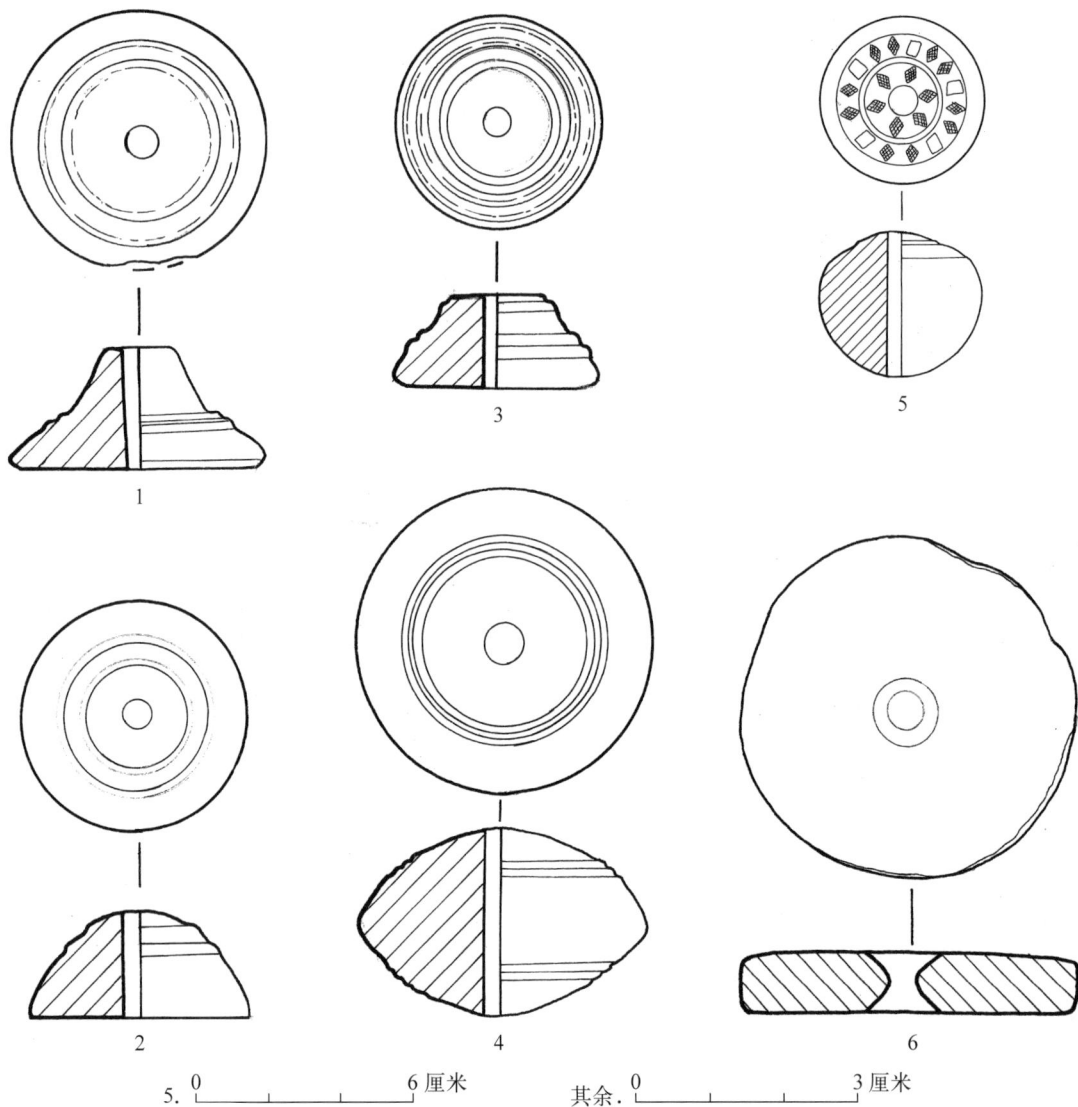

图三一　纺轮

1. A型（TN05W04－N06W03⑨：35）　2、3. B型（TN03W04－N04W03⑨：59、TN07W04－N08W03⑨：65）
4. C型（TN01W09－N02W09④：1）　5. D型（TN07W04－N08W03④：5）　6. E型（TN03W04－N04W03⑨：130）

A型　帽形。标本TN05W04－N06W03⑨：35（图三一，1）。

B型　圆丘形。标本TN03W04－N04W03⑨：59（图三一，2）。标本TN07W04－N08W03⑨：65（图三一，3）。

C型　算珠形。标本TN01W09－N02W09④：1（图三一，4）。

D型　圆球形。TN07W04－N08W03④：5（图三一，5）。

E型　圆饼形。标本TN03W04－N04W03⑨：130（图三一，6）。

第二节 房 址

F2

位于TN01W04－TN02W03、TN03W04－TN04W03和TN05W04－TN06W03的南部（图一四）。开口于第⑨层下，打破生土。不见房屋基槽，仅保存部分房屋柱洞和木构件，推测房址采用的是地面起建的建筑方式，属于杆栏式建筑。F2无明显范围，柱洞和木构件大约呈南北向的长条形分布，南北长约23.2米、东西宽约7.5米。柱洞分布有东、中、西三排。东排的柱洞分布规整，排列较紧密，大小不一，直径0.04-0.14米不等。紧挨着柱洞的西南部分布有较多的木构件，木构件分布比较有规律，呈西北至东南走向，推测其为废弃后的倒塌堆积。中排柱洞的东南部分分布较密集且有规律，大小较一致，直径约0.08米，零星分布有几根木构件。东排柱洞分布在TN01W04－N02W03的东南角，分布整齐有规律，柱洞直径相对较小，普遍在0.06米左右（图三二；彩版四，1）。F2无出土遗物。

第三节 坑

包括H11、H13、H17、H19、H20、H21、K6、K7等8个。

一、H11

位于TN05W08－N06W07探方东南部。开口于第④层下，打破第⑤层。平面形状呈长方形，斜壁、平底。长2.1、宽0.43-0.68、深0.9米。填土为褐色黏土，较致密。出土遗物仅有少许陶片，可辨器形有尖底盏、瓦当等（图三三，1）。

陶器

尖底盏 2件。

A Ⅱ式 1件。标本H11：1，夹砂灰黑陶。敛口，浅腹。口径14、高3.6厘米（图三三，2；彩版一五，1）。

B Ⅱ式 1件。标本H11：2，夹砂灰黑陶。近直口，深腹。口径14、高4.8厘米（图三三，3；彩版一五，2）。

瓦当 1件。

标本H11：3，泥质灰陶。饰四组卷云纹，以竖凸棱间隔。直径15.6、厚3厘米（图三三，4）。

二、H13

位于TN03W06－N04W05探方北部。开口于第④层下，打破第⑤层，被H14打破。平面呈不

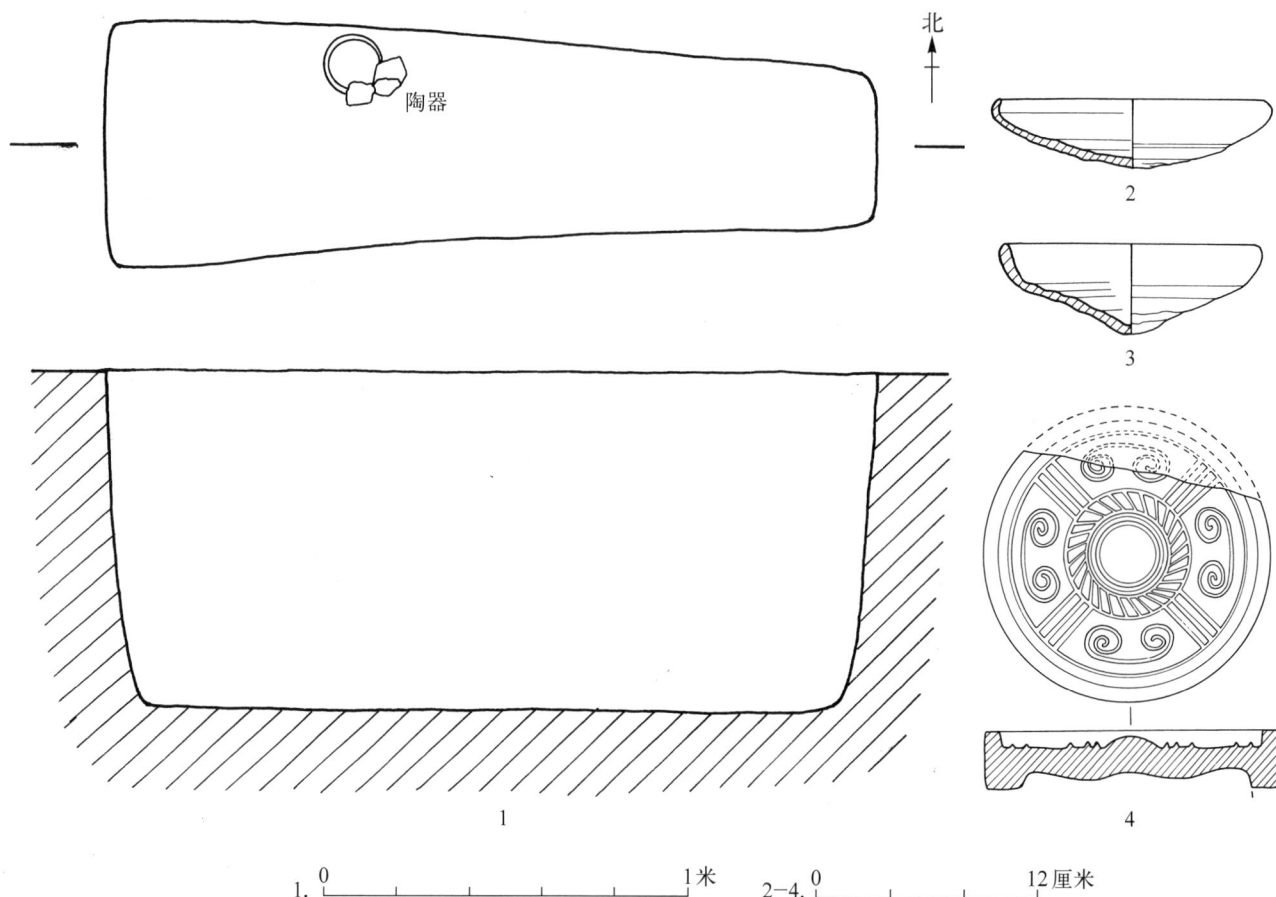

图三三　H11平、剖面图及陶器

1. H11平、剖面图　2、3.尖底盏（H11：1、H11：2）　4.瓦当（H11：3）

规则形，斜壁、圜底近平。长2.15、宽1.88、深0.68米。填土为黑褐色黏土，较致密。出土遗物均为陶器，可辨器形有尖底盏、小平底罐、盆、绳纹深腹罐、器盖、豆、釜、鼎足等（图三四；彩版四，2）。

陶器

尖底盏　1件。

BⅡ式　1件。标本H13：25，夹砂灰褐陶。直口、折腹。口径12、高3.8厘米（图三五，1）。

小平底罐　1件。

标本H13：51，夹砂灰黑陶。侈口、鼓肩、弧腹。口径12、残高4.8厘米（图三五，2）。

盆　1件。

C型　1件。标本H13：52，夹砂灰黑陶。侈口、卷沿、微束颈、鼓肩。肩部饰一周凹弦纹。口径32.4、残高5.4厘米（图三五，7）。

绳纹深腹罐　8件。

B型　8件。标本H13：24，夹砂灰褐陶。侈口、卷沿、束颈、弧肩。腹部饰绳纹。口径32.4、残高11.4厘米（图三七，1）。标本H13：16，夹砂灰黑陶。侈口、卷沿、束颈。腹部饰绳纹。口径16、残高6

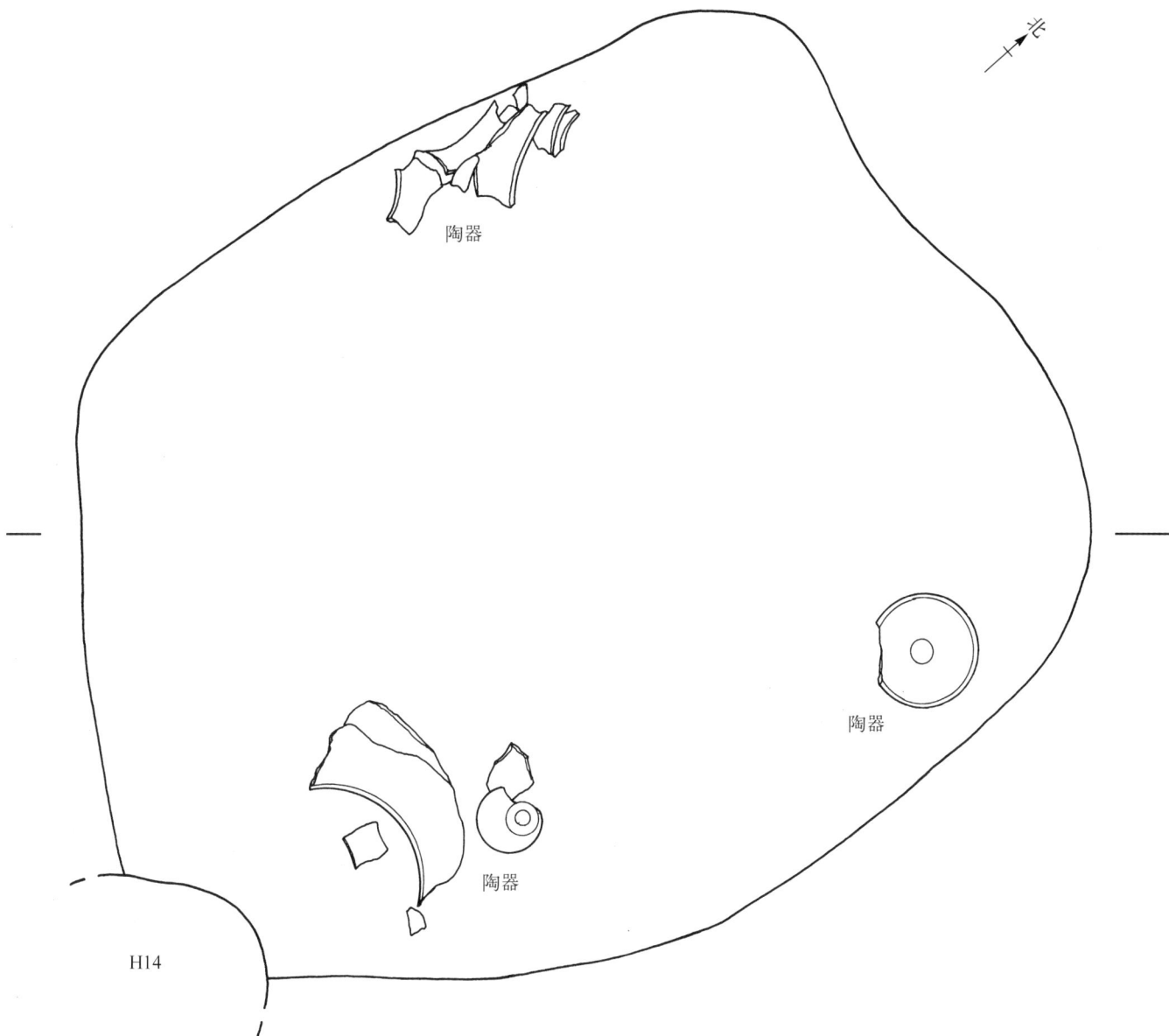

陶器

陶器

陶器

H14

0   0.5米

图三四　H13平、剖面图

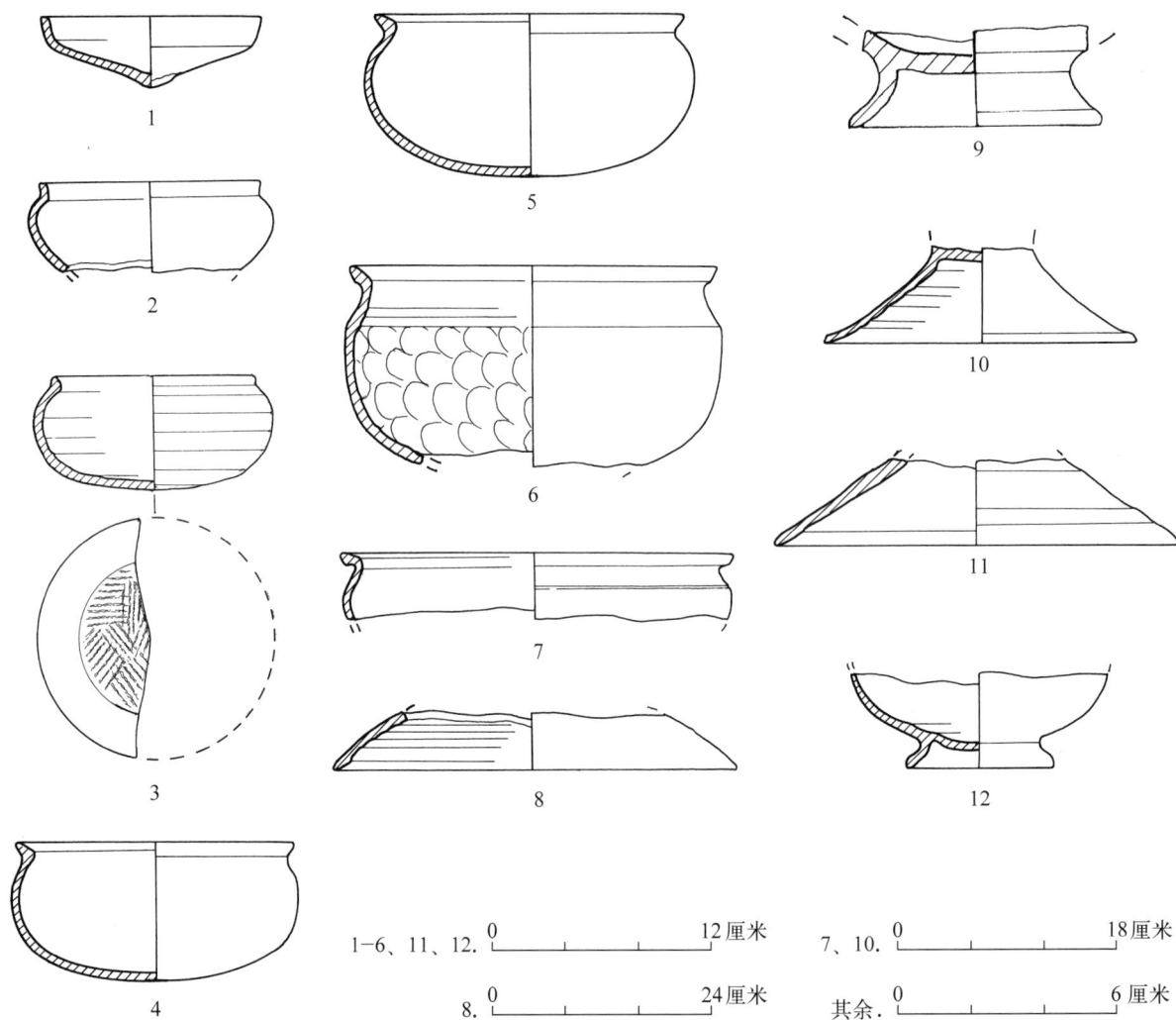

图三五　H13陶器

1. 尖底盏（H13：25）　2. 小平底罐（H13：51）　3—6. 釜（H13：21、H13：23、H13：22、H13：6）　7. 盆（H13：52）
8. 器盖（H13：53）　9—12. 圈足（H13：8、H13：3、H13：19、H13：20）

厘米（图三七，2）。标本H13：15，夹砂灰黑陶。侈口、卷沿、束颈。腹部饰绳纹。内壁有制作时留下的轮制痕迹。口径20.4、残高7厘米（图三七，3）。标本H13：14，夹砂灰褐陶。侈口、卷沿、束颈。腹部饰绳纹。内壁有制作时留下的轮制痕迹。口径22、残高6厘米（图三七，4）。标本H13：17，夹砂灰褐陶。侈口、折沿、微束颈、弧肩。腹部压印绳纹。口径16、残高5厘米（图三七，5）。标本H13：18，夹砂灰黑陶。侈口、折沿、弧肩。口径14、残高4厘米（图三七，6）。标本H13：57，夹砂灰黑陶。侈口、折沿。腹部饰绳纹。内壁有制作时留下的轮制痕迹。口径22、残高5.4厘米（图三七，7）。标本H13：58，夹砂褐陶。侈口、折沿、束颈、弧肩。口径26、残高10.2厘米（图三七，8）。

釜　4件。

B型　4件。标本H13：21，夹砂灰黑陶。短侈口、鼓腹、圜底。底部饰绳纹。口径11.2、高6厘米（图三五，3）。标本H13：23，夹砂灰褐陶。短折沿上扬、鼓腹、圜底。口径15.2、高7.4厘

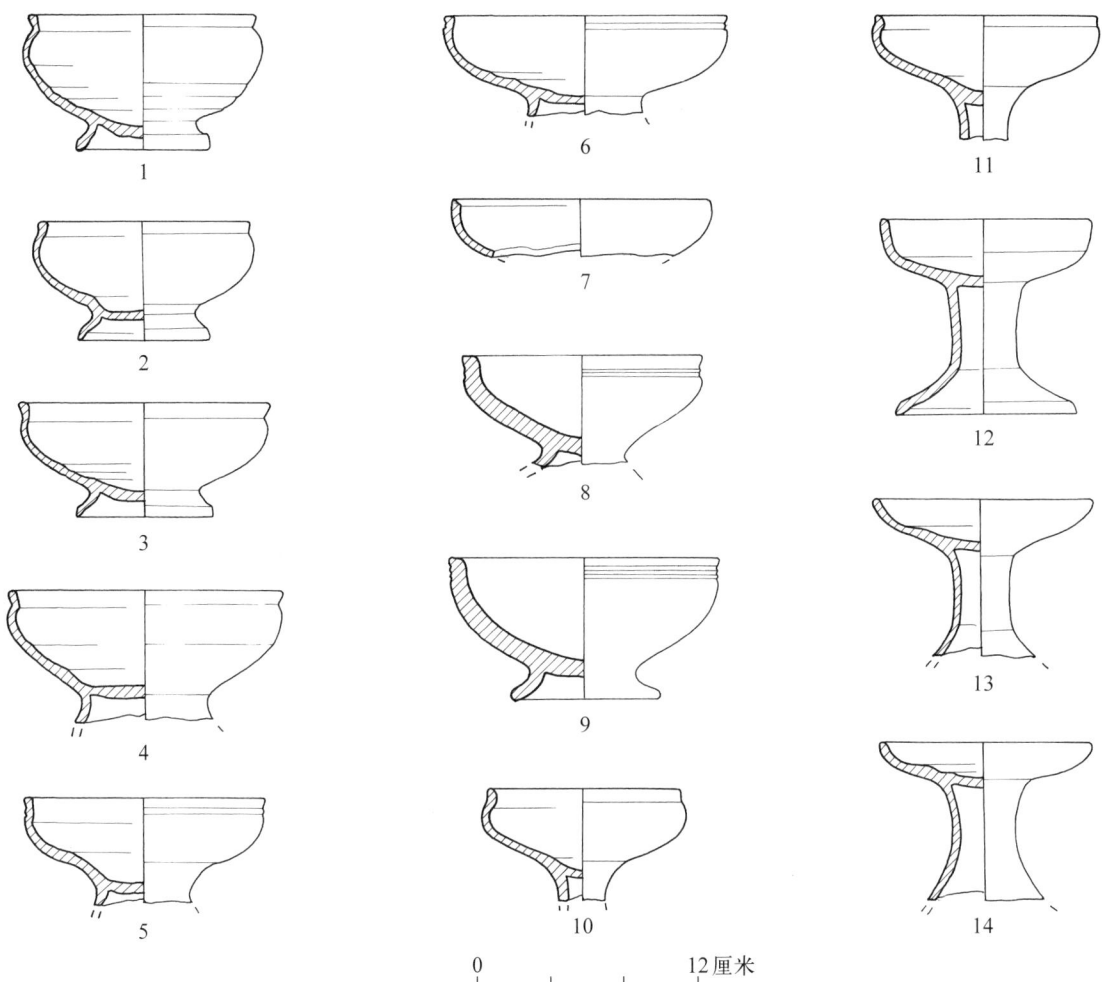

图三六　H13陶豆

1. H13：5　2. H13：1　3. H13：4　4. H3：10　5. H13：7　6. H13：11　7. H13：54　8. H13：55　9. H13：56　10. H13：27
11. H13：26　12. H13：30　13. H13：2-1　14. H13：2-2

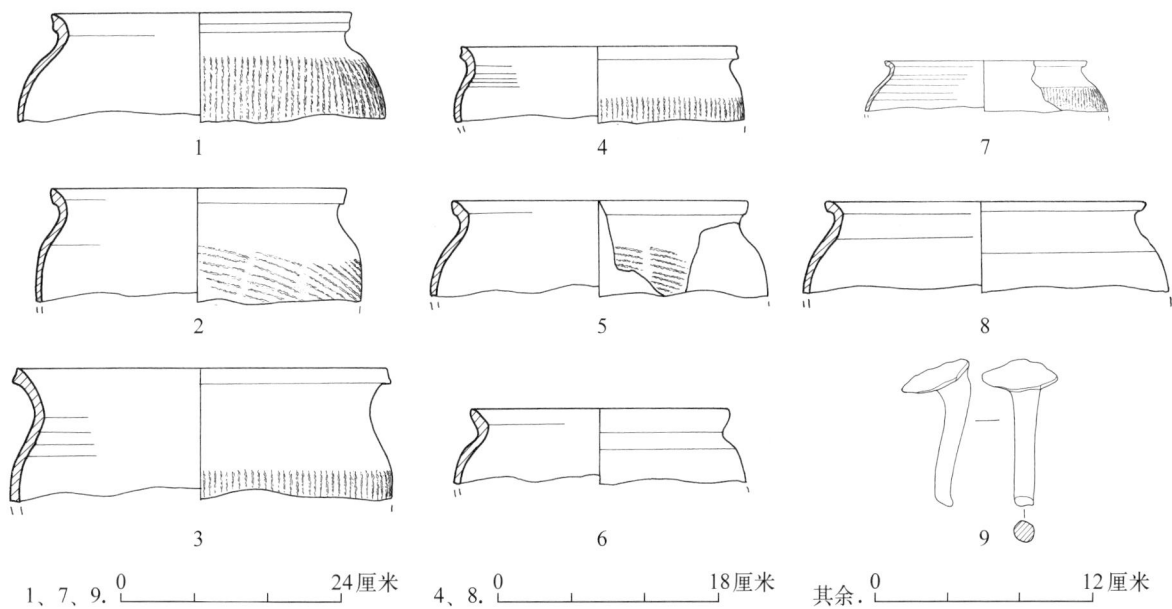

图三七　H13绳纹深腹罐和鼎足

1-8. 绳纹深腹罐（H13：24、H13：16、H13：15、H13：14、H13：17、H13：18、H13：57、H13：58）　9. 鼎足（H13：29）

米(图三五,4)。标本H13:22,夹砂灰黑陶。短折沿上扬、鼓腹、圜底。口径16.8、高8.8厘米(图三五,5)。标本H13:6,夹砂灰黑陶。短折沿上扬、鼓腹、圜底。腹部似有切削或压印的圆形块状。口径20、残高10.6厘米(图三五,6)。

豆 14件。

Aa型 9件。标本H13:5,夹砂灰黑陶。短侈口、鼓腹、矮圈足。口径12.4、足径7.2、高7.2厘米(图三六,1)。标本H13:1,夹砂灰黑陶。短侈口、鼓腹、矮圈足。口径11.4、足径7.2、高6.2厘米(图三六,2;彩版一五,3)。标本H13:4,夹砂灰黑陶。短侈口、鼓腹、矮圈足。口径13.6、足径7.4、高6厘米(图三六,3;彩版一五,4)。标本H13:10,夹砂灰黑陶。短侈口、鼓腹、矮圈足。口径14.8、残高6.8厘米(图三六,4)。标本H13:7,夹砂灰黑陶。短侈口、弧腹、矮圈足。口径13、残高5.5厘米(图三六,5)。标本H13:11,夹砂灰黑陶。短侈口、弧腹、矮圈足。口径15.2、残高5.2厘米(图三六,6)。标本H13:54,夹砂灰黑陶。短侈口、弧腹、矮圈足。口径14、残高3厘米(图三六,7)。标本H13:55,夹砂灰黑陶。短侈口、弧腹、矮圈足。口径13、残高5.6厘米(图三六,8)。标本H13:56,夹砂灰黑陶。短侈口、弧腹、矮圈足。口径14.5、底径8.1、高7.4厘米(图三六,9)。

Ab型 2件。标本H13:27,夹砂灰黑陶。短侈口、鼓腹、高圈足。口径10.4、残高6厘米(图三六,10)。标本H13:26,夹砂灰黑陶。短侈口、鼓腹、高圈足。口径12、残高6.6厘米(图三六,11)。

Bb型 3件。标本H13:30,夹砂灰黑陶。浅盘状、高圈足。口径11.6、底径10、高10.4厘米(图三六,12;彩版一五,5)。标本H13:2-1,夹砂灰黑陶。浅盘状、高圈足。口径12、残高8.2厘米(图三六,13;彩版一五,6)。标本H13:2-2,夹砂灰黑陶。浅盘状、高圈足。口径11.6、残高8.4厘米(图三六,14)。

器盖 1件。

A型 1件。标本H13:53,夹砂灰黑陶。斜直腹口径44、残高6.4厘米(图三五,8)。

圈足 4件。

A型 4件。标本H13:8,夹砂灰黑陶。喇叭状。底径7、残高2.6厘米(图三五,9)。标本H13:3,夹砂灰陶。喇叭状。足壁斜直外撇,内侧呈波浪状。足径25.2、残高7.8厘米(图三五,10)。标本H13:19,夹砂褐陶。喇叭状。足壁斜直外撇。底径22、残高4.6厘米(图三五,11)。标本H13:20,夹砂灰褐陶。喇叭状。底径8、残高5厘米(图三五,12)。

鼎足 1件。

标本H13:29,夹砂褐陶。足端外撇。残高15.6厘米(图三七,9)。

三、H17

位于TN03W06-N04W05探方北部,部分伸入北壁。开口于第④层下,打破第⑤层。平面形状呈不规则形,弧壁、底部较平。长1.46、宽1.5、深0.5米。填土为黑褐色土,较致密。出土遗物均为陶器,可辨器形有束颈罐、盆、绳纹深腹罐、钵、尖底盏等(图三八;彩版五,1)。

陶器

尖底盏 3件。

BⅡ式 3件。标本H17:15,夹砂褐陶。直口、折腹。底部呈螺旋状。口径10、残高2.4厘米

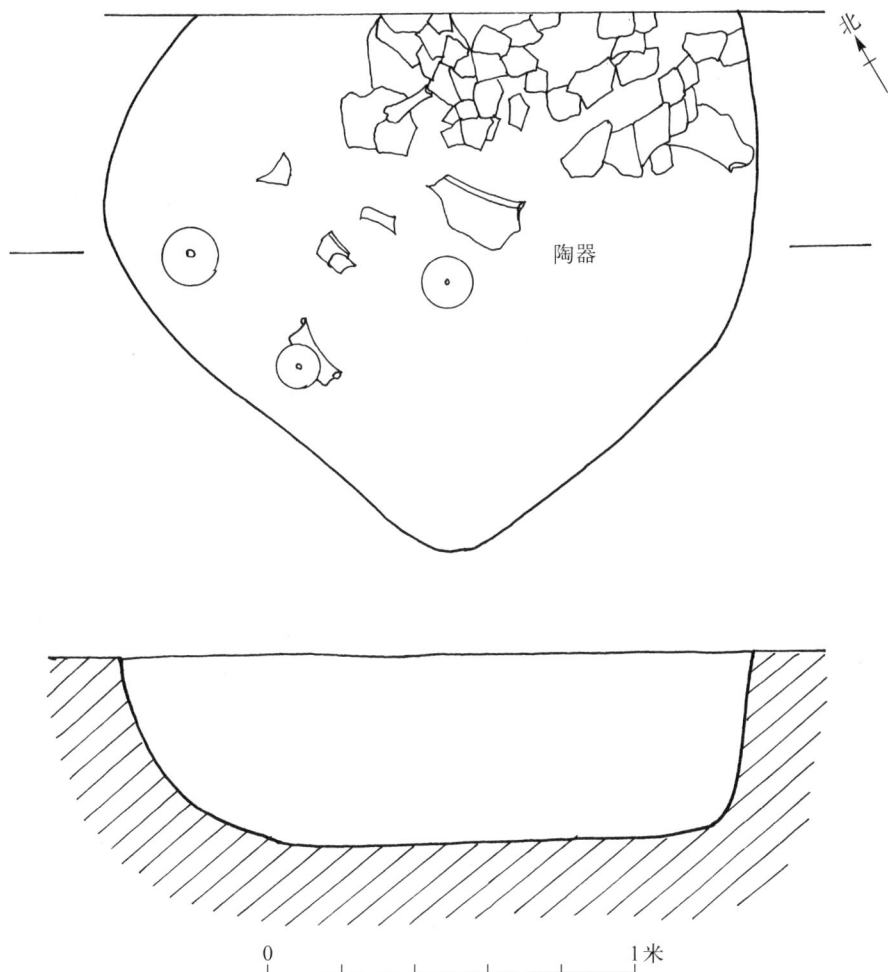

图三八 H17平、剖面图

（图三九，1）。标本H17∶3，夹砂灰黑陶。直口、折腹。底部呈螺旋状。口径12、残高3.5厘米（图三九，2）。标本H17∶16，夹砂灰陶。直口、折腹。口径12.2、残高3.2厘米（图三九，3）。

束颈罐 1件。

A型 1件。标本H17∶8，夹砂灰黑陶。方唇。口沿饰压印纹。残高5.8厘米（图三九，4）。

盆 1件。

C型 1件。标本H17∶14，夹砂灰陶。敞口、平沿、斜弧腹。残高6厘米（图三九，5）。

绳纹深腹罐 9件。

A型 1件。标本H17∶19，夹砂褐陶。侈口、唇沿外翻下垂。残高8.2厘米（图四○，1）。

B型 8件。标本H17∶4，夹砂褐陶。折沿外侈、束颈、鼓腹。腹部饰绳纹。口径36.8、残高26厘米（图四○，2）。标本H17∶5，夹砂褐陶。侈口、折沿、束颈、鼓腹。腹部饰绳纹。口径18、高8.8厘米（图四○，3）。标本H17∶6，夹砂褐陶。侈口、折沿、束颈、鼓腹。腹部饰绳纹。口径18、残高16.8厘米（图四○，4）。标本H17∶7，夹砂红褐陶。侈口、折沿、束颈、鼓腹。腹部饰绳纹。口径18、残高4.5厘米（图四○，5）。标本H17∶9，夹砂褐陶。侈口、折沿、束颈、鼓腹。腹部饰绳纹。口径18.4、残高9厘

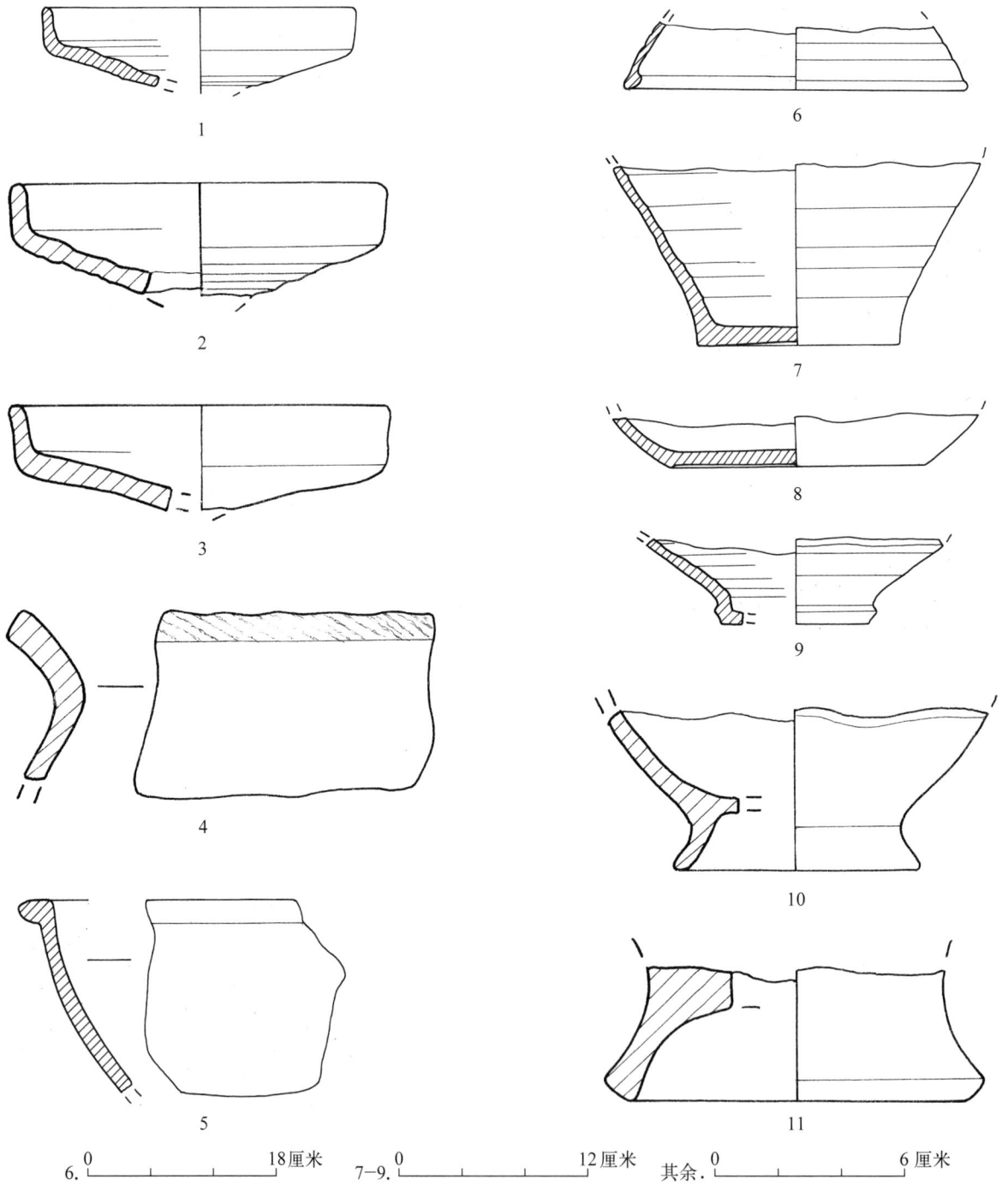

0　　　　　　　　18厘米
6.

0　　　　　　　　12厘米
7—9.

0　　　　　　6厘米
其余.

图三九　H17陶器

1—3.尖底盏（H17：15、H17：3、H17：16）　4.束颈罐（H17：8）　5.盆（H17：14）　6.器盖（H17：12）

7—9.器底（H17：21、H17：22、H17：17）　10、11.圈足（H17：23、H17：13）

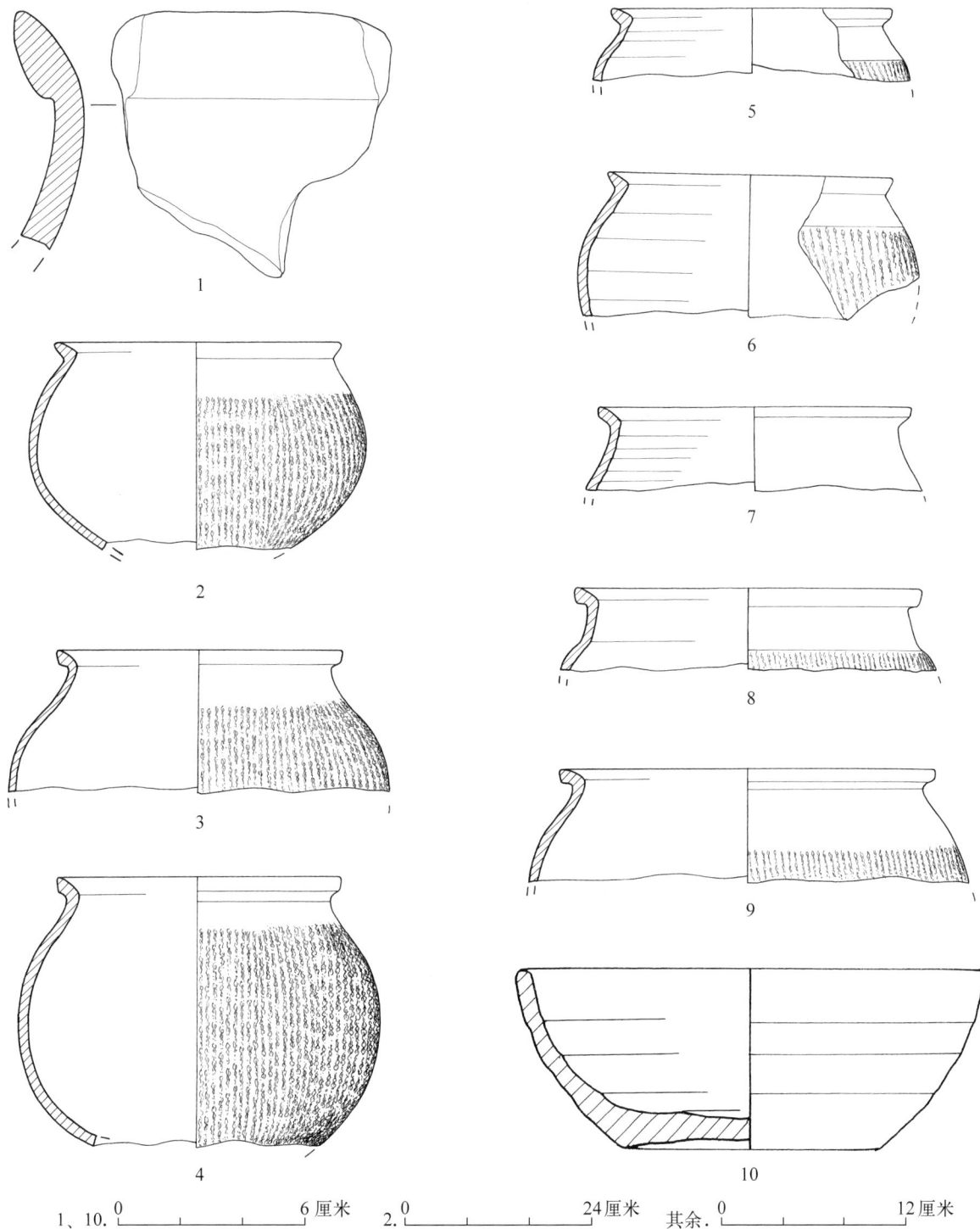

图四〇 H17陶绳纹深腹罐、弧腹钵

1-9.绳纹深腹罐（H17：19、H17：4、H17：5、H17：6、H17：7、H17：9、H17：10、H17：11、H17：27） 10.弧腹钵（H17：1）

米(图四〇,6)。标本 H17:10,夹砂褐陶。侈口、折沿、束颈。口径20、残高5.2厘米(图四〇,7)。标本 H17:11,夹砂褐陶。侈口、折沿、束颈。腹部饰绳纹。口径22.4、残高5.2厘米(图四〇,8)。标本 H17:27,夹砂灰褐陶。侈口、折沿、束颈、鼓腹。腹部饰绳纹,口径24、残高7.2厘米(图四〇,9)。

弧腹钵 1件。

Aa型 1件。标本 H17:1,夹砂灰陶。敞口、弧腹、平底内凹。口径15、底径8、高5.6厘米(图四〇,10;彩版一六,1)。

器盖 1件。

A型 1件。标本 H17:12,夹砂灰褐陶。斜直腹。器壁有轮制痕迹。口径32.4、残高6厘米(图三九,6)。

圈足 2件。

C型 1件。标本 H17:23,夹砂灰褐陶。弧腹、矮圈足。足径7.8、残高5厘米(图三九,10)。标本 H17:13,夹砂灰褐陶。矮圈足。足径12、残高4厘米(图三九,11)。

器底 3件。

标本 H17:21,夹砂褐陶。底径12.5、残高11.2厘米(图三九,7)。标本 H17:22,夹砂灰黑陶。底径16、残高3厘米(图三九,8)。标本 H17:17,夹砂褐陶。底径10、残高5.2厘米(图三九,9)。

四、H19

位于 TN05W09-N06W09 探方西北角,部分伸入西壁和北隔梁。开口于第⑤层下,打破第⑥层。平面呈不规则形,弧壁、平底。长3.5、宽2.06、深0.56米。填土为黑褐色沙土,较致密。出土遗物有兽骨及陶器,陶器可辨器形有束颈罐、尖底盏、尖底罐、敛口罐、矮领罐、瓮、杯、簸形器等(图四一;彩版五,2)。

陶器

尖底盏 5件。

AⅡ式 3件。标本 H19:21,夹砂灰陶。微敛口、圆肩、斜弧腹。口径10.2、高4厘米(图四二,1)。标本 H19:20,夹砂灰陶。微敛口、圆肩、斜弧腹。口径10、高3.4厘米(图四二,2)。标本 H19:14,夹砂灰陶。敛口、圆肩、斜弧腹。口径11、高3.8厘米(图四二,3)。

BⅡ式 1件。标本 H19:15,夹砂灰黑陶。口近直、斜弧腹。壁较厚。口径9.2、高3.6厘米(图四二,4)。

CⅡ式 1件。标本 H19:16,夹砂灰黑陶。口微侈、折腹。口径11.2、残高1.8厘米(图四二,5)。

尖底罐 2件。

Ab型 1件。标本 H19:12,夹砂褐陶。口微侈、矮领、鼓肩。口径12、残高5.5厘米(图四二,6)。

B型 1件。标本 H19:24,夹砂灰陶。敞口、高领、溜肩、鼓腹。口径8、残高7.4厘米(图四二,7)。

敛口罐 6件。

A型 3件。标本 H19:39,夹砂褐陶。短沿、窄弧肩、弧腹较深。口径33、残高6厘米(图四二,8)。标本 H19:33,夹砂灰陶。短沿、窄弧肩、深弧腹。口径16.8、残高7.2厘米(图四二,9)。

陶器

北

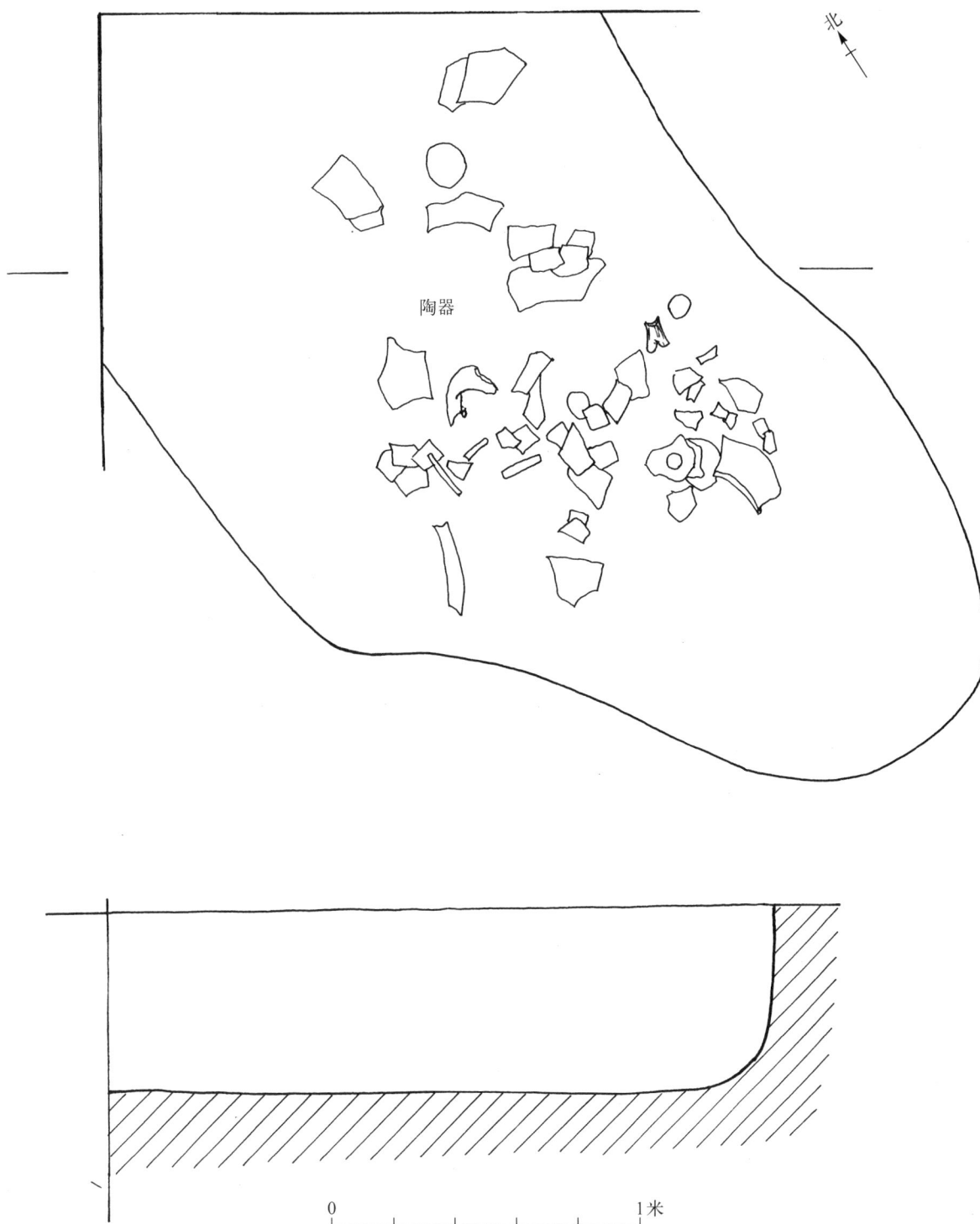

图四一 H19平、剖面图

0 1米

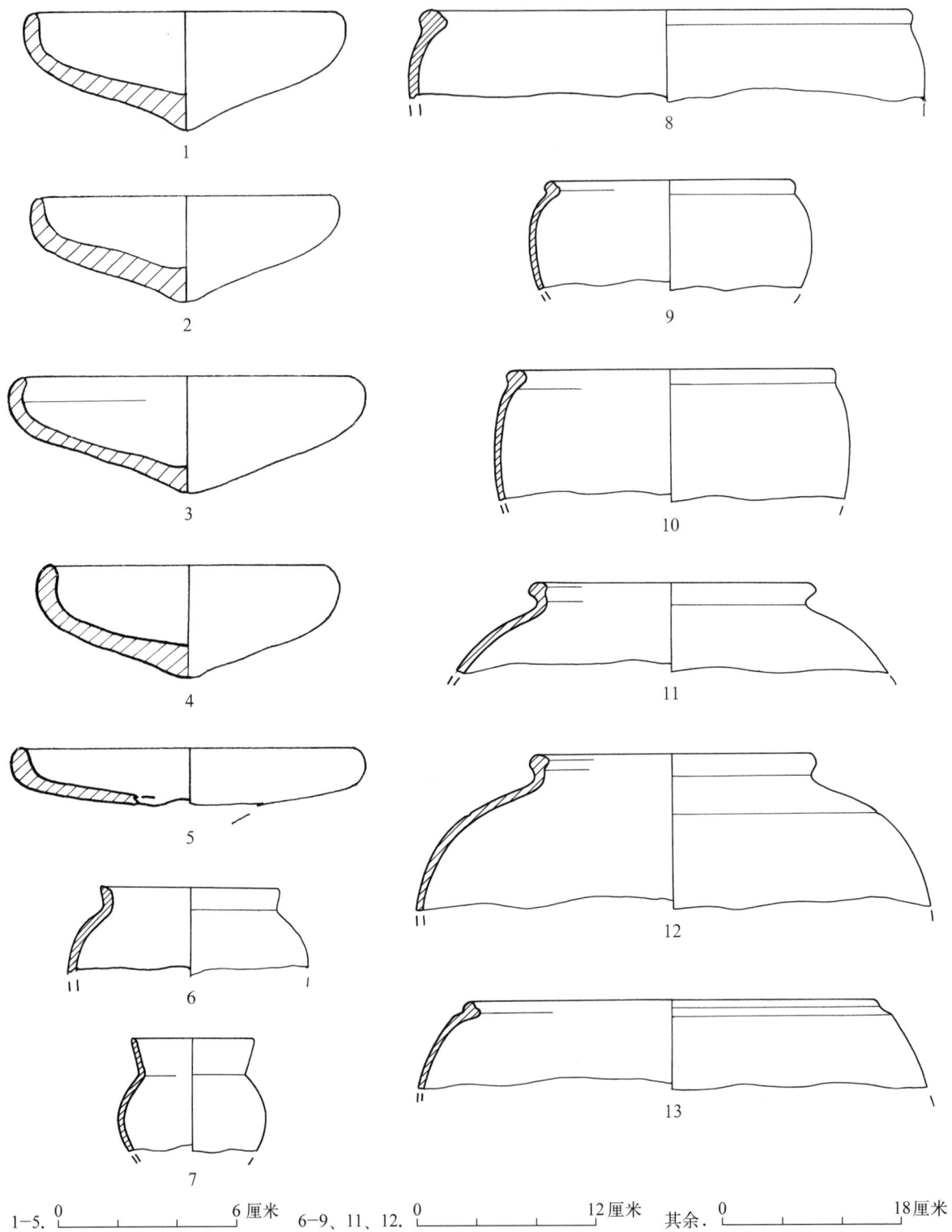

1-5. 　　　0　　　　　　　6厘米　　6-9、11、12.　　0　　　　　　　12厘米　　　其余.　　0　　　　　　　18厘米

图四二　H19陶器

1-5.尖底盏（H19：21、H19：20、H19：14、H19：15、H19：16）　6、7.尖底罐（H19：12、H19：24）
8-13.敛口罐（H19：39、H19：33、H19：5、H19：13、H19：10、H19：7）

标本H19:5,夹砂褐陶。短沿、窄弧肩、深弧腹。口径33、残高12.6厘米(图四二,10)。

B型 2件。标本H19:13,夹砂灰陶。短沿、矮领、颈微束、窄广肩。口径19.2、残高5.6厘米(图四二,11)。标本H19:10,夹砂灰陶。短领、窄广肩、深弧腹。肩部饰一周凹弦纹。口径19.2、残高10厘米(图四二,12)。

C型 1件。标本H19:7,夹砂灰陶。沿极短、肩微折。口径39.9、残高8.5厘米(图四二,13)。

矮领罐 1件。

C型 1件。标本H19:34,夹砂褐陶。敛口、短沿、微束颈、鼓肩。腹部饰一周凹弦纹。口径16.8、腹径30.8、残高12厘米(图四三,1)。

束颈罐 3件。

Bb型 3件。标本H19:1,夹砂褐陶。侈口、束颈、窄弧肩、圈足。口径8.4、腹径11.4、残高12.6厘米(图四三,2)。标本H19:32,夹砂褐陶。侈口、束颈、窄弧肩。口径9、残高4.4厘米(图四三,3)。标本H19:2,夹砂褐陶。侈口、束颈、窄弧肩、圈足。口径10.4、腹径12.8、残高12.6厘米(图四三,4;彩版一六,2)。

绳纹深腹罐 1件。

A型 1件。标本H19:25,夹砂灰陶。敛口、微束颈、广肩。口径18、残高5厘米(图四三,5)。

盘口罐 1件。

标本H19:36,夹砂灰陶。敞口、沿外翻、唇沿下垂部分较小、束颈、溜肩。口径21、残高8厘米(图四三,11)。

瓮 5件。

B型 5件。标本H19:17,夹砂灰陶。侈口、微束颈、溜肩。肩部饰戳印方格纹。口径38.8、残高13.4厘米(图四三,6)。标本H19:4,夹砂灰陶。侈口、矮领、平沿。口径42、残高4.8厘米(图四三,7)。标本H19:8,夹砂灰陶。侈口、矮领、广肩。口径23.4、残高5.2厘米(图四三,8)。标本H19:9,夹砂灰陶。侈口、矮领、广肩。口径19.2、残高8.8厘米(图四三,9)。标本H19:11,夹砂褐陶。直口、矮领、广肩。肩部饰一周凹弦纹。口径33、残高12厘米(图四三,10)。

簋形器 1件。

B型 1件。标本H19:35,夹砂灰陶。近直口、直腹、口沿内抹。口径22、残高8厘米(图四三,12)。

杯 1件。

B型 1件。标本H19:23,夹砂灰陶。侈口、鼓肩、斜腹、平底。口径8.8、底径3.6、高6.8厘米(图四四,1)。

器盖 1件。

B型 1件。标本H19:40,夹砂灰黑陶。器形较小,覆盏形。口径8.8、高2.6厘米(图四四,2)。

圈足 4件。

A型 1件。标本H19:38,夹砂灰陶。喇叭状。外壁饰划纹。足径10、残高3.4厘米(图四四,6)。

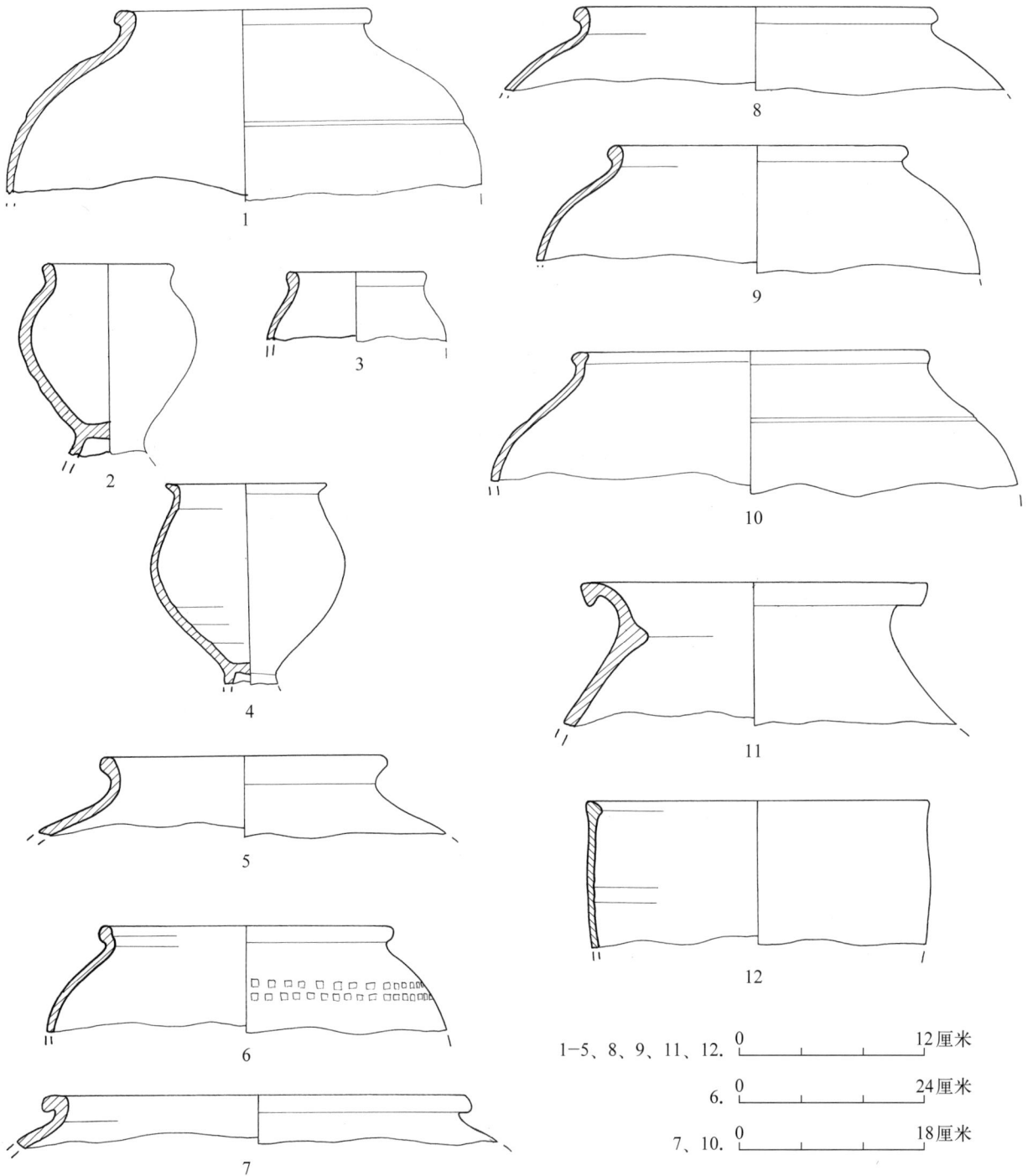

图四三　H19陶器

1. 矮领罐（H19：34）　2—4. 束颈罐（H19：1、H19：32、H19：2）　5. 绳纹深腹罐（H19：25）
6—10. 瓮（H19：17、H19：4、H19：8、H19：9、H19：11）　11. 盘口罐（H19：36）　12. 簋形器（H19：35）

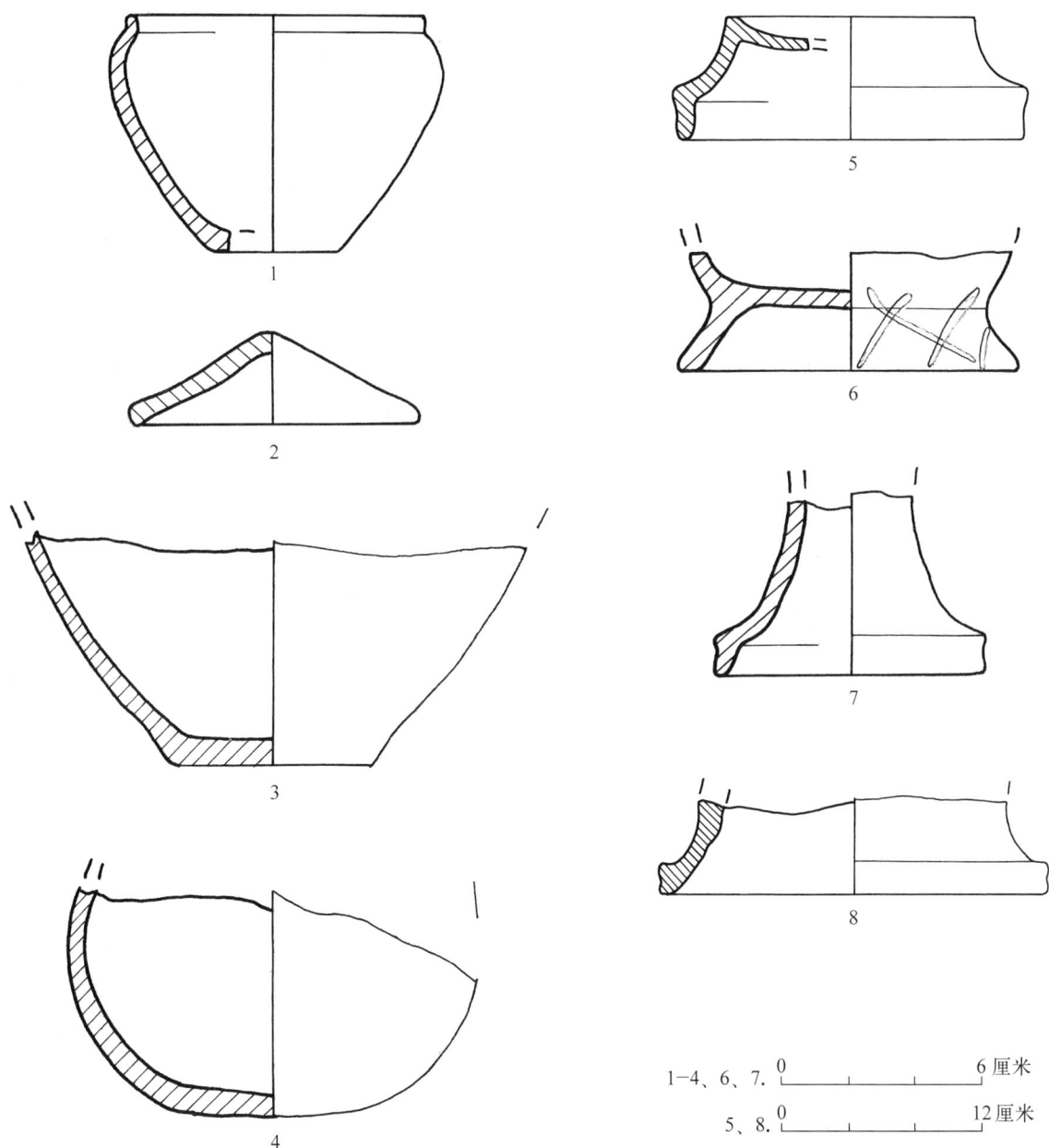

图四四 H19陶器

1. 杯(H19:23) 2. 器盖(H19:40) 3、4. 器底(H19:28、H19:29) 5—8. 圈足(H19:6、H19:38、H19:26、H19:27)

D型 3件。标本H19:6,夹砂褐陶。足沿内折,足壁内弧。足径20.4、残高7厘米(图四四,5)。标本H19:26,夹砂灰陶。足壁内弧,足沿内敛。足径8、残高5厘米(图四四,7)。标本H19:27,夹砂灰褐陶。足壁内弧,足沿内敛。足径23、残高5.4厘米(图四四,8)。

器底 2件。

标本H19:28,夹砂褐陶。斜腹、平底。底径6、残高6.5厘米(图四四,3)。标本H19:29,夹砂褐陶。圜底近平。残高6.5厘米(图四四,4)。

北

陶器

0　　　　　　　　　　　　　　　　　1米

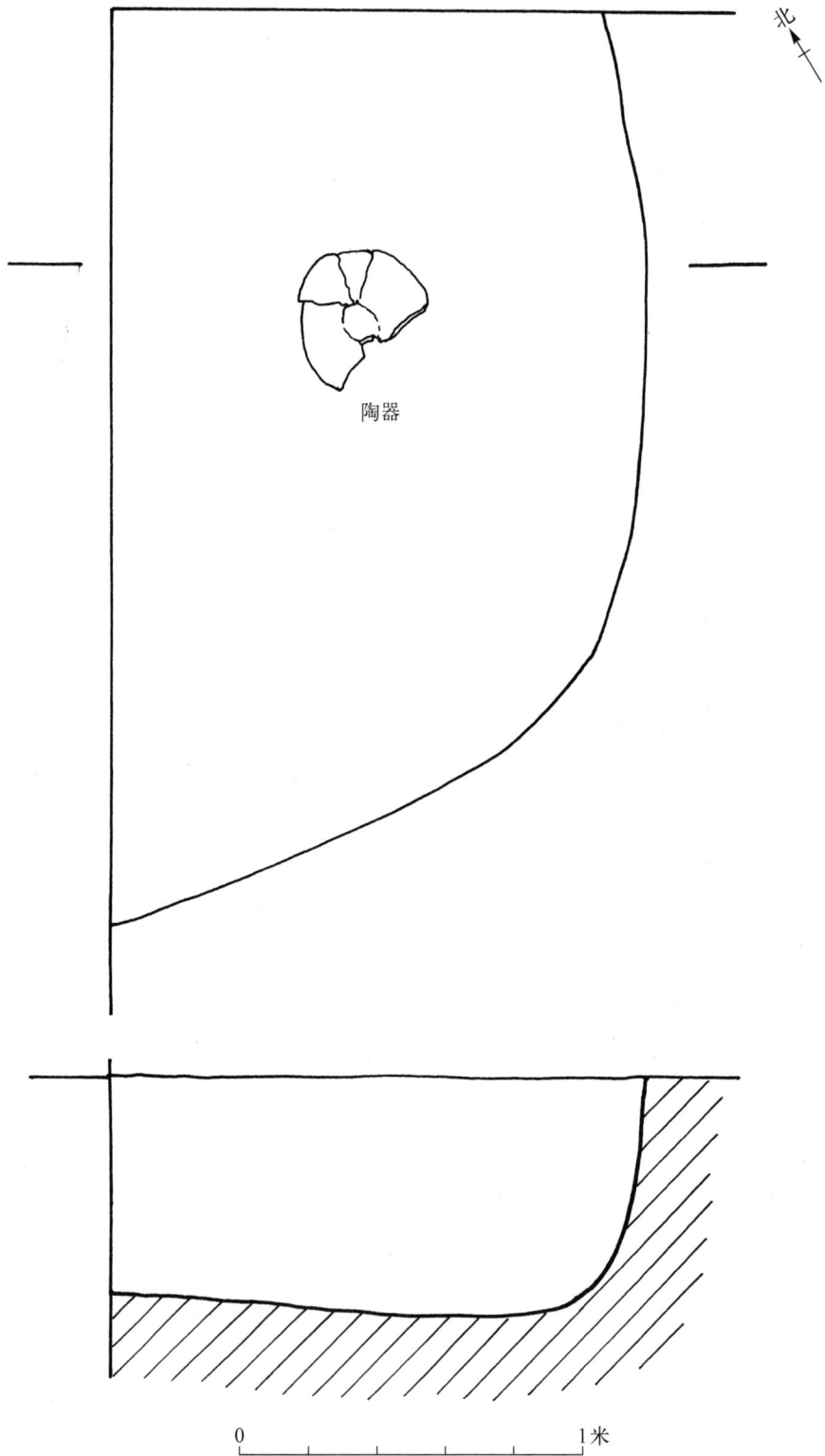

图四五　H20平、剖面图

五、H20

位于TN05W06－N06W05探方西北角,部分叠压于北壁、西壁下。开口于第⑤层下,打破第⑥层。平面呈不规则形,斜壁、底部较平。长2.34、宽1.3、深0.56米。填土为黄黑褐色沙土,较疏松。出土遗物包括骨器和陶器,陶器可辨器形有尖底盏、绳纹深腹罐、盆、器盖等(图四五)。

1. 陶器

尖底盏 1件。

BⅡ式 1件。标本H20:6,夹砂灰黑陶。直口、折腹、尖底。口径12、高3.5厘米(图四六,1)。

盆 1件。

A型 1件。标本H20:5,夹砂灰陶。敛口、平沿、肩微鼓、鼓腹、平底。肩部饰有一道凹弦纹。口径33.6、底径15.2、高13.8厘米(图四六,2)。

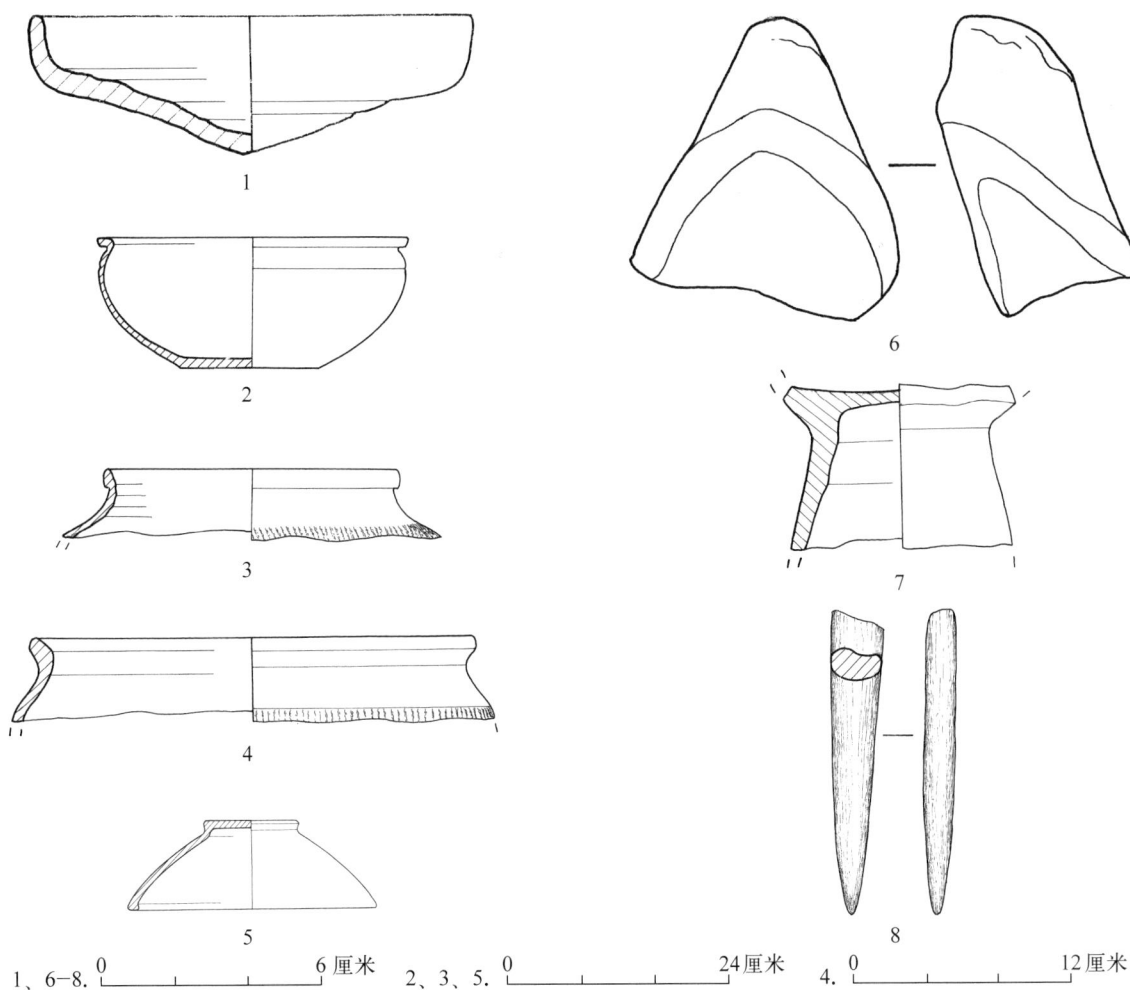

图四六 H20遗物

1.尖底盏(H20:6) 2.盆(H20:5) 3、4.绳纹深腹罐(H20:4、H20:3) 5.器盖(H20:1) 6.器纽(H20:9)
7.圈足(H20:2) 8.骨锥形器(H20:8)

绳纹深腹罐 2件。

A型 1件。标本H20:4,夹砂灰黑陶。口微侈、微束颈。肩部饰绳纹。内壁有制作时留下的轮制痕迹。口径32、残高8厘米(图四六,3)。

B型 1件。标本H20:3,夹砂褐陶。侈口、仰折沿。肩部饰绳纹。口径24、残高4.4厘米(图四六,4)。

器盖 1件。

A型 1件。标本H20:1,夹砂灰黑陶。饼状纽。敞口、口沿内抹、弧壁。口径27、纽径10.4、高9.4厘米(图四六,5)。

器纽 1件。

E型 1件。标本H20:9,泥质灰白陶。不规则泥突状纽。残高8厘米(图四六,6)。

圈足 1件。

B型 1件。标本H20:2,夹砂灰黑陶。残高4.4厘米(图四六,7)。

2. 骨器

骨锥形器 1件。

标本H20:8,褐色。一面微弧,另一面有浅凹槽。刃尖略残,另一端已残缺。表面光洁。长8.1、宽1.5厘米(图四六,8;彩版一六,3)。

六、H21

位于TN05W06-N06W05探方西南部。开口于第⑥层下,打破第⑦层。平面形状近椭圆形,斜壁,圜底近平。最长约2.36、深0.14米。填土为灰黑色沙土,较疏松。出土遗物均为陶器,可辨器形有尖底盏、敛口罐、高领罐、簋形器等器物(图四七)。

陶器

尖底盏 5件。

AⅠ式 1件。标本 H21:1,夹砂灰陶。敛口、深折腹。口径16.5、高5厘米(图四八,4;彩版一六,4)。

BⅡ式 2件。标本H21:2,夹砂灰陶。近直口、折腹。口径12.4、高4厘米(图四八,1)。标本H21:9,夹砂灰黑。近直口、弧腹。口径12、残高2.4厘米(图四八,2)。

CⅡ式 2件。标本H21:23,敞口、弧腹、近底部内壁微凸。口径10.4厘米,高3厘米(图四八,3)。标本H21:7,夹砂灰黑陶。敞口、弧腹。口径12、高3.4厘米(图四八,5)。

敛口罐 5件。

A型 2件。标本H21:12,夹砂褐陶。窄鼓肩、深腹。残高2.9厘米(图四八,6)。标本H21:16,夹砂褐陶。窄鼓肩、深腹。口径17、残高1.8厘米(图四八,7)。

B型 3件。标本H21:21,夹砂灰陶。短颈微束、广肩。口径22.4、残高4.8厘米(图四八,8)。标本H21:18,夹砂灰陶。短颈微束、广肩。口径23、残高3厘米(图四八,9)。标本H21:15,夹砂褐陶。短颈微束、广肩。唇部向内微凸。残高3.2厘米(图四八,10)。

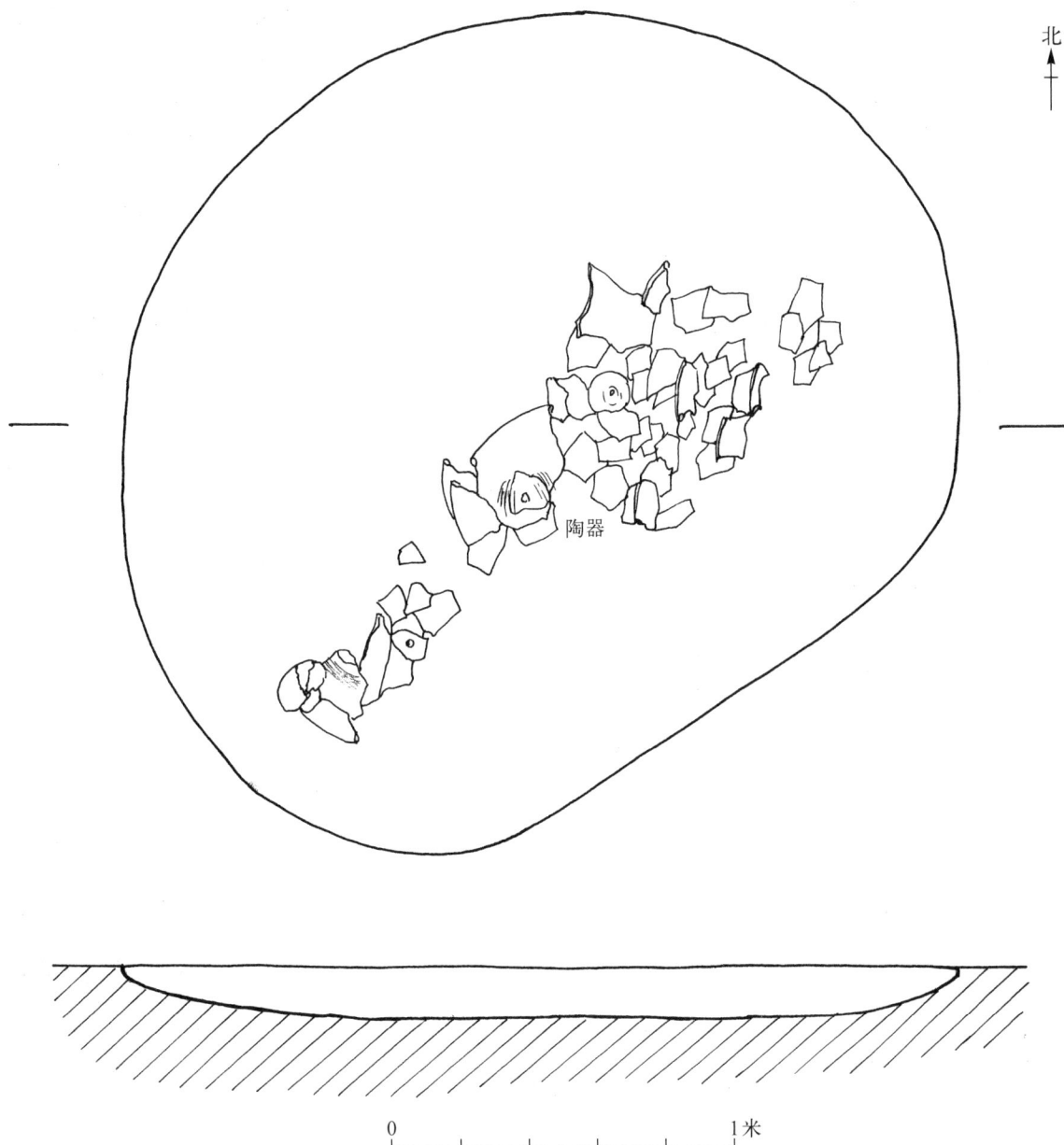

图四七 H21平、剖面图

高领罐 1件。

A型 1件。标本H21∶20,夹砂褐陶。敞口、外翻沿、唇沿下垂部分较小。口径28.2、残高5.3厘米(图四九,1)。

簋形器 3件。

A型 1件。标本H21∶24,夹砂褐陶。敛口、斜直腹。残高3.7厘米(图四九,2)。

C型 2件。标本H21∶13,夹砂灰黑陶。敞口、斜直腹。残高5厘米(图四九,3)。标本H21∶3,夹砂褐陶。敞口、斜直腹。内壁有轮制留下的痕迹。口径39.2、底径12.4、高20厘米(图四九,4)。

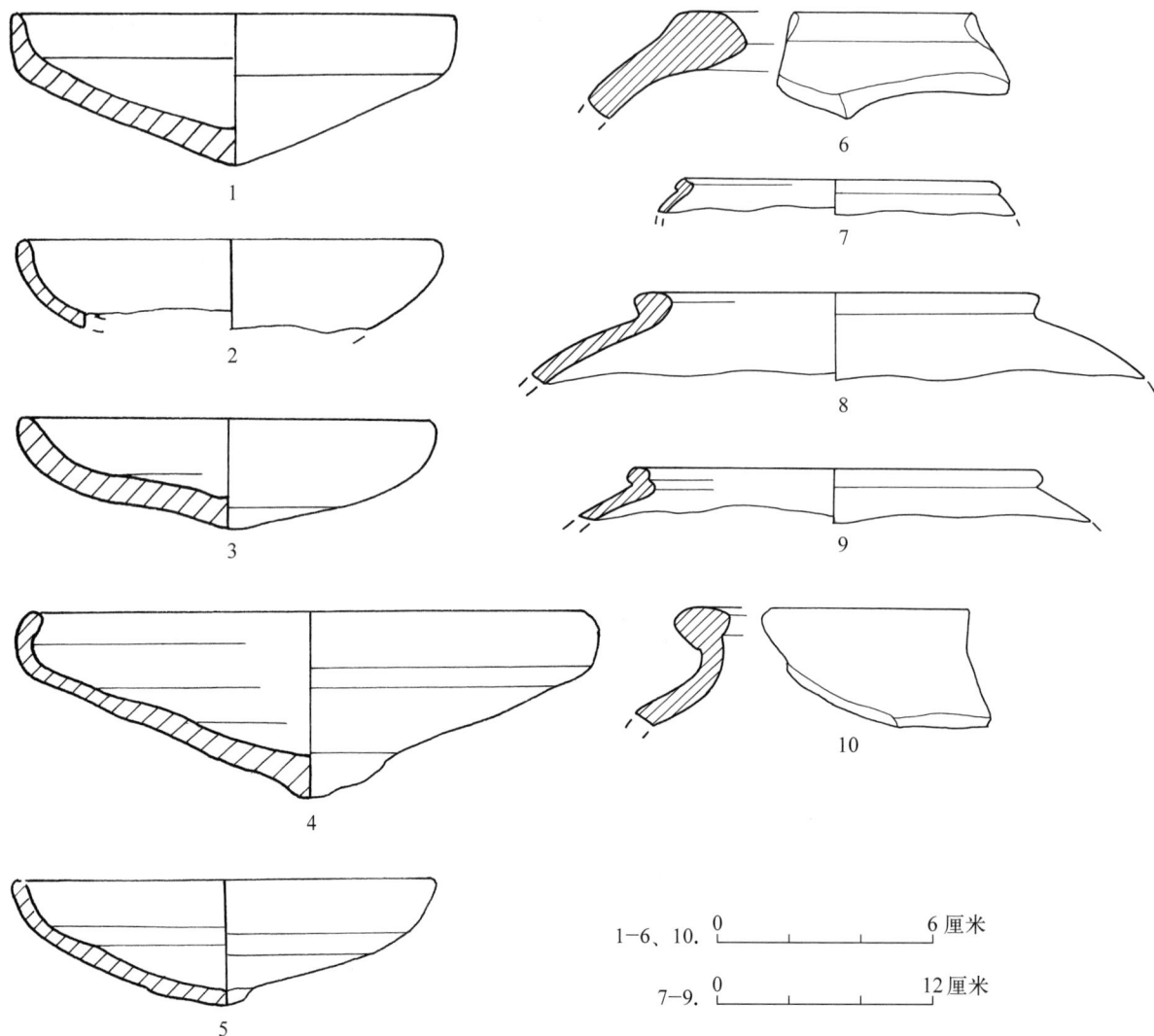

图四八　H21 陶器

1-5. 尖底盏（H21：2、H21：9、H21：23、H21：1、H21：7）　6-10. 敛口罐（H21：12、H21：16、H21：21、H21：18、H21：15）

器盖　1件。

A型　1件。标本H21：6，夹砂灰陶。小圈足状捉手。似圈足钵倒扣。近口部和捉手底部饰数周弦纹，盖上有两组共六个圆形乳丁装饰。口径27.2、捉手直径8.8、高12厘米（图四九，5）。

器底　1件。

标本H21：8，夹砂灰黑陶。残高7.5厘米（图四九，6）。

圈足　3件。

A型　3件。标本H21：10，夹砂褐陶。足沿外翻。足径22.4、残高3厘米（图四九，7）。标本H21：5，夹砂灰黑陶。圈足上部有圆形镂孔。足径18、残高12厘米（图四九，8）。标本H21：22，夹砂褐陶。足径23、残高6厘米（图四九，9）。

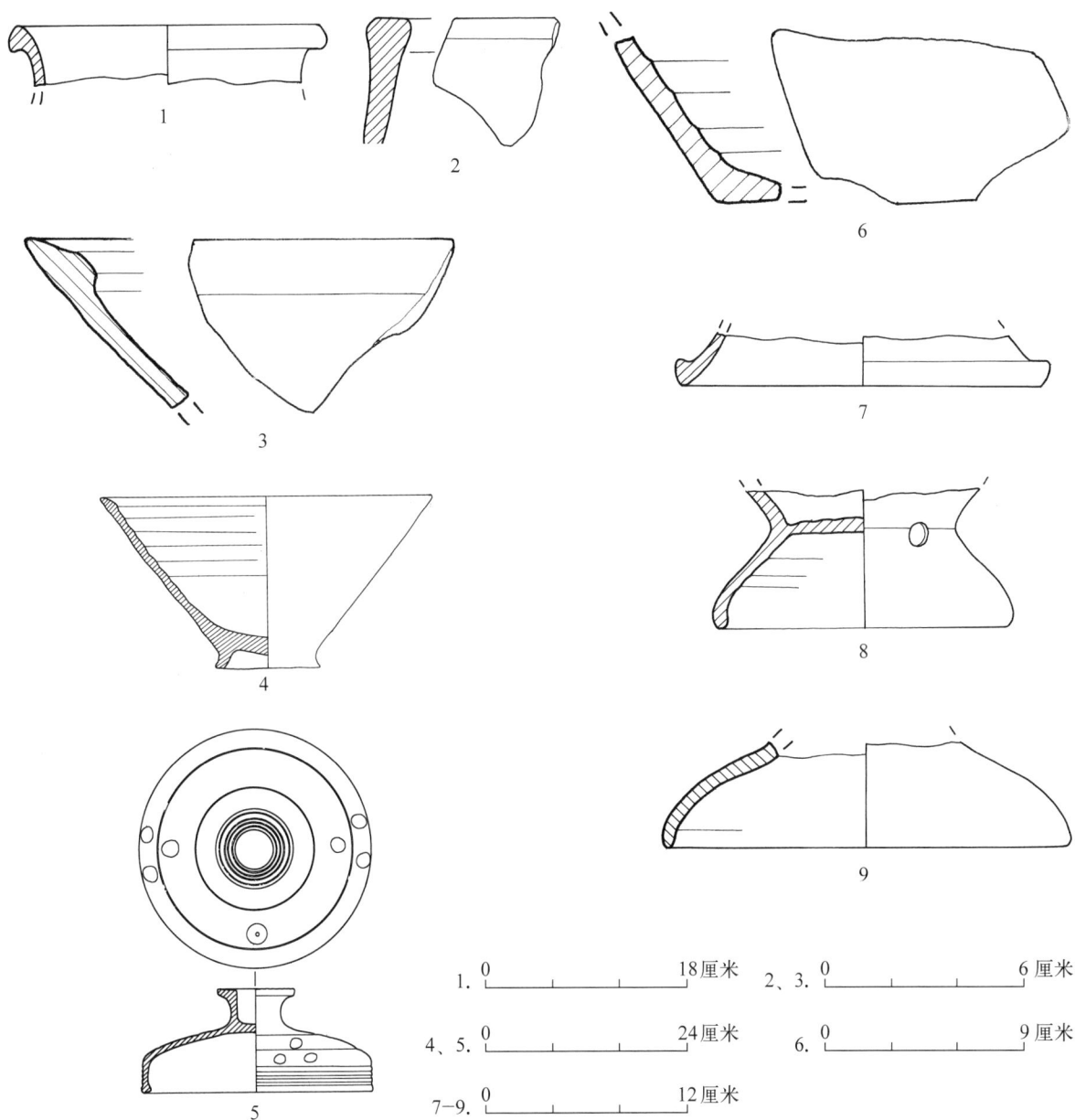

图四九 H21 陶器

1. 高领罐（H21：20） 2-4. 簋形器（H21：24、H21：13、H21：3） 5. 器盖（H21：6） 6. 器底（H21：8）
7-9. 圈足（H21：10、H21：5、H21：22）

七、K6

横跨TN01W08-N02W07、TN01W06-N02W05、TN03W08-N04W07、TN03W06-N04W05等4个探方，部分叠压于TN01W06-N02W05探方的东壁和南壁下。开口于第④层下，打破第⑤层。平面呈长条形，斜弧壁，底呈锅底状。长25、宽8.2、深2.15米。填土为青灰色沙土，较疏松。仅出土少量陶片，可辨器形有小平底罐、壶、绳纹深腹罐、鼎足等（图五〇）。

北

0   5米

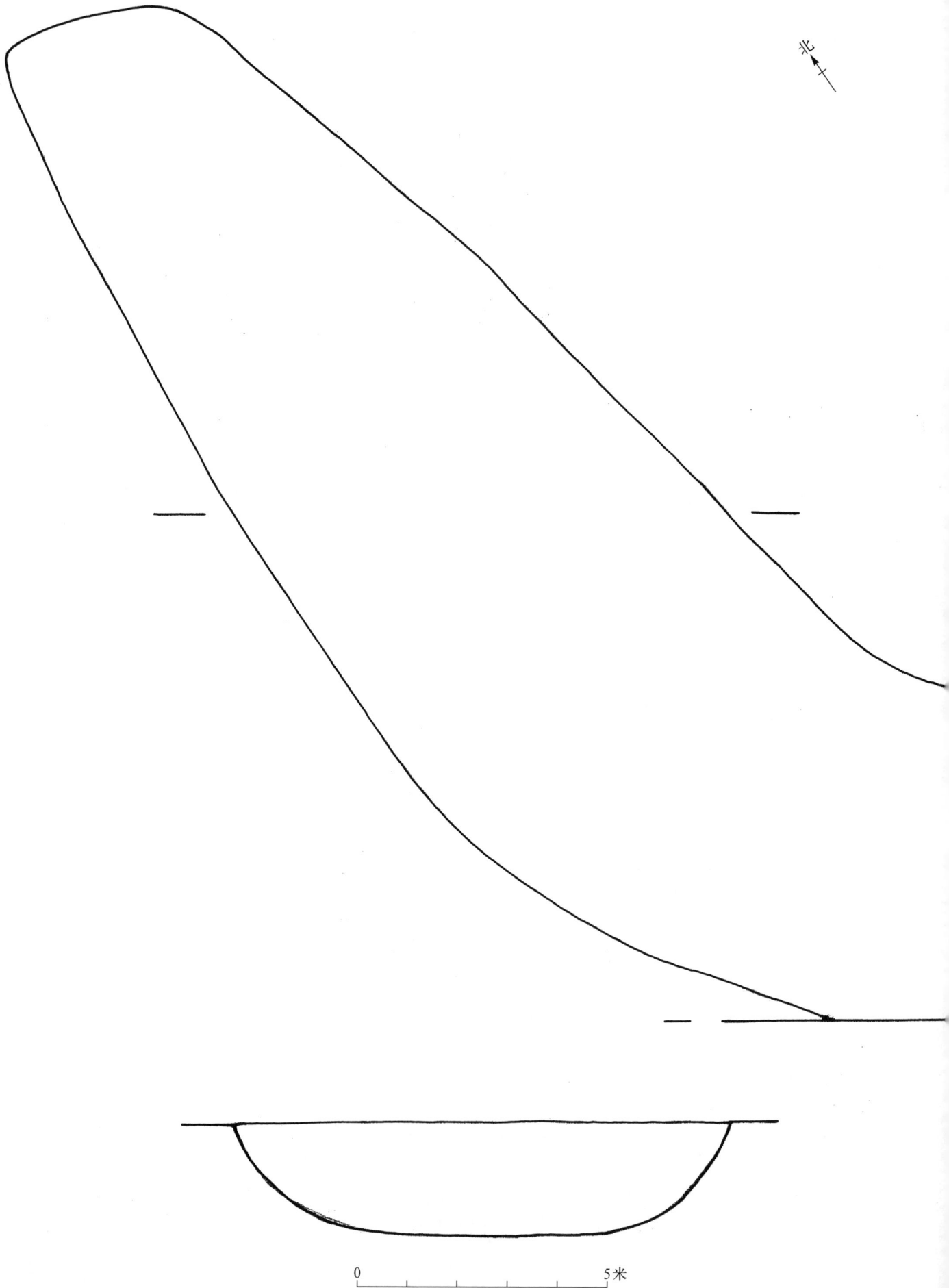

图五〇　K6平、剖面图

陶器

小平底罐　1件。

标本K6：6，夹砂灰黑陶。侈口、微束颈、鼓腹。口径14、残高4厘米（图五一，1）。

壶　1件。

标本K6：3，夹砂灰黑陶。直领、口外侧有一周箍。口径20、残高5.4厘米（图五一，2）。

绳纹深腹罐　4件。

A型　2件。标本K6：4，夹砂灰褐陶。侈口、束颈。口径28.8、残高9厘米（图五一，3）。标本K6：1，夹砂灰褐陶。侈口、矮领、溜肩。肩部压印绳纹。口径28.8、残高10.5厘米（图五一，4）。

B型　2件。标本K6：2，夹砂灰褐陶。侈口、微束颈。口径30、残高7.5厘米（图五一，5）。标本K6：5，夹砂灰褐陶。侈口、束颈。口径30、残高6.4厘米（图五一，6）。

鼎足　1件。

标本K6：7，夹砂灰黑陶。残高13.2厘米（图五一，7）。

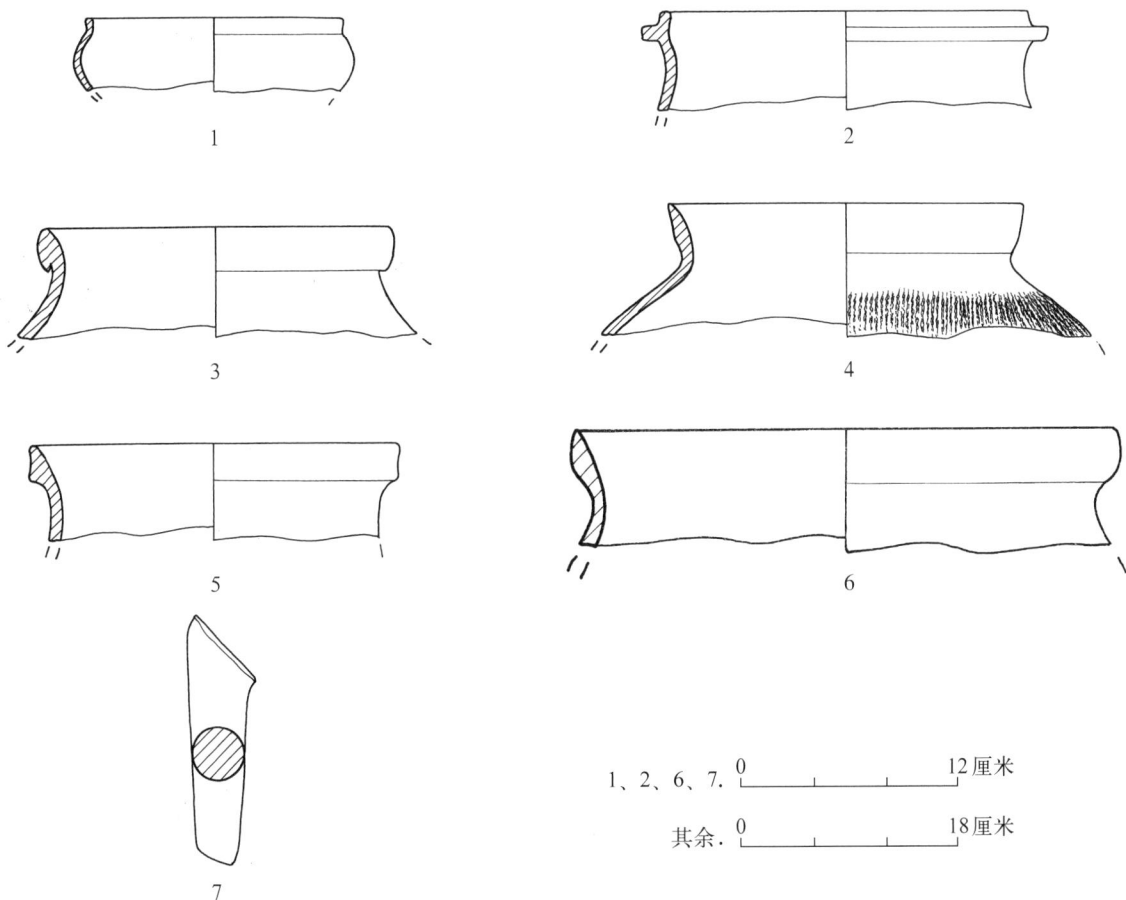

1、2、6、7. ┠─────────┨ 12厘米
　0

其余. ┠─────────┨ 18厘米
　0

图五一　K6陶器

1.小平底罐（K6：6）　2.壶（K6：3）　3—6.绳纹深腹罐（K6：4、K6：1、K6：2、K6：5）　7.鼎足（K6：7）

八、K7

位于TN03W06-N04W05探方西北部，部分伸入西壁。开口于第⑥层下，打破第⑦层。平面形状呈长条形，壁较直，底部较平。长4.85、宽0.65、深0.5米。填土为灰褐色黏土，较致密。出土遗物包括少许陶片和玉器（图五二,1；彩版六,1）。

玉璜　1件。

标本K7:1。黑色玉质。仅存一段，整器打磨精细。长5.6、宽0.9厘米（图五二,2）。

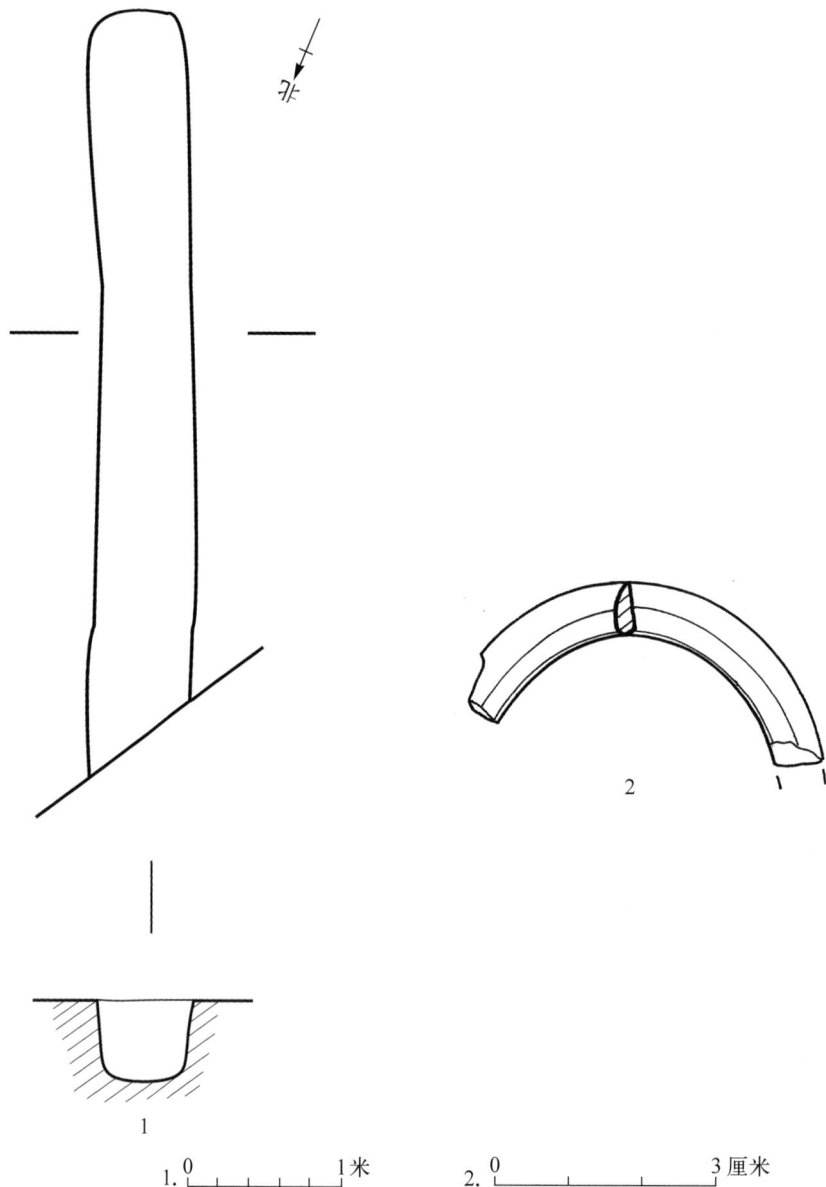

图五二　K7平、剖面图及玉璜

第四节 沟

仅 G5 一条。

G5

位于 TN05W08–N06W07 探方西南部。开口于第⑤层下,打破第⑥层,被 J7 打破。平面为长条形,弧壁,平底。长 8.7、宽 2.7、深 0.75 米。填土为褐色土,较疏松,出土遗物包括陶器和铜钱,可辨器形有钵、豆、绳纹深腹罐等(图五三)。

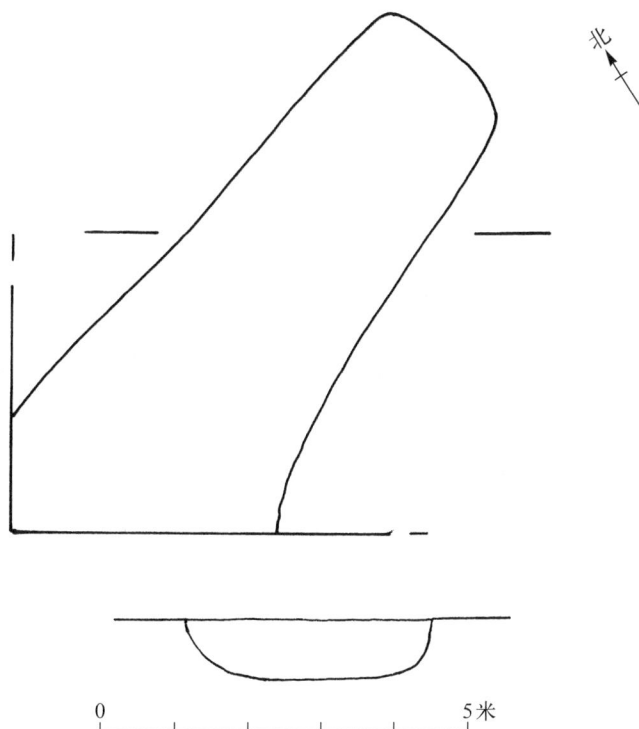

图五三 G5 平、剖面图

1. 陶器

弧腹钵 2 件。

标本 G5:1,夹砂灰黑陶。侈口、斜腹内收。口沿以下饰多周瓦棱纹。口径 25.6、残高 11 厘米(图五四,1)。标本 G5:2,夹砂灰黑陶。敛口、鼓腹、下腹斜收。口沿外有一周凸棱。口径 13.2、残高 4.6 厘米(图五四,2)。

豆 1 件

B 型 1 件。标本 G5:3,夹砂灰黑陶。直口、浅盘、柄较高。内壁饰放射状的条状划纹。口

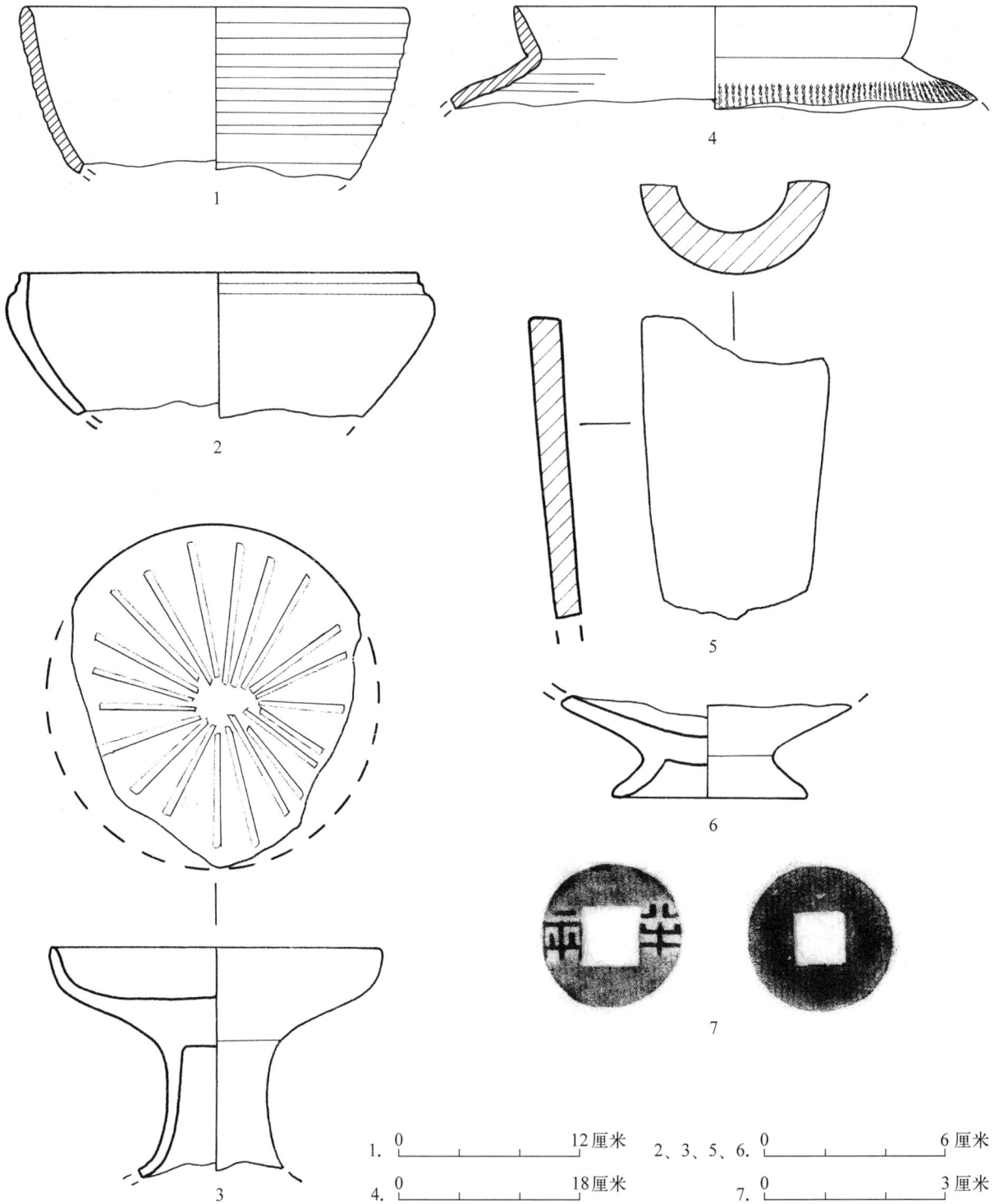

图五四　G5陶器和铜钱

1、2.陶钵（G5∶1、G5∶2）　3.陶豆（G5∶3）　4.陶绳纹深腹罐（G5∶5）　5.陶管状器（G5∶6）　6.陶圈足（G5∶4）　7.铜半两（G5∶7）

径11、残高7.4厘米(图五四,3)。

绳纹深腹罐　1件。

A型　1件。标本G5:5,夹砂黄褐陶。侈口、矮领、广肩。肩部饰绳纹。口径39.6、残高10.2厘米(图五四,4)。

陶管状器　1件。

标本G5:6,夹砂灰黑陶。长9.7、宽6.1、厚1.1厘米(图五四,5)。

圈足　1件。

C型　1件。标本G5:4,夹砂灰黑陶。足径6.4、残高3.4厘米(图五四,6)。

2. 铜器

铜半两　1枚。

标本G5:7,保存较好,字迹清晰。直径2.4、穿径0.9厘米(图五四,7)。

第五节　墓　　葬

仅M1一座。

M1

位于TN07W06-N08W05探方东北部。开口于第④层下,打破第⑤层,方向35°。为长方形竖穴土坑墓,直壁、底部较平。长2.6、宽1.2、深0.16米。填土为灰褐色黏土,较紧密。未见人骨,葬式不明。出土遗物均为陶器,可辨器形有豆、盆、釜、罐(图五五;彩版六,2)。

豆　5件。

Aa型　3件。标本M1:4,夹砂褐陶。碗形、矮圈足。口径14、残高4.6厘米(图五六,1)。标本M1:2,夹砂灰陶。碗形、矮圈足。口径12.4、残高5.4厘米(图五六,2)。标本M1:3,夹砂灰陶。碗形、矮圈足。口径11.2、残高6.4厘米(图五六,3)。

Ba型　2件。标本M1:6,浅盘、高圈足柄。足径8、残高6.2厘米(图五六,4)。标本M1:5,夹砂灰陶。浅盘、细高柄。口径10.8、足径8.8、高7.6厘米(图五六,5)。

盆　2件。

A型　2件。标本M1:12,夹砂灰黑陶。微束颈、鼓肩、斜弧腹。口径11、残高4.9厘米(图五六,6)。标本M1:13,夹砂灰黑陶。微束颈、鼓肩、弧腹。口径10、残高5厘米(图五六,7)。

釜　2件。

B型　2件。标本M1:11,夹砂灰陶。卷沿外侈、肩微鼓、弧腹、圜底。口径8、腹径8.6、高5.6厘米(图五六,8)。标本M1:10,夹砂灰陶。侈口、鼓肩、弧腹。口径11.2、残高6.8厘米(图五六,9)。

束颈罐　2件。

Ba型　2件。标本M1:8,夹砂灰陶。折沿、微束颈。弧肩。口径22、残高5.4厘米(图五六,

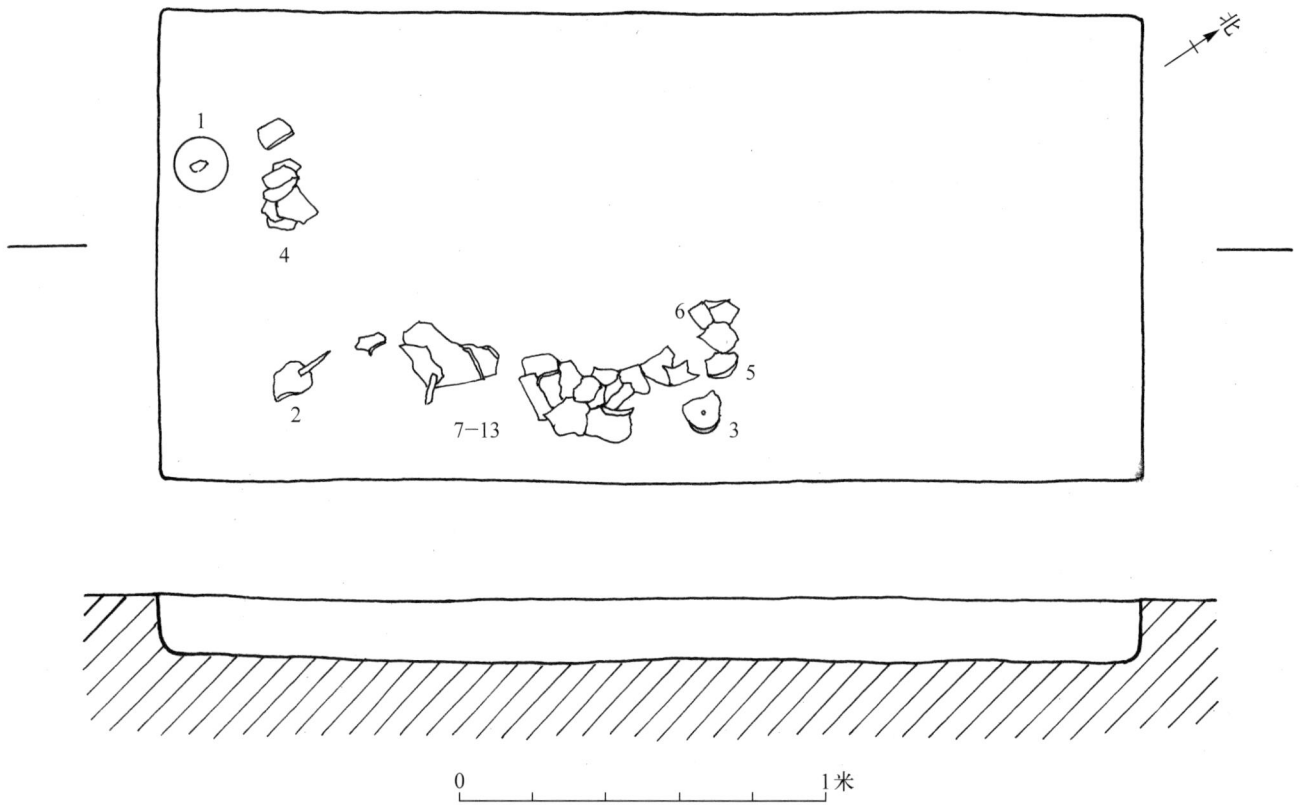

图五五　M1平、剖面图

1.陶尖底盏　2—6.陶豆　7.陶尖底器　8、9.陶束颈罐　10、11.陶釜　12、13.陶盆

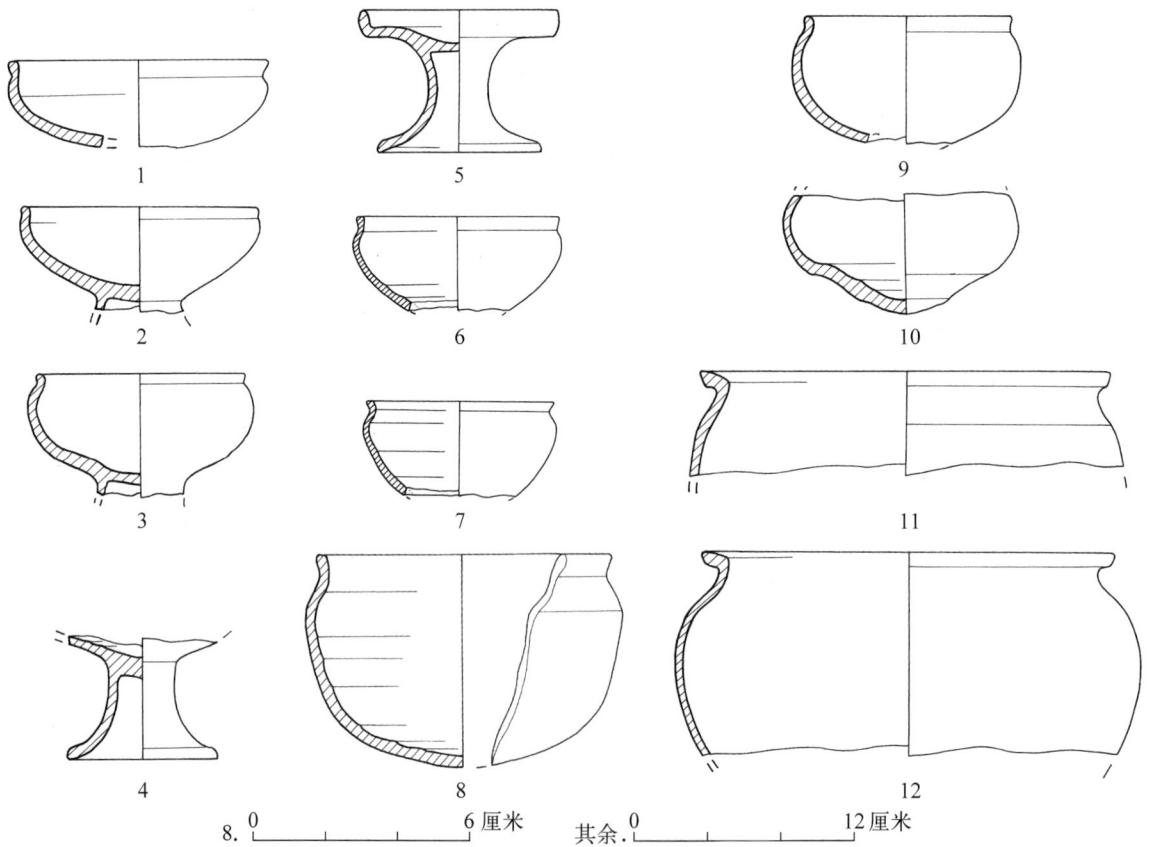

图五六　M1陶器

1—5.豆（M1：4、M1：2、M1：3、M1：6、M1：5）　6、7.盆（M1：12、M1：13）　8、9.釜（M1：11、M1：10）　10.尖底器（M1：7）
11、12.束颈罐（M1：8、M1：9）

11)。标本M1:9,夹砂灰陶。折沿、束颈、鼓肩、弧腹。口径22.4、残高10.8厘米(图五六,12)。

尖底器　1件。

标本M1:7,泥质黑陶。尖底。残高6.2厘米(图五六,10)。

第六节　地层出土遗物

一、⑩层出土遗物

1. 陶器

(1) 尖底杯　2件。

Cb型　2件。标本TN01W04-N02W03⑩:3,夹砂灰褐陶。口微侈、浅腹,底部胎较厚。口径5.2、高5.3厘米(图五七,1)。标本TN01W04-N02W03⑩:1,夹砂灰黑陶。口微侈、浅腹,底部胎较厚。口径5、高5.2厘米(图五七,2;彩版一六,5)。

(2) 尖底盏　5件。

A I式　1件。标本TN07W04-N08W03⑩:6,夹砂红陶。敛口、折腹较深。口径12.4、高4.8厘米(图五七,3)。

B I式　3件。标本TN05W04-N06W03⑩:19,夹砂灰陶。直口、折腹。口径12.8、高4.2厘米(图五七,4)。标本TN07W04-N08W03⑩:23,夹砂褐陶。直口、折腹。口径15.4、高4.6厘米(图五七,5)。标本TN07W04-N08W03⑩:7,夹砂灰陶。直口、折腹。口径13、高3.9厘米(图五七,6)。

B II式　1件。标本TN07W04-N08W03⑩:5,夹砂灰黑陶。口近直、浅腹斜收成尖底。底部呈螺旋状。口径12.8、高3.8厘米(图五七,7;彩版一六,6)。

(3) 尖底罐　1件。

B型　1件。标本TN05W08-N06W07⑩:1,直口、高领、圆肩、斜腹内收呈尖底。口径8.4、高11.8厘米(图五七,8;彩版一七,1)。

(4) 敛口罐　1件。

C型　1件。标本TN07W04-N08W03⑩:2,夹砂灰褐陶。敛口、折鼓肩、斜腹内收。似有圈足。下腹内壁呈波浪形,口径12.4、残高18.2厘米(图五七,9;彩版一七,2)。

(5) 杯　1件。

A型　1件。标本TN07W04-N08W03⑩:12,夹砂灰黑陶。敛口、鼓腹、圈足较高。口径8、残高11厘米(图五七,10)。

(6) 豆　1件。

Bb型　1件。标本TN07W04-N08W03⑩:84,泥质灰黑陶。宽浅盘、大高圈足状柄。柄部饰圆形镂孔。口径13.6、残高7.7厘米(图五七,11)。

(7) 钵　3件。

标本TN07W04-N08W03⑩:27,泥质灰黑陶。敛口、斜弧腹。口径22、残高4厘米(图五八,

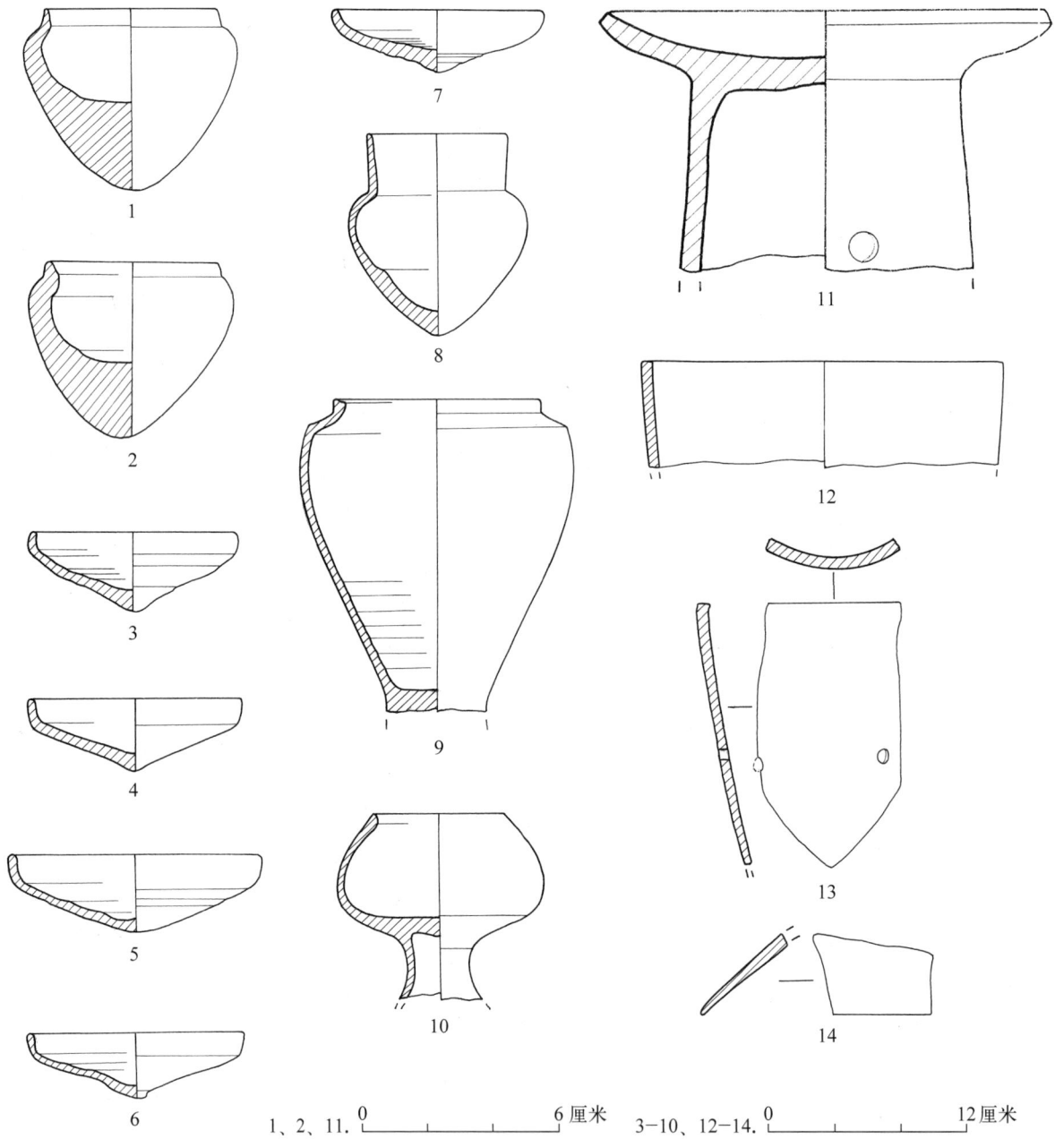

图五七　⑩层陶器

1、2. 尖底杯（TN01W04-N02W03⑩：3、TN01W04-N02W03⑩：1）

3-7. 尖底盏（TN07W04-N08W03⑩：6、TN05W04-N06W03⑩：19、TN07W04-N08W03⑩：23、
TN07W04-N08W03⑩：7、TN07W04-N08W03⑩：5）

8. 尖底罐（TN05W08-TN06W07⑩：1）　9. 敛口罐（TN07W04-N08W03⑩：2）　10. 杯（TN07W04-N08W03⑩：12）

11. 豆（TN07W04-N08W03⑩：84）　12、13. 桶形器（TN07W04-N08W03⑩：23、TN07W04-N08W03⑩：17）

14. 器盖（TN07W04-N08W03⑩：24）

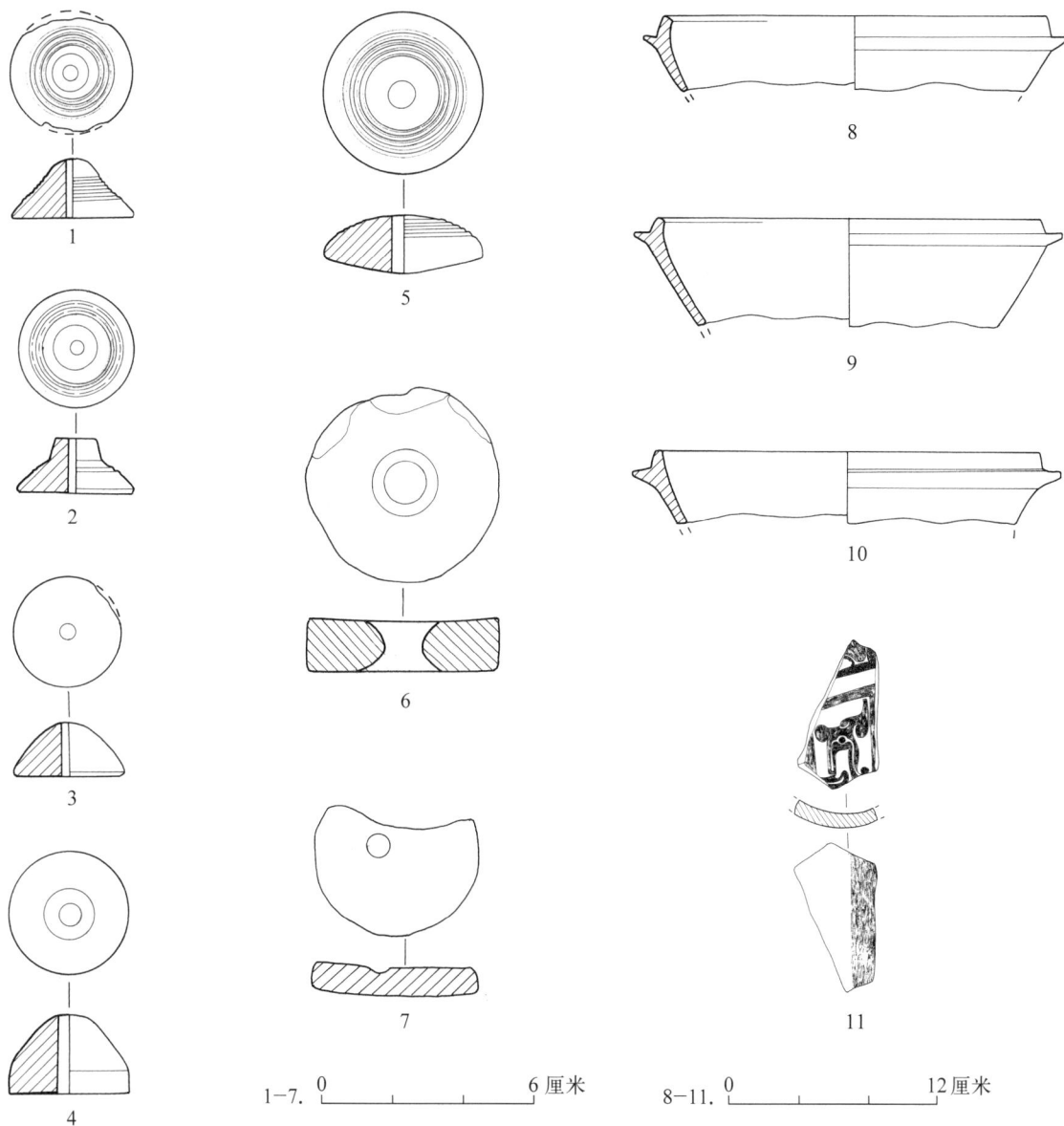

图五八 ⑩层陶器

1—7. 纺轮（TN03W08—N04W07⑩:1、TN07W04—N08W03⑩:24、TN01W06—N02W05⑩:2、TN07W04—N08W03⑩:1、
TN01W06—N02W05⑩:3、TN01W04—N02W03⑩:2、TN05W04—N06W03⑩:20）
8—10. 钵（TN07W04—N08W03⑩:27、TN07W04—N08W03⑩:26、TN07W04—N08W03⑩:25） 11. 彩陶片（TN01W08—N02W07⑩:1）

8）。标本 TN07W04—N08W03⑩:26，泥质灰黑陶。敛口、斜直腹。口径22、残高6厘米（图五八,9）。
标本 TN07W04—N08W03⑩:25，泥质灰黑陶。口微敛、斜直腹。口径22、残高4厘米（图五八,10）。

（8）喇叭口罐 6件。

标本 TN07W04—N08W03⑩:4，夹砂灰黑陶。盘口、束颈、鼓腹、平底内凹。口径12.8、
腹径16.4、底径6.8、高17.2厘米（图五九,1；彩版一七,3）。标本 TN07W04—N08W03⑩:25，
夹砂灰陶。束颈、鼓腹、平底内凹。腹径12.4、底径6.4、残高14厘米（图五九,2）。标本

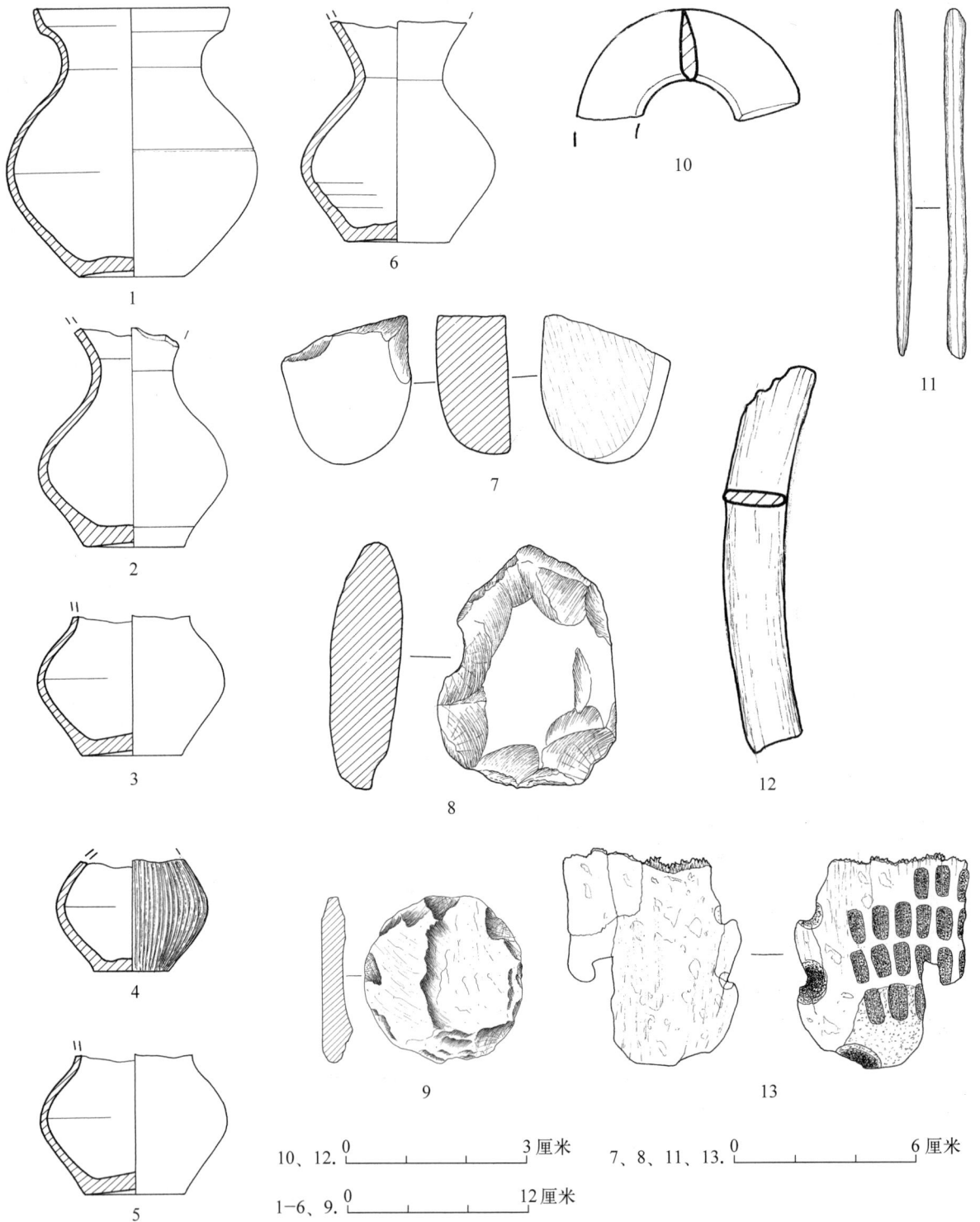

图五九 ⑩层遗物

1-6. 喇叭口罐（TN07W04-N08W03⑩:4、TN07W04-N08W03⑩:25、TN07W04-N08W03⑩:13、TN07W04-N08W03⑩:11、TN07W04-N08W03⑩:26、TN07W04-N08W03⑩:1） 7. 玉料（TN01W06-N02W05⑩:6）
8、9. 石璧坯料（TN07W04-N08W03⑩:2、TN07W04-N08W03⑩:28） 10. 石璜（TN05W04-N06W03⑩:1）
11、12. 骨锥形器（TN01W06-N02W05⑩:4、TN01W06-N02W05⑩:5） 13. 卜甲（TN07W04-TN08W03⑩:27）

TN07W04-N08W03⑩:13,夹砂灰黑陶。鼓腹、平底内凹。底径6.8、残高9厘米(图五九,3)。标本TN07W04-N08W03⑩:11,夹砂灰黑陶。鼓腹、平底。腹部饰细绳纹。腹径10、底径4.8、残高7厘米(图五九,4)。标本TN07W04-N08W03⑩:26,夹砂灰褐陶。鼓腹、平底微内凹。腹径12.4、底径6.4、残高8.8厘米(图五九,5)。标本TN07W04-N08W03⑩:1,夹砂灰褐陶。束颈,鼓腹、平底微内凹。腹径12.8、底径6.8、残高14厘米(图五九,6)。

(9)桶形器　2件。

标本TN07W04-N08W03⑩:23,泥质灰黑陶。直口、斜直腹。口径22、残高6.2厘米(图五七,12)。标本TN07W04-N08W03⑩:17,泥质灰黑陶。斜直腹。饰圆形镂孔。残高15.6厘米(图五七,13)。

(10)器盖　1件。

A型　1件。标本TN07W04-N08W03⑩:24,泥质灰黑陶。器壁斜直。残高4.8厘米(图五七,14)。

(11)纺轮　7件。

A型　2件。标本TN03W08-N04W07⑩:1,泥质灰黑陶。帽形。饰多道弦纹。直径3.4、高1.6厘米(图五八,1)。TN07W04-N08W03⑩:24,泥质灰黑陶。帽形。腰部饰两周凸棱。直径3.3、厚1.5厘米(图五八,2)。

B型　2件。标本TN01W06-N02W05⑩:2,泥质灰黑陶。圆丘形。直径3.1、高1.5厘米(图五八,3)。标本TN07W04-N08W03⑩:1,泥质灰黑陶。圆丘形。直径3.5、高2.2厘米(图五八,4)。

C型　1件。标本TN01W06-N02W05⑩:3,泥质灰黑陶。算珠形。饰多道弦纹。直径4.4、高1.6厘米(图五八,5)。

E型　2件。标本TN01W04-N02W03⑩:2,夹砂灰黑陶。圆饼形。直径5.4、厚1.4厘米(图五八,6)。标本TN05W04-N06W03⑩:20,夹砂灰黑陶。圆饼形。直径4.5、厚0.8厘米(图五八,7)。

(12)彩陶片　1件。

标本TN01W08-N02W07⑩:1。表面有黑色彩绘。长8.2、宽4.8、厚0.8厘米(图五八,11)。

2. 玉器

玉料　1件。

标本TN01W06-N02W05⑩:6,深绿色。保留自然断面,未打磨。长4.7、宽4.2、厚2.3厘米(图五九,7)。

3. 石器

(1)石璧坯料　2件。

标本TN07W04-N08W03⑩:2,黑色。器表未经打磨。直径5.8-7.2、厚2.3厘米(图五九,8)。标本TN07W04-N08W03⑩:28,灰黑色。破裂面保持自然断面。直径10.5、厚2厘米(图五九,9;彩版一七,4)。

(2)石璜　1件。

标本TN05W04-N06W03⑩:1,灰色石质。长3.6、宽1.2厘米(图五九,10;彩版一七,5)。

4. 骨器

骨锥形器 2件。

标本TN01W06-N02W05⑩:4,暗黄色。两端未经磨制,中间段较光滑。长11.2、宽0.5厘米(图五九,11;彩版一七,6)。标本TN01W06-N02W05⑩:5,黄色夹杂黑色斑点。整器呈长条弧形、较薄、紧实。两端均残,表面光滑,长6.3、宽1厘米(图五九,12)。

5. 卜甲

1件。

标本TN07W04-TN08W03⑩:27。边缘处有两个圆形钻孔,经过灼烧。中间有18个圆角长方形钻孔,规则地排成4排,上下两排每排残存3个,中间两排均为6个。长6.9、宽5.7厘米(图五九,13;图一一四,6)。

二、⑨层出土遗物

1. 陶器

(1)尖底杯 10件。

Aa型 3件。标本TN03W04-N04W03⑨:113,泥质灰陶。炮弹形、口微侈、体形瘦高。口径8、高12.8厘米(图六〇,1)。标本TN03W06-N04W05⑨:44,泥质灰陶。炮弹形、口微侈、体形瘦高。口径8、高12.5厘米(图六〇,2)。标本TN05W08-N06W07⑨:1,泥质灰陶。炮弹形、口微侈、体形瘦高。口径7.5、高12.4厘米(图六〇,3)。

Ab型 1件。标本TN03W04-N04W03⑨:114,夹砂灰黑陶。炮弹形、体形矮胖。口径9、高10.8厘米(图六〇,4;彩版一八,1)。

B型 2件。标本TN05E01-N06E01⑨:3,夹砂褐陶。整器偏小。上腹略直、下腹内收成尖圜底。胎较厚。腹径8.2、高7厘米(图六〇,5;彩版一八,2)。标本TN05W04-N06W03⑨:113,整器偏小。直口、弧腹内收成小平底。口径6.8、高6.1厘米(图六〇,6;彩版一八,3)。

Ca型 2件。标本TN05W06-N06W05⑨:35,夹砂灰陶。口微敛、鼓腹、下腹斜内收成尖底。口径8.4、高9.4厘米(图六〇,7;彩版一八,4)。标本TN05W06-N06W05⑨:11,夹砂灰陶。敛口、溜肩、下腹斜内收成尖底。口径10、高6.6厘米(图六〇,8)。

Cb型 2件。标本TN05W04-N06W03⑨:123,夹砂灰陶。口微侈、短颈、圆腹、斜腹内收成尖底。厚胎。口径4.5、高4.8厘米(图六〇,9;彩版一八,5)。标本TN05W04-N06W03⑨:125,夹砂灰陶。短颈、口微侈、斜腹收成尖底。厚胎。口径5、高5.2厘米(图六〇,10)。

(2)尖底盏 21件。

AⅠ式 6件。标本TN05W06-N06W05⑨:31,夹砂褐陶。敛口、圆唇、圆肩、器形较大。口径18、高5厘米(图六一,1)。标本TN07W06-N08W05⑨:33,夹砂灰陶。敛口、圆唇、腹部较深。口径10.8、残高3.8厘米(图六一,2)。标本TN01W04-N02W03⑨:22,夹砂灰陶。敛口、圆唇、弧腹、圜底。口径13.4、高5.6厘米(图六一,3)。标本TN07W04-N08W03⑨:37,夹砂灰陶。敛口、弧腹。口径15.8、高4厘米(图六一,13)。标本TN07W06-N08W05⑨:27,夹砂灰陶。敛口、弧

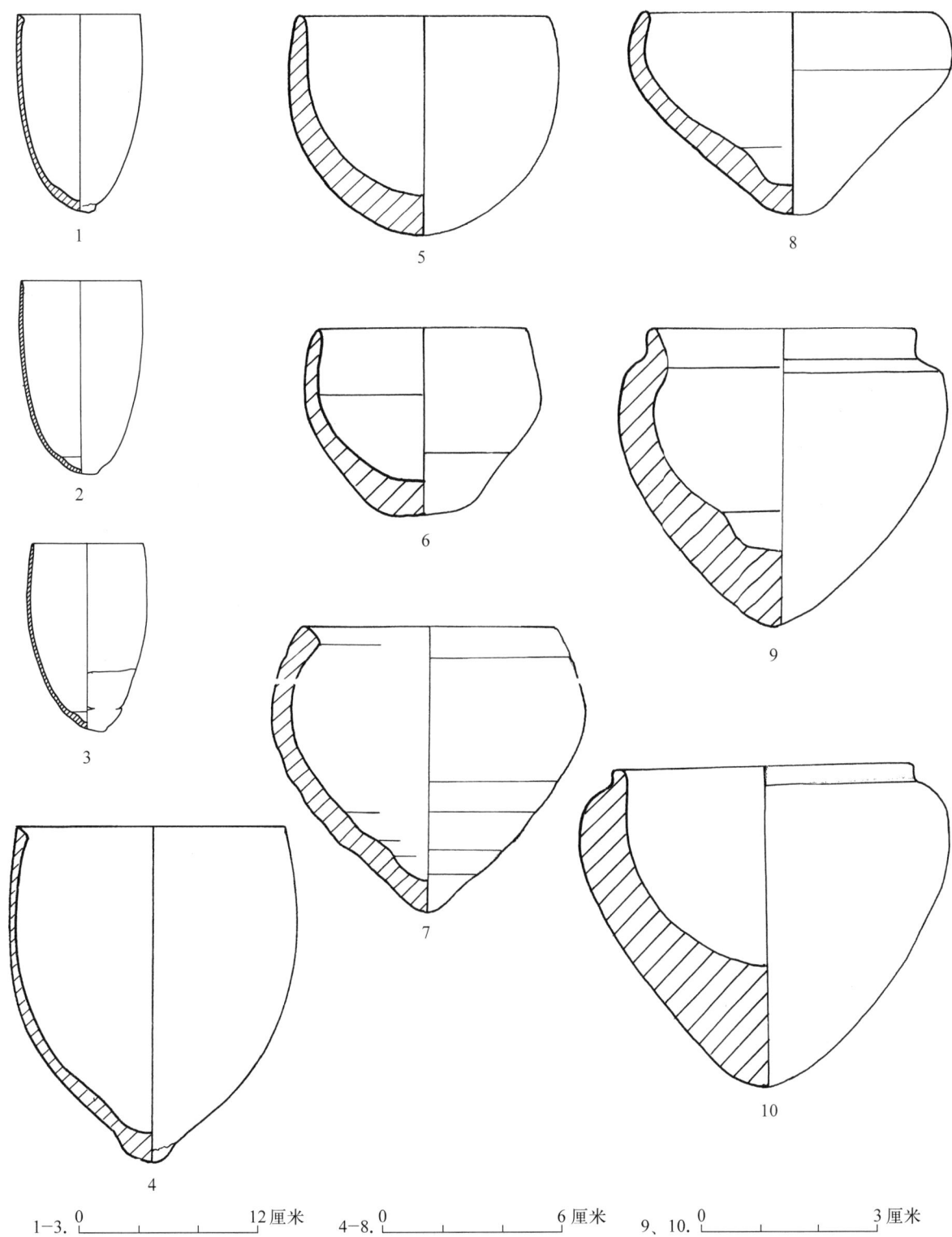

图六〇 ⑨层陶尖底杯

1. TN03W04-N04W03⑨:113 2. TN03W06-N04W05⑨:44 3. TN05W08-N06W07⑨:1 4. TN03W04-N04W03⑨:114
5. TN05E01-N06E01⑨:3 6. TN05W04-N06W03⑨:113 7. TN05W06-N06W05⑨:35 8. TN05W06-N06W05⑨:11
9. TN05W04-N06W03⑨:123 10. TN05W04-N06W03⑨:125

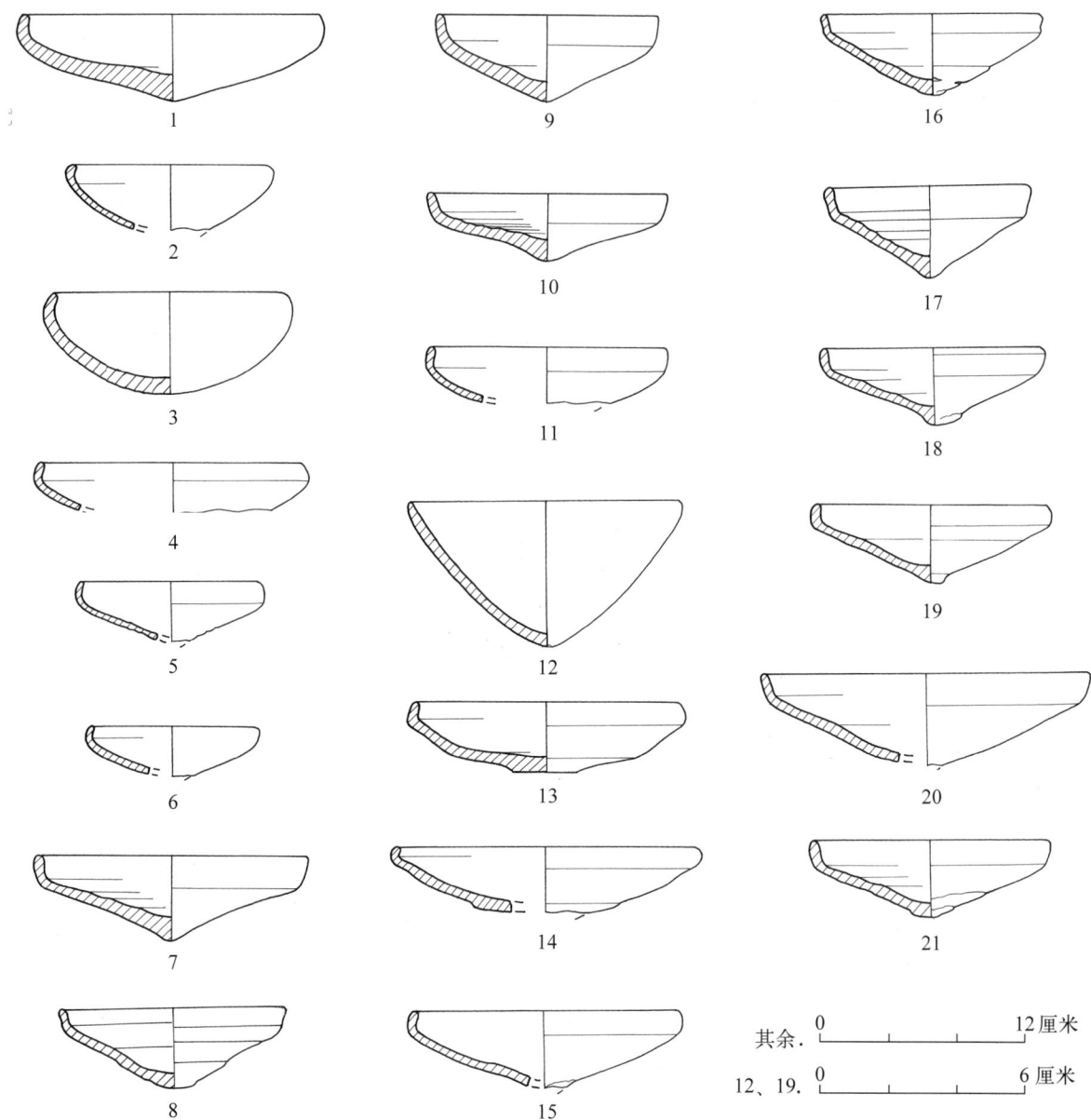

图六一 ⑨层陶尖底盏

1. TN05W06-N06W05⑨：31　2. TN07W06-N08W05⑨：33　3. TN01W04-N02W03⑨：22　4. TN07W06-N08W05⑨：26
5. TN07W07-N08W07⑨：1　6. TN07W07-N08W07⑨：47　7. TN03W04-N04W03⑨：24　8. TN05E01-N06E01⑨：75
9. TN07W02-N08W01⑨：1　10. TN05E01-N06E01⑨：81　11. TN07W06-N08W05⑨：43　12. TN07W07-N08W07⑨：3
13. TN07W04-N08W3⑨：37　14. TN07W06-N08W05⑨：27　15. TN07W06-N08W05⑨：6　16. TN03W04-N04W03⑨：63
17. TN05E01-N06E01⑨：6　18. TN07E01-N08E02⑨：2　19. TN07W07-N08W07⑨：46　20. TN07E01-N08E02⑨：3
21. TN07W06-N08W05⑨：5

腹。口径17.8、残高3.8厘米（图六一，14）。标本TN07W06-N08W05⑨：6，夹砂褐陶。敛口、弧腹。口径16、残高4.4厘米（图六一，15）。

AⅡ式　3件。敛口、圆唇、折腹。标TN07W06-N08W05⑨：26，夹砂灰陶。器形较大。口径

14.8、残高3厘米(图六一,4)。标本TN07W07—N08W07⑨:1,泥质灰陶。口径11、残高3.4厘米(图六一,5)。标本TN07W07—N08W07⑨:47,夹砂灰陶。口径8.8、残高2.8厘米(图六一,6)。

BⅠ式　5件。直口、圆唇、折腹。标本TN03W04—N04W03⑨:24,夹砂灰陶。口径16、高4.8厘米(图六一,7)。标本TN05E01—N06E01⑨:75,夹砂灰陶。口径13.2、高4.4厘米(图六一,8)。标本TN07W02—N08W01⑨:1,夹砂褐陶。腹部饰两周凹弦纹。口径12.4厘米,高4.8厘米(图六一,9)。直口、折肩、折腹、深腹。标本TN03W04—N04W03⑨:63,夹砂褐陶。口径13、高4.5厘米(图六一,16)。标本TN05E01—N06E01⑨:6,夹砂灰陶。腹内壁呈波浪形。口径12、高5.2厘米(图六一,17)。

BⅡ式　4件。标本TN05E01—N06E01⑨:81,夹砂灰陶。直口、圆唇。内壁呈波浪状。口径14、高3.8厘米(图六一,10;彩版一八,6)。标本TN07W06—N08W05⑨:43,夹砂灰陶。口近直、圆唇、折腹。口径12.8、残高3厘米(图六一,11)。标本TN07E01—N08E02⑨:2,夹砂褐陶。直口、弧腹。口径13.2、高4.3厘米(图六一,18;图版一,1)。标本TN07W07—N08W07⑨:46,夹砂灰黑陶。直口、弧腹微折。口径7、高2.2厘米(图六一,19)。

CⅠ式　2件。标本TN07W07—N08W07⑨:3,泥质褐陶。大敞口、深腹。口径8厘米,高4.1厘米(图六一,12)。标本TN07E01—N08E02⑨:3,夹砂褐陶。敞口、折腹。口径19、残高5.2厘米(图六一,20)。

CⅡ式　1件。标本TN07W06—N08W05⑨:5,夹砂褐陶。敞口、折腹。口径14、高4.4厘米(图六一,21)。

(3)尖底罐　6件。

Aa型　5件。标本TN03W04—N04W03⑨:27,夹砂灰褐陶。口微侈、矮领、鼓肩、斜弧腹。口径14、残高5厘米(图六二,1)。标本TN03W06—N04W05⑨:6,夹砂灰黑陶。口微侈、矮领、圆鼓肩、斜腹较深。口径9.4、腹径12、高8厘米(图六二,2;图版一,2)。标本TN03W06—N04W05⑨:41,夹砂灰黑陶。口微侈、矮领、圆鼓肩、斜弧腹较深。口径9.2、腹径12.4、高8.4厘米(图六二,3)。标本TN03W06—N04W05⑨:1,夹砂灰黑陶。口微侈、矮领、圆鼓肩、斜弧腹。器表附烟炱。口径11.8、腹径16、高9.5厘米(图六二,4;图版一,3)。标本TN05W04—N06W03⑨:114,夹砂灰陶。直口、矮领、圆鼓肩、圆腹。口径10、腹径12、高7.2厘米(图六二,5)。

C型　1件。标本TN07W04—N08W03⑨:9,夹砂灰陶。盘口状微侈、高领、束颈、鼓腹,下腹内收成厚尖底。口径5.6、腹径6.2、高6.7厘米(图六二,6;图版一,4)。

(4)小平底罐　1件。

标本TN05W04—N06W03⑨:72,夹砂灰黑陶。侈口、折肩、斜腹。口径14.2、残高5厘米(图六二,7)。

(5)敛口罐　27件。

A型　2件。标本TN05W04—N06W03⑨:51,夹砂灰褐陶。敛口、窄鼓肩、深腹。口径40.8、残高10厘米(图六三,1)。TN05W08—N06W07⑨:13,夹砂灰褐陶。敛口、窄鼓肩、深腹。口径37.8、残高9厘米(图六三,2)。

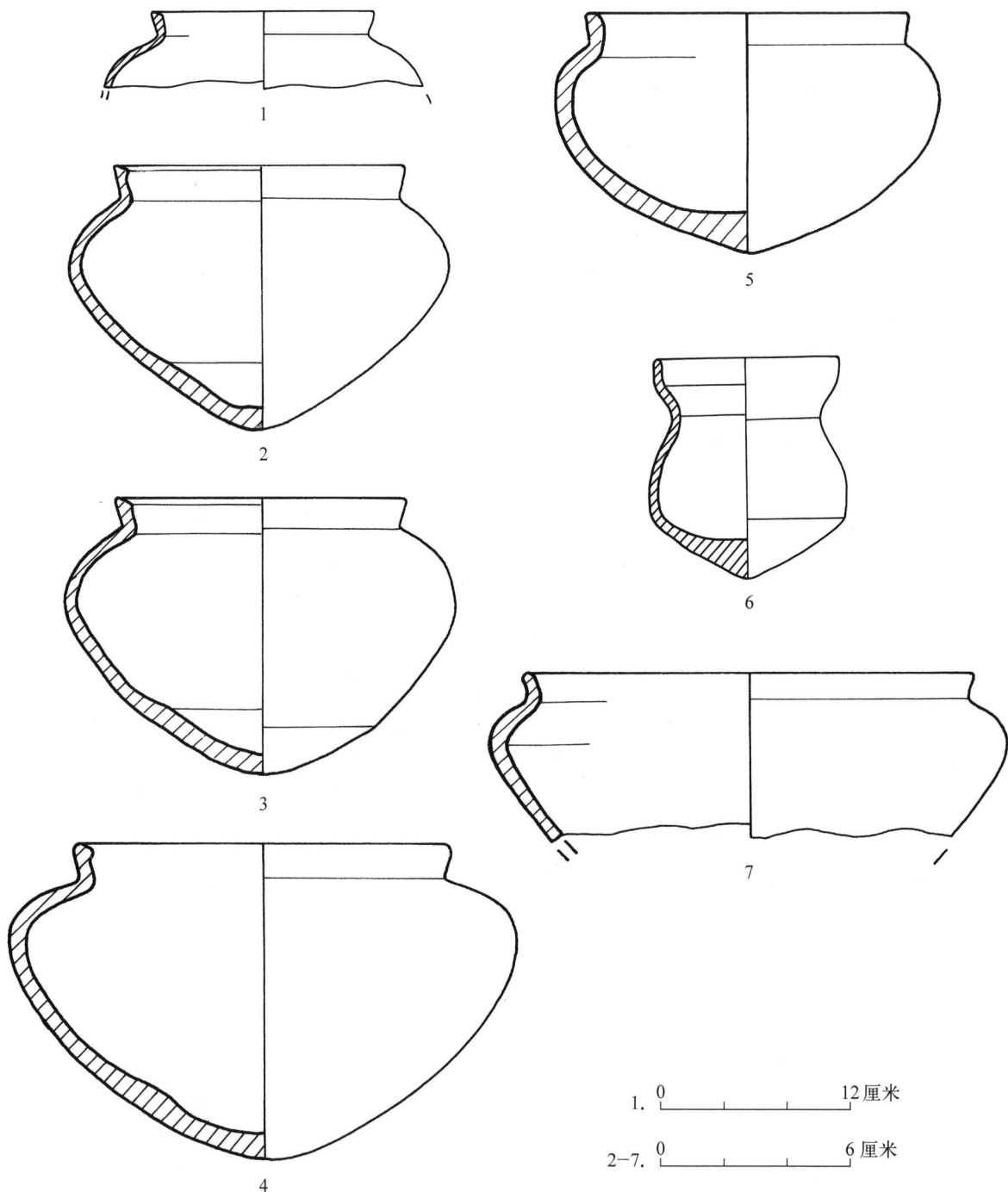

图六二　⑨层陶尖底罐、小平底罐

1—6. 尖底罐（TN03W04—N04W03⑨：27、TN03W06—N04W05⑨：6、TN03W06—N04W05⑨：41、TN03W06—N04W05⑨：1、
TN05W04—N06W03⑨：114、TN07W04—N08W03⑨：9）　7. 小平底罐（TN05W04—N06W03⑨：72）

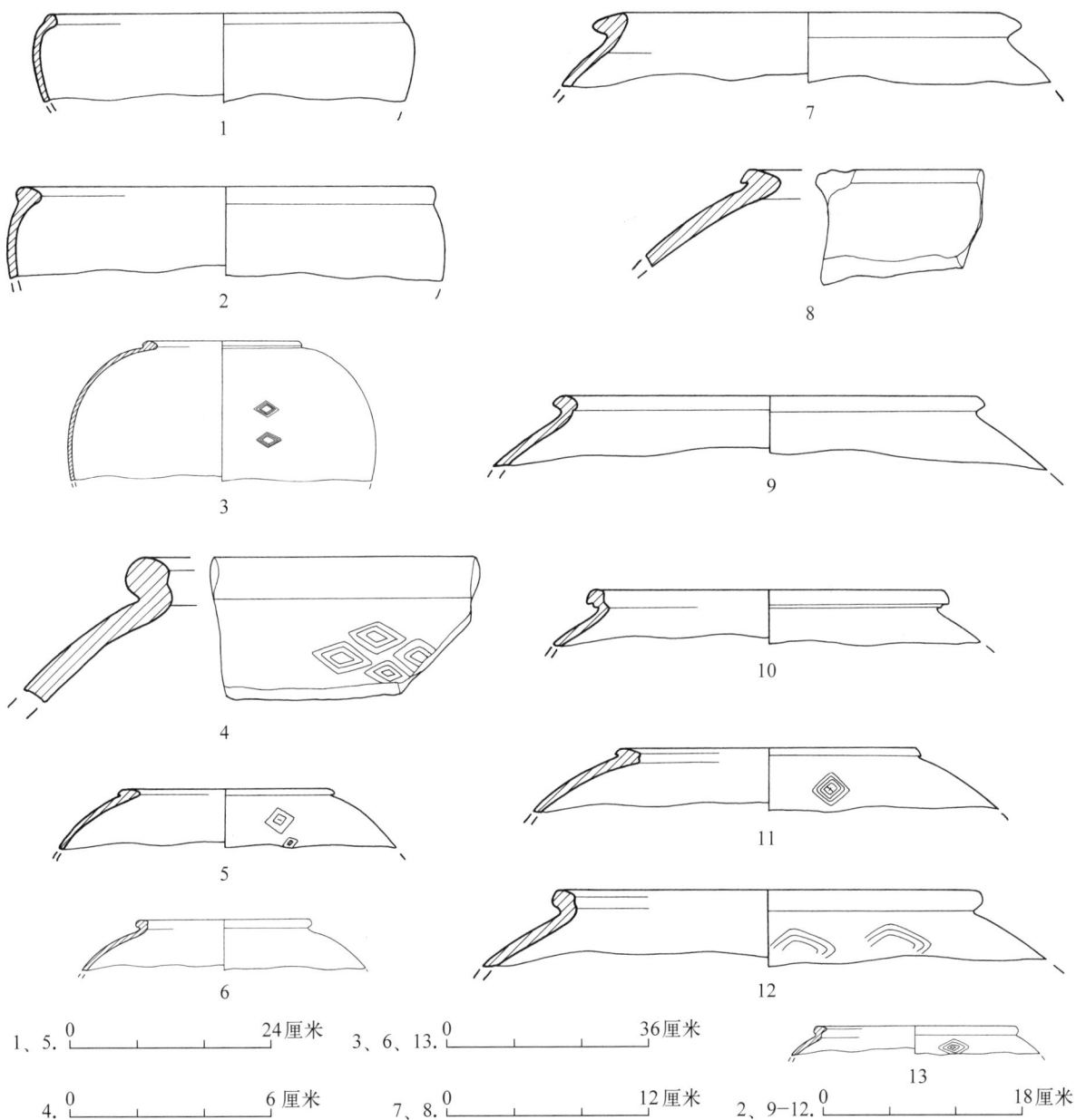

图六三 ⑨层陶敛口罐

1. TN05W04-N06W03⑨:51 2. TN05W08-N06W07⑨:13 3. TN05E01-N06E01⑨:21 4. TN05E01-N06E01⑨:67
5. TN05E01-N06E01⑨:56 6. TN05W04-N06W03⑨:66 7. TN07W04-N08W03⑨:42 8. TN07W04-N08W03⑨:39
9. TN07W06-N08W05⑨:14 10. TN07W06-N08W05⑨:29 11. TN07W06-N08W05⑨:38 12. TN05W06-N06W05⑨:18
13. TN05W04-N06W03⑨:77

　　B型　16件。标本TN05E01-N06E01⑨:21，夹砂灰黑陶。敛口、广肩、深腹。腹部饰重菱纹。口径28、残高24.3厘米（图六三，3）。标本TN05E01-N06E01⑨:67，夹砂灰褐陶。敛口、广肩、深腹、肩部饰重菱纹。残高4.2厘米（图六三，4）。标本TN05E01-N06E01⑨:56，夹砂灰黑陶。敛口、广肩、深腹。肩部饰重菱纹。口径24.8、残高6.6厘米（图六三，5）。标本

TN05W04-N06W03⑨:66,夹砂灰黑陶。敛口、短束颈、广肩、深腹。口径30.6、残高8.4厘米(图六三,6)。标本TN07W04-N08W03⑨:42,夹砂灰黑陶。敛口、短束颈、广肩、深腹。口径25、残高4厘米(图六三,7)。标本TN07W04-N08W03⑨:39,夹砂灰黑陶。敛口、广肩、深腹。残高6.6厘米(图六三,8)。标本TN07W06-N08W05⑨:14,夹砂灰黑陶。敛口、短束颈、广肩、深腹。口径37.8、残高6厘米(图六三,9)。标本TN07W06-N08W05⑨:29,夹砂灰黑陶。敛口、短束颈、沿面外弧。口径32、残高4.8厘米(图六三,10)。标本TN07W06-N08W05⑨:38,夹砂灰黑陶。敛口、广肩、深腹。沿面内斜。肩部饰重菱纹。口径27、残高5.4厘米(图六三,11)。标本TN05W06-N06W05⑨:18,夹砂灰黑陶。敛口、短束颈、广肩、深腹。肩部饰重菱纹。口径37.8、残高6.6厘米(图六三,12)。标本TN05W04-N06W03⑨:77,夹砂灰黑陶。敛口、短束颈、广肩、深腹。肩部饰重菱纹。口径36、残高5.1厘米(图六三,13)。标本TN05E01-N06E01⑨:80,夹砂灰褐陶。敛口、短束颈、窄广肩。口径26.4、残高9.6厘米(图六四,1)。标本TN05W09-N06W09⑨:18,夹砂灰褐陶。敛口、短束颈、窄广肩。口径40.8、残高8厘米(图六四,2)。标本TN07W04-N08W03⑨:21,夹砂灰黑陶。敛口、短束颈、窄广肩。口径33、残高10.2厘米(图六四,3)。标本TN07W04-N08W03⑨:38,夹砂灰褐陶。敛口、溜肩。口径26.4、残高7.8厘米(图六四,4)。标本TN07W06-N08W05⑨:30,夹砂灰褐陶。敛口、溜肩。口径28.2、残高4厘米(图六四,5)。

C型　9件。标本TN05W08-N06W07⑨:12,夹砂灰黑陶。敛口、肩微折。口径39、残高8.4厘米(图六四,6)。标本TN05E01-N06E01⑨:72,夹砂灰黑陶。敛口、沿面内凹、肩微折。口径20、残高8厘米(图六四,7)。标本TN05E01-N06E01⑨:46,夹砂灰黑陶。敛口、折鼓肩。沿面内凹。口径13.2、残高4.4厘米(图六四,8)。标本TN05W04-N06W03⑨:104,夹砂灰黑陶。敛口、折鼓肩。沿面内凹。口径16.8、残高4.4厘米(图六四,9)。标本TN07W04-N08W03⑨:35,夹砂灰黑陶。敛口、折鼓肩。口径33、残高6厘米(图六四,10)。标本TN07W06-N08W05⑨:48,夹砂灰陶。敛口、折肩。口径36.6、残高6.6厘米(图六四,11)。标本TN07W06-N08W05⑨:49,夹砂灰黑陶。敛口、折肩。口径40.8、残高6厘米(图六四,12)。标本TN07W07-N08W07⑨:48,夹砂灰黑陶。敛口、折肩。口径25、残高7厘米(图六四,13)。标本TN05W06-N06W05⑨:15,夹砂灰陶。敛口、肩微折。口径40.3、残高7.8厘米(图六四,14)。

(6)矮领罐　2件。

A型　1件。标本TN05W08-N06W07⑨:6,夹砂灰黑陶。口近直、束颈。口径20.6、残高3.6厘米(图六五,1)。

B型　1件。标本TN03W06-N04W05⑨:17,夹砂灰陶。口微侈、微束颈,广肩。口径26、残高7.8厘米(图六五,2)。

(7)束颈罐　15件。

A型　12件。标本TN05W04-N06W03⑨:92,夹砂灰黑陶。侈口、折沿、广肩。肩部饰绳纹。口径16.4、残高3.6厘米(图六五,3)。标本TN07W06-N08W05⑨:52,夹砂灰黑陶。侈口、折沿、广弧肩。肩部饰交错绳纹。口径28.8厘米,残高3.4厘米(图六五,4)。标本TN03W04-N04W03⑨:48,

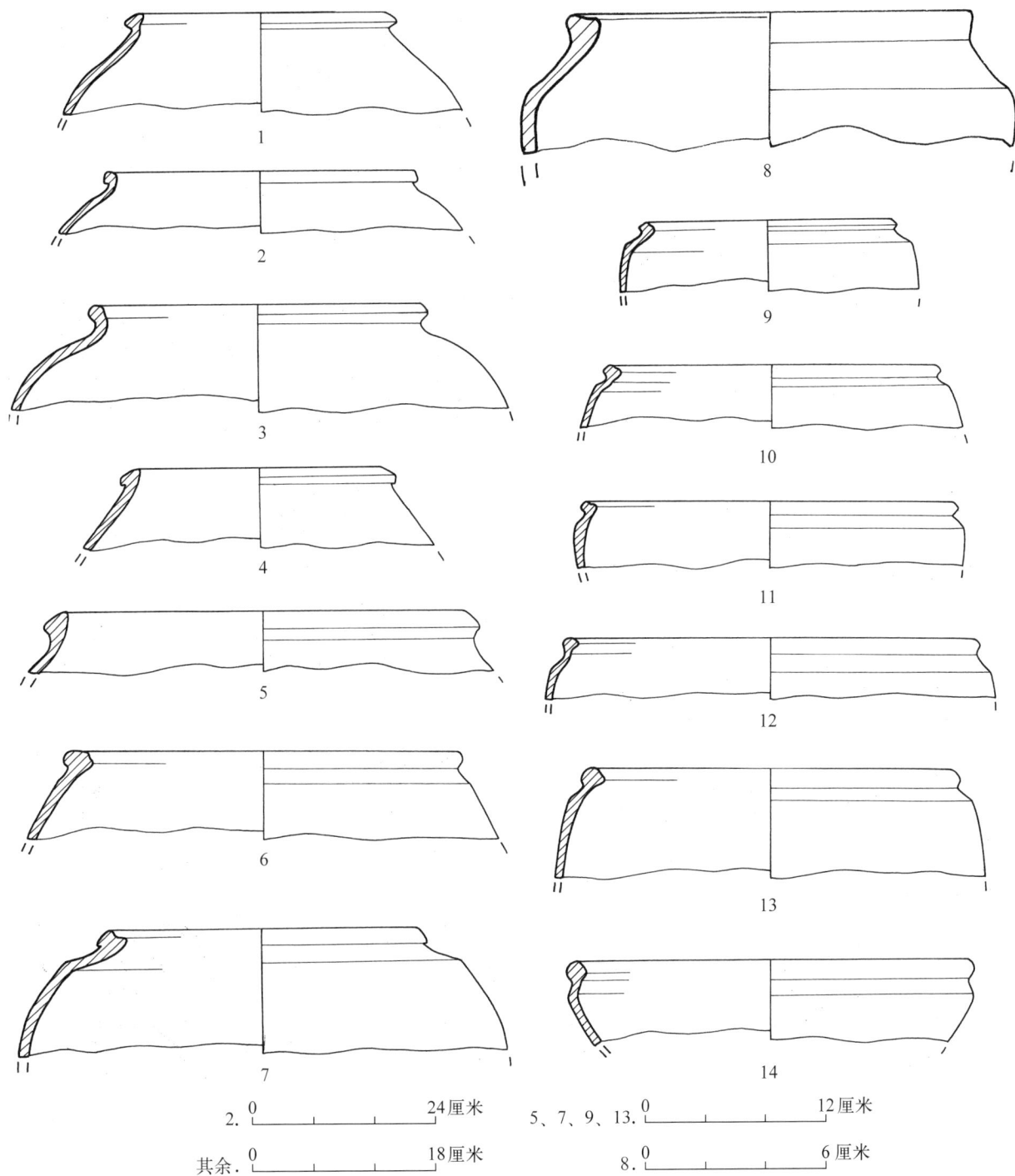

图六四 ⑨层出土陶敛口罐

1. TN05E01-N06E01⑨：80　2. TN05W09-N06W09⑨：18　3. TN07W04-N08W03⑨：21　4. TN07W04-N08W03⑨：38
5. TN07W06-N08W05⑨：30　6. TN05W08-N06W07⑨：12　7. TN05E01-N06E01⑨：72　8. TN05E01-N06E01⑨：46
9. TN05W04-N06W03⑨：104　10. TN07W04-N08W03⑨：35　11. TN07W06-N08W05⑨：48　12. TN07W06-N08W05⑨：49
13. TN07W07-N08W07⑨：48　17. TN05W06-N06W05⑨：15

图六五　⑨层陶矮领罐、束颈罐

1、2.矮领罐（TN05W08－N06W07⑨：6　TN03W06－N04W05⑨：17）

3-10.束颈罐（TN05W04－N06W03⑨：92、TN07W06－N08W05⑨：52、TN03W04－N04W03⑨：48、TN05E01－N06E01⑨：64、
TN05W04－N06W03⑨：95、TN05W04－N06W03⑨：74、TN05W04－N06W03⑨：56、TN05W04－N06W03⑨：88）

夹砂灰黑陶。侈口、圆鼓肩。腹部饰网格纹。口径16.6、残高4.8厘米（图六五，5）。标本
TN05E01－N06E01⑨：64，夹砂灰黑陶。侈口、圆鼓肩。表面饰网格纹。残高3.8厘米（图六五，6）。标
本TN05W04－N06W03⑨：95，夹砂灰黑陶。侈口、卷沿、圆鼓肩。口沿以下饰交错绳纹。口径14.8、残
高4厘米（图六五，7）。标本TN05W04－N06W03⑨：74，夹砂灰黑陶。侈口、卷沿。表面饰圆圈纹。残
高4.2厘米（图六五，8）。标本TN05W04－N06W03⑨：56，夹砂灰黑陶。侈口、卷沿。肩部有绳纹。残
高5.2厘米（图六五，9）。标本TN05W04－N06W03⑨：88，夹砂灰黑陶。侈口、卷沿、弧肩。肩部饰绳
纹。口径15、残高4厘米（图六五，10）。标本TN05W04－N06W03⑨：91，夹砂灰黑陶。侈口、卷沿。口
沿以下饰绳纹。口径24.6、残高4.6厘米（图六六，1）。标本TN05W04－N06W03⑨：98，夹砂灰黑陶。
侈口、卷沿、斜肩。肩部饰绳纹。口径19.6、残高6厘米（图六六，2）。标本TN05W04－N06W03⑨：107，夹砂灰陶。侈口、卷沿、斜弧肩。肩部饰绳纹。口径37.2、残高7.5厘米(图六六,3)。标本 TN05W09－N06W09⑨:2,夹砂灰黑陶。高领、斜肩。肩部饰划纹。口径30.6、残高9厘米(图六六,4)。

B型　3件。标本TN07W04－N08W03⑨:36,夹砂灰黑陶。敛口、短颈、唇部外凸。口径 25.2、残高4.8厘米(图六六,5)。标本TN07W04－N08W03⑨:20,夹砂灰黑陶。侈口、鼓肩。口径 15.2、残高7.4厘米(图六六,6)。标本TN07W06－N08W05⑨:24,夹砂灰黑陶。侈口、斜肩。口径 16.8、残高2.6厘米(图六六,7)。

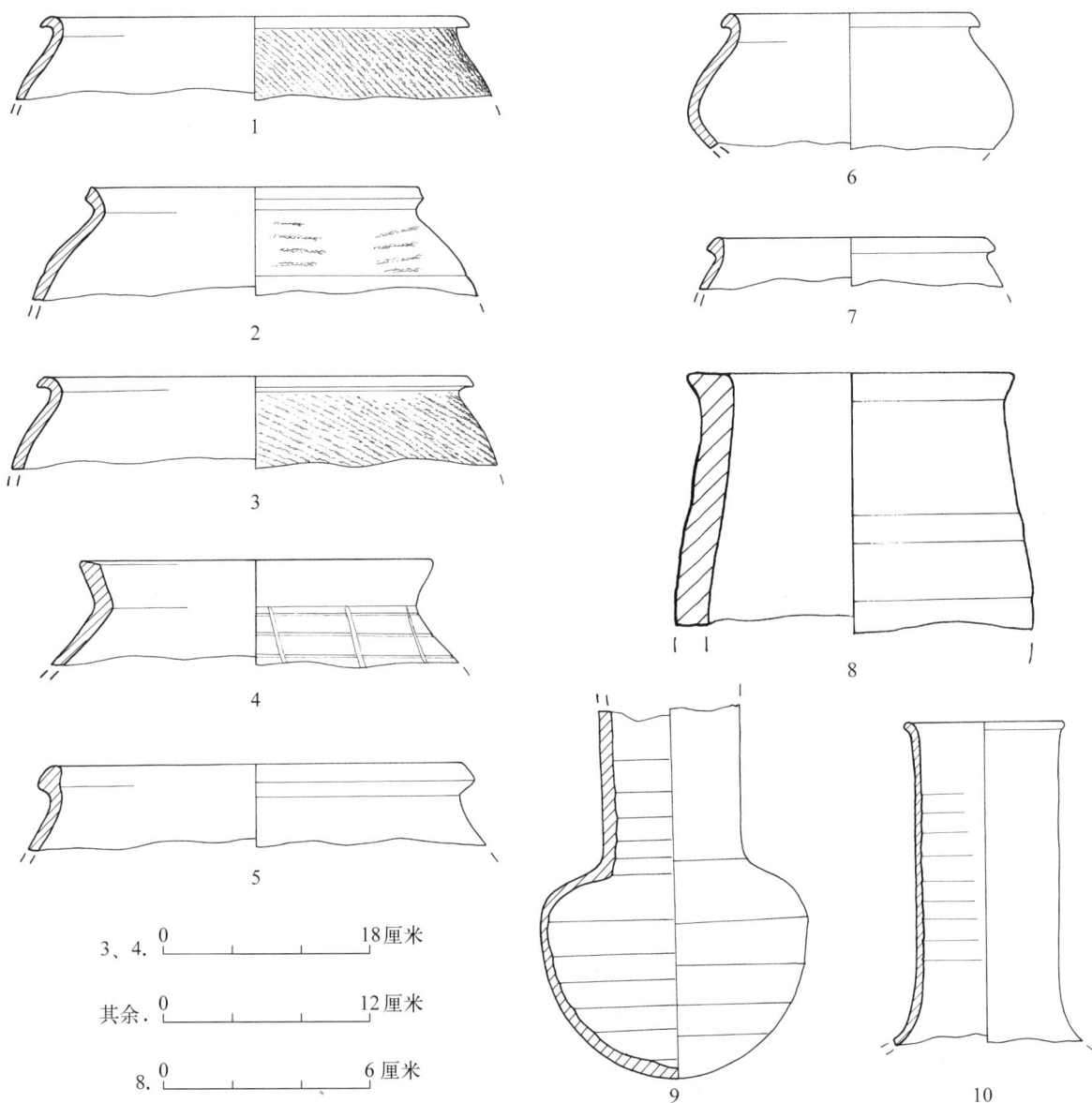

图六六　⑨层陶束颈罐、壶、瓶

1—8.束颈罐(TN05W04－N06W03⑨:91、TN05W04－N06W03⑨:98、TN05W04－N06W03⑨:107、TN05W09－N06W09⑨:2、
TN07W04－N08W03⑨:36、TN07W04－N08W03⑨:20、TN07W06－N08W05⑨:24)　8.壶(TN05W04－N06W03⑨:93)
9、10.瓶(TN03W06－N04W05⑨:43、TN03W06－N04W05⑨:11)

（8）壶 1件。

标本TN05W04-N06W03⑨：93，夹砂褐陶。筒形腹。外壁有两周凸棱。口径9.6、残高7.2厘米（图六六，8）。

（9）瓶 2件。

标本TN03W06-N04W05⑨：43，夹砂灰黑陶。高直领、腹呈圆球状、圜底。内壁有制作时留下的轮制痕迹。残高21厘米（图六六，9；图版一，5）。标本TN03W06-N04W05⑨：11，泥质灰陶。侈口、长直领。口径9.2、残高18厘米（图六六，10）。

（10）盆 10件。

A型 2件。标本TN05E01-N06E01⑨：73，夹砂灰陶。卷沿、鼓腹。残高6厘米（图六七，1）。标本TN07W06-N08W05⑨：34，夹砂灰褐陶。翻沿、微束颈、肩微鼓、弧腹内收。口径16.4、残高5厘米（图六七，2）。

B型 5件。标本TN05W04-N06W03⑨：108，夹砂灰陶。口近直、卷沿、弧腹。口径42.8、残高10厘米（图六七，3）。标本TN05W04-N06W03⑨：44，夹砂灰陶。口近直、卷沿、弧腹。口径40.5、残高6厘米（图六七，4）。标本TN07W04-N08W03⑨：27，夹砂灰黑陶。直口。残高7.2厘米（图六七，5）。标本TN07W04-N08W03⑨：41，夹砂灰褐陶。口近直、深弧腹。腹部有一周凸棱。口径28、残高11厘米（图六七，6）。标本TN07W06-N08W05⑨：46，夹砂灰黑陶。直口、弧腹。口径42.6、残高14.4厘米（图六七，7）。

C型 3件。标本TN07W04-N08W03⑨：26，夹砂灰黑陶。敞口、弧腹内收。口径44、残高6.4厘米（图六七，8）。标本TN05W06-N06W05⑨：16，夹砂灰陶。盘口、弧腹。口径38、残高7.2厘米（图六七，9）。标本TN05W04-N06W03⑨：53，夹砂灰黑陶。敞口、直腹，口径56、残高12.8厘米（图六七，10）。

（11）瓮 14件。

A型 14件。标本TN05E01-N06E01⑨：40，夹砂灰黑陶。敞口、宽沿外翻、厚唇下垂、高领、束颈。口径30.4、残高11.2厘米（图六八，1）。标本TN05E01-N06E01⑨：58，夹砂灰黑陶。敞口、宽沿外翻、厚唇下垂、沿面斜直、束颈。残高8.6厘米（图六八，2）。标本TN07W04-N08W03⑨：34，夹砂灰黑陶。宽沿外翻、厚唇下垂。唇沿外壁饰圆圈纹。残高4.7厘米（图六八，3）。标本TN05E01-N06E01⑨：29，夹砂灰黑陶。敞口、唇外翻下垂、沿面微弧、高领、束颈。口径36、残高9.9厘米（图六八，4）。标本TN05E01-N06E01⑨：54，夹砂灰黑陶。敞口、唇沿下垂、高束颈。口径33、残高20.1厘米（图六八，5）。标本TN07W04-N08W03⑨：24，夹砂灰黑陶。敞口、唇沿下垂。残高7.2厘米（图六八，6）。标本TN07W06-N08W05⑨：47，夹砂灰黑陶。敞口、唇沿下垂、高束颈、口径32.4、残高10.2厘米（图六八，7）。标本TN07W06-N08W05⑨：40，夹砂灰黑陶。敞口、高束颈。口径31.8、残高7.5厘米（图六八，8）。标本TN03W06-N04W05⑨：10，夹砂灰黑陶。敞口、高领。颈部饰有两周弦纹。口径28.4、残高6厘米（图六八，9）。标本TN07W06-N08W05⑨：7，夹砂灰黑陶。敞口、沿外翻。口径32.4、残高8厘米（图六八，10）。标本TN07W06-N08W05⑨：20，夹砂灰黑陶。敞口、沿外翻。口径45.6、残高8厘米（图六八，11）。标本TN07W06-N08W05⑨：50，

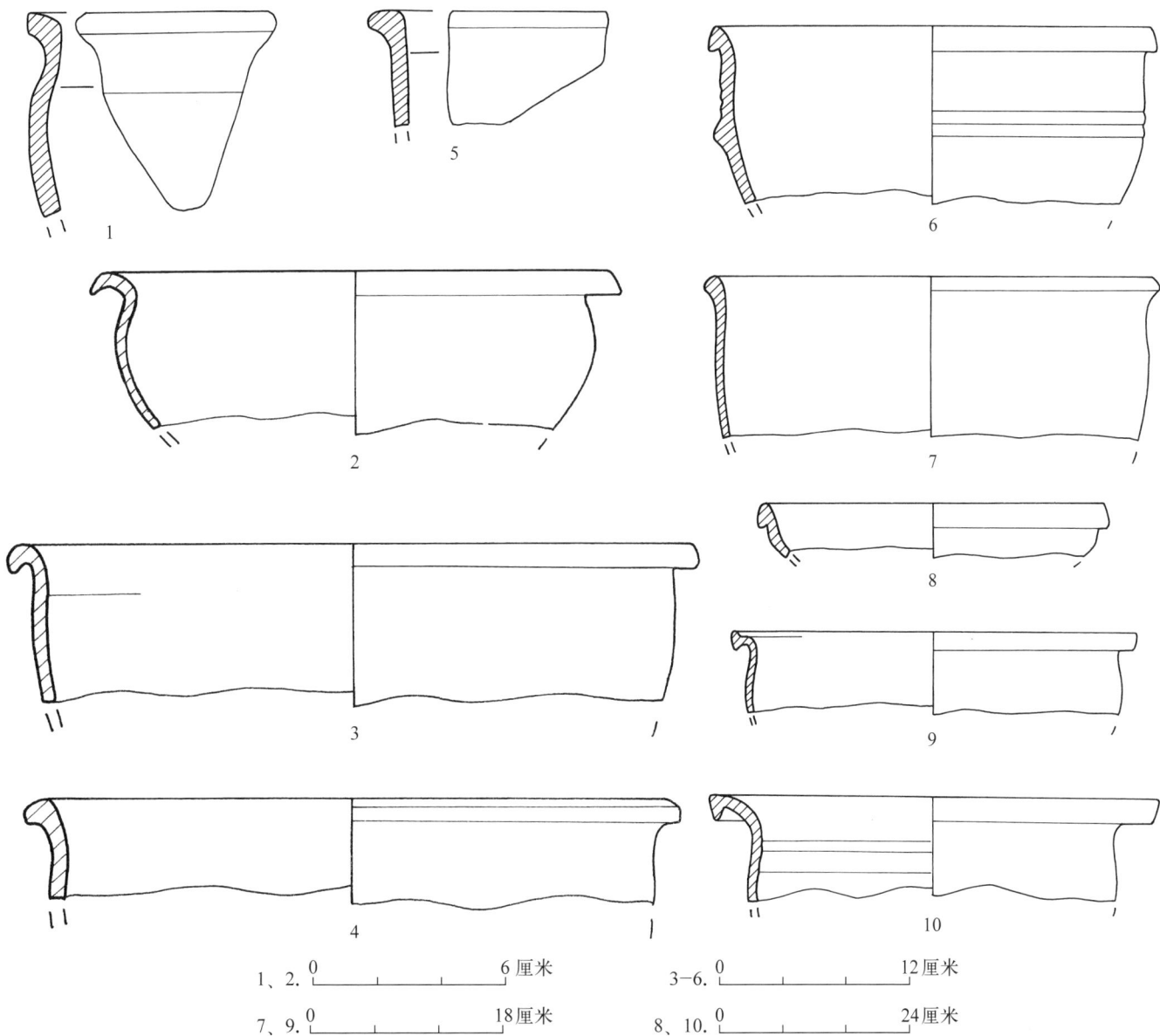

图六七　⑨层陶盆

1. TN05E01-N06E01⑨:73　2. TN07W06-N08W05⑨:34　3. TN05W04-N06W03⑨:108　4. TN05W04-N06W03⑨:44
5. TN07W04-N08W03⑨:27　6. TN07W04-N08W03⑨:41　7. TN07W06-N08W05⑨:46　8. TN07W04-N08W03⑨:26
9. TN05W06-N06W05⑨:16　10. TN05W04-N06W03⑨:53

夹砂灰黑陶。敞口、外翻沿、高束颈。口径32.4、残高10.8厘米（图六八，12）。标本TN07W06-
N08W05⑨:18，夹砂灰黑陶。敞口、外翻沿、高束颈，口径28、残高7.2厘米（图六八，13）。标本
TN05E01-N06E01⑨:43。敞口、卷沿、唇沿下垂。口径30.8、残高7.8厘米（图六八，14）。

（12）缸　2件。

标本TN05W04-N06W03⑨:69，夹砂灰黑陶。敛口、弧腹。口径64.8、残高14.4厘米（图六九，
1）。标本TN05W08-N06W07⑨:2，夹砂灰黑陶。敛口、溜肩。口径45.6、残高9.2厘米（图六九，2）。

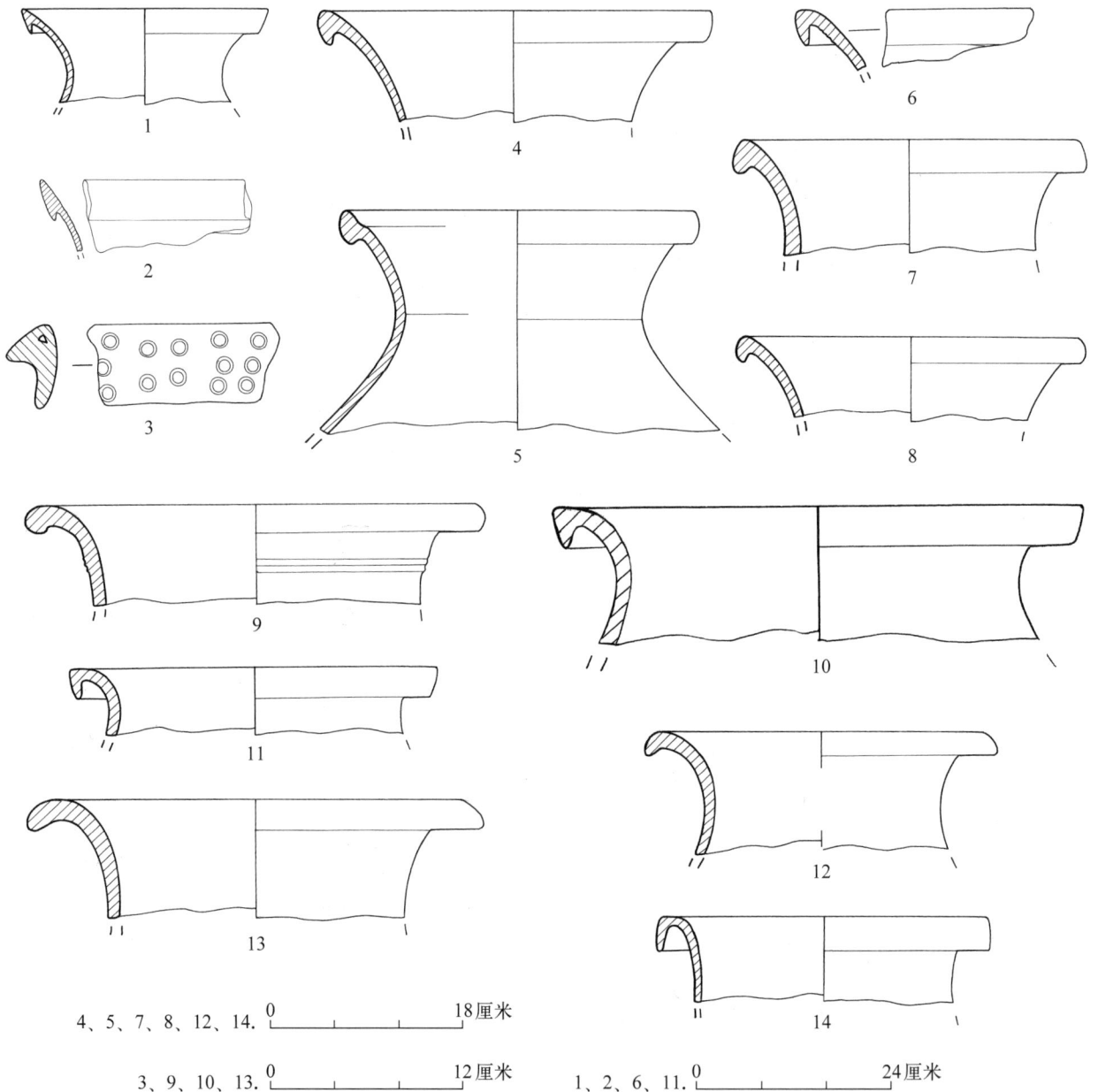

图六八　⑨层陶瓮

1. TN05E01－N06E01⑨：40　2. TN05E01－N06E01⑨：58　3. TN07W04－N08W03⑨：34　4. TN05E01－N06E01⑨：29
5. TN05E01－N06E01⑨：54　6. TN07W04－N08W03⑨：24　7. TN07W06－N08W05⑨：47　8. TN07W06－N08W05⑨：40
9. TN03W06－N04W05⑨：10　10. TN07W06－N08W05⑨：7　11. TN07W06－N08W05⑨：20　12. TN07W06－N08W05⑨：50
13. TN07W06－N08W05⑨：18　14. TN05E01－N06E01⑨：43

（13）绳纹深腹罐　8件。

A型　6件。标本TN05E01－N06E01⑨：41，夹砂灰黑陶。侈口、卷沿、束颈、溜肩。肩部饰绳纹。口径30.6、残高8.4厘米（图七〇，1）。标本TN05W04－N06W03⑨：110，夹砂灰黑陶。侈口、卷沿、束颈、广肩。肩部饰绳纹。口径30.6、残高7.8厘米（图七〇，2）。标本

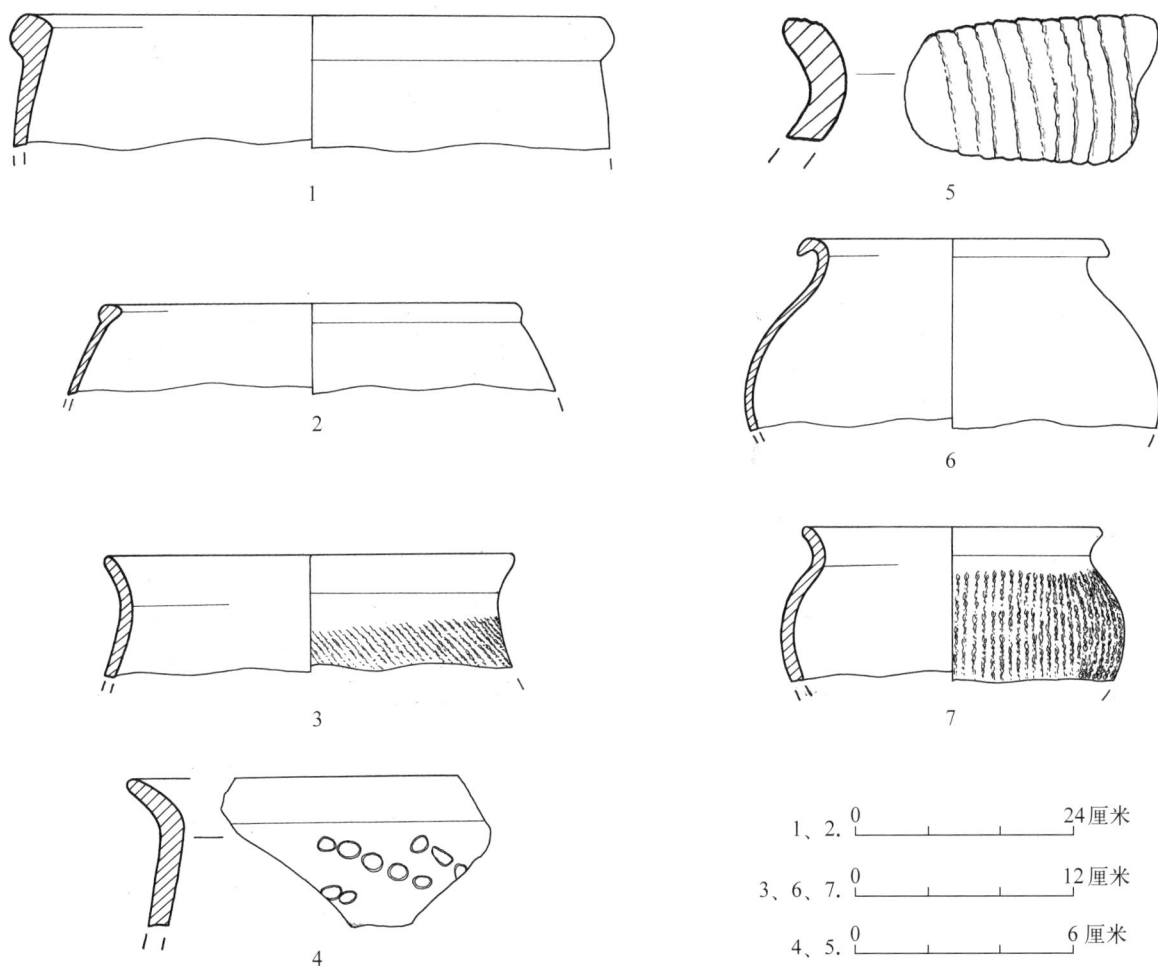

图六九 ⑨层陶缸、釜

1、2. 缸（TN05W04－N06W03⑨：69、TN05W08－N06W07⑨：2） 3-7. 釜（TN05E01－N06E01⑨：69、TN05W04－N06W03⑨：79、
TN05W04－N06W03⑨：242、TN07W04－N08W03⑨：23、TN05E01－N06E01⑨：39）

TN05E01－N06E01⑨：49，夹砂灰黑陶。侈口、卷沿、鼓肩。肩部饰绳纹。口径26.4、残高7.2厘米
（图七〇，3）。标本TN05E01－N06E01⑨：55，夹砂灰黑陶。侈口、束颈、鼓肩。肩部饰绳纹。口径
28.2、残高7.5厘米（图七〇，4）。标本TN05E01－N06E01⑨：35，夹砂灰褐陶。侈口、鼓肩。肩部
饰绳纹。口径30、残高6.4厘米（图七〇，5）。标本TN05W04－N06W03⑨：109，夹砂灰黑陶。侈
口、卷沿、鼓肩。肩部饰绳纹。口径33、残高9厘米（图七〇，6）。

B型 2件。标本TN01W06－N02W05⑨：12，夹砂灰褐陶。侈口略高、卷沿、束颈、溜肩。肩
部饰绳纹。口径30、残高9.6厘米（图七〇，7）。标本TN05E01－N06E01⑨：20，夹砂灰褐陶。侈
口、束颈、窄弧肩、深鼓腹。肩腹部饰绳纹。口径16.6、残高15.6厘米（图七〇，8）。

（14）釜 5件。

A型 4件。标本TN05E01－N06E01⑨：69，夹砂灰褐陶。侈口、束颈。肩部以下饰绳纹。口
径22、残高6.4厘米（图六九，3）。标本TN05W04－N06W03⑨：79。夹砂灰褐陶。侈口、束颈。颈

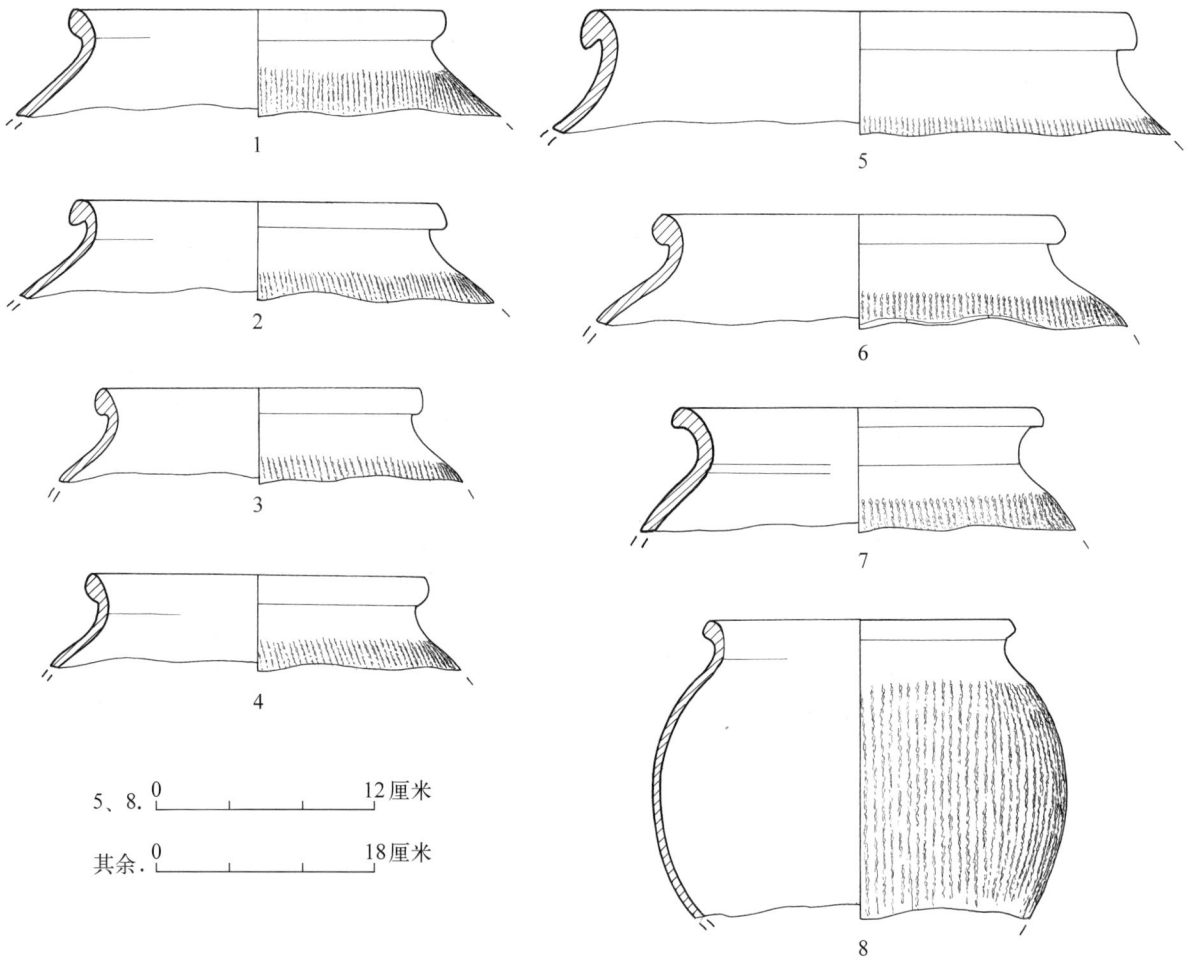

图七○ ⑨层陶绳纹深腹罐

1. TN05E01-N06E01⑨:41　2. TN05W04-N06W03⑨:110　3. TN05E01-N06E01⑨:49　4. TN05E01-N06E01⑨:55
5. TN05E01-N06E01⑨:35　6. TN05W04-N06W03⑨:109　7. TN01W06-N02W05⑨:12　8. TN05E01-N06E01⑨:20

部压印圆圈纹。残高4.2厘米(图六九,4)。标本TN05W04-N06W03⑨:242,夹砂灰黑陶。侈口。残高3.2厘米(图六九,5)。标本TN07W04-N08W03⑨:23,夹砂褐陶。侈口、卷沿、束颈、圆溜肩。口径16.8、残高10厘米(图六九,6)。

B型　1件。标本TN05E01-N06E01⑨:39,夹砂褐陶。侈口、束颈、圆肩。肩部以下饰绳纹。口径16.4、残高8厘米(图六九,7)。

(15)簋形器　12件。

A型　1件。标本TN05E01-N06E01⑨:25,夹砂褐陶。敛口。口径40、残高10厘米(图七一,1)。

B型　6件。标本TN05W04-N06W03⑨:68,夹砂灰黑陶。直口、直腹。口径45、残高13.6厘米(图七一,2)。标本TN05W04-N06W03⑨:65,夹砂褐陶。直口、直腹。口径50.4、残高12.8厘米(图七一,3)。标本TN05W04-N06W03⑨:103,夹砂灰黑陶。直口、直腹。口径48、残高9.6厘米(图七一,

4)。标本TN05W04-N06W03⑨:102,夹砂褐陶。直口、直腹。口径48、残高10厘米(图七一,5)。标本TN07W04-N08W03⑨:33,夹砂灰黑陶。直口、沿内抹、直腹。口径44、残高14.4厘米(图七一,6)。标本TN07W06-N08W05⑨:8,夹砂褐陶。直口、直腹。口径49.6、残高11.6厘米(图七一,7)。

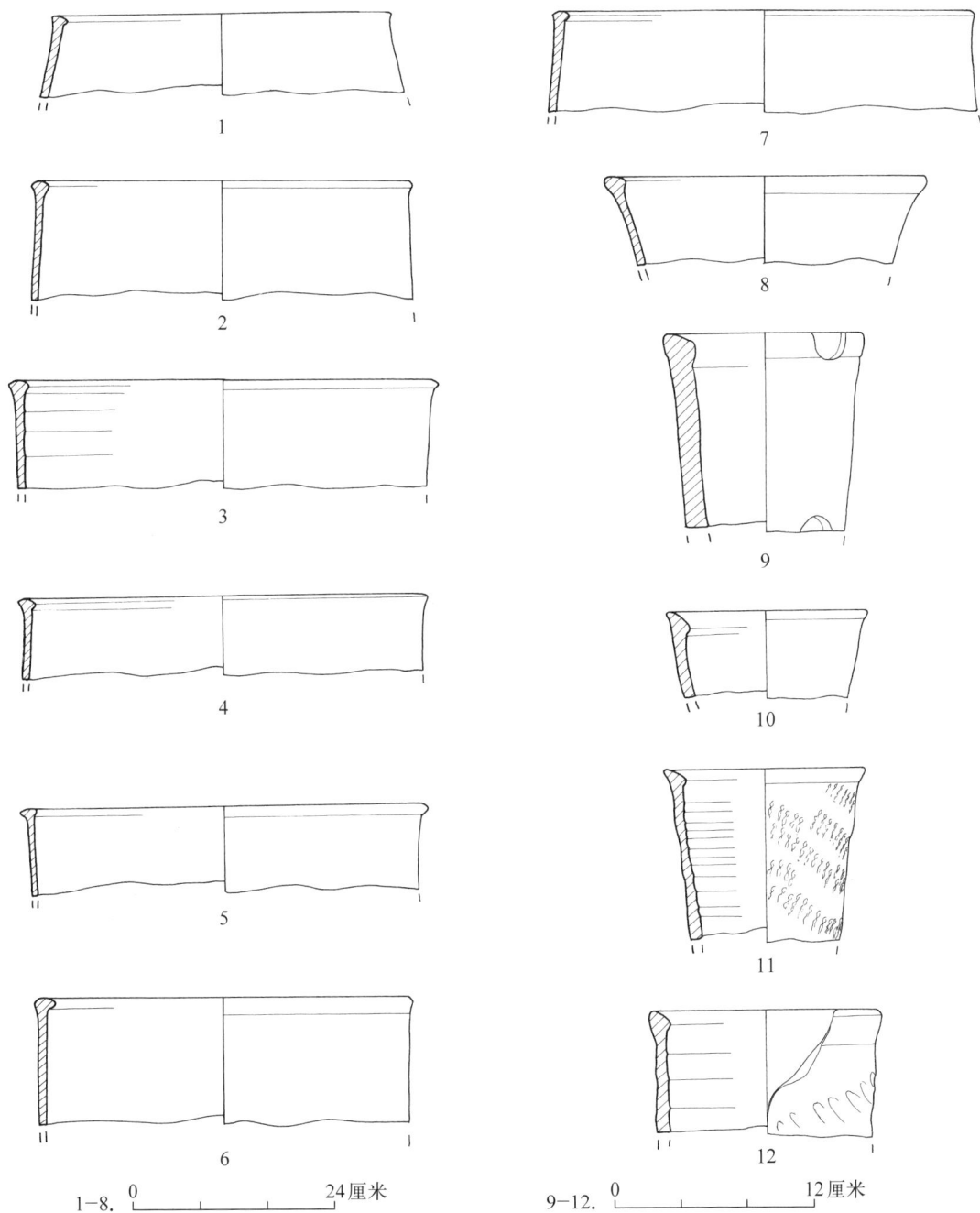

图七一 ⑨层陶簋形器

1. TN05E01-N06E01⑨:25　2. TN05W04-N06W03⑨:68　3. TN05W04-N06W03⑨:65　4. TN05W04-N06W03⑨:103
5. TN05W04-N06W03⑨:102　6. TN07W04-N08W03⑨:33　7. TN07W06-N08W05⑨:8　8. TN05W04-N06W03⑨:87
9. TN05E01-N06E01⑨:33　10. TN05E01-N06E01⑨:26　11. TN05E01-N06E01⑨:23　12. TN05W02-N06W01⑨:42

C 型　5件。标本 TN05W04-N06W03⑨:87,夹砂灰黑陶。敞口、斜腹。口径38.4、残高10.4厘米(图七一,8)。标本 TN05E01-N06E01⑨:33,夹砂褐陶。侈口、斜腹。口径12、残高11.4厘米(图七一,9)。标本 TN05E01-N06E01⑨:26,夹砂褐陶。侈口、斜腹。口径12、残高4.8厘米(图七一,10)。标本 TN05E01-N06E01⑨:23,夹砂褐陶。侈口、斜直腹。器表饰绳纹。口径12、残高10厘米(图七一,11)。标本 TN05W02-N06W01⑨:42,夹砂褐陶。侈口、斜直腹。口径14、残高6.8厘米(图七一,12)。

(16)杯　1件。

B 型　1件。标本 TN03W04-N04W03⑨:112,夹砂灰黑陶。敛口、弧腹、平底。口径10、底径6.8、高7.3厘米(图七二,1;图版一,6)。

(17)盘　4件。

标本 TN03W04-N04W03⑨:26,夹砂灰黑陶。敛口、平底、器壁较厚。口径40.2、残高5.4厘米(图七二,2)。标本 TN03W06-N04W05⑨:9,夹砂灰黑陶。敞口、平底,口径49.6、残高6厘米(图七二,3)。标本 TN05W04-N06W03⑨:96,夹砂灰黑陶。直口、平底。口径33、残高5.1厘米(图七二,4)。标本 TN07W06-N08W05⑨:32,夹砂灰黑陶。直口、平底。口径40、残高5.2厘米(图七二,5)。

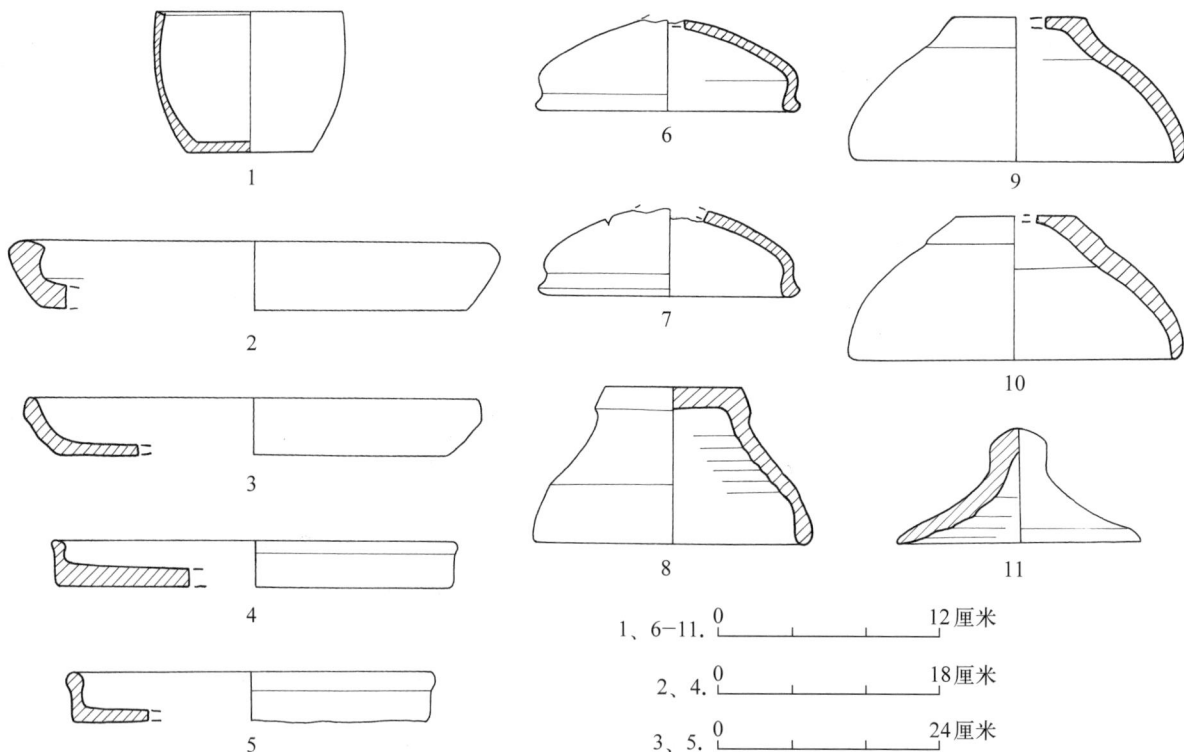

图七二　⑨层陶杯、盘、器盖

1.杯(TN03W04-N04W03⑨:112)　2-5.盘(TN03W04-N04W03⑨:26、TN03W06-N04W05⑨:9、TN05W04-N06W03⑨:96、TN07W06-N08W05⑨:32)　6-11.器盖(TN05E01-N06E01⑨:83、TN05E01-N06E01⑨:14、TN07W04-N08W03⑨:44、TN05E01-N06E01⑨:19、TN05E01-N06E01⑨:70、TN05W04-N06W03⑨:57)

（18）豆 1件。

Ba型 1件。标本TN03W06－N04W05⑨：42，泥质灰黑陶。口部呈锯齿状，外壁饰三周凹弦纹。口径6.4、残高8.6厘米（图七三，3；彩版一九，1）。

（19）豆柄 4件。

标本TN05W04－N06W03⑨：71，夹砂灰黑陶。足径8.4、残高13.6厘米（图七三，4）。标本TN05W06－N06W05⑨：37，夹砂灰黑陶。足径10.4、残高9.2厘米（图七三，5）。标本TN07W07－N08W07⑨：35，夹砂灰黑陶。足径8、残高13厘米（图七三，6）。标本TN07W07－N08W07⑨：42，夹砂灰黑陶。足径14、残高7.2厘米（图七三，7）。

（20）钵 1件。

标本TN05W02－N06W01⑨：67，夹砂灰褐陶。侈口、沿外侧有重唇、斜弧腹、平底内凹。口径15.2、底径6、高6.4厘米（图七四，1）。

（21）喇叭口罐 7件。

标本TN03W04－N04W03⑨：20，夹砂灰黑陶。敞口、束颈、鼓折腹、平底内凹。底径6.4、残高11厘米（图七四，6）。标本TN05E01－N06E01⑨：5，夹砂灰陶。鼓折腹、平底。底径7.2、残高11厘米（图七四，7）。标本TN05E01－N06E01⑨：11，夹砂褐陶。鼓腹、平底。底径6、残高6.4厘米（图七四，8）。标本TN05E01－N06E01⑨：2，夹砂灰黑陶。敞口、高领、鼓腹。口径9.2、腹径11.6、残高10.6厘米（图七四，9；彩版一九，2）。标本TN05W02－N06W01⑨：47，夹砂灰黑陶。鼓腹、平底。底径8、残高7.6厘米（图七四，10）。标本TN05W04－N06W03⑨：224，夹砂褐陶。大喇叭口、束颈、折腹、平底。口径9.6、底径6.8、高10.4厘米（图七四，11；彩版一九，3）。标本TN07W02－N08W01⑨：2，泥质灰陶。口微侈、束颈、折腹、平底。底径5.4、残高8厘米（图七四，12）。

（22）筒形器 4件。

标本TN05E01－N06E01⑨：36，夹砂黑灰陶。直腹、平底。底径8.8、残高10厘米（图七四，2）。标本TN05E01－N06E01⑨：34，夹砂黑灰陶。直腹、平底。底径8.8、残高9厘米（图七四，3）。标本TN05E01－N06E01⑨：28，夹砂黑灰陶。直腹、平底。底径6.8、残高11厘米（图七四，4）。标本TN05W04－N06W03⑨：50，夹砂黑灰陶。表面有条状凹槽。残高9.4厘米（图七四，5）。

（23）帽形器 2件。

标本TN05E01－N06E01⑨：68，夹砂褐陶。口径8、残高2.6厘米（图七五，1）。标本TN05W04－N06W03⑨：49，夹砂灰黑陶。口径7.8、残高3.5厘米（图七五，2）。

（24）器盖 6件。

A型 5件。标本TN05E01－N06E01⑨：83，夹砂灰黑陶。覆钵形、敛口、弧腹。口径14、残高4.8厘米（图七二，6）。标本TN05E01－N06E01⑨：14，夹砂灰黑陶。覆钵形、敛口、弧腹。口径14、残高4.4厘米（图七二，7）。标本TN07W04－N08W03⑨：44。碗形、饼状纽。口径15.2、纽径8.4、高8.4厘米（图七二，8）。标本TN05E01－N06E01⑨：19，夹砂灰黑陶。碗形、平顶、无纽。口径17.2、底径7.6、高7.6厘米（图七二，9）。标本TN05E01－N06E01⑨：70，夹砂灰黑陶。碗形、平

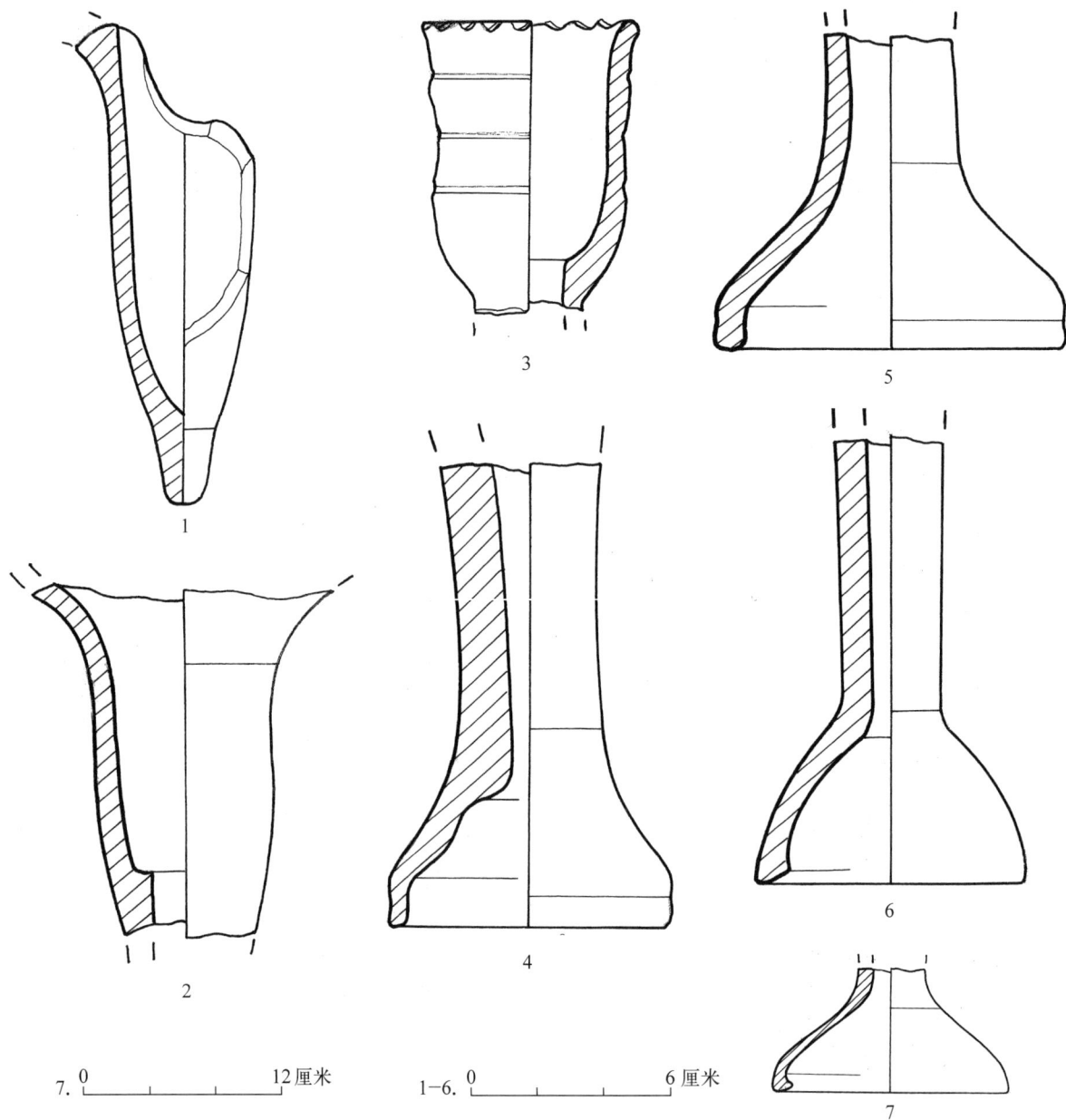

7. └─────────┘ 12厘米
　　0

1-6. └─────────┘ 6厘米
　　　0

图七三　⑨层陶袋足、豆、豆柄

1、2.袋足（TN03W04-N04W03⑨：49、TN05W04-N06W03⑨：225）　3.豆（TN03W06-N04W05⑨：42）

4-7.豆柄（TN05W04-N06W03⑨：71、TN05W06-N06W05⑨：37、TN07W07-N08W07⑨：35、TN07W07-N08W07⑨：42）

顶、无纽。口径18、高7.5厘米（图七二，10）。

C型　1件。标本TN05W04-N06W03⑨：57，泥质灰陶。斗笠状，喇叭状盖身、不规则形纽。口径13、高6厘米（图七二，11）。

（25）器纽　10件。

A型　2件。饼状捉手。标本TN05W04-N06W03⑨：85，夹砂灰黑陶。纽径3.2、残高3.1

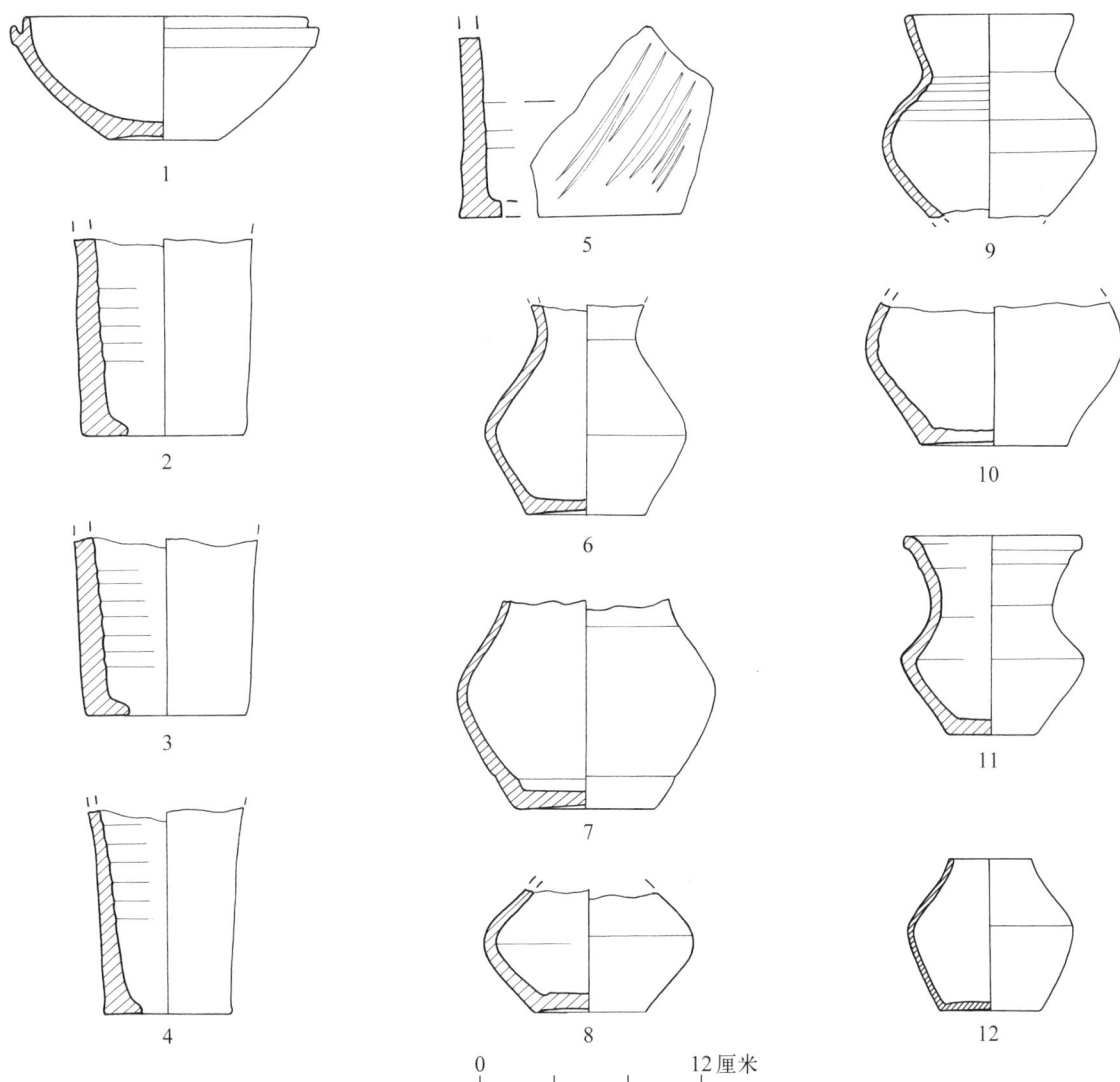

图七四 ⑨层陶钵、筒形器、喇叭口罐

1. 钵（TN05W02－N06W01⑨：67） 2－5. 筒形器（TN05E01－N06E01⑨：36、TN05E01－N06E01⑨：34、TN05E01－N06E01⑨：28、
TN05W04－N06W03⑨：50） 6－12. 喇叭口罐（TN03W04－N04W03⑨：20、TN05E01－N06E01⑨：5、TN05E01－N06E01⑨：11、
TN05E01－N06E01⑨：2、TN05W02－N06W01⑨：47、TN05W04－N06W03⑨：224、TN07W02－N08W01⑨：2)

厘米（图七六，1）。标本 TN05W04－N06W03⑨：133，夹砂灰黑陶。纽径3.6、残高1.2厘米（图
七六，2）。

B型 2件。"8"字纽。标本 TN05W04－N06W03⑨：82，夹砂灰黑陶。纽径6、残高4.5厘米
（图七六，3）。标本 TN07W07－N08W07⑨：49，夹砂灰黑陶。残高9.5厘米（图七六，4）。

C型 4件。纽沿外折、壁斜直、较瘦长。标本 TN01W04－N02W03⑨：6，夹砂灰陶。纽径
7.6、残高7.2厘米（图七六，5）。标本 TN05W04－N06W03⑨：86，泥质灰褐陶。纽径3.2、残高7.9
厘米（图七六，6）。标本 TN05W08－N06W07⑨：48，泥质灰陶。纽径6.8、残高11厘米（图七六，
7）。标本 TN07W06－N08W05⑨：25，夹砂灰陶。纽径2.7、残高6.1厘米（图七六，8）。

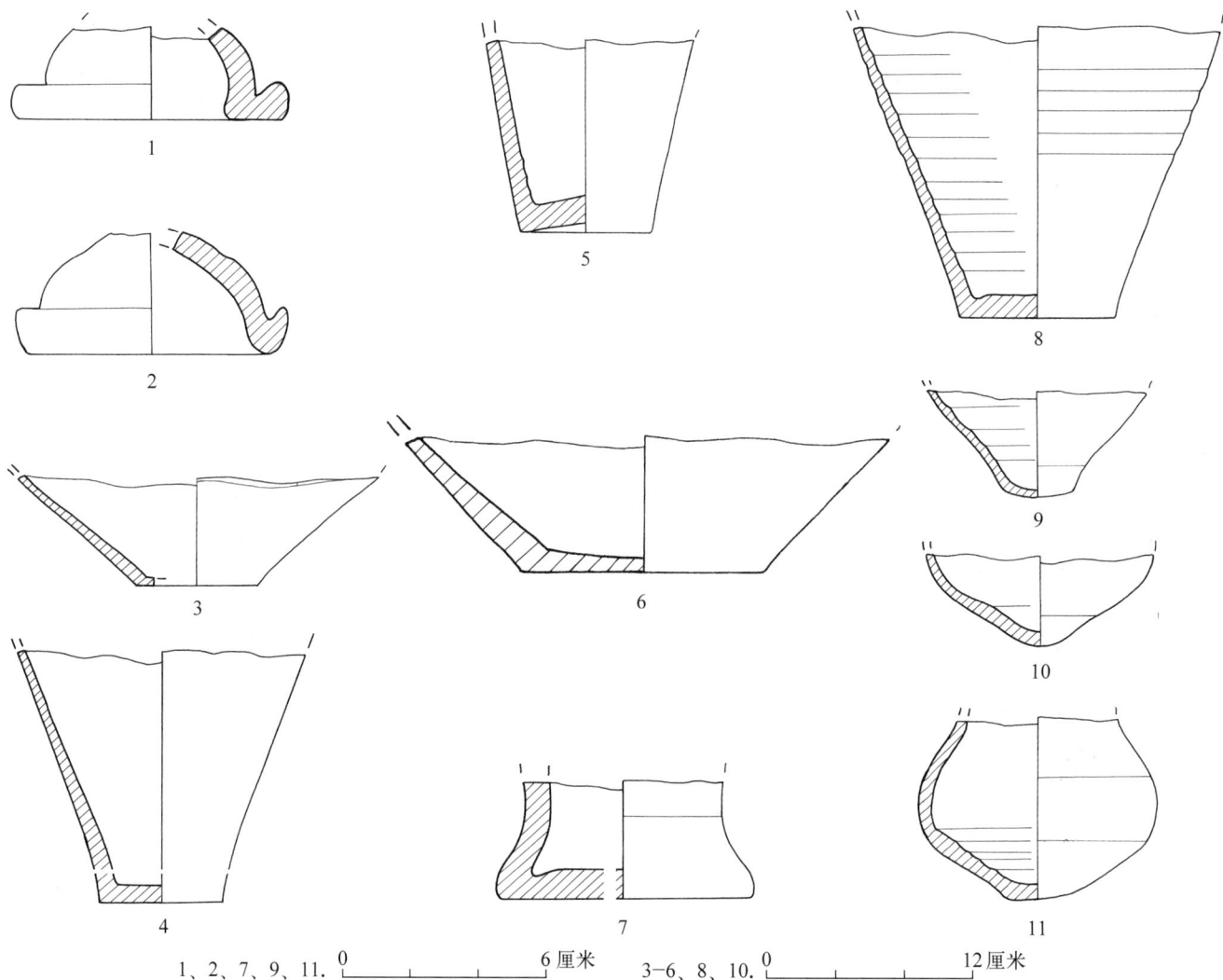

图七五　⑨层陶帽形器、器底

1、2. 帽形器（TN05E01－N06E01⑨：68、TN05W04－N06W03⑨：49）　3—11. 器底（TN03W04－N04W03⑨：62、TN03W06－N04W05⑨：8、
TN05E01－N06E01⑨：60、TN05W04－N06W03⑨：118、TN05W04－N06W03⑨：101、TN07W04－N08W03⑨：25、TN05E01－N06E01⑨：51、
TN05W04－N06W03⑨：121、TN07W06－N08W05⑨：39）

　　E型　2件。标本TN05W04－N06W03⑨：76，泥质灰陶。残高6厘米（图七六，9）。标本
TN05W04－N06W03⑨：59，泥质灰陶。残高4.4厘米（图七六，10）。

　　（26）圈足　24件。

　　A型　11件。标本TN01W04－N02W03⑨：3，夹砂灰黑陶。喇叭状，圈足外撇。足径4、残
高3.2厘米（图七七，1）。标本TN01W04－N02W03⑨：2，夹砂灰黑。圈足外撇。足径11.2、残高3
厘米（图七七，2）。标本TN03W04－N04W03⑨：131，夹砂灰黑陶。喇叭状。足径6.5、残高2.5厘
米（图七七，3）。标本TN05E01－N06E01⑨：59，夹砂灰黑陶。斜腹内收，圈足较矮。足径10.4、
残高6.6厘米（图七七，4）。标本TN05W04－N06W03⑨：112，夹砂灰陶。足壁外弧。足径5.4、残

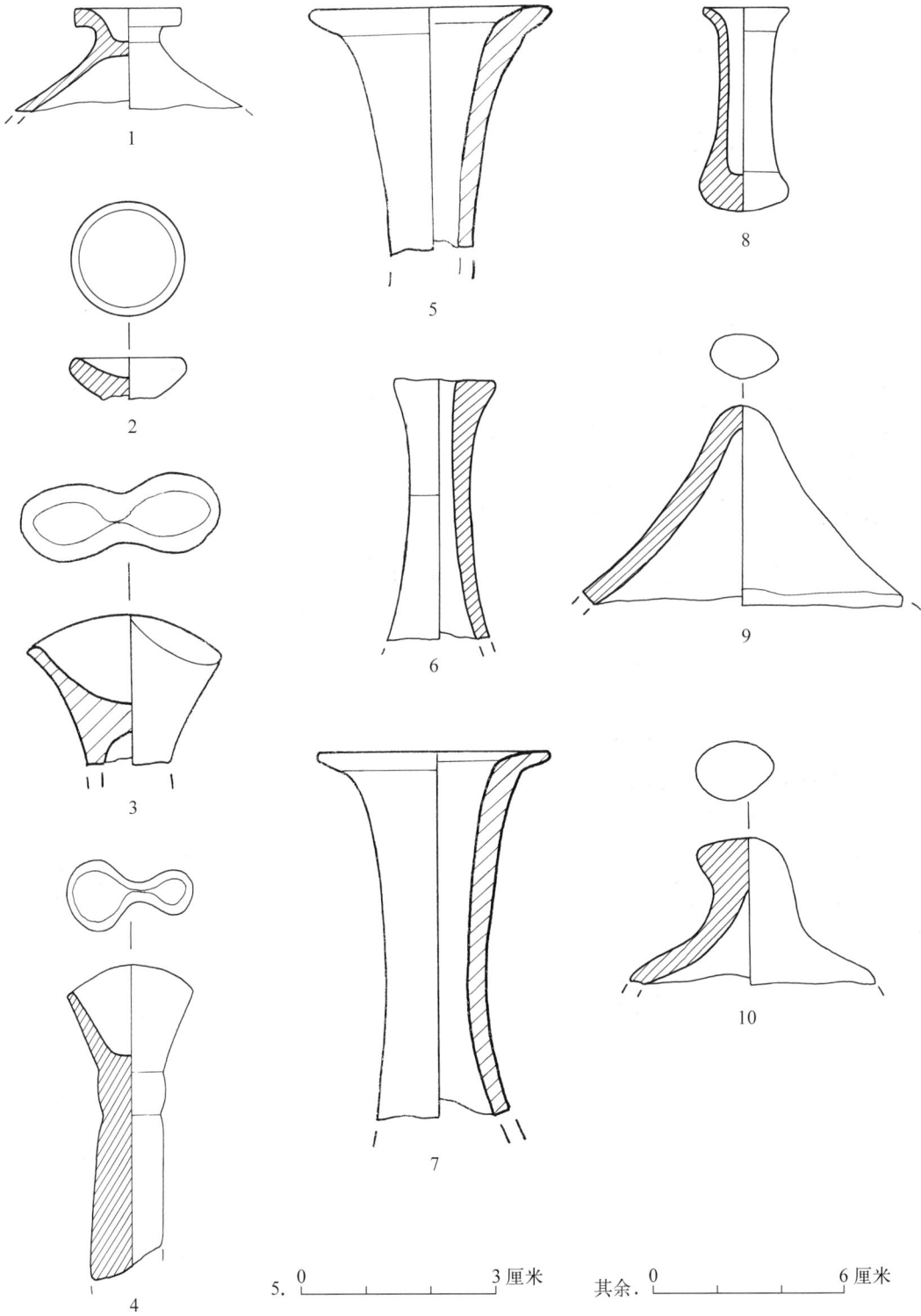

图七六 ⑨层陶器纽

1—10.陶器纽（TN05W04-N06W03⑨：85、TN05W04-N06W03⑨：133、TN05W04-N06W03⑨：82、TN07W07-N08W07⑨：49、
TN01W04-N02W03⑨：6、TN05W04-N06W03⑨：86、TN05W08-N06W07⑨：48、TN07W06-N08W05⑨：25、
TN05W04-N06W03⑨：76、TN05W04-N06W03⑨：59）

高2.8厘米（图七七，5）。标本TN05W04－N06W03⑨：90，夹砂灰黑陶。足壁微折。足径10.4、残高6.2厘米（图七七，6）。标本TN05W04－N06W03⑨：119，夹砂灰褐陶。足微外撇。足径11.6、残高6.6厘米（图七七，7）。标本TN05W08－N06W07⑨：15，夹砂灰黑陶。足壁内弧，圈足较矮。足径6.8、残高5厘米（图七七，8）。标本TN05W08－N06W07⑨：7，夹砂灰黑陶。足沿外翘。足径10.4、残高6厘米（图七七，9）。标本TN07W04－N08W03⑨：94，夹砂灰黑陶。壁上有一圆孔。足径12、残高14.2厘米（图七七，10）。标本TN07W06－N08W05⑨：9，夹砂灰褐陶。足壁微外撇。足径9.6、残高5.6厘米（图七七，11）。

　　B型　7件。标本TN03W04－N04W03⑨：28，夹砂灰黑陶。足壁饰一圆形镂孔。足径17.6、残高7.8厘米（图七八，1）。标本TN05E01－N06E01⑨：10，夹砂褐陶。圈足较高、足壁斜直。足壁内侧呈波浪状，外侧有一圈凸棱。足径16、残高19厘米（图七八，2）。标本TN05W02－N06W01⑨：66，夹砂褐陶。足径14、残高5.2厘米（图七八，3）。标本TN05W04－N06W03⑨：111，夹砂灰褐陶。外壁有一圆孔。足径15、残高7厘米（图七八，4）。标本TN05W04－N06W03⑨：228，夹砂陶，器表褐黑相杂。圈足较高。残高11厘米（图七八，5）。标本TN05E01－N06E01⑨：27，夹砂灰褐陶。足沿内折，足壁内弧。足径10.8、残高8.4厘米（图七八，9）。标本TN05W08－N06W07⑨：44，夹砂灰陶。圈足径11.2、残高12.4厘米（图七八，11）。

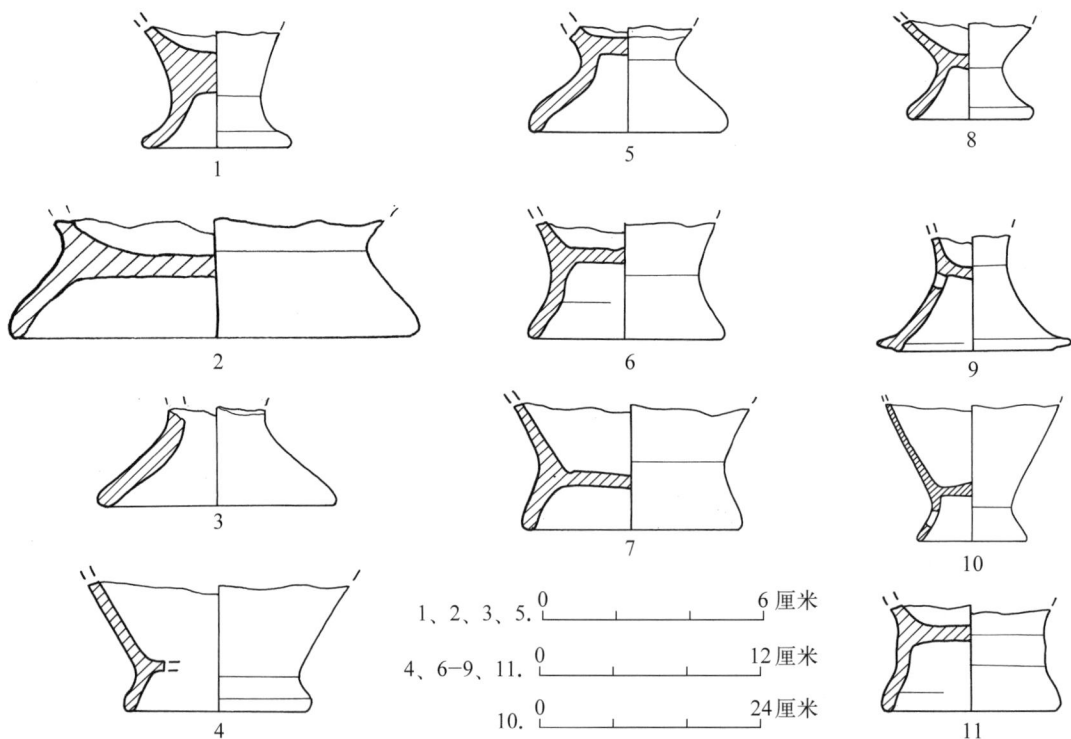

图七七　⑨层陶圈足

1. TN01W04－N02W03⑨：3　2. TN01W04－N02W03⑨：2　3. TN03W04－N04W03⑨：131　4. TN05E01－N06E01⑨：59
5. TN05W04－N06W03⑨：112　6. TN05W04－N06W03⑨：90　7. TN05W04－N06W03⑨：119　8. TN05W08－N06W07⑨：15
9. TN05W08－N06W07⑨：7　10. TN07W04－N08W03⑨：94　11. TN07W06－N08W05⑨：9

C型 3件。标本TN05E01-N06E01⑨:57,夹砂灰褐陶。圈足较矮。足径10、残高5.4厘米(图七八,6)。标本TN05W08-N06W07⑨:5,夹砂灰黑陶。弧腹内收、圈足极矮。足径5.8、残高5.4厘米(图七八,7)。标本TN07W04-N08W03⑨:43,夹砂灰陶。斜腹内收,底部内凹。足径10.8、残高9.6厘米(图七八,8)。

D型 3件。标本TN05W06-N06W05⑨:36,夹砂灰黑陶。足缘呈台阶状。足径28.4、残高

图七八 ⑨层陶圈足

1. TN03W04-N04W03⑨:28 2. TN05E01-N06E01⑨:10 3. TN05W02-N06W01⑨:66 4. TN05W04-N06W03⑨:111
5. TN05W04-N06W03⑨:228 6. TN05E01-N06E01⑨:57 7. TN05W08-N06W07⑨:5 8. TN07W04-N08W03⑨:43
9. TN05E01-N06E01⑨:27 10. TN05W06-N06W05⑨:36 11. TN05W08-N06W07⑨:44 12. TN05W08-N06W07⑨:8
13. TN07W06-N08W05⑨:23

13厘米(图七八,10)。标本TN05W08-N06W07⑨:8,夹砂灰黑陶。足沿内折,足壁内弧。足径18、残高9厘米(图七八,12)。标本TN07W06-N08W05⑨:23,夹砂灰褐陶。足壁有圆形镂孔。足径10.8、残高4.6厘米(图七八,13)。

(27)器底　9件。

标本TN03W04-N04W03⑨:62,夹砂褐陶。底径7.2、残高6厘米(图七五,3)。标本TN03W06-N04W05⑨:8,夹砂褐陶。底径7.2、残高14.2厘米(图七五,4)。标本TN05E01-N06E01⑨:60,夹砂褐陶。底内凹。底径7.6、残高11厘米(图七五,5)。标本TN05W04-N06W03⑨:118,夹砂褐陶。底径14、残高7.4厘米(图七五,6)。标本TN05W04-N06W03⑨:101,夹砂褐陶。底径7.4、残高3.4厘米(图七五,7)。标本TN07W04-N08W03⑨:25,夹砂褐陶。器壁有瓦棱纹。底径9、残高16.4厘米(图七五,8)。标本TN05E01-N06E01⑨:51,泥质灰陶。残高3厘米(图七五,9)。标本TN05W04-N06W03⑨:121,泥质灰陶。尖底。残高5.2厘米(图七五,10)。标本TN07W06-N08W05⑨:39,夹砂褐陶。鼓腹。腹径7.6、残高5.1厘米(图七五,11)。

(28)器柄　2件。

标本TN01W04-N02W03⑨:21,泥质灰陶。器呈鸟头状,中空。残长6.2厘米(图七九,1;彩版一九,4)。标本TN01W06-N02W05⑨:1,泥质灰陶。器呈鸟头状,中空。残长6.2厘米(图七九,2)。

(29)器足　7件。

袋足　2件。标本TN03W04-N04W03⑨:49,夹砂灰黑陶。残高13.8厘米(图七三,1;彩版一九,5)。标本TN05W04-N06W03⑨:225,夹砂褐陶。底部有一圆孔。残高10.2厘米(图七三,2)。

鬲足　3件。标本TN05W04-N06W03⑨:30,截锥状柱足,夹砂红陶。表面隐约可见绳纹。残高8.1厘米(图七九,3)。标本TN07W04-N08W03⑨:1,素面。足上刮痕清晰可见。残高11.6厘米(图七九,4)。标本TN05W04-N06W03⑨:1,表面饰绳纹。残高10.1厘米(图七九,5)。

鼎足　2件。标本TN05W04-N06W03⑨:245,夹砂红陶。兽蹄形足。高11厘米(图七九,6)。标本TN05W04-N06W03⑨:246,夹砂褐陶。斜直柱状足。残高8厘米(图七九,7)。

(30)器耳　1件。

标本TN05W04-N06W03⑨:12,夹砂褐陶。弧形附耳。高6.6、宽5厘米(图七九,8)。

(31)纺轮　103件。

A型　48件。标本TN03W04-N04W03⑨:51,泥质褐陶。帽形。腰部饰两周凸棱。直径3.2、高2.2厘米(图八〇,1)。标本TN03W04-N04W03⑨:16,泥质褐陶。帽形。腰部饰两周凸棱。直径3.4、高1.6厘米(图八〇,2)。标本TN03W04-N04W03⑨:12,泥质灰褐陶。帽形。腰部饰两周凸棱。直径3、高1.4厘米(图八〇,3)。标本TN03W04-N04W03⑨:53,泥质灰黑陶。帽形。腰部饰两周凸棱。直径3.2、高2.2厘米(图八〇,4)。标本TN03W04-N04W03⑨:54,泥质灰黑陶。帽形。器表饰多道弦纹,腰部饰四周凸棱。直径3.2、高1.5厘米(图八〇,5;彩版一九,6)。标本TN03W04-N04W03⑨:11,泥质灰黑陶。帽形。直径3.4、高1.7厘米(图八〇,6)。标本TN03W04-N04W03⑨:56,泥质褐陶。帽形。腰部饰两周凸棱。直径3.2、高2.1厘米(图八〇,7)。标本TN03W04-N04W03⑨:57,泥质灰黑陶。帽形。器表饰弦纹,腰部饰一周凸棱。

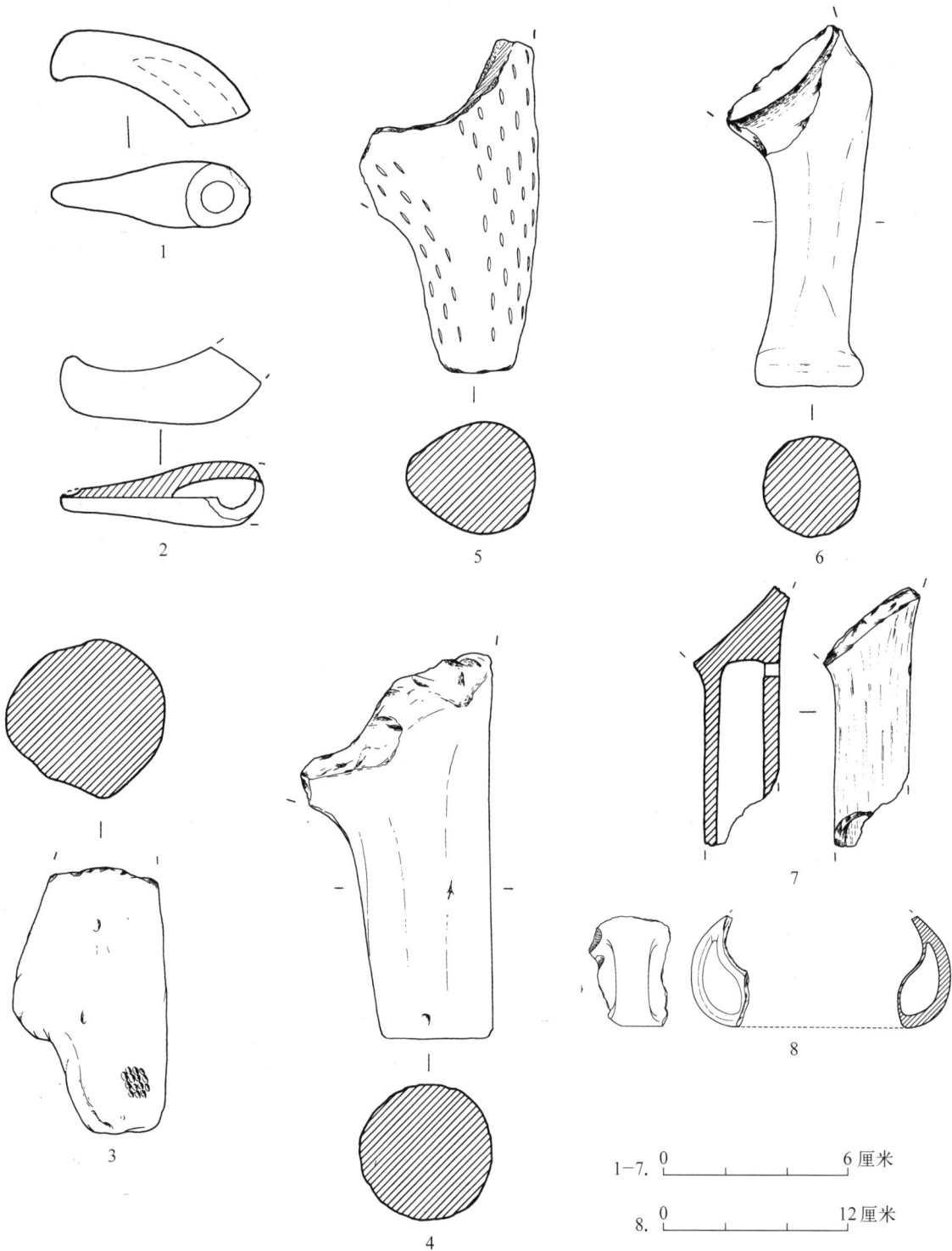

图七九　⑨层陶器柄、器足、器耳

1、2.陶器柄（TN01W04-N02W03⑨：21、TN01W06-N02W05⑨：1）　3-7.器足（TN05W04-N06W03⑨：30、
TN07W04-N08W03⑨：1、TN05W04-N06W03⑨：1、TN05W04-N06W03⑨：245、TN05W04-N06W03⑨：246）
8.器耳（TN05W04-N06W03⑨：12）

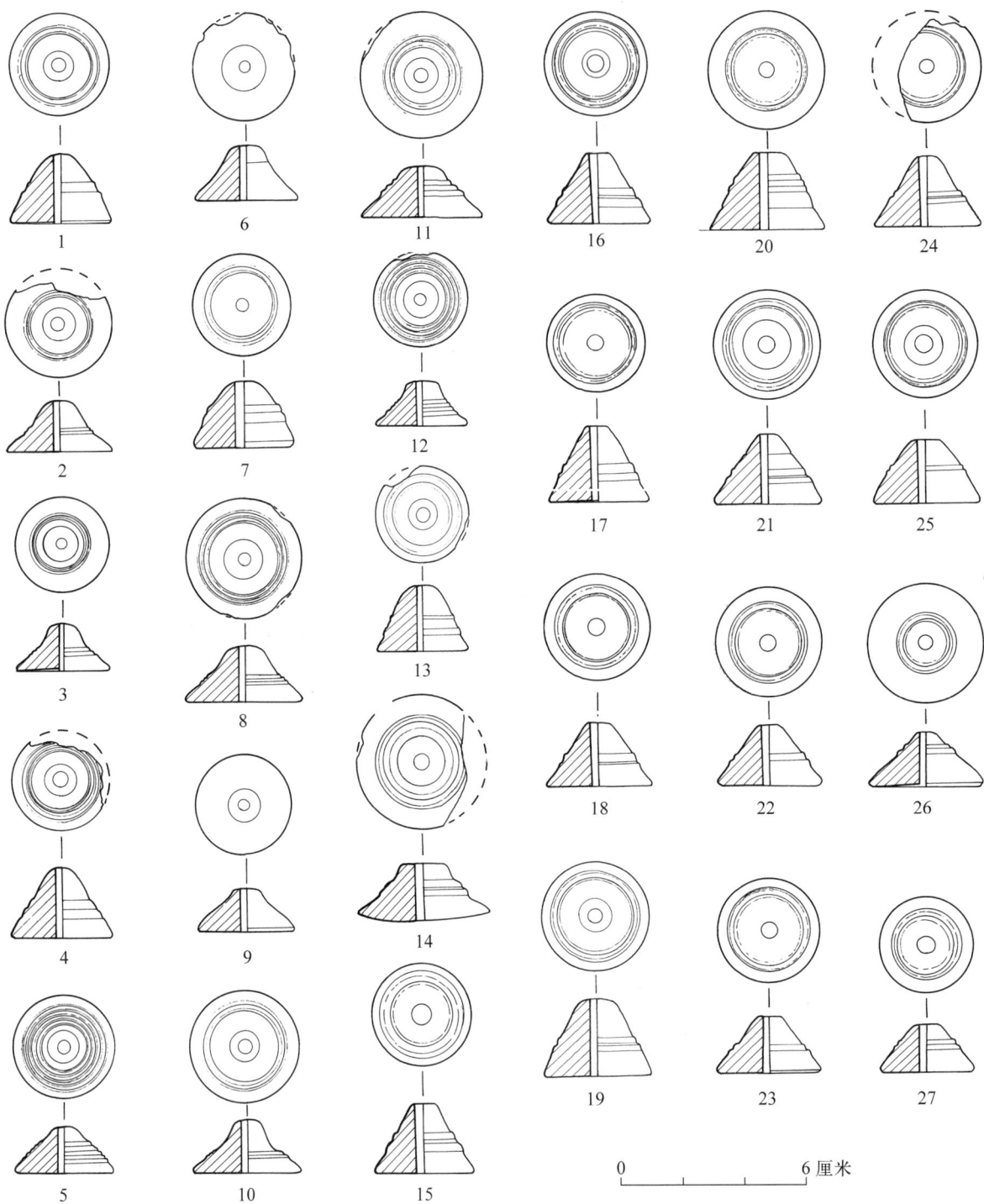

0   6 厘米

图八〇　⑨层陶纺轮

1. TN03W04-N04W03⑨:51　2. TN03W04-N04W03⑨:16　3. TN03W04-N04W03⑨:12　4. TN03W04-N04W03⑨:53

5. TN03W04-N04W03⑨:54　6. TN03W04-N04W03⑨:11　7. TN03W04-N04W03⑨:56　8. TN03W04-N04W03⑨:57

9. TN03W04-N04W03⑨:61　10. TN03W04-N04W03⑨:8　11. TN03W04-N04W03⑨:108　12. TN03W04-N04W03⑨:109

13. TN05W04-N06W03⑨:115　14. TN05W04-N06W03⑨:7　15. TN05W04-N06W03⑨:8　16. TN05W04-N06W03⑨:9

17. TN05W04-N06W03⑨:10　18. TN05W04-N06W03⑨:11　19. TN05W04-N06W03⑨:12　20. TN05W04-N06W03⑨:13

21. TN05W04-N06W03⑨:14　22. TN05W04-N06W03⑨:15　23. TN05W04-N06W03⑨:16　24. TN05W04-N06W03⑨:17

25. TN05W04-N06W03⑨:18　26. TN05W04-N06W03⑨:19　27. TN05W04-N06W03⑨:21

直径3.8、高1.7厘米（图八〇，8）。标本TN03W04-N04W03⑨：61，泥质灰黑陶。帽形。直径3.1、高1.4厘米（图八〇，9）。标本TN03W04-N04W03⑨：8，泥质灰褐。帽形。腰部饰两周凸棱。直径3.4、高1.7厘米（图八〇，10）。标本TN03W04-N04W03⑨：108，泥质灰黑陶。帽形。腰部饰三周凸棱。直径4、高1.6厘米（图八〇，11）。标本TN03W04-N04W03⑨：109，泥质灰黑陶。帽形。腰部饰三周凸棱。直径3、高1.4厘米（图八〇，12）。标本TN05W04-N06W03⑨：115，泥质灰陶。帽形。腰部饰两周凸棱。直径3、高2厘米（图八〇，13）。标本TN05W04-N06W03⑨：7，泥质褐陶。帽形。器表有两周凸棱。直径4.3、高1.8厘米（图八〇，14）。标本TN05W04-N06W03⑨：8，泥质褐陶。帽形。器表有两周凸棱。直径3.2、高2.2厘米（图八〇，15）。标本TN05W04-N06W03⑨：9，泥质灰黑陶。帽形。器表有两周凸棱。直径3.2、高2.2厘米（图八〇，16）。标本TN05W04-N06W03⑨：10，泥质灰黑陶。帽形。腰部两周凸棱。直径3.1、高2.4厘米（图八〇，17）。标本TN05W04-N06W03⑨：11，泥质灰黑陶。器表有两周凸棱。直径3.3、高2厘米（图八〇，18）。标本TN05W04-N06W03⑨：12，泥质灰黑陶。帽形。器表有两周凸棱。直径3.4、高2.4厘米（图八〇，19）。标本TN05W04-N06W03⑨：13，泥质褐陶。帽形。表面有多周凸棱。直径3.7、高2.4厘米（图八〇，20）。标本TN05W04-N06W03⑨：14，泥质灰黑陶。帽形。表面有多周凸棱。直径3.4、高2.2厘米（图八〇，21）。标本TN05W04-N06W03⑨：15，泥质褐陶。帽形。表面有两周凸棱。直径3.3、高2.4厘米（图八〇，22）。标本TN05W04-N06W03⑨：16，泥质褐陶。帽形。表面有两周凸棱。直径3.3、高1.8厘米（图八〇，23）。标本TN05W04-N06W03⑨：17，泥质灰黑陶。帽形。表面有两周凸棱。直径3.4、高2.2厘米（图八〇，24）。标本TN05W04-N06W03⑨：18，泥质灰黑陶。帽形。器表有两周凸棱。直径3.5、高2厘米（图八〇，25）。标本TN05W04-N06W03⑨：19，泥质灰黑陶。帽形。器表有两周凸棱。直径3.7、高1.7厘米（图八〇，26）。标本TN05W04-N06W03⑨：21，泥质褐陶。帽形。器表有两周凸棱。直径3、高1.5厘米（图八〇，27）。标本TN05W04-N06W03⑨：24，泥质褐陶。帽形。器表两周凸棱。直径3.3、高1.9厘米（图八一，1）。标本TN05W04-N06W03⑨：25，泥质灰黑陶。帽形。器表有两周凸棱。直径3.4、高1.5厘米（图八一，2）。标本TN05W04-N06W03⑨：29，泥质灰黑陶。帽形。器表有两周凸棱。直径4、高1.8厘米（图八一，3）。标本TN05W04-N06W03⑨：31，泥质褐陶。帽形。器表有两周凸棱。直径4.3、高1.7厘米（图八一，4）。标本TN05W04-N06W03⑨：33，泥质灰陶。帽形。器表有两周凸棱。直径3.4、高1.6厘米（图八一，5）。标本TN05W04-N06W03⑨：34，泥质灰黑陶。帽形。器表有两周凸棱。直径3.4、高1.6厘米（图八一，6）。标本TN05W04-N06W03⑨：35，泥质灰黑陶。帽形。器表有两周凸棱。直径3.5、高1.6厘米（图八一，7）。标本TN05W04-N06W03⑨：36，泥质褐陶。帽形。器表有两周凸棱。直径3.6、高1.3厘米（图八一，8）。标本TN05W06-N06W05⑨：5，泥质灰黑陶。帽形。腰部饰两周凸棱。直径3.5、高1.7厘米（图八一，9；图版二，1）。标本TN05W06-N06W05⑨：3，泥质灰褐。帽形。腰部饰两周凸棱。直径3.4、高1.6厘米（图八一，10）。标本TN05W06-N06W05⑨：2，泥质褐陶。帽形。腰部饰两周凸棱。直径3.8、高1.8厘米（图八一，11）。标本TN05W06-N06W05⑨：19，泥质灰褐陶。帽形。腰部饰两

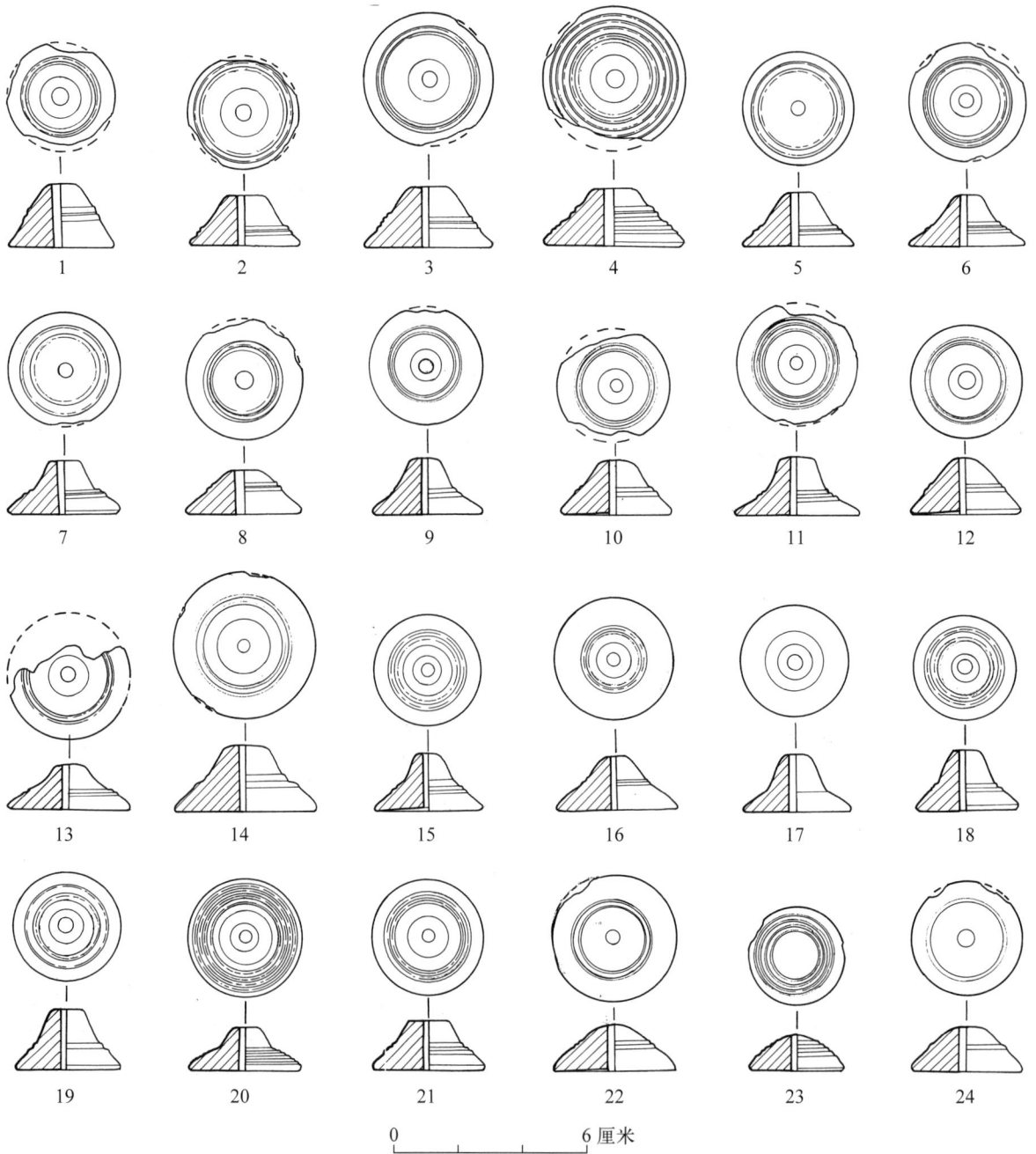

图八一 ⑨层陶纺轮

1. TN05W04−N06W03⑨:24 2. TN05W04−N06W03⑨:25 3. TN05W04−N06W03⑨:29 4. TN05W04−N06W03⑨:31
5. TN05W04−N06W03⑨:33 6. TN05W04−N06W03⑨:34 7. TN05W04−N06W03⑨:35 8. TN05W04−N06W03⑨:36
9. TN05W06−N06W05⑨:5 10. TN05W06−N06W05⑨:3 11. TN05W06−N06W05⑨:2 12. TN05W06−N06W05⑨:19
13. TN05W06−N06W05⑨:6 14. TN03W06−N04W05⑨:2 15. TN05E01−N06E01⑨:17 16. TN07E01−N08E02⑨:1
17. TN05W06−N06W05⑨:33 18. TN07W06−N08W05⑨:54 19. TN07W04−N08W03⑨:16 20. TN07W04−N08W03⑨:64
21. TN07W07−N08W07⑨:4 22. TN03W04−N04W03⑨:50 23. TN03W04−N04W03⑨:52 24. TN03W04−N04W03⑨:55

周凸棱。直径3.4、高1.7厘米(图八一,12)。标本TN05W06-N06W05⑨:6,泥质灰黑陶。帽形。腰部饰两周凸棱。直径3.8、高1.3厘米(图八一,13)。标本TN03W06-N04W05⑨:2,泥质灰黑陶。帽形。腰部饰两周凸棱。直径4.4、高2厘米(图八一,14)。标本TN05E01-N06E01⑨:17,泥质灰陶。帽形。器表有两周凸棱。直径3.3、高1.7厘米(图八一,15)。标本TN07E01-N08E02⑨:1,泥质灰陶。帽形。器表有两周凸棱。直径3.8、高1.6厘米(图八一,16;图版二,2)。标本TN05W06-N06W05⑨:33,泥质灰陶。帽形。直径3.3、高1.7厘米(图八一,17)。标本TN07W06-N08W05⑨:54,泥质灰陶。帽形。腰部饰两周凸棱。直径3.1、高1.8厘米(图八一,18)。标本TN07W04-N08W03⑨:16,泥质灰陶。帽形,腰部饰两周凸棱。直径3.3、高1.8厘米(图八一,19;图版二,3)。标本TN07W04-N08W03⑨:64,泥质灰陶。帽形。腰部饰五周凸棱。直径3.5、高1.3厘米(图八一,20;图版二,4)。标本TN07W07-N08W07⑨:4,泥质灰陶。帽形。腰部饰两周凸棱。直径3.5、高1.5厘米(图八一,21)。

B型 36件。标本TN03W04-N04W03⑨:50,泥质灰黑陶。圆丘形。腰部饰两周凸棱。直径3.7、高1.4厘米(图八一,22)。标本TN03W04-N04W03⑨:52,泥质灰黑陶。圆丘形。腰部饰四周凸棱。直径2.9、高1.1厘米(图八一,23)。标本TN03W04-N04W03⑨:55,泥质灰黑陶。圆丘形。腰部饰一周凸棱。直径3.4、高1.4厘米(图八一,24)。标本TN03W04-N04W03⑨:17,泥质灰褐陶。圆丘形。直径2.9、高1.5厘米(图八二,1;图版二,5)。标本TN03W04-N04W03⑨:58,泥质灰褐陶。圆丘形。腰部饰四周凸棱。直径3.2、高1.5厘米(图八二,2)。标本TN03W04-N04W03⑨:59,泥质灰黑陶。圆丘形。腰部饰两周凸棱。直径3、高1.4厘米(图八二,3;图版二,6)。标本TN03W04-N04W03⑨:60,泥质灰黑陶。圆丘形。腰部饰两周凸棱。直径3.4、高1.3厘米(图八二,4;彩版二〇,1)。标本TN03W04-N04W03⑨:9,泥质灰黑陶。圆丘形。腰部饰弦纹。直径3.5、高1.2厘米(图八二,5)。标本TN05W04-N06W03⑨:117,泥质灰黑陶。圆丘形。腰部饰弦纹。直径3.6、高1.7厘米(图八二,6)。标本TN05W04-N06W03⑨:20,泥质褐陶。圆丘形。腰部两周凸棱。直径3.5、高1.5厘米(图八二,7)。标本TN05W04-N06W03⑨:22,泥质灰黑陶。圆丘形。直径3.1、高1.3厘米(图八二,8)。标本TN05W04-N06W03⑨:23,泥质灰黑陶。圆丘形。腰部饰弦纹。直径2.8、高1.5厘米(图八二,9)。标本TN05W04-N06W03⑨:26,泥质褐陶。圆丘形。腰部有两周凸棱。直径3.5、高1.1厘米(图八二,10)。标本TN05W04-N06W03⑨:27,泥质灰黑陶。圆丘形。腰部两周凸棱。直径3.5、高1.3厘米(图八二,11)。标本TN05W04-N06W03⑨:28,泥质灰黑陶。圆丘形。直径3.2、高1.7厘米(图八二,12)。标本TN05W04-N06W03⑨:30,泥质褐陶。圆丘形。腰部数周凸棱。直径3、高1.3厘米(图八二,13)。标本TN05W04-N06W03⑨:32,泥质灰黑陶。圆丘形。腰部有两周凸棱。直径3、高1.5厘米(图八二,14)。标本TN05W06-N06W05⑨:1,泥质灰黑陶。圆丘形。腰部饰两周凸棱。直径3.2、高1.7厘米(图八二,15)。标本TN05W06-N06W05⑨:7,泥质褐陶。圆丘形。腰部饰三周凸棱。直径3、高1.7厘米(图八二,16)。标本TN07E01-N08E02⑨:4,夹砂灰黑陶。圆丘形。直径3.2、厚1.6厘米(图八二,17)。标本TN05E01-N06E01⑨:8,泥质灰陶。圆丘形。腰部有两周凸棱。直径3.6、高1.1厘米(图八二,

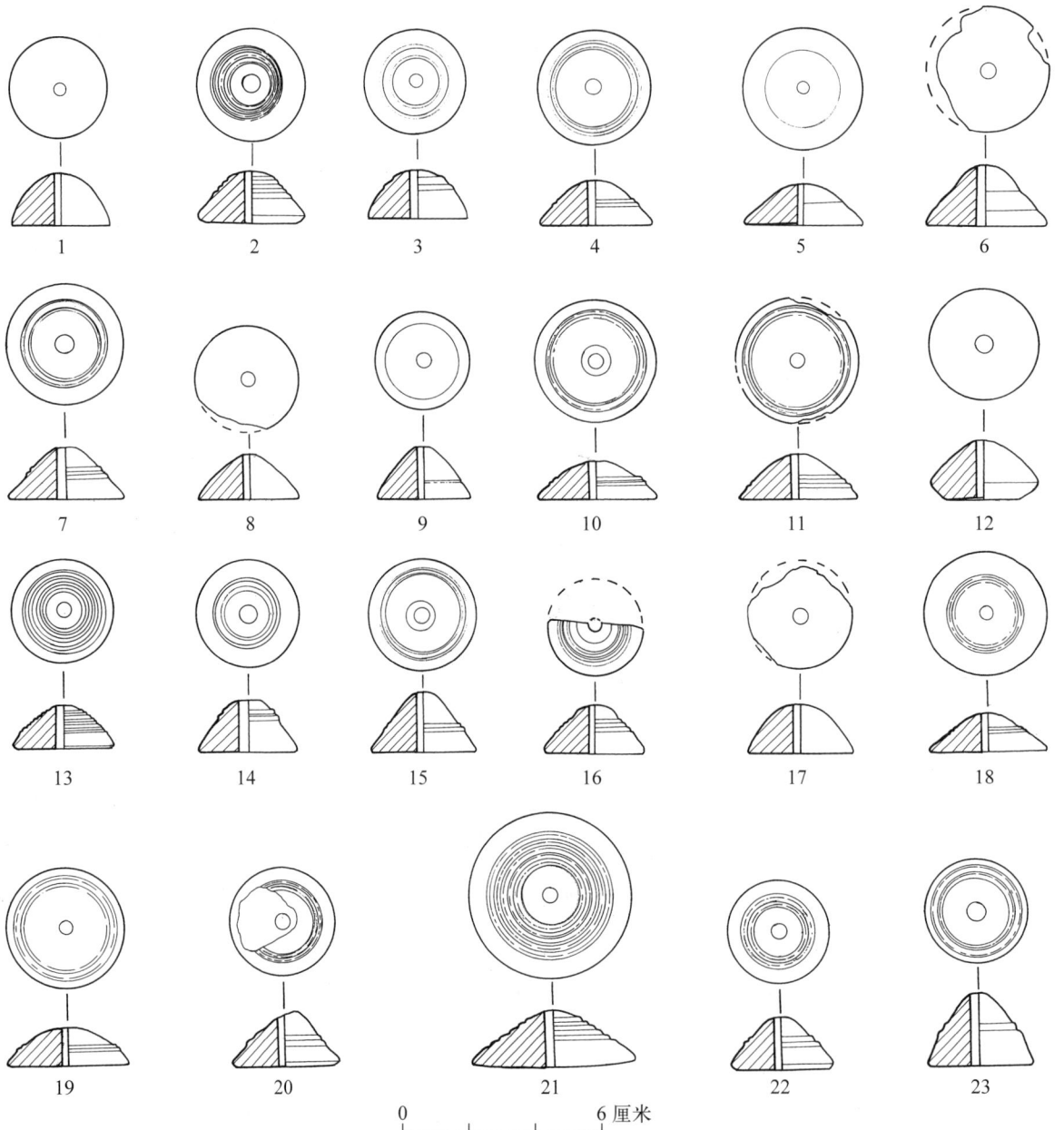

图八二　⑨层陶纺轮

1. TN03W04－N04W03⑨：17　2. TN03W04－N04W03⑨：58　3. TN03W04－N04W03⑨：59　4. TN03W04－N04W03⑨：60
5. TN03W04－N04W03⑨：9　6. TN05W04－N06W03⑨：117　7. TN05W04－N06W03⑨：20　8. TN05W04－N06W03⑨：22
9. TN05W04－N06W03⑨：23　10. TN05W04－N06W03⑨：26　11. TN05W04－N06W03⑨：27　12. TN05W04－N06W03⑨：28
13. TN05W04－N06W03⑨：30　14. TN05W04－N06W03⑨：32　15. TN05W06－N06W05⑨：1　16. TN05W06－N06W05⑨：7
17. TN07E01－N08E02⑨：4　18. TN05E01－N06E01⑨：8　19. TN05E01－N06E01⑨：16　20. TN05W04－N06W03⑨：163
21. TN05W04－N06W03⑨：164　22. TN05W04－N06W03⑨：165　23. TN05E01－N06E01⑨：15

18)。标本TN05E01-N06E01⑨:16,泥质灰陶。圆丘形。腰部有两周凸棱。直径3.5、高1.1厘米(图八二,19)。标本TN05W04-N06W03⑨:163,泥质灰陶。圆丘形。腰部饰两周凸棱。直径3.2、高1.6厘米(图八二,20)。标本TN05W04-N06W03⑨:164,泥质灰陶。圆丘形。腰部饰多周凸棱。直径4.8、高1.7厘米(图八二,21)。标本TN05W04-N06W03⑨:165,夹砂灰陶。圆丘形。腰部饰两周凸棱。直径3、高1.6厘米(图八二,22)。标本TN05E01-N06E01⑨:15,泥质灰陶。圆丘形。腰部饰一周凸棱。直径3.1、高2.1厘米(图八二,23)。标本TN07W06-N08W05⑨:4,泥质灰陶。圆丘形。腰部饰两周凸棱。直径3.4、高1.8厘米(图八三,1)。标本TN07W04-N08W03⑨:96,夹砂灰褐陶。圆丘形。腰部饰一周凸棱。直径3.6、残高1.1厘米(图八三,2)。标本TN07W04-N08W03⑨:63,泥质灰褐陶。圆丘形,腰部饰两周凸棱。直径3.2、高2.3厘米(图八三,3;彩版二〇,2)。标本TN07W04-N08W03⑨:11,泥质灰褐陶。圆丘形。腰部饰两周凸棱。直径3.1、高1.9厘米(图八三,4)。标本TN07W04-N08W03⑨:19,泥质灰褐陶。圆丘形。腰部饰两周凸棱。直径3.4、高2.1厘米(图八三,5)。标本TN07W04-N08W03⑨:13,泥质灰褐陶。圆丘形。腰部饰一周凸棱。直径2.7、高1.7厘米(图八三,6)。标本TN07W04-N08W03⑨:12,泥质灰褐陶。圆丘形。腰部饰两周凸棱。直径3.5、高1.6厘米(图八三,7)。标本TN07W04-N08W03⑨:6,泥质灰褐陶。圆丘形。腰部饰两周凸棱。直径3.4、高1.8厘米(图八三,8)。标本TN07W04-N08W03⑨:89,泥质灰褐陶。圆丘形。腰部饰两周凸棱。直径3、高1.7厘米(图八三,9)。标本TN07W04-N08W03⑨:65,泥质灰褐陶。圆丘形。腰部饰两周凸棱。直径2.9、高1.2厘米(图八三,10)。

C型 1件。标本TN07W04-N08W03⑨:90,泥质灰褐陶。算珠形。直径2.8、高2.1厘米(图八三,11;彩版二〇,3)。

E型 18件。标本TN01W04-N02W03⑨:18,夹砂褐陶饼状。器表饰绳纹,中部有一圆形镂孔,双面钻。直径8.2、厚0.9厘米(图八四,1)。标本TN03W04-N04W03⑨:130,夹砂灰黑陶。圆饼状。中间圆孔双面钻。直径4.5、厚0.8厘米(图八四,2)。标本TN03W04-N04W03⑨:129,夹砂灰黄陶。圆饼状。中部有一圆形孔,两面对钻但并未钻通。直径5.8、厚1.1厘米(图八四,3)。标本TN05W04-N06W03⑨:129,夹砂褐陶。圆饼状。中部圆孔未穿。长4.3、宽3.1、厚1厘米(图八四,4)。标本TN05W04-N06W03⑨:5,夹砂灰黑陶。圆饼状。直径4.5、厚0.8厘米(图八四,5)。标本TN05W04-N06W03⑨:1,夹砂褐陶。圆饼状。直径5、厚0.9厘米(图八四,6)。标本TN05W04-N06W03⑨:2,泥质褐陶。圆饼状。直径3.9、厚0.8厘米(图八四,7)。标本TN05W04-N06W03⑨:3,夹砂褐陶。圆饼状。直径3.9、厚1.1厘米(图八四,8)。标本TN05W04-N06W03⑨:4,夹砂褐陶。圆饼状。直径5.8、厚1厘米(图八四,9;彩版二〇,4)。标本TN05W06-N06W05⑨:8,夹砂灰黑陶。圆饼状。中部有一圆形镂孔,双面钻。直径5.5、厚0.8厘米(图八四,10)。标本TN07E01-N08E02⑨:6,夹砂灰黑陶。圆饼状。中部有一圆形镂孔,双面钻。直径5、厚1厘米(图八四,11)。标本TN07W04-N08W03⑨:18,夹砂灰陶。圆饼状。中部有一圆形镂孔,双面钻。一面压印绳纹。直径9、厚0.8厘米(图八四,12;彩版二〇,5)。标本TN07W06-N08W05⑨:1,夹砂灰陶。圆饼状。中部有一圆形镂孔,双面钻。直径3.4、厚1厘米

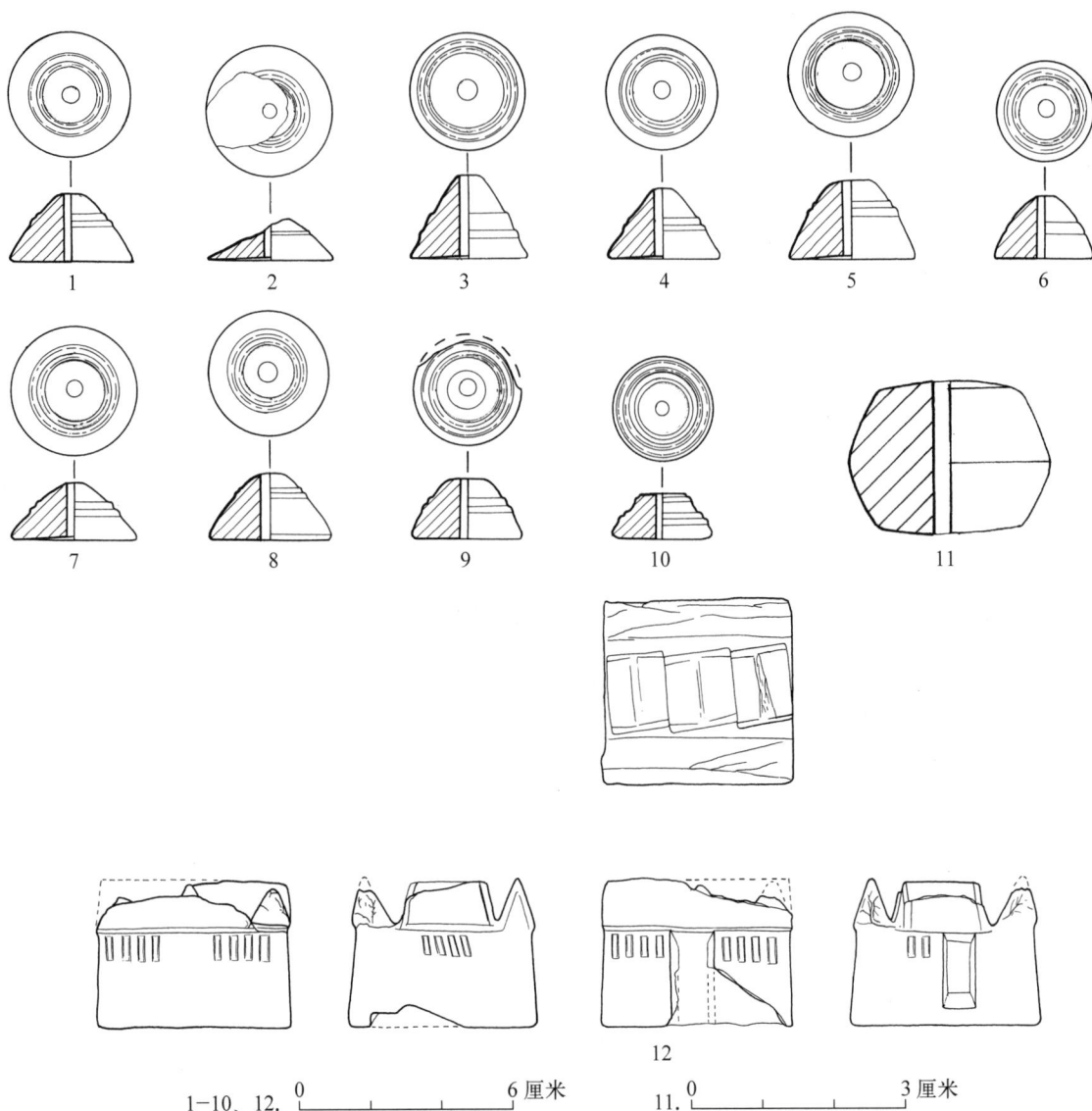

1-10、12. 0 ┣━━━━━┫ 6厘米　　11. 0 ┣━━━━━┫ 3厘米

图八三　⑨层陶器

1-11. 纺轮（TN07W06-N08W05⑨：4、TN07W04-N08W03⑨：96、TN07W04-N08W03⑨：63、TN07W04-N08W03⑨：11、
TN07W04-N08W03⑨：19、TN07W04-N08W03⑨：13、TN07W04-N08W03⑨：12、TN07W04-N08W03⑨：6、
TN07W04-N08W03⑨：89、TN07W04-N08W03⑨：65、TN07W04-N08W03⑨：90）　12. 房屋模型（TN05W06-N06W05⑨：55）

（图八四，13）。标本TN05W04-N06W03⑨：155，夹砂灰陶。圆饼状。中部有一圆形镂孔，双面钻。直径4.5、厚0.7厘米（图八四，14）。标本TN05W04-N06W03⑨：154，夹砂灰陶。圆饼状。中部有一圆形镂孔，双面钻。直径5.3、厚0.9厘米（图八四，15）。标本TN07W04-N08W03⑨：91，夹砂褐陶。圆饼状。中部有一圆形镂孔，双面钻。直径3.9、厚1厘米（图八四，16）。标本TN07W04-N08W03⑨：66，夹砂灰陶。圆饼状。中部有一圆形镂孔，双面钻。边缘不规则。直径3.5、厚0.6厘米（图八四，17）。标本TN05W04-N06W03⑨：172，夹砂灰陶。圆饼状。中部有一圆形镂孔，双面钻。直径5.8、厚0.8厘米（图八四，18）。

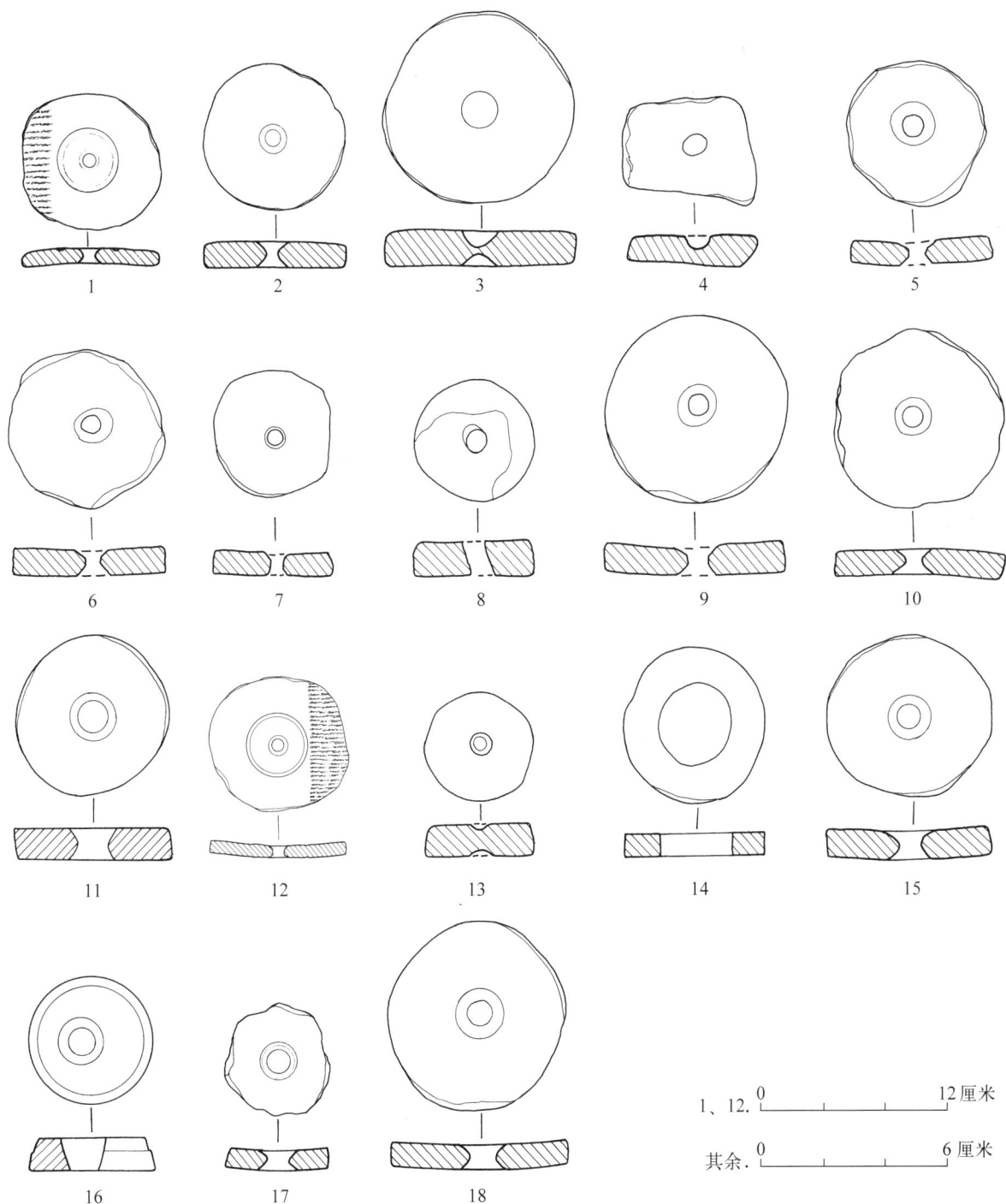

图八四 ⑨层陶纺轮

1. TN01W04－N02W03⑨:18 2. TN03W04－N04W03⑨:130 3. TN03W04－N04W03⑨:129 4. TN05W04－N06W03⑨:129

5. TN05W04－N06W03⑨:5 6. TN05W04－N06W03⑨:1 7. TN05W04－N06W03⑨:2 8. TN05W04－N06W03⑨:3

9. TN05W04－N06W03⑨:4 10. TN05W06－N06W05⑨:8 11. TN07E01－N08E02⑨:6 12. TN07W04－N08W03⑨:18

13. TN07W06－N08W05⑨:1 14. TN05W04－N06W03⑨:155 15. TN05W04－N06W03⑨:154 16. TN07W04－N08W03⑨:91

17. TN07W04－N08W03⑨:66 18. TN05W04－N06W03⑨:172

（32）网坠 12件。

标本TN05W06-N06W05⑨：9，泥质灰黑陶。长条圆形，中部鼓出、两段略小。直径2.2、孔径0.5、高7.6厘米（图八五，1）。标本TN05W04-N06W03⑨：157，泥质灰黑陶。直径1.8、孔径0.6、高5.2厘米（图八五，2）。标本TN05W04-N06W03⑨：160，夹砂灰黑陶。直径1.5、孔径0.5、高4.4厘米（图八五，3）。标本TN05W04-N06W03⑨：161，夹砂灰黑陶。直径1.7、孔径0.5、高5.6厘米（图八五，4）。标本TN05W04-N06W03⑨：159，夹砂灰黑陶。直径1.3、孔径0.4、高4.9厘米（图八五，5）。标本TN05W04-N06W03⑨：162，泥质灰黑陶。直径1.4、孔径0.5、高5.2厘米（图八五，6）。标本TN05W04-N06W03⑨：227，夹砂灰褐陶。直径1.6、孔径0.5、高3.9厘米（图八五，7）。标本TN05W02-N06W01⑨：7，夹砂灰黑陶。直径1.9、孔径0.6、高6.5厘米（图八五，8）。标本TN07W04-N08W03⑨：3，泥质灰黑陶。直径1.4、孔径0.5、高5.3厘米（图八五，9）。标本TN07W04-N08W03⑨：17，泥质灰黑陶。直径1.3、孔径0.5、高4厘米（图八五，10）。标本TN07W04-N08W03⑨：72，泥质灰黑陶。直径1.4、孔径0.6厘米、高3.6（图八五，11）。标本TN03W04-N04W03⑨：110，泥质灰黑陶。直径1.3、孔径0.6、高3.4厘米（图八五，12）。

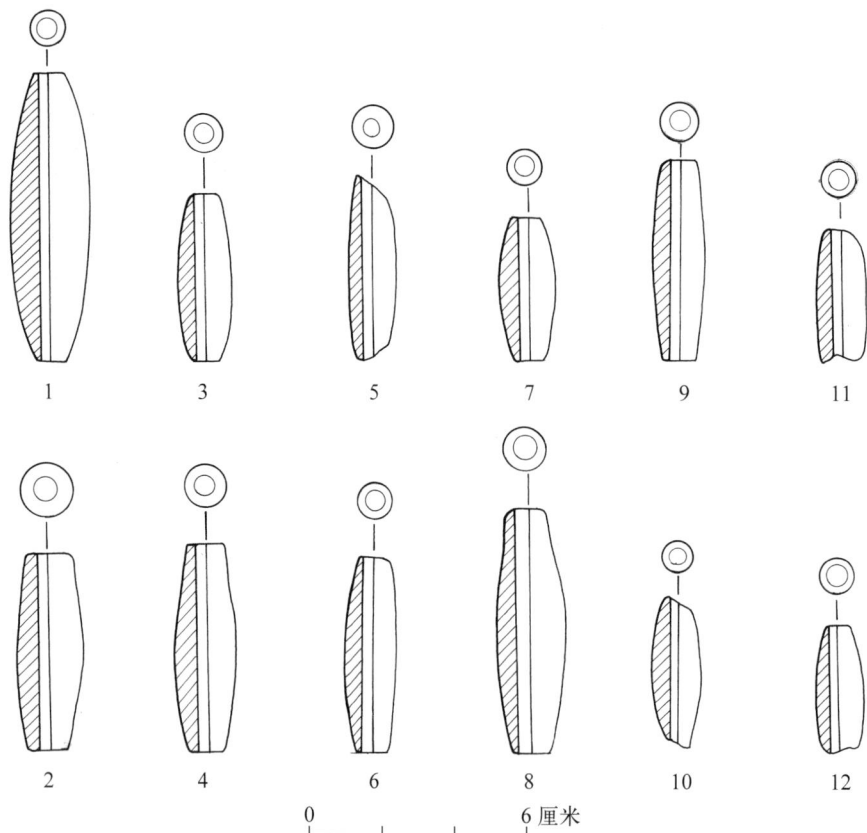

图八五　网坠

1. TN05W06-N06W05⑨：9　2. TN05W04-N06W03⑨：157　3. TN05W04-N06W03⑨：160　4. TN05W04-N06W03⑨：161
5. TN05W04-N06W03⑨：159　6. TN05W04-N06W03⑨：162　7. TN05W04-N06W03⑨：227　8. TN05W02-N06W01⑨：7
9. TN07W04-N08W03⑨：3　10. TN07W04-N08W03⑨：17　11. TN07W04-N08W03⑨：72　12. TN03W04-N04W03⑨：110

（33）彩陶片　12件。

均为泥质陶,表面以黑、红两色饰彩绘纹饰。纹饰以几何形及类兽面、动物形为主。整体纹样可能与漆木器的装饰风格比较接近。标本TN05W06-N06W05⑨:42,器表饰菱形彩绘纹。侈口、卷沿、长颈较直。口径30、残高11.4厘米（图八六,1）。标本TN05W06-N06W05⑨:43,唇部及沿部饰彩绘纹。侈口,卷沿。口径30、残高4.5厘米（图八六,2）。标本TN05W06-N06W05⑨:44,长7.8、宽6.6、厚1厘米（图八六,3）。标本TN05W06-N06W05⑨:45,长6、宽4.8、厚1.2厘米（图八六,4）。标本TN07W04-N08W03⑨:111,长4.7、宽4、厚0.7厘米（图八六,5）。标本TN07W04-N08W03⑨:112,敞口。长5.8、残高4.6厘米（图八六,6）。标本TN07W04-N08W03⑨:113,

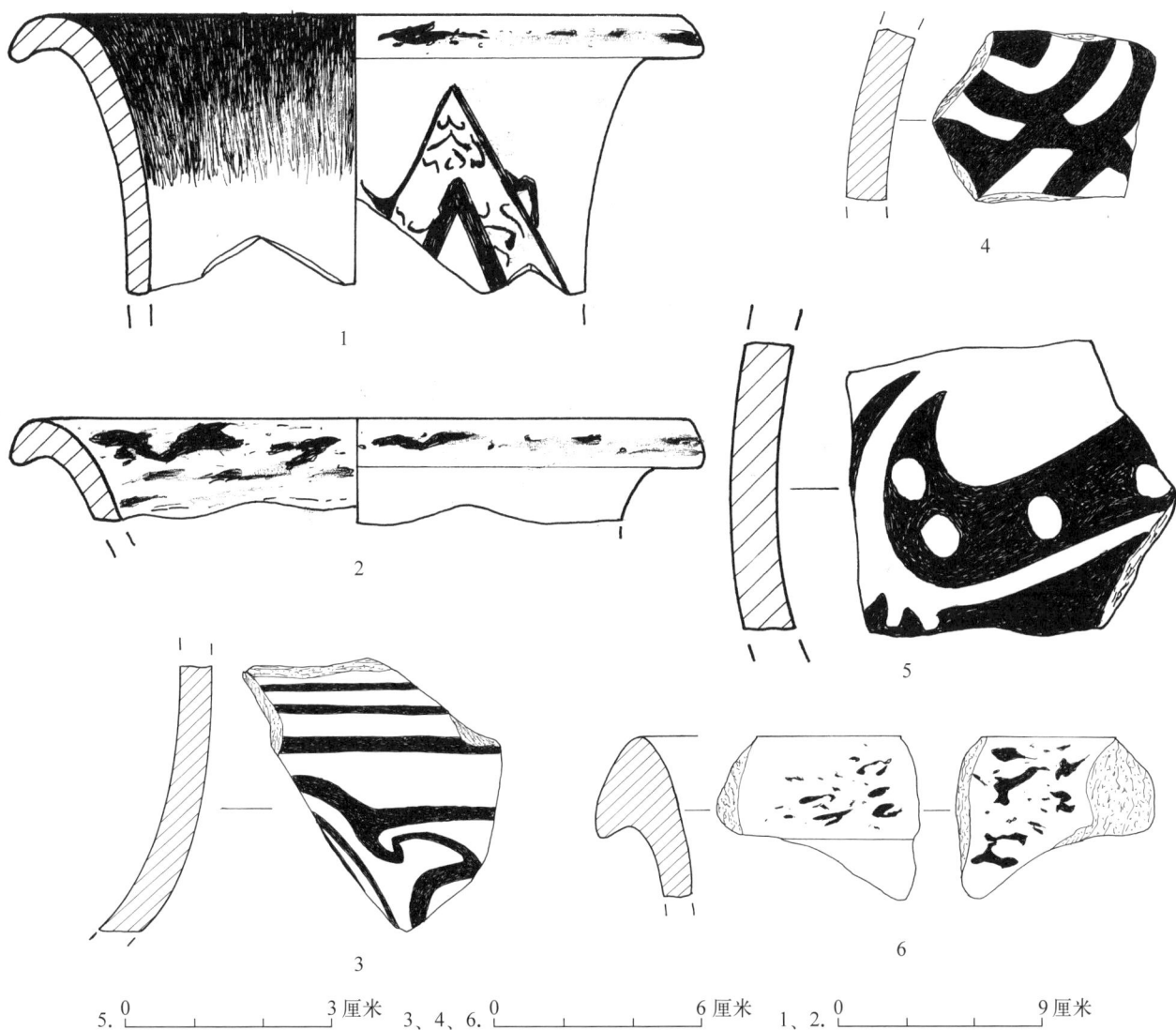

图八六　⑨层彩绘陶片

1. TN05W06-N06W05⑨:42　2. TN05W06-N06W05⑨:43　3. TN05W06-N06W05⑨:44　4. TN05W06-N06W05⑨:45　5. TN07W04-N08W03⑨:111　6. TN07W04-N08W03⑨:112

敞口。长8.2、残高4厘米(图八七,1)。标本TN07W04-N08W03⑨:114,敞口。长8.2、残高5厘米(图八七,2)。标本TN07W04-N08W03⑨:115,长6.8、宽4.6、厚1.1厘米(图八七,3)。标本TN07W04-N08W03⑨:116,长4.7、宽3.1、厚1.1厘米(图八七,4)。标本TN07W04-N08W03⑨:117,敞口。长7.2、残高4厘米(图八七,5)。标本TN05W04-N06W03⑨:249,长6.6、残高4厘米(图八七,6)。

(34)房屋模型　1件。

标本TN05W06-N06W05⑨:55,夹砂红褐陶。山字形顶、中空,四面均有窗户、两面对称有门。整体为写实风格。长5.5、宽5、高4厘米(图八三,12;彩版二〇,6)。

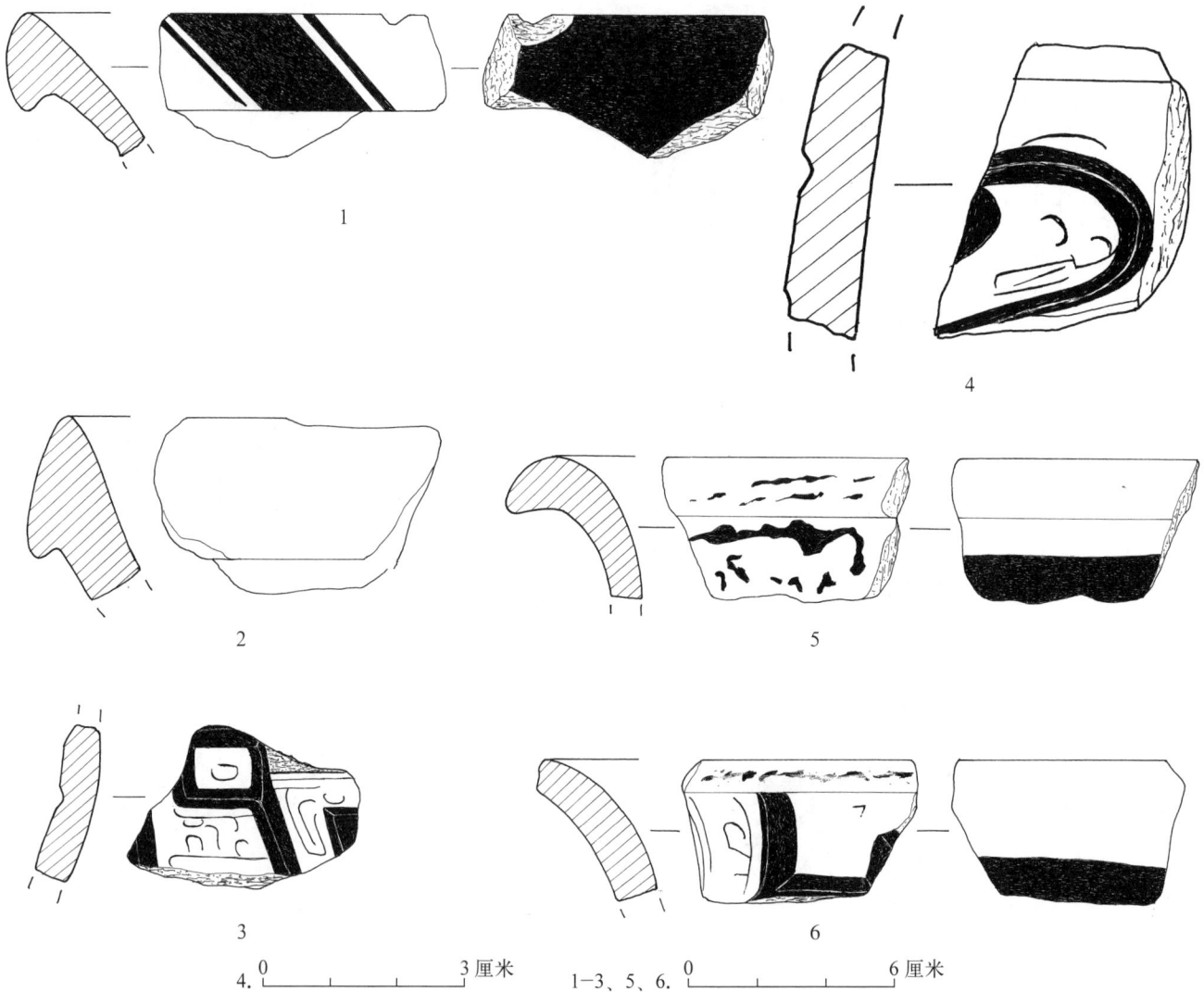

图八七　⑨层彩绘陶片

1. TN07W04-N08W03⑨:113　2. TN07W04-N08W03⑨:114　3. TN07W04-N08W03⑨:115　4. TN07W04-N08W03⑨:116
5. TN07W04-N08W03⑨:117　6. TN05W04-N06W03⑨:249

2. 玉器

（1）矛 1件。

标本TN05W04-N06W03⑨：223，褐色夹杂黑色纹路。锋刃尖锐，边刃锋利。长7.8、宽2.8、厚0.6厘米（图八八，1；彩版二一，1）。

（2）锛 1件。

标本TN05W04-N06W03⑨：231，青灰色。弧顶、两侧平直略有残缺、刃部锋利，似有使用痕迹。长4、宽2.6、厚0.9厘米（图八八，2；彩版二一，2）。

（3）凿 2件。

标本TN05W04-N06W03⑨：244，白色透明玉质。长条形、上小下大、两侧平直、弧刃。长4.5、宽0.9、厚0.3厘米（图八八，3；彩版二一，3）。标本TN05W04-N06W03⑨：182，灰黑色。顶端残、弧刃。器表打磨光滑。长3.6、宽1.9、厚0.4厘米（图八八，4）。

（4）戈 1件。

标本TN03W04-N04W03⑨：1，青灰色。锋残。直内，近阑处有一圆穿，为单面钻。援本部两面均有阴刻线纹，一面以双线阴刻划直线组成梯形框，框内饰有阴刻的菱形纹、交叉线纹及三角形纹。另一面为单线阴刻划直线组成梯形框，框内有以直线阴刻的菱形纹及三角形纹。整器制作规整，打磨精细。残长28.4、宽11.4、厚0.8厘米（图八八，5）。

（5）刀 1件。

标本TN07W04-N08W03⑨：46，青灰色。近长方形、刃部锋利。器表较粗糙。残长5、宽2.2厘米（图八八，6）。

（6）璧 6件。

标本TN05W04-N06W03⑨：248，白色夹杂黄色青斑。有领，仅残存一段。剖面呈"T"字形。残长5.5、宽1.4厘米（图八八，7）。标本TN05W04-N06W03⑨：214，淡黄色玉质。打磨精致，边缘较薄。残长1.3、宽2.1厘米（图八九，1）。标本TN05W04-N06W03⑨：216，乳白色玉质。打磨精致，边缘较薄。残长1.5、宽1.6厘米（图八九，2）。标本TN07W04-N08W03⑨：57，白色，夹杂黄色、褐色沁斑。残长4.1、宽2.8厘米（图八九，3）。标本TN07W04-N08W03⑨：58，青灰色玉质。边缘略有残损。直径2、厚0.2厘米（图八九，4；彩版二一，4）。标本TN07W07-N08W07⑨：44，青色玉质。环面略有残缺。直径3.4、孔径1.1、厚0.4厘米（图八九，5；彩版二一，5）。

（7）璜 145件。

均呈半环状，大多残缺，部分可能是玉环断裂或改制而成。表面经过打磨，较为精致。标本TN05W04-N06W03⑨：218，暗黄色，夹杂黑色、褐色斑点。残长4、宽1.3厘米（图八九，6）。标本TN05W04-N06W03⑨：215，灰色，夹杂黑色纹路。残长2.6、宽1厘米（图八九，7）。标本TN05W04-N06W03⑨：205，灰色。残长2.7、宽0.9厘米（图八九，8）。标本TN05W04-N06W03⑨：189，灰色。残长1.6、宽1.1厘米（图八九，9）。标本TN05W04-N06W03⑨：190，白色夹杂青色。残长3.8、宽1.5厘米（图八九，10）。标本TN05W04-N06W03⑨：202，灰白色。残长2.7、宽0.7厘米（图八九，11）。标本TN05W04-N06W03⑨：206，青色。残长3、宽0.7厘米（图八九，12）。标本TN05W04-

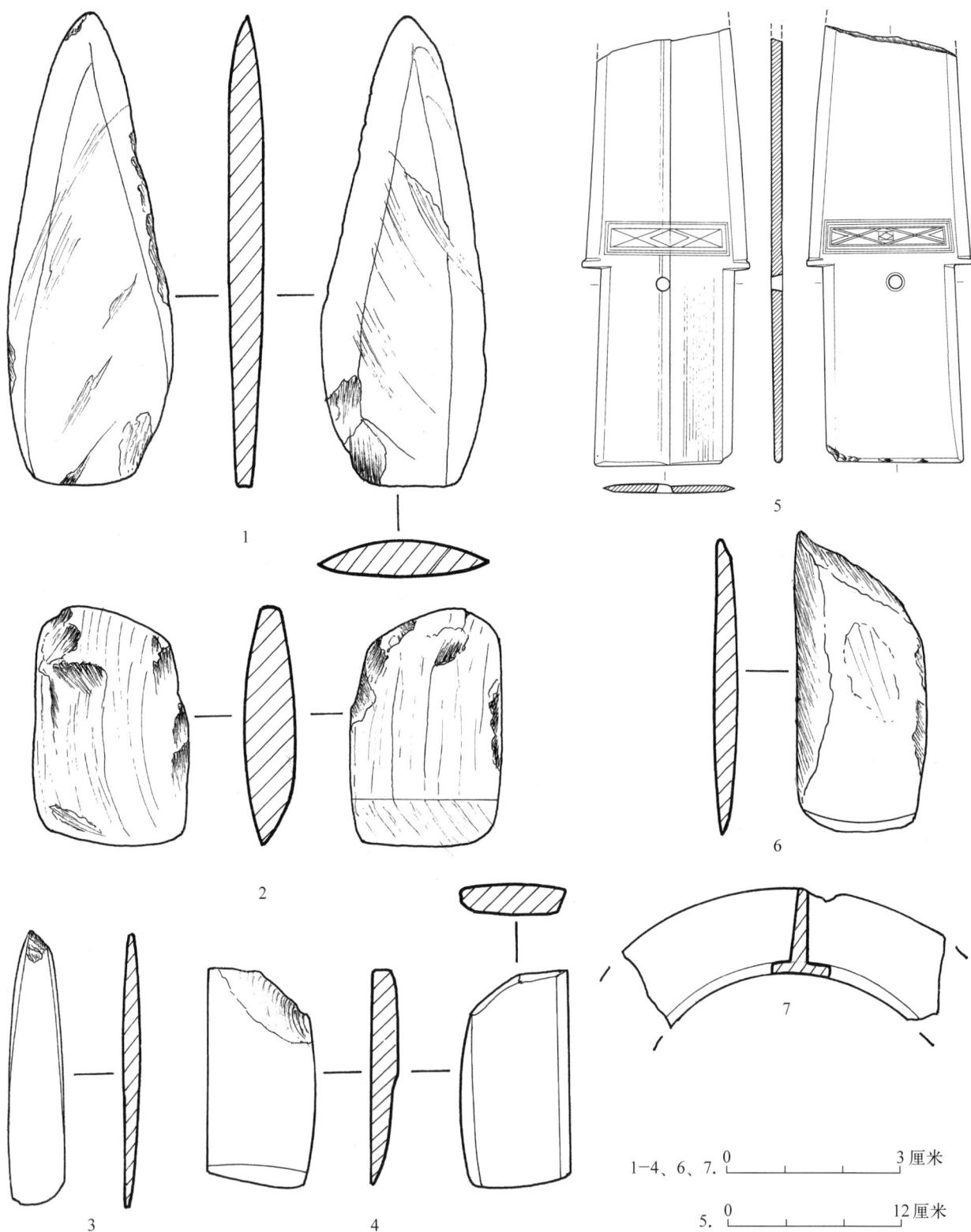

图八八 ⑨层玉器

1. 玉矛（TN05W04-N06W03⑨：223） 2. 玉锛（TN05W04-TN06W03⑨：231） 3、4. 玉凿（TN05W04-TN06W03⑨：244、
TN05W04-TN06W03⑨：182） 5. 玉戈（TN03W04-N04W03⑨：1） 6. 玉刀（TN07W04-N08W03⑨：46）
7. 玉璧（TN05W04-N06W03⑨：248）

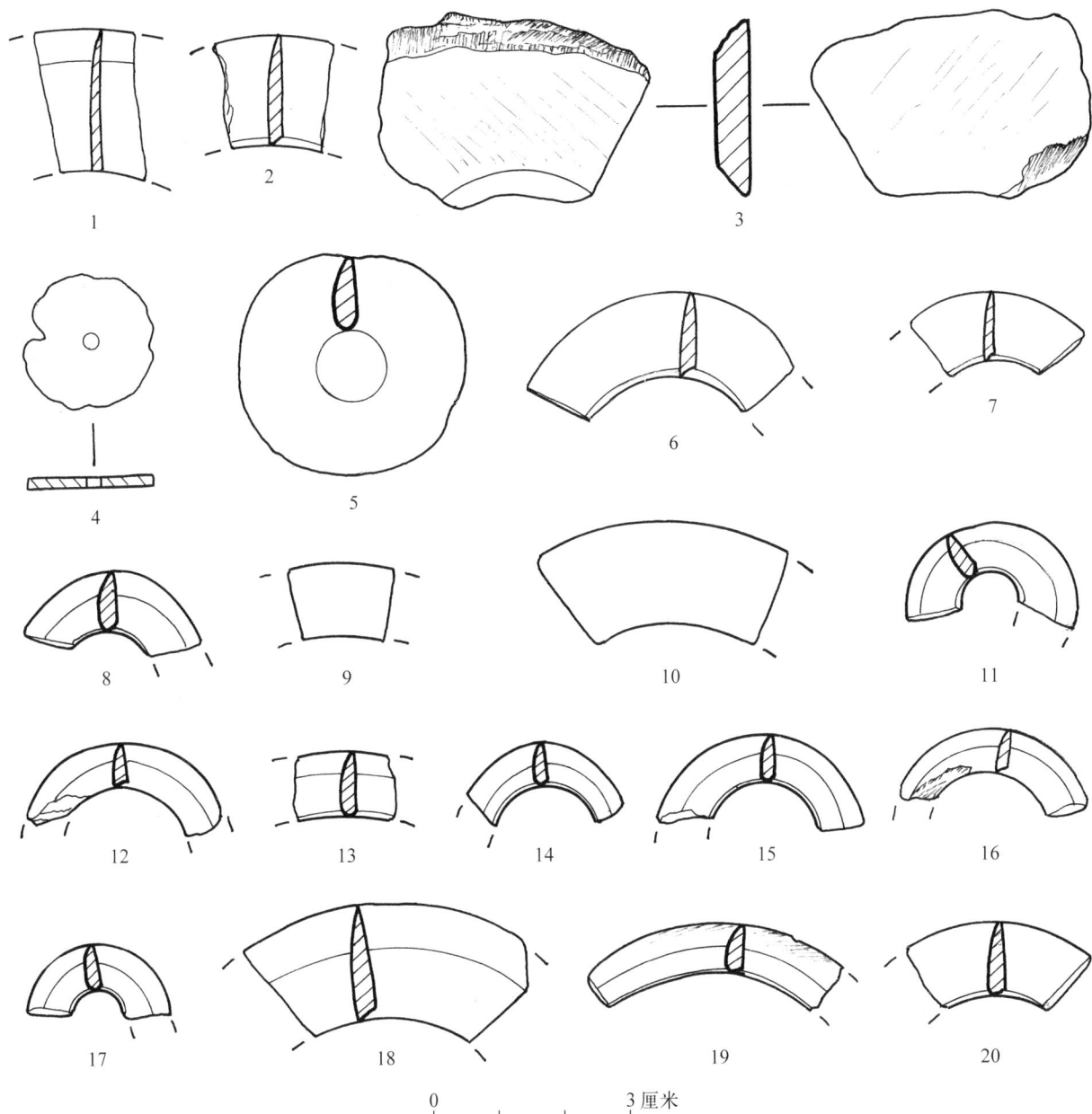

图八九 ⑨层玉器

1—5. 玉璧（TN05W04—N06W03⑨：214、TN05W04—N06W03⑨：216、TN07W04—N08W03⑨：57、TN07W04—N08W03⑨：58、TN07W07—N08W07⑨：44） 6—20. 玉璜（TN05W04—N06W03⑨：218、TN05W04—N06W03⑨：215、TN05W04—N06W03⑨：205、TN05W04—N06W03⑨：189、TN05W04—N06W03⑨：190、TN05W04—N06W03⑨：202、TN05W04—N06W03⑨：206、TN05W04—N06W03⑨：39—1、TN05W04—N06W03⑨：39—2、TN05W04—N06W03⑨：39—3、TN07W04—N08W03⑨：15、TN05W04—N06W03⑨：199、TN05W04—N06W03⑨：203、TN03W04—N04W03⑨：119、TN05W04—N06W03⑨：178）

N06W03⑨：39—1，青色。残长1.6、宽1厘米（图八九，13）。标本TN05W04—N06W03⑨：39—2，青色。残长2.3、宽0.6厘米（图八九，14）。标本TN05W04—N06W03⑨：39—3，黑色。残长3.2、宽0.7厘米（图八九，15）。标本TN07W04—N08W03⑨：15，青色。残长2.8、宽0.6厘米（图八九，16）。

标本TN05W04－N06W03⑨：199，灰色。残长2.2、宽0.7厘米（图八九，17）。标本TN05W04－N06W03⑨：203，灰色，夹杂青色及黄色沁斑。残长4.4、宽1.7厘米（图八九，18；彩版二一，6）。标本TN03W04－N04W03⑨：119，青色。长3.9、宽0.7厘米（图八九，19）。标本TN05W04－N06W03⑨：178，灰黄色，夹杂棕色斑点。残长2.8、宽1.1厘米（图八九，20）。

　　标本TN05W04－N06W03⑨：41，灰白色，夹杂青色及黄色沁斑。残长4.6、宽1.5厘米（图九〇，1）。标本TN05W04－N06W03⑨：207，白色夹杂黄色沁斑。残长3.2、宽0.8厘米（图九〇，2）。标本TN05W04－N06W03⑨：243，青色玉质。残长2.3、宽1.1厘米（图九〇，3）。标本TN07W04－

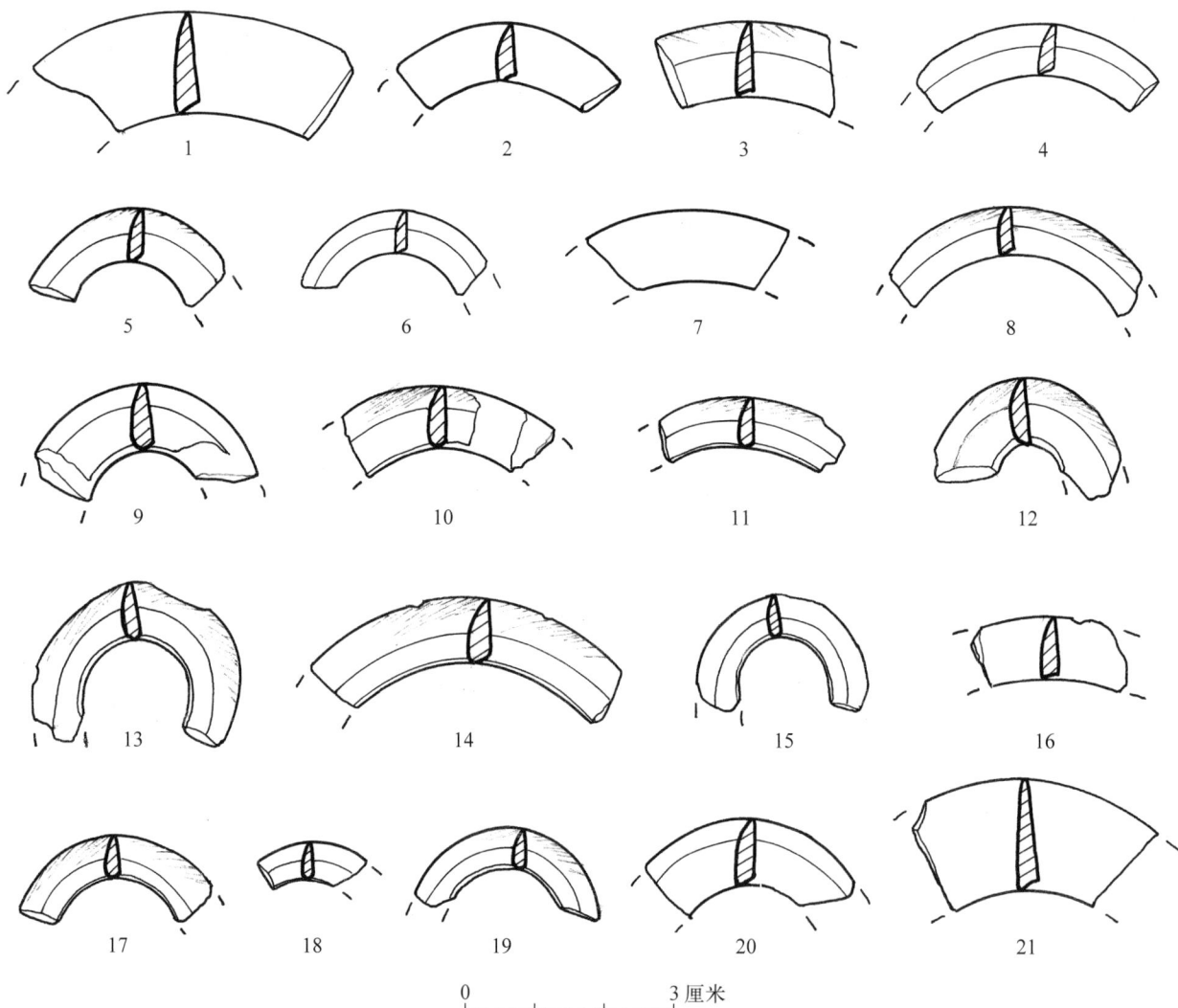

图九〇　⑨层玉璜

1. TN05W04－N06W03⑨：41　　2. TN05W04－N06W03⑨：207　　3. TN05W04－N06W03⑨：243　　4. TN07W04－N08W03⑨：95
5. TN03W04－N04W03⑨：120　　6. TN07W04－N08W03⑨：14　　7. TN05W04－N06W03⑨：188　　8. TN03W04－N04W03⑨：84
9. TN03W04－N04W03⑨：14　　10. TN03W04－N04W03⑨：111　　11. TN03W04－N04W03⑨：10　　12. TN03W04－N04W03⑨：91
13. TN03W04－N04W03⑨：92　　14. TN03W04－N04W03⑨：93　　15. TN03W04－N04W03⑨：94　　16. TN03W04－N04W03⑨：95
17. TN03W04－N04W03⑨：96　　18. TN03W04－N04W03⑨：97　　19. TN03W04－N04W03⑨：98　　20. TN03W04－N04W03⑨：99
21. TN03W04－N04W03⑨：100

N08W03⑨：95，青色夹杂黄色沁斑。残长3.5、宽0.7厘米（图九〇，4）。标本TN03W04-N04W03⑨：120，青色玉质。残长2.8、宽0.8厘米（图九〇，5）。标本TN07W04-N08W03⑨：14，青色玉质。残长2.6、宽0.6厘米（图九〇，6）。标本TN05W04-N06W03⑨：188，青色玉质。残长2.9、宽1厘米（图九〇，7）。标本TN03W04-N04W03⑨：84，青色玉质。残长3.6、宽0.7厘米（图九〇，8）。标本TN03W04-N04W03⑨：14，青色玉质。残长3.2、宽1厘米（图九〇，9）。标本TN03W04-N04W03⑨：111，青色玉质。残长3.1、宽0.9厘米（图九〇，10）。标本TN03W04-N04W03⑨：10，青色玉质。残长2.7、宽0.7厘米（图九〇，11）。标本TN03W04-N04W03⑨：91，青色夹杂黄色斑。残长2.8、宽0.9厘米（图九〇，12）。标本TN03W04-N04W03⑨：92，青灰色。直径3、宽0.8厘米（图九〇，13）。标本TN03W04-N04W03⑨：93，黑色玉质。残长4.5、宽0.9厘米（图九〇，14）。标本TN03W04-N04W03⑨：94，青灰色玉质。直径2.5、宽0.6厘米（图九〇，15）。标本TN03W04-N04W03⑨：95，青色玉质。残长2.2、宽0.9厘米（图九〇，16）。标本TN03W04-N04W03⑨：96，黑色玉质。残长2.8、宽0.6厘米（图九〇，17）。标本TN03W04-N04W03⑨：97，青色玉质。残长1.6、宽0.5厘米（图九〇，18）。标本TN03W04-N04W03⑨：98，青色玉质。残长2.6、宽0.6厘米（图九〇，19）。标本TN03W04-N04W03⑨：99，灰黄色玉质。残长3、宽0.9厘米（图九〇，20）。标本TN03W04-N04W03⑨：100，灰黄色玉质。残长3.5、宽1.6厘米（图九〇，21）。

标本TN03W04-N04W03⑨：118，青色玉质。残长4.8、宽0.8厘米（图九一，1）。标本TN03W04-N04W03⑨：22，青色玉质。残长3.7、宽0.7厘米（图九一，2）。标本TN03W04-N04W03⑨：101，青色玉质。残长2.8、宽1厘米（图九一，3）。标本TN03W04-N04W03⑨：102，青色玉质。残长2.8、宽0.7厘米（图九一，4）。标本TN03W04-N04W03⑨：103，青色玉质。残长3.2、宽1.2厘米（图九一，5）。标本TN03W04-N04W03⑨：104，青色玉质。残长2.1、宽0.5厘米（图九一，6）。标本TN03W04-N04W03⑨：105，青色玉质。残长2.1、宽1.2厘米（图九一，7）。标本TN03W04-N04W03⑨：106，灰黑色玉质。残长1.8、宽0.8厘米（图九一，8）。标本TN03W04-N04W03⑨：107，灰黄色玉质。残长1.7、宽1.1厘米（图九一，9）。标本TN03W04-N04W03⑨：23，灰黄色。残长2.6、宽1.1厘米（图九一，10）。标本TN03W04-N04W03⑨：80，青色玉质。残长2.4、宽0.7厘米（图九一，11）。标本TN03W06-N04W05⑨：1，灰黄色玉质。残长4.7、宽1.2厘米（图九一，12）。标本TN03W06-N04W05⑨：47，青色玉质。残长3.2、宽0.9厘米（图九一，13）。标本TN03W06-N04W05⑨：46，青色玉质。残长2.7、宽0.8厘米（图九一，14）。标本TN03W06-N04W05⑨：5，青色玉质。残长3.9、宽0.8厘米（图九一，15）。标本TN03W06-N04W05⑨：29，青色玉质。残长4.6、宽0.8厘米（图九一，16）。标本TN03W06-N04W05⑨：34，青色玉质。残长2.1、宽1.3厘米（图九一，17）。标本TN03W06-N04W05⑨：30，青色玉质。直径3、宽0.6厘米（图九一，18；彩版二二，1）。标本TN03W06-N04W05⑨：31，青色玉质。残长3.6、宽0.6厘米（图九一，19）。标本TN03W06-N04W05⑨：33，青色玉质。残长3.4、宽0.6厘米（图九一，20）。标本TN03W06-N04W05⑨：35，青色玉质。残长1.9、宽0.5厘米（图九一，21）。

标本TN03W06-N04W05⑨：36，青色玉质。残长2.4、宽0.9厘米（图九二，1）。标本TN03W06-N04W05⑨：37，灰黄色玉质。残长2.1、宽0.5厘米（图九二，2）。标本TN03W04-N04W03⑨：85，

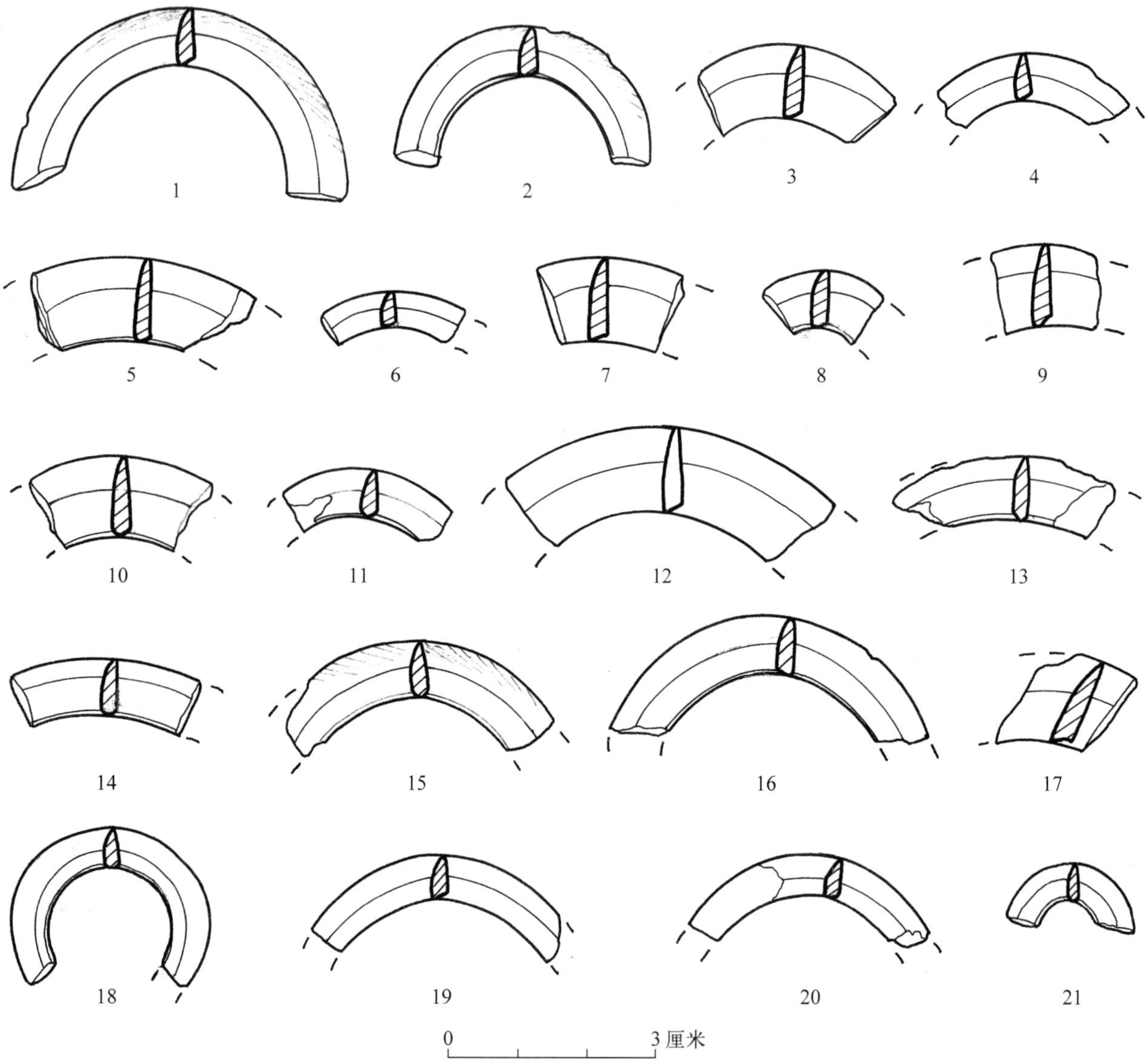

图九一　⑨层玉璜

1. TN03W04-N04W03⑨：118　2. TN03W04-N04W03⑨：22　3. TN03W04-N04W03⑨：101　4. TN03W04-N04W03⑨：102
5. TN03W04-N04W03⑨：103　6. TN03W04-N04W03⑨：104　7. TN03W04-N04W03⑨：105　8. TN03W04-N04W03⑨：106
9. TN03W04-N04W03⑨：107　10. TN03W04-N04W03⑨：23　11. TN03W04-N04W03⑨：80　12. TN03W06-N04W05⑨：1
13. TN03W06-N04W05⑨：47　14. TN03W06-N04W05⑨：46　15. TN03W06-N04W05⑨：5　16. TN03W06-N04W05⑨：29
17. TN03W06-N04W05⑨：34　18. TN03W06-N04W05⑨：30　19. TN03W06-N04W05⑨：31　20. TN03W06-N04W05⑨：33
21. TN03W06-N04W05⑨：35

青色玉质。残长2.7、宽0.9厘米(图九二，3)。标本TN05W04-N06W03⑨：40-2，灰黄色夹黑色沁斑。
残长3.5、宽1.6厘米(图九二，4)。标本TN05W04-N06W03⑨：42-1，青色玉质。残长3.8、宽
0.8厘米(图九二，5)。标本TN05W04-N06W03⑨：42-2，青色玉质。残长3.5、宽0.7厘米(图九二，6)。
标本TN05W04-N06W03⑨：42-3，青色玉质。残长4.1、宽0.8厘米(图九二，7)。标本TN05W04-
N06W03⑨：42-4，黑色。残长3.7、宽0.9厘米(图九二，8)。标本TN05W04-N06W03⑨：42-5，乳

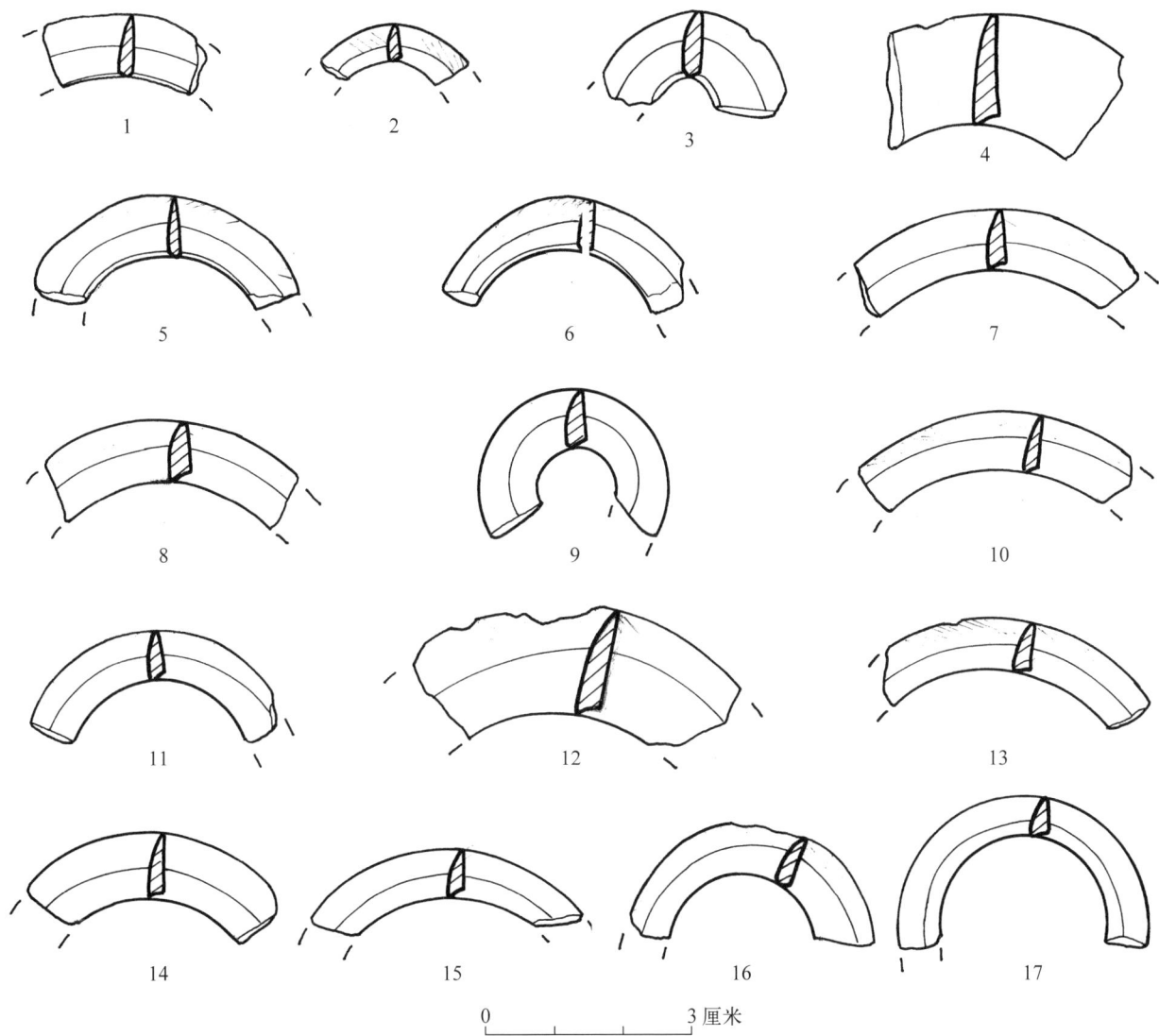

图九二 ⑨层玉璜

1. TN03W06－N04W05⑨：36　2. TN03W06－N04W05⑨：37　3. TN03W04－N04W03⑨：85　4. TN05W04－N06W03⑨：40－2
5. TN05W04－N06W03⑨：42－1　6. TN05W04－N06W03⑨：42－2　7. TN05W04－N06W03⑨：42－3　8. TN05W04－N06W03⑨：42－4
9. TN05W04－N06W03⑨：42－5　10. TN05W04－N06W03⑨：42－6　11. TN05W04－N06W03⑨：42－7
12. TN05W04－N06W03⑨：42－8　13. TN05W04－N06W03⑨：42－9　14. TN05W04－N06W03⑨：42－10
15. TN05W04－N06W03⑨：42－11　16. TN05W04－N06W03⑨：42－12　17. TN05W04－N06W03⑨：42－13

白色。直径2.7、宽0.8厘米（图九二，9）。标本TN05W04－N06W03⑨：42－6，青色玉质。残长4、宽0.8厘米（图九二，10）。标本TN05W04－N06W03⑨：42－7，青色玉质。残长3.6、宽0.7厘米（图九二，11）。标本TN05W04－N06W03⑨：42－8，黄色夹黑色沁斑。残长4.7、宽1.5厘米（图九二，12）。标本TN05W04－N06W03⑨：42－9，黑色。残长3.9、宽0.7厘米（图九二，13）。标本TN05W04－N06W03⑨：42－10，黑色。残长3.7、宽0.9厘米（图九二，14）。标本TN05W04－N06W03⑨：42－11，青色玉质。残长4、宽0.7厘米（图九二，15）。标本TN05W04－N06W03

⑨：42-12，青色玉质。一端残。器表经打磨。残长3.5、宽0.6厘米（图九二，16）。标本TN05W04-N06W03⑨：42-13，青色玉质。直径3.6、宽0.6厘米（图九二，17；彩版二二，2）。

标本TN05W04-N06W03⑨：42-14，青色玉质。残长3.6、宽0.7厘米（图九三，1）。标本TN05W04-N06W03⑨：42-15，青色玉质。残长4、宽1.1厘米（图九三，2）。标本TN05W04-N06W03⑨：42-16，青色玉质。残长4.2、宽0.7厘米（图九三，3）。标本TN05W04-N06W03⑨：42-17，黑色。残长3.6、宽0.8厘米（图九三，4）。标本TN05W04-N06W03⑨：42-18，青色玉质。残长3.6、宽0.9厘米（图九三，5）。标本TN05W04-N06W03⑨：42-19，青色玉质。残长3.1、宽0.8厘米（图九三，6）。标本TN05W04-N06W03⑨：42-20，青色玉质。残长4、宽1厘米

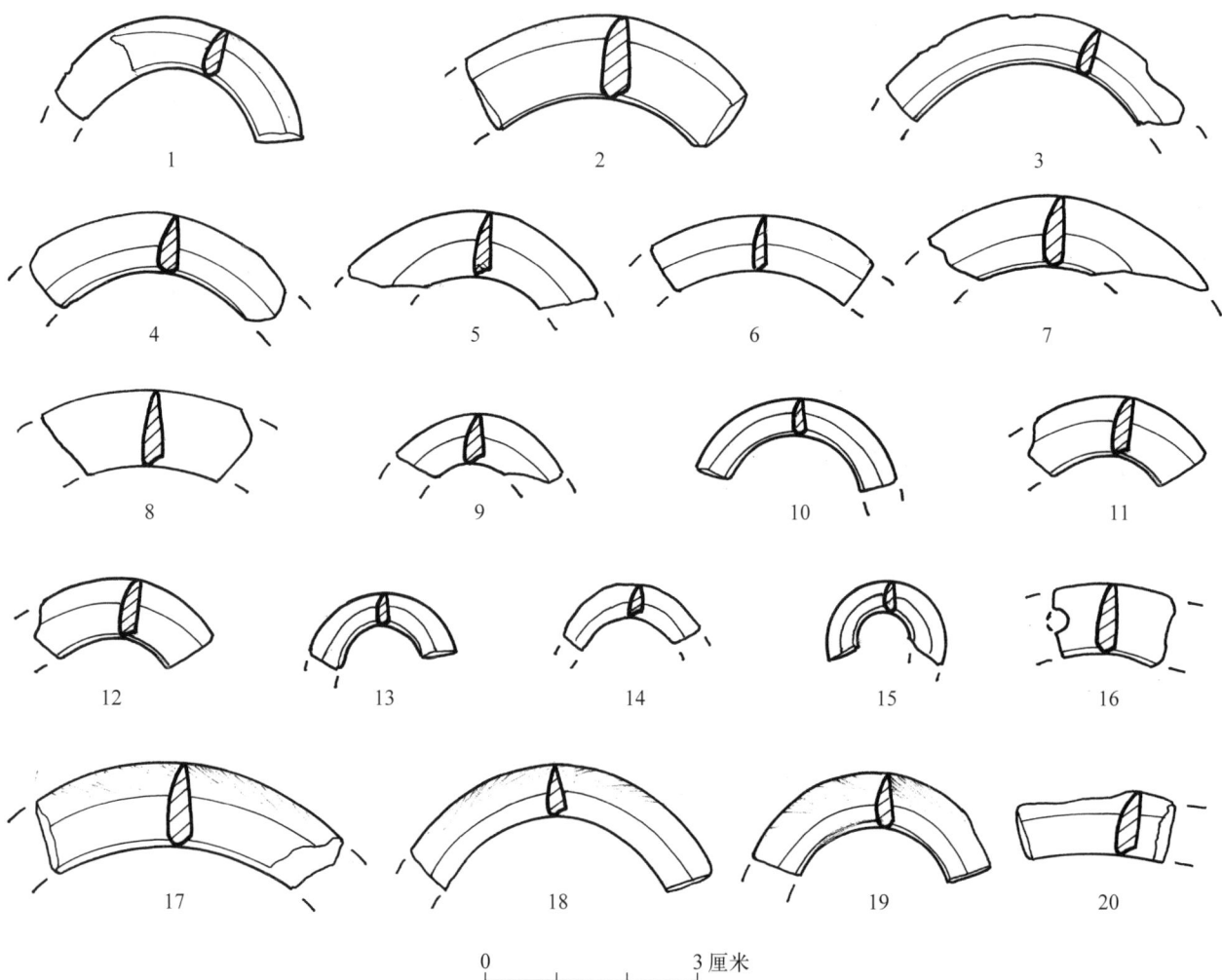

0　　　　　　　　3厘米

图九三　⑨层玉璜

1. TN05W04-N06W03⑨：42-14　2. TN05W04-N06W03⑨：42-15　3. TN05W04-N06W03⑨：42-16　4. TN05W04-N06W03⑨：42-17
5. TN05W04-N06W03⑨：42-18　6. TN05W04-N06W03⑨：42-19　7. TN05W04-N06W03⑨：42-20　8. TN05W04-N06W03⑨：42-21
9. TN05W04-N06W03⑨：42-22　10. TN05W04-N06W03⑨：42-23　11. TN05W04-N06W03⑨：42-24
12. TN05W04-N06W03⑨：42-25　13. TN05W04-N06W03⑨：42-26　14. TN05W04-N06W03⑨：42-27
15. TN05W04-N06W03⑨：42-28　16. TN05W04-N06W03⑨：42-29　17. TN05W06-N06W05⑨：28　18. TN05W06-N06W05⑨：21
19. TN05W06-N06W05⑨：4　20. TN05W06-N06W05⑨：27

（图九三，7）。标本TN05W04-N06W03⑨：42-21，青色玉质。长2.9、宽1厘米（图九三，8）。标本TN05W04-N06W03⑨：42-22，乳白色。残长2.3、宽0.7厘米（图九三，9）。标本TN05W04-N06W03⑨：42-23，青色玉质。残长2.8、宽0.5厘米（图九三，10）。标本TN05W04-N06W03⑨：42-24，青色玉质。残长2.5、宽0.8厘米（图九三，11）。标本TN05W04-N06W03⑨：42-25，青色玉质。长2.5、宽0.6厘米（图九三，12）。标本TN05W04-N06W03⑨：42-26，青色玉质。残长2.1、宽0.5厘米（图九三，13）。标本TN05W04-N06W03⑨：42-27，灰黑色。残长1.9、宽0.5厘米（图九三，14）。标本TN05W04-N06W03⑨：42-28，青色玉质。直径1.7、宽0.4厘米（图九三，15）。标本TN05W04-N06W03⑨：42-29，青色玉质。残长1.7、宽0.9厘米（图九三，16）。标本TN05W06-N06W05⑨：28，黑色。残长4.3、宽1.2厘米（图九三，17）。标本TN05W06-N06W05⑨：21，青色玉质。残长4.2、宽0.8厘米（图九三，18）。标本TN05W06-N06W05⑨：4，黑色。残长3.3、宽0.8厘米（图九三，19）。标本TN05W06-N06W05⑨：27，青色玉质。残长2.3、宽0.9厘米（图九三，20）。

标本TN05W06-N06W05⑨：26，青色玉质。残长2.4、宽1.1厘米（图九四，1）。标本TN05W06-N06W05⑨：23，灰色。残长3.2、宽1.1厘米（图九四，2）。标本TN05W06-N06W05⑨：24，青色玉质。残长2.9、宽1厘米（图九四，3）。标本TN05W06-N06W05⑨：10，灰白色。直径2.5、宽0.9厘米（图九四，4；彩版二二，3）。标本TN05W06-N06W05⑨：25，黄色。残长4、宽1.1厘米（图九四，5）。标本TN05W06-N06W05⑨：12，青色玉质。残长7、宽1厘米（图九四，6；彩版二二，4）。标本TN05W06-N06W05⑨：13，青色玉质。残长4.9、宽0.9厘米（图九四，7）。标本TN03W06-N04W05⑨：40，青色玉质。残长1.6、宽0.7厘米（图九四，8）。标本TN03W04-N04W03⑨：69，青色玉质。残长2.9、宽0.8厘米（图九四，9）。标本TN03W06-N04W05⑨：3，青色玉质。残长2.2、宽0.6厘米（图九四，10）。标本TN07W07-N08W07⑨：2，青色玉质。直径2.2、孔径1、宽0.6厘米（图九四，11）。标本TN03W04-N04W03⑨：115，青色玉质。残长1.8、宽0.8厘米（图九四，12）。标本TN01W02-N02W01⑨：1，青色玉质。残长3.2、宽0.7厘米（图九四，13）。标本TN01W02-N02W01⑨：2，黑色。残长4.7、宽0.7厘米（图九四，14）。标本TN01W04-N02W03⑨：1，青色玉质。直径4.5、宽0.6厘米（图九四，15）。标本TN03W06-N04W05⑨：4，青色。残长1.6、宽0.7厘米（图九四，16）。标本TN03W06-N04W05⑨：38，青色玉质。残长7.1、宽1厘米（图九四，17；彩版二二，5）。标本TN03W06-N04W05⑨：39，青色。残长2.2、宽0.6厘米（图九四，18）。标本TN05W04-N06W03⑨：37，青色玉质。残长4、宽1厘米（图九四，19）。

标本TN05W04-N06W03⑨：177，青灰色。残长2.5、宽1.1厘米（图九五，1）。标本TN05W08-N06W07⑨：3-1，青色玉质。残长2.9、宽0.8厘米（图九五，2）。标本TN05W08-N06W07⑨：3-2，青色玉质。残长3、宽0.7厘米（图九五，3）。标本TN05W08-N06W07⑨：4-1，青灰色玉质。残长3.1、宽0.6厘米（图九五，4）。标本TN05W08-N06W07⑨：4-2，青灰色玉质。残长1.9、宽1.4厘米（图九五，5）。标本TN05W09-N06W09⑨：15，青色玉质。残长2.2、宽1厘米（图九五，6）。标本TN05W09-N06W09⑨：11，青色玉质。残长3.3、宽0.6厘米（图九五，7）。标本TN05W09-N06W09⑨：7，青色玉质。残长2.5、宽0.8厘米（图九五，8）。标本TN05W09-N06W09⑨：14，

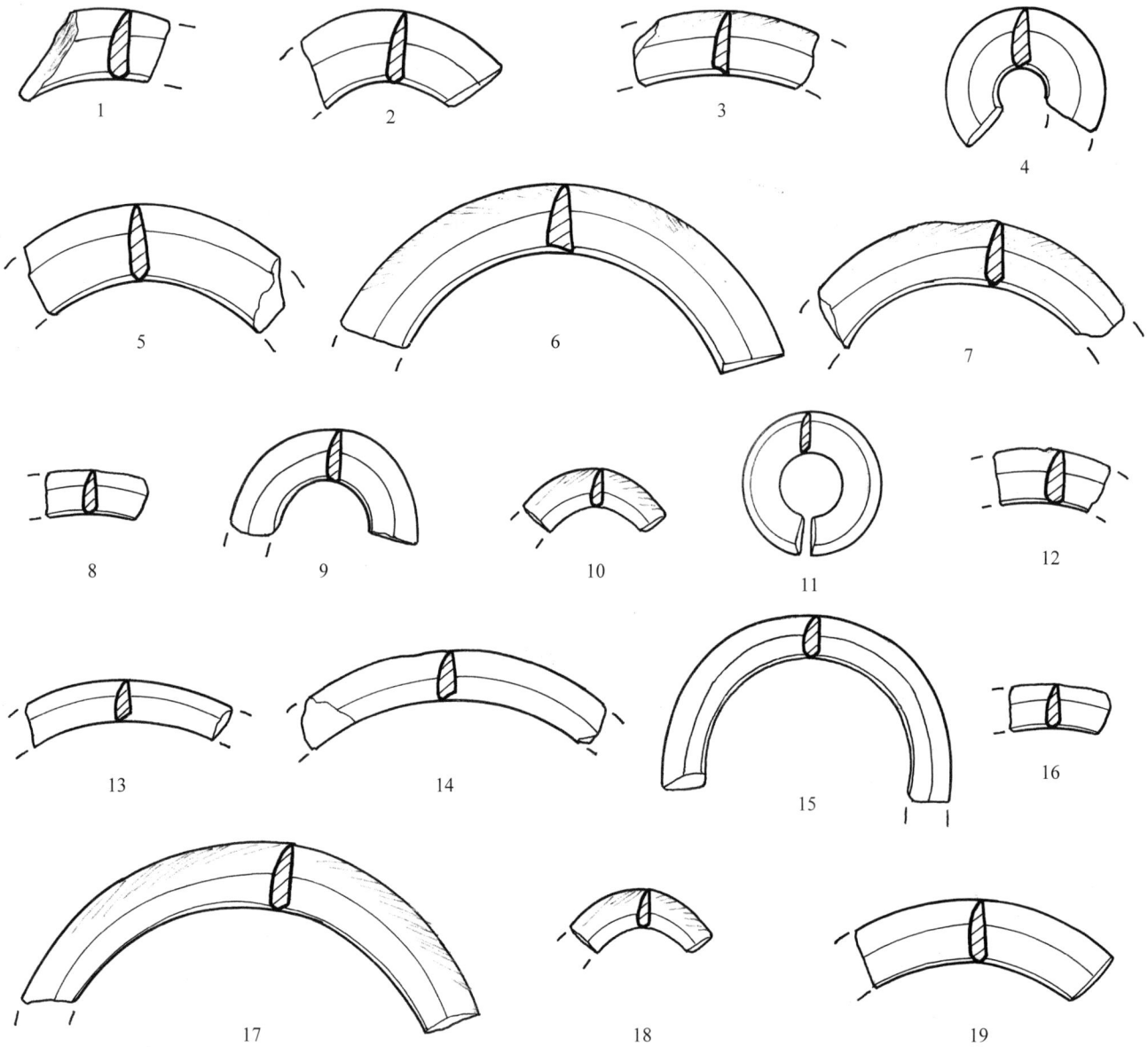

图九四 ⑨层玉璜

1. TN05W06-N06W05⑨：26　2. TN05W06-N06W05⑨：23　3. TN05W06-N06W05⑨：24　4. TN05W06-N06W05⑨：10
5. TN05W06-N06W05⑨：25　6. TN05W06-N06W05⑨：12　7. TN05W06-N06W05⑨：13　8. TN03W06-N04W05⑨：40
9. TN03W06-N04W05⑨：69　10. TN03W06-N04W05⑨：3　11. TN07W07-N08W07⑨：2　12. TN03W04-N04W03⑨：115
13. TN01W02-N02W01⑨：1　14. TN01W02-N02W01⑨：2　15. TN01W04-N02W03⑨：1　16. TN03W06-N04W05⑨：4
17. TN03W06-N04W05⑨：38　18. TN03W06-N04W05⑨：39　19. TN05W04-N06W03⑨：37

青色玉质。残长2.1、宽1厘米(图九五,9)。标本TN05W09-N06W09⑨：10,青色玉质。残长2.5、宽1厘米(图九五,10)。标本TN05W09-N06W09⑨：6,青色玉质。残长2.2、宽0.8厘米(图九五,11)。标本TN05W09-N06W09⑨：3,青色玉质。残长2.8、宽0.9厘米(图九五,12)。标本TN05W09-

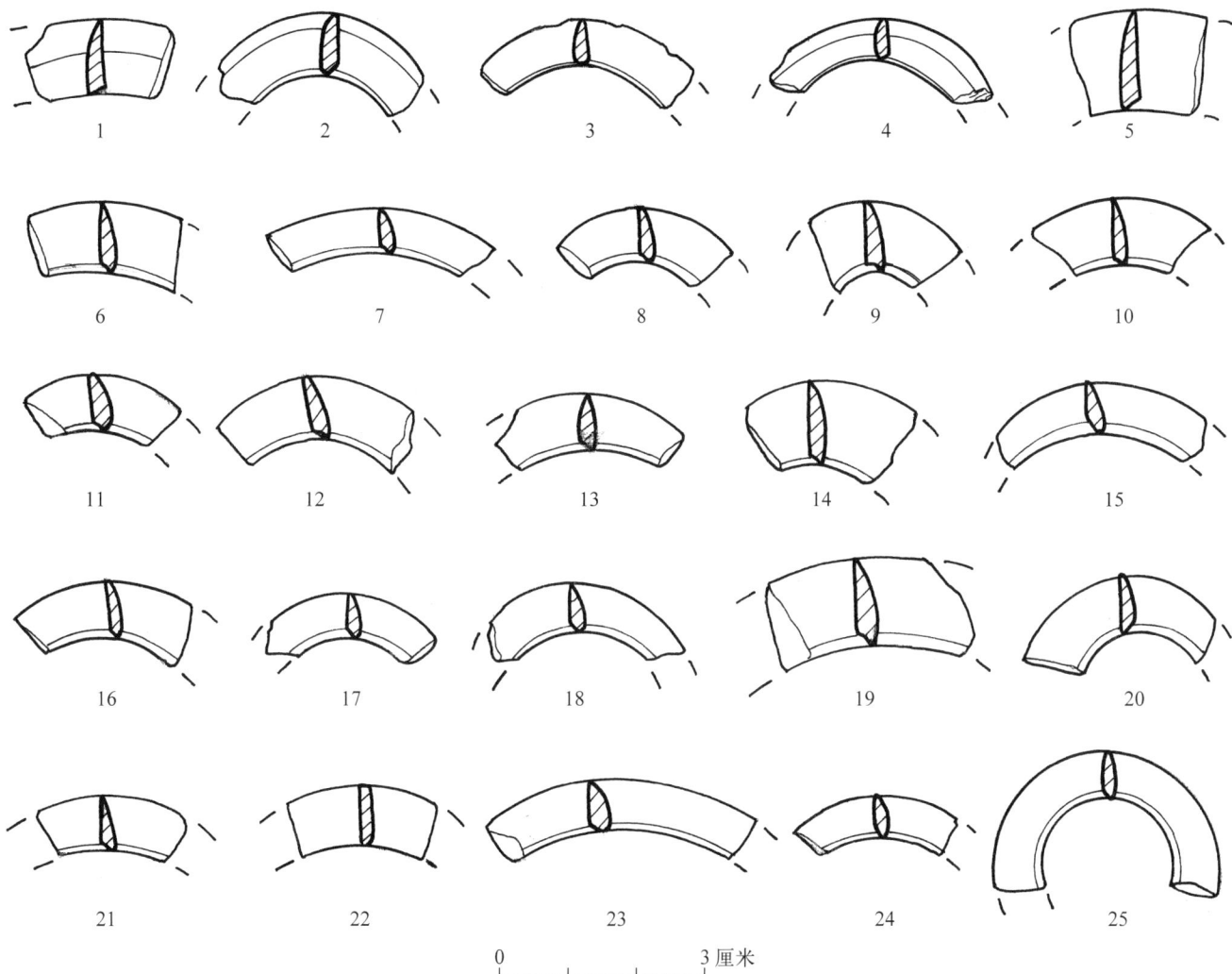

图九五 ⑨层玉璜

1. TN05W04-N06W03⑨：177 2. TN05W08-N06W07⑨：3-1 3. TN05W08-N06W07⑨：3-2 4. TN05W08-N06W07⑨：4-1
5. TN05W08-N06W07⑨：4-2 6. TN05W09-N06W09⑨：15 7. TN05W09-N06W09⑨：11 8. TN05W09-N06W09⑨：7
9. TN05W09-N06W09⑨：14 10. TN05W09-N06W09⑨：10 11. TN05W09-N06W09⑨：6 12. TN05W09-N06W09⑨：3
13. TN05W09-N06W09⑨：13 14. TN05W09-N06W09⑨：9 15. TN05W09-N06W09⑨：5 16. TN05W09-N06W09⑨：2
17. TN05W09-N06W09⑨：12 18. TN05W09-N06W09⑨：8 19. TN05W09-N06W09⑨：4 20. TN05W09-N06W09⑨：1
21. TN03W06-N04W05⑨：19 22. TN03W06-N04W05⑨：20 23. TN03W06-N04W05⑨：21 24. TN03W06-N04W05⑨：22
25. TN03W06-N04W05⑨：23

N06W09⑨：13，青色玉质。残长2.7、宽0.8厘米（图九五，13）。标本TN05W09-N06W09⑨：9，
青色玉质。残长2.4、宽1.2厘米（图九五，14）。标本TN05W09-N06W09⑨：5，青色玉质。残长3、
宽0.7厘米（图九五，15）。标本TN05W09-N06W09⑨：2，青色玉质。残长2.5、宽0.8厘米（图九五，16）。
标本TN05W09-N06W09⑨：12，青色玉质。残长2.4、宽0.6厘米（图九五，17）。标本TN05W09-
N06W09⑨：8，青色玉质。残长2.8、宽0.7厘米（图九五，18）。标本TN05W09-N06W09⑨：4，
青色玉质。残长3、宽1.2厘米（图九五，19）。标本TN05W09-N06W09⑨：1，青色玉质。残长

2.8、宽0.8厘米（图九五,20）。标本TN03W06-N04W05⑨:19,青色玉质。残长2.1、宽0.8厘米（图九五,21）。标本TN03W06-N04W05⑨:20,青色玉质。残长2.1、宽0.8厘米（图九五,22）。标本TN03W06-N04W05⑨:21,青色玉质。残长3.8、宽0.7厘米（图九五,23）。标本TN03W06-N04W05⑨:22,青色玉质。长2.3、宽0.6厘米（图九五,24）。标本TN03W06-N04W05⑨:23,青色玉质。呈半圆形。直径3.2、宽0.7厘米（图九五,25）。

标本N03W04-N04W03⑨:121,青色。残长1.8、宽0.8厘米（图九六,1）。标本TN03W04-N04W03⑨:83,青色。残长2.9、宽0.8厘米（图九六,2）。标本TN03W06-N04W05⑨:24,青色玉质。直径3.2、宽0.6厘米（图九六,3；彩版二,6）。标本TN03W06-N04W05⑨:25,青色玉质。

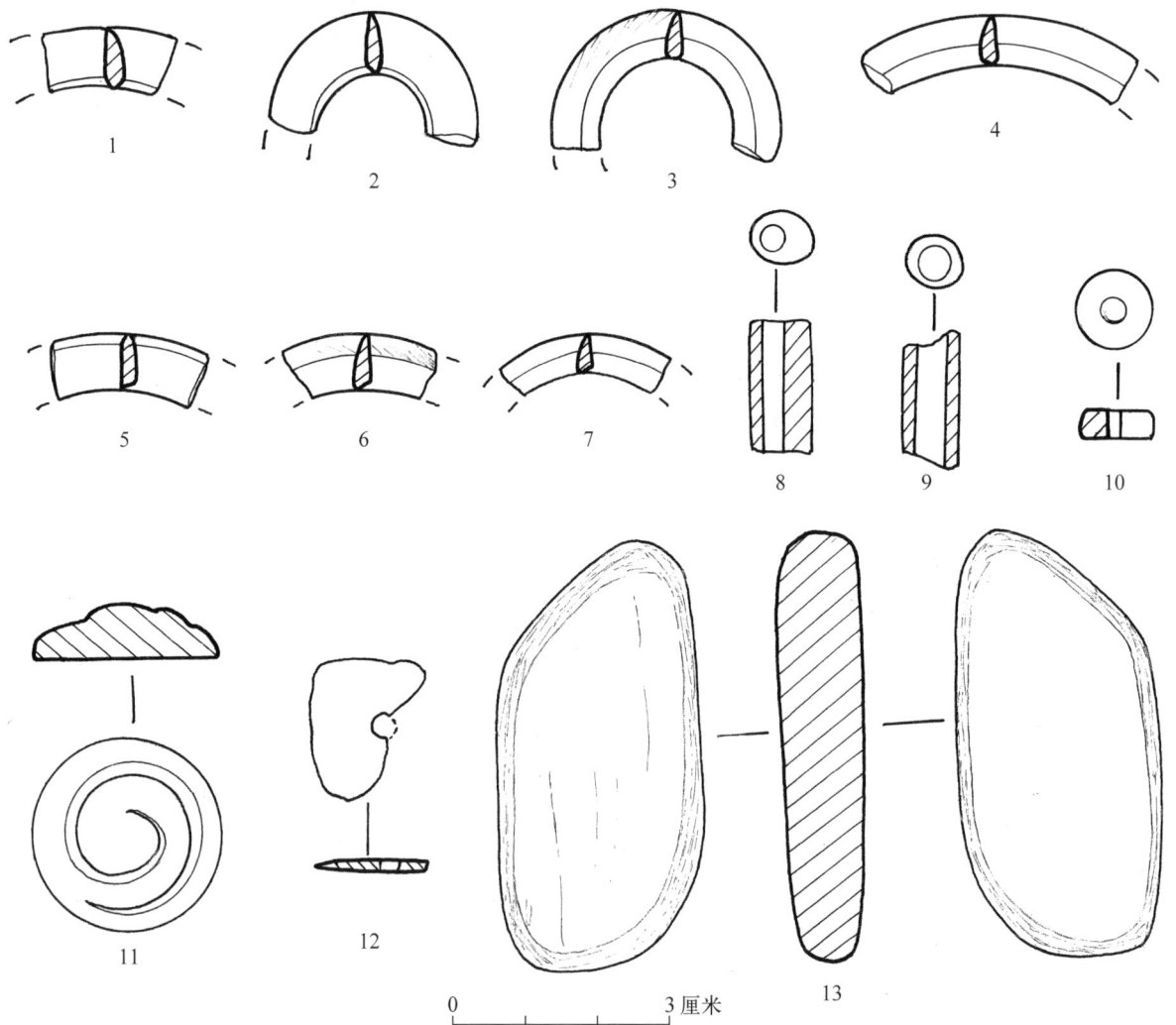

图九六　⑨层玉器

1-7.璜（TN03W04-N04W03⑨:121、TN03W04-N04W03⑨:83、TN03W06-N04W05⑨:24、TN03W06-N04W05⑨:25、TN03W06-N04W05⑨:26、TN03W06-N04W05⑨:27、TN03W06-N04W05⑨:28）　8-10.串珠（TN05W04-N06W03⑨:219、TN05W04-N06W03⑨:220、TN05W04-N06W03⑨:170）　11、12.饰件（TN05W04-N06W03⑨:222、TN05W04-N06W03⑨:40-3）　13.磨石（TN05W04-N06W03⑨:212）

残长3.8、宽0.7厘米(图九六,4)。标本TN03W06-N04W05⑨:26,青色玉质。残长2.2、宽0.8厘米(图九六,5)。标本TN03W06-N04W05⑨:27,青色玉质。残长2.2、宽0.8厘米(图九六,6)。标本TN03W06-N04W05⑨:28,青色玉质。残长2.2、宽0.6厘米(图九六,7)。

(8)串珠 3件。

标本TN05W04-N06W03⑨:219,淡青色玉质。管状,表面光滑。长1.8、直径0.8厘米(图九六,8;彩版二三,1)。标本TN05W04-N06W03⑨:220,灰白色玉质。管状。长1.8、直径0.8厘米(图九六,9;彩版二三,2)。标本TN05W04-N06W03⑨:170,白色透明玉质。直径1.1、孔径0.4厘米(图九六,10;彩版二三,3)。

(9)饰件

2件。

标本TN05W04-N06W03⑨:222,浅绿色半透明玉质。平面呈圆形,刻划螺旋纹。直径2.5、厚0.8厘米(图九六,11;彩版二三,4)。标本TN05W04-N06W03⑨:40-3,青色玉质。中间有一圆形镂孔。直径1.9、厚0.1厘米(图九六,12)。

(10)磨石

3件。

标本TN05W04-N06W03⑨:212,褐色。两面均打磨平滑。长5.7、宽2.8厘米(图九六,13;彩版二三,5)。标本TN05W04-N06W03⑨:197,血红色、黑色及白色等夹杂。长8.5、宽5.6、厚4厘米(图九七,1)。标本TN05W04-N06W03⑨:181,褐色。长5.8、宽5.3、厚1.4厘米(图九七,2)。

(11)美石

8件。

形状大小各异。标本TN05W04-N06W03⑨:213,褐色、白色、黑色,色彩多样,颇有层次。保留了玉石的天然形态,未经打磨,表面光滑。长7.2、宽3.5厘米(图九七,3;彩版二三,6)。标本TN05W04-N06W03⑨:38-3,深褐色。表面光滑、椭圆形。长4.5、宽2.8、厚1.2厘米(图九七,4)。标本TN03W04-N04W03⑨:19,黑色。圆形。直径2.2、厚0.7厘米(图九七,5)。标本TN03W04-N04W03⑨:88,黑色。圆形,器表有一圆形小坑。直径2.6、厚0.9厘米(图九七,6;彩版二四,1)。标本TN07W04-N08W03⑨:4,褐色。呈椭圆形,形似鸡蛋。长5.2、宽4.1厘米(图九七,7;彩版二四,2)。标本TN05W08-N06W07⑨:47,黄色。呈椭圆形,器表光滑。长5、宽3.6、厚1厘米(图九七,8)。标本TN05W04-N06W03⑨:135,褐色。平面呈椭圆形,横剖面呈帽形。长10.7、宽4.4、厚1.1-3.4厘米(图九八,1)。标本TN05W04-N06W03⑨:158,深褐色。圆球形。直径1.4厘米(图九八,2)。

(12)玉料

18件。

形状各异,均未成形,可能是用于制作器物的各类剩余玉石。标本TN05W04-N06W03⑨:173,青灰色玉质。长3.3、宽2.6、厚0.5厘米(图九八,3)。标本TN05W04-N06W03⑨:38-2,灰白色透明玉质。圆形。直径2.4、厚0.5厘米(图九八,4;彩版二四,3)。标本TN05W04-

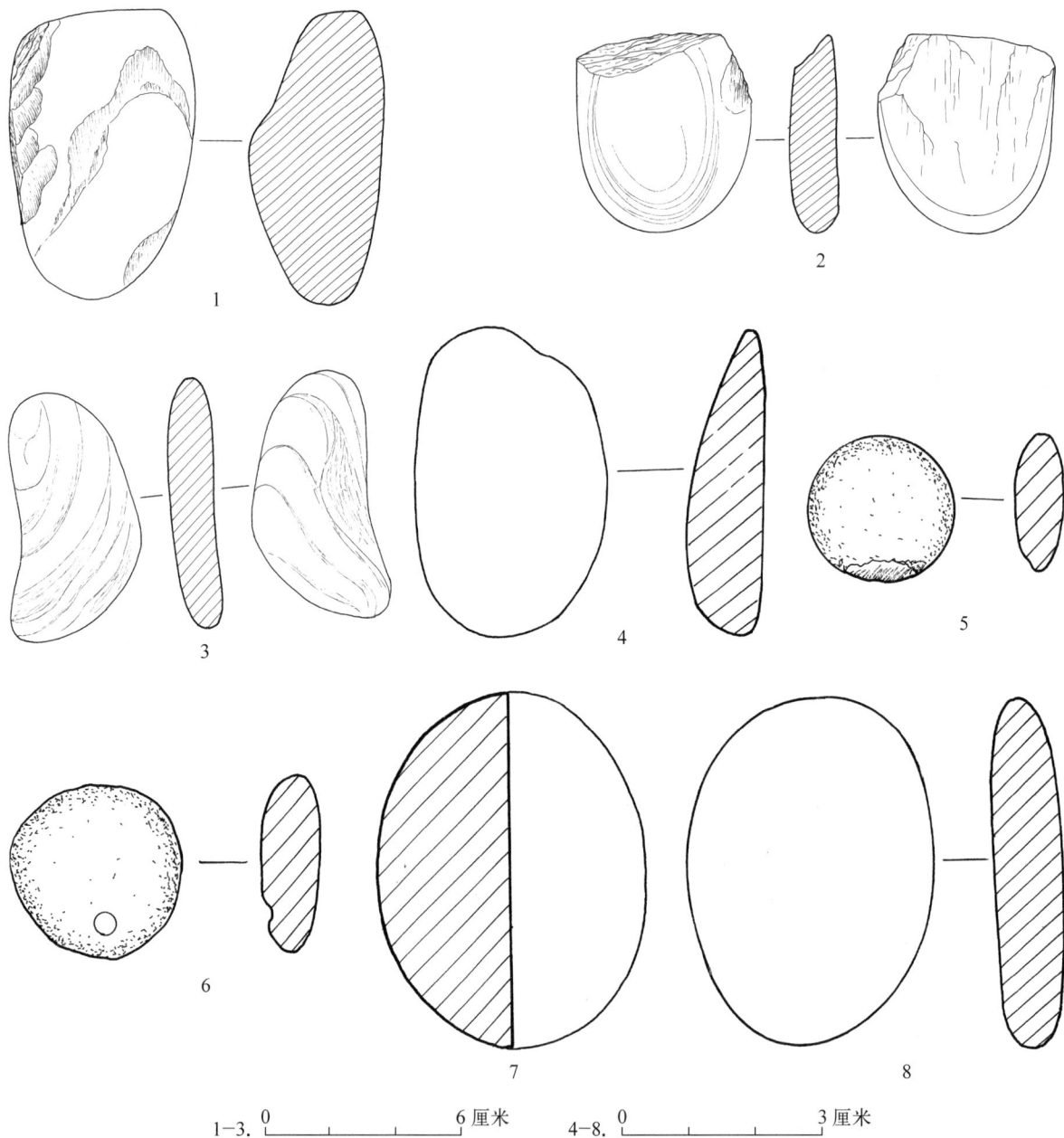

图九七 ⑨层玉器

1、2.磨石（TN05W04-N06W03⑨：197、TN05W04-N06W03⑨：181） 3-8.美石（TN05W04-N06W03⑨：213、
TN05W04-N06W03⑨：38-3、TN03W04-N04W03⑨：19、N03W04-N04W03⑨：88、TN07W04-N08W03⑨：4、
TN05W08-N06W07⑨：47）

N06W03⑨：38-1，白色玉质。长条形。长5.3、宽1.7、厚1厘米（图九八，5）。标本TN05W04-N06W03
⑨：200，青色玉质。圆形。直径1.1、厚0.2厘米（图九八，6）。标本TN05W04-N06W03
⑨：198。黑色玉质。长2.8、宽1.4厘米（图九八，7）。标本TN05W04-N06W03⑨：180，黑色玉质。
长4.3、宽2、厚1.1厘米（图九八，8）。标本TN05W04-N06W03⑨：179，青色玉质。长2.3、

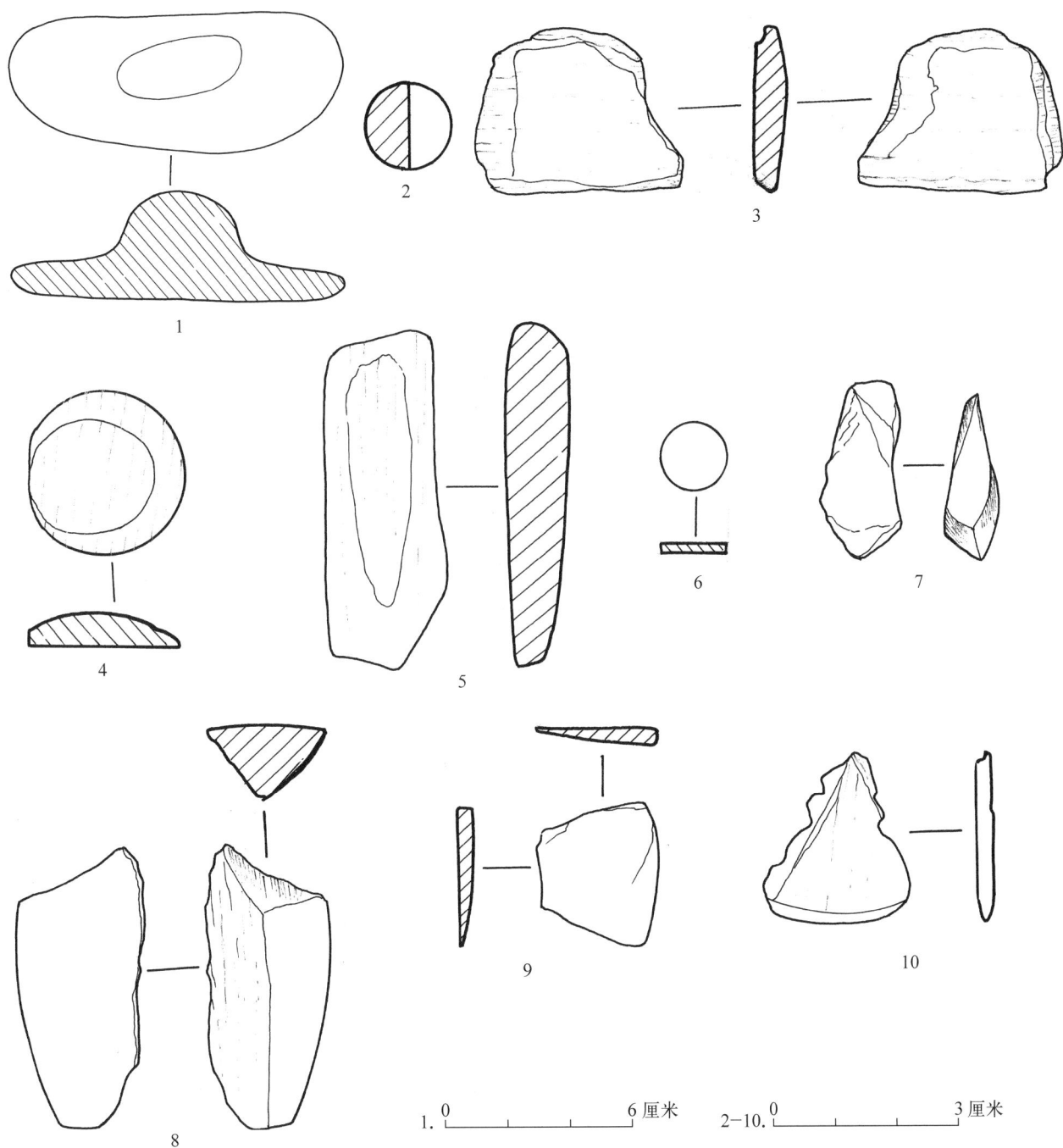

图九八 ⑨层玉器

1-2.美石（TN05W04-N06W03⑨:135、TN05W04-N06W03⑨:158） 3-10.玉料（TN05W04-N06W03⑨:173、
TN05W04-N06W03⑨:38-2、TN05W04-N06W03⑨:38-1、TN05W04-N06W03⑨:200、TN05W04-N06W03⑨:198、
TN05W04-N06W03⑨:180、TN05W04-N06W03⑨:179、TN03W04-N04W03⑨:21）

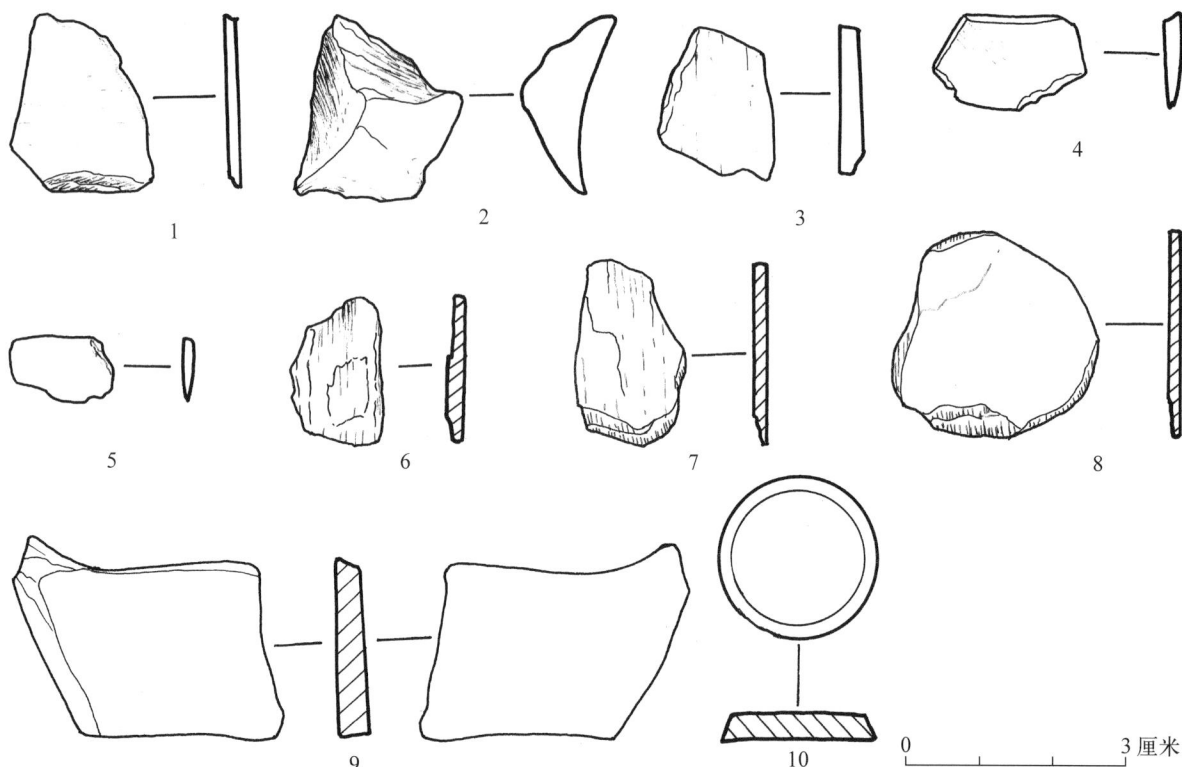

图九九　⑨层玉料

1. TN03W04-N04W03⑨:74　2. TN03W04-N04W03⑨:75　3. TN03W04-N04W03⑨:76　4. TN03W04-N04W03⑨:77
5. TN03W04-N04W03⑨:78　6. TN03W04-N04W03⑨:82　7. TN03W06-N04W05⑨:48　8. TN03W06-N04W05⑨:49
9. TN05W04-N06W03⑨:184　10. TN05W04-N06W03⑨:40-4

宽2厘米(图九八,9)。标本TN03W04-N04W03⑨:21,青色玉质。长2.7、宽2.4、厚0.3厘米(图九八,10)。标本TN03W04-N04W03⑨:74,青色玉质。长2.4、宽1.9、厚0.2厘米(图九九,1)。标本TN03W04-N04W03⑨:75,黑色玉质。长2.4、宽2、厚0.9厘米(图九九,2)。标本TN03W04-N04W03⑨:76,青色玉质。长2、宽1.6、厚0.3厘米(图九九,3)。标本TN03W04-N04W03⑨:77,青色玉质。长1.5、宽2.1、厚0.3厘米(图九九,4)。标本TN03W04-N04W03⑨:78,灰色玉质。长1.4、宽0.9、厚0.2厘米(图九九,5)。标本TN03W04-N04W03⑨:82,青色玉质。长2、宽1.2厘米(图九九,6)。标本TN03W06-N04W05⑨:48,青色玉质。长2.5、宽1.5、厚0.2厘米(图九九,7)。标本TN03W06-N04W05⑨:49,青色玉质。长2.8、宽2.8、厚0.2厘米(图九九,8)。标本TN05W04-N06W03⑨:184,青色玉质。长3.3、宽2.2、厚0.4厘米(图九九,9)。标本TN05W04-N06W03⑨:40-4,灰白色。器呈圆形。直径2.1、厚0.4厘米(图九九,10)。

3. 石器

（1）斧　4件。

均为磨制。标本TN07W04-N08W03⑨:10,黑色。平顶、弧刃、两侧平直。长5.9、宽3.2厘米(图一〇〇,1;彩版二四,4)。标本TN05W04-N06W03⑨:187,灰黑色。弧顶、弧刃、刃部略

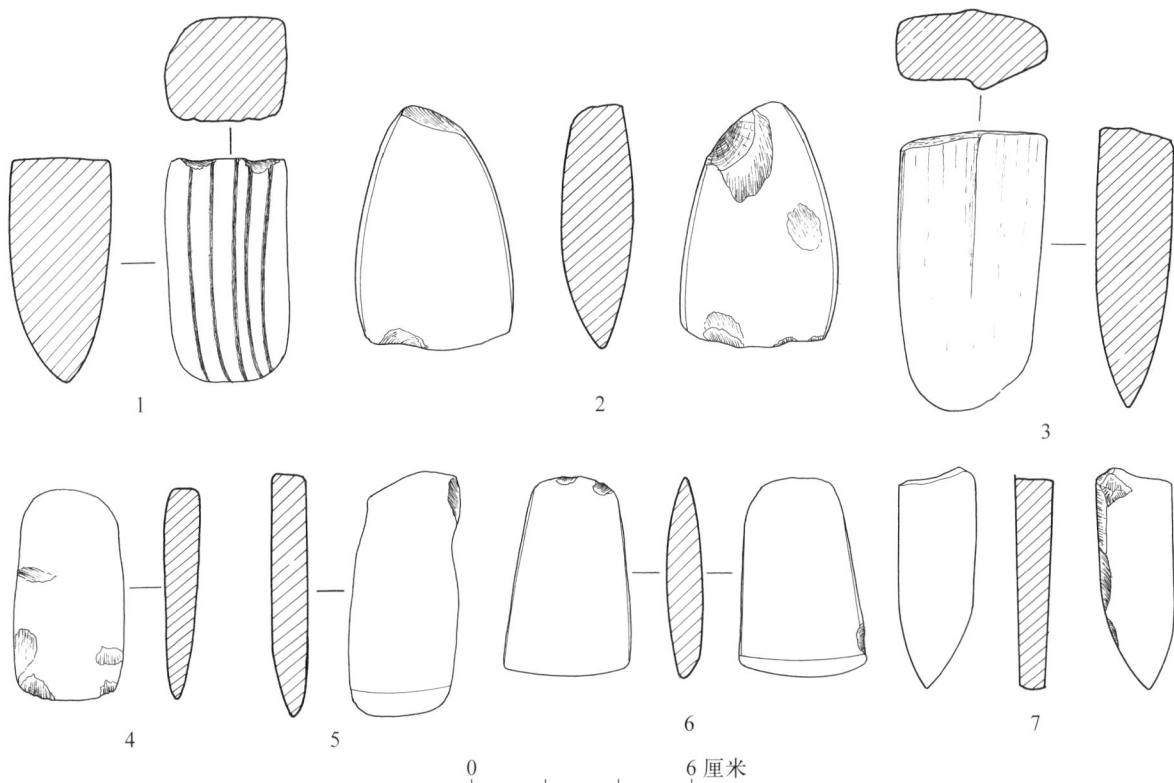

图一〇〇 ⑨层石器

1—4. 石斧（TN07W04-N08W03⑨：10、TN05W04-N06W03⑨：187、TN05W06-N06W05⑨：40、TN03W04-N04W03⑨：90）

5、6. 石锛（TN07W02-N08W01⑨：11、TN07W07-N08W07⑨：45） 7. 石凿（TN05W04-N06W03⑨：186）

残。长6.5、宽4.3、厚2厘米（图一〇〇，2；彩版二四，5）。标本TN05W06-N06W05⑨：40，灰色石质。顶部残缺、两侧平直，打磨规整。器中部突出，不平整。弧刃。长7.7，宽3.9，厚2.1厘米（图一〇〇，3；彩版二四，6）。标本TN03W04-N04W03⑨：90，灰白。弧顶、两侧边平直、弧刃。刃部略有残损。长5.5、宽3、厚1厘米（图一〇〇，4；彩版二五，1）。

（2）锛 2件。

均为磨制。标本TN07W02-N08W01⑨：11，灰白色。顶部及两侧不规则、弧刃。长6.4、宽2.9厘米（图一〇〇，5）。标本TN07W07-N08W07⑨：45，灰色。梯形、两侧平直、弧顶、弧刃。整器打磨精致规整。长5.2、宽3.5厘米（图一〇〇，6；彩版二五，2）。

（3）凿 1件。

标本TN05W04-N06W03⑨：186，黑色。顶端残。器表经打磨。残长5.8、宽2、厚1厘米（图一〇〇，7；彩版二五，3）。

（4）琮 1件。

标本TN05W02-N06W01⑨：1，灰色。表面经打磨，器中部四面均有两点纵向贯通的切割凹槽。上、下均呈正方形，纵截面呈等腰梯形。顶部有一圆形凹陷。四角分四节，每节各有三道阴刻平行线纹。上宽6.5、下宽8、高17.6厘米（图一〇一，1）。

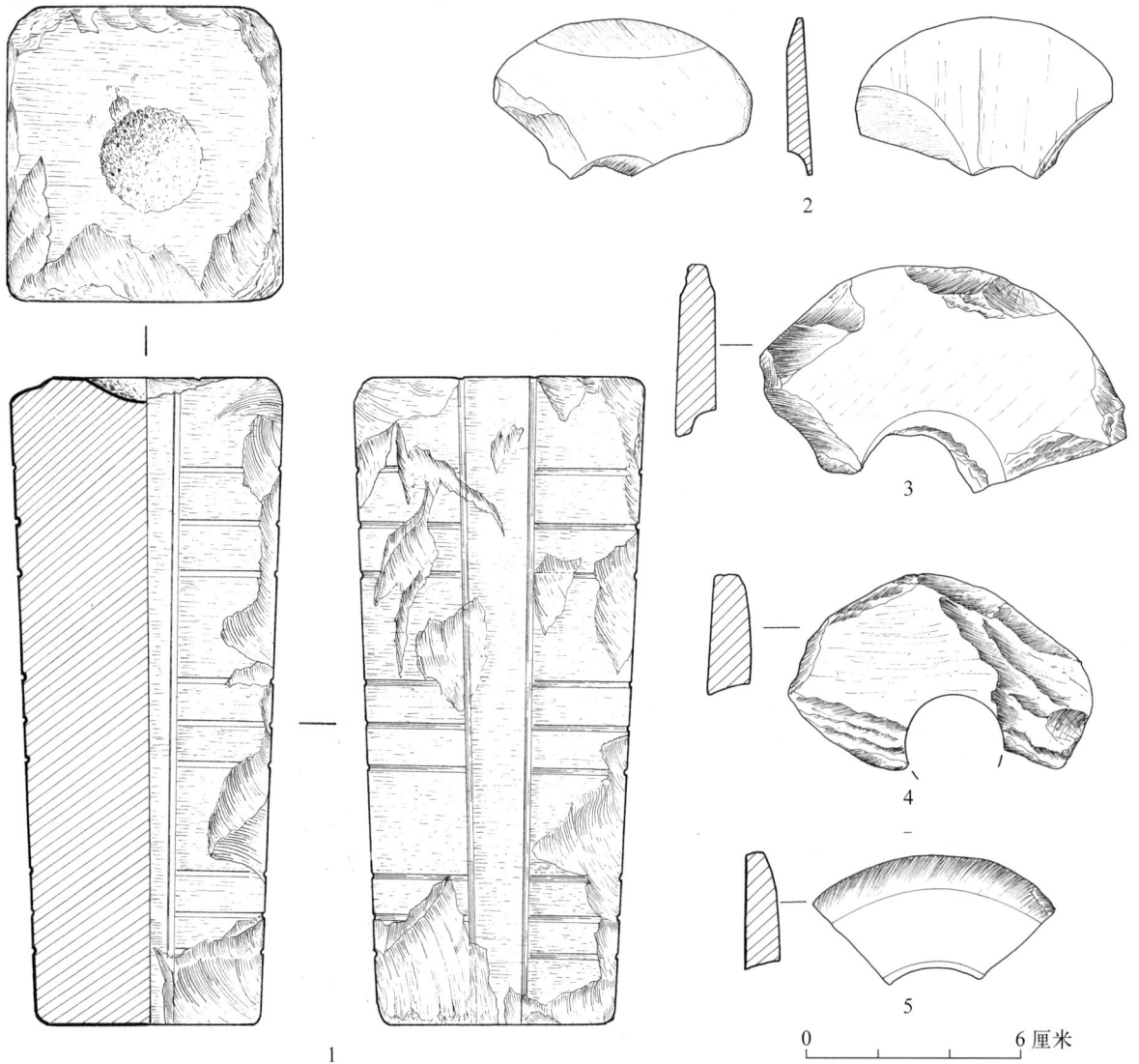

图一〇一　⑨层石琮、石璧

1. 石琮（TN05W02－N06W01⑨：1）　2－5. 石璧（TN05W04－N06W03⑨：185、TN07W04－N08W03⑨：74、TN07W04－N08W03⑨：77、
TN07W04－N08W03⑨：76）

（5）璧　4件。

均残，灰黑色。标本TN05W04－N06W03⑨：185，环面及边缘均有打磨痕迹，孔为单面钻。残长7、宽4、厚0.6厘米（图一〇一，2；彩版二五，4）。标本TN07W04－N08W03⑨：74，破裂面及轮边粗磨，破裂面有管钻痕迹，单面钻孔。残宽10.2、孔径4、厚1.1厘米（图一〇一，3）。标本TN07W04－N08W03⑨：77，破裂面及轮边粗磨，单面钻孔。直径8.5、孔径2.6、厚1.2厘米（图一〇一，4；彩版二五，5）。标本TN07W04－N08W03⑨：76，破裂面及轮边打磨精细，单面钻孔。残宽3.1、厚1厘米（图一〇一，5；彩版二五，6）。

（6）璧半成品　1件。

标本TN07W04－N08W03⑨：5，灰黑色。仅一面磨光和钻孔，另一面未打磨。直径7.4、厚1.2

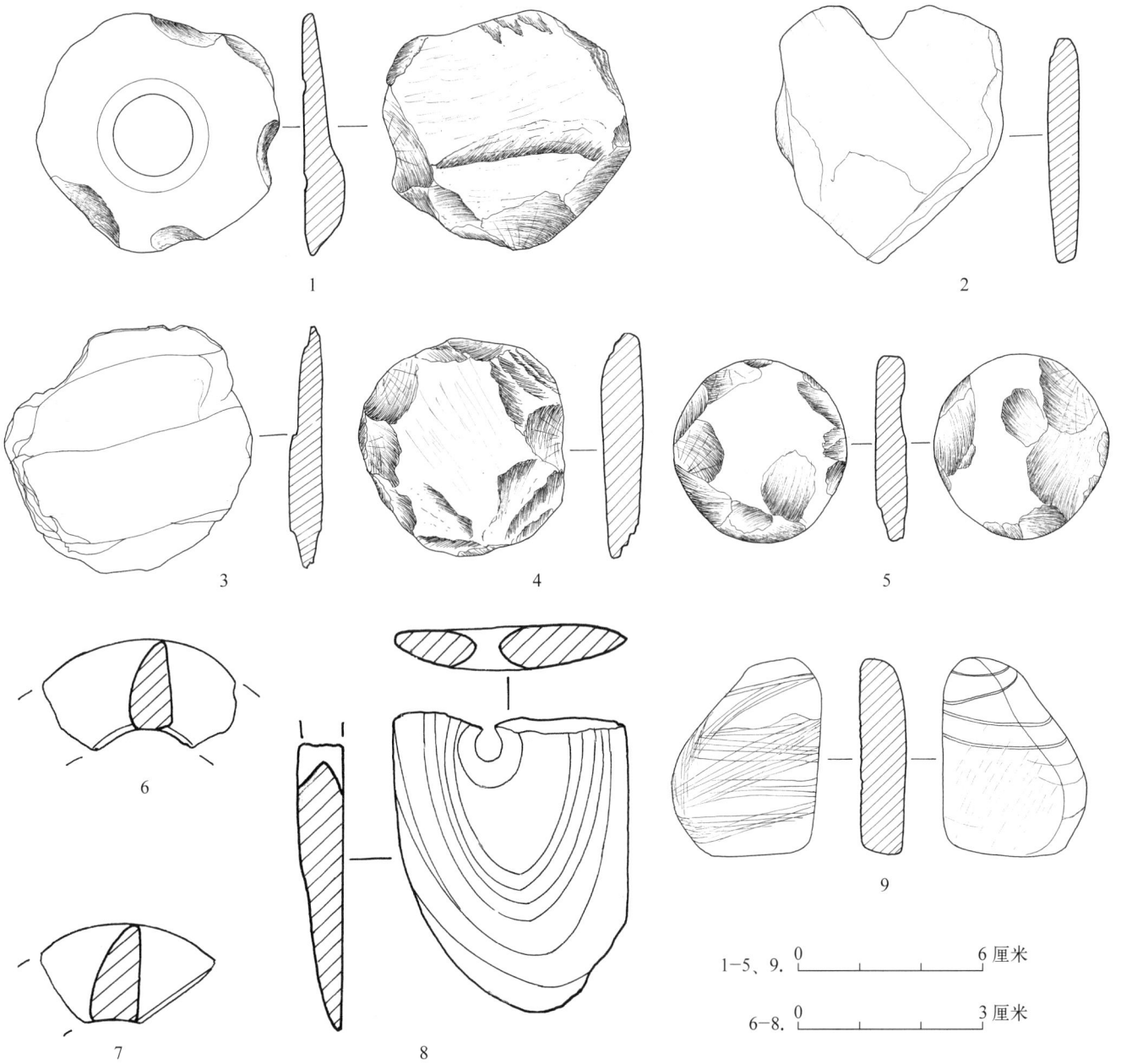

图一〇二 ⑨层石器

1. 石璧半成品（TN07W04－N08W03⑨：5） 2—5. 石璧坯料（TN05W04－N06W03⑨：174、TN05W04－N06W03⑨：208、TN07W04－N08W03⑨：75、
TN05W04－N06W03⑨：171） 6、7. 石璜（TN05W04－N06W03⑨：183、TN03W04－N04W03⑨：81） 8. 穿孔石器（TN03W08－N04W07⑨：1）
9. 磨石（TN07W04－N08W03⑨：7）

厘米（图一〇二，1；彩版二六，1）。

（7）璧坯料 4件。

均为灰黑色，部分磨制，未完成制作。标本TN05W04－N06W03⑨：174，心形。长8、宽7.3、厚1厘米（图一〇二，2）。标本TN05W04－N06W03⑨：208，圆形。直径7.8、厚1厘米（图一〇二，3；彩版二六，2）。标本TN07W04－N08W03⑨：75，圆形。直径6.5、厚1.4厘米（图一〇二，4；彩

版二六,3)。标本TN05W04-N06W03⑨:171,圆形。直径5.7、厚1厘米(图一〇二,5)。

(8)璜 2件。

均残。标本TN05W04-N06W03⑨:183,灰白色。器表经打磨。残长3.1、宽1.4厘米(图一〇二,6)。标本TN03W04-N04W03⑨:81,灰色。整器打磨精细。长2.8、宽1.6厘米(图一〇二,7)。

(9)穿孔石器 1件。

标本TN03W08-N04W07⑨:1,褐色。长条形。一面为石料的自然面,另一面经过磨制。中间一圆孔,孔为两面钻。残长4.5、宽3.7、厚0.7厘米(图一〇二,8;彩版二六,4)。

(10)磨石 1件。

标本TN07W04-N08W03⑨:7,褐色。不规则形,多道线形凹痕。长6.1、宽4.6厘米(图一〇二,9;彩版二六,5)。

(11)石料 18件。

为各类石器的残片及半成品,形状各异。标本TN05W04-N06W03⑨:175,灰白色。长条形。残长9、宽3.4、厚2.2厘米(图一〇三,1)。标本TN03W04-N04W03⑨:89,黑色。残长3、宽1.7、厚1厘米(图一〇三,2)。标本TN05W06-N06W05⑨:29,青色石质。残长5.3、宽2.2厘米(图一〇三,3)。标本TN05W06-N06W05⑨:22,青色石质。石璧之类的残片。残长2.8、宽1.9厘米(图一〇三,4)。标本TN05W04-N06W03⑨:40-1,黑色。残长5.2、宽4.5、厚0.6厘米(图一〇三,5)。标本TN05W04-N06W03⑨:40-5,青色石质。长5.2、宽1.7、厚0.2厘米(图一〇三,6)。标本TN05W04-N06W03⑨:40-6,青色石质。长5.8、宽2.5、厚0.3厘米(图一〇三,7)。标本TN05W04-N06W03⑨:40-7,青色石质。长4.2、宽2.5、厚0.2厘米(图一〇三,8)。标本TN05W04-N06W03⑨:40-8,青色石质。长5.1、宽2.1、厚0.4厘米(图一〇三,9)。标本TN05W04-N06W03⑨:40-9,青色石质。长2.8、宽4.4、厚0.3厘米(图一〇四,1)。标本TN05W04-N06W03⑨:40-10,青色石质。长3.2、宽2、厚0.2厘米(图一〇四,2)。标本TN07W04-N08W03⑨:8,灰白色。不规则形。长4.6、宽5.7厘米(图一〇四,3)。标本TN05W04-N06W03⑨:191,青灰色。长3.1、宽2.1、厚0.6厘米(图一〇四,4)。标本TN05W04-N06W03⑨:192,青灰色。长1.9、宽1.3、厚0.4厘米(图一〇四,5)。标本TN05W04-N06W03⑨:193,青灰色。长2.8、宽0.8厘米(图一〇四,6)。标本TN05W04-N06W03⑨:194,青灰色。长1.6、宽1.2厘米(图一〇四,7)。标本TN05W04-N06W03⑨:195,青灰色。长2.1、宽2.2厘米(图一〇四,8)。标本TN05W08-N06W07⑨:45,青灰色。长4.9、宽2.1、厚0.4厘米(图一〇四,9)。

4.铜器

(1)凿 4件。

均为长条形,弧刃。标本TN03W04-N04W03⑨:87,顶部残缺。残长2.8、宽0.4厘米(图一〇五,1)。标本TN05W04-N06W03⑨:144,器身弯曲,器表锈蚀严重。长7、宽0.6厘米(图一〇五,2)。标本TN05W06-N06W05⑨:32,器表锈蚀。长8、宽0.8厘米(图一〇五,3;彩版二六,6)。标本TN03W04-N04W03⑨:1,器表锈蚀。长10.1、宽0.7、厚0.5厘米(图一〇五,4)。

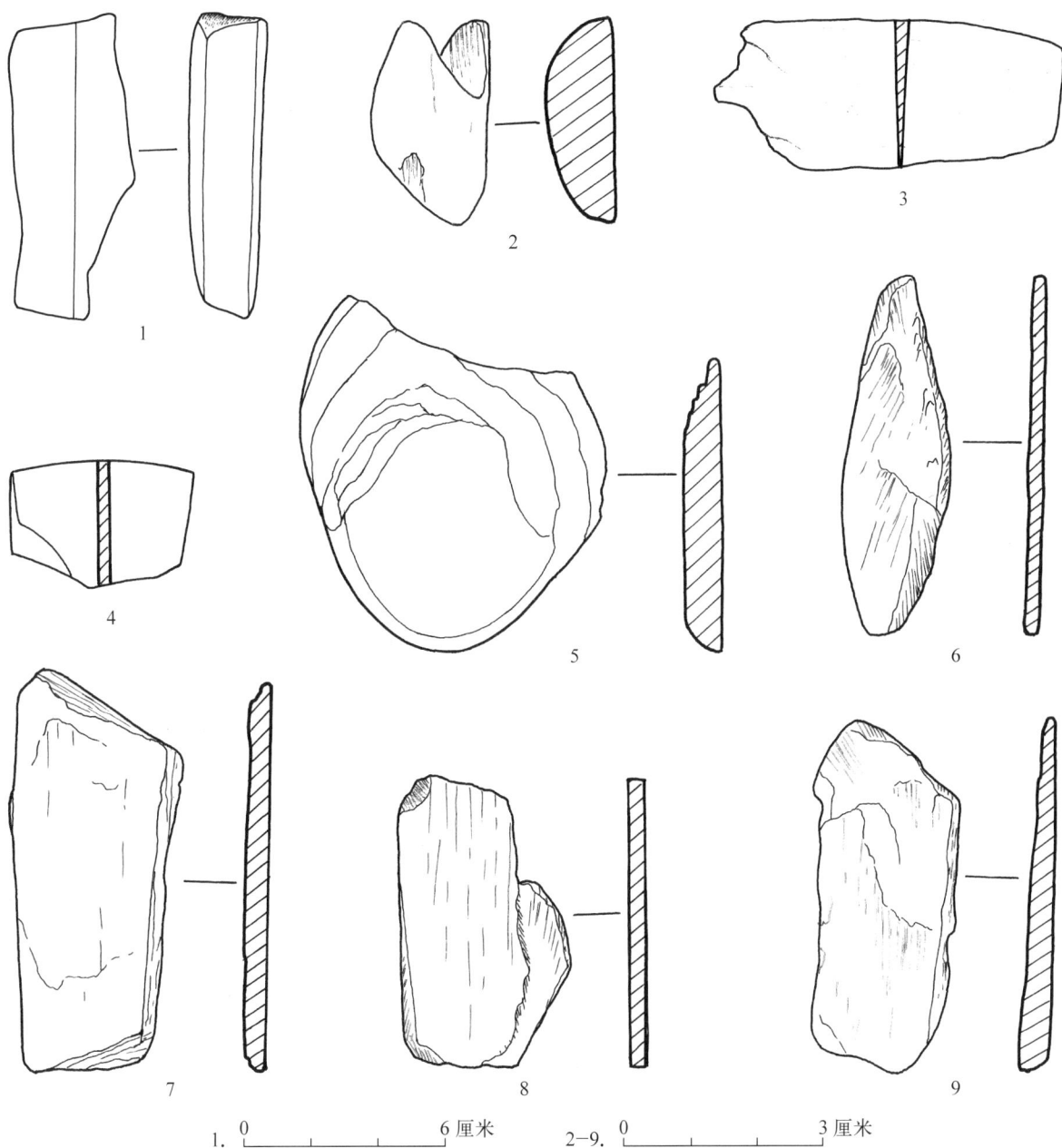

图一〇三 ⑨层石料

1. TN05W04-N06W03⑨:175　2. TN03W04-N04W03⑨:89　3. TN05W06-N06W05⑨:29　4. TN05W06-N06W05⑨:22
5. TN05W04-N06W03⑨:40-1　6. TN05W04-N06W03⑨:40-5　7. TN05W04-N06W03⑨:40-6
8. TN05W04-N06W03⑨:40-7　9. TN05W04-N06W03⑨:40-8

（2）刀　5件。

有柄刀　1件。标本TN05W04-N06W03⑨:230，圆柄、刃部弯曲。通长16.6、柄长6.6、刃长10、宽1.8厘米（图一〇五,6；彩版二七,1）。

无柄刀　4件。标本TN05W04-N06W03⑨:226，器表锈蚀。长23.6、宽1.8厘米（图一〇五,

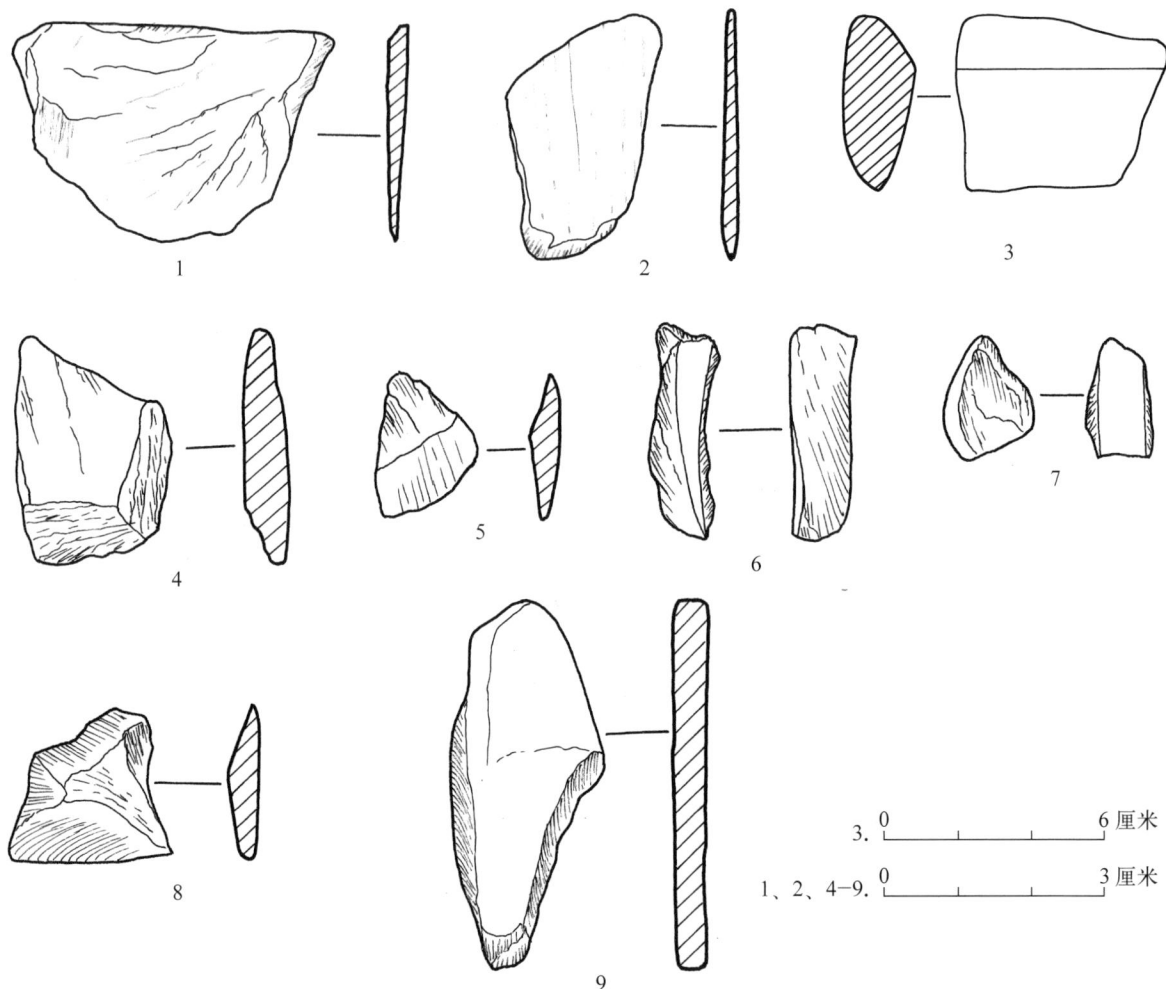

图一〇四 ⑨层石料

1. TN05W04－N06W03⑨：40-9 2. TN05W04－N06W03⑨：40-10 3. TN07W04－N08W03⑨：8
4. TN05W04－N06W03⑨：191 5. TN05W04－N06W03⑨：192 6. TN05W04－N06W03⑨：193 7. TN05W04－N06W03⑨：194
8. TN05W04－N06W03⑨：195 9. TN05W08－N06W07⑨：45

5；彩版二七，2）。标本TN05W04－N06W03⑨：229。一长边为刃。长8.4、宽1.1厘米（图一〇五，7；彩版二七，3）。标本TN05W04－N06W03⑨：147，一端斜直刃。长6.3、宽1.6-2.1厘米（图一〇五，8；彩版二七，4）。标本TN03W04－N04W03⑨：116，一端斜直刃。长7.3、宽1、厚0.4厘米（图一〇五，9）。

（3）箭镞 10件。

均有铤、双翼、中脊凸起、尖锋。标本TN05W06－N06W05⑨：30，双翼不凸出。长4、宽1.5厘米（图一〇六，1）。标本TN05W04－N06W03⑨：6，长铤、双翼不突出。长6.2、宽1.5厘米（图一〇六，2；彩版二七，5）。标本TN05W08－N06W07⑨：50，双翼不凸出，一边翼残损。长4.5、宽1.5厘米（图一〇六，3）。标本TN07W04－N08W03⑨：1，短铤、双翼不凸出。长5.2、宽1.6厘米（图一〇六，4；彩

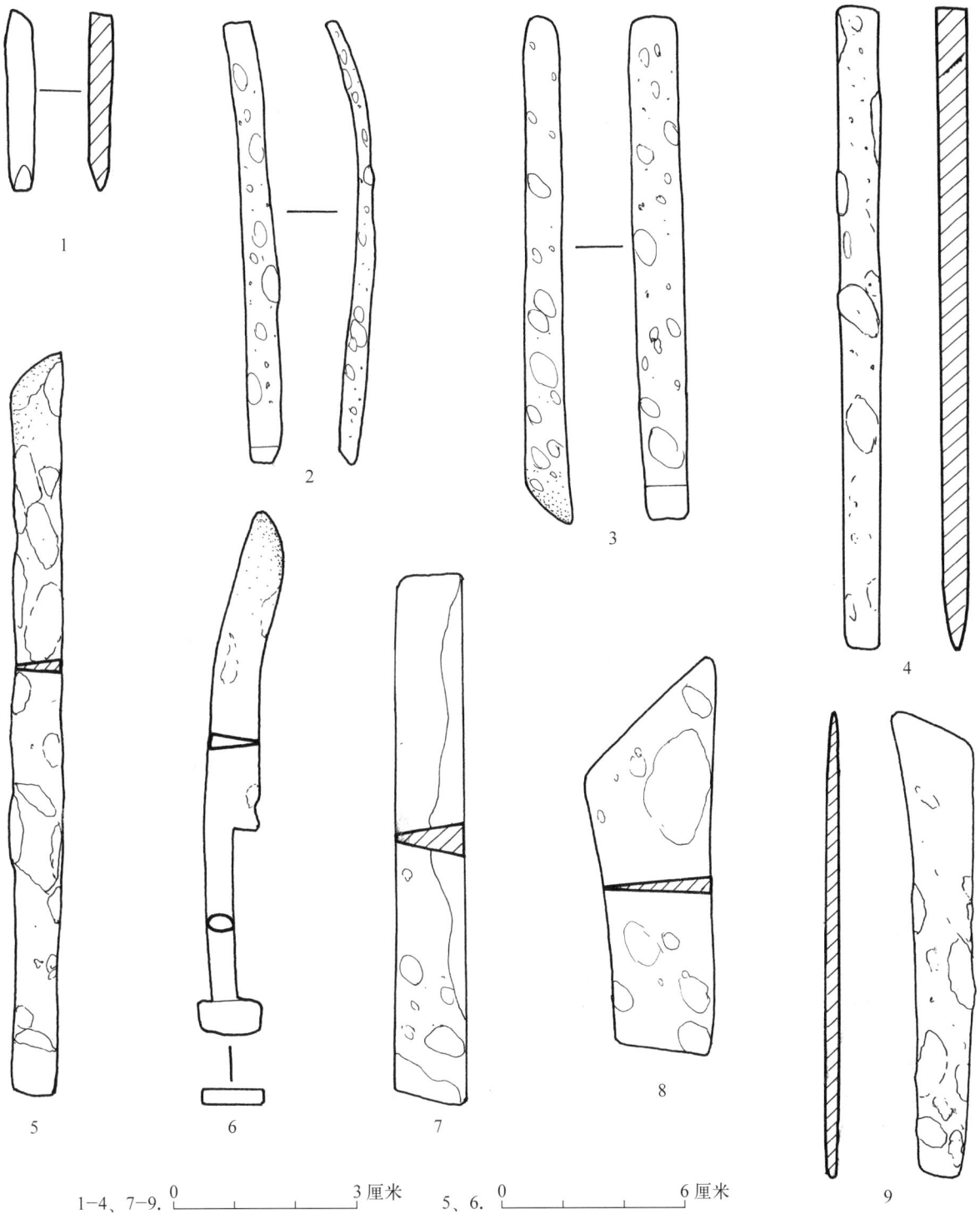

图一〇五 ⑨层铜凿、铜刀

1—4.凿（TN03W04—N04W03⑨：87、TN05W04—N06W03⑨：144、TN05W06—N06W05⑨：32、TN03W04—N04W03⑨：1）

5—9.刀（TN05W04—N06W03⑨：226、TN05W04—N06W03⑨：230、TN05W04—N06W03⑨：229、TN05W04—N06W03⑨：147、TN03W04—N04W03⑨：116）

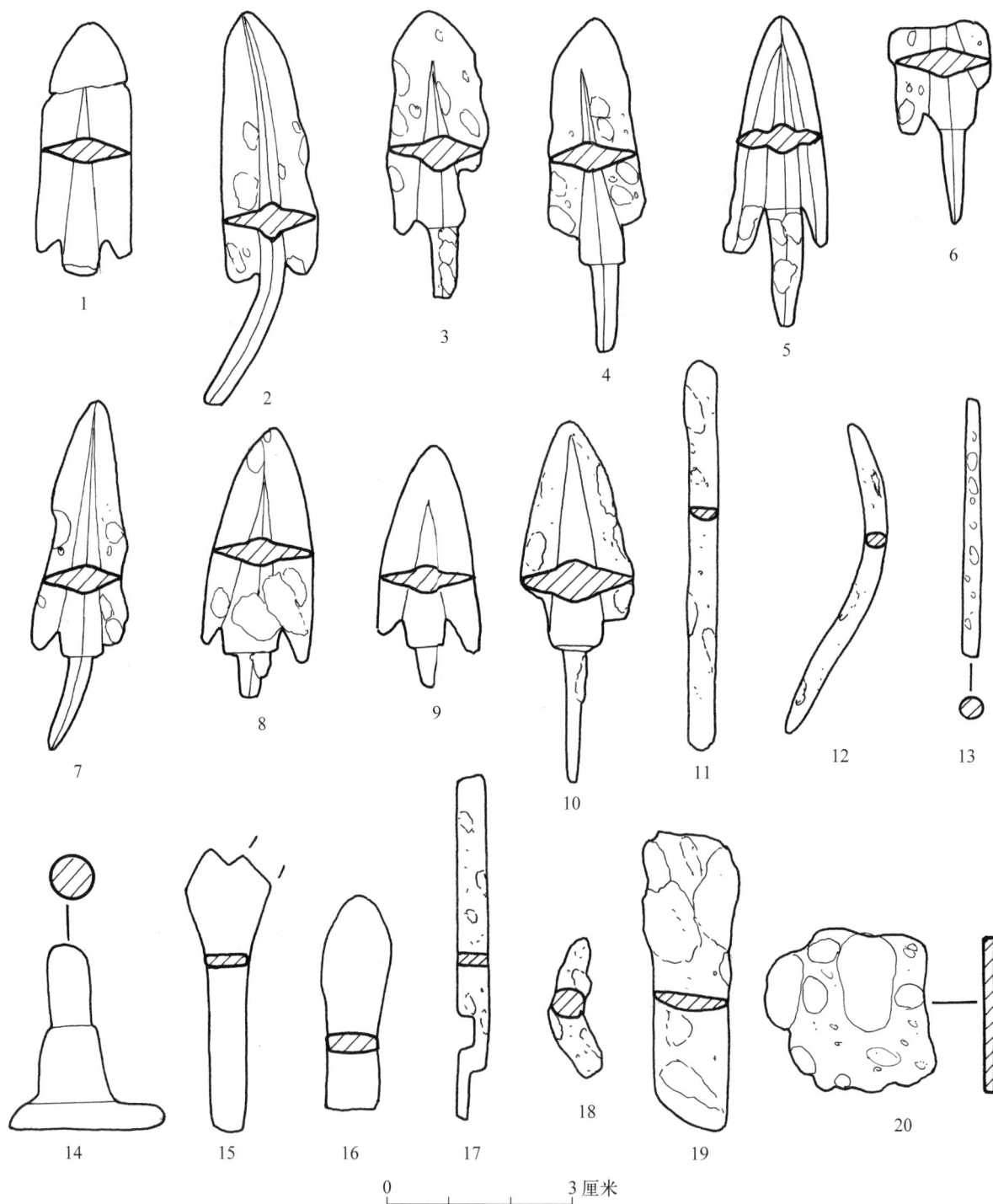

图一〇六　⑨层铜器

1—10. 箭镞(TN05W06-N06W05⑨：30、TN05W04-N06W03⑨：6、TN05W08-N06W07⑨：50、TN07W04-N08W03⑨：1、
TN07W04-N08W03⑨：2、TN05W04-N06W03⑨：152、TN05W04-N06W03⑨：153、TN05W04-N06W03⑨：150、
TN03W04-N04W03⑨：2、TN03W04-N04W03⑨：7)　11—13. 锥形器(TN03W04-N04W03⑨：3、TN03W04-N04W03⑨：6、
TN05W04-N06W03⑨：145)　14、15. 残件(TN05W04-N06W03⑨：149、TN05W04-N06W03⑨：146)
16—20. 残片(TN05W04-N06W03⑨：148、TN03W04-N04W03⑨：4、TN03W04-N04W03⑨：5、TN03W04-N04W03⑨：117、
TN07W04-N08W03⑨：62)

版二七,6)。标本TN07W04－N08W03⑨:2,短铤、双翼凸出。长4.9、宽1.6厘米(图一〇六,5;彩版二八,1)。标本TN05W04－N06W03⑨:152,锋部残缺。一侧翼残损。长3.2、宽1.7厘米(图一〇六,6)。标本TN05W04－N06W03⑨:153。短铤,中脊凸起呈菱形。长5.5、宽1.5厘米(图一〇六,7;彩版二八,2)。标本TN05W04－N06W03⑨:150,短铤、双翼凸出。长4.3、宽1.8厘米(图一〇六,8;彩版二八,3)。标本TN03W04－N04W03⑨:2,短铤、双翼凸出。长3.8、宽1.6厘米(图一〇六,9)。标本TN03W04－N04W03⑨:7,长铤、双翼不凸出。长5.6、宽1.9厘米(图一〇六,10)。

(4)锥形器 3件。

长条形。标本TN03W04－N04W03⑨:3,长6、宽0.5厘米(图一〇六,11)。标本TN03W04－N04W03⑨:6,长4.8、直径0.4厘米(图一〇六,12)。标本TN05W04－N06W03⑨:145,长4.1、直径0.3厘米(图一〇六,13)。

(5)残件 2件。

标本TN05W04－N06W03⑨:149,整器分三部分,顶部较小圆形,中部稍大一点,底部较薄似底座。宽2.5、高2.9厘米(图一〇六,14;彩版二八,4)。标本TN05W04－N06W03⑨:146,长条形。长4.5、宽0.6-1.4厘米(图一〇六,15;彩版二八,5)。

(6)残片 5件。

标本TN05W04－N06W03⑨:148,长3.4、宽0.9-1.1厘米(图一〇六,16)。标本TN03W04－N04W03⑨:4,长5.4、宽0.5厘米(图一〇六,17)。标本TN03W04－N04W03⑨:5,长2.2、直径0.6厘米(图一〇六,18)。标本TN03W04－N04W03⑨:117,长4.5、宽1.2厘米(图一〇六,19)。标本TN07W04－N08W03⑨:62,长2.4、宽2.6、厚0.2厘米(图一〇六,20)。

5.骨器

(1)簪 1件。

标本TN03W06－N04W05⑨:52,锥形。器表打磨光滑,有黑色、褐色斑,平顶,刃尖磨平。一面弧一面扁平。长13.2、宽0.9厘米(图一〇七,1;彩版二八,6)。

(2)锥形器 32件。

均为长条状、近圆柱形。标本TN03W04－N04W03⑨:72,灰白色。横截面呈椭圆形。残长9.8、宽1厘米(图一〇七,2;彩版二九,1)。标本TN05W04－N06W03⑨:143,黑色。截面呈椭圆形。长4、宽0.7厘米(图一〇七,3)。TN07W04－N08W03⑨:85,灰白色。截面呈三角形。残长7.5、宽1厘米(图一〇七,4)。TN07W04－N08W03⑨:83,暗黄色。截面呈长方形。残长8.5、宽1.4厘米(图一〇七,5)。标本TN07W04－N08W03⑨:82,灰色。残长7.9、宽0.9厘米(图一〇七,6)。标本TN07W04－N08W03⑨:110,灰白色。残长3.8、宽1.8、厚0.7厘米(图一〇七,7)。标本TN07W04－N08W03⑨:69,灰白色。长12.2、宽2.1、厚0.7厘米(图一〇七,8;彩版二九,2)。标本TN07W04－N08W03⑨:71,灰黄色。两端磨尖。长4.7、宽0.9、厚0.7厘米(图一〇七,9)。标本TN07W04－N08W03⑨:59,灰色。截面呈椭圆形。残长5.6、宽0.8厘米(图一〇七,10)。标本TN07W04－N08W03⑨:84。截面呈椭圆形。残长8、宽0.7厘米(图一〇七,11)。标本TN07W04－N08W03⑨:67,灰白色。截面呈三角形。长8.2、宽0.7厘米(图一〇八,1)。标

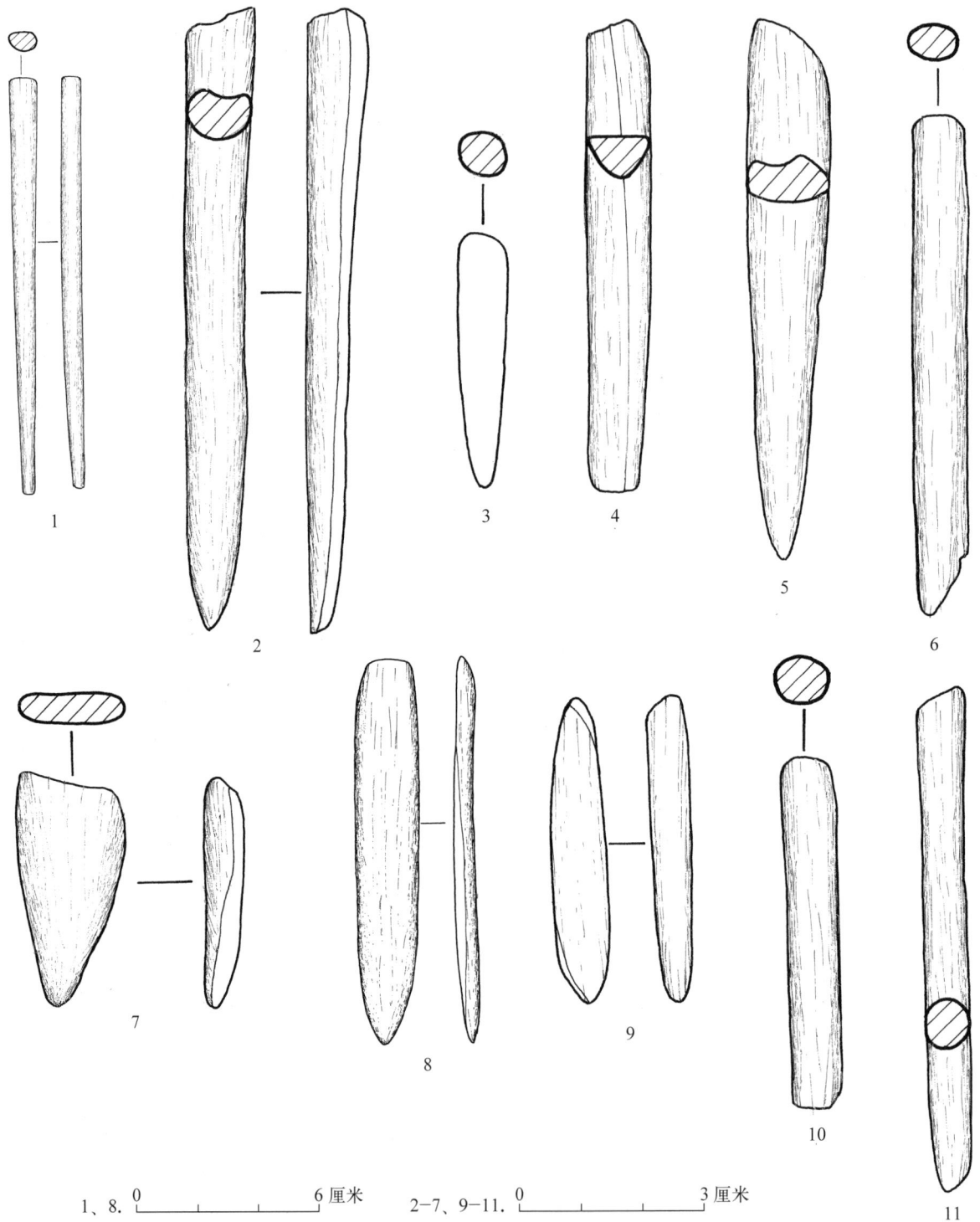

图一〇七 ⑨层骨簪、骨锥形器

1. 骨簪（TN03W06－N04W05⑨：52） 2-11. 骨锥形器（TN03W04－N04W03⑨：72、TN05W04－N06W03⑨：143、
TN07W04－N08W03⑨：85、TN07W04－N08W03⑨：83、TN07W04－N08W03⑨：82、TN07W04－N08W03⑨：110、
TN07W04－N08W03⑨：69、TN07W04－N08W03⑨：71、TN07W04－N08W03⑨：59、TN07W04－N08W03⑨：84）

1、8. 0 ___ 6厘米 2-7、9-11. 0 ___ 3厘米

本TN03W04-N04W03⑨:73，灰黄色。长条梯形。整器制作规整，刃尖残断。长5.8、宽1.2、厚0.3厘米（图一〇八，2）。标本TN01W04-N02W03⑨:20，黑褐色。残长5.8、宽0.7厘米（图一〇八，3）。TN03W04-N04W03⑨:68，灰白色。残长4.5、直径0.5厘米（图一〇八，4）。标本TN03W04-N04W03⑨:67，灰白色。横截面呈三角形、两端尖刃。长5.6、宽1厘米（图一〇八，5）。标本TN07W07-N08W07⑨:43，灰色。长7.2、直径0.5厘米（图一〇八，6；彩版二九，3）。标本TN03W04-N04W03⑨:66，暗黄色。截面呈椭圆形。残长7.2、直径0.5厘米（图一〇八，7；彩版二九，4）。TN05W04-N06W03⑨:156，灰白色。截面呈椭圆形。残长6.6、宽1.8厘米（图一〇八，8）。标本TN07W02-N08W01⑨:12，暗黄色。截面呈椭圆形。长11.3、直径0.6厘米（图一〇八，9）。标本TN03W04-N04W03⑨:70，暗黄色。残长15、宽1.9厘米（图一〇八，10；彩版二九，5）。标本TN03W04-N04W03⑨:64，深灰色。截面呈椭圆形。残长4.7、宽1厘米（图一〇八，11）。标本TN05W04-N06W03⑨:136，黑色。残长6.6、宽1.1厘米（图一〇八，12）。标本TN05W04-N06W03⑨:137，灰白色。残长5.9、直径1.1厘米（图一〇九，1）。标本TN05W04-N06W03⑨:138，暗黄色。一面外弧一面内凹。残长7.5、宽2.2厘米（图一〇九，2）。标本TN05W04-N06W03⑨:139，暗黄色。长7.3、宽0.9厘米（图一〇九，3）。标本TN05W04-N06W03⑨:140，黑色。残长4、宽1.3厘米（图一〇九，4）。标本TN05W04-N06W03⑨:141，灰白色。长8.9、直径1厘米（图一〇九，5；彩版二九，6）。标本TN05W04-N06W03⑨:142，暗黄色。长6、直径0.5厘米（图一〇九，6）。标本TN05W04-N06W03⑨:169，灰白色。长6.4、直径0.9厘米（图一〇九，7）。标本TN05W09-N06W09⑨:16，灰白色。横剖面呈圆形，长6.6、直径0.6厘米（图一〇九，8）。标本TN03W04-N04W03⑨:71，灰白色。截面呈长方形。长4.5、宽0.7厘米（图一〇九，9）。标本TN05W06-N06W05⑨:41，灰白色。截面呈长方形。长6.8、宽1、厚0.6厘米（图一〇九，10）。

（3）角形器 4件。

均呈锥形，顶部有一圆孔。标本TN07W04-N08W03⑨:73，长2.4、宽2.3、厚0.4厘米（图一一〇，1；彩版三〇，1）。标本TN05W04-N06W03⑨:167，长1.7、宽2.1、厚1.3厘米（图一一〇，2；彩版三〇，2）。标本TN05W04-N06W03⑨:168，长2.6、宽2.6、厚1.2厘米（图一一〇，3；彩版三〇，3）。标本TN05W08-N06W07⑨:46，截面呈圆形。长3.4、直径1厘米（图一一〇，4）。

（4）兽角 5件。

均为圆柱形，两端有清晰的切割痕迹。标本TN07W04-N08W03⑨:61，灰白色。长1.9、直径2.1厘米（图一一〇，5）。标本TN07W04-N08W03⑨:60，灰色。长3.3、直径2.5厘米（图一一〇，6；彩版三〇，4）。标本TN07W04-N08W03⑨:88，暗黄色。长2.5、直径2.6厘米（图一一〇，7）。标本TN07W04-N08W03⑨:87，暗黄色。长2.4、直径3.5厘米（图一一〇，8）。标本TN07W04-N08W03⑨:86，暗黄色。长2.5、直径3.3厘米（图一一〇，9）。

（5）挂饰 3件。

标本TN07W04-N08W03⑨:68，暗黄色，夹杂黑色及白色斑点。整体呈锥形，一端尖锐上翘，一端有一圆孔。可能是动物的牙齿磨制而成。长4.2、宽1.4厘米（图一一〇，10；彩版三〇，5）。标本TN05W06-N06W05⑨:38，乳白色。整体为锥形，一端双面钻一圆孔。可能用动物的

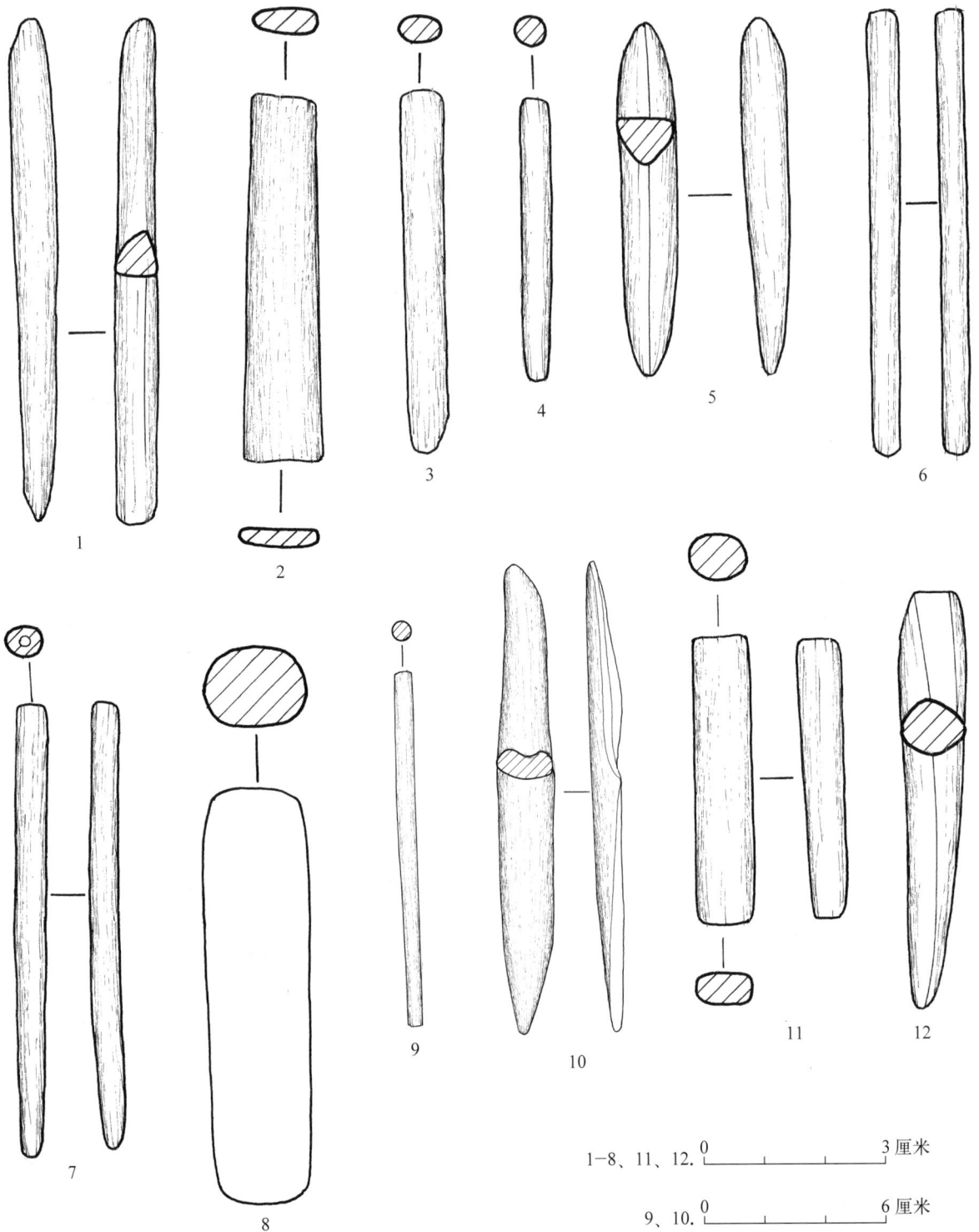

图一〇八　⑨层骨锥形器

1. TN07W04－N08W03⑨∶67　　2. TN03W04－N04W03⑨∶73　　3. TN01W04－N02W03⑨∶20　　4. TN03W04－N04W03⑨∶68
5. TN03W04－N04W03⑨∶67　　6. TN07W07－N08W07⑨∶43　　7. TN03W04－N04W03⑨∶66　　8. TN05W04－N06W03⑨∶156
9. TN07W02－N08W01⑨∶12　　10. TN03W04－N04W03⑨∶70　　11. TN03W04－N04W03⑨∶64　　12. TN05W04－N06W03⑨∶136

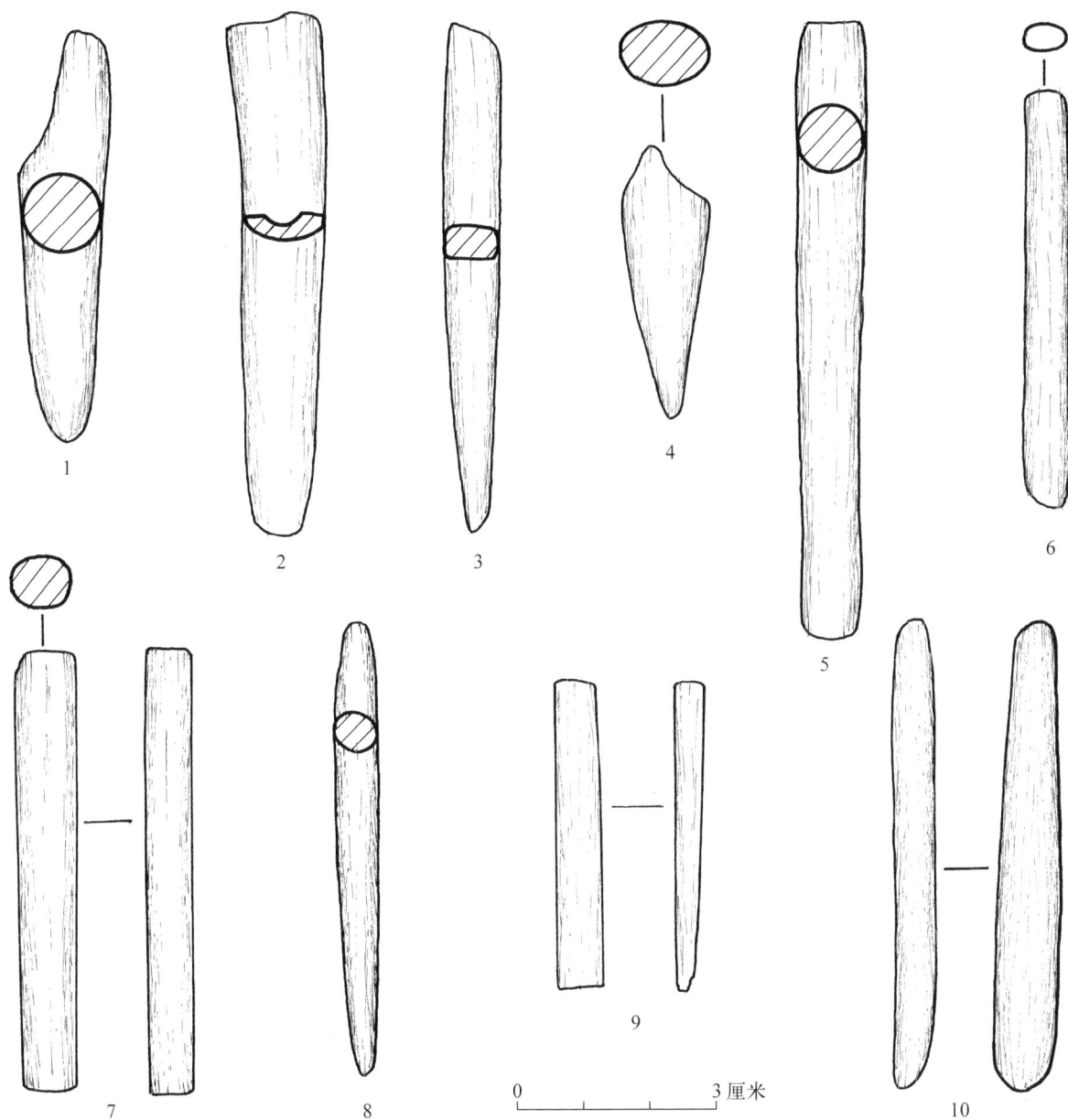

图一〇九 ⑨层骨锥形器

1. TN05W04-N06W03⑨:137 2. TN05W04-N06W03⑨:138 3. TN05W04-N06W03⑨:139 4. TN05W04-N06W03⑨:140
5. TN05W04-N06W03⑨:141 6. TN05W04-N06W03⑨:142 7. TN05W04-N06W03⑨:169 8. TN05W09-N06W09⑨:16
9. TN03W04-N04W03⑨:71 10. TN05W06-N06W05⑨:41

牙齿制作而成。长6、宽2.4厘米(图一一〇,11;彩版三〇,6)。标本TN07W06-N08W05⑨:51,
灰黄色。圆柱形,一端有一圆孔。残长8.8、宽2、厚0.7厘米(图一一〇,12)。

6.卜甲 41件。

可见圆形钻孔 27件。圆形钻孔,中间均有凿痕,大部分经过灼烧,多数形成了裂纹。标本
TN07W06-N08W05⑨:55,7个圆孔,未灼烧。每个圆孔直径均在0.9厘米左右。长7.3厘米、宽7(图

图一一〇　⑨层骨器

1-4. 角形器（TN07W04-N08W03⑨：73、TN05W04-N06W03⑨：167、TN05W04-N06W03⑨：168、TN05W08-N06W07⑨：46）
　　5-9. 兽角（TN07W04-N08W03⑨：61、TN07W04-N08W03⑨：60、TN07W04-N08W03⑨：88、TN07W04-N08W03⑨：87、
TN07W04-N08W03⑨：86）　10-12. 挂饰（TN07W04-N08W03⑨：68、TN05W06-N06W05⑨：38、TN07W06-N08W05⑨：51）

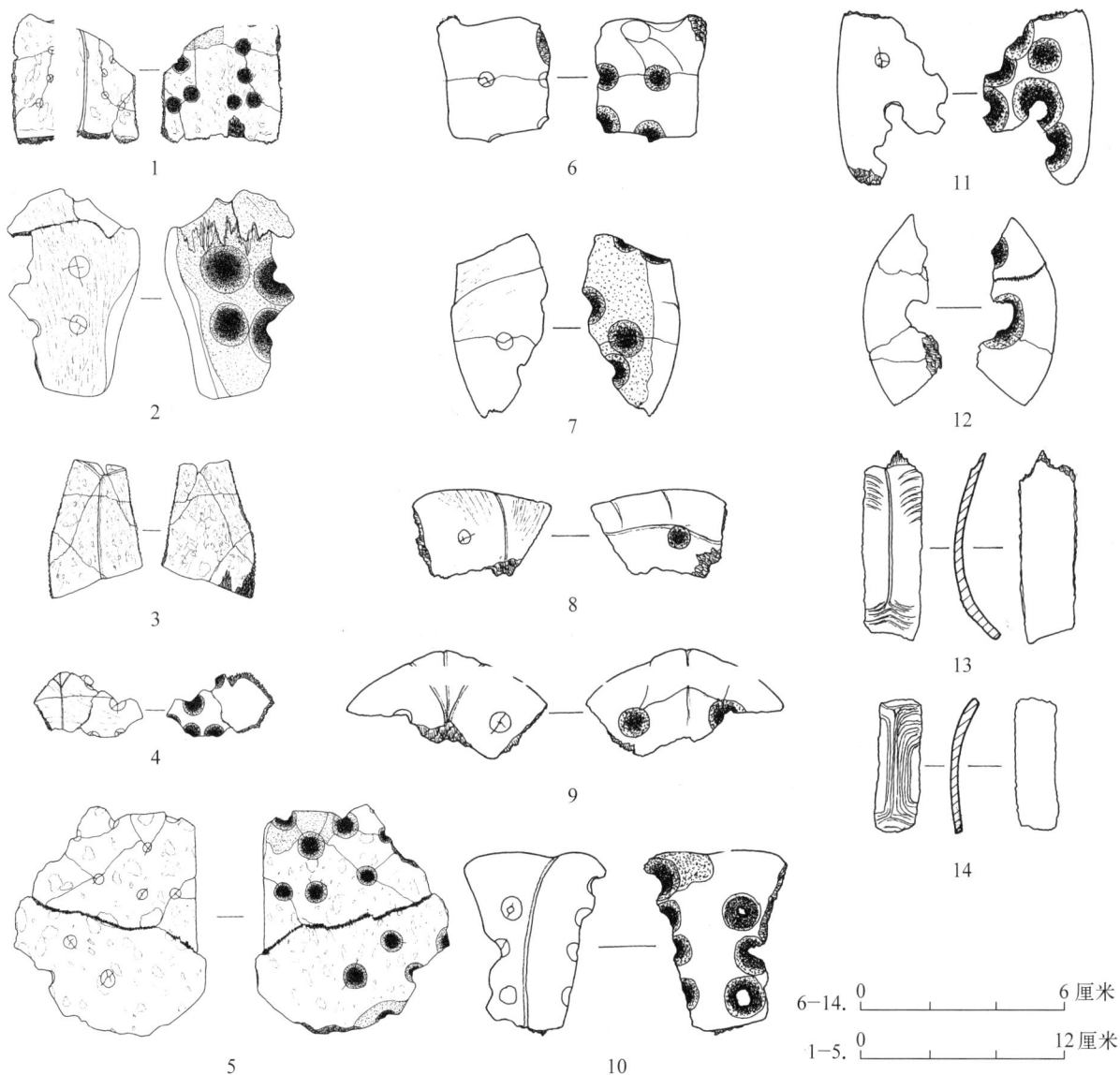

图——— ⑨层卜甲

1. TN07W06－N08W05⑨：55 2. TN07W04－N08W03⑨：78 3. TN07W04－N08W03⑨：92 4. TN07W04－N08W03⑨：79
5. TN07W04－N08W03⑨：97 6. TN07W06－N08W05⑨：56 7. TN07W04－N08W03⑨：93 8. TN05W04－N06W03⑨：233
9. TN07W04－N08W03⑨：80 10. TN05W04－N06W03⑨：232 11. TN07W04－N08W03⑨：98 12. TN03W04－N04W03⑨：122
13. TN05W04－N06W03⑨：234 14. TN03W04－N04W03⑨：123

———，1；图——四，7）。标本TN07W04－N08W03⑨：78，4个圆孔均有灼痕。圆孔直径均在1厘米左右。长11.6、宽7.6厘米（图———，2）。标本TN07W04－N08W03⑨：79，4个圆孔均有灼痕。长6.3、宽3.6厘米（图———，4）。标本TN07W04－N08W03⑨：97，10个圆孔，均有灼痕。圆孔直径1-1.5厘米左右。长13、宽11厘米（图———，5；图——四，5）。标本TN07W06－N08W05⑨：56，4个圆孔，均有灼痕。圆孔直径均约0.8厘米。长3.5厘米、宽3（图———，6）。标本TN07W04－N08W03⑨：93，3个圆孔，均有灼痕。圆孔直径1.1厘米。长5.1、宽2.7厘米（图———，7）。标本TN05W04－N06W03⑨：233，

可见1个圆孔,有灼痕。孔径为0.7厘米。长3.9、宽2.5厘米(图一一一,8)。标本TN07W04-N08W03⑨:80,2个圆孔,均有灼痕。孔直径约0.9厘米。长5.8、宽3厘米(图一一一,9)。标本TN05W04-N06W03⑨:232,7个圆孔,均有灼痕,圆孔均穿。孔直径约1厘米。长5、宽4.1厘米(图一一一,10)。标本TN07W04-N08W03⑨:98,6个圆孔,均有灼痕。孔直径在1-1.6厘米左右。长5.4、宽3.2厘米(图一一一,11)。标本TN03W04-N04W03⑨:122,2个圆孔,均有灼痕。长4.4、宽2.2厘米(图一一一,12)。标本TN05W04-N06W03⑨:235,48个圆孔,少数有灼痕。孔直径在0.6-1.1厘米左右。长12、宽10.6厘米(图一一二,1;图一一四,3)。标本TN07W06-N08W05⑨:57,2个圆孔,均有灼痕。圆孔直径约0.8厘米。长5.8、宽4.5厘米(图一一二,3)。标本TN05E01-N06E01⑨:82,3个圆孔,均穿,有灼痕。圆孔直径约2-2.5厘米。长12.5、宽10厘米(图一一二,4;图一一四,2)。标本TN07W04-N08W03⑨:99,2个圆孔,均有灼痕。孔直径约1.8厘米。长6、宽5厘米(图一一二,5)。标本TN05W08-N06W07⑨:49,2个圆孔,均有灼痕。圆孔直径约0.5-0.9厘米。长7、宽3厘米(图一一二,6)。标本TN03W04-N04W03⑨:124,5个圆孔,均有灼痕。圆孔直径约0.7-0.9厘米。长4.3、宽4.2厘米(图一一二,7)。标本TN07W04-N08W03⑨:102,2个圆孔,均有灼痕。孔直径约1厘米。长3.8、宽2.1厘米(图一一二,8)。标本TN07W04-N08W03⑨:100,2个圆孔,均有灼痕。孔直径约1.4厘米。长5、宽4厘米(图一一二,9)。标本TN07W04-N08W03⑨:101 1个圆孔,有灼痕。长5.5、宽3.8厘米(图一一二,10)。标本TN03W04-N04W03⑨:125,2个圆孔,均有灼痕。圆孔直径约1.4-2厘米。长8.7、宽5.3厘米(图一一三,1)。标本TN03W04-N04W03⑨:127,9个圆孔,均有灼痕。圆孔直径约0.8-1.1厘米。长5.2、宽4.5厘米(图一一三,3)。标本TN05W04-N06W03⑨:237,5个圆孔均残,均有灼痕,圆孔已穿。孔直径约1厘米。长4.9、宽4厘米(图一一三,8)。标本TN05W04-N06W03⑨:238,2个圆孔,均有灼痕。长5、宽3.9厘米(图一一三,9)。标本TN03W04-N04W03⑨:128,3个圆孔,均有灼痕。圆孔直径约0.9厘米。长8.4、宽5.3厘米(图一一三,12)。标本TN05W04-N06W03⑨:240,45个圆孔排列较整齐,均有灼痕,圆孔已穿。孔直径约1厘米。长14、宽13厘米(图一一三,15;图一一四,1)。标本TN07W04-N08W03⑨:108,两个圆孔,有灼痕。圆孔直径约3.3厘米。长8.2、宽7.1厘米(图一一三,17)。

未见钻孔　14件。标本TN07W04-N08W03⑨:92,长7.7、宽5.5厘米(图一一一,3)。标本TN05W04-N06W03⑨:234,弧形,条状。长5.4、宽1.6厘米(图一一一,13)。标本TN03W04-N04W03⑨:123,弧状,条形。长3.8、宽1.1厘米(图一一一,14)。标本TN05W04-N06W03⑨:236,扇形,边缘不规则。长8、宽7.3厘米(图一一二,2;图一一四,4)。标本TN03W04-N04W03⑨:126,扇形。长8.4、宽7.5厘米(图一一三,2)。标本TN07W04-N08W03⑨:103,不规则形。长6.4、宽6.2厘米(图一一三,4)。标本TN07W04-N08W03⑨:104,不规则形。长6.5、宽5.2厘米(图一一三,5)。标本TN05W06-N06W05⑨:39,弧形。长4.4、宽1.7厘米(图一一三,6)。标本TN05W04-N06W03⑨:239,不规则形。长5.4、宽4.5厘米(图一一三,7)。标本TN07W04-N08W03⑨:109,弧形。长5.6、宽1.9厘米(图一一三,10)。标本TN07W04-N08W03⑨:105,不规则形,有明显加工痕迹。长4.5、宽2.7厘米(图一一三,11)。TN07W04-N08W03⑨:106,不规则形。长4.4、宽4厘米(图一一三,13)。标本TN07W04-N08W03⑨:107,

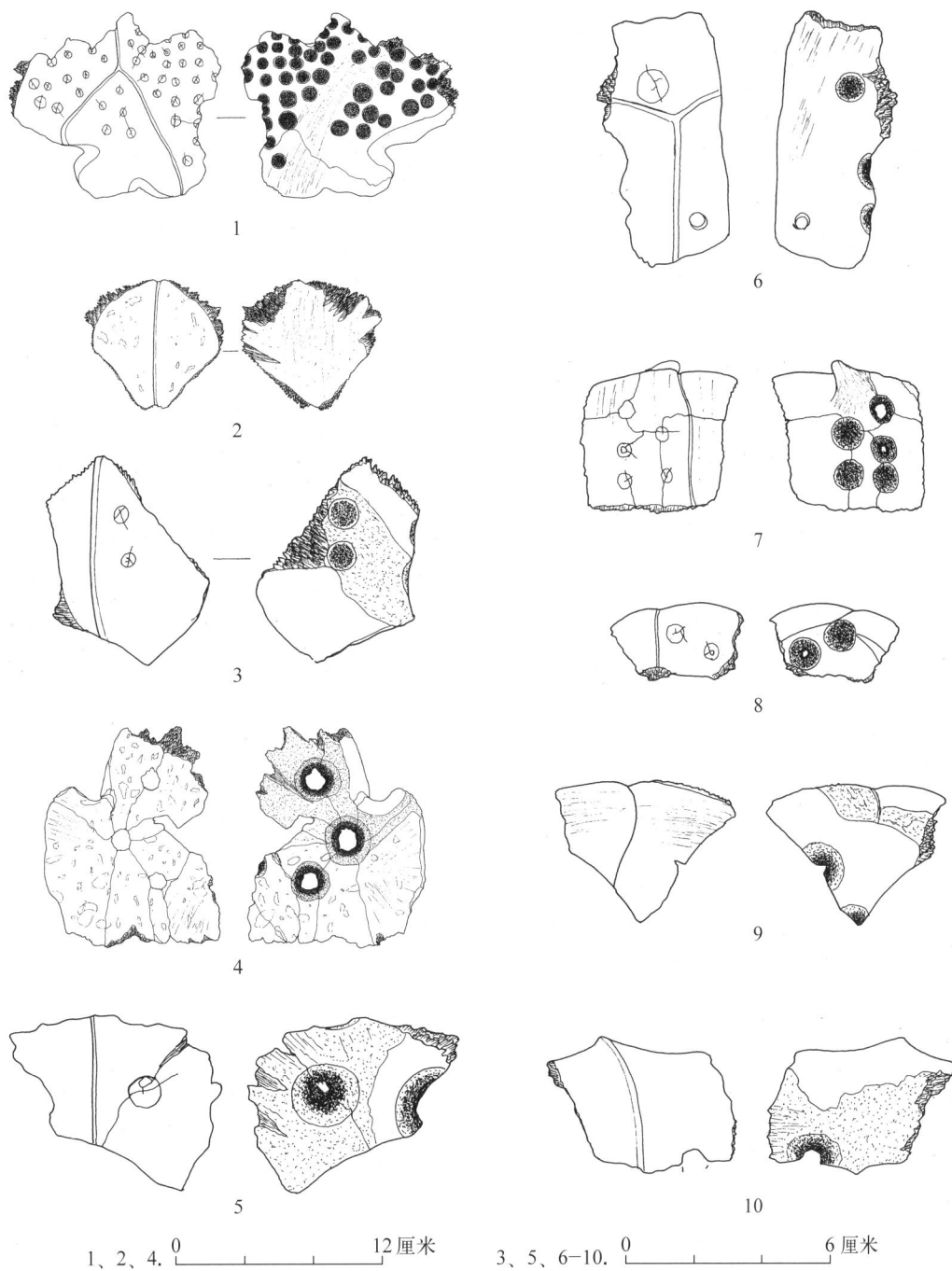

图一一二 ⑨层卜甲

1. TN05W04－N06W03⑨：235　2. TN05W04－N06W03⑨：236　3. TN07W06－N08W05⑨：57　4. TN05E01－N06E01⑨：82
5. TN07W04－N08W03⑨：99　6. TN05W08－N06W07⑨：49　7. TN03W04－N04W03⑨：124　8. TN07W04－N08W03⑨：102
9. TN07W04－N08W03⑨：100　10. TN07W04－N08W03⑨：101

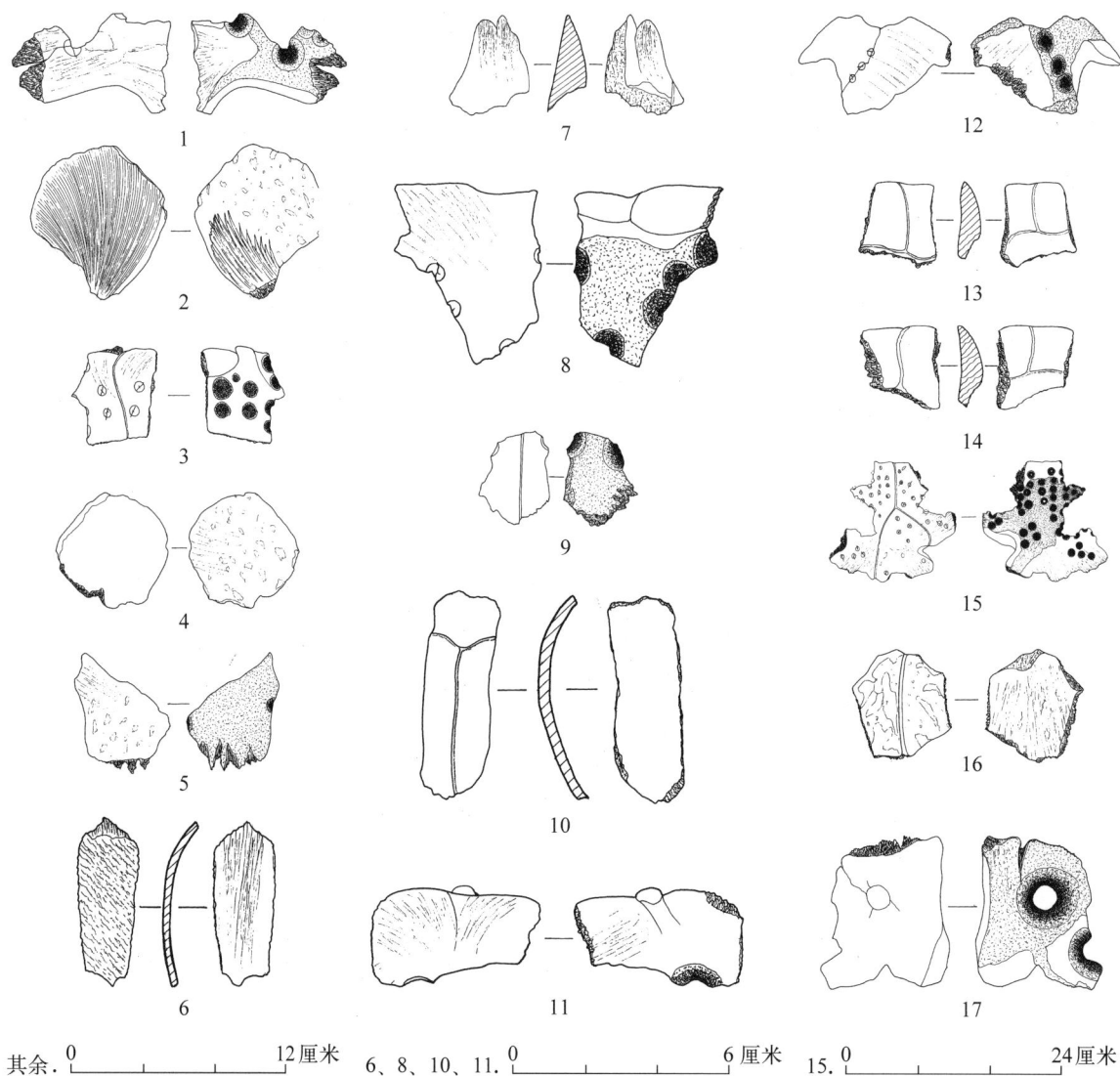

图一一三　⑨层卜甲

1. TN03W04-N04W03⑨:125　2. TN03W04-N04W03⑨:126　3. TN03W04-N04W03⑨:127　4. TN07W04-N08W03⑨:103
5. TN07W04-N08W03⑨:104　6. TN05W06-N06W05⑨:39　7. TN05W04-N06W03⑨:239　8. TN05W04-N06W03⑨:237
9. TN05W04-N06W03⑨:238　10. TN07W04-N08W03⑨:109　11. TN07W04-N08W03⑨:105
12. TN03W04-N04W03⑨:128　13. TN07W04-N08W03⑨:106　14. TN07W04-N08W03⑨:107
15. TN05W04-N06W03⑨:240　16. TN05W04-N06W03⑨:241　17. TN07W04-N08W03⑨:108

不规则形。长4.5、宽4.3厘米（图一一三,14）。标本TN05W04-N06W03⑨:241,不规则形。长5.9、宽5.4厘米（图一一三,16）。

三、⑧层出土遗物

1. 陶器

（1）尖底盏　3件。

AI式　1件。标本TN05W06-N06W05⑧:2,夹砂灰陶。口微敛、折腹。口径11.6、高4.2厘米

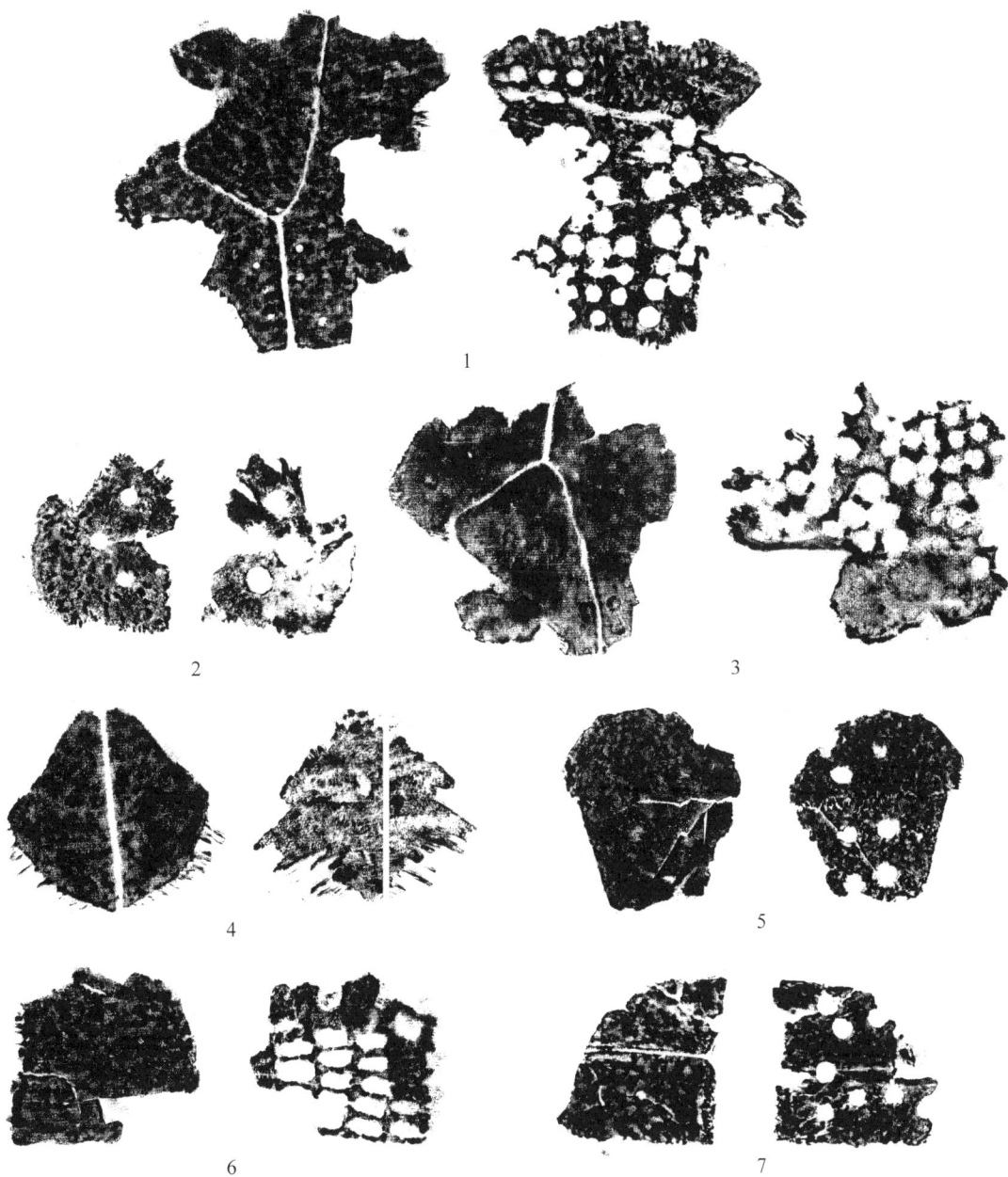

图一一四 卜甲拓片

1. TN05W04−N06W03⑨:240 2. TN05E01−N06E01⑨:82 3. TN05W04−N06W03⑨:235 4. TN05W04−N06W03⑨:236
5. TN07W04−N08W03⑨:97 6. TN07W04−N08W03⑩:27 7. TN07W06−N08W05⑨:55

(图一一五,1)。

B I 式 2件。标本TN05W04−N06W03⑧:1,夹砂灰陶。口微侈、折腹。口径16、残高3.2厘米(图一一五,2)。标本TN01W06−N02W05⑧:5,夹砂灰黑陶。直口、弧腹,腹内壁有轻微的凸起。口径14、高4.6厘米(图一一五,3;图版三,1)。

(2)杯 1件。

B型 1件。标本TN01W06−N02W05⑧:4,夹砂灰黑陶。直口、腹微鼓、平底较厚。口径

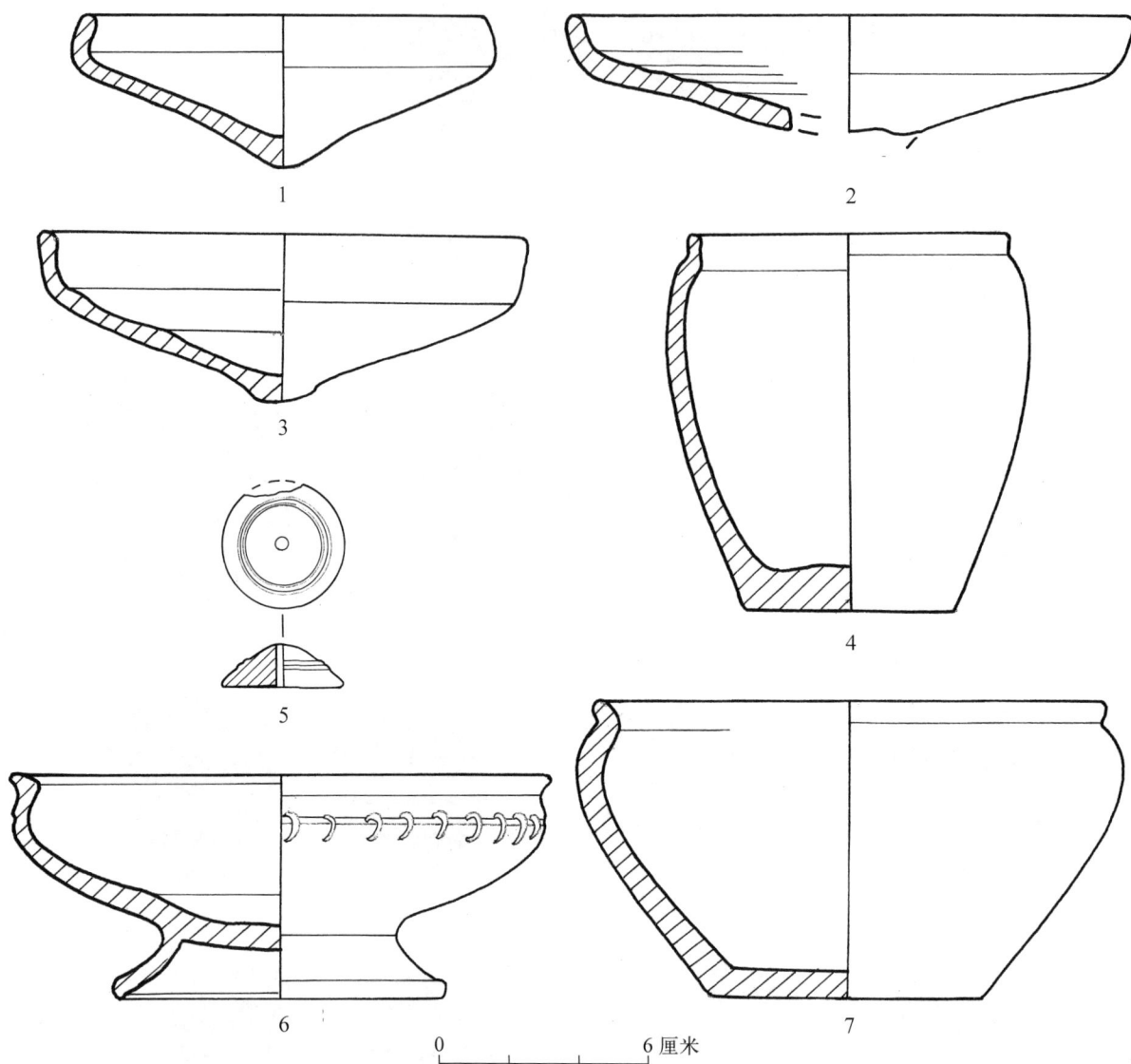

图一一五　⑧层陶器

1-3.尖底盏（TN05W06-N06W05⑧：2、TN05W04-N06W03⑧：1、TN01W06-N02W05⑧：5）　4.杯（TN01W06-N02W05⑧：4）
5.纺轮（TN03W06-N04W05⑧：2）　6.豆（TN03W06-N04W05⑧：3）　7.钵（TN05W06-N06W05⑧：1）

9.2、底径6、高10.6厘米（图一一五,4）。

（3）豆　1件。

Aa型　1件。标本TN03W06-N04W05⑧：3,夹砂灰黄陶。碗形、敛口、折沿外侈、鼓腹较深,矮圈足状柄。腹部饰戳印纹。口径15.2、底径9.6、高6.2厘米（图一一五,6；图版三,2）。

（4）钵　1件。

标本TN05W06-N06W05⑧：1,夹砂灰陶。侈口、颈微束、鼓肩、腹斜直内收、平底。口径14.4、底径7.6、高8.2厘米（图一一五,7；图版三,3）。

（5）喇叭口罐 2件。

标本TN07W06-N08W05⑧：3，夹砂褐陶。折鼓腹、平底内凹。腹径14、底径6.2、残高11.5厘米（图一一六，1）。标本TN07W06-N08W05⑧：1，夹砂褐陶。折鼓腹、平底内凹。上腹部饰三组乳丁纹，每组各三个乳丁。腹径11、底径4.5、残高8.2厘米（图一一六，2）。

（6）鬲足 2件。

均为夹砂红陶，柱状足。标本TN05W04-N06W03⑧：3，素面。残高9.3厘米（图一一六，3）。标本TN07W06-N08W05⑧：2，外侧饰竖向绳纹。残高9.2厘米（图一一六，4）。

（7）纺轮 1件。

B型 1件。标本TN03W06-N04W05⑧：2，泥质灰黑陶。圆丘形。腰部饰两周凸棱。直径3.5、厚1.2厘米（图一一五，5）。

2. 玉器

玉璜 1件。

标本TN05W06-N06W05⑧：4，灰白色。一端残，器表经打磨。残长3.9、宽1.1厘米（图一一六，5）。

3. 铜器

（1）铜凿 1件。

标本TN03W06-N04W05⑧：1，长条形。长14.6、宽0.6、厚0.4厘米（图一一六，6）。

（2）箭镞 1件。

标本TN05W06-N06W05⑧：5。尖锋，双翼，中脊凸起，长铤。器表风化残损。长8.6、宽1.5厘米（图一一六，7；图版三，4）。

四、⑦层出土遗物

1. 陶器

（1）尖底杯 1件。

Ab型 1件。标本TN05W08-N06W07⑦：4，夹砂灰黑陶。敛口、深弧腹。内壁有制作时留下的轮制痕迹。口径7.2、残高9.2厘米（图一一七，1；图版三，5）。

（2）尖底盏 12件。

AⅠ式 2件。标本TN05W06-N06W05⑦：2，夹砂灰黑陶。敛口、鼓腹、腹较深。口径12、高4.1厘米（图一一七，2；彩版三一，1）。标本TN05W09-N06W09⑦：11，夹砂灰黑陶。敛口、鼓腹、腹较深。口径13.2厘米，残高3.6厘米（图一一七，3）。

AⅡ式 7件。标本TN05W09-N06W09⑦：3，夹砂灰黑陶。敛口、鼓腹、腹部略浅。口径10、高3.3厘米（图一一七，4；图版三，6）。标本TN05W09-N06W09⑦：1，夹砂灰黑陶。敛口、弧腹。口径10、高3.4厘米（图一一七，5）。标本TN05W09-N06W09⑦：2，夹砂灰黑陶。敛口、弧腹。口径9.2、高2.5厘米（图一一七，6）。标本TN05W06-N06W05⑦：12，夹砂灰褐陶。口微敛、浅弧腹、下腹斜收较平。口径15.2、残高2.8厘米（图一一七，7）。标本TN05W06-N06W05⑦：9，夹砂灰黑陶。

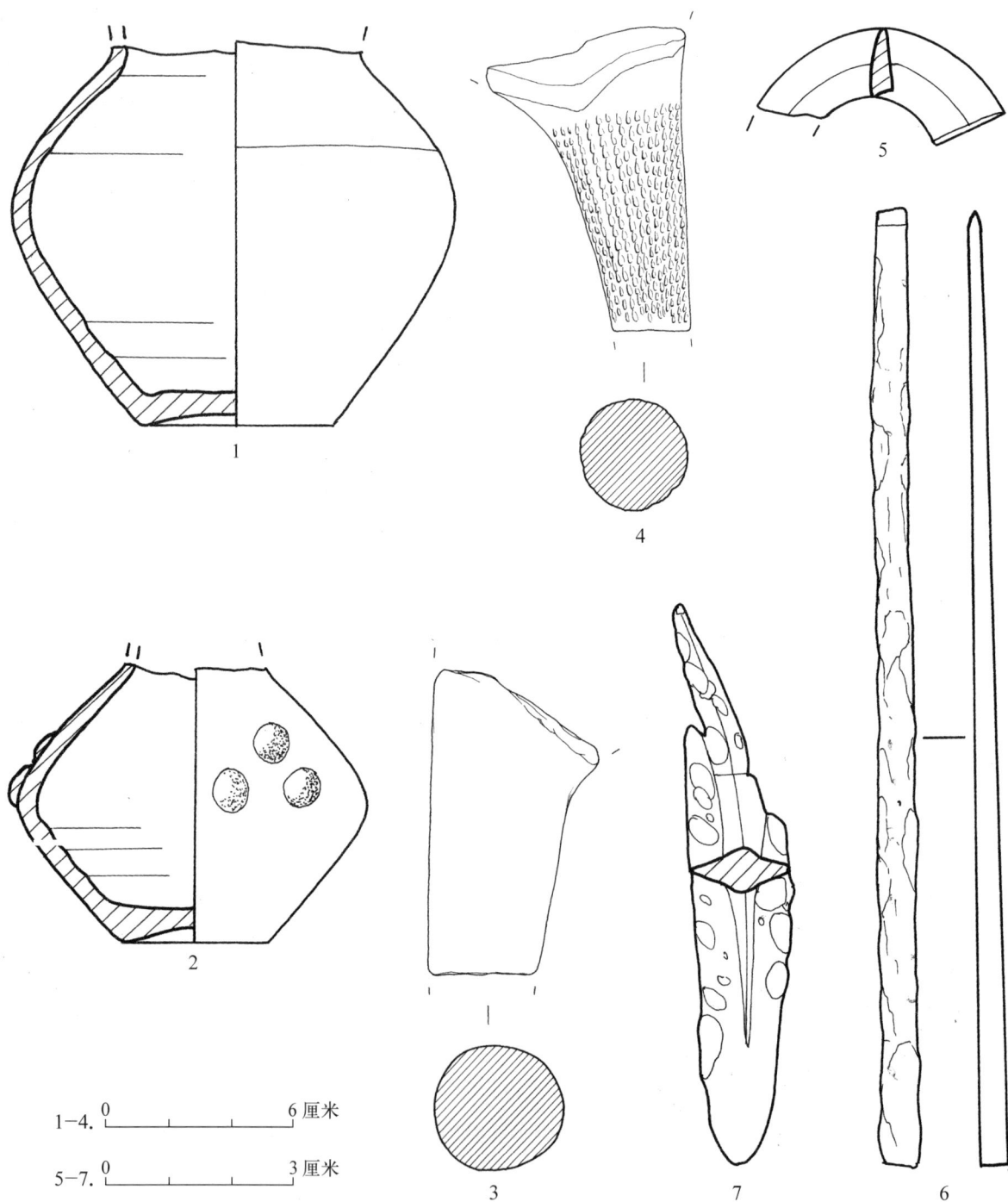

图一一六 ⑧层遗物

1、2. 陶喇叭口罐（TN07W06－N08W05⑧：3、TN07W06－N08W05⑧：1） 3、4. 陶鬲足（TN05W04－N06W03⑧：3、
TN07W06－N08W05⑧：2） 5. 玉璜（TN05W06－N06W05⑧：4） 6. 铜凿（TN03W06－N04W05⑧：1）
7. 箭镞（TN05W06－N06W05⑧：5）

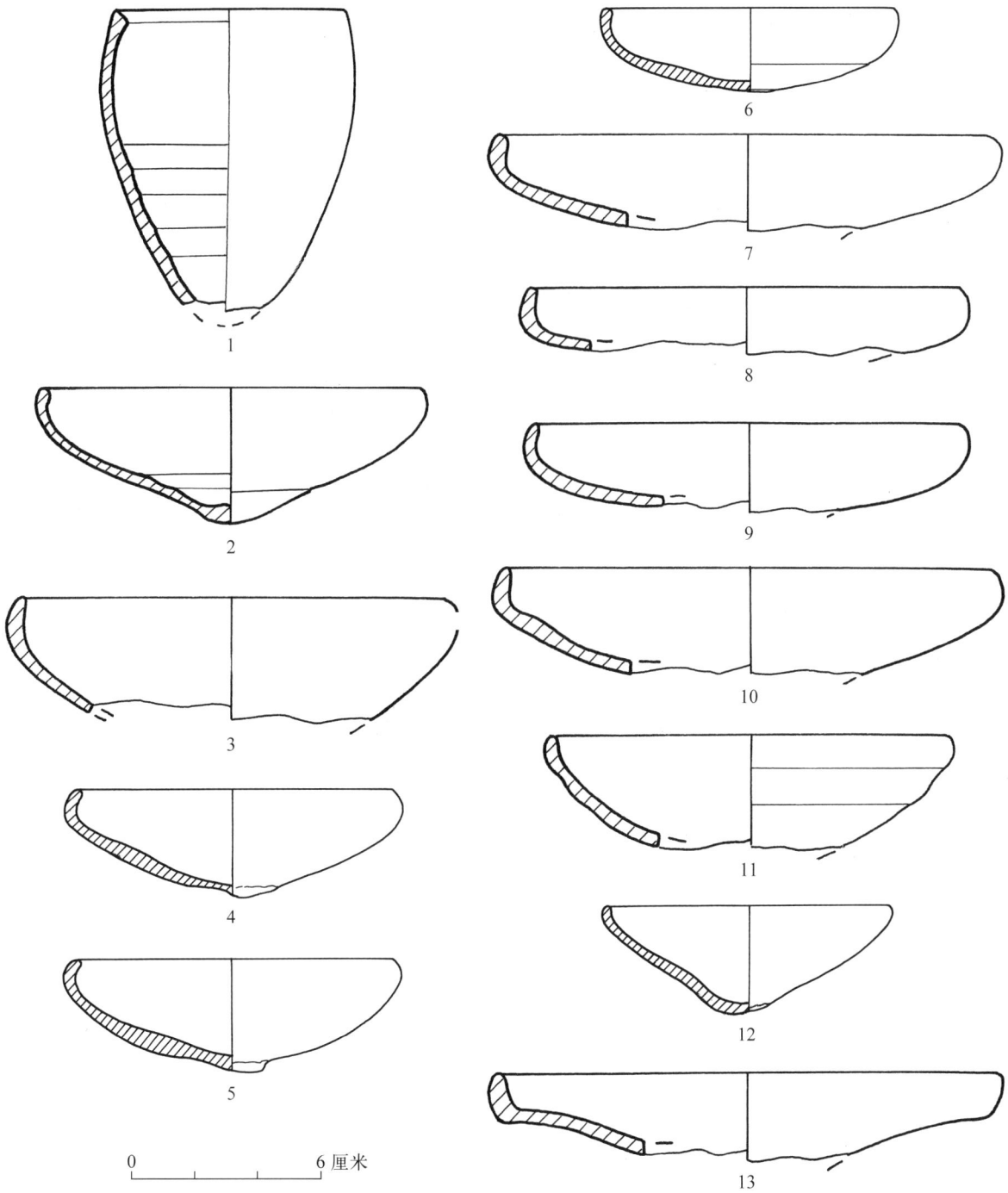

图一一七 ⑦层陶尖底杯、尖底盏

1. 尖底杯(TN05W08－N06W07⑦：4) 2-13. 尖底盏(TN05W06－N06W05⑦：2、TN05W09－N06W09⑦：11、
TN05W09－N06W09⑦：3、TN05W09－N06W09⑦：1、TN05W09－N06W09⑦：2、TN05W06－N06W05⑦：12、
TN05W06－N06W05⑦：9、TN05W08－N06W07⑦：37、TN05W08－N06W07⑦：24、TN03W06－N04W05⑦：10、
TN05W08－N06W07⑦：5、TN05W06－N06W05⑦：11)

口微敛、浅弧腹。口径13.2、残高2厘米(图一一七,8)。标本TN05W08-N06W07⑦:37,夹砂灰褐陶。口微敛、浅弧腹。口径13.2、残高2.8厘米(图一一七,9)。标本TN05W08-N06W07⑦:24,夹砂灰褐陶。口微敛、弧腹。口径15.2、残高3厘米(图一一七,10)。

CⅡ式　3件。标本TN03W06-N04W05⑦:10,夹砂灰黑陶。敞口、斜弧腹。口径13、残高3.6厘米(图一一七,11)。标本TN05W08-N06W07⑦:5,夹砂灰黑陶。敞口、斜弧腹。口径9.2、高3.3厘米(图一一七,12)。标本TN05W06-N06W05⑦:11。侈口、折腹较浅。口径16、残高2.8厘米(图一一七,13)。

(3)尖底罐　3件。

Aa型　1件。标本TN03W06-N04W05⑦:6,夹砂褐陶。侈口、圆鼓肩、束颈、鼓腹、下腹斜内收。口径8.8、残高6.2厘米(图一一八,1)。

B型　2件。标本TN05W08-N06W07⑦:3,夹砂灰黑陶。直口、高领、鼓腹、下腹斜内收。口径8.4、残高9.6厘米(图一一八,2;彩版三一,2)。标本TN07W07-N08W07⑦:4,夹砂灰褐陶。口微侈、高领、鼓腹。口径9.6、高14.4厘米(图一一八,3;彩版三一,3)。

(4)敛口罐　15件。

B型　8件。标本TN03W06-N04W05⑦:3,夹砂灰黑陶。敛口、圆唇较短、广肩。残高5.2厘米(图一一八,4)。标本TN05W08-N06W07⑦:42,夹砂灰黑陶。广肩。口径25.8、残高6厘米(图一一八,5)。标本TN05W08-N06W07⑦:20,夹砂灰黑陶。短束颈、广肩。口径31.5、残高4.5厘米(图一一八,6)。标本TN05W08-N06W07⑦:22,夹砂灰黑陶。广肩。口径30.6、残高8.7厘米(图一一八,7)。标本TN05W08-N06W07⑦:19,夹砂灰褐陶。广肩。口径25.5、残高8.4厘米(图一一八,8)。标本TN07W07-N08W07⑦:8,夹砂灰黑陶。广肩。口径28.5、残高4.8厘米(图一一八,9)。标本TN05W08-N06W07⑦:35,夹砂灰黑陶。短束颈、广肩。口径20、残高3.6厘米(图一一八,10)。标本TN05W06-N06W05⑦:22,夹砂灰黑陶。直口、窄广肩。口径22、残高5厘米(图一一八,11)。

C型　7件。标本TN05W08-N06W07⑦:17,夹砂灰黑陶。唇沿极短、广肩微折。口径28.5、残高8.4厘米(图一一八,12)。标本TN05W08-N06W07⑦:28,夹砂褐陶。短折鼓肩。口径22.4、残高15厘米(图一一八,13)。标本TN05W08-N06W07⑦:29,夹砂灰黑陶。折鼓肩。口径21、残高7厘米(图一一八,14)。标本TN05W08-N06W07⑦:21,夹砂灰黑陶。折鼓肩、下腹斜直。口径34.8、残高15.6厘米(图一一八,15)。标本TN07W07-N08W07⑦:5,夹砂灰黑陶。敛口、短肩微鼓、斜腹内收。口径18.4、残高13.6厘米(图一一八,16;彩版三一,4)。标本TN05W06-N06W05⑦:25,夹砂灰褐陶。敛口、折鼓肩、弧腹、下腹斜内收。口径14.4、残高6厘米(图一一八,17)。标本TN05W08-N06W07⑦:48,夹砂灰黑陶。下腹斜直。口径26.4、残高9.6厘米(图一一八,18)。

(5)高领罐　2件。

A型　2件。标本TN05W08-N06W07⑦:27,夹砂灰黑陶。喇叭口、高领微束。口径22、残高8.4厘米(图一一九,1)。标本TN05W09-N06W09⑦:4,夹砂灰黑陶。喇叭口、高领微束。口

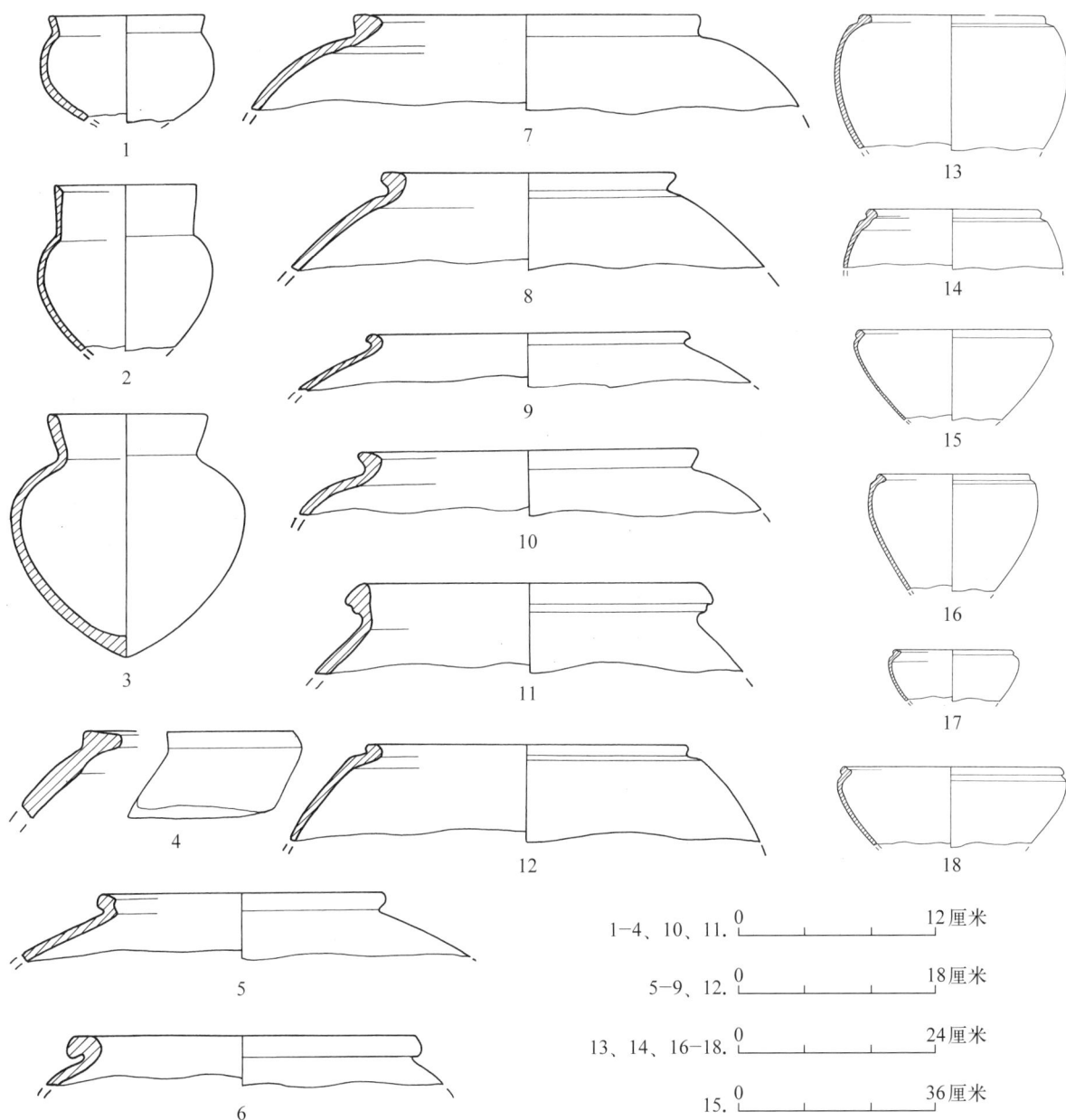

图一一八　⑦层陶尖底罐、敛口罐

1-3.尖底罐（TN03W06-N04W05⑦：6、TN05W08-N06W07⑦：3、TN07W07-N08W07⑦：4）

4-18.敛口罐（TN03W06-N04W05⑦：3、TN05W08-N06W07⑦：42、TN05W08-N06W07⑦：20、TN05W08-N06W07⑦：22、
TN05W08-N06W07⑦：19、TN07W07-N08W07⑦：8、TN05W08-N06W07⑦：35、TN05W06-N06W05⑦：22、
TN05W08-N06W07⑦：17、TN05W08-N06W07⑦：28、TN05W08-N06W07⑦：29、TN05W08-N06W07⑦：21、
TN07W07-N08W07⑦：5、TN05W06-N06W05⑦：25、TN05W08-N06W07⑦：48）

径18.4、残高9厘米（图一一九，2）。

（6）束颈罐　1件。

Bb型　1件。标本TN05W06-N06W05⑦：15，夹砂灰黑陶。敞口、平沿、束颈、弧肩。口径

28.2、残高9.6厘米（图一一九，3）。

（7）盆　5件。

B型　2件。标本TN03W06-N04W05⑦：11，夹砂褐陶。直口、卷沿、弧腹。残高8厘米（图一一九，4）。标本TN03W06-N04W05⑦：5，夹砂褐陶。直口、弧腹。残高8厘米（图一一九，5）。

C型　3件。标本TN03W06-N04W05⑦：14，夹砂褐陶。敞口、折沿外垂、斜直腹。口径33.6、残高10.5厘米（图一一九，6）。标本TN05W06-N06W05⑦：18，夹砂灰黑陶。敞口、卷沿、直腹。口径44.5、残高9.6厘米（图一一九，7）。标本TN07W06-N08W05⑦：2，夹砂灰褐陶。敞口、卷沿、直腹。腹部饰一周凹弦纹。口径46.4、残高10.4厘米（图一一九，8）。

（8）瓮　10件。

A型　7件。标本TN03W06-N04W05⑦：13，夹砂褐陶。敞口、圆唇外翻、唇沿下垂、沿面

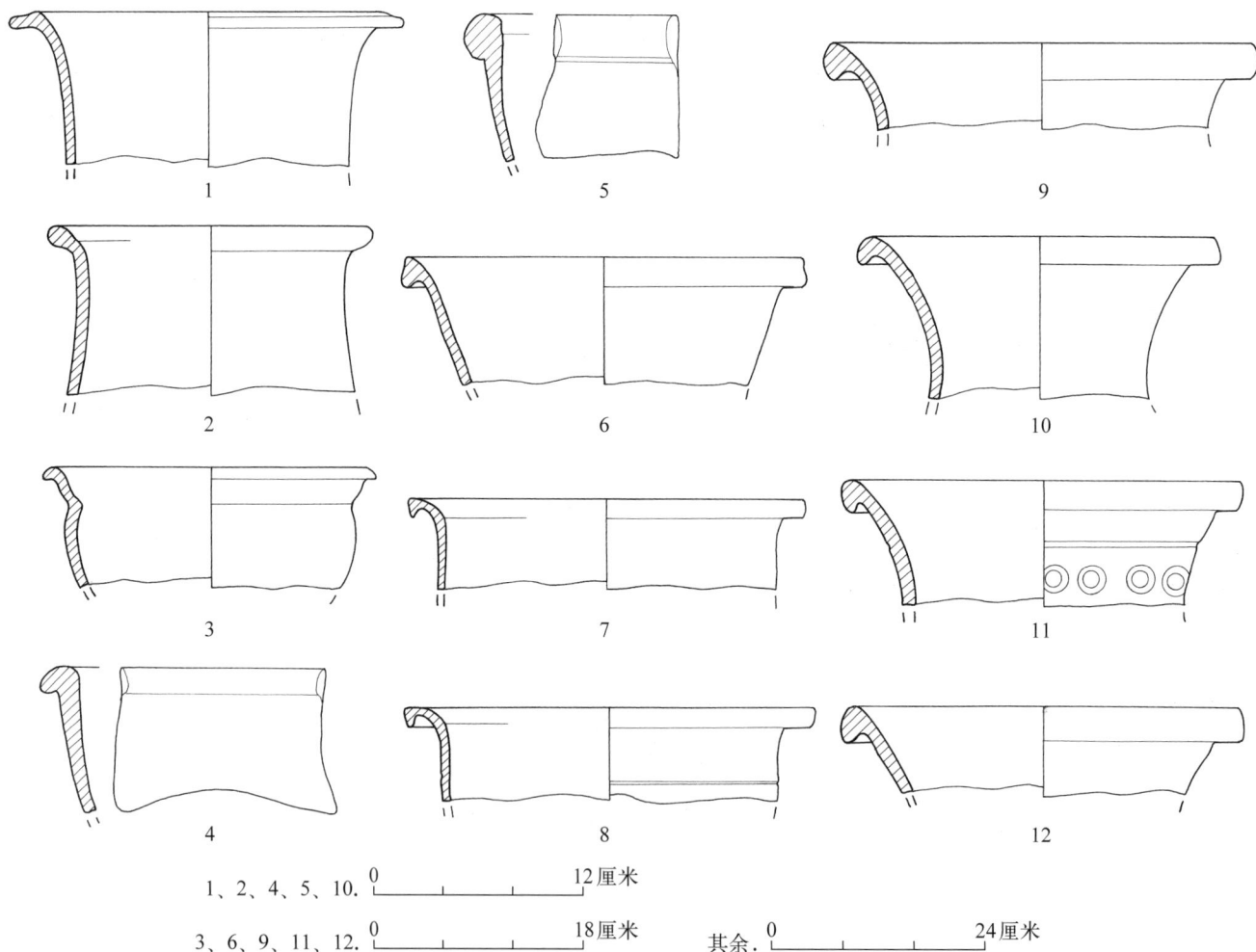

图一一九　⑦层陶器

1、2.高领罐（TN05W08-N06W07⑦：27、TN05W09-N06W09⑦：4）　3.束颈罐（TN05W06-N06W05⑦：15）　4-8.盆（TN03W06-N04W05⑦：11、TN03W06-N04W05⑦：5、TN03W06-N04W05⑦：14、TN05W06-N06W05⑦：18、TN07W06-N08W05⑦：2）　9-12.瓮（TN03W06-N04W05⑦：13、TN05W08-N06W07⑦：43、TN05W09-N06W09⑦：7、TN05W09-N06W09⑦：6）

微弧。口径36.6、残高7.2厘米（图一一九,9）。标本TN05W08-N06W07⑦:43,夹砂灰黑陶。敞口、卷沿、高领。口径20.4、残高8.8厘米（图一一九,10）。标本TN05W09-N06W09⑦:7,夹砂灰褐陶。敞口、唇沿下垂。颈部饰弦纹,其下饰一周圆圈纹。口径33.6、残高10.2厘米（图一一九,11）。标本TN05W09-N06W09⑦:6,夹砂灰黑陶。敞口、唇沿下垂、斜直领。口径33.9、残高7.2厘米（图一一九,12）。标本TN05W09-N06W09⑦:9,夹砂灰黑陶。敞口、圆唇外翻、唇沿下垂部分较大。口径28.4、残高4.4厘米（图一二〇,1）。标本TN03W06-N04W05⑦:9,夹砂灰黑陶。盘口、窄沿外翻、高领微束。唇沿下垂部分较小。口径30、残高7.5厘米（图一二〇,2）。标本TN05W08-N06W07⑦:39,夹砂灰黑陶。窄沿外翻、唇沿下垂部分较大。口径32.4、残高7.2厘米（图一二〇,3）。

B型　3件。标本TN05W08-N06W07⑦:45,夹砂灰褐陶。敞口、矮领、束颈、肩微鼓。肩部饰方格纹。口径33、残高8.4厘米（图一二〇,4）。标本TN05W08-N06W07⑦:41,夹砂灰黑陶。直口、矮领、束颈、鼓肩。口径37.5、残高8.4厘米（图一二〇,5）。标本TN05W08-N06W07⑦:40,夹砂灰黑陶。直口、矮领、束颈、鼓肩。口径20.4、残高9.6厘米（图一二〇,6）。

（9）绳纹深腹罐　3件。

A型　3件。标本TN07W06-N08W05⑦:4,夹砂褐陶。侈口、束颈、鼓肩。肩部饰绳纹。口径29.4、残高7.8厘米（图一二〇,10）。标本TN07W06-N08W05⑦:3,夹砂褐陶。侈口、短束颈。口径28.2、残高7.5厘米（图一二〇,11）。标本TN05W08-N06W07⑦:36,夹砂灰黑陶。敞口、束颈、高领。口径32.4、残高9厘米（图一二〇,12）。

（10）釜　3件。

A型　2件。标本TN03W06-N04W05⑦:7,夹砂灰黑陶。侈口、束颈、垂弧腹。肩部以下饰绳纹。口径10.4、残高9厘米（图一二〇,7）。标本TN05W06-N06W05⑦:1,夹砂灰褐陶。球形腹。腹部饰绳纹。残高10厘米（图一二〇,8;彩版三一,5）。

B型　1件。标本TN03W06-N04W05⑦:15,夹砂灰黑陶。近直口、微束颈、扁球形腹。口径9.2、残高6厘米（图一二〇,9）。

（11）盘口罐　1件。

标本TN05W06-N06W05⑦:23,夹砂褐陶。宽沿、盘口、尖唇外翻。口径24、残高4厘米（图一二〇,13）。

（12）簋形器　5件。

B型　3件。标本TN05W06-N06W05⑦:17,夹砂灰黑陶。直口、唇沿内抹。残高10厘米（图一二一,1）。标本TN05W06-N06W05⑦:14,夹砂灰黑陶。直口、唇沿内抹。残高15.6厘米（图一二一,2）。标本TN05W06-N06W05⑦:20,夹砂灰黑陶。直口、唇沿内抹。残高7.6厘米（图一二一,3）。

C型　2件。标本TN05W08-N06W07⑦:13,夹砂灰黑陶。敞口、唇沿内抹。残高6.6厘米（图一二一,4）。标本TN05W06-N06W05⑦:19,夹砂灰黑陶。敞口、斜直腹。残高6厘米（图一二一,5）。

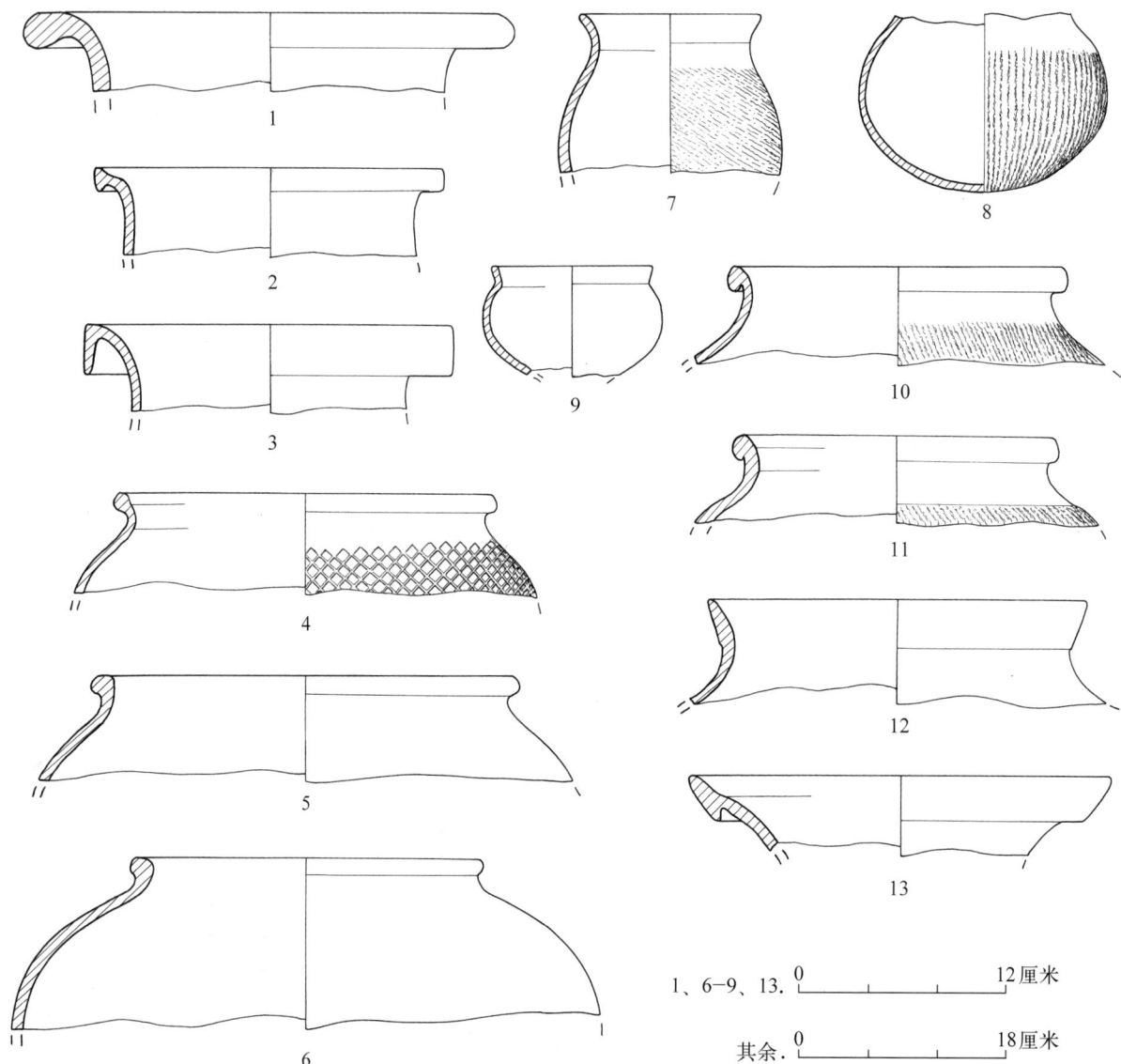

图一二〇 ⑦层陶器

1-6.瓮（TN05W09-N06W09⑦：9、TN03W06-N04W05⑦：9、TN05W08-N06W07⑦：39、TN05W08-N06W07⑦：45、
TN05W08-N06W07⑦：41、TN05W08-N06W07⑦：40）　7-9.釜（TN03W06-N04W05⑦：7、TN05W06-N06W05⑦：1、
TN03W06-N04W05⑦：15）　10-12.绳纹深腹罐（TN07W06-N08W05⑦：4、TN07W06-N08W05⑦：3、TN05W08-N06W07⑦：36）
13.盘口罐（TN05W06-N06W05⑦：23）

（13）杯　1件。

A型　1件。标本TN07W07-N08W07⑦：6，夹砂灰褐陶。敛口、肩微鼓。下腹内壁呈波浪形。口径12、残高19厘米（图一二一，6；彩版三一，6）。

（14）盘　3件。

标本TN05W06-N06W05⑦：10，夹砂灰黑陶。敞口、平底。口径42、底径36.2、高3.9厘米（图一二一，7）。标本TN05W06-N06W05⑦：27，夹砂灰褐陶。直口微敛、平底。口径24、高3.6

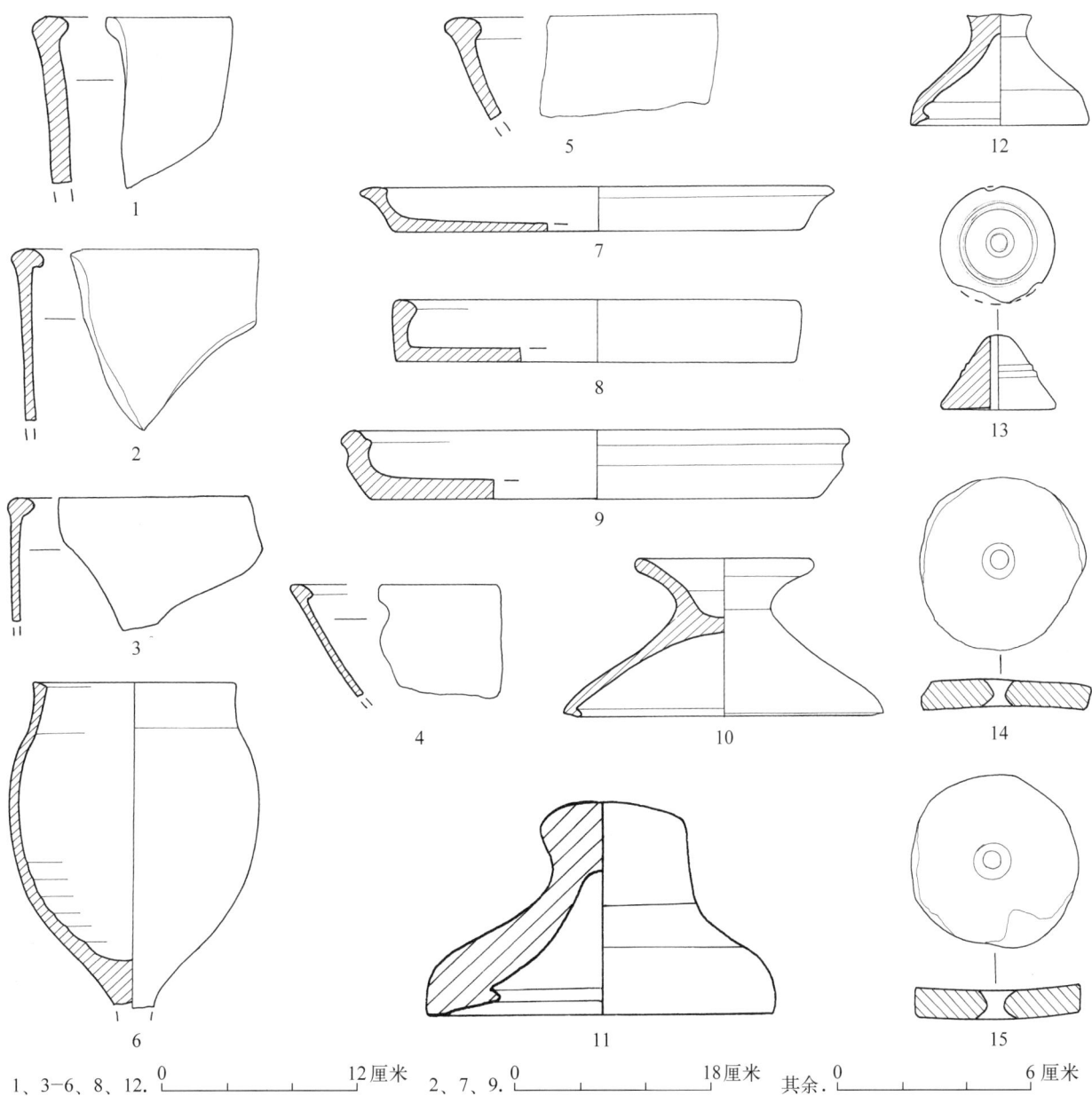

图一二一 ⑦层陶器

1-5. 簋形器（TN05W06-N06W05⑦：17、TN05W06-N06W05⑦：14、TN05W06-N06W05⑦：20、TN05W08-N06W07⑦：13、
TN05W06-N06W05⑦：19） 6. 杯（TN07W07-N08W07⑦：6） 7-9. 盘（TN05W06-N06W05⑦：10、TN05W06-N06W05⑦：27、
TN03W06-N04W05⑦：4） 10-12. 器盖（TN05W08-N06W07⑦：6、TN05W08-N06W07⑦：8、TN05W08-N06W07⑦：10）
13-15. 纺轮（TN05W06-N06W05⑦：4、TN05W06-N06W05⑦：3、TN05W04-N06W03⑦：244）

厘米（图一二一,8）。标本TN03W06-N04W05⑦：4,夹砂灰黑陶。敞口、平底。口径45.6、底径
39.2、高6厘米（图一二一,9）。

（15）喇叭口罐 2件。

标本TN07W07-N08W07⑦：1,夹砂灰陶。侈口、高领、鼓肩、斜弧腹。口径22.4、残高17厘

米(图一二三,12;图版四,1)。标本TN07W07-N08W07⑦:13,夹砂灰陶。侈口、鼓肩、弧腹。口径18、残高17厘米(图一二三,13;图版四,2)。

(16)器盖 3件。

A型 1件。标本TN05W08-N06W07⑦:6,夹砂灰黑陶。盘状纽、盖身为斜直腹,似圈足碗倒扣。口径9.5、纽径5.4、高4.6厘米(图一二一,10;图版四,3)。

C型 2件。标本TN05W08-N06W07⑦:8,泥质灰白陶。杯状盖身、不规则形纽。口径10.2、纽径4.4、高6.2厘米(图一二一,11;图版四,4)。标本TN05W08-N06W07⑦:10,泥质灰白陶。杯状盖身、不规则形纽。口径10.8、纽径4、残高6.4厘米(图一二一,12)。

(17)圈足 11件。

A型 7件。标本TN05W08-N06W07⑦:26,夹砂灰褐陶。弧腹内收、足壁内弧、圈足较

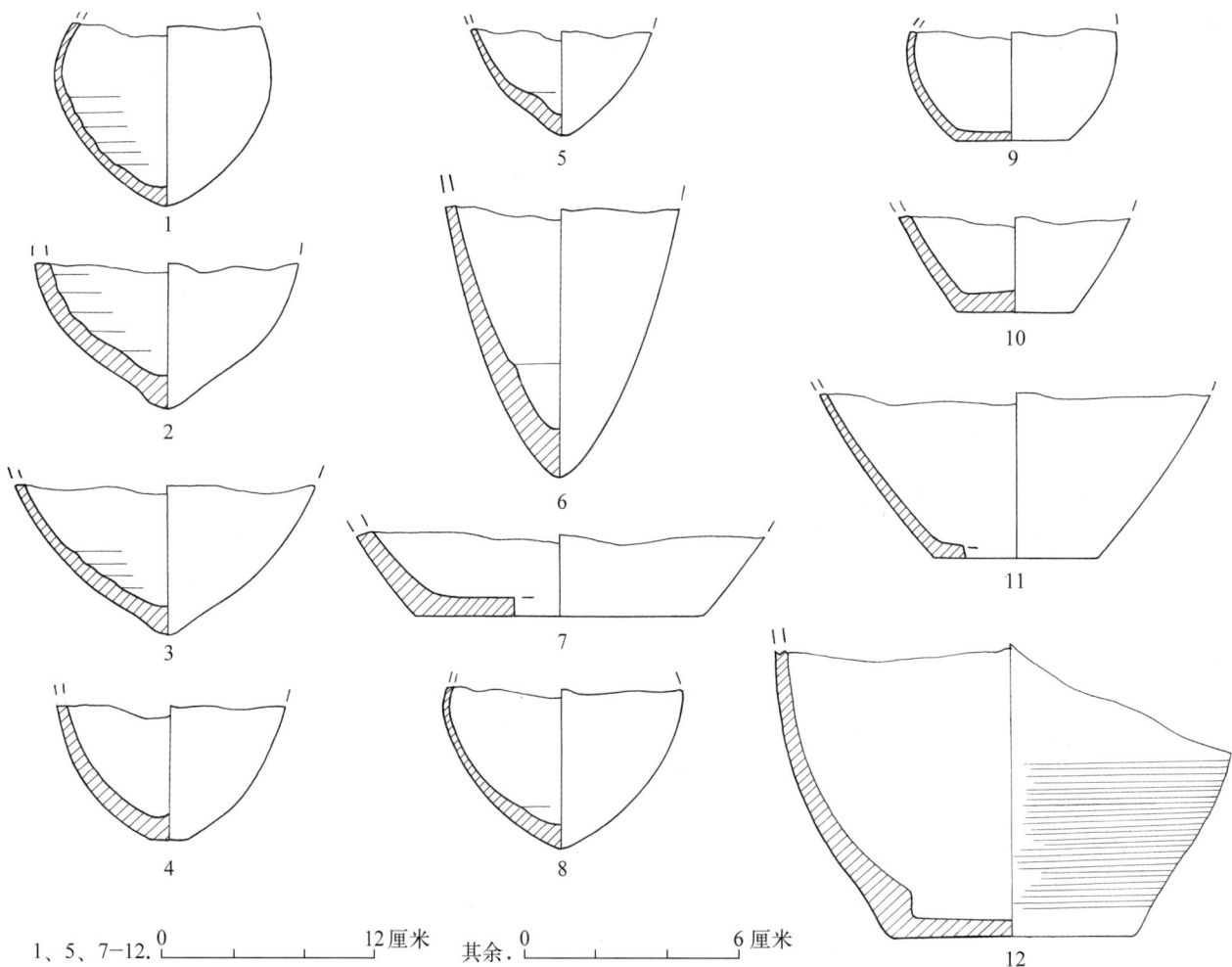

1、5、7—12.   0 ———————— 12厘米   其余.   0 ———————— 6厘米

图一二二 ⑦层陶器底

1. TN05W08-N06W07⑦:16 2. TN05W08-N06W07⑦:38 3. TN05W08-N06W07⑦:15 4. TN05W08-N06W07⑦:32
5. TN03W06-N04W05⑦:8 6. TN05W09-N06W09⑦:10 7. TN05W08-N06W07⑦:11 8. TN05W08-N06W07⑦:18
9. TN05W08-N06W07⑦:34 10. TN05W08-N06W07⑦:31 11. TN03W06-N04W05⑦:12 12. TN07W07-N08W07⑦:15

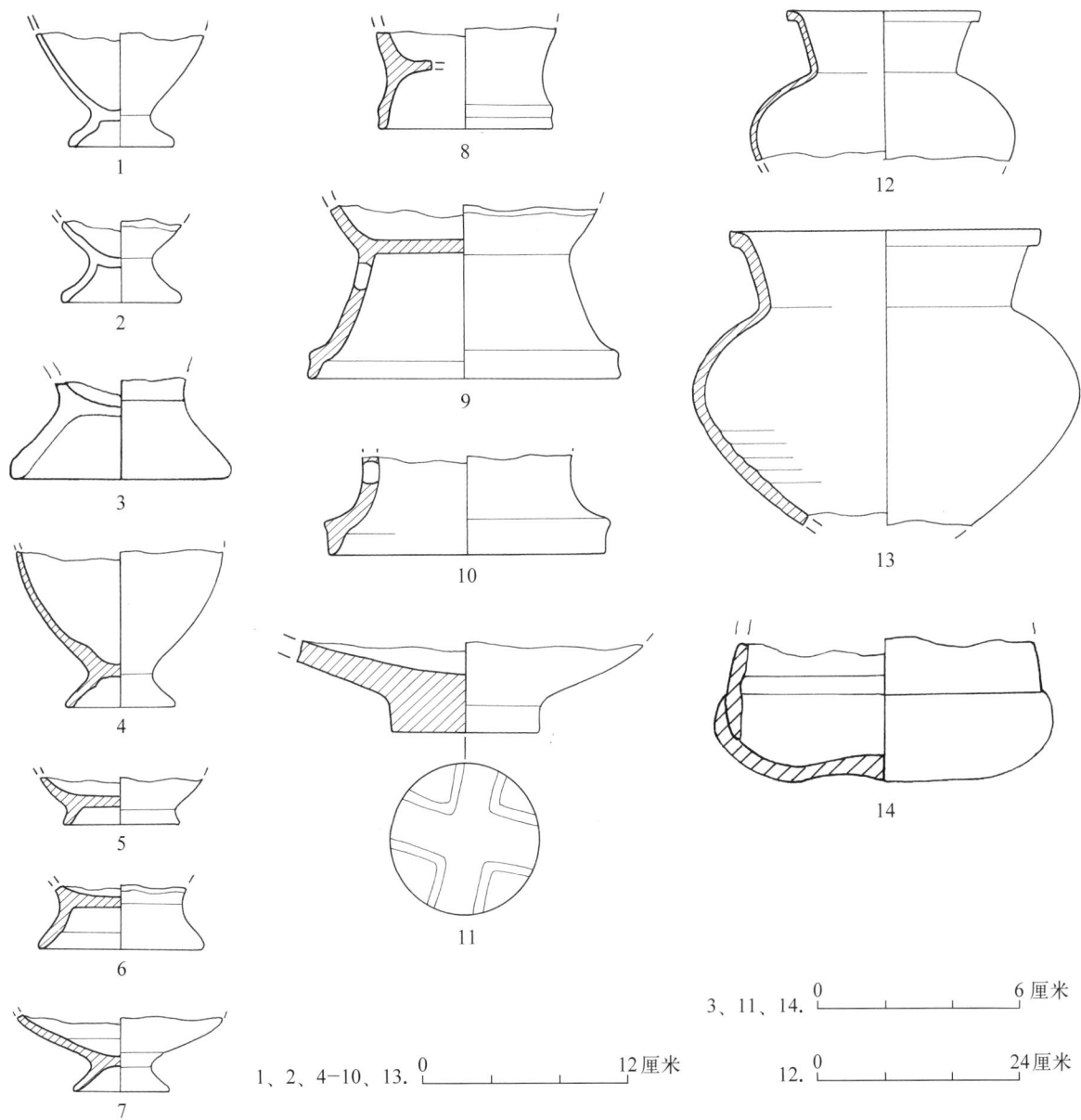

图一二三 ⑦层陶器

1—11. 圈足(TN05W08−N06W07⑦:26、TN05W08−N06W07⑦:12、TN05W08−N06W07⑦:44、TN05W08−N06W07⑦:7、
TN05W09−N06W09⑦:12、TN05W09−N06W09⑦:13、TN03W06−N04W05⑦:1、TN07W07−N08W07⑦:9、
TN03W08−N04W07⑦:2、TN05W09−N06W09⑦:8、TN05W06−N06W05⑦:8) 12、13. 喇叭口罐(TN07W07−N08W07⑦:1、
TN07W07−N08W07⑦:13) 14. 异形器(TN05W08−N06W07⑦:1)

矮。足径6、残高6.6厘米(图一二三,1)。标本TN05W08−N06W07⑦:12,夹砂灰黑陶。圈足较
矮。足径7、残高4.8厘米(图一二三,2)。标本TN05W08−N06W07⑦:44,夹砂灰黑陶。圈足较
矮。足径6.4、残高2.8厘米(图一二三,3)。标本TN05W08−N06W07⑦:7,夹砂灰黄陶。深弧
腹、圈足较矮。足径6.4、残高8.8厘米(图一二三,4)。标本TN05W09−N06W09⑦:12,夹砂灰黑
陶。圈足较矮。足径6.8、残高3厘米(图一二三,5)。标本TN05W09−N06W09⑦:13,夹砂灰黑

陶。圈足较矮。足径9.6、残高3.6厘米（图一二三，6）。标本TN03W06－N04W05⑦：1，夹砂灰黑陶。圈足较矮。底径5.6、残高4.2厘米（图一二三，7）。

C型　1件。标本TN05W06－N06W05⑦：8，夹砂褐陶。饼状假圈足。底部饰宽带"十"字纹。底径4.2、残高2.5厘米（图一二三，11）。

D型　3件。圈足较高。标本TN07W07－N08W07⑦：9，夹砂灰黑陶。足径10、残高5.6厘米（图一二三，8）。标本TN03W08－N04W07⑦：2，夹砂灰黑陶。圈足上有一圆孔。足径17.6、残高10厘米（图一二三，9）。标本TN05W09－N06W09⑦：8，夹砂灰褐陶。圈足上有一圆孔。足径15.6、残高5.6厘米（图一二三，10）。

（18）器底　12件。

尖底　7件。标本TN05W08－N06W07⑦：16，泥质灰褐陶。弧腹、下腹内收成尖底，内壁呈波浪形。残高9.6厘米（图一二二，1）。标本TN05W08－N06W07⑦：38，泥质灰陶。残高3.9厘米（图一二二，2）。标本TN05W08－N06W07⑦：15，夹砂灰陶。弧腹内收成尖底，腹内壁呈波浪形。残高4厘米（图一二二，3）。标本TN05W08－N06W07⑦：32，夹砂灰陶。弧腹。残高3.7厘米（图一二二，4）。标本TN03W06－N04W05⑦：8，泥质灰陶。残高5.8厘米（图一二二，5）。标本TN05W09－N06W09⑦：10，泥质灰陶。残高7.3厘米（图一二二，6）。标本TN05W08－N06W07⑦：18，泥质灰陶。弧腹、下腹内收成尖底。残高8.6厘米（图一二二，8）。

平底　5件。标本TN05W08－N06W07⑦：11，夹砂灰黑陶。底径16、残高4厘米（图一二二，7）。标本TN05W08－N06W07⑦：34，夹砂灰黑陶。鼓腹、平底。底径6、残高5.6厘米（图一二二，9）。标本TN05W08－N06W07⑦：31，夹砂灰黑陶。底径6.2、残高6.5厘米（图一二二，10）。标本TN03W06－N04W05⑦：12，夹砂灰黑陶。底径8.8、残高8.4厘米（图一二二，11）。TN07W07－N08W07⑦：15，夹砂灰褐陶。底径14.2、残高15.5厘米（图一二二，12）。

（19）异形陶器　2件。

标本TN05W08－N06W07⑦：1，夹砂灰黑陶。底径10厘米，高4厘米（图一二三，14；图版四，5）。TN05W04－N06W03⑦：1，夹砂褐陶。呈圆饼形，饰排列有序的十二个圆孔。直径4.8、厚0.9厘米（图一二四，6；彩版三二，1）。

（20）纺轮　3件。

B型　1件。标本TN05W06－N06W05⑦：4，泥质灰褐陶。圆丘形。腰部饰两周凸棱。直径3.4、高2.1厘米（图一二一，13）。

E型　2件。标本TN05W06－N06W05⑦：3，泥质灰陶。圆饼形。直径5、厚0.8厘米（图一二一，14）。标本TN05W04－N06W03⑦：244，泥质灰褐陶。圆饼形。直径5、厚0.9厘米（图一二一，15）。

2. 玉器

璜　5件。

均为半环形，器表经过打磨，中间较厚，边缘略薄。标本TN03W06－N04W05⑦：21，青色玉质。残长5.5、宽0.7厘米（图一二四，1；图版四，6）。标本TN03W06－N04W05⑦：17，青色玉

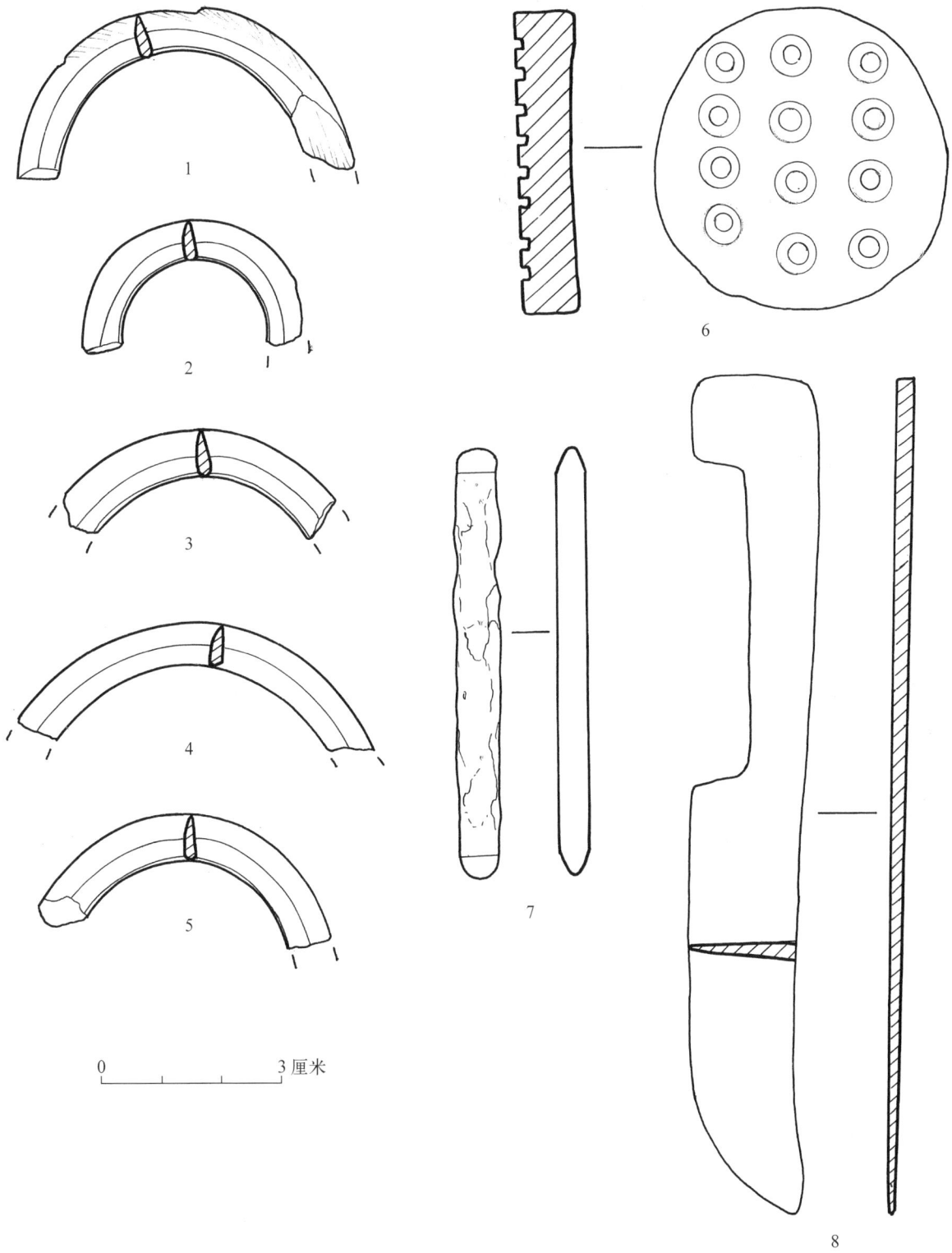

图一二四 ⑦层遗物

1—5. 玉璜（TN03W06-N04W05⑦：21、TN03W06-N04W05⑦：17、TN03W06-N04W05⑦：18、TN03W06-N04W05⑦：19、
TN03W06-N04W05⑦：20） 6. 异形陶器（TN05W04-N06W03⑦：1） 7. 铜凿（TN03W06-N04W05⑦：22）
8. 铜刀（TN05W06-N06W05⑦：29）

质。残长3.7、宽0.7厘米(图一二四,2)。标本TN03W06-N04W05⑦:18,青色玉质。残长4.5、宽0.7厘米(图一二四,3)。标本TN03W06-N04W05⑦:19,青色玉质。残长5.9、宽0.7厘米(图一二四,4;彩版三二,2)。标本TN03W06-N04W05⑦:20,青色玉质。残长4.9、宽0.8厘米(图一二四,5;彩版三二,3)。

3. 铜器

(1)凿 1件。

标本TN03W06-N04W05⑦:22。长条形,两端均有刃。长6.9、宽0.7、厚0.5厘米(图一二四,7;彩版三二,4)。

(2)刀 1件。

标本TN05W06-N06W05⑦:29。曲尺状柄、弧刃、刃部尖端上翘。长13.5、宽1.8厘米(图一二四,8;彩版三二,5)。

五、⑥层出土遗物

陶器

(1)尖底盏 5件。

A Ⅱ式 3件。标本TN05W06-N06W05⑥:7,夹砂灰陶。敛口、折腹较浅。口径15、残高2.8厘米(图一二五,1)。标本TN05W06-N06W05⑥:13,夹砂灰黑陶。口微敛、浅腹。口径17.6、残高2厘米(图一二五,2)。标本TN05W08-N06W07⑥:17,夹砂灰陶。敛口、折腹较浅。口径13.2、残高2.4厘米(图一二五,5)。

B Ⅰ式 2件。标本TN05W06-N06W05⑥:15,夹砂灰陶。直口、深折腹。口径12.8、高4厘米(图一二五,3)。标本TN05W08-N06W07⑥:1,夹砂灰黑陶。近直口,深弧腹。口径13.6、高4.5厘米(图一二五,4;彩版三三,1)。

(2)敛口罐 5件。

B型 2件。标本TN03W06-N04W05⑥:3,夹砂灰黑陶。短颈微束、大广肩。口径29.6、残高8厘米(图一二五,6)。标本TN05W08-N06W07⑥:10,夹砂灰褐陶。短颈微束、大广肩。肩部饰重菱纹。口径36.8、残高8厘米(图一二五,7)。

C型 3件。标本TN05W08-N06W07⑥:16,夹砂灰黑陶。敛口、折弧肩、深弧腹。口径24.8、腹径29.6、残高17.6厘米(图一二五,8)。标本TN07W04-N08W03⑥:2,夹砂红陶。折肩、下腹斜收较甚、似有圈足。口径12.2、肩径16.8、残高18厘米(图一二五,9)。标本TN05W08-N06W07⑥:12,夹砂褐陶。敛口、折肩、斜直腹。口径39、残高5.4厘米(图一二五,10)。

(3)高领罐 1件。

B型 1件。标本TN05W08-N06W07⑥:4,夹砂红陶。敞口、束颈、斜直领。口径22、残高7.4厘米(图一二六,1)。

(4)矮领罐 1件。

A型 1件。标本TN05W06-N06W05⑥:8,夹砂灰陶,夹杂黄色斑块。直口、溜肩。口径

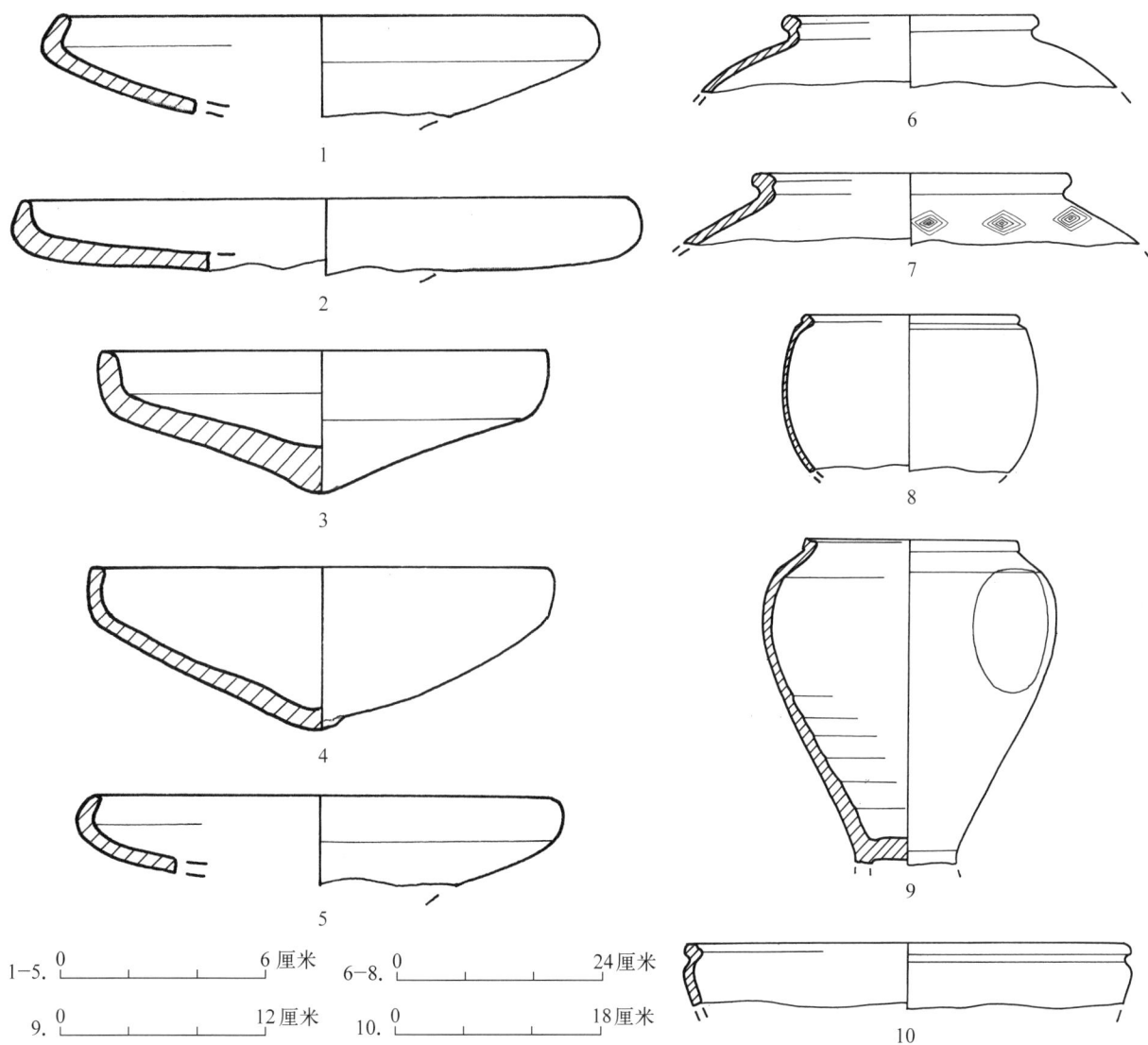

图一二五 ⑥层陶尖底盏、敛口罐

1—5. 尖底盏(TN05W06—N06W05⑥:7、TN05W06—N06W05⑥:13、TN05W06—N06W05⑥:15、TN05W08—N06W07⑥:1、TN05W08—N06W07⑥:17) 6—10. 敛口罐(TN03W06—N04W05⑥:3、TN05W08—N06W07⑥:10、TN05W08—N06W07⑥:16、TN07W04—N08W03⑥:2、TN05W08—N06W07⑥:12)

20.8、残高4.8厘米(图一二六,2)。

（5）盆 2件。

C型 2件。标本TN05W06—N06W05⑥:6,夹砂灰陶,夹砂黄色斑块。敞口、弧腹。残高6厘米(图一二六,4)。标本TN05W08—N06W07⑥:8,夹砂灰陶。敞口略盘、唇沿下垂。口径44.8、残高9.6厘米(图一二六,3)。

（6）瓮 6件。

A型 4件。标本TN07W06—N08W05⑥:2,夹砂灰褐陶。喇叭口、唇沿外翻下垂、高领。口

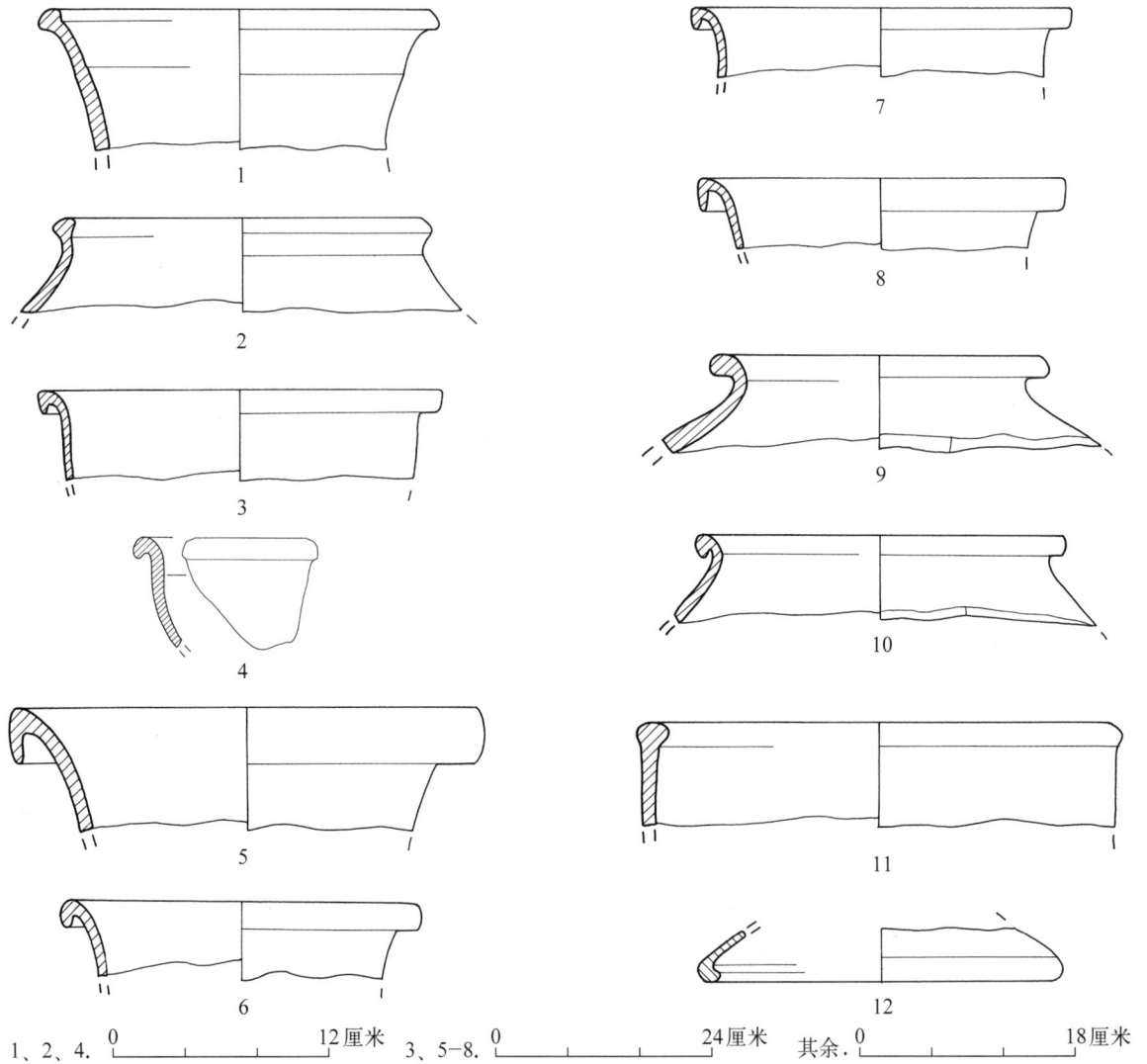

图一二六　⑥层陶器

1. 高领罐（TN05W08-N06W07⑥∶4）　2. 矮领罐（TN05W06-N06W05⑥∶8）　3、4. 盆（TN05W08-N06W07⑥∶8、TN05W06-N06W05⑥∶6）　5-10. 瓮（TN07W06-N08W05⑥∶2、TN05W08-N06W07⑥∶11、TN05W08-N06W07⑥∶15、TN05W08-N06W07⑥∶19、TN05W06-N06W05⑥∶1、TN05W06-N06W05⑥∶4）　11. 簋形器（TN07W06-N08W05⑥∶1）　12. 器盖（TN05W06-N06W05⑥∶5）

径52.8、残高12.8厘米（图一二六，5）。标本TN05W08-N06W07⑥∶11，夹砂灰褐陶。喇叭口、沿外翻、高领。口径40、残高8厘米（图一二六，6）。标本TN05W08-N06W07⑥∶15，夹砂灰褐陶。敞口、窄沿外翻、高领。口径42.4、残高7.2厘米（图一二六，7）。标本TN05W08-N06W07⑥∶19，夹砂灰褐陶。敞口、窄沿外翻、高领。口径40.8、残高7.2厘米（图一二六，8）。

B型　2件。标本TN05W06-N06W05⑥∶1，夹砂灰褐陶。矮领、敞口、卷沿外翻、束颈、鼓肩。口径28.2、残高7.2厘米（图一二六，9）。标本TN05W06-N06W05⑥∶4，夹砂灰陶。矮领、敞口、卷沿外翻、束颈、溜肩。口径30.6、残高6.6厘米（图一二六，10）。

（7）簋形器 1件。

B型 1件。标本TN07W06－N08W05⑥∶1，夹砂灰褐陶。直口、唇沿内抹、直腹。口径40.2、残高8.4厘米（图一二六，11）。

（8）器盖 1件。

A型 1件。标本TN05W06－N06W05⑥∶5，夹砂红陶，夹砂灰陶。敛口、斜直腹。口径29.4、残高4.2厘米（图一二六，12）。

（9）器底 2件。

平底 1件。标本TN05W06－N06W05⑥∶10，夹砂灰陶。底径14、残高6.8厘米（图一二七，1）。

尖底 1件。标本TN03W06－N04W05⑥∶2，泥质灰陶。弧腹内收成尖底。残高3.5厘米（图

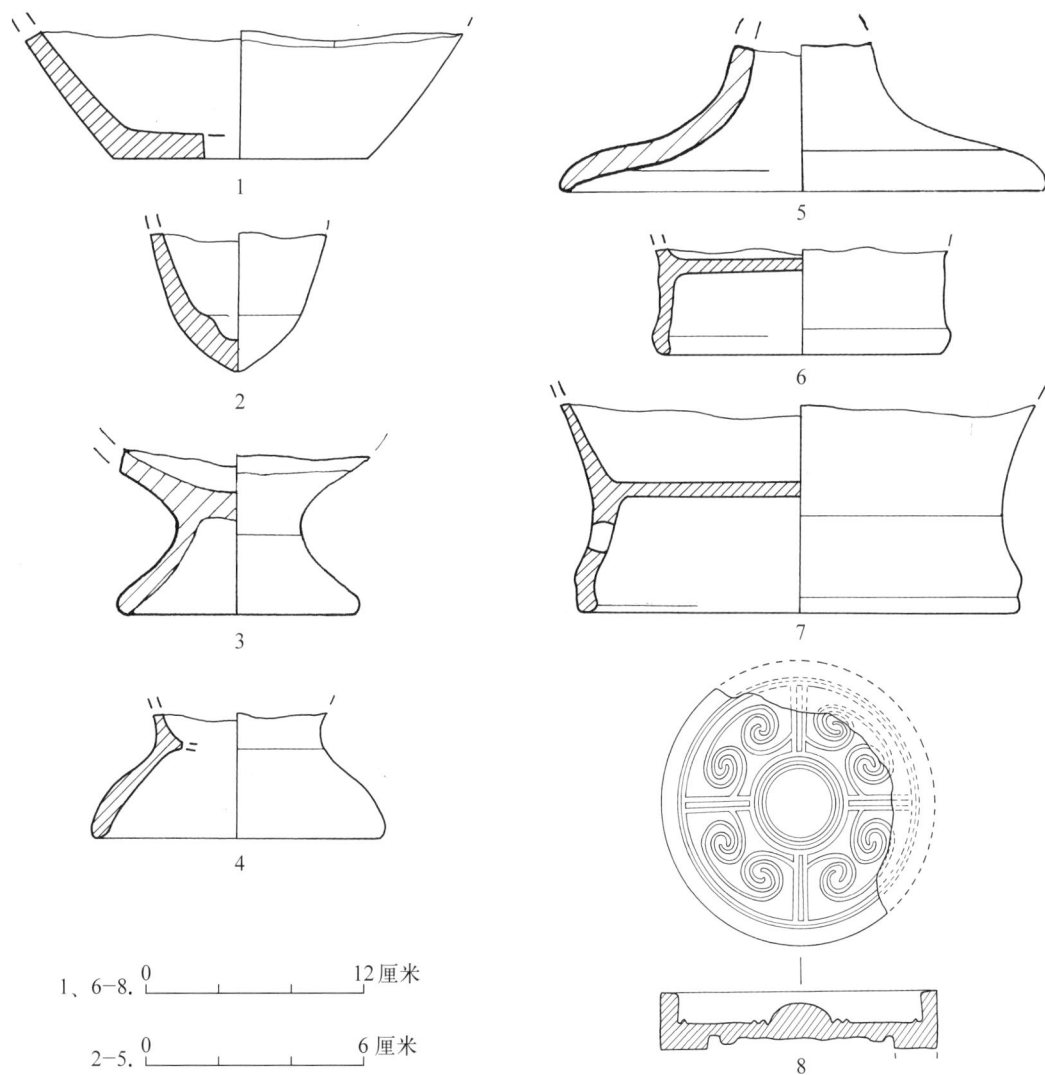

1、6-8. [0 ___ 12厘米]

2-5. [0 ___ 6厘米]

图一二七 ⑥层陶器

1、2. 器底（TN05W06－N06W05⑥∶10、TN03W06－N04W05⑥∶2） 3-7. 圈足（TN05W08－N06W07⑥∶5、TN05W08－N06W07⑥∶9、TN05W06－N06W05⑥∶3、TN05W08－N06W07⑥∶3、TN05W08－N06W07⑥∶2） 8. 瓦当（TN05W06－N06W05⑥∶14）

一二七,2)。

（10）圈足　5件。

A型　3件。标本TN05W08－N06W07⑥：5,夹砂灰陶。喇叭状、圈足外撇。足径6.4、残高4.4厘米（图一二七,3）。标本TN05W08－N06W07⑥：9,夹砂灰陶,夹杂黄褐斑。喇叭状。足径8、残高3.2厘米（图一二七,4）。标本TN05W06－N06W05⑥：3,夹砂红陶,夹杂黄色。喇叭状矮圈足。足径13.2、残高3.8厘米（图一二七,5）。

D型　2件。标本TN05W08－N06W07⑥：3,夹砂灰褐陶。折弧壁。足径16、残高5.4厘米（图一二七,6）。标本TN05W08－N06W07⑥：2,夹砂灰褐陶。折弧壁。足上有一圆孔。足径24、残高10.6厘米（图一二七,7）。

（11）瓦当　1件。

标本TN05W06－N06W05⑥：14。圆形。饰四组卷云纹。直径15、厚3厘米（图一二七,8）。

六、⑤层出土遗物

陶器

（1）尖底杯　1件。

Ab型　1件。标本TN05W06－N06W05⑤：54,泥质灰褐陶。微胖型、敛口、弧腹。口径9.6、残高10.2厘米（图一二八,1）。

（2）尖底盏　9件。

AⅠ式　3件。口微敛、折腹、下腹内收、尖底较厚。标本TN07W04－N08W03⑤：2,夹砂灰黑陶。口径10.8、高4.8厘米（图一二八,6）。标本TN05W04－N06W03⑤：1,夹砂灰陶。口径11.2、高4.4厘米（图一二八,7;彩版三三,2）。标本TN07W06－N08W05⑤：2,夹砂灰黑陶。口径12、残高3厘米（图一二八,8）。

BⅠ式　1件。标本TN07W04－N08W03⑤：8,夹砂灰褐陶。口近直、圆折腹、斜腹内收呈尖底状,口径11.2、高4.4厘米（图一二八,2）。

BⅡ式　4件。口近直、折腹、下腹内收。标本TN05W06－N06W05⑤：2,夹砂灰黑陶。口径12、高3.7厘米（图一二八,3）。标本TN05W06－N06W05⑤：5,夹砂灰黑陶。口径12、残高3.1厘米（图一二八,4）。标本TN03W06－N04W05⑤：3,夹砂灰黑陶。圆唇。内壁有制作时留下的凹痕。口径12、残高3.2厘米（图一二八,5）。标本TN05W04－N06W03⑤：14,夹砂灰陶。直口、圆唇、折腹。口径12、高3.2厘米（图一二八,9）。

CⅡ式　1件。标本TN05W06－N06W05⑤：3,夹砂灰褐陶。口微侈、折腹、器底较厚。口径11.6、高3.8厘米（图一二八,10;彩版三三,3）。

（3）敛口罐　8件。

B型　2件。标本TN05W06－N06W05⑤：8,夹砂灰褐陶。卷沿、短束颈、大广肩。口径35、残高3.6厘米（图一二九,1）。标本TN05W06－N06W05⑤：48,夹砂灰黑陶。卷沿、短束颈、大广肩。口径30、残高4.2厘米（图一二九,2）。

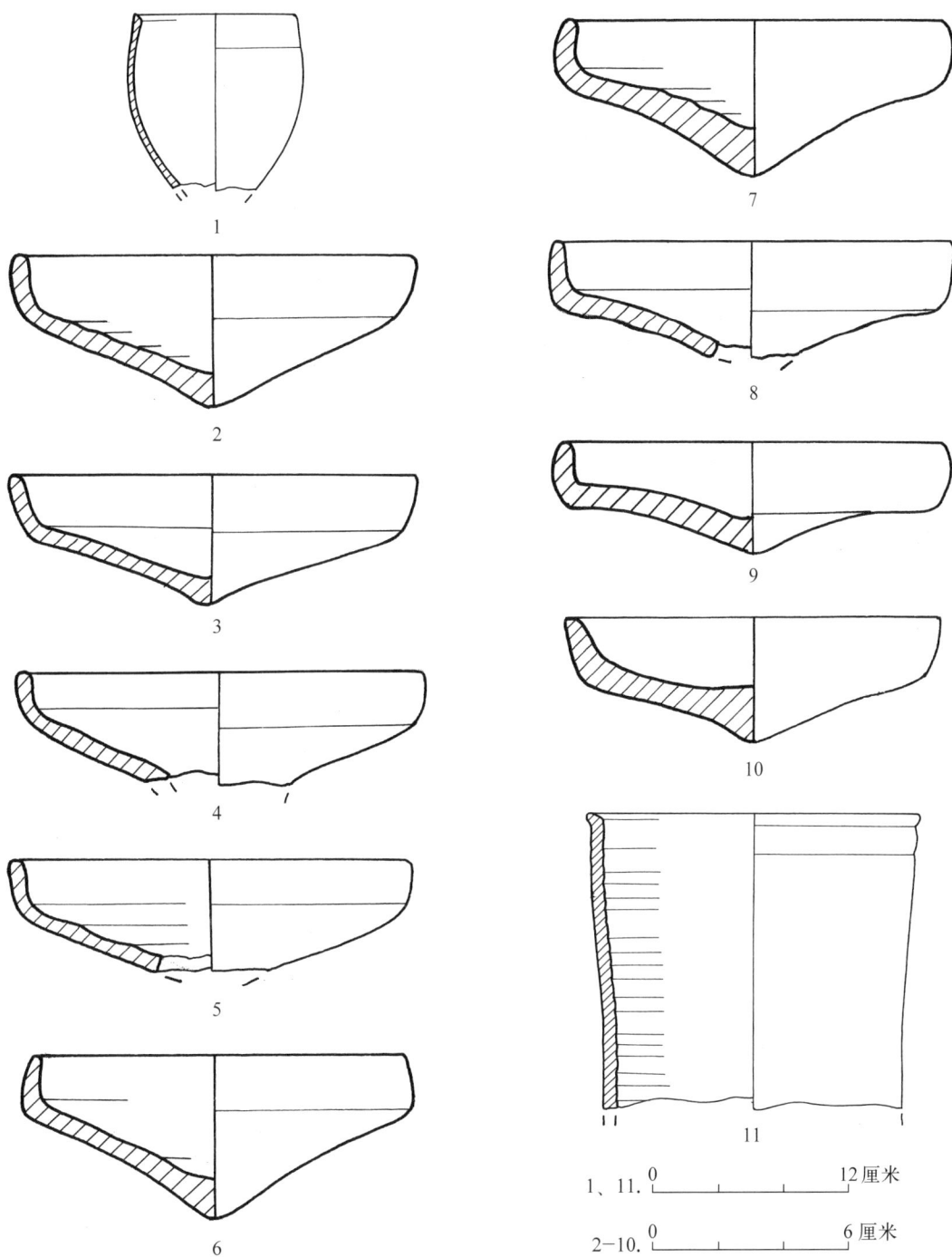

图一二八 ⑤层陶器

1.尖底杯（TN05W06－N06W05⑥：54） 2－10.尖底盏（TN07W04－N08W03⑤：8、TN05W06－N06W05⑤：2、
TN05W06－N06W05⑤：5、TN03W06－N04W05⑤：3、TN07W04－N08W03⑤：2、TN05W04－N06W03⑤：1、TN07W06－N08W05⑤：2、
TN05W04－N06W03⑤：14、TN05W06－N06W05⑤：3） 11.壶（TN05W04－N06W03⑤：7）

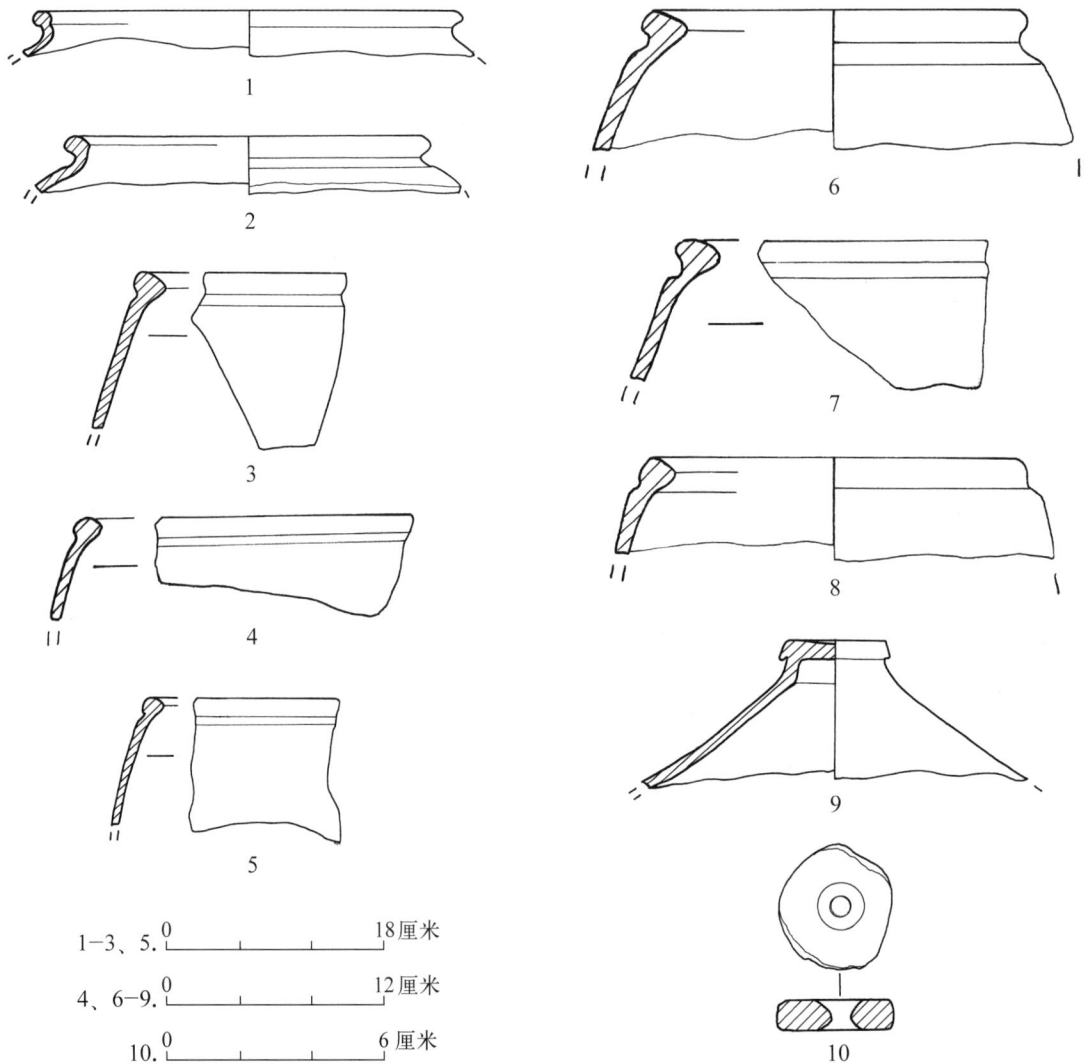

图一二九　⑤层陶器

1—8. 敛口罐（TN05W06-N06W05⑤：8、TN05W06-N06W05⑤：48、TN05W06-N06W05⑤：7、TN05W06-N06W05⑤：50、
TN05W06-N06W05⑤：13、TN05W06-N06W05⑤：9、TN05W06-N06W05⑤：51、TN05W06-N06W05⑤：52）
9. 器纽（TN01W08-N02W07⑤：7）　10. 纺轮（TN07E01-N08E02⑤：5）

C型　6件。标本TN05W06-N06W05⑤：7，夹砂灰褐陶。无沿、短唇、折肩。残高13.8厘米（图一二九，3）。标本TN05W06-N06W05⑤：50，夹砂灰黑陶。折肩、鼓腹。残高5.4厘米（图一二九，4）。标本TN05W06-N06W05⑤：13，夹砂灰黑陶。折肩、鼓腹。残高10.8厘米（图一二九，5）。标本TN05W06-N06W05⑤：9，夹砂灰黑陶。折肩、鼓腹。口径20.8、残高7.6厘米（图一二九，6）。标本TN05W06-N06W05⑤：51，夹砂灰黑陶。折肩、鼓腹。残高7.8厘米（图一二九，7）。标本TN05W06-N06W05⑤：52，夹砂灰黑陶。折肩、鼓腹。口径20、残高5.6厘米（图一二九，8）。

（4）壶　1件。

标本TN05W04-N06W03⑤：7，夹砂灰陶。直口、腹壁径直，内壁呈波浪形。口径20、残高17

厘米(图一二八,11)。

(5)盆 3件。

A型 1件。标本TN01W06-N02W05⑤:1,夹砂灰黑陶。敛口、卷沿上扬、鼓腹、平底。腹部饰一周凹弦纹。口径34.4、底径14.8、高13.5厘米(图一三〇,1)。

C型 2件。标本TN05W04-N06W03⑤:11,夹砂灰黑陶。侈口。残高7厘米(图一三〇,2)。标本TN05W04-N06W03⑤:12,夹砂灰黑陶。敞口、卷沿、弧腹。残高12厘米(图一三〇,3)。

(6)绳纹深腹罐 5件。

B型 5件。标本TN01W04-N02W03⑤:5,夹砂灰黑陶。侈口、高束颈、窄弧肩。口径18.4、残高7厘米(图一三一,1)。标本TN01W08-N02W07⑤:6,夹砂灰褐陶。侈口、束颈、窄弧肩。颈部有一周凸棱,肩部饰有绳纹,口径30.6、残高9.6厘米(图一三一,2)。标本TN03W04-N04W03⑤:7,夹砂灰黑陶。侈口、束颈、鼓腹。口径40.2、残高7.8厘米(图一三一,3)。标本TN01W08-N02W07⑤:8,夹砂灰黑陶。侈口、束颈、鼓腹。肩部饰有绳纹,口径28.2、残高8.4厘米(图一三一,4)。标本TN07W06-N08W05⑤:5,夹砂灰褐陶。侈口、束颈、溜肩。肩部饰有绳纹,口径24.4、残高7.2厘米(图一三一,5)。

(7)釜 2件。

A型 1件。标本TN01W04-N02W03⑤:6,夹砂灰陶。侈口、高束颈、扁球形腹、圜底。口

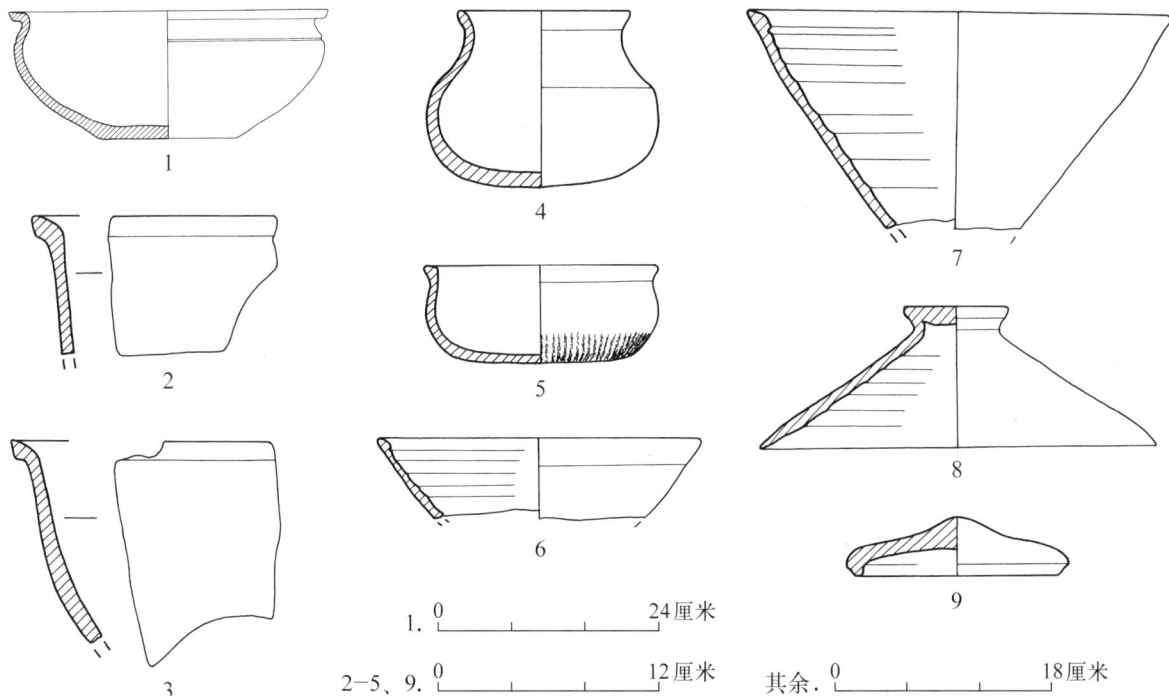

图一三〇 ⑤层陶器

1-3.盆(TN01W06-N02W05⑤:1、TN05W04-N06W03⑤:11、TN05W04-N06W03⑤:12) 4、5.釜(TN01W04-N02W03⑤:6、TN01W06-N02W05⑤:3) 6、7.簸形器(TN05W06-N06W05⑤:12、TN03W04-N04W03⑤:1) 8、9.器盖(TN03W08-N04W07⑤:5、TN05W04-N06W03⑤:3)

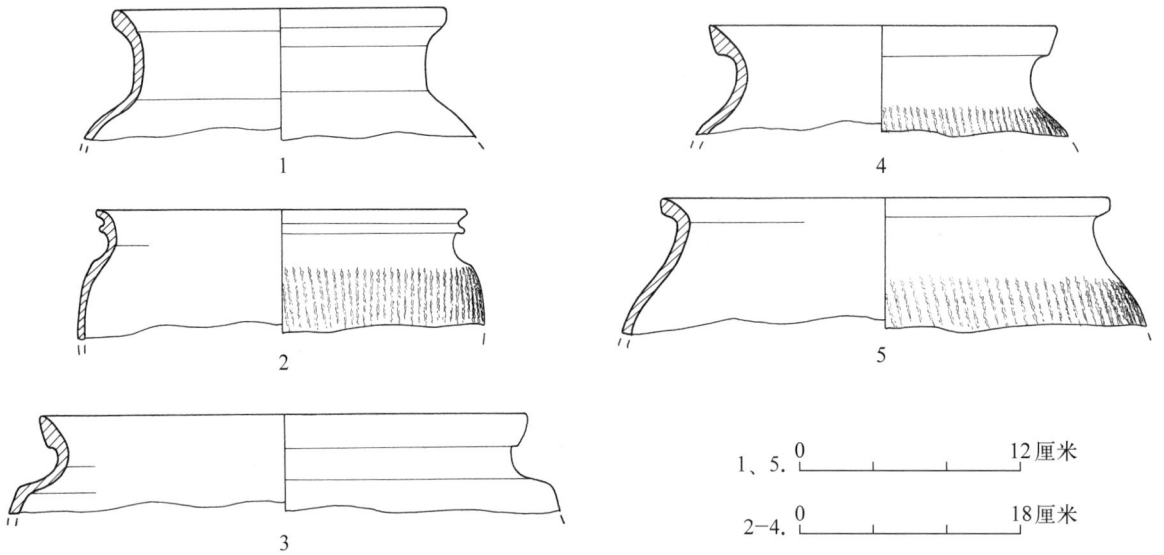

图一三一　⑤层陶绳纹深腹罐

1. TN01W04-N02W03⑤:5　2. TN01W08-N02W07⑤:6　3. TN03W04-N04W03⑤:7　4. TN01W08-N02W07⑤:8
5. TN07W06-N08W05⑤:5

径9.2、高9.2厘米（图一三〇,4）。

B型　1件。标本TN01W06-N02W05⑤:3,夹砂灰黑陶。直口、圆鼓腹、圜底。近底部饰绳纹。口径12.6、高5.1厘米（图一三〇,5）。

（8）簋形器　2件。

C型　2件。标本TN05W06-N06W05⑤:12,夹砂灰黑陶。敞口、斜直腹,腹部内侧呈波浪状。口径26.4、残高6.6厘米（图一三〇,6）。标本TN03W04-N04W03⑤:1,夹砂灰黑陶。敞口、斜直腹,腹部内侧呈波浪状。口径34.8、残高17.4厘米（图一三〇,7）。

（9）豆　14件。

Aa型　13件。标本TN05W04-N06W03⑤:4,夹砂灰陶。碗形、矮圈足,敛口、折腹、下腹斜收、矮圈足外撇。口径9.6、足径4、高4.2厘米（图一三二,1;彩版三三,4）。标本TN05W04-N06W03⑤:2,夹砂灰陶。碗形、矮圈足,近直口,圆唇。口径13、足径5.6、高5厘米（图一三二,2）。标本TN05W04-N06W03⑤:6,夹砂灰陶。碗形、矮圈足,口微敛、圆唇。口径11.2、足径4.8、高4.6厘米（图一三二,3）。标本TN05W04-N06W03⑤:19,夹砂褐陶。碗形、矮圈足,口微敛、方唇。口径13.2、足径8、高6.1厘米（图一三二,4）。标本TN01W04-N02W03⑤:4,夹砂灰黑陶。碗形、矮圈足,敛口、圆唇。口径14.4、足径5.2、高5.8厘米（图一三二,5;彩版三三,5）。标本TN01W04-N02W03⑤:1,夹砂灰黑陶。碗形、矮圈足,敛口、方唇。口径15.4、底径6.2、高6.4厘米（图一三二,6）。标本TN03W08-N04W07⑤:4,夹砂灰黑陶。碗形、矮圈足,敛口、方唇。口径13.8、底径8、高6.2厘米（图一三二,7）。标本TN03W08-N04W07⑤:1,夹砂灰陶。碗形、矮圈足,侈口、圆唇。颈部微束,有一周凸棱。口径14、足径8.2、高6.2厘米（图一三二,8）。标本TN01W08-N02W07⑤:5,夹砂灰陶。碗形、矮圈足,敛口、圆唇。口径11.6、足

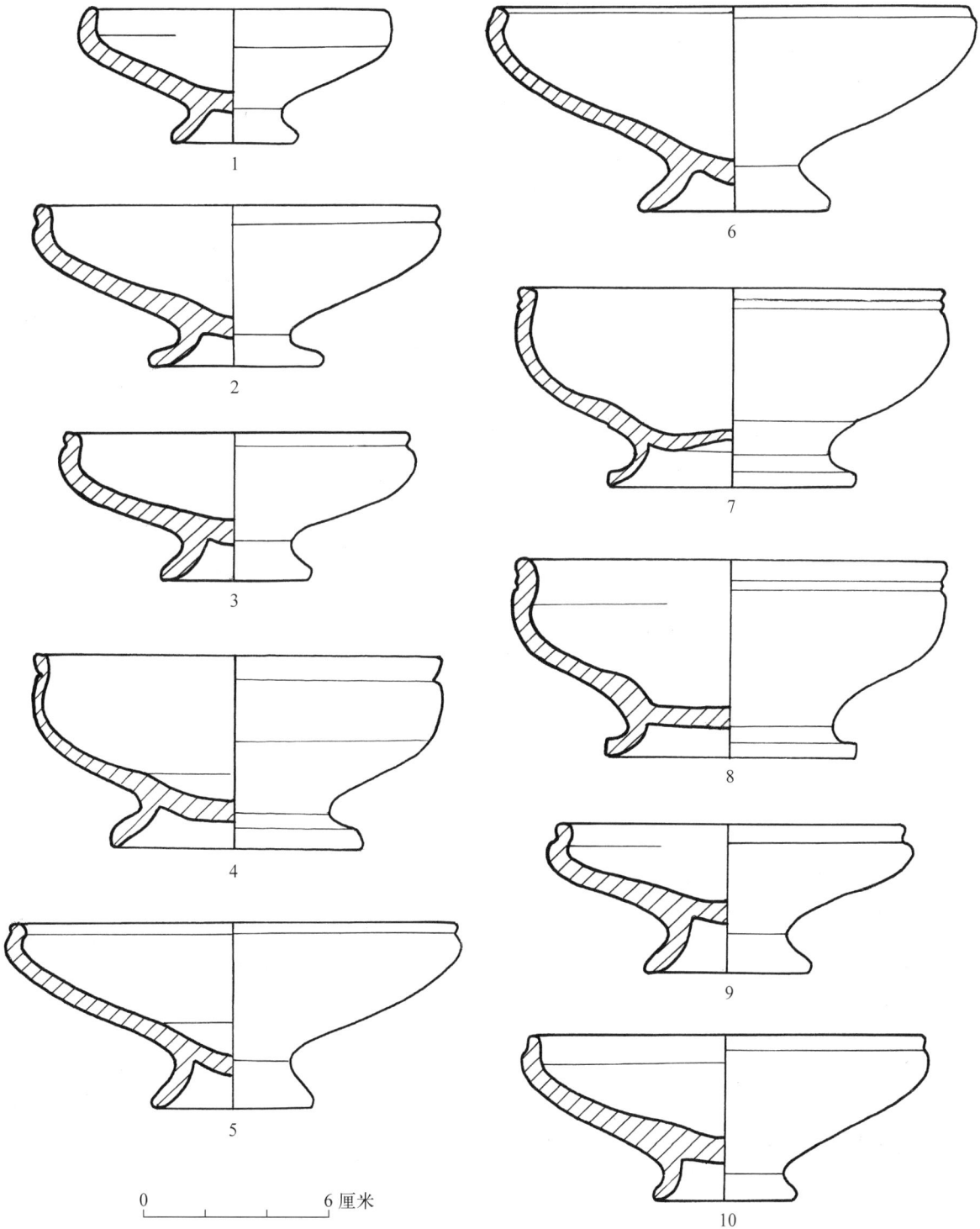

图一三二 ⑤层陶豆

1. TN05W04-N06W03⑤:4　2. TN05W04-N06W03⑤:2　3. TN05W04-N06W03⑤:6　4. TN05W04-N06W03⑤:19
5. TN01W04-N02W03⑤:4　6. TN01W04-N02W03⑤:1　7. TN03W08-N04W07⑤:4　8. TN03W08-N04W07⑤:1
9. TN01W08-N02W07⑤:5　10. TN03W04-N04W03⑤:8

径5.2、高4.4厘米（图一三二，9）。标本TN03W04－N04W03⑤：8，夹砂灰陶。碗形、矮圈足、直口、圆唇。口径12.8、底径4.6、高5.2厘米（图一三二，10）。标本TN07W04－N08W03⑤：9，夹砂灰陶。碗形、矮圈足、直口、圆唇。颈部饰一周凸棱。口径15.2、残高6厘米（图一三三，1）。标本TN05W06－N06W05⑤：57，夹砂灰陶。碗形、矮圈足，直口、圆唇。口径12.8、底径8.8、高7.2厘米（图一三三，2）。标本TN03W06－N04W05⑤：2，夹砂灰陶。碗形、矮圈足、敛口、方唇。颈部饰三

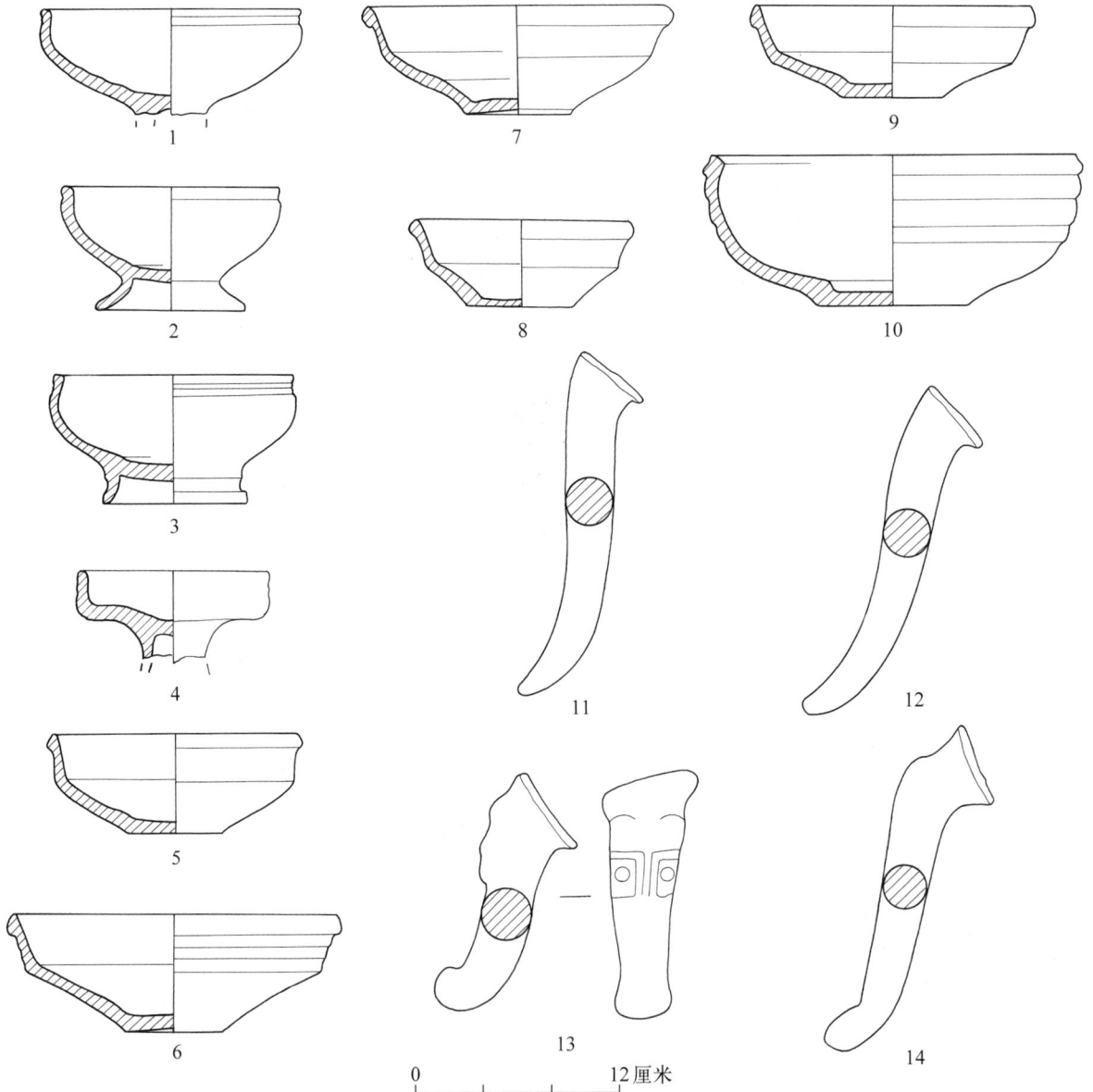

图一三三　⑤层陶豆、钵、鼎足

1－4.豆（TN07W04－N08W03⑤：9、TN05W06－N06W05⑤：57、TN03W06－N04W05⑤：2、TN05W06－N06W05⑤：55）
5－9.折腹钵（TN05W04－N06W03⑤：21、TN05W04－N06W03⑤：17、TN01W06－N02W05⑤：1、TN01W04－N02W03⑤：2、
TN07W06－N08W05⑤：7）　10.弧腹钵（TN05W04－N06W03⑤：16）　11－14.鼎足（TN01W08－TN02W07⑤：3、
TN01W08－N02W07⑤：4、TN03W06－N04W05⑤：1、TN03W04－N04W03⑤：2）

道弦纹。口径14、足径8.4、高7.2厘米(图一三三,3)。

Bb型 1件。标本TN05W06-N06W05⑤:55,夹砂灰陶。浅盘形,高圈足、直口、下腹微内凹。口径11.4、残高4.8厘米(图一三三,4)。

(10)折腹钵 5件。

A型 5件。标本TN05W04-N06W03⑤:21,夹砂灰陶。侈口、折腹、平底。口径15.2、底径5.6、高5.6厘米(图一三三,5)。标本TN05W04-N06W03⑤:17,夹砂灰陶。侈口、折腹、平底微凹。上腹部饰数周弦纹。口径19.6、底径5.6、高6.6厘米(图一三三,6)。标本TN01W06-N02W05⑤:1,夹砂灰陶。侈口、折腹、平底。口径18、底径6、高6.2厘米(图一三三,7;彩版三三,6)。标本TN01W04-N02W03⑤:2,夹砂灰黄陶。侈口、折腹、平底。口径13、底径6、高4.8厘米(图一三三,8)。标本TN07W06-N08W05⑤:7,夹砂灰陶。侈口、折腹、平底。口径16.4、底径5.6、高5.2厘米(图一三三,9)。

(11)弧腹钵 1件

Bb型 1件。标本TN05W04-N06W03⑤:16,夹砂灰陶。敛口、弧腹、平底。沿面饰一周凸棱、上腹部饰数道凸棱。口径21.2、底径8.8、高8.4厘米(图一三三,10)。

(12)器盖 2件。

A型 2件。标本TN03W08-N04W07⑤:5,夹砂灰黑陶。大敞口,饼状捉手。口径32.4、纽径8.4、高11.4厘米(图一三〇,8)。标本TN05W04-N06W03⑤:3,夹砂灰陶。尖状捉手。口径12、高3.2厘米(图一三〇,9;彩版三四,1)。

(13)器纽 1件。

A型 1件。标本TN01W08-N02W07⑤:7,夹砂灰黑陶。覆斗形。纽径6、残高7厘米(图一二九,9)。

(14)圈足 5件。

A型 3件。标本TN01W08-N02W07⑤:9,夹砂灰黑陶。喇叭状圈足。足径6、残高3厘米(图一三四,6)。标本TN07W06-N08W05⑤:4,夹砂灰黑陶。喇叭状圈足。足径12、残高3.2厘米(图一三四,7)。标本TN01W04-N02W03⑤:8,夹砂灰黑陶。喇叭状圈足。斜直壁。足径9厘米,残高3厘米(图一三四,8)。

C型 1件。标本TN07W06-N08W05⑤:6,夹砂灰黑陶。盘状、弧腹内收,圈足较矮。足径13.6、残高6.8厘米(图一三四,9)。

D型 1件。标本TN01W04-N02W03⑤:9,夹砂灰陶。矮圈足、折弧壁、足根呈台阶状。足径10.4、残高5.8厘米(图一三四,10)。

(15)器底 5件。

均为平底。标本TN05W06-N06W05⑤:49,夹砂灰褐陶。斜腹内收。底径12.8、残高5.8厘米(图一三四,1)。标本TN05W06-N06W05⑤:10,夹砂灰褐陶。弧腹内收。底径6、残高6厘米(图一三四,2)。标本TN05W06-N06W05⑤:56,夹砂灰黑陶。底部微内凹。底径12.8、残高10.6厘米(图一三四,3)。标本TN05W04-N06W03⑤:10,夹砂灰黑陶。弧腹内收。底径10.4、残高

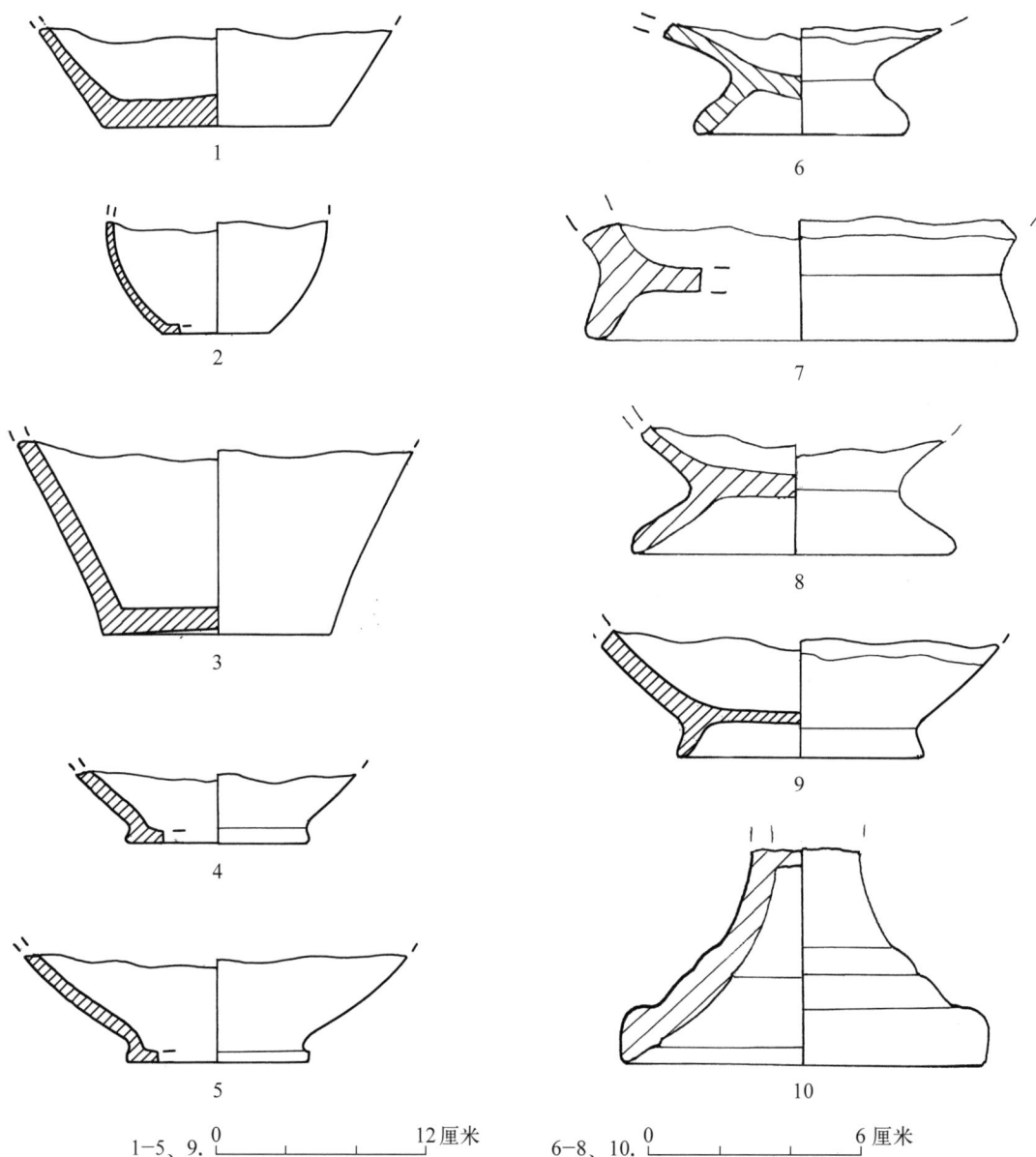

图一三四 ⑤层陶器底、圈足

1-5. 器底（TN05W06-N06W05⑤：49、TN05W06-N06W05⑤：10、TN05W06-N06W05⑤：56、TN05W04-N06W03⑤：10、TN05W04-N06W03⑤：8） 6-10. 圈足（TN01W08-N02W07⑤：9、TN07W06-N08W05⑤：4、TN01W04-N02W03⑤：8、TN07W06-N08W05⑤：6、TN01W04-N02W03⑤：9）

4厘米（图一三四，4）。标本TN05W04-N06W03⑤：8，夹砂灰黑陶。底径10.4、残高5.6厘米（图一三四，5）。

（16）鼎足 4件。

高柱状足、足端外撇。标本TN01W08-N02W07⑤：3，夹砂褐陶。高19.2厘米（图一三三，11）。标本TN01W08-N02W07⑤：4，夹砂灰黑陶。高足、足端外撇。高18.4厘米（图一三三，12）。标本TN03W06-N04W05⑤：1，夹砂灰黑。短足、足端外撇。足上部饰有简化的兽面纹。

高14厘米(图一三三,13)。标本TN03W04-N04W03⑤:2,夹砂灰黑陶。高足、足端外撇。高18.4厘米(图一三三,14)。

(17)纺轮 1件。

E型 1件。标本TN07E01-N08E02⑤:5,夹砂褐陶。圆饼形。直径3.1、厚0.8厘米(图一二九,10)。

第七节 分期与年代

一、分期

周代遗存中,主体为地层堆积,另有少数遗迹单位,下面先对各层位出土器物进行分析、分组和分期;再对遗迹单位进行分析,纳入分期体系之中。

1. 地层

新一村遗址由于受河流冲击影响,可能原生地层受到一定程度的破坏,该遗址周代遗存从最早的第⑩层至第④层均有出土,显得较为繁杂。且地层堆积可能并非原生形态,可能是与水环境对原生堆积的破坏有关,所以造成了各堆积单位出土器物可能并非原生的组合关系。我们只能从各单位出土陶器的组合及演变趋势出发,总结各层位之间在陶器组合及形态上的亲疏关系,进而划分为不同的年代组,再进行分期。

第⑩层出土陶器较少,几乎全为夹砂陶,主要为夹砂灰黑、灰褐、红褐陶等,大多为素面,有少量弦纹、方格纹等。主要器类包括尖底杯、尖底盏、尖底罐、敛口罐、喇叭口罐、桶形器、钵、杯、豆、器盖、纺轮等。尖底杯包括Cb型;尖底盏包括AⅠ式、BⅠ式、BⅡ式等;尖底罐为B型;敛口罐为C型;杯为A型;豆为Bb型;纺轮包括A型、B型、C型、E型等。尖底罐略微瘦长;尖底杯仅见罐形;尖底盏以敛口和直口为主。其余器类则以素面喇叭口罐最具特色,釜仅出土1件,其底部饰有较规律的、呈同心圆分布的细绳纹。除纺轮外,其余陶器种类较多但形制较为接近、数量也较少,可能与其位于遗址堆积最底层有关。该层器物的陶器组合一大特征以尖底器为主。该层还出土少量玉器、石器、骨器和卜甲等。

第⑨层出土陶器最多,出土陶器依然以夹砂陶为主,主要为夹砂灰黑、灰褐及红褐等,绝大部分为素面,有少量绳纹、弦纹、刻划纹、重菱纹及镂孔装饰。器类较⑩层丰富,包括尖底杯、尖底盏、尖底罐、喇叭口罐、敛口罐、矮领罐、束颈罐、绳纹深腹罐、釜、簋形器、敛口罐、瓮、盆、高柄豆、钵、杯、豆、器盖、器纽、圈足、纺轮、鬲足等;其中占比较大的是尖底杯、尖底盏、敛口罐、束颈罐、盆、瓮、簋形器、纺轮等。尖底杯包括Aa型、Ab型、B型、Ca型、Cb型;尖底盏包括AⅠ式、AⅡ式、BⅠ式、BⅡ式、CⅠ式、CⅡ式等;尖底罐包括Aa型、C型;敛口罐包括A型、B型、C型等;束颈罐包括A型、Ba型等;瓮包括A型;纺轮包括A型、B型、C型、E型等。可以看到,与第⑩层相比,第⑨层陶器的种类和数量都明显增加,各器类也几乎涵盖了各自主要的形态。具体而言,尖底罐呈矮胖形;尖底杯以炮弹形为主,不见罐形尖底杯;尖底盏占据主流,直口或敛口,多呈折腹。各型敛口罐成为主流,且部分装饰了重菱纹;侈口高领瓮成为主要器类;簋形器以直口或微敛口的形态为主。釜的数量和种类均大幅增加,素面、饰绳纹均有,既有卷沿,亦有翻沿者。喇叭口罐数量增多,形态则变化不大。器盖、器钮数量大增。而鬲足明显不是成都平原本地的产物,可能是受到了外来文化的影响。釜、绳纹深腹罐等数量大增,则是代表着一种新的因素流行起来,伴随的是簋形器、瓮、矮领罐等器类的流行。该层还出土较多玉器和石器,器形较小的玉璜是最为主要的,其他还包括矛、凿、刀、戈、璧及斧、锛、磨石等。一些铜工具和兵器也有出土,如刀、凿、镞等。骨器包括簪、锥形器、挂饰等。该层出土大量卜甲,但多出土于沙中,较为细碎。

第⑧层出土陶器较少,以夹砂灰黑、灰褐、红褐为主,几乎不见泥质陶;大多为素面,有少量弦纹及方格纹等。器类主要有尖底盏、喇叭口罐、矮柄豆、杯、鬲足等。尖底盏包括AⅠ式、BⅡ式等。尖底盏较浅,折腹较明显;喇叭口罐折腹,上腹装饰有对称的三乳丁。这两类陶器形态都与第⑨层略有区别。

第⑦层出土陶器较多,夹砂陶仍占据绝对多数,仍以灰黑、灰褐、红褐三种为主;陶器以素面为主,有少量弦纹、方格纹、重菱纹及镂孔装饰等。相对而言,凹弦纹比例有所增加。器类包括尖底杯、尖底盏、尖底罐、敛口罐、高领罐、束颈罐、绳纹深腹罐、釜、簋形器、喇叭口罐、高领瓮、矮领瓮、盆、器盖、圈足、纺轮等;占据主流的是尖底盏、敛口罐、瓮、盆、绳纹深腹罐、釜、簋形器等。尖底盏包括AⅠ式、AⅡ式、CⅡ式等;敛口罐包括B型、C型等;瓮包括A型、B型等。与第⑨层相比,器类基本接近,但不见豆,有盘等新的器形;且尖底罐、尖底杯等已经较少出现,不再流行;纺轮数量急剧减少。尖底盏形态丰富,既有腹部较浅,也有腹部较深者,但部分盏腹部内侧近底处较厚,显示出较晚的特征。尖底罐领略高于第⑨层尖底罐,下腹斜收、腹部略深。尖底杯与第⑨层相比,形态基本一致,但体形明显变小。瓮除了高领之外,还有少量矮领瓮。新出现的盘口罐可能是喇叭口罐进一步变化的结果。簋形器器形残缺且简单,变化不明显。各式圈足中,矮圈足的比例增加较多,高圈足者减少。总之,与第⑨层相比,器类虽然接近,但最为流行的、占据主要比例的器物已经明显变化;且同类器形态差异非常明显。该层也出土少量玉璜类器物,还出土有铜刀等,不见骨器及卜甲等。

第⑥层出土陶器较少,以夹砂灰黑、红褐、灰褐为主,极少有泥质陶;仍以素面为主,仅少量弦纹、重菱纹、绳纹等。器类包括尖底盏、敛口罐、高领罐、矮领罐、簋形器、盆、器盖、圈足、瓦当等。各器类数量均不多,尖底盏和敛口罐略多。从尖底盏的形态来看,折腹、浅腹者稍多,而腹部内部仍然有突出加厚的特征。总的来说,除了新增的云纹瓦当之外,与第⑦层陶器差别不大。该层无玉石器及骨器等出土。

第⑤层出土陶器仍以夹砂陶为主,其中灰黑、灰褐为主,少见红褐陶;仍以素面为主,少量饰弦纹、绳纹、刻划纹等。器类包括尖底盏、尖底杯、敛口罐、绳纹深腹罐、釜、盆、矮柄豆、簋形器、折腹钵、弧腹钵、器盖、器钮、鼎足等;最主要的器物是尖底盏、敛口罐、绳纹深腹罐、釜、矮柄豆、折腹钵、鼎足等。尖底盏包括AⅠ式、BⅠ式、BⅡ式等;釜包括A、B型等;豆包括Aa型、Ba型等。与第⑥层及其下诸层相比,增加了折腹钵、弧腹钵、近平底釜、鼎足等器类,喇叭口罐、瓮、高领罐、矮领罐等器类不见,器类组合变化非常明显。尖底盏底部变得非常厚、内部很浅。总之,以矮柄豆、钵、釜等器物的流行为标志,与前述诸层在陶器面貌上发生了巨大的变化。

从上面对第⑩至⑤层出土陶器的陶系、组合及形态分析,能够较明显地看出,第⑤层出土陶器,无论是陶系,还是器类和形态,都与前面几层差距明显,应该单独归为一组。第⑩至⑥层出土陶器在质地、颜色、纹饰等方面基本保持一致,但器类及形态却有所区别。第⑩层出土陶器较少,尖底器仍然占据较大比重,与第⑨层略有区别,可单独分为一组。第⑨层和第⑧层出土陶器的种类和形态均较为接近,可合并为一组。第⑦层和第⑥层出土陶器也较为接近,可合并为一组。与第⑨层这一组相比,器类有所增减,尖底杯和罐基本不见,矮领瓮、盘口罐等新器类出现。纺轮种类和数量也大为减少。玉璜等玉器也大为减少。总之,以第⑦层代表的这一组与第⑨层代表的这一组,区别较大。这样,我们将这⑥层堆积根据陶器分为四组:第一组为第⑩层;第二组为第⑨、⑧层;第三组为第⑦、⑥层;第四组为第⑤层。

2. 遗迹

周代遗存中,还包括了一些遗迹。具体而言,F2开口于第⑨层下,打破了生土,无出土遗物,年代可能较早,可归入第一组。H11、H13、H17和K6开口于④层下,打破第⑤层,出土陶器主要为尖底盏、豆、钵、绳纹深腹罐、釜等,与第⑤层陶器比较接近。H19、H20开口于⑤层下,打破⑥层,其中H19出土陶器较多,器类及形态与第⑦、⑥层接近。H21、K7开口于第⑥层下,打破第⑦层,K7仅出土一件玉璜,H21出土陶器与⑥层较为接近。G5开口于⑤层下,打破⑥层,陶器中的钵、豆等与第⑤层接近,其中还有铜半两1枚,也说明其年代较晚。M1开口于④层下,打破⑤层,其中出土高柄豆、矮柄豆等,与第⑤层比较接近。这样,可将H19、H20、H21、K7归入第⑦、⑥层所在的第三组;H11、H13、H17、K6、G5和M1归入第⑤层所在的第四组。

从上面的论述可知,前三组存在更多的共性,与第四组差异显著,可将前第一、二、三组合并为第一期,分别为第一至三段;第四组合并为第二期,为第四段。这样,周代遗存分为两期四段。

综上所述,新一村遗址周代遗存可分为两期四段。

第一期一段,包括第⑩层和F2等,此时聚落规模还较小,仅分布在西部和南部的局部区域。出土器物包括大量陶器,以及少量玉器、石器、骨器和卜甲等。陶器以夹砂陶为主,主要器类包括尖底杯、尖底盏、喇叭口罐、纺轮等。这一阶段,尖底器仍占有较大比例,还未出现篦形器。

第一期第二段,包括第⑨和第⑧层,无遗迹单位。该阶段堆积分布于整个发掘区,其中第⑨层堆积较厚,且出土器物丰富。该段出土器物包括陶器、玉器、石器、骨器和卜甲等,数量均较多,是周代遗物最为多样和丰富的阶段。陶器以夹砂陶为主,主要器类包括尖底杯、尖底盏、敛口罐、束颈罐、盆、高领瓮、绳纹深腹罐、篦形器、釜、喇叭口罐、器盖、纺轮等,还出土了多件鬲足和彩绘纹饰陶片。陶器种类非常丰富,其中以釜、绳纹深腹罐、敛口罐、篦形器、喇叭口罐为代表的新兴文化因素逐渐改变了以尖底器为主流的文化结构。玉器也非常多样,有矛等兵器类,最多的是玉璜,数量极大,且形体较小。这些玉器制作较为精美,显示出较为高超的制作水平。石器也种类多样,其中多件石璧的半成品显示该遗址可能存在制作场所及有使用石璧的特殊习俗。该段还出土多件卜甲,大多数有钻、凿和灼烧痕迹,与中原地区卜甲的制作技术基本一致。总之,该阶段是周代遗存的一个高峰阶段。

第一期第三段包括第⑦和第⑥层,以及H19、H20、H21、K7等4个单位。该阶段遗存仍然分布于整个发掘区,出土物以陶器为主,另有少量玉器和铜器。器物种类较为单一。陶器仍以夹砂陶为主,主要器类包括尖底盏、敛口罐、盆、瓮、绳纹深腹罐、簋形器、釜、圈足等。与第二段相比,尖底杯和尖底罐已经很少,尖底器进一步式微。以敛口罐、盆、瓮、绳纹深腹罐、釜及簋形器为代表的陶器群是最主要的部分。该阶段纺轮较少,也无较多陶器之外的器类,尤其是没有玉器和卜甲等代表较高工艺水平及意识形态的器物,说明该阶段文化面貌已经式微,预示着即将到来的新阶段。

第二期第四段包括第⑤层,以及H11、H13、H17、K6、G5和M1等6个单位。该阶段遗存分布于整个发掘区,堆积形态有坑、沟及墓葬等,较第一期丰富。出土器物以陶器为主,极少有其他类。陶器以夹砂陶为主,但陶色以灰色系为主,少了第一期中部分偏红褐色色彩,说明制陶工艺发生了变化。陶器主要器类包括尖底盏、敛口罐、绳纹深腹罐、矮柄豆、钵、鼎足等,以矮柄豆、钵、鼎足为代表的新型文化因素已经改变了第一期文化的基本结构。

二、年代

本次发掘的堆积中,也可能和十二桥遗址群中的十二桥遗址、指挥街遗址一样,存在洪水影响的可能,各层位出土陶器面貌较为复杂,并不单纯。在判断各层位、各期段年代时,以其中最主要的器物群来进行判断。新一村遗址1995年发掘所获遗存年代均为周代,主要分布在第⑧至⑥层,其年代范围约为西周晚期至春秋晚期,约在公元前1000至前500年左右[1]。此次发掘出土的陶器与2010年发掘陶器在器类和形态上均有所接近,是我们年代判断所参考的基础。同时,新一村遗址所出植物遗存先后送北京大学及美国BETA实验室进行了测年,第⑨层出土的彩陶片,也曾送北京大学进行测年。这三批测年数据,也为我们年代判断提供了基础数据。

第一段包括第⑩层。第一段的突出特征是还包含较多的尖底器,且未出现绳纹深腹罐等器物。器类包括尖底杯、尖底罐、喇叭口罐。尖底杯、尖底罐及袋足都显示出较早的形态特征,大约与金沙遗址祭祀区西区第⑬层及L27和东区第⑥层等堆积单位所出陶器组合比较接近[2],尤其是尖底杯占比较大及其形态等特征。报告编写者将这些单位归入其第四期晚段,年代约为距今3000-2900年,约为西周早期至中期偏早。第⑩层有一个炭屑的测年数据,在公元前2000年以前。考虑到该层出土了一些新石器时代的遗存,这一结果是合理的,但周代遗存的年代明显较此为晚。综合来看,第一段年代约为西周早中期。F2为地面向上的建筑,考虑到其形制与十二桥遗址商代建筑非常接近,其年代可能早于第一段的年代,应该为商代晚期。

---

[1]　成都市文物考古研究所:《成都十二桥遗址新一村发掘简报》,《成都考古发现》(2002),科学出版社,2004年,第173-208页。
[2]　成都文物考古研究院:《金沙遗址祭祀区发掘报告》,文物出版社,2022年。

　　第二段包括第⑨和⑧层,其中出土的尖底盏、敛口罐、矮领罐、瓮、篦形器、喇叭口罐大致与新一村1995年的第⑧和⑦层同类器比较接近,尤其是与第⑦层接近。高领绳纹罐在第⑨层中已经大量出现,带菱形印纹的敛口罐也较为流行。这些器物都是第⑩层所不见的,陶器群的面貌发生了比较大的改变。新一村第⑧和⑦层年代约为西周晚期至春秋早期。第⑨层和⑧层均出土了鬲足,这些鬲足为高柱状,饰细绳纹或素面,形制与湖北等地出土的所谓东周"楚式鬲"形态和纹饰均高度一致,与中原三晋等地东周鬲矮足的形态差异明显,当为楚式鬲[1]。这些鬲足的形态大约相当于西周晚期至春秋时期。与金沙遗址祭祀区相比,这该段陶器组合与第五期早段的西区第⑫至第⑩层出土陶器比较接近,尖底盏、敛口罐、篦形器等器类的形态也较为接近。报告编写者推测祭祀区该段年代约为距今2900-2800年,约为西周晚期。

　　第⑨层彩绘陶片有7个测年数据[2],其范围约在西周晚期至春秋中期,年代跨度较大,最集中的是在西周晚期至春秋早期。第⑨层还有一个水稻种子的测年,为距今2600年左右,约为春秋中期。第⑨层另有一个人头骨的测年数据,其年代约为商代早中期,与其他测年数据差距较大。这些测年跨度很大,说明地层堆积形成过程是较为复杂的,这些堆积可能都不是原生的堆积形态。从陶器组合的角度来看,这些遗存年代可能在西周晚期,最迟为春秋初年。从测年数据来看,则第⑨层形成的最后年代可能在春秋早期。结合这些情况,大致可将第二段的年代定为西周晚期至春秋早期。

　　第三段包括第⑦和⑥层,主要的陶器种类与第二段还是较为接近的,但具体形态有所差别。如前所述,喇叭口罐盘口更加明显,尖底盏底部变厚等,都是较晚的年代特征。与新一村1995年第⑥层陶器较为接近,该层年代简报推测为春秋中期。与金沙遗址祭祀区相比,与西区第⑨至⑥层和东区第⑤层出土陶器比较接近,相当于第五期中段至晚段偏早阶段,而略早于祭祀区古河道陶器。祭祀区该段年代约为距今2800-2600年,相当于春秋早期至中期。第⑦层所出的长颈喇叭口罐,腹部有三圆形乳丁,特征与金沙遗址黄河墓地M577所出的同类器有相似之处[3]。黄河M577年代约为春秋晚期[4]。该段第⑥层有一个测年数据,约为距今2500年,相当于春秋晚期。该段陶器与第二段紧密衔接,年代差距应该不大,推测该段年代约为春秋中期至晚期偏早。

　　第四段包括第⑤层,以釜、矮柄豆、绳纹深腹罐、钵等陶器为主,还有少量矮领罐、敛口罐等。盘口罐、各式高领罐不见,而这些都是春秋时期常见的陶器,说明该层年代主体应在战国时期。较金沙遗址祭祀区最晚的东区古河道而言,不见古河道中的高领器物。古河道年代下限约为春

[1]　张昌平:《楚鬲研究》,湖北省文物考古研究所:《奋发荆楚、探索文明——湖北省文物考古研究论文集》,湖北科学技术出版社,2000年。
[2]　杨颖东、何秋菊、周志清、崔剑锋:《成都十二桥遗址新一村一期出土漆彩绘陶的分析研究》,《文物保护与考古科学》2014年第2期。
[3]　成都文物考古研究所:《成都市金沙遗址"黄河"地点墓葬发掘简报》,《成都考古发现》(2012),科学出版社,2014年,第177-217页。
[4]　杨振威、左志强、陈云洪:《成都金沙遗址"黄河"地点二层下墓葬年代及相关问题》,《四川文物》2017年第4期。

秋晚期。说明该段年代也应该以战国时期为主。但仍然有少量尖底盏及簋形器出土,年代上限可能在春秋末期。其中还出土了兽蹄形鼎足,是典型的战国晚期器物。矮柄豆、折腹钵与西汉初的器形接近,说明其年代最晚可能接近汉初。与该段整体面貌相近的还有青羊宫第②层、上汪家拐第④B层等,年代均在战国时期[1]。该段有一座墓葬M1,陶器以深腹矮柄豆、高柄豆、侈口束颈罐等为主,目前还少见这种随葬品组合。与地层出土器物比较接近。其中无战国晚期常见的鼎、矮柄豆等,年代可能在战国早中期。该段第⑤层有一个测年数据,约为距今220年左右,约为战国晚期至汉初,与陶器面貌较为吻合。综合推测该段年代为春秋末期至战国晚期。

综上,新一村遗址周代遗存的年代范围在西周早中期至战国晚期。其中第一期第一段为西周早中期,第一期第二段为西周晚期至春秋早期,第一期第三段为春秋中期至晚期偏早;第二期第四段为春秋末期至战国晚期。

---

[1]　孙华:《四川盆地的青铜时代》,科学出版社,2000年,第69-88页。

第五章　汉　代　遗　存

汉代遗存包括坑10个：H7、H8、H10、H12、H14、H16、H18、K3、K4、K5；沟2条：G3、G4；水井10口：J1、J2、J3、J4、J8、J9、J10、J15、J16、J17；墓葬2座：W1、W2。其中开口④层下有：H7、H8、H12、H14、H16、H18、K5、G4、W1、W2等10处；开口③层下的有H10、K3、K4、G3、J1、J2、J3、J4、J8、J9、J10、J15、J16、J17等14处（图一三五）。第④层也属于汉代文化堆积。出土器物包括陶器、石器、铜器和铁器等。

第一节　陶器类型学分析

汉代陶器以夹砂陶为主，泥质陶很少，主要为夹砂灰黑、红褐、灰褐陶等。陶器多为素面，纹饰较少，纹饰主要有戳印纹、压印网格纹、弦纹、绳纹等（图一三六）。以下仅对部分主要器类进行类型学分析，其中汉代盆较周代盆数量更多、形态更为丰富，故汉代盆在本节单独分析，未与周代一并讨论。

1. 折腹钵
依据腹部差异可分为二型。

A型　折腹位置约当中部偏上。标本TN01W02-N02W01④：1（图一三七，1）。

B型　折腹位置约当器中部略偏下。标本TN05W04-N06W03④：1（图一三七，2），标本TN07W06-N08W05④：18（图一三七，3），标本G3：20（图一三七，4）。

2. 弧腹钵
依据口部差异分作二型。

A型　侈口。依据腹部差异分作二亚型。

Aa型　深腹。标本J1：1-2（图一三八，1）。

Ab型　浅腹。标本TN01W04-N02W03④：14（图一三八，2）。

B型　敛口。依据底部差异分作三亚型。

Ba型　平底。标本TN07W04-N08W03④：1（图一三八，3）。

Bb型　饼足。标本G3：16（图一三八，4）。

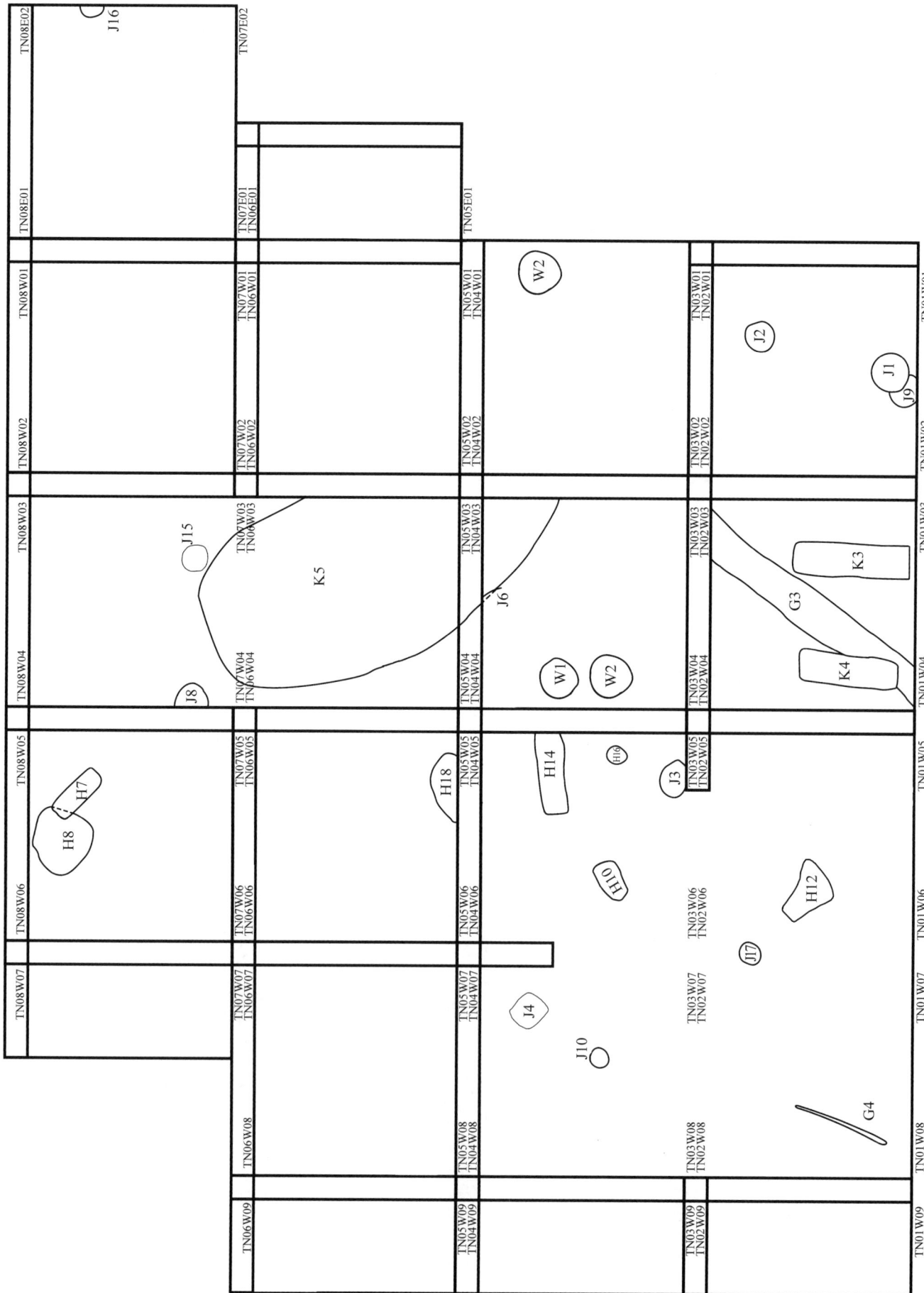

北

J16
TN08E02
TN07E02
TN08E01
TN07E01
TN06E01
TN05E01

TN08W01
W2
TN07W01
TN06W01
TN05W01
TN04W01
TN03W01
TN02W01
J2
TN01W01

J1
J9

TN08W02
TN07W02
TN06W02
TN05W02
TN04W02
TN03W02
TN02W02
TN01W02

J15
TN07W03
TN06W03
K5
TN05W03
TN04W03
J6
TN03W03
TN02W03
K3
TN08W03
G3
TN01W03

J8
TN07W04
TN06W04
TN05W04
TN04W04
W1
W2
TN03W04
TN02W04
K4
TN08W04
TN01W04
5米

TN08W05
H7
H8
TN07W05
TN06W05
H18
TN05W05
TN04W05
H14
H9
J3
TN03W05
TN02W05
TN01W05
0

TN08W06
TN07W06
TN06W06
H10
TN05W06
TN04W06
H12
TN03W06
TN02W06
J17
TN01W06

TN08W07
TN07W07
TN06W07
J4
TN05W07
TN04W07
TN03W07
TN02W07
J10
TN01W07

TN06W08
TN05W08
TN04W08
TN03W08
TN02W08
G4
TN01W08

TN06W09
TN05W09
TN04W09
TN03W09
TN02W09
TN01W09

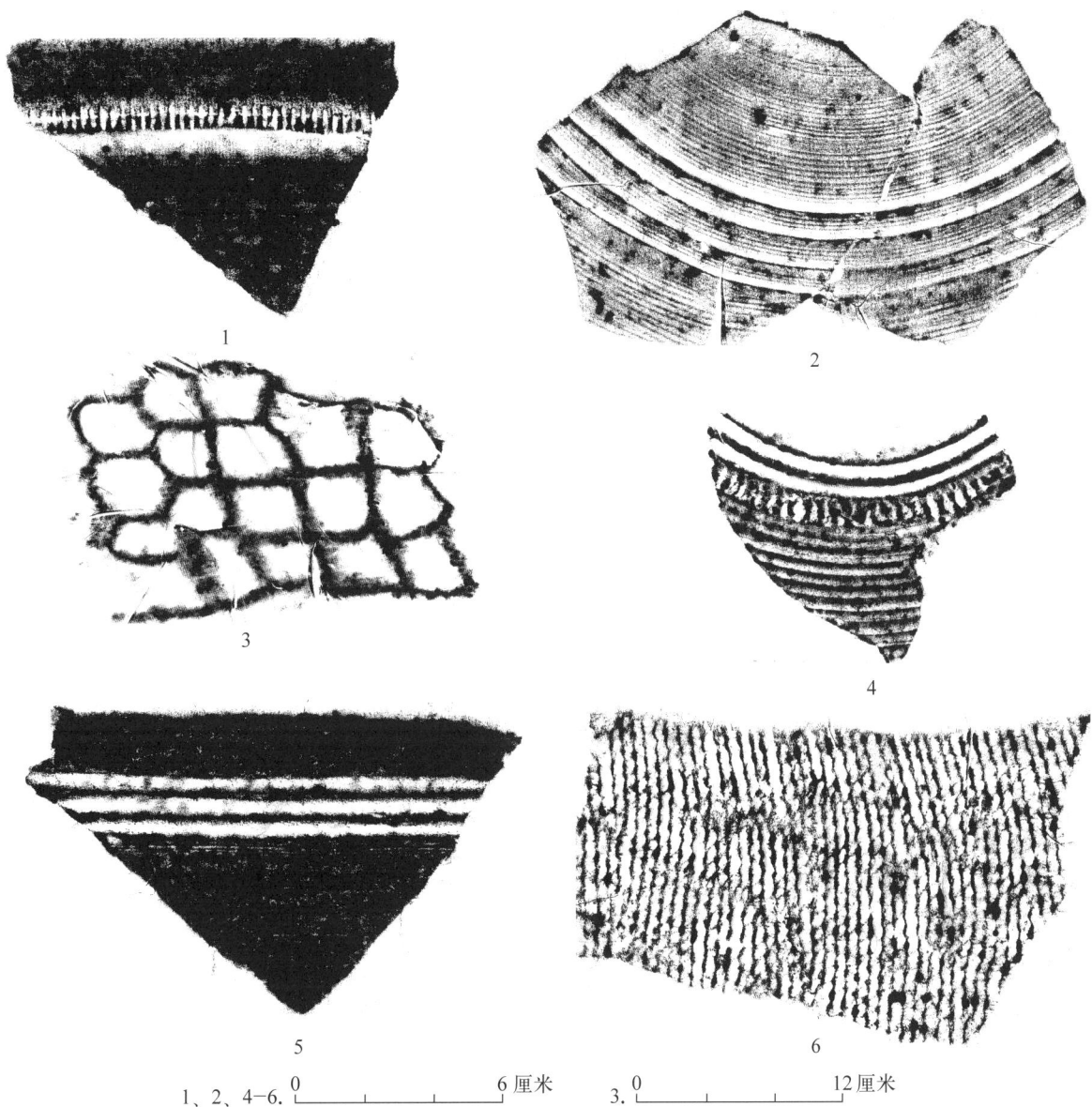

图一三六 陶器纹饰举例

1.戳印纹(H8:2) 2.细线纹(J9:38) 3.压印纹(J9:44) 4、5.凹弦纹(TN01W04-N02W03④:7、TN05W04-N06W03④:10)
6.绳纹(TN05W04-N06W03④:7)

Bc型 矮圈足。标本G3:15(图一三八,5)。

3. 翻沿矮领罐

形制相近,均为侈口、卷沿外翻、领微束、溜肩、鼓腹、下腹斜直、平底微内凹。肩部有三至四周凸棱纹。根据器形大小差异,可分为三型。

A型 大型罐,高度超过23厘米。标本J9:1,高23.7厘米(图一三九,1)。

B型 中型罐,高度在22-23厘米之间。标本J9:11,高22.6厘米(图一三九,2)。

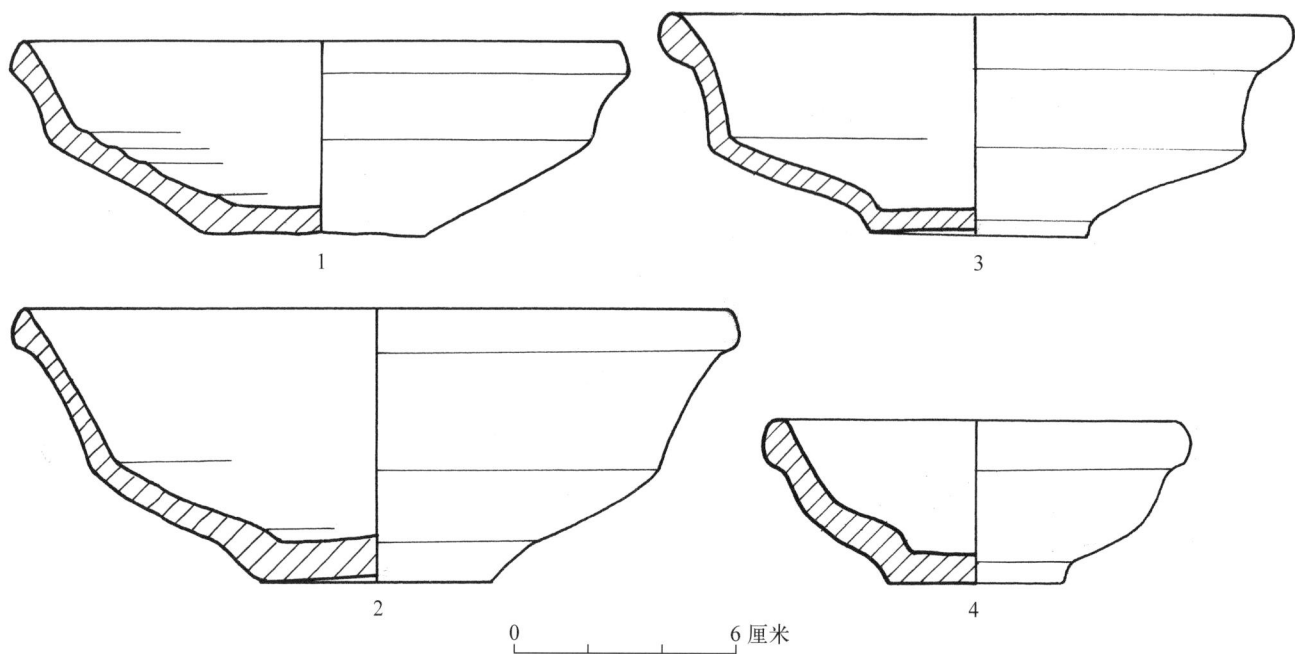

图一三七　折腹钵

1. A 型（TN01W02-N02W01④∶1）　2-4. B 型（TN05W04-N06W03④∶1、TN07W06-N08W05④∶18、G3∶20）

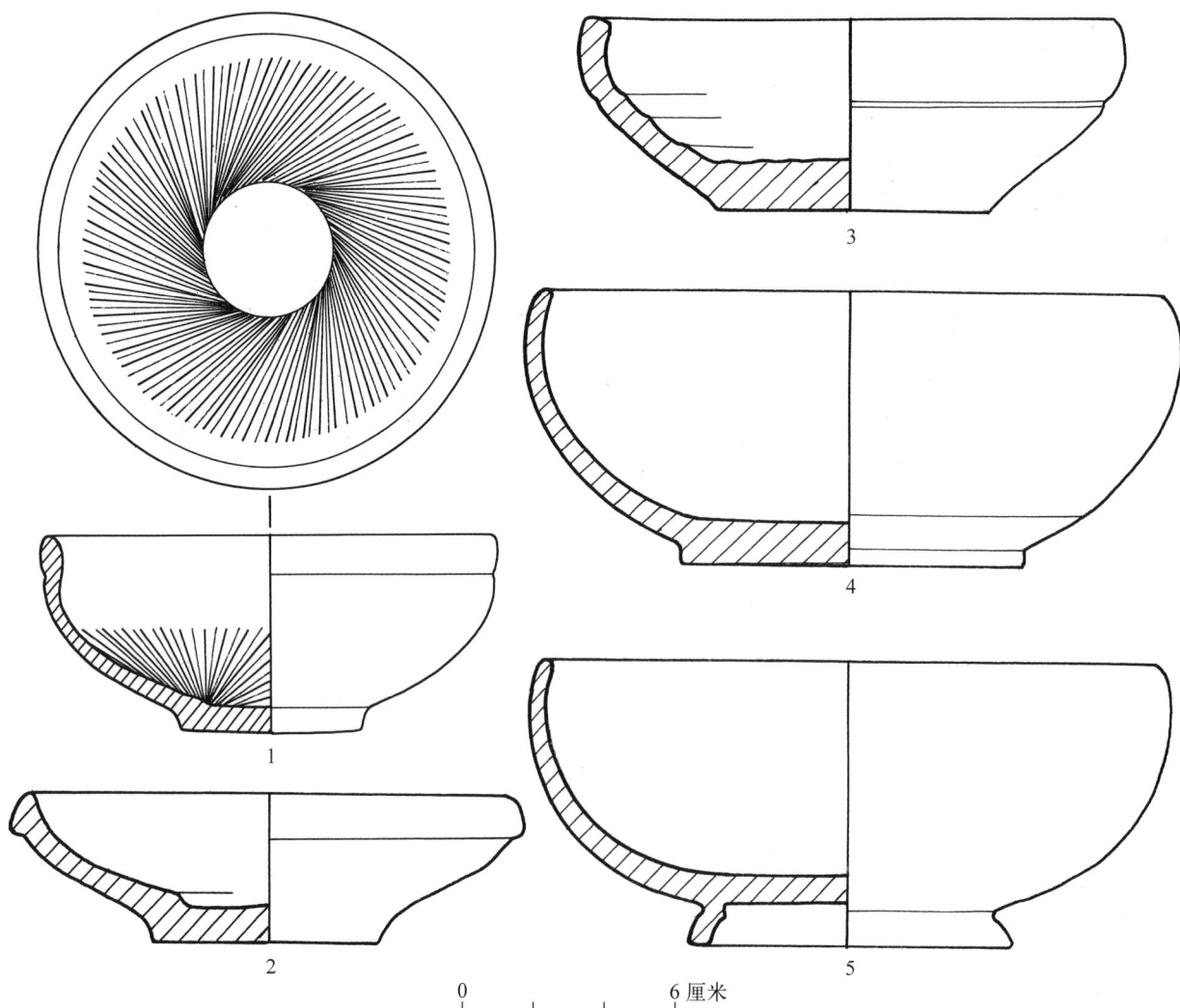

图一三八　弧腹钵

1. Aa 型（J1∶1-2）　2. Ab 型（TN01W04-N02W03④∶14）　3. Ba 型（TN07W04-N08W03④∶1）　4. Bb 型（G3∶16）　5. Bc 型（G3∶15）

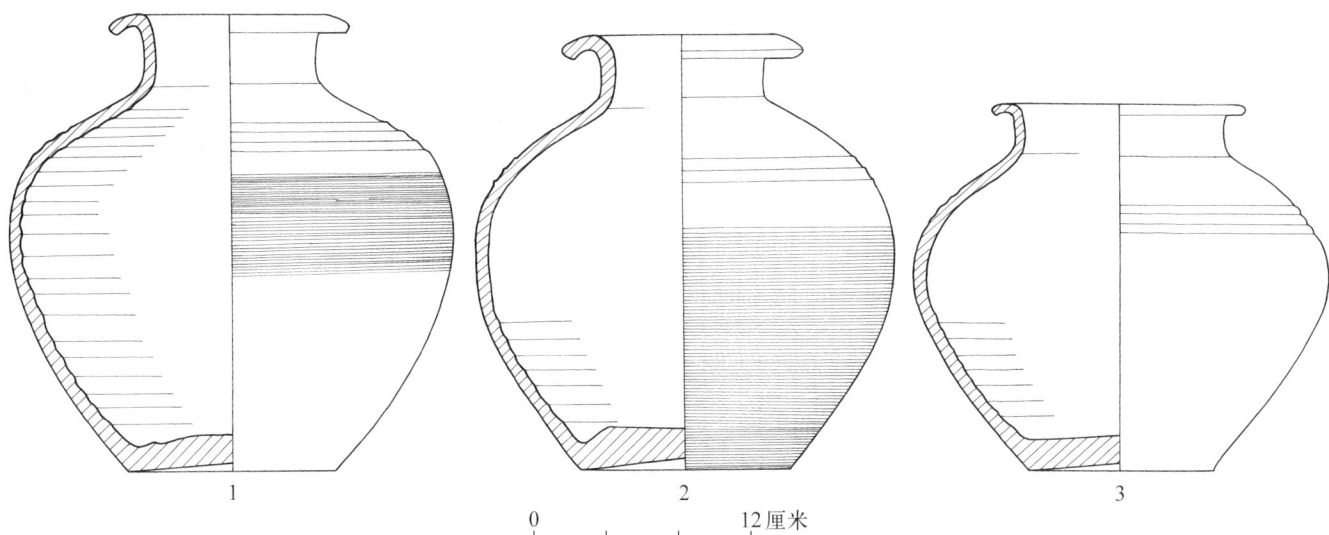

图一三九　翻沿矮领罐

1. A型（J9∶1）　2. B型（J9∶11）　3. C型（J9∶46）

C型　小型罐,高度不超过22厘米,整体形态偏矮胖。标本J9∶46,高19厘米(图一三九,3)。

4. 大口瓮

依据领部的差异可分为三型。

A型　无领瓮。依据沿部的差异可分为二亚型。

Aa型　长卷沿外翻。标本H8∶9(图一四〇,1)。

Ab型　卷沿较短,圆唇。标本H12∶5(图一四〇,3)。

B型　矮斜领。均为圆唇,卷沿,溜肩。标本TN07W06-N08W05④∶5(图一四〇,4)。

C型　高领。TN05W04-N06W03④∶7(图一四〇,2)。

5. 小口瓮

依据口沿差异可分为二型。

A型　沿较宽且外翻。标本H7∶7(图一四〇,5)。

B型　卷沿极短。标本TN01W04-N02W03④∶7(图一四〇,6)。

6. 盆

根据口部差异可分为三型。

A型　侈口。依据腹部差异可分为二亚型。

Aa型　斜弧腹。标本H7∶2(图一四一,1)。标本H8∶1(图一四一,2)。

Ab型　斜直腹。标本H12∶7(图一四一,3)。

B型　敛口。依据腹部差异可分为二亚型。

Ba型　弧腹。标本H12∶10(图一四一,4)。标本TN05W04-N06W03④∶10(图一四一,5)。

Bb型　鼓腹。标本TN05W06-N06W05④∶3(图一四一,6)。

C型　近直口。标本TN01W02-N02W01④∶11(图一四一,7)。

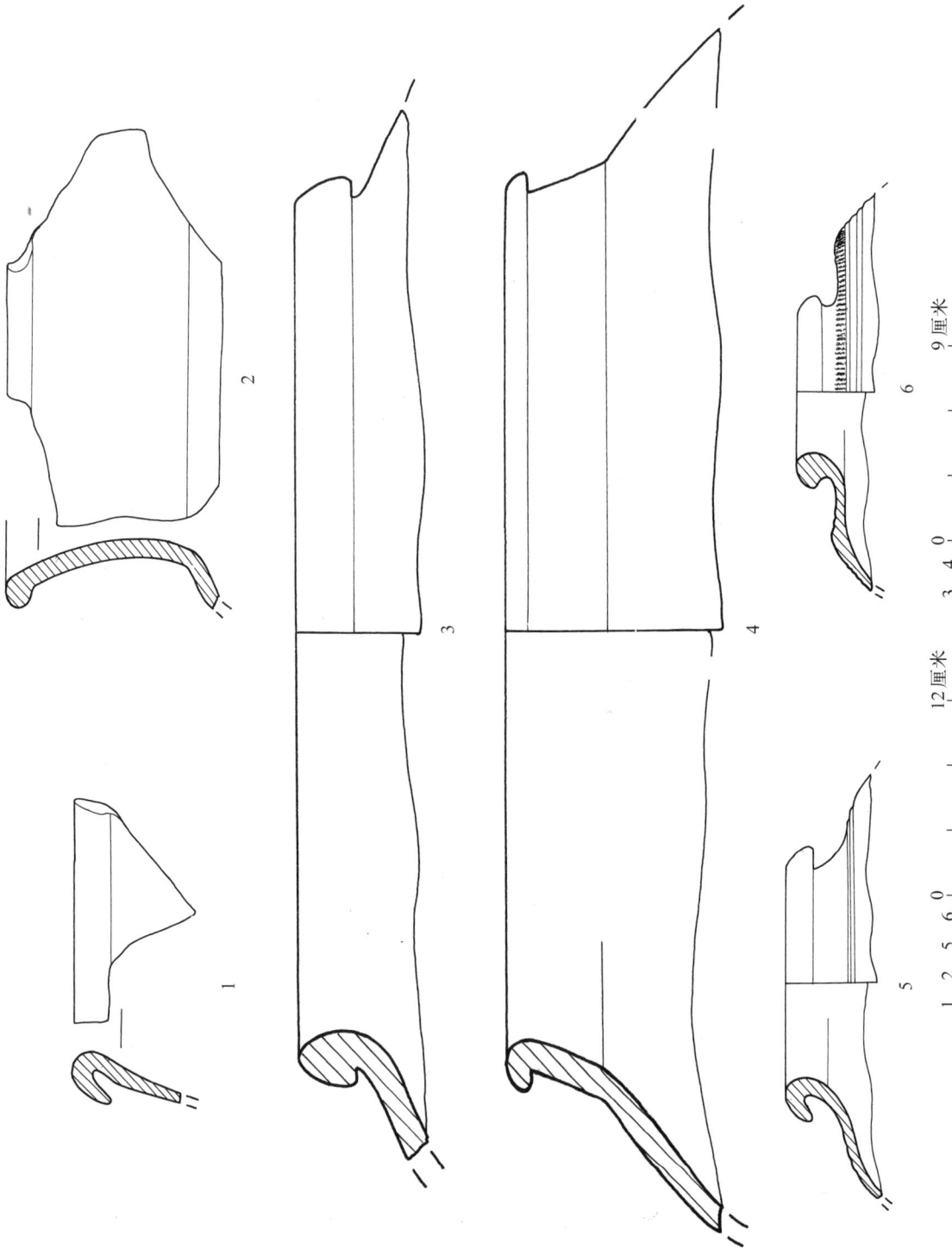

图一四〇　瓮

1. Aa 型大口瓮（H8：9）　2. C 型大口瓮（TN05W04－N06W03④：7）　3. Ab 型大口瓮（H12：5）　4. B 型大口瓮（TN07W06－N08W05④：5）
5. A 型小口瓮（H7：7）　6. B 型小口瓮（TN01W04－N02W03④：7）

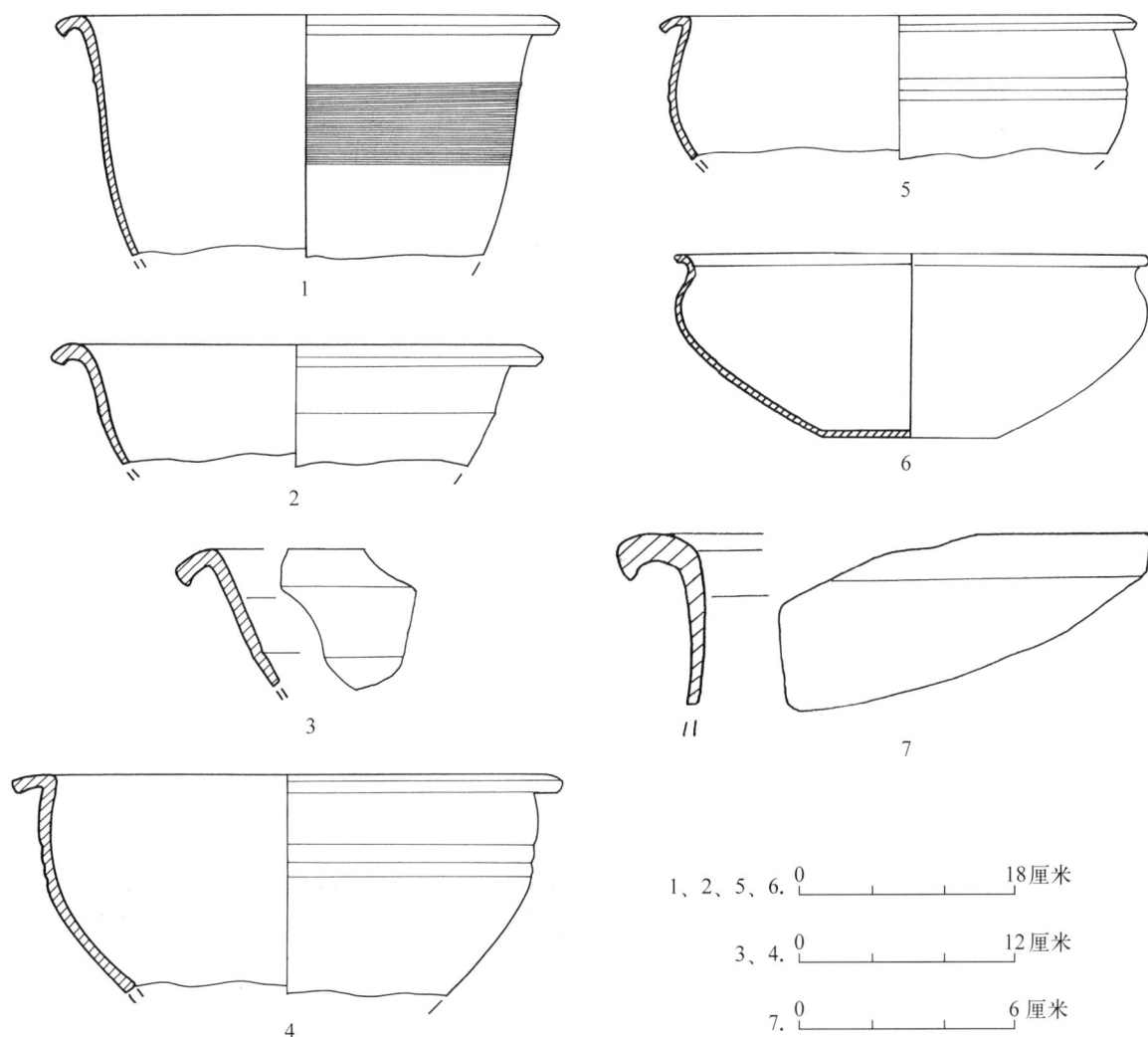

图一四一 盆

1、2. Aa 型（H7：2、H8：1） 3. Ab 型（H12：7） 4、5. Ba 型（H12：10、TN05W04−N06W03④：10）
6. Bb 型（TN05W06−N06W05④：3） 7. C 型（TN01W02−N02W01④：11）

第二节 坑

包括H7、H8、H10、H12、H14、H16、H18、K3、K4、K5等10个。

一、H7

位于TN07W06−N08W05东北部。开口于④层下，打破⑤层。坑口平面为长方形，斜壁，坑底近平、略有凹凸。长2.5、宽0.94、深0.75米。坑内填土为灰褐色黏土。出土陶器可辨器形有釜、小口瓮、钵、盆等，另有绳纹板瓦出土（图一四二；彩版七，1）。

北

陶器

0.5米

0

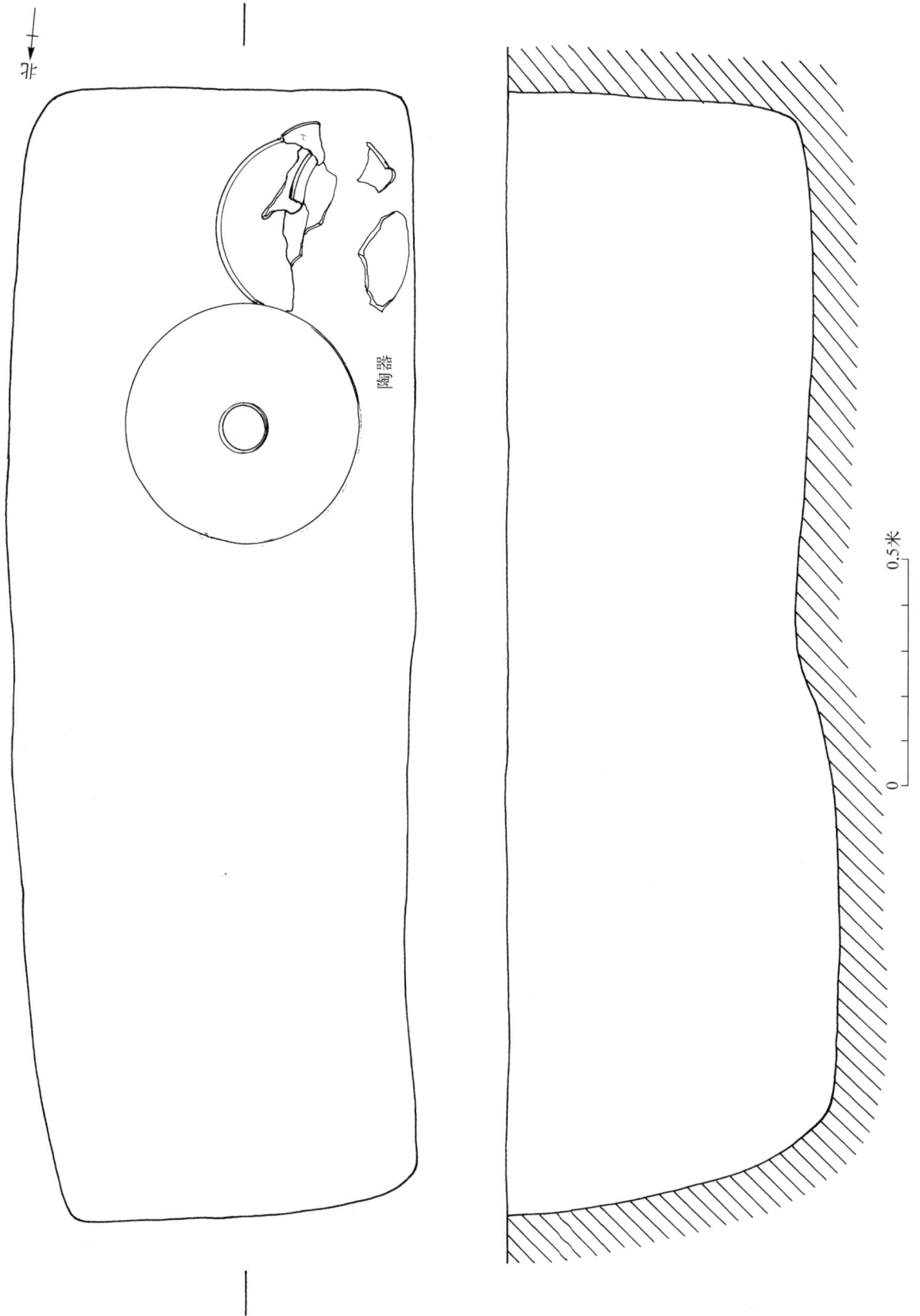

图一四二　H7平、剖面图

陶器

釜 3件。

D型 3件。标本H7:19,夹砂灰黑陶。敞口、束颈、鼓腹。下腹外壁呈波浪状。口径18.8、残高10.4厘米(图一四三,1)。标本H7:13,夹砂灰黑陶。侈口、高领、束颈、鼓腹。腹部有轮制痕迹。口径20、残高8.6厘米(图一四三,2)。标本H7:18,泥质灰黑陶。敞口、高领。下腹外壁呈

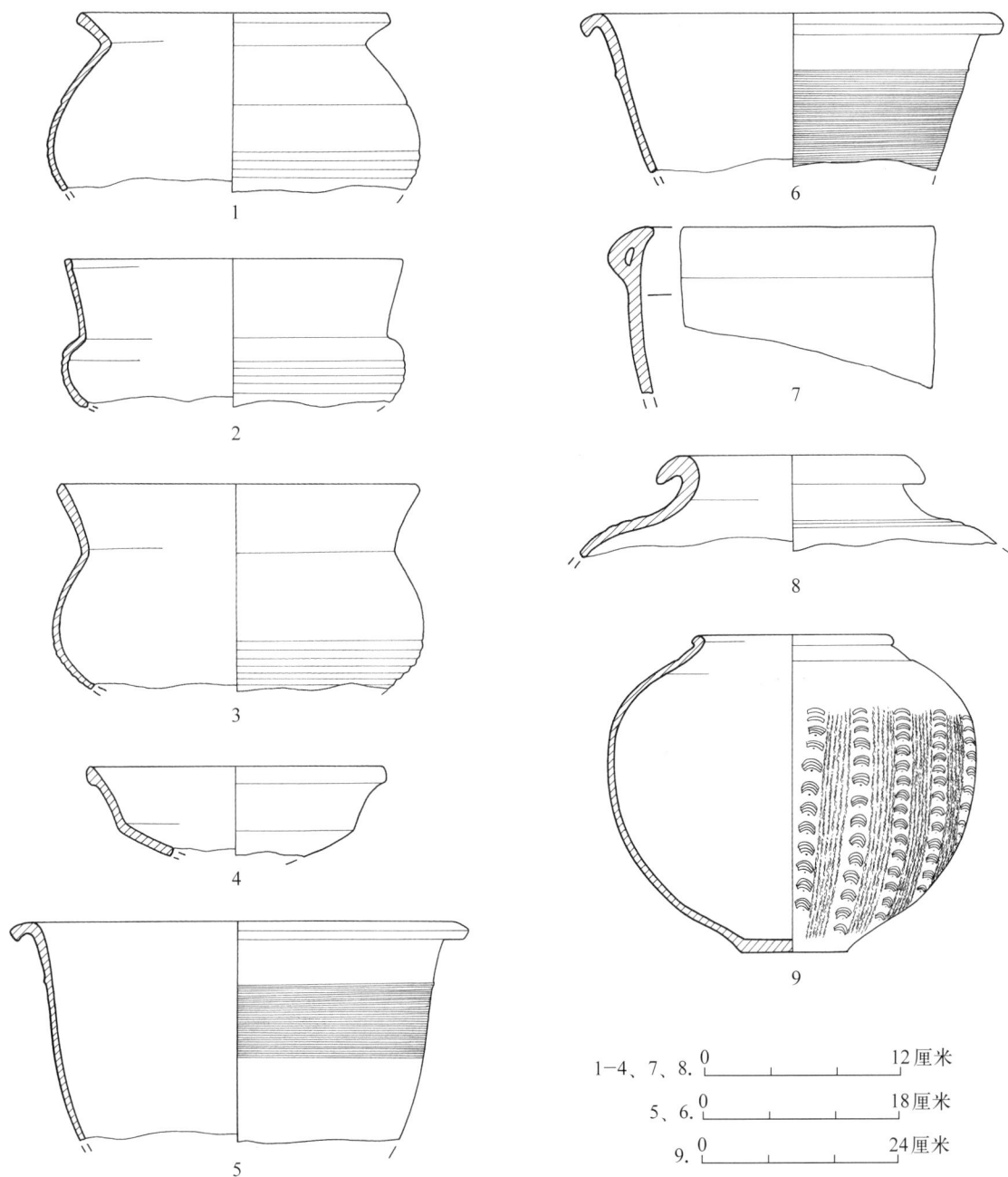

图一四三 H7陶器

1-3.釜(H7:19、H7:13、H7:18) 4.折腹钵(H7:17) 5-7.盆(H7:2、H7:1、H7:15) 8.小口瓮(H7:7) 9.大口瓮(H7:25)

波浪状。口径21.6、残高12厘米（图一四三，3）。

折腹钵　1件。

B型　1件。标本H7：17，泥质灰黑陶。敞口、折腹、转折偏下。口径18、残高5厘米（图一四三，4）。

盆　3件。

Aa型　3件。标本H7：2，夹砂灰黑陶。侈口、斜弧腹。口径41、残高19.5厘米（图一四三，5）。标本H7：1，夹砂灰黑陶。卷沿、深弧腹。外壁饰多道细弦纹。口径38、残高13.8厘米（图一四三，6）。标本H7：15，夹砂灰黑陶。敛口、深弧腹。口外侧有桥形耳。残高9.6厘米（图一四三，7）。

小口瓮　1件。

A型　1件。标本H7：7，夹砂灰黑陶。宽卷沿外翻。肩部饰一周凸棱。口径16、残高6厘米（图一四三，8）。

大口瓮　1件。

B型　1件。标本H7：25，夹砂灰陶。敛口、鼓肩、鼓腹较深。腹部压印纹饰，整器制作规整，纹饰制作精致。口径24.4、腹径44、底径13、高37厘米（图一四三，9）。

器流　1件。

标本H7：23。夹砂灰黑。圆柱形、中空。外径4.6、内径2.1、高8.6厘米（图一四四，1）。

器底　3件。

均为平底。标本H7：24，夹砂灰黑陶。斜直腹。底径21.6、残高12厘米（图一四四，2）。标本H7：10，泥质灰黑陶。斜直腹。底径18、残高8.4厘米（图一四四，3）。标本H7：20，夹砂灰黑

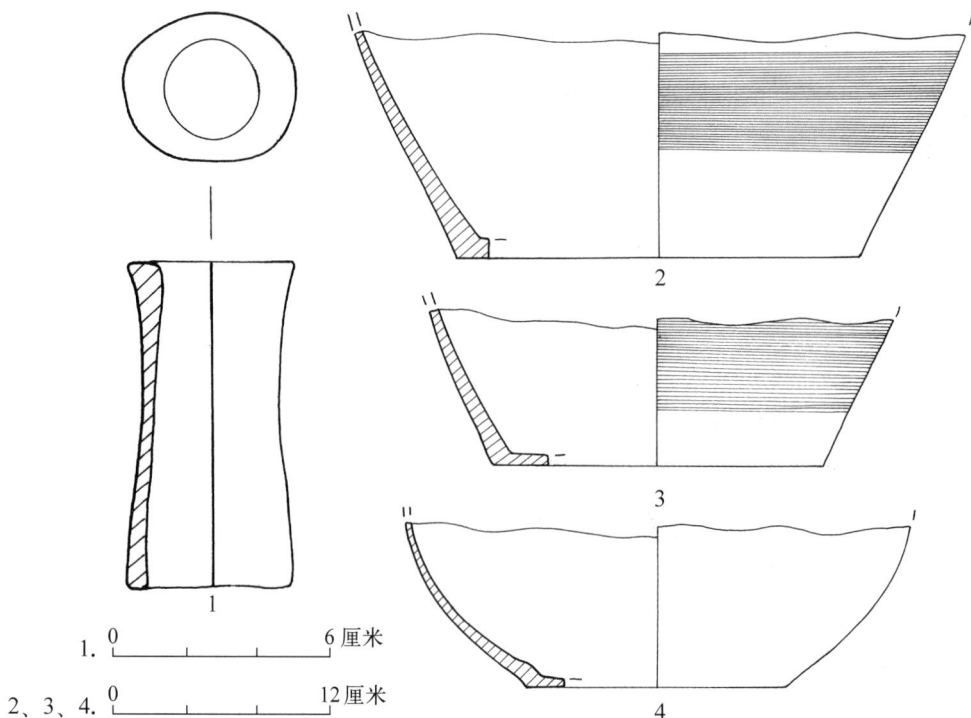

图一四四　H7陶器

1. 器流（H7：23）　2—4. 器底（H7：24、H7：10、H7：20）

陶。弧腹。底径14、残高8.6厘米(图一四四,4)。

二、H8

位于TN07W06-N08W05东北部。开口于第④层下,打破第⑤层,被H7打破。平面为不规则椭圆形,斜壁、平底。长径2.9、短径1.8-2.08、深0.5米。坑内填土为黑褐色黏土。出土陶器可辨器形有豆、簋形器、罐、盆、器盖,另有绳纹板瓦出土(图一四五)。

陶器

豆 1件。

Aa型 1件。标本H8:21,夹砂灰黑陶。碗形、矮圈足、直口、圆唇。口径12.8、足径5.2、高5厘米(图一四六,1)。

绳纹深腹罐 2件。

B型 2件。标本H8:7,夹砂灰黑陶。侈口、卷沿、束颈、溜肩。口径28.8、残高14.7厘米(图一四六,2)。标本H8:5,夹砂灰黑陶。侈口、折沿、束颈、弧肩。腹部压印绳纹。口径20.4、残高7.6厘米(图一四六,3)。

簋形器 1件。

C型 1件。标本H8:15,泥质褐陶。敞口、斜直腹。口径18、残高4.6厘米(图一四六,4)。

大口瓮 3件。

Aa型 2件。标本H8:10,夹砂灰褐陶。敛口、卷沿、唇沿外撇下垂、鼓肩。器壁较厚。残高7.8厘米(图一四六,12)。标本H8:9,夹砂灰黑陶。敛口、卷沿外翻、溜肩。器壁较厚。残高7.6厘米(图一四六,13)。

Ab型 1件。标本H8:3,夹砂灰黑陶。矮领、卷沿。口径30.6、残高5厘米(图一四六,6)。

盆 5件。

Aa型 5件。标本H8:6,夹砂灰黑陶。侈口、斜腹。口径38.8、残高5.6厘米(图一四六,7)。标本H8:2,夹砂灰陶。敞口、斜弧腹。腹部饰戳印纹。残高9厘米(图一四六,8)。标本H8:1,夹砂灰黑陶。敞口、卷沿、浅弧腹。腹部饰一周弦纹。口径40、残高9.6厘米(图一四六,9)。标本H8:17,夹砂灰黑陶。敞口、卷沿、斜弧腹。腹部饰弦纹。口径37.6、残高4.8厘米(图一四六,10)。标本H8:18,夹砂灰陶。侈口、浅弧腹。口径20、残高5.6厘米(图一四六,11)。

器纽 1件。

Aa型 1件。标本H8:12,夹砂灰黑陶。纽径6、残高5.4厘米(图一四六,5)。

圈足 1件。

C型 1件。标本H8:20,泥质灰黑陶。盘状、矮圈足。底部饰网格纹。足径8.4、残高2.2厘米(图一四六,14)。

三、H10

位于TN03W06-N04W05探方西部。开口于第③层下,打破第④层。平面呈长方形,直壁、底

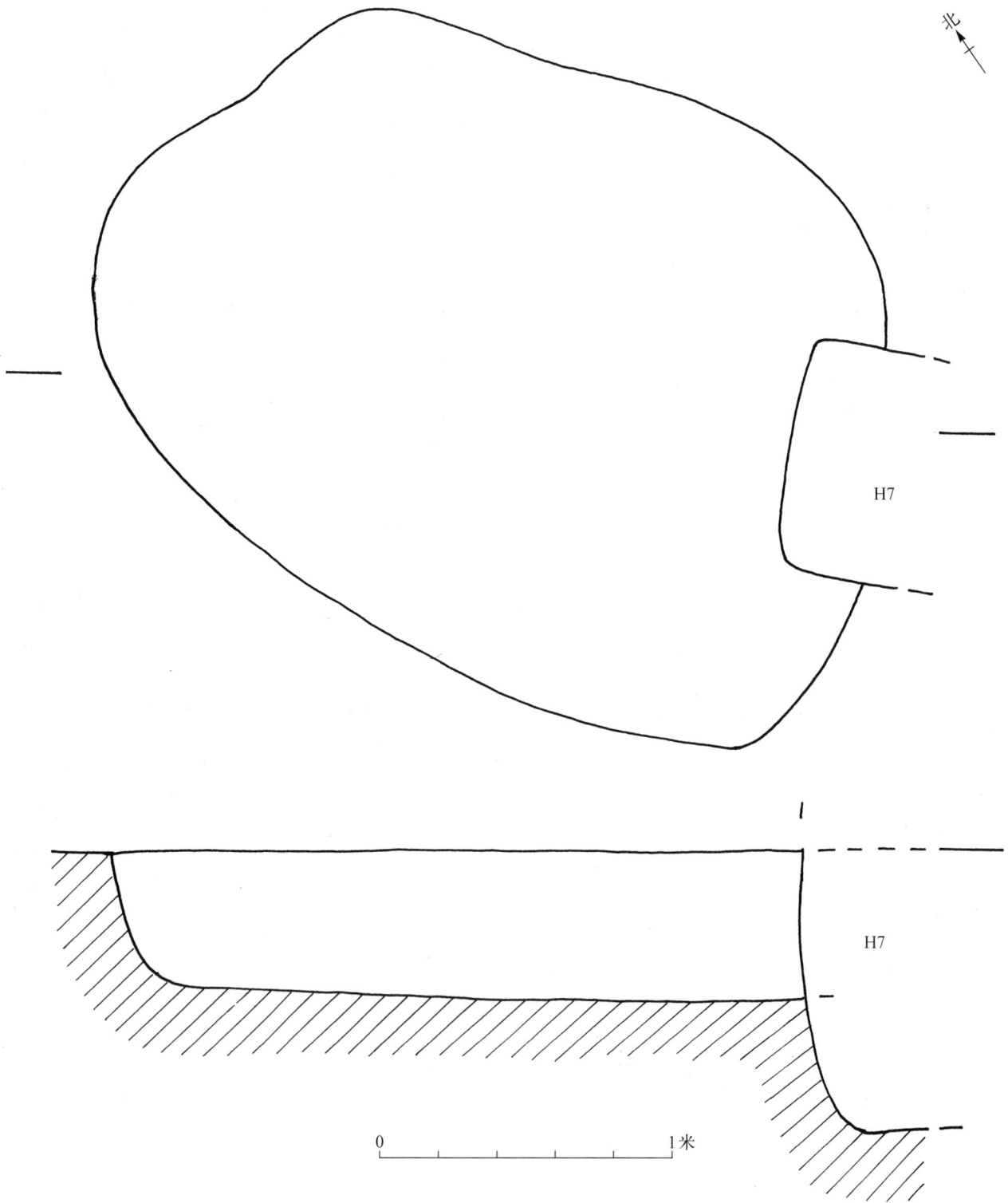

北

H7

H7

0　　　　　　　　　1米

图一四五　H8平、剖面图

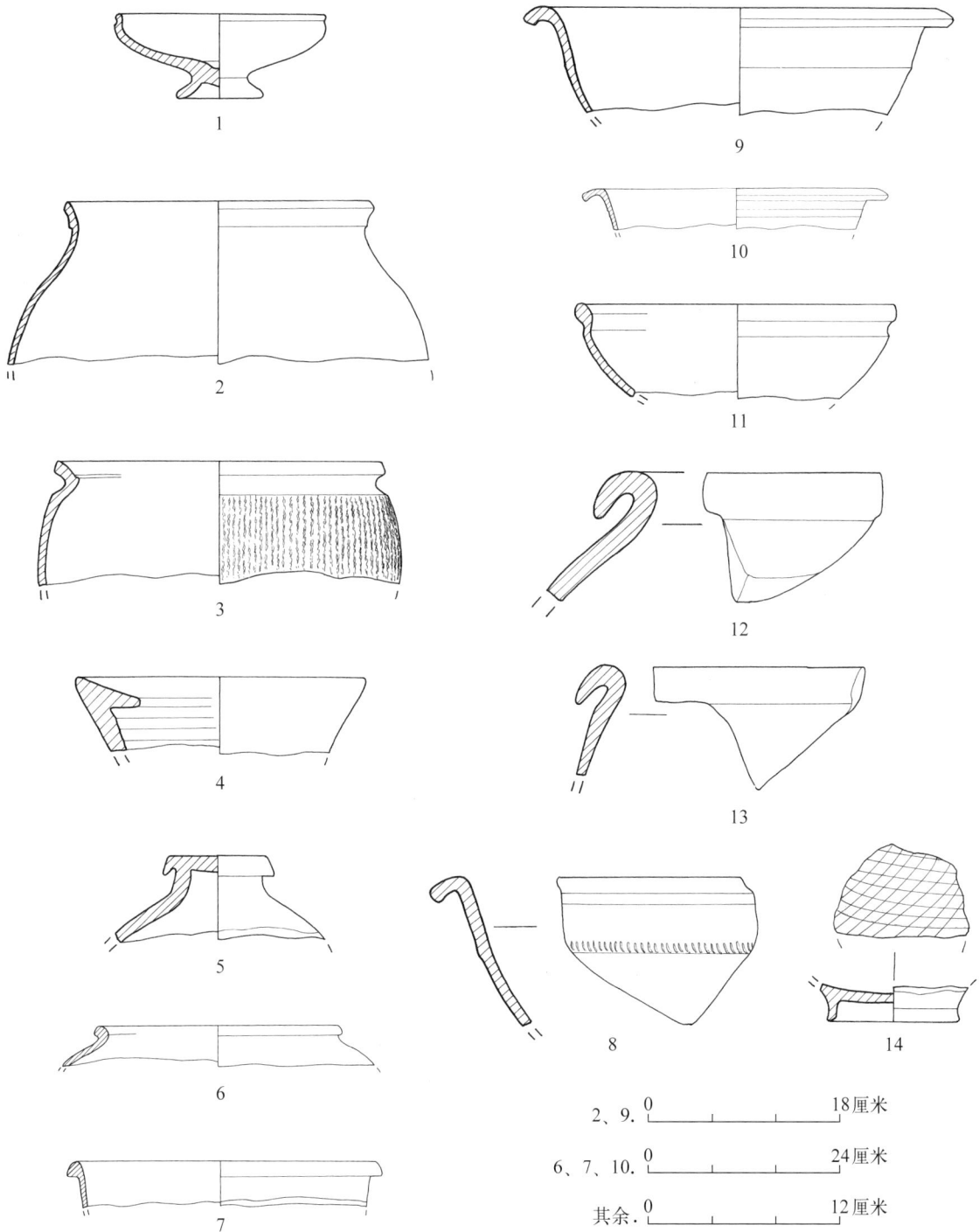

图一四六 H8陶器

1. 豆（H8:21） 2、3.绳纹深腹罐（H8:7、H8:5） 4.簸形器（H8:15） 5. 器纽（H8:12）

7-11.盆（H8:6、H8:2、H8:1、H8:17、H8:18） 6、12、13.大口瓮（H8:3、H8:10、H8:9） 14.圈足（H8:20）

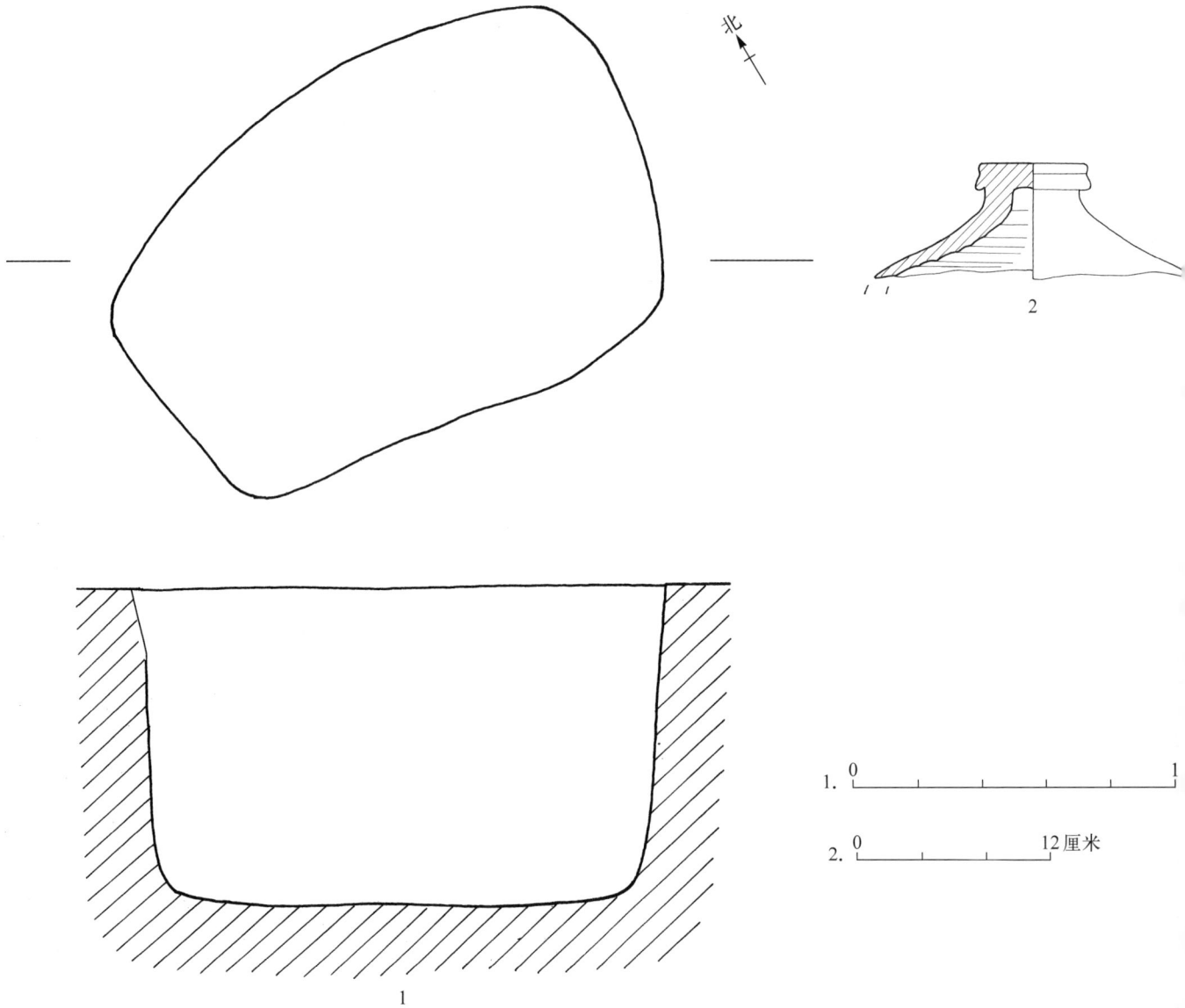

图一四七　H10平、剖面图及出土陶器

1. 平、剖面图　2. 器纽（H10：1）

部较平。长1.7、宽1.16、深0.89米。填土为黑褐色黏土，结构紧密。出土少量陶器，可辨器形有器纽等（图一四七，1）。

陶器

器纽　1件。

A型　1件。标本H10：1，泥质灰陶。盘状纽。纽径7.2、残高6.8厘米（图一四七，2）。

四、H12

位于TN01W06－N02W05西部。开口于第④层下，打破第⑤层。坑口平面近靴形，斜壁、平

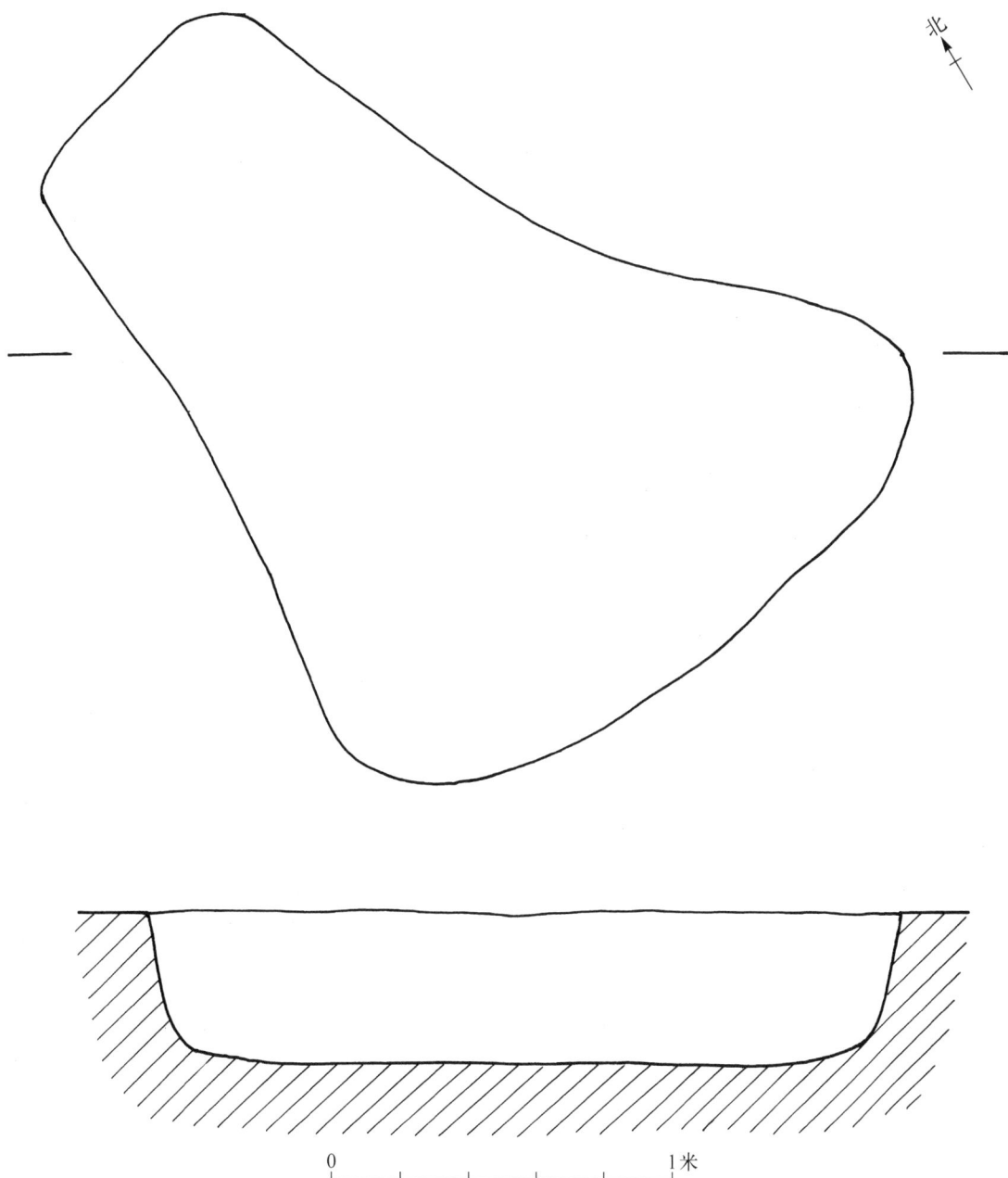

图一四八 H12平、剖面图

底。长2.36、宽2、深0.44米。坑内填土为黑褐色黏土、较致密。出土遗物均为陶器,可辨器形有折腹钵、瓮、盆、束颈罐、鼎足等(图一四八)。

陶器

折腹钵 1件。

A型 1件。标本H12:1,夹砂灰黑陶。侈口、折腹、转折靠下。口径16.4、底径6、高5厘米(图一四九,4)。

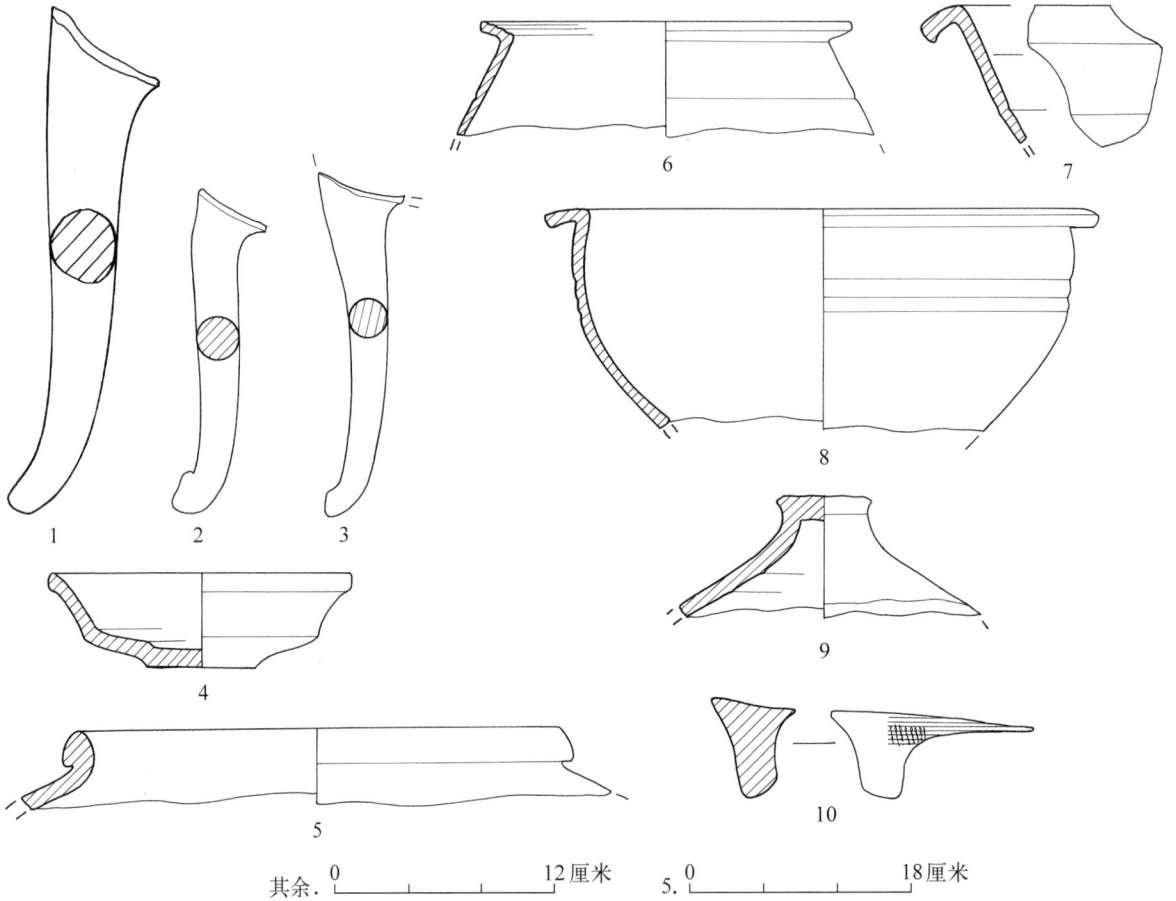

图一四九　H12陶器

1-3、10. 器足（H12：13、H12：11、H12：12、H12：6）　4. 折腹钵（H12：1）　5. 大口瓮（H12：5）　6. 束颈罐（H12：4）
7、8. 盆（H12：7、H12：10）　9. 器纽（H12：2）

大口瓮　1件。

Ab型　1件。标本H12：5，夹砂灰黑陶。侈口、卷沿、矮领、广肩。口径41.5、残高6厘米（图一四九，5）。

束颈罐　1件。

Bb型　1件。标本H12：4，泥质灰黑陶。折沿、沿面呈波浪状、溜肩。腹部饰一周凹弦纹。口径20、残高6厘米（图一四九，6）。

盆　2件。

Aa型　1件。标本H12：7，夹砂灰黄陶。敞口、斜直浅腹。残高7.2厘米（图一四九，7）。

Ba型　1件。标本H12：10，泥质灰黄陶。口微敛、弧腹。腹部饰多周弦纹。口径30、残高11.6厘米（图一四九，8）。

器纽　1件。

D型　1件。标本H12：2，夹砂灰黑陶。圆形平底纽。内壁有制作痕迹。纽径5、残高6.4厘米（图一四九，9）。

器足　4件。

标本H12：13，夹砂灰黑陶。高足、足端外撇。残高26.8厘米（图一四九，1）。标本H12：11，夹砂灰黑陶。高足、足端外撇。残高17.2厘米（图一四九，2）。标本H12：12，夹砂灰黑陶。高足、足端外撇。长18厘米（图一四九，3）。标本H12：6，夹砂灰陶。短足、较直。饰压印纹。残高5.2厘米（图一四九，10）。

五、H14

位于TN03W06－N04W05探方东部，部分伸入东壁。开口于第④层下，打破第⑤层。堆积平面形状呈长方形，斜壁、底部较平。长3.5、宽1.34、深0.92米。填土为灰黄色沙土，结构较疏松。出土遗物均为陶器，可辨器形有绳纹瓦片、板瓦、筒瓦等器物（图一五〇）。

六、H16

位于TN03W06－N04W05东南部。开口于第④层下，打破第⑤层。平面近圆形，斜壁、平底。坑口直径约0.85、深0.3米。填土为褐色黏土。出土陶器可辨器形有钵、豆等（图一五一）。

陶器

豆　1件。

Bb型　1件。标本H16：2，夹砂灰黑陶。浅盘、微敛口、高圈足柄。口径9.5、残高5.8厘米（图一五二，1）。

弧腹钵　1件。

Ab型　1件。标本H16：1，夹砂灰黄陶。侈口、斜弧腹。残高5.6厘米（图一五二，3）。

圈足　1件。

D型　1件。标本H16：3，夹砂灰褐陶。圈足较高，斜直壁。有一圆孔。足径11.6、残高6.2厘米（图一五二，2）。

七、H18

位于TN05W06－N06W05探方东南部，部分伸入南壁。开口于第④层下，打破第⑤层。平面呈不规则形，弧壁、平底。长2.9、宽1.24、深0.46米。坑内填土为黑褐色黏土。出土陶器可辨器形有盆、绳纹深腹罐、弧腹钵等（图一五三）。

陶器

盆　1件。

Bb型　1件。标本H18：7，夹砂灰黑陶。微束颈、弧腹。口径36、残高10.7厘米（图一五四，1）。

绳纹深腹罐　2件。

B型　2件。标本H18：1，夹砂灰黑陶。矮束颈、折沿、沿外侈、溜肩。肩部以下饰绳纹。口径22、残高7.2厘米（图一五四，2）。标本H18：9，夹砂灰黑陶。矮束颈、折沿、鼓肩、肩部以下饰绳纹。口径22.8、残高6.6厘米（图一五四，3）。

北

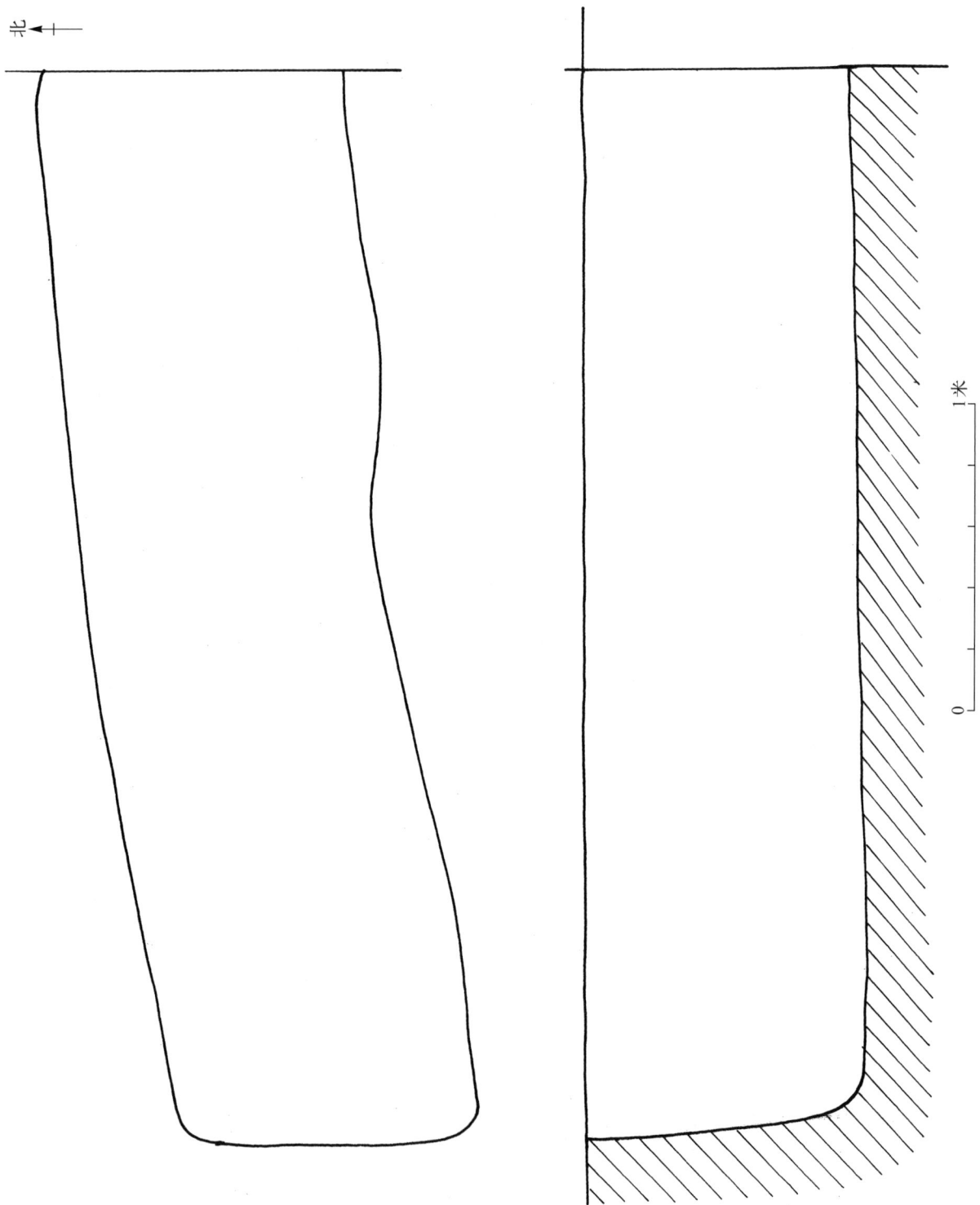

图一五〇 H14平、剖面图

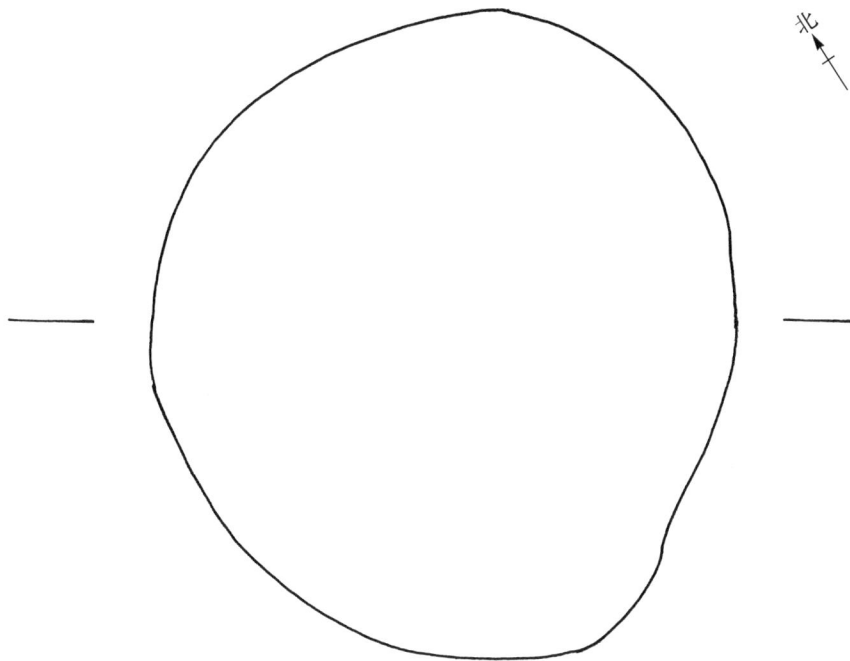

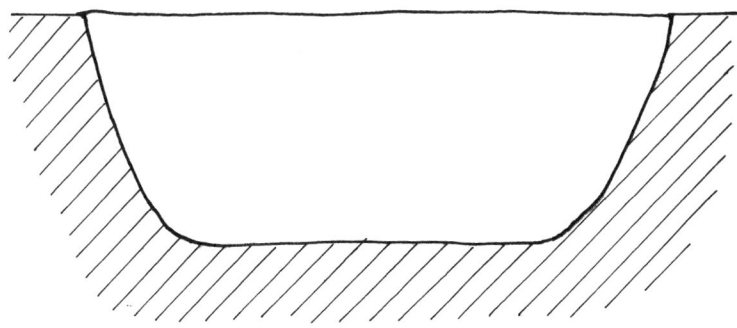

图一五一 H16平、剖面图

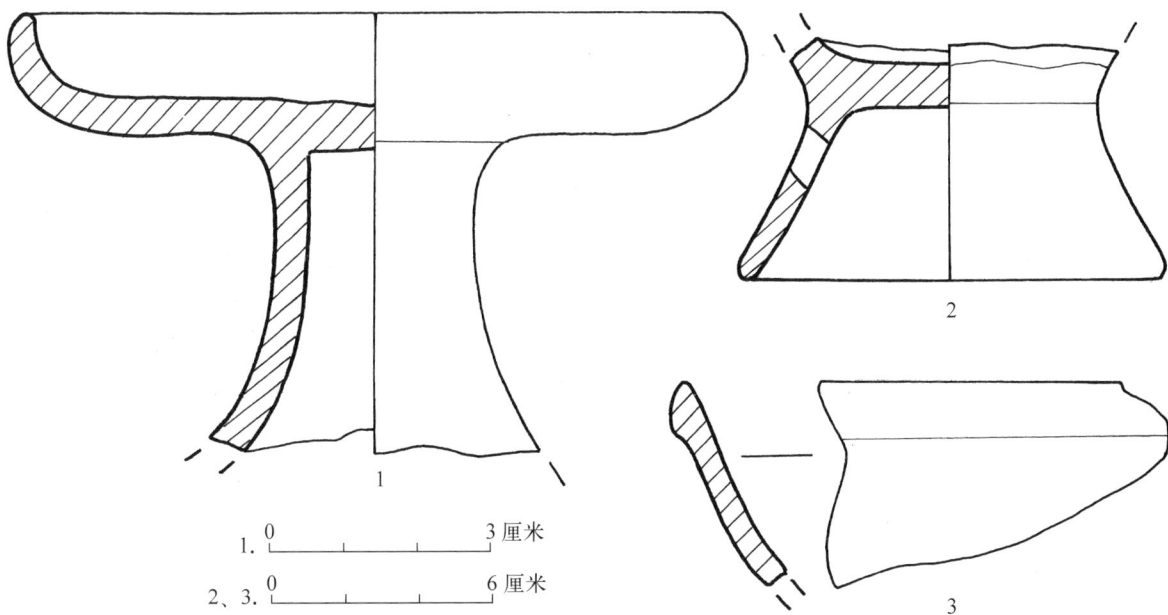

图一五二 H16陶器

1. 豆（H16∶2） 2. 圈足（H16∶3） 3. 弧腹钵（H16∶1）

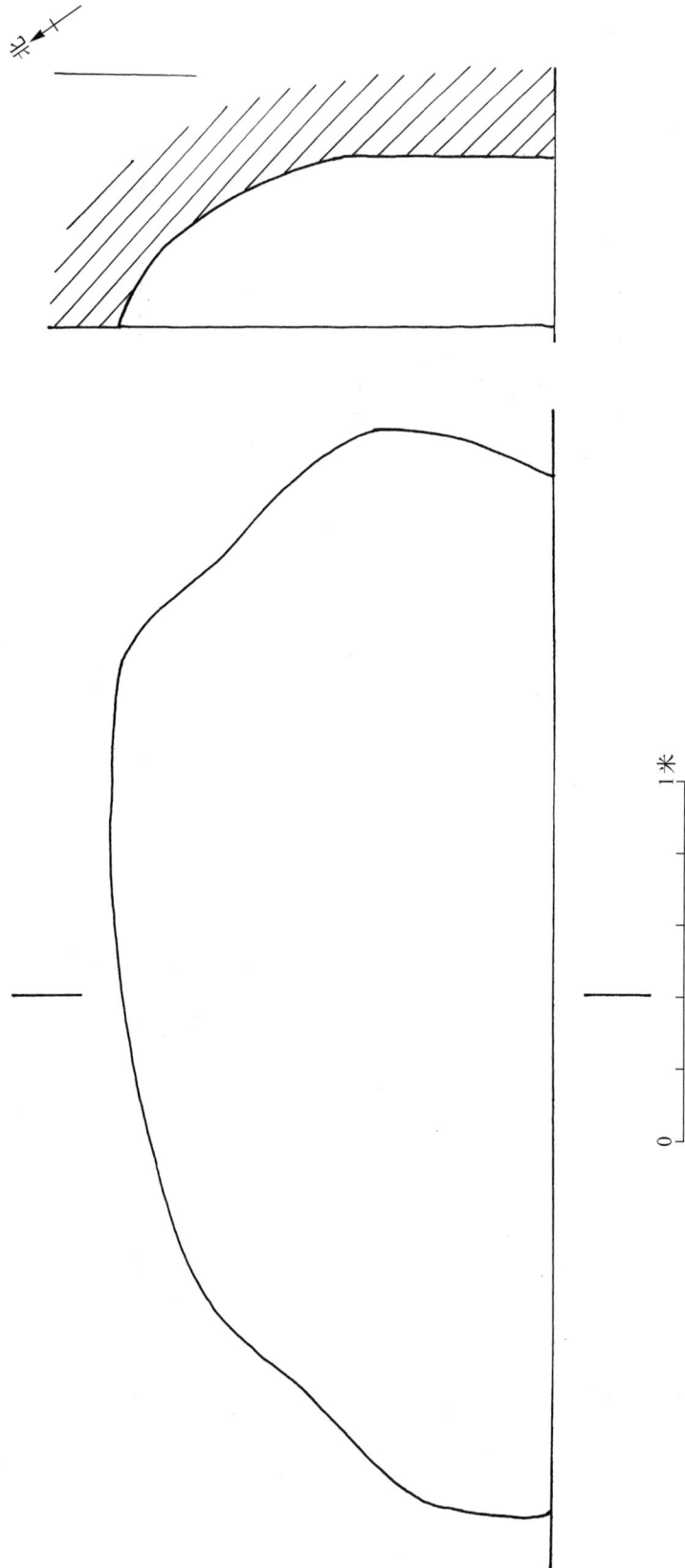

图一五三　H18平、剖面图

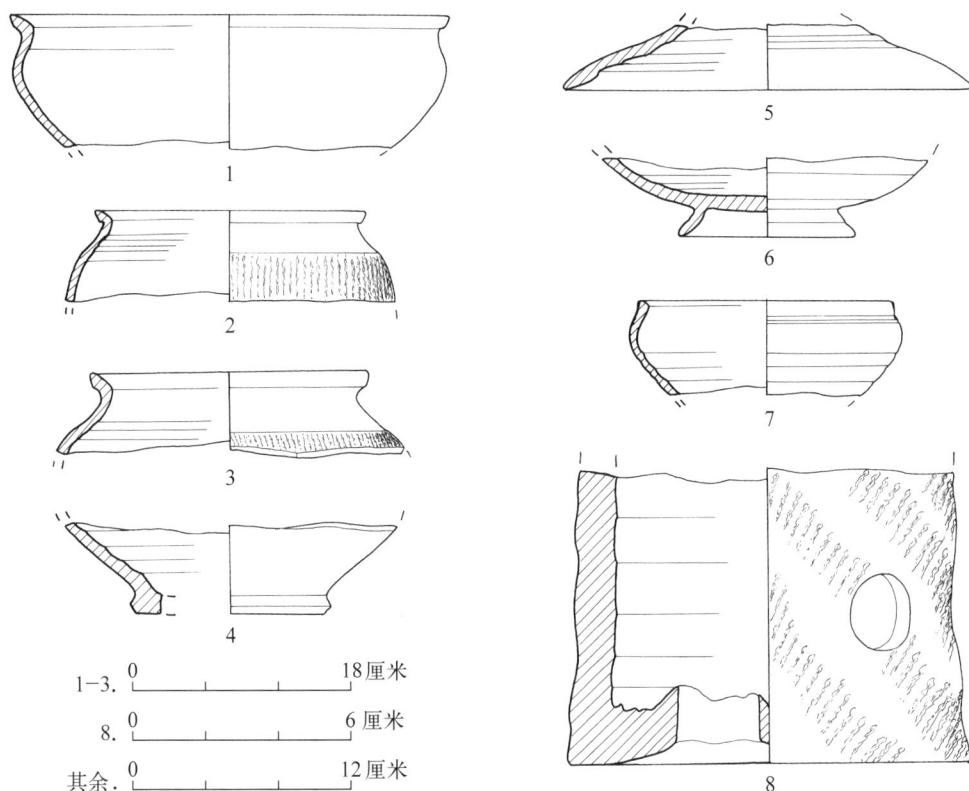

图一五四 H18陶器

1. 盆（H18∶7） 2、3. 绳纹深腹罐（H18∶1、H18∶9） 4. 器底（H18∶3） 5、6. 圈足（H18∶5、H18∶8）
7. 弧腹钵（H18∶4） 8. 筒形器（H18∶2）

弧腹钵　1件。

Ba型　1件。标本H18∶4，夹砂灰黑陶。敛口、鼓腹。腹部饰弦纹。口径14、残高5厘米（图一五四,7）。

筒形器　1件。

标本H18∶2，夹砂褐陶。腹部有一圆孔。器身间饰绳纹。直径11、残高7.8厘米（图一五四,8）。

圈足　2件。

A型　1件。标本H18∶5，夹砂褐陶。喇叭状。口径22、残高3.4厘米（图一五四,5）。

C型　1件。标本H18∶8，夹砂灰黑陶。覆盘状、矮圈足。足壁外撇。底径9.6、残高4.2厘米（图一五四,6）。

器底　1件。

标本H18∶3，夹砂褐陶。平底。底径11、残高4.8厘米（图一五四,4）。

八、K3

位于TN01W04-N02W03探方东南部。开口于第③层下，打破第④层。平面呈长方形，直壁、底部近平。长5.1、宽1.4、深0.24米。填土为灰黄色沙土,较疏松。出土遗物有少量陶片、瓦当、五

北

卵石

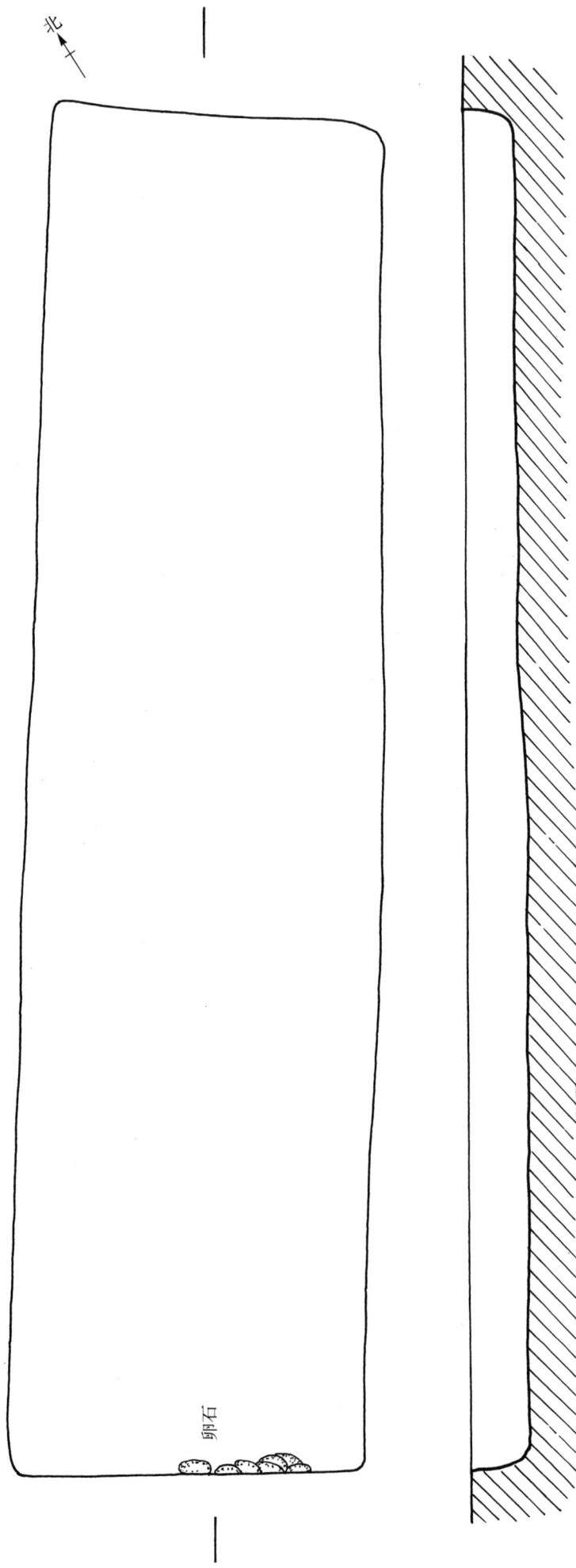

图一五五 K3平、剖面图

0   1 米

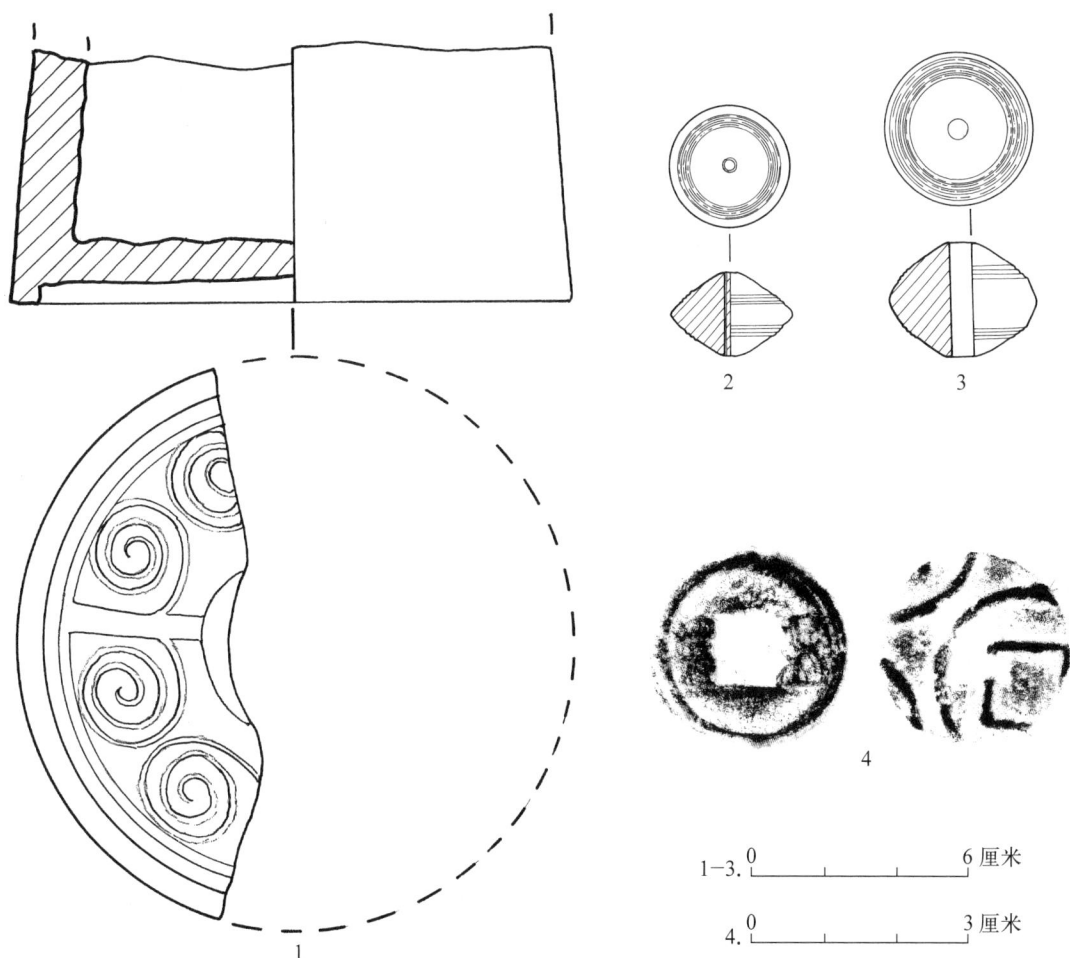

图一五六 K3、K4遗物

1.陶瓦当(K3:1) 2、3.陶纺轮(K4:1、K4:2) 4.铜五铢(K3:2)

铢钱等(图一五五)。

1. 陶器

瓦当 1件。

标本K3:1,黑灰陶。卷云纹,云纹间以双线界格。直径15厘米(图一五六,1)。

2. 铜器

五铢钱 1枚。

标本K3:2。直径2.6、穿径1厘米(图一五六,4)。

九、K4

位于TN01W04—N02W03探方西南部。开口于第③层下,打破第④层。平面形状呈长方形,直壁、底部略平。长4.3、宽1.3、深0.5米。填土为青灰色黏土,结构较紧密。出土遗物有少量陶片及纺轮等(图一五七)。

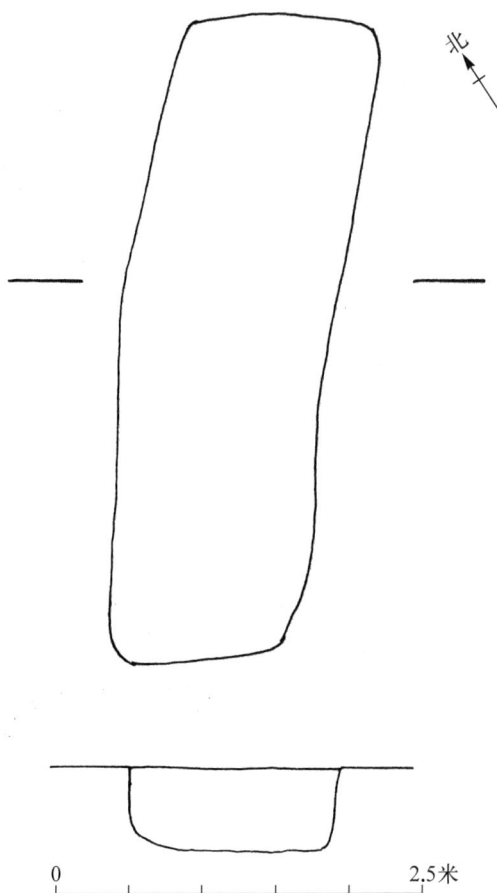

图一五七　K4平、剖面图

陶器

纺轮　2件

C型　2件。K4:1,泥质灰黑陶。算珠形。饰弦纹。直径3.2、高2.2厘米(图一五六,2)。K4:2,泥质灰黑陶。算珠形。饰弦纹。直径4、厚3厘米(图一五六,3)。

十、K5

位于TN07W04-N08W03、TN05W04-N06W03及TN03W04-N04W03等3个探方,部分伸入东壁。开口于第④层下,打破第⑤层,被J6打破。平面呈长条形,斜壁、底部较平。长16.6、宽8.7、深3.5米。填土为青灰色黏土,较紧密。出土遗物为少量陶器,可辨器形有釜、豆等(图一五八)。

陶器

釜　1件。

B型　1件。标本K5:10,夹砂灰黑陶。敛口、圜底。口径14.4、高6厘米(图一五九,2)。

豆　1件。

Aa型　1件。标本K5:9,泥质灰黑陶。碗形,矮圈足、侈口、圆唇。口径14.6、足径6、高6厘米

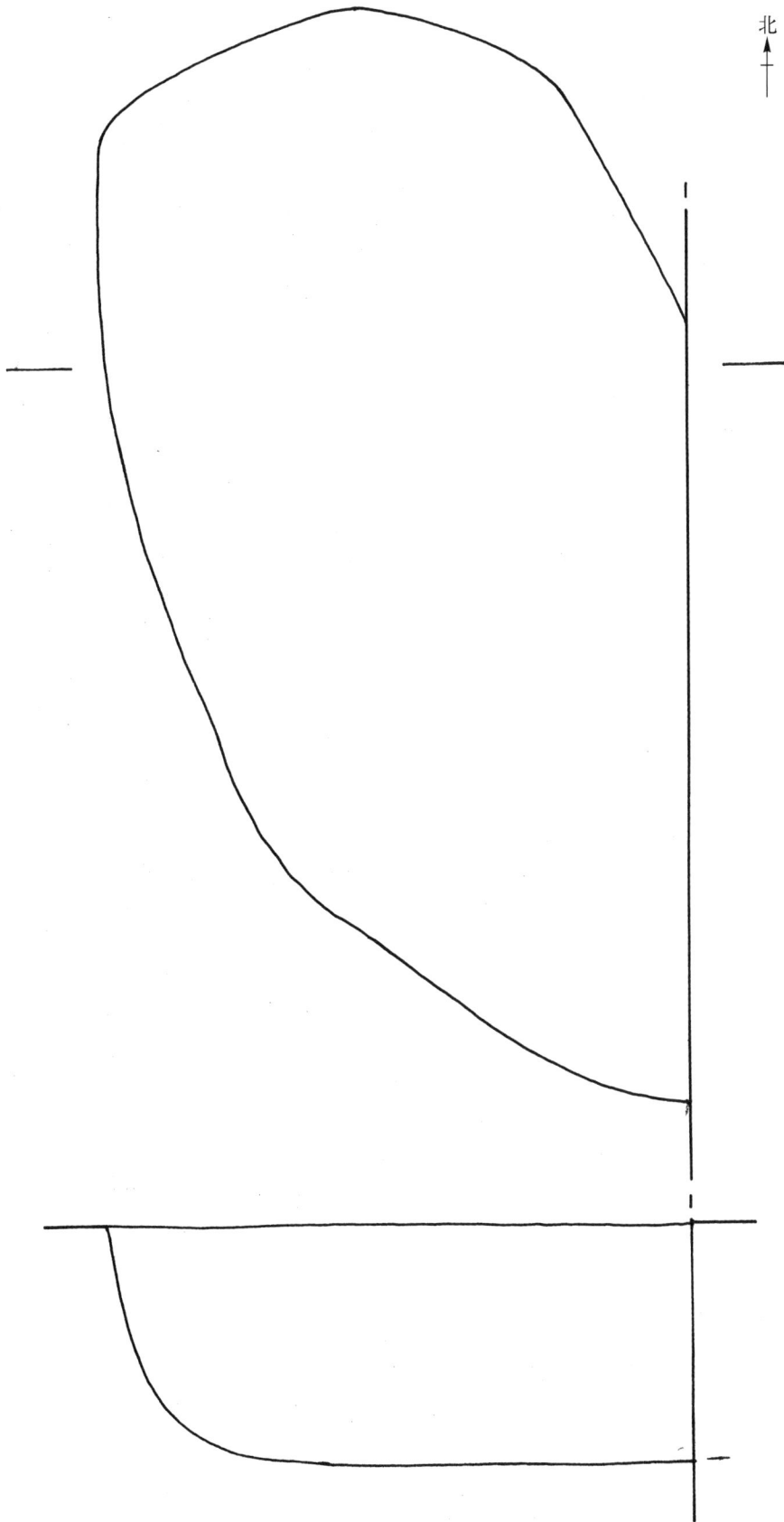

北

0　　　　　　　　　　5米

图一五八　K5平、剖面图

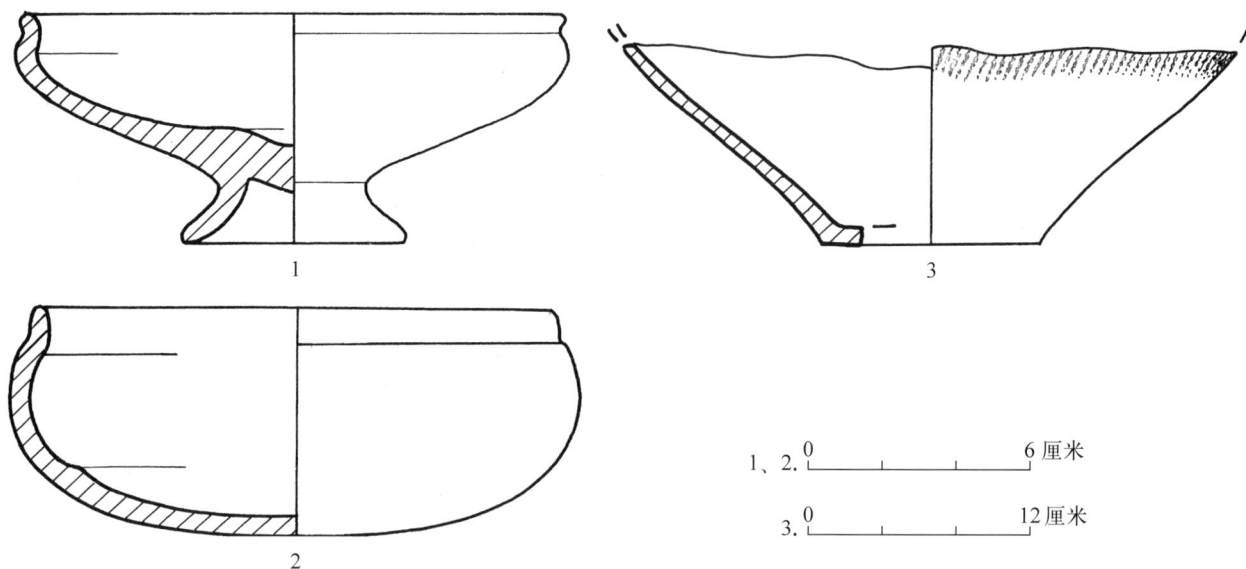

图一五九　K5 陶器

1. 豆(K5∶9)　2. 釜(K5∶10)　3. 器底(K5∶1)

(图一五九,1)。

　　器底　1件。

　　标本 K5∶1,夹砂灰陶。平底。器身腹部饰绳纹。底径12、残高10.2厘米(图一五九,3)。

第三节　沟

　　包括 G3、G4 两条。

一、G3

　　位于 TN01W04-N02W03 探方中部。开口于第③层下,打破第④层,被 K4 打破。呈东北-西南走向,平面呈长条形,斜壁、底近平。长11、宽1.7、深0.7米。填土为青灰色黏土,较紧密。出土陶器可辨器形有钵、罐、瓮、盆,另出土有少量绳纹板瓦,铜钱可辨半两、五铢、直白五铢、太平百钱等(图一六〇;彩版七,2)。

1. 陶器

　　釜　2件。

　　C 型　2件。标本 G3∶19,夹砂灰黄陶。宽卷沿外侈、直腹、圜底近平。腹部饰凹弦纹,底部压印绳纹。口径22.2、腹径24.9、高11厘米(图一六一,1)。标本 G3∶18,夹砂灰黄陶。宽卷沿外侈、直腹、圜底近平。底部压印绳纹。口径35.5、腹径33.3、高10.8厘米(图一六一,2)。

　　折腹钵　1件。

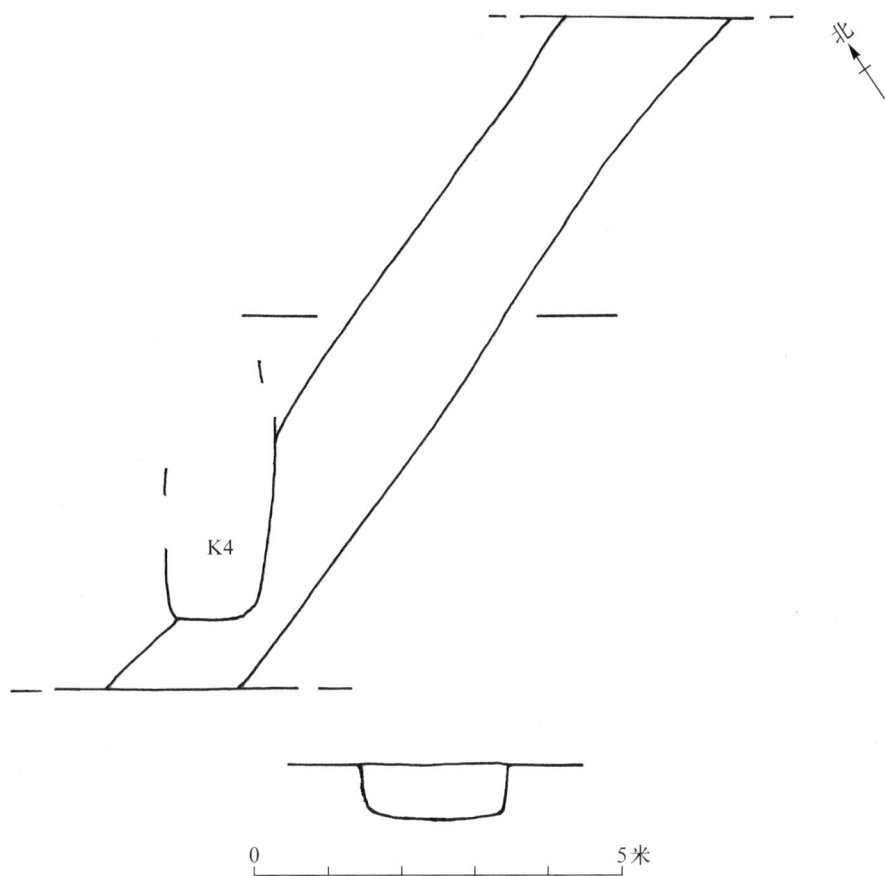

图一六〇　G3平、剖面图

B型　1件。标本G3：20,泥质灰陶。侈口、折腹、转折偏下、体形较小。上腹部内收。口径11.6、底径4.8、高4.4厘米(图一六一,3)。

弧腹钵　3件。

B型　1件。标本G3：5,夹砂灰黄陶。敛口、弧腹。口径17.2、残高4.8厘米(图一六一,6)。

Bb型　1件。标本G3：16,夹砂灰陶。敛口、鼓腹、饼状底。口径17.2、底径9.6、高7.4厘米(图一六一,5)。

Bc型　1件。标本G3：15,泥质灰黑陶。敛口、鼓腹、矮圈足。口径17、圈足径8.8、高7.8厘米(图一六一,4)。

盆　2件。

Ab型　2件。标本G3：7,泥质灰陶。侈口、卷沿。口径48、残高3.2厘米(图一六一,7)。标本G3：17,泥质灰陶。宽折沿、大敞口、弧腹、大平底。口径29.4、底径20、高8厘米(图一六一,8)。

圈足　1件。

C型　1件。标本G3：6,夹砂灰黑陶。足径11.2、残高6.4厘米(图一六一,9)。

2. 石器

石料　1件。

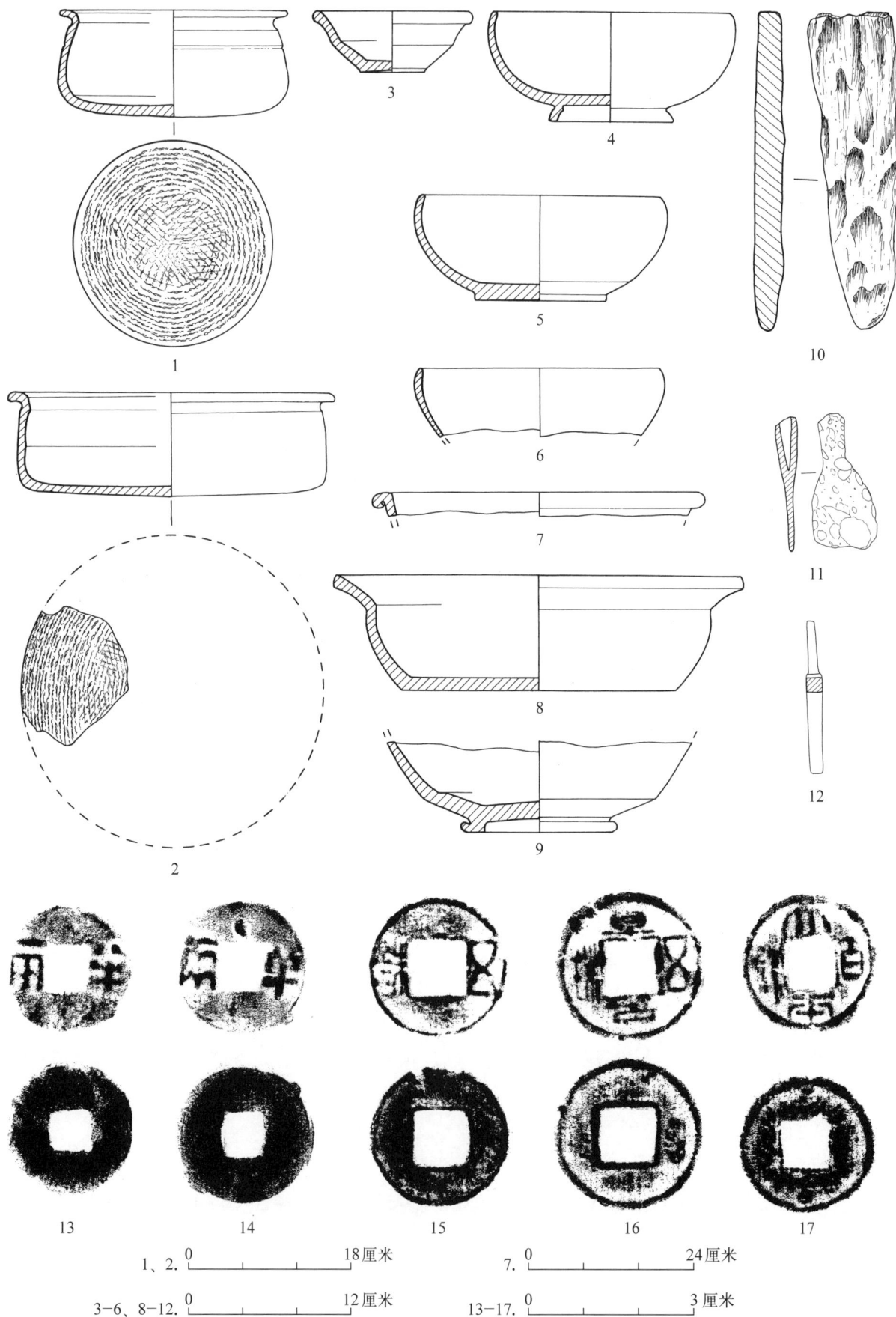

图一六一　G3 出土遗物

1、2. 釜（G3∶19、G3∶18）　3. 折腹钵（G3∶20）　4-6. 弧腹钵（G3∶15、G3∶16、G3∶5）　7、8. 盆（G3∶7、G3∶17）　9. 圈足（G3∶6）

10. 石料（G3∶1）　11、12. 铜残件（G3∶22、G3∶23）　13、14. 铜半两钱（G3∶25、G3∶28）　15. 铜五铢钱（G3∶26）

16. 铜直百五铢（G3∶27）　17. 铜太平百钱（G3∶24）

标本 G3∶1。长条形,表面光滑圆润。长22.2、宽6.2、厚2厘米(图一六一,10)。

3.铜器

铜残件　2件。

标本 G3∶22。横剖面呈"Y"字形。长10.5、宽1.7-4.7厘米(图一六一,11)。标本 G3∶23。呈方柱形,一头大一头小。长10.7、宽0.6-1.1厘米(图一六一,12)。

铜钱　5枚。

半两钱　2枚。标本 G3∶25。直径2.3、穿径0.8厘米(图一六一,13)。标本 G3∶28。直径2.4、穿径0.8厘米(图一六八,14)。

五铢钱　1枚。标本 G3∶26。直径2.5、穿径1厘米(图一六一,15)。

直百五铢　1枚。标本 G3∶27。直径2.7、穿径1厘米(图一六八,16)。

太平百钱　1枚。标本 G3∶24。直径2.5、穿径0.8厘米(图一六一,17)。

二、G4

位于TN01W08-N02W07探方西南部。开口于第④层下,打破第⑤层。平面形状呈长条形,斜壁、平底。长4.25、宽0.21、深0.35米。填土为黑褐色沙石土,土质较疏松,堆积中仅包含少许陶片(图一六二)。

第四节　水　井

包括J1、J2、J3、J4、J8、J9、J10、J15、J16、J17等10口。

一、J1

位于TN01W02-N02W01南部。开口于第③层下,打破第④层和J9,直至卵石层。井圹平面约为圆形,直壁、圜底。直径1.54、深约4米,井圹填土为灰黄色,略带沙性,夹杂黄白色黏土团、卵石及碎陶片。井圈为陶制,共计17层。其中第16、17层井圈为内外双层井圈扣接而成,井壁外侧用棕叶包裹,以隔绝泥沙渗入。井圈直径0.66、高0.22米。井圈内填土为灰褐色土,第

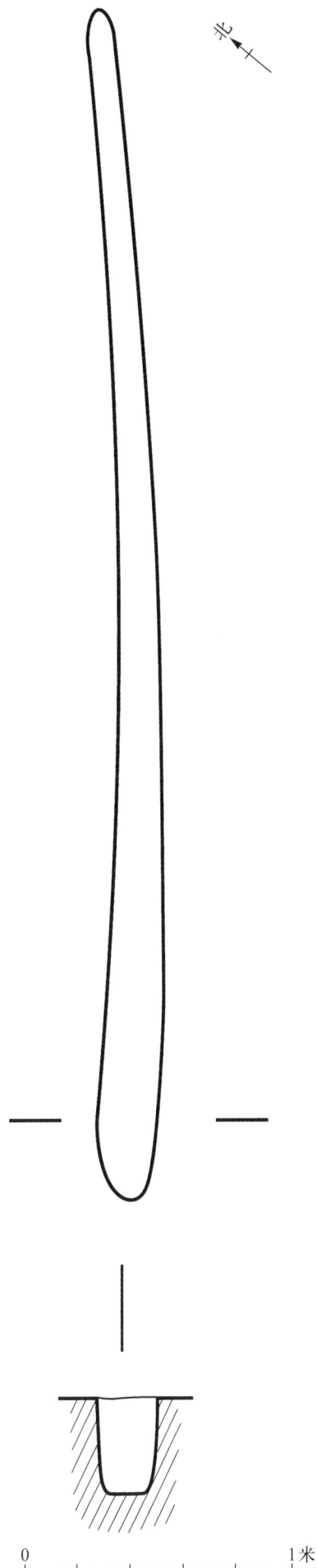

图一六二　G4平、剖面图

北

J1

J9

0   1米

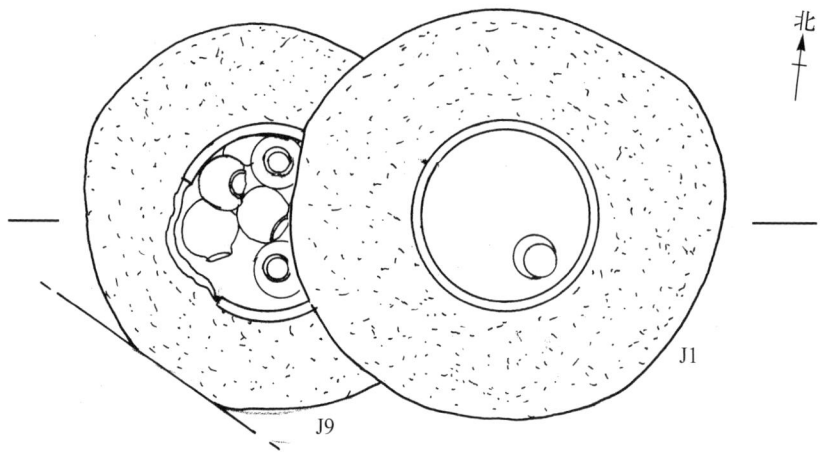

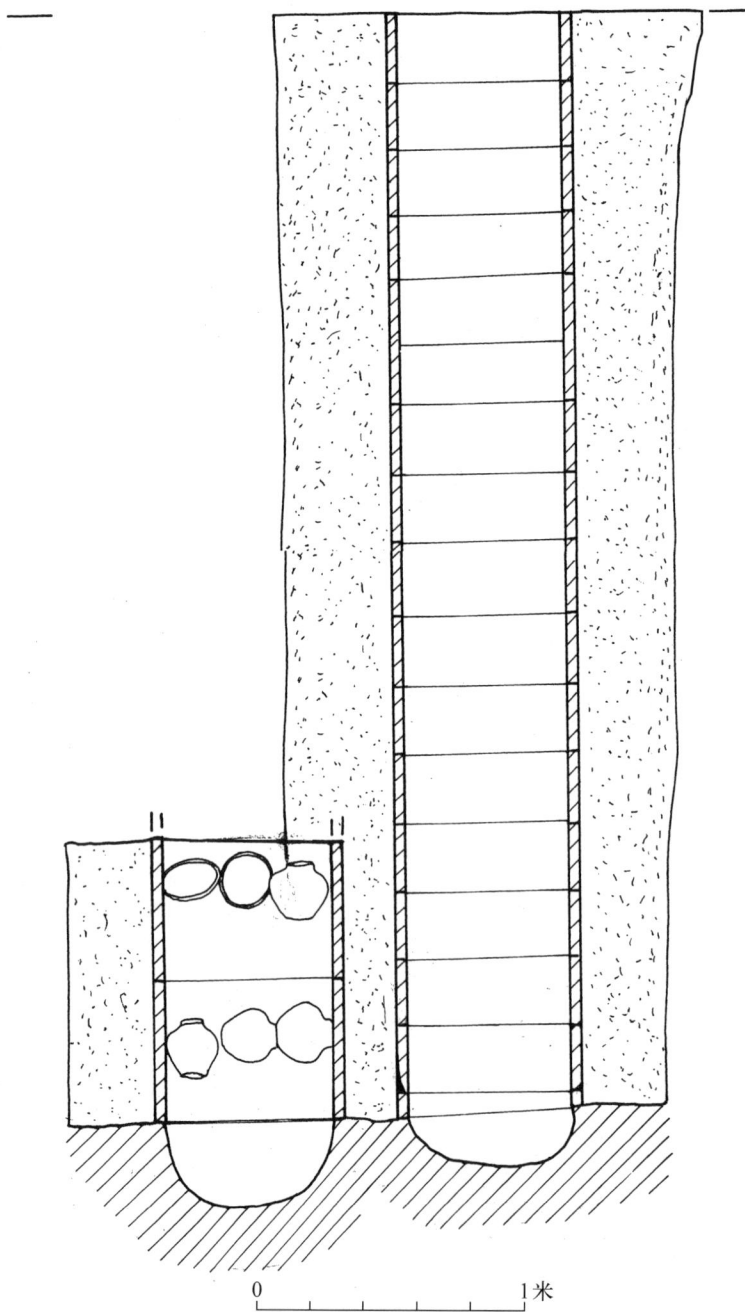

图一六三   J1、J9平、剖面图

1-7层井圈内填土土质松软,第7层以下井圈内填土较湿黏。器物主要集中于第7-17井圈内,出土陶器可辨器形有罐、钵、盆、纺轮,石器可辨有石条,铁器可辨有环首铁削,铜钱可辨五铢钱、大泉五十、剪轮五铢等,其中第10层井圈内还出土有果核(图一六三;彩版八,1)。

1. 陶器

折腹钵 1件。

B型 1件。标本J1∶1,夹砂灰黄。折腹、转折偏下、侈口、平底。口径14、底径4.4、高5厘米(图一六四,2)。

弧腹钵 1件。

Aa型 1件。标本J1∶1-2,夹砂灰黑陶。侈口、深弧腹、假圈足。内壁饰刻划的放射状线纹。口径12.8、底径5、高5.3厘米(图一六四,1)。

盆 2件。

Aa型 1件。标本J1∶13,夹砂灰陶。平折沿、侈口、浅弧腹。残高6厘米(图一六四,4)。

Bb型 1件。标本J1∶12,泥质灰黑陶。平卷沿、口微敛、鼓腹。口径18、残高4.6厘米(图一六四,3)。

大口瓮 1件。

B型 1件。标本J1∶14,夹砂灰黑陶。矮领、敛口。残高9.2厘米(图一六四,5)。

纺轮 1件。

C型 1件。标本J1∶9,泥质灰黑陶,器表上似有釉。算珠形。三道折棱。直径3、高2厘米(图一六四,6)。

2. 石器

条形器 2件。

标本J1∶8,褐色。整器呈方柱形。长8.3、宽2厘米(图一六四,8)。标本J1∶10,灰色。整器呈方柱形。长9.8、宽2.5厘米(图一六四,9)。

3. 铜器

铜钱 104枚。

五铢钱 1枚。标本J1∶11。直径2.3、穿径1厘米(图一六四,10)。

大泉五十 103枚。标本J1∶2。直径2.7、穿径0.8厘米(图一六四,11)。标本J1∶7。直径2.7、穿径0.8厘米(图一六四,12)。标本J1∶22。直径2.8、穿径0.9厘米(图一六四,13)。标本J1∶45。直径2.7、穿径0.8厘米(图一六四,14)。标本J1∶50。直径2.7、穿径0.8厘米(图一六四,15)。

4. 铁器

1件。

标本J1∶15,一端为圆形挂钩状。长8.4、宽1.2厘米(图一六四,7)。

二、J2

位于TN01W02-N02W01东北部。开口于③层下,打破④层,直至卵石层。井圹上大下小,填

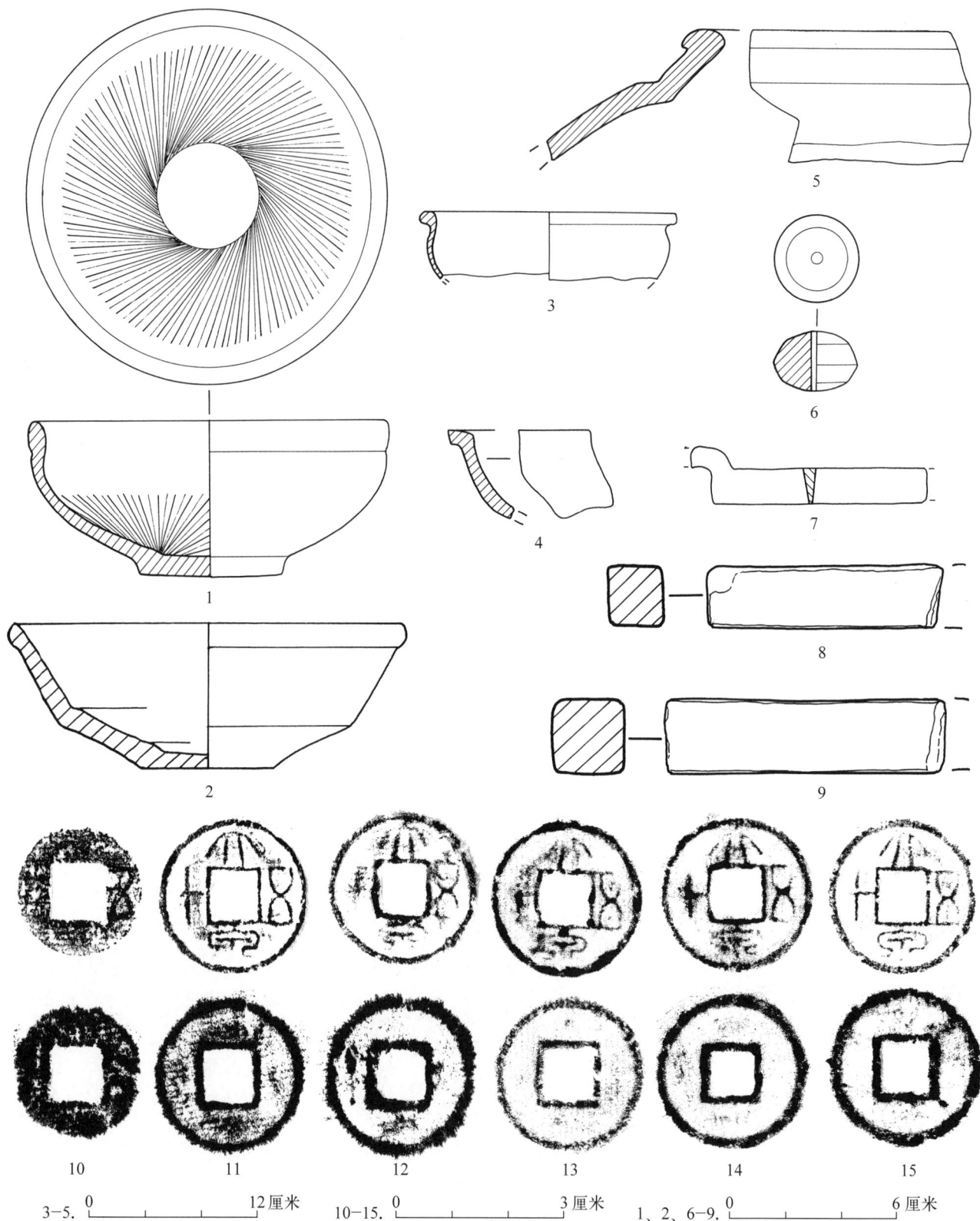

图一六四　J1遗物

1.弧腹钵(J1：1-2)　2.折腹钵(J1：1)　3、4.盆(J1：12、J1：13)　5.大口瓮(J1：14)　6.纺轮(J1：9)　7.铁器(J1：15)
8、9.条形石器(J1：8、J1：10)　10.五铢钱(J1：11)　11-15.大泉五十钱(J1：2、J1：7、J1：22、J1：45、J1：50)

土为灰黄色土,略带沙性,夹杂碎陶片。井圹上部直径约1.14、深约1.9米,下部直径约0.8、深1.27米。总深度为3.17米。上部用陶井圈砌筑,共砌筑10层,井圈直径0.67、高0.17-0.2米。下部用木板及竹篾条围砌井壁,内置1件底部残的大瓮。井底出土陶器可辨器形有钵等(图一六五,1;彩版九,1、2)。

折腹钵 1件。

B型 1件。标本J2:1,泥质灰黑陶。敞口、折腹、转折偏下、假圈足平底。口径20、底径7.4、高7.8厘米(图一六五,2)。

三、J3

位于TN03W06-N04W05探方东南部、部分伸入南壁。开口于第③层下,打破第④层。平面呈椭圆形,直壁、圜底。井圹长径1.59、短径1.2、深2.4米。用陶井圈砌筑,共砌筑10层,井圈直径0.86、高0.18-0.2米。填土为青灰色黏土,较致密,含红烧土颗粒。出土有灰色陶片、罐、钵等(图一六六)。

四、J4

位于TN03W08-N04W07探方东北部。开口于第③层下,打破第④层。井圹平面呈不规则的方形,直壁、圜底。井圹长1.78、短径1.6、深2.41米。用陶井圈砌筑,共砌筑9层,井圈直径0.87、高0.23-0.25米。填土为黄褐色黏土,结构紧密,含红烧土颗粒。出土器物以夹砂陶为主,可辨器形有绳纹瓦片、罐、钵等(图一六七)。

五、J8

位于TN07W04-N08W03探方西南部,部分伸入西壁。开口于第③层下,打破第④层。井圹平面呈椭圆形,剖面呈筒状,直壁、圜底。井圹长径1.47、短径1.05、深2.2米。用陶井圈砌筑,共砌筑10层,井圈直径0.62、高0.2米。填土为灰黄色黏土,结构紧密,含红烧土颗粒及少量炭屑。出土器物以夹砂陶为主,可辨器形有罐、钵等(图一六八)。

六、J9

位于TN01W02-N02W01南部。开口于第③层下,打破第④层,被J1打破,直至卵石层。井上部破坏严重,仅残余2层井圈。井直径约1.4、深1.3米。井圈外壁有竖置的木棍,可能用于加固井壁。井圈直径0.7、高约0.56米。井圈内出土有较多较完整的陶器,器形以罐、釜为主(图一六三;彩版八,2)。

1. 陶器

折腹钵 1件。

A型 1件。标本J9:47,夹砂灰陶。敞口、折腹、转折偏上、底内凹。口径14、底径4.2、高5.2厘米(图一六九,1)。

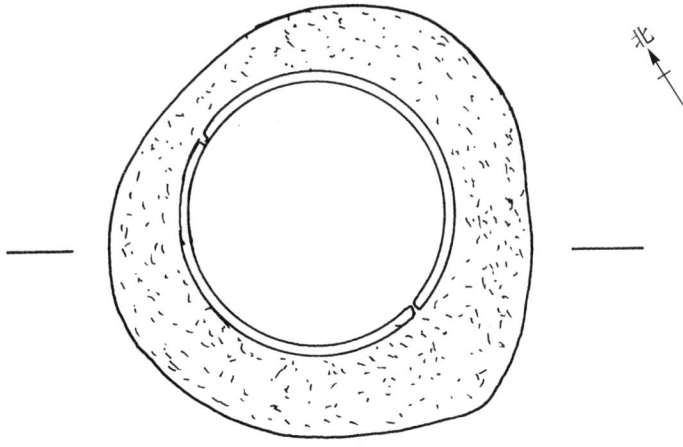

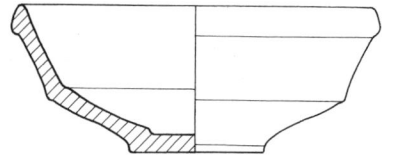

北

0   12厘米

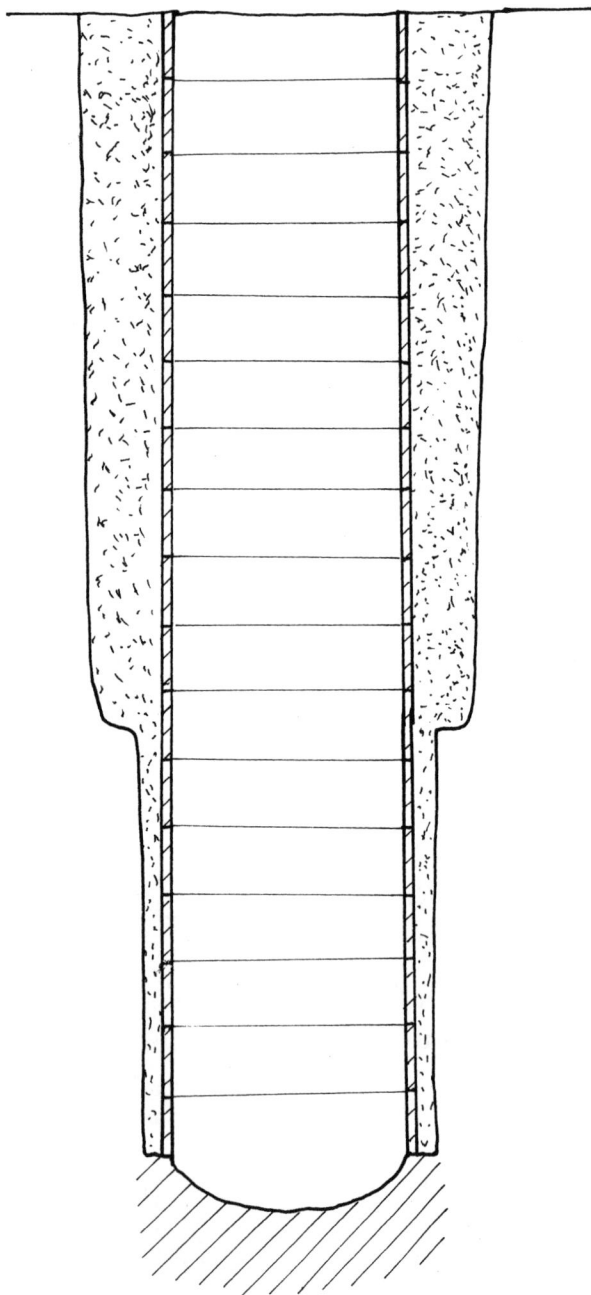

0   1   1米

图一六五　J2平、剖面图及陶钵

1. J2平、剖面图　2. 陶钵（J2∶1）

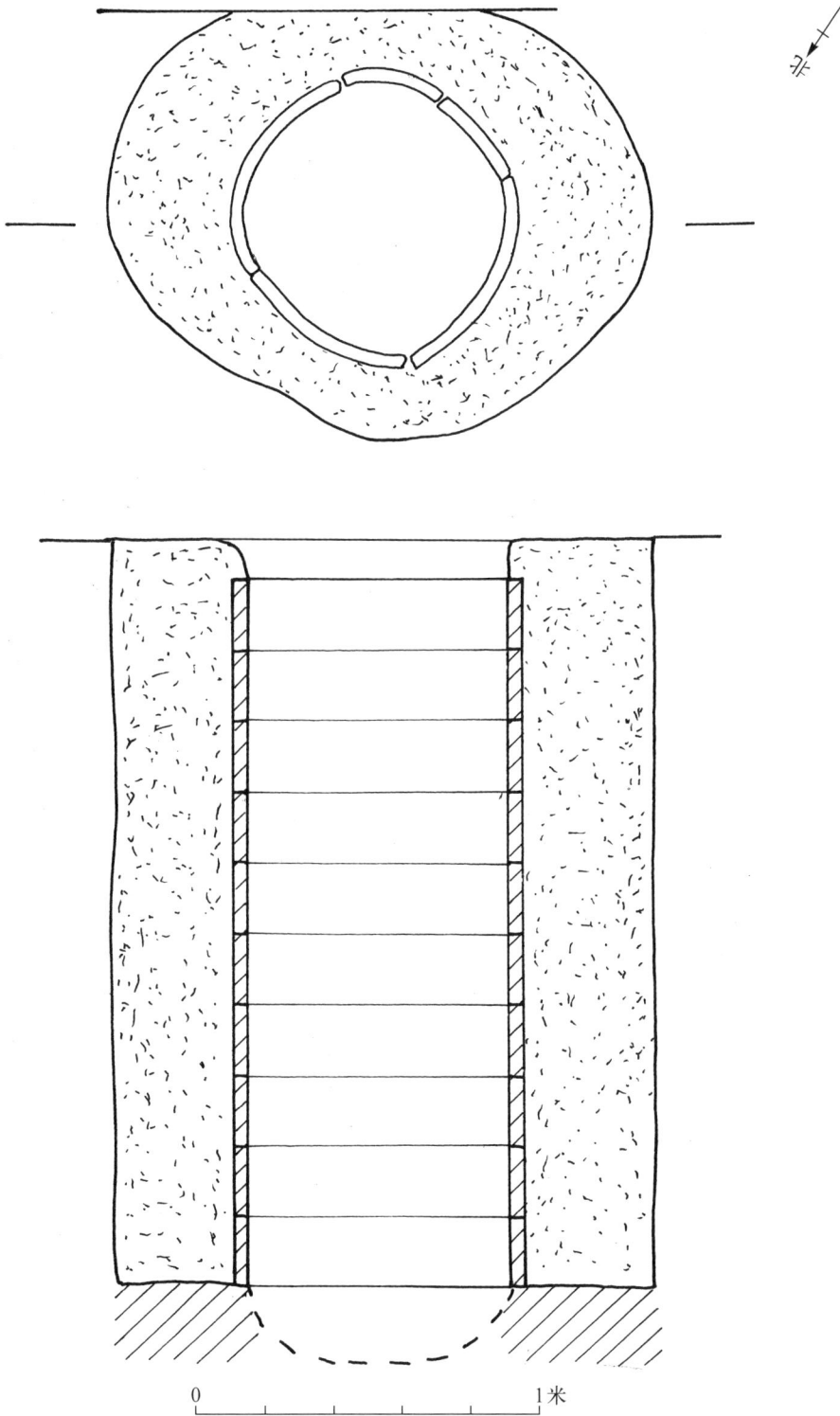

图一六六　J3平、剖面图

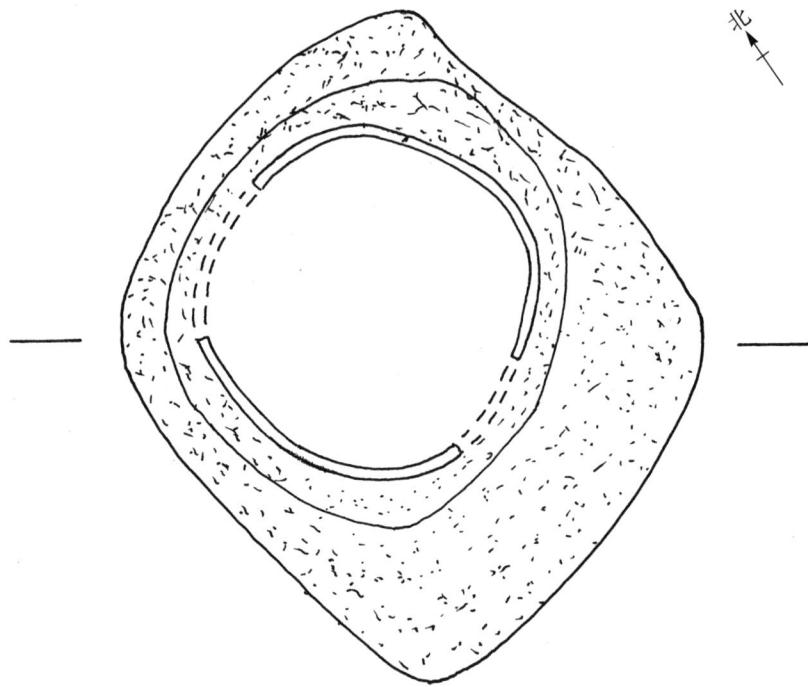

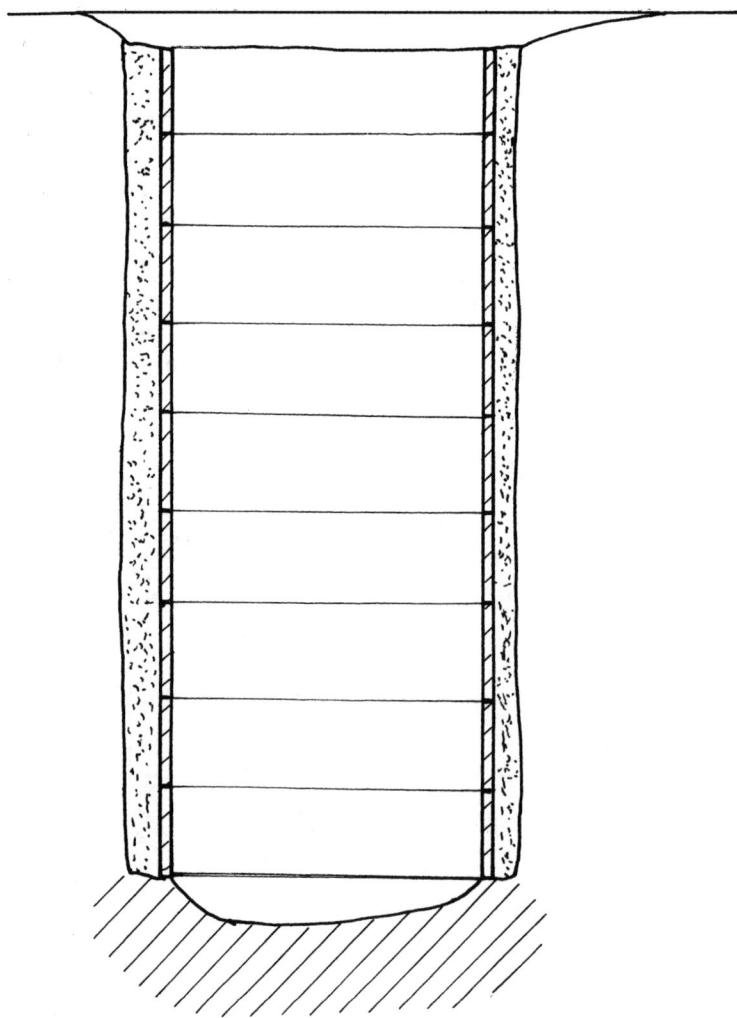

北

0   1米

图一六七　J4平、剖面图

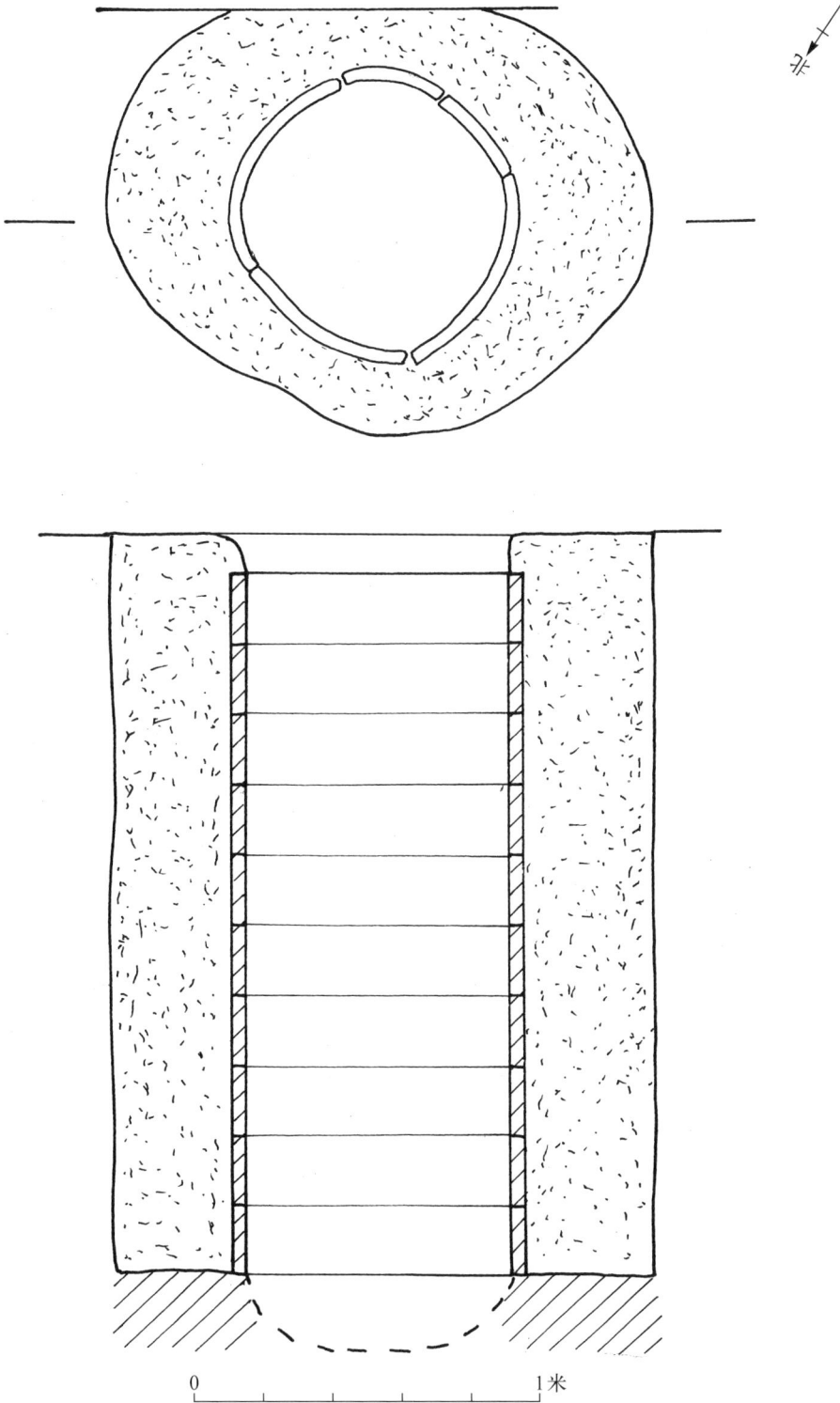

图一六六　J3平、剖面图

北

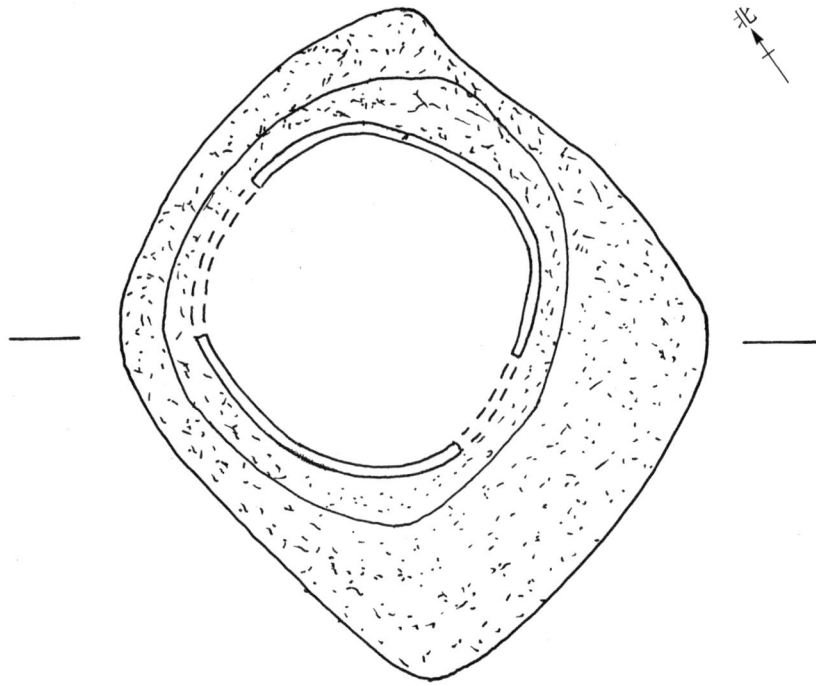

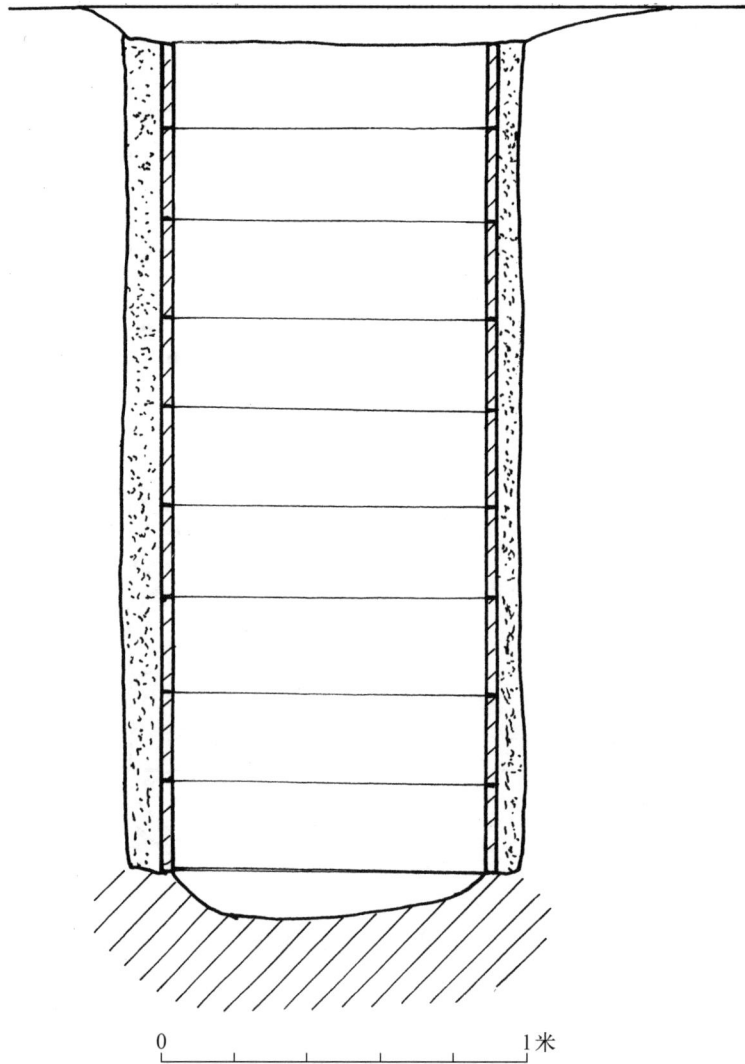

图一六七 J4平、剖面图

0 _____ 1米

北

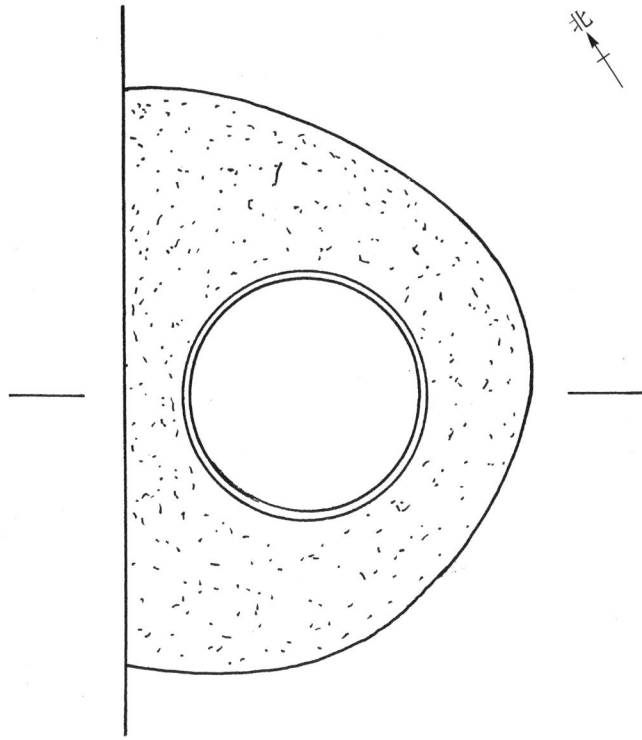

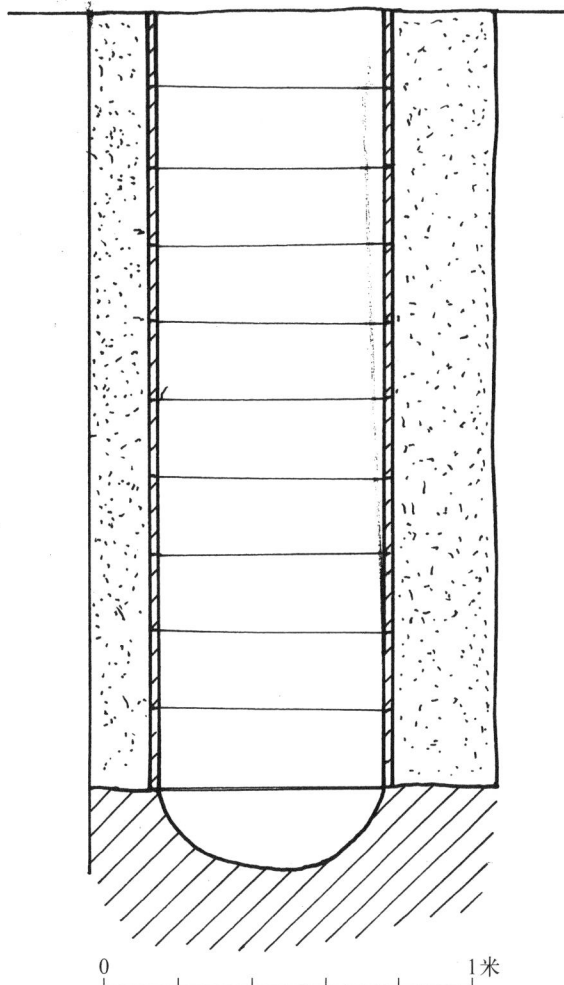

图一六八　J8平、剖面图

0　　　　　　　　　　　1米

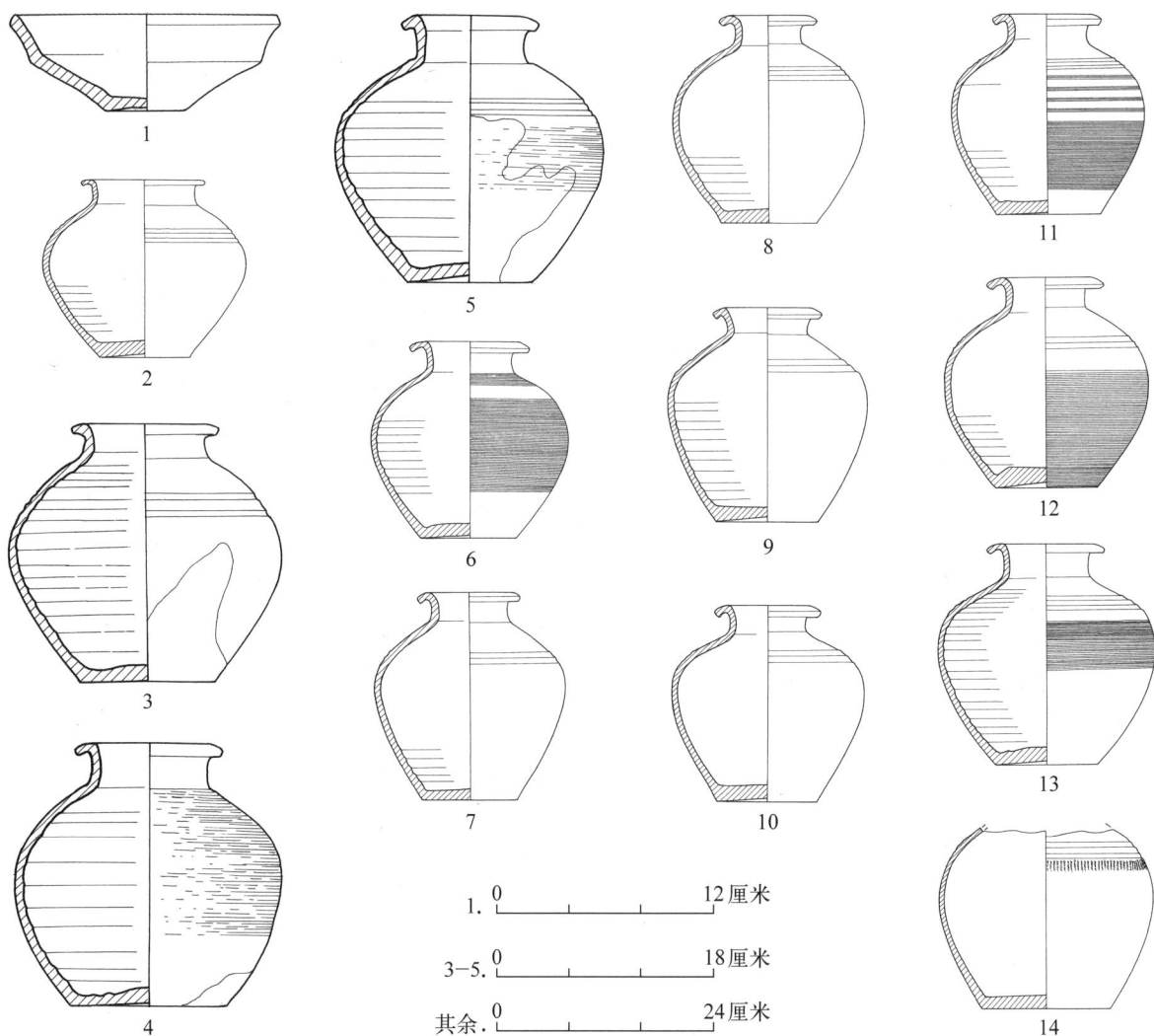

图一六九　J9陶器

1. 折腹钵（J9：47）　2-14. 翻沿矮领罐（J9：46、J9：23、J9：2、J9：13、J9：8、J9：14、J9：48、J9：15、J9：3、J9：16、J9：11、J9：1、J9：31）

翻沿矮领罐　13件。

A型　2件。标本J9：1，夹砂灰黑陶。肩部饰三周凸棱。内壁呈波浪状，底部内凹。口径9、腹径23.8、底径11.2、高23.7厘米（图一六九，13）。标本J9：31，夹砂灰黄陶。肩部饰三周凹弦纹，弦纹下饰一周压印纹。腹径23.4、底径14、残高19.5厘米（图一六九，14）。

B型　3件。标本J9：14，夹砂灰黑陶。肩部饰三周凹弦纹。内壁下腹呈波浪状。口径9、腹径20.8、底径10.4、高22.2厘米（图一六九，7）。标本J9：15，夹砂灰黑陶。肩部饰三周凸棱。内壁呈波浪状。口径8.4、腹径21.6、底径11.2、高22.8厘米（图一六九，9）。标本J9：11，夹砂灰黄陶。肩部饰三周凸棱及弦纹。内壁下腹呈波浪状，底部内凹。口径9.6、腹径22、底径10.4、高22.6厘米（图一六九，12）。

C型　8件。侈口、方唇、卷沿外翻、领微束、溜肩、鼓腹、下腹斜直、平底微内凹。标本J9：46，夹砂灰黑陶。肩部饰四周弦纹。口径13.6、腹径22、底径10、高19厘米(图一六九,2)。标本J9:23,夹砂灰黑陶。肩部饰凹弦纹。口径12、腹径22.5、底径12、高20.7厘米(图一六九,3)。标本J9:2,夹砂灰黑陶。口径12、腹径21.8、底径13、高21厘米(图一六九,4)。标本J9:13,夹砂灰黑陶。肩部饰凹弦纹。口径9、腹径24.9、底径10.5、高21.3厘米(图一六九,5)。标本J9:8,夹砂灰黑陶。肩腹部饰弦纹,内壁呈波浪状。口径10、腹径21.6、底径10.6、高21厘米(图一六九,6)。标本J9:48,夹砂灰黑陶。肩部饰四周凸棱。内壁下腹呈波浪状,底部内凹。口径8.4、腹径21.6、底径10.4、高21.2厘米(图一六九,8)。标本J9:3,夹砂灰黄陶。肩部饰三周凸棱。口径8、腹径21、底径11、高21厘米(图一六九,10)。标本J9:16,夹砂灰黑陶。肩部饰三周凸棱。内壁下腹呈波浪状,底部内凹。口径9、腹径21.2、底径11.4、高21.6厘米(图一六九,11)。

釜 11件。

A型 11件。标本J9:20,夹砂灰黄陶。喇叭口、束颈、球形腹、圜底。腹部压印绳纹。口径11.6、腹径18、高15.2厘米(图一七〇,1)。标本J9:21,夹砂灰黑陶。喇叭口、束颈、球形腹、圜底。腹部饰绳纹。口径11.8、腹径18、高15厘米(图一七〇,2)。标本J9:5,夹砂灰黑陶。喇叭口、束颈、球形腹、圜底。腹部饰绳纹。口径12.4、腹径19.8、残高15.2厘米(图一七〇,5)。标本J9:10,夹砂

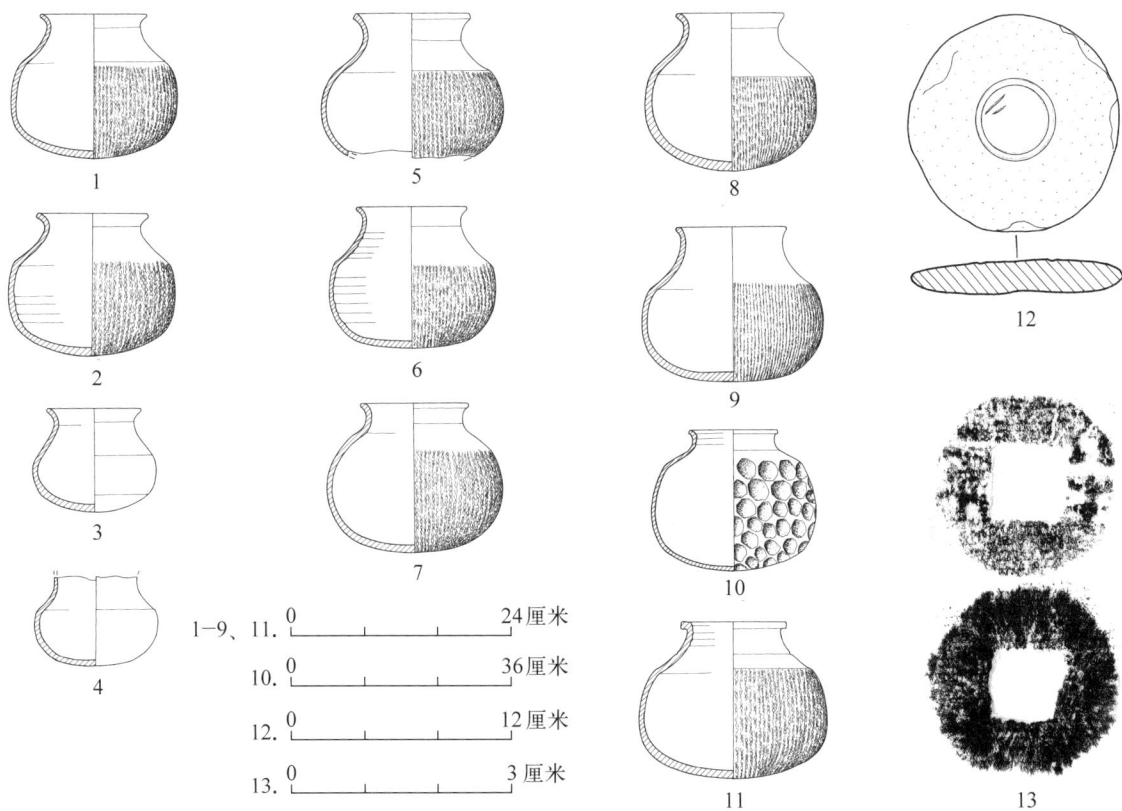

图一七〇 J9遗物

1-11.陶釜(J9:20、J9:21、J9:7、J9:27、J9:5、J9:10、J9:17、J9:42、J9:45、J9:44、J9:9)
12.石璧半成品(J9:39) 13.铜半两钱(J9:50)

灰黑陶。喇叭口、束颈、球形腹、圜底。腹部饰绳纹。口径12、腹径18、高15厘米(图一七〇,6)。标本J9∶17,夹砂灰黄陶。喇叭口、束颈、球形腹、圜底。腹部饰绳纹。口径11.6、腹径19.2、高15.8厘米(图一七〇,7)。标本J9∶42,夹砂灰黑陶。喇叭口、束颈、球形腹、圜底。腹部饰绳纹。口径11.6、腹径18.6、高16.6厘米(图一七〇,8)。标本J9∶45,夹砂灰黑陶。喇叭口、束颈、球形腹、圜底。腹部饰绳纹。口径12、腹径19.8、高16.2厘米(图一七〇,9)。标本J9∶44。侈口、折沿、束颈、垂腹、圜底。腹部饰压印纹。口径14.4、腹径27、高22.2厘米(图一七〇,10)。标本J9∶9,夹砂灰黑陶。侈口、折沿、束颈、垂腹、圜底。腹部压印绳纹。口径11.4、腹径20.4、高16.6厘米(图一七〇,11)。标本J9∶7,夹砂灰黑陶。侈口、束颈、鼓腹、圜底。素面。口径10、腹径13.4、高11厘米(图一七〇,3)。标本J9∶27,夹砂灰黑陶。束颈、鼓腹、圜底。素面。腹径13.6、残高9.6厘米(图一七〇,4)。

2. 石器

石璧半成品　1件。

标本J9∶39,灰色。边缘较薄,中部略厚,孔为单面钻,尚未钻穿。直径11.6、孔径4.3、厚1.7厘米(图一七〇,12)。

3. 铜器

铜钱　1枚。

半两钱　1枚。标本J9∶50,直径2.6、穿径1厘米(图一七〇,13)。

七、J10

位于TN03W08-N04W07探方中部。开口于第③层下,打破第④层。井圹平面呈圆形,直壁、圜底。井圹直径0.98、深1.96米。用陶井圈砌筑,共砌筑9层,井圈内径0.72、高0.2-0.22米。填土为灰黄色沙土,较疏松。出土砖、大量陶片及兽骨等(图一七一,1)。

陶器

盆　1件。

Ba型　1件。标本J10∶1,泥质灰陶。敛口、弧腹。口径26.4、残高6.6厘米(图一七一,2)。

八、J15

位于TN07W04-N08W03探方东南部。开口于第③层下,打破第④层。井圹平面近圆形,直壁、圜底。井圹直径0.98、深2.6米。用陶井圈砌筑,共砌筑6层,井圈直径0.66、高0.4米。填土为青灰色黏土,较疏松,夹杂大量炭屑。出土器物以泥质灰陶为主(图一七二)。

九、J16

位于TN07E01-N08E02探方东部,部分伸入东隔梁。开口于第③层下,打破第④层。平面近圆形,直壁、圜底。井圹直径1.1、深2.25米。用陶井圈砌筑,共砌筑4层,井圈直径0.7、高0.56-0.58米。填土为灰褐色黏土,较疏松,含少量炭屑。出土器物可辨器形有罐、碗等(图一七三)。

十、J17

位于TN01W08-N02W07探方东部。开口于第③下,打破第④层。平面呈圆形,直壁、圜底。井圹直径1.06、深2.18米。用陶井圈砌筑,共砌筑10层,井圈直径0.64、高0.2米。填土为灰褐色黏土,较疏松,含少量炭屑。出土器物可辨器形有带系罐、碗等(图一七四)。

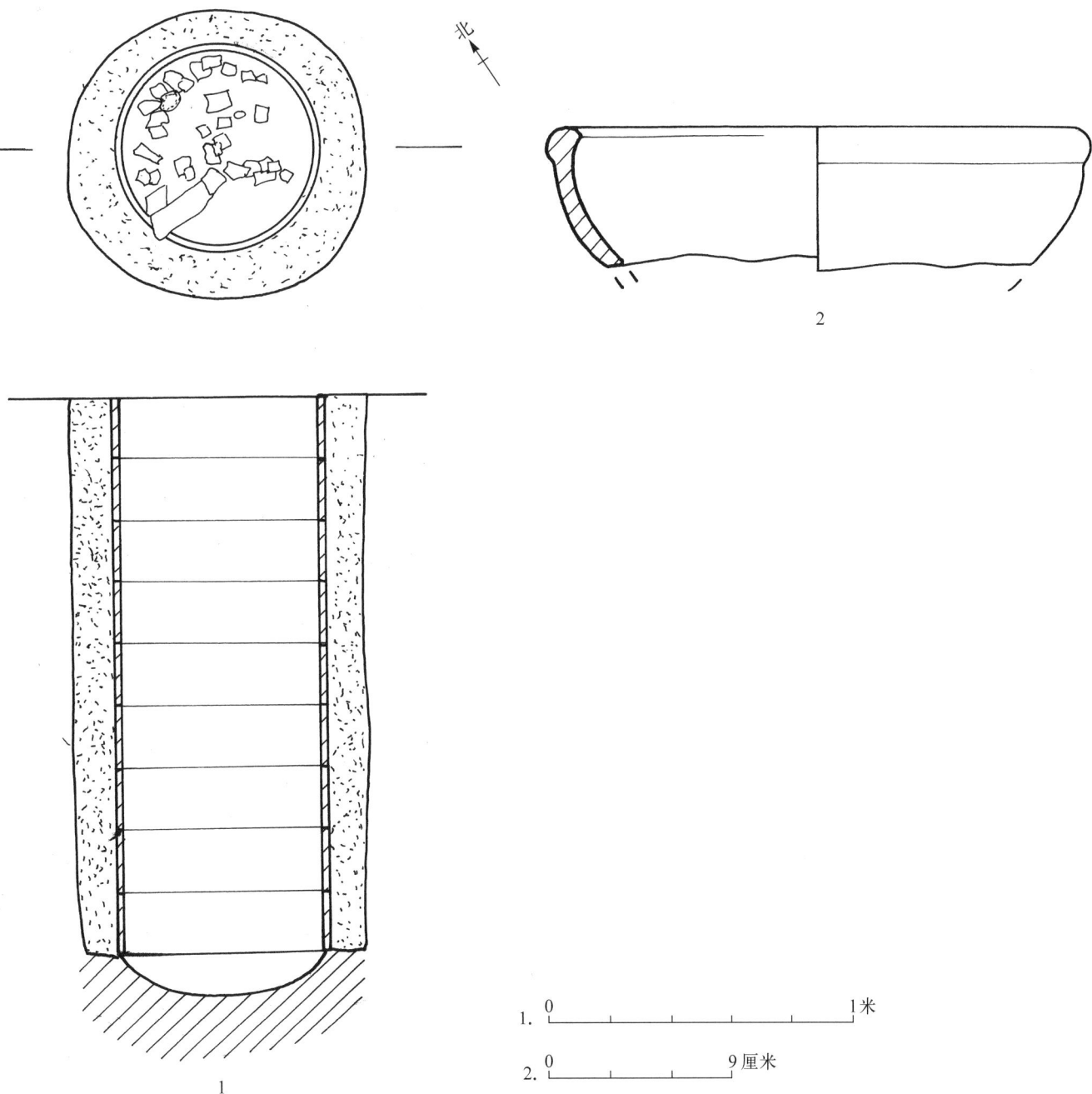

1. 0   1米

2. 0   9厘米

图一七一　J10平、剖面图及陶盆

1.J10平、剖面图　2.陶盆(J10:1)

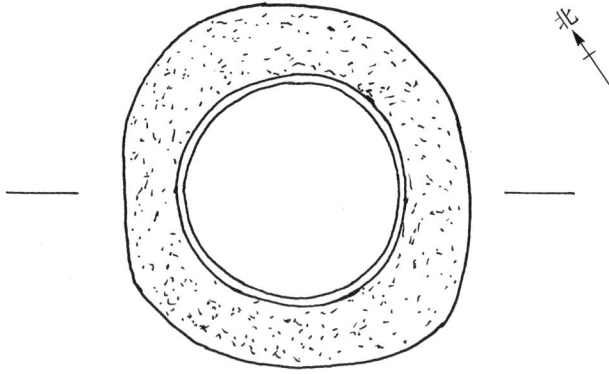

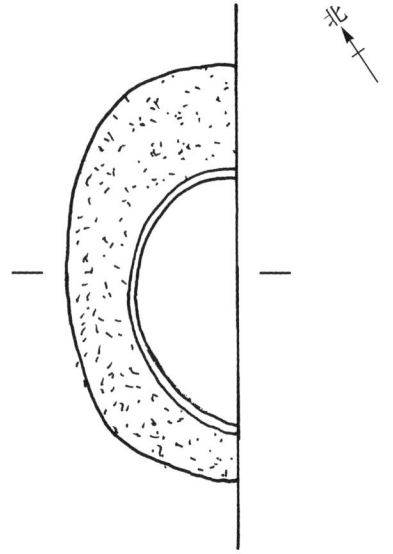

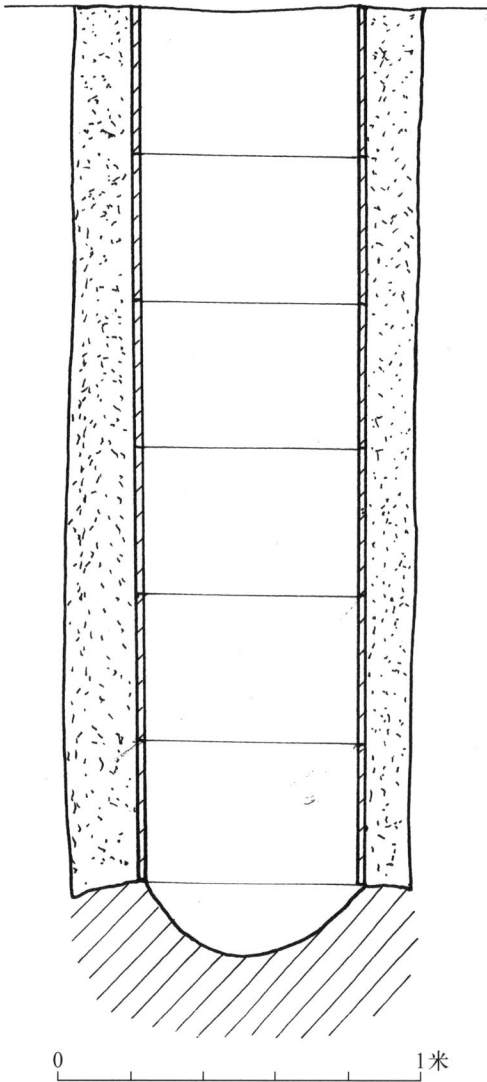

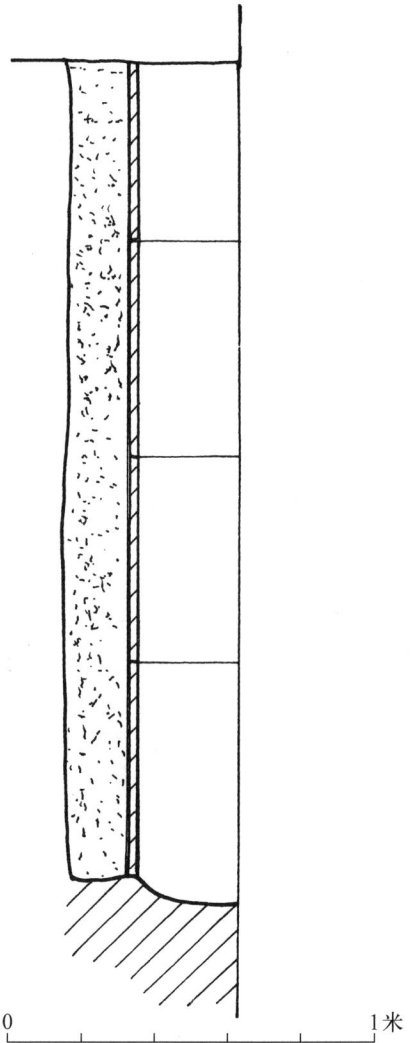

图一七二　J15平、剖面图

0　　　　　　　　　　　　　　　　1米

图一七三　J16平、剖面图

0　　　　　　　　　　　　　　　　1米

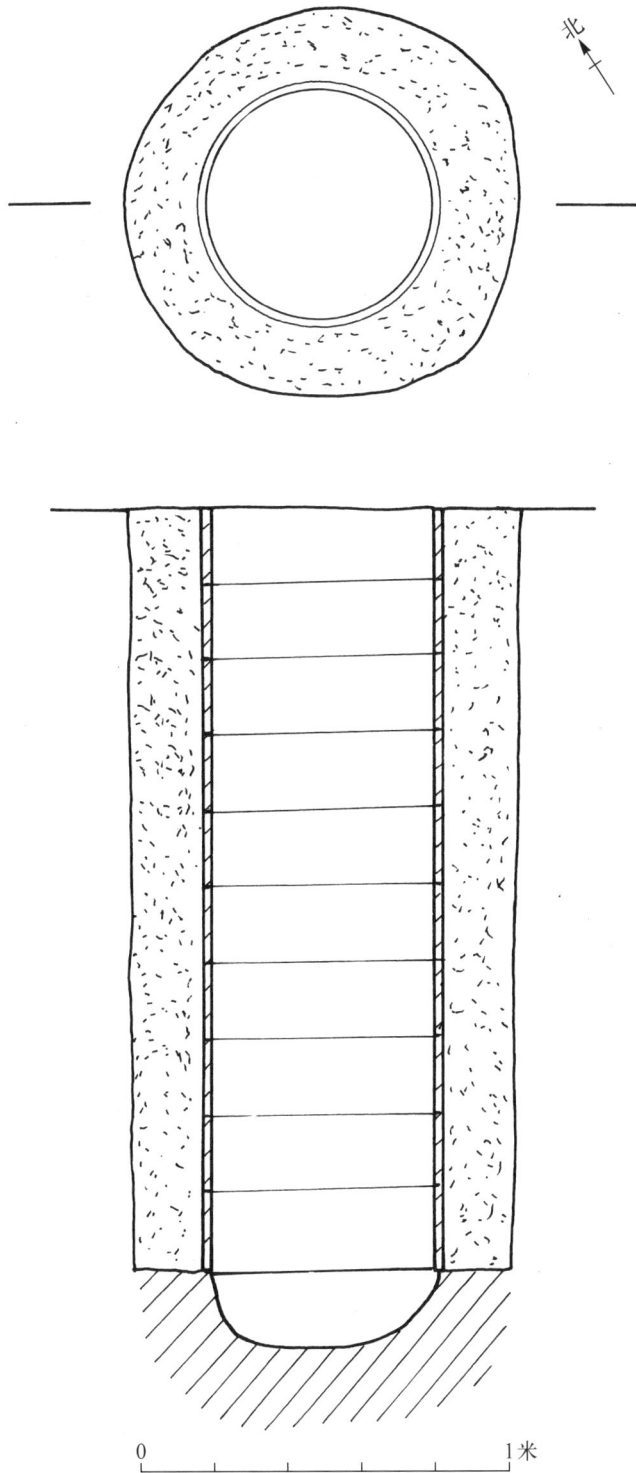

北

图一七四 J17平、剖面图

第五节 墓 葬

包括 W1、W2 两座。

一、W1

位于 TN03W04-N04W03 探方西部。开口第④层下,打破第⑤层。平面近圆形,弧壁、底部略平。直径 1.72、深 0.4 米。填土为灰色沙土,较疏松。葬具为一罐一盆套合。骨骼不存,葬式不明(图一七五;彩版一〇,1)。

束颈罐 1件。

Ba型 1件。标本 W1:2,夹砂黑陶。折沿外侈、束颈、弧肩。口径 27.6、腹径 31.2、残高 13.8厘米(图一七六,1)。

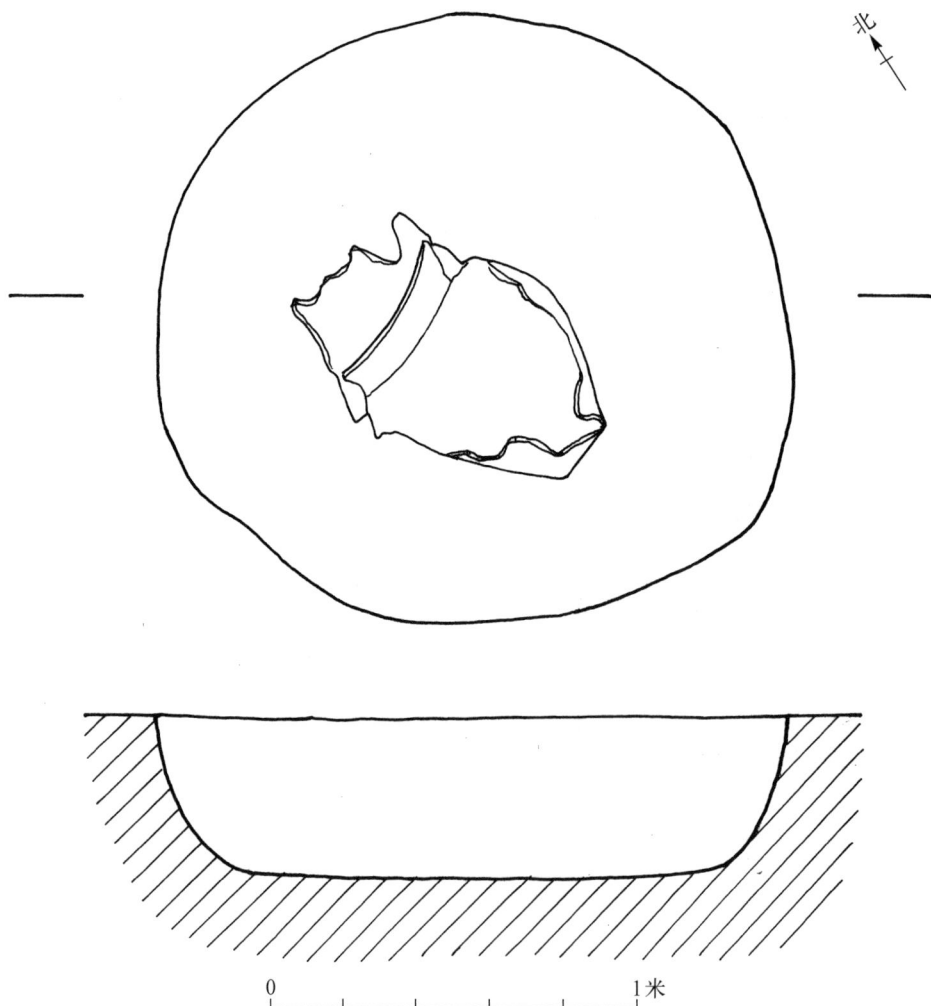

图一七五 W1平、剖面图

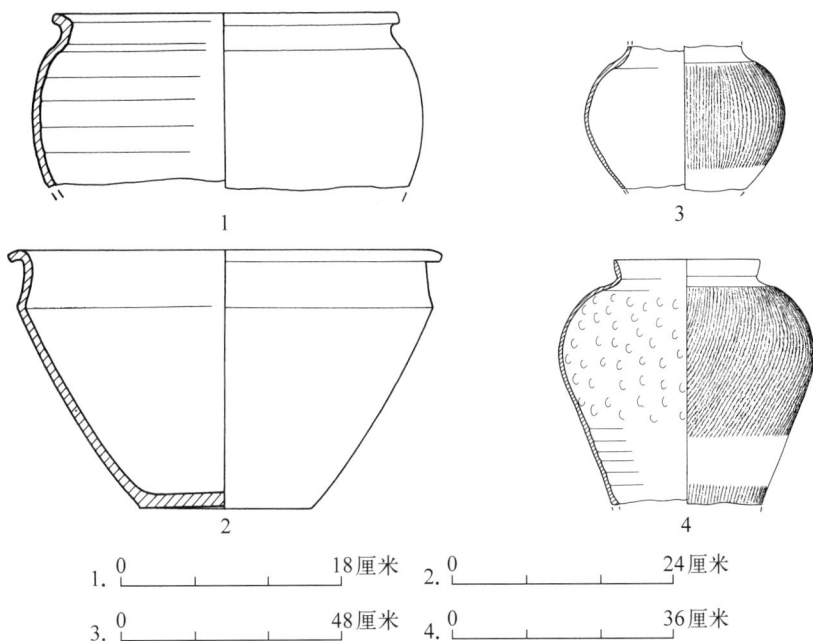

图一七六 W1、W2陶器

1.束颈罐(W1:2) 2.盆(W1:1) 3、4.绳纹罐(W2:1、W2:2)

盆 1件。

Bb型 1件。标本W1:1,夹砂灰陶。敛口、深腹、平底。口径46.5、腹径44.8、底径18.8、高27.2厘米(图一七六,2;彩版三四,2)。

二、W2

位于TN03W04-N04W03探方西南部。开口第④层下,打破第⑤层。平面呈椭圆形,直壁、平底。长1.8、宽1.5、深0.4米。填土为灰色沙土,较疏松。葬具为两件绳纹罐套合。罐内有散乱的人骨(图一七七;彩版一〇,2)。

绳纹罐 2件

标本W2:1,夹砂灰褐陶。鼓腹。腹部饰绳纹。腹径44、残高30厘米(图一七六,3)。标本W2:2,夹砂灰褐陶。侈口、矮领、鼓肩、斜直腹内收。腹部饰绳纹,内壁有指尖状坑。口径24、腹径42、残高38.4厘米(图一七六,4)。

第六节 地层出土遗物

一、④层出土遗物

1.陶器

(1)尖底盏 2件。

BⅠ式 2件。标本TN05E01-N06E01④:6,夹砂灰褐陶。直口、深折腹。腹内壁呈波浪

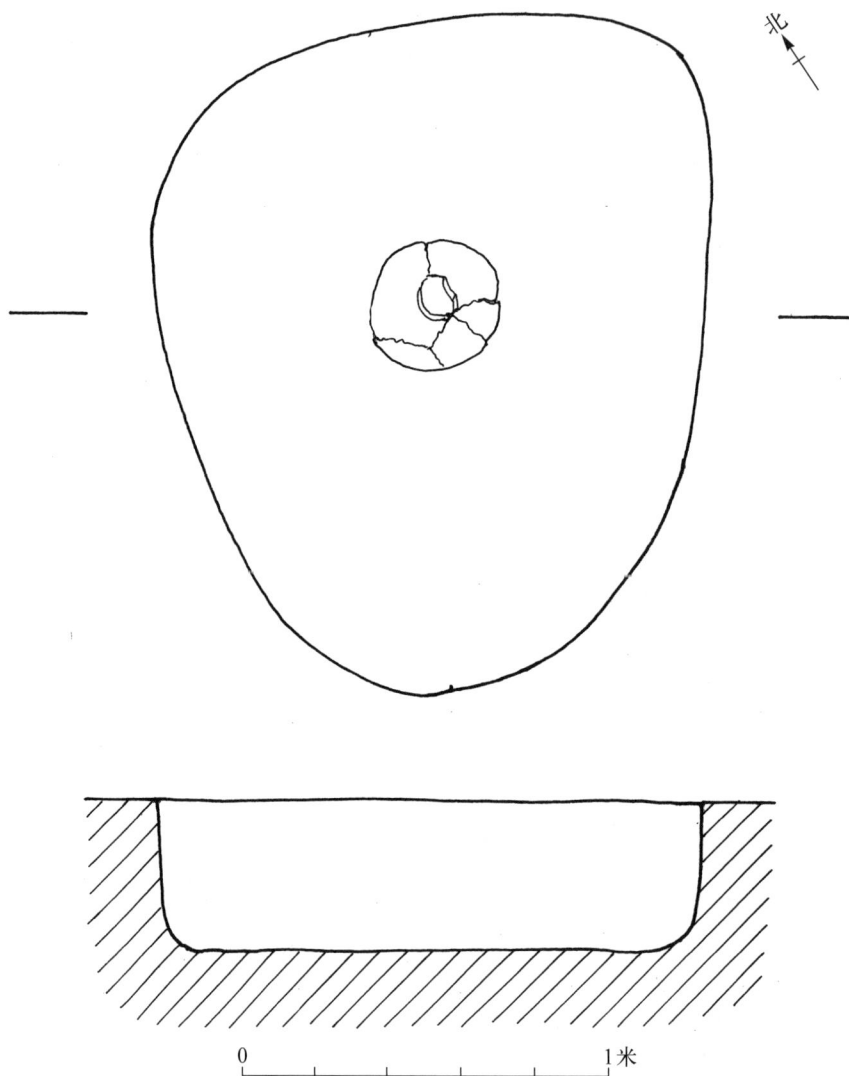

图一七七　W2平、剖面图

形。口径17.6、高5.2厘米（图一七八，1）。标本TN07W06－N08W05④：19，夹砂灰陶。直口、深弧腹。口径14、高4.4厘米（图一七八，2）。

（2）矮领罐　1件。

B型　1件。标本TN05W04－N06W03④：9，夹砂灰黑陶。折沿、侈口、弧肩。口径22、残高5.6厘米（图一七八，3）。

（3）敛口罐　1件。

B型　1件。标本TN01W02－N02W01④：12，夹砂褐陶。广肩。口径24、残高3厘米（图一八二，8）。

（4）大口瓮　2件。

B型　1件。标本TN07W06－N08W05④：5，夹砂灰黑陶。敛口、矮领、鼓肩。口径42、残高10.5厘米（图一七八，7）。

C型　1件。标本TN05W04－N06W03④：7，夹砂灰黄陶。侈口、领较高。残高13.8厘米（图

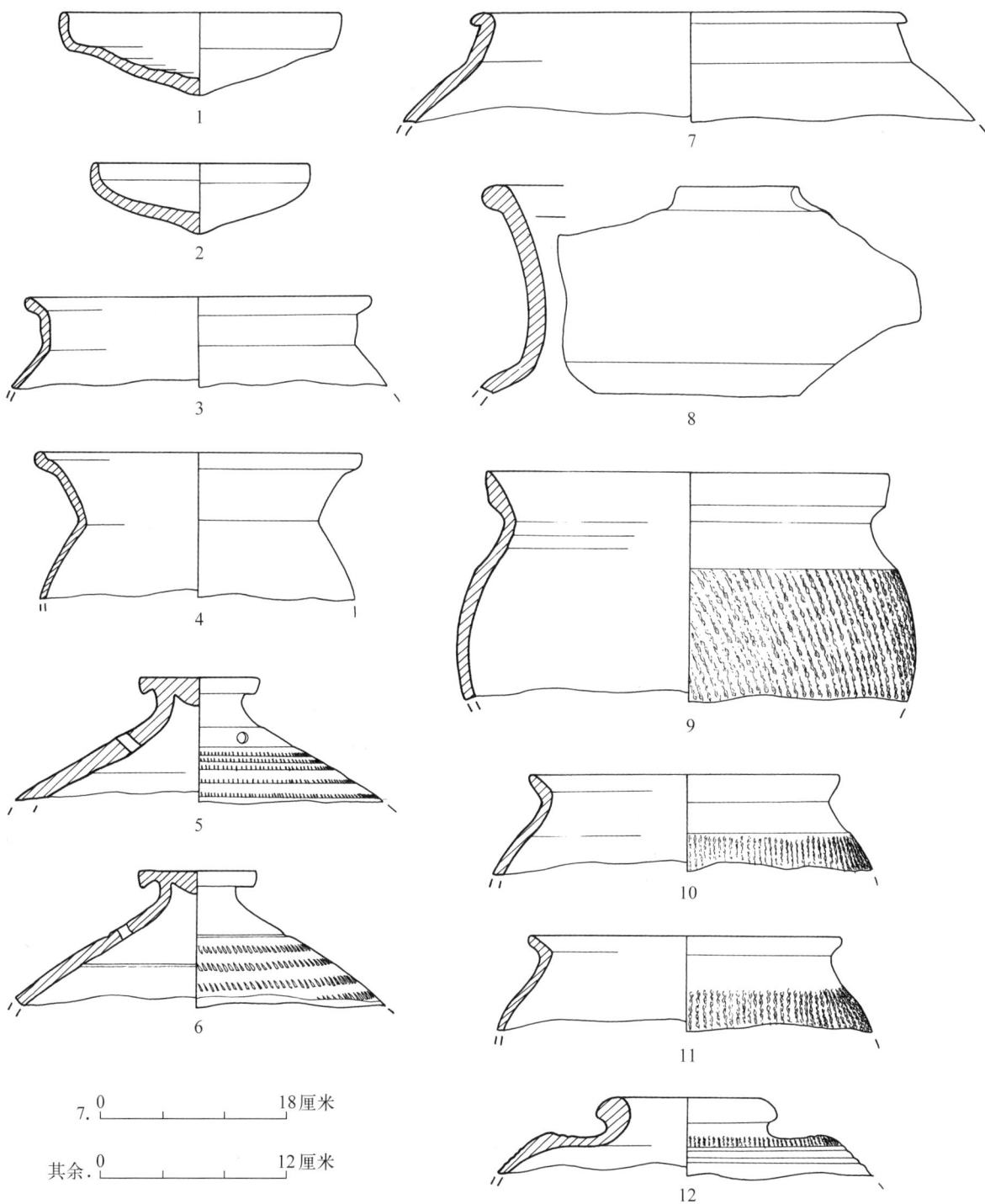

图一七八 ④层陶器

1、2. 尖底盏(TN05E01-N06E01④：6、TN07W06-N08W05④：19) 3. 矮领罐(TN05W04-N06W03④：9)

4. 釜(TN07W06-N08W05④：7) 5、6. 器纽(TN01W04-N02W03④：13、TN01W04-N02W03④：24)

7、8. 大口瓮(TN07W06-N08W05④：5、TN05W04-N06W03④：7) 9-11. 绳纹深腹罐(TN05W04-N06W03④：7、TN03W04-N04W03④：1、TN03W04-N04W03④：13) 12. 小口瓮(TN01W04-N02W03④：7)

一七八,8)。

（5）小口瓮　1件。

B型　1件。标本TN01W04－N02W03④：7,夹砂灰褐陶。卷沿、侈口,矮领、鼓肩。口径12、残高4.5厘米(图一七八,12)。

（6）绳纹深腹罐　3件。

B型　3件。标本TN05W04－N06W03④：7,夹砂灰黑陶。侈口、束颈、弧肩。肩部以下饰绳纹。口径26、残高14.2厘米(图一七八,9)。标本TN03W04－N04W03④：1,夹砂灰黑陶。侈口、折沿、束颈、鼓肩。肩部以下饰绳纹。口径20、残高6厘米(图一七八,10)。标本TN03W04－N04W03④：13,夹砂灰黑陶。侈口、折沿、束颈、鼓肩。肩部以下饰绳纹。口径20.4、残高6厘米(图一七八,11)。

（7）釜　1件。

D型　1件。标本TN07W06－N08W05④：7,夹砂灰黑陶。敞口微盘、高领、束颈、弧肩。口径20.8、残高9.2厘米(图一七八,4)。

（8）豆　6件。

Aa型　4件。标本TN07W06－N08W05④：1,碗形、矮圈足,敛口、方唇。夹砂灰黑陶。口径13.2、足径5.2、高5厘米(图一七九,1)。标本TN01W08－N02W07④：1,夹砂灰黑陶。碗形、矮圈足,敛口、圆唇。口径12.2、足径4.8、高4.7厘米(图一七九,2)。标本TN01W02－N02W01④：13,

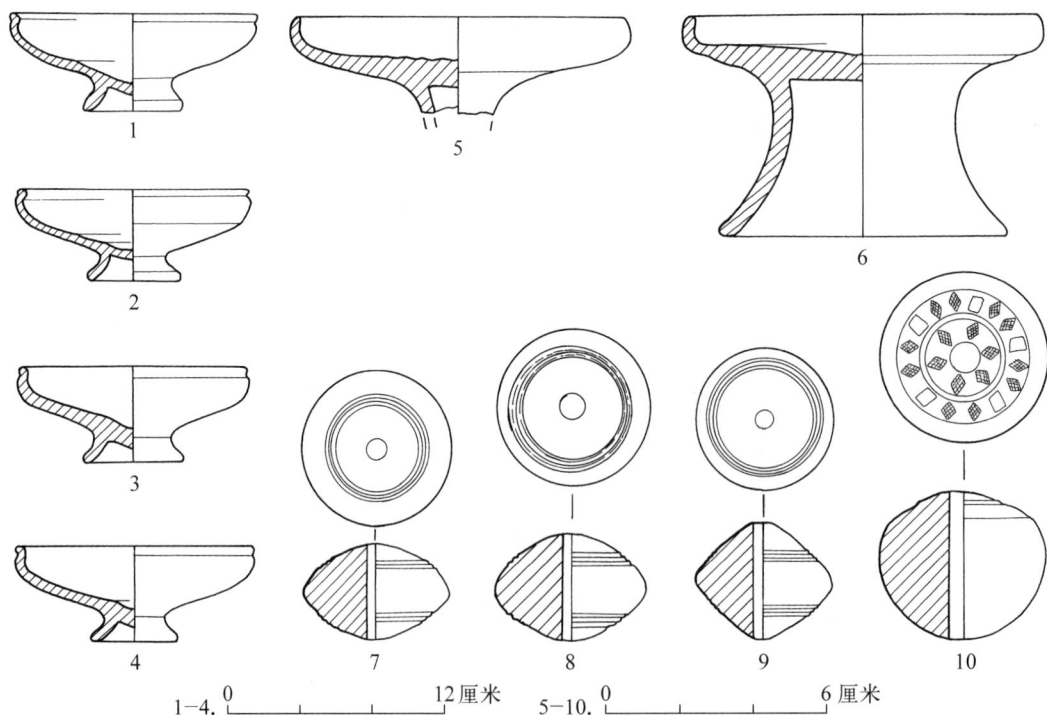

1-4. 0　　12厘米　　5-10. 0　　6厘米

图一七九　④层陶器

1-6. 豆(TN07W06－N08W05④：1、TN01W08－N02W07④：1、TN01W02－N02W01④：13、TN03W06－N04W05④：4、
TN03W06－N04W05④：2、TN07W04－N08W03④：6)　7-10. 纺轮(TN01W09－N02W09④：1、TN01W09－N02W09④：2、
TN01W04－N02W03④：16、TN07W04－N08W03④：5)

夹砂灰黑陶。碗形、矮圈足，直口、圆唇。口径12、足径5.6、高5厘米（图一七九，3）。标本TN03W06-N04W05④：4，夹砂灰黑陶。碗形、矮圈足，直口微敛、圆唇。口径12.8、足径4.8、高5厘米（图一七九，4）。

Bb型　2件。标本TN03W06-N04W05④：2，夹砂灰黑陶。浅盘、高圈足柄，直口微敛、圆唇。口径9、残高2.5厘米（图一七九，5）。标本TN07W04-N08W03④：6，夹砂褐陶。浅盘形、高圈足柄，直口、圆唇。口径9.2、足径7.8、高5.8厘米（图一七九，6）。

（9）折腹钵　8件。

A型　2件。标本TN07W06-N08W05④：2，泥质灰黑陶。敞口、折腹、平底。口径12.8、底径6、高4厘米（图一八〇，1）。标本TN01W02-N02W01④：1，夹砂灰黑陶。敞口、折腹位置偏上，下腹呈波浪状。口径16.8、底径6、高5厘米（图一八〇，4）。

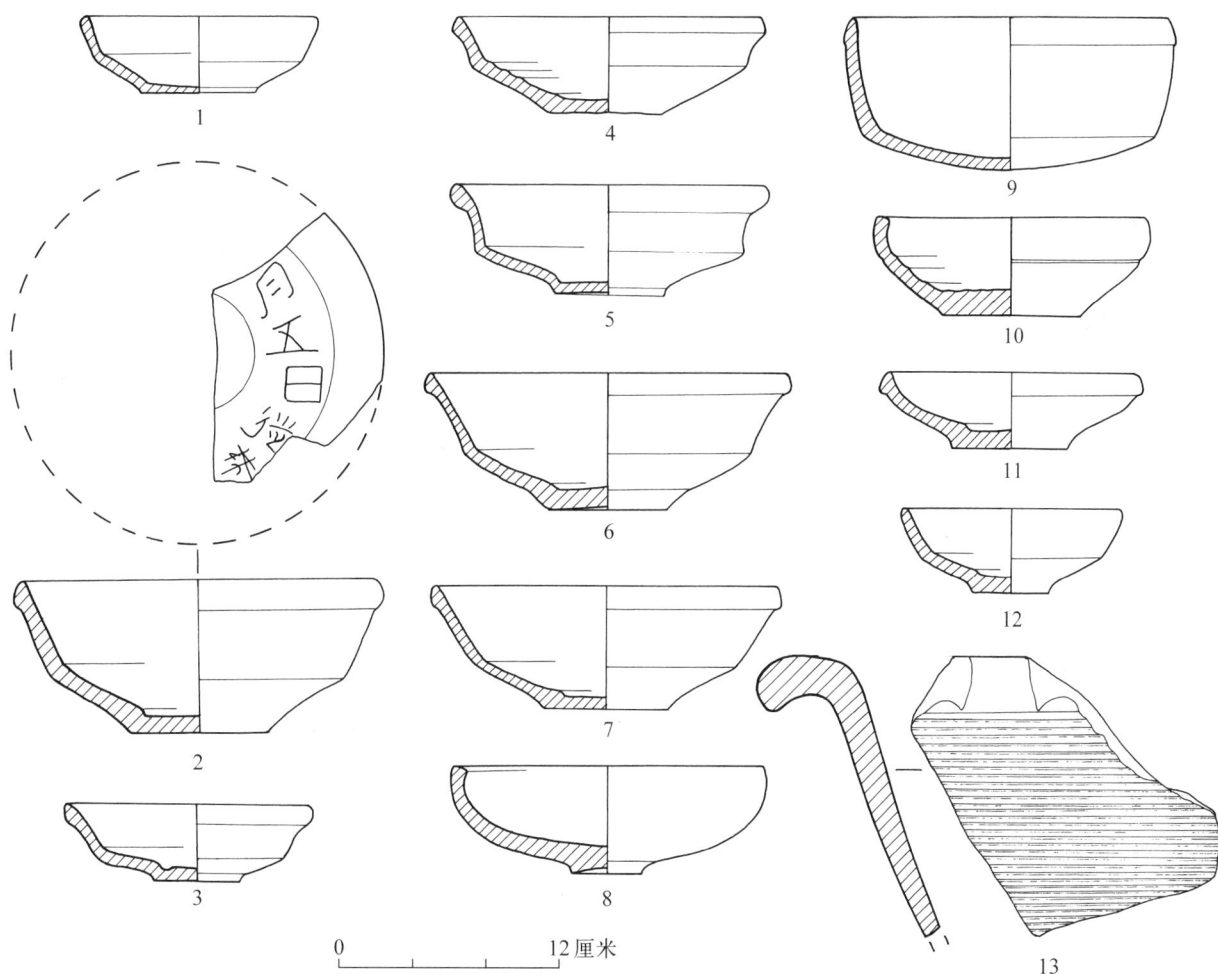

图一八〇　④层陶器

1-7、12.折腹钵（TN07W06-N08W05④：2，TN03W04-N04W03④：9，TN03W04-N04W03④：10，TN01W02-N02W01④：1、TN07W06-N08W05④：18，TN05W04-N06W03④：1，TN05W06-N06W05④：1，TN03W02-TN04W01④：1）
8、10、11.弧腹钵（TN01W02-N02W01④：2，TN07W04-N08W03④：1，TN01W04-N02W03④：14）
9.异型弧腹钵（TN01W04-N02W03④：1）　13.缸（TN05W04-N06W03④：5）

B型　6件。标本TN03W04-N04W03④：9，夹砂灰黑陶。敞口、折腹、平底。底部刻有文字"月五日徙?"。口径20、底径7.6、高8厘米(图一八〇，2)。标本TN05W04-N06W03④：1，夹砂灰黑陶。敞口、折腹位置偏下。底部内凹。口径19.6、底径6、高7.2厘米(图一八〇，6)。标本TN05W06-N06W05④：1，夹砂灰陶。敞口、折腹。口径18.8、底径6.8、高6.6厘米(图一八〇，7)。标本TN03W04-N04W03④：10，夹砂灰黑陶。敞口、折腹、壁内弧。口径13.4、底径4.2、高4.1厘米(图一八〇，3)。标本TN07W06-N08W05④：18，夹砂灰黑陶。侈口、折腹偏下、壁内弧。口径17、底径6、高5.8厘米(图一八〇，5)。标本TN03W02-TN04W01④：1，夹砂灰黑陶。敞口、折腹偏下。口径12、底径4、高4.6厘米(图一八〇，12)。

（10）弧腹钵　4件。

Ab型　1件。标本TN01W04-N02W03④：14，夹砂灰黄陶。圆唇，敞口。口径14.4、底径6.4、高4厘米(图一八〇，11)。

Ba型　1件。标本TN07W04-N08W03④：1，夹砂灰褐陶。圆唇，敛口。内壁呈波浪状。腹部饰一周凹弦纹。口径14.6、底径7.2、高5.2厘米(图一八〇，10)。

Bb型　1件。标本TN01W02-N02W01④：2，泥质灰黑陶。方唇，敛口。口径16.8、底径4、高5.6厘米(图一八〇，8)。

异型　1件。标本TN01W04-N02W03④：1，夹砂灰陶。圆唇，折腹，圜底。口径16.2、高8厘米(图一八〇，9)。

（11）盆　7件。

Aa型　2件。标本TN07W06-N08W05④：8，夹砂灰黑陶。卷沿外侈。残高6.4厘米(图一八一，1)。标本TN07W06-N08W05④：9，夹砂灰陶。口径34、残高6.8厘米(图一八一，4)。

Ba型　1件。标本TN05W04-N06W03④：10，夹砂灰黄陶。腹部饰三周凹弦纹。口径39、残高11.4厘米(图一八一，6)。

Bb型　2件。标本TN05W08-N06W07④：1，夹砂灰黑陶。腹部饰两周凹弦纹。口径30、残高10厘米(图一八一，2)。标本TN05W06-N06W05④：3，夹砂灰黑陶。卷沿、鼓腹。口径38.4、底径14.4、高14.7厘米(图一八一，5)。

C型　2件。标本TN01W02-N02W01④：11，夹砂灰黑陶。卷沿、直口。残高4.6厘米(图一八一，3)。标本TN03W02-TN04W01④：2，泥质灰黑陶。厚圆唇，敛口。残高5.3厘米(图一八一，7)。

（12）饼状陶器　1件。

标本TN01W04-N02W03④：17，夹砂灰黑陶。直径12.3、厚1.4厘米(图一八二，7)。

（13）三足盘　1件。

标本TN05W02-N06W01④：1。口微侈、浅盘、平底。底部饰两组弦纹。口径40、盘高4.4、通高10厘米(图一八二，6)。

（14）缸　1件。

标本TN05W04-N06W03④：5，夹砂灰黑陶。卷沿、侈口。外壁饰弦纹。残高14.8厘米(图一八〇，13)。

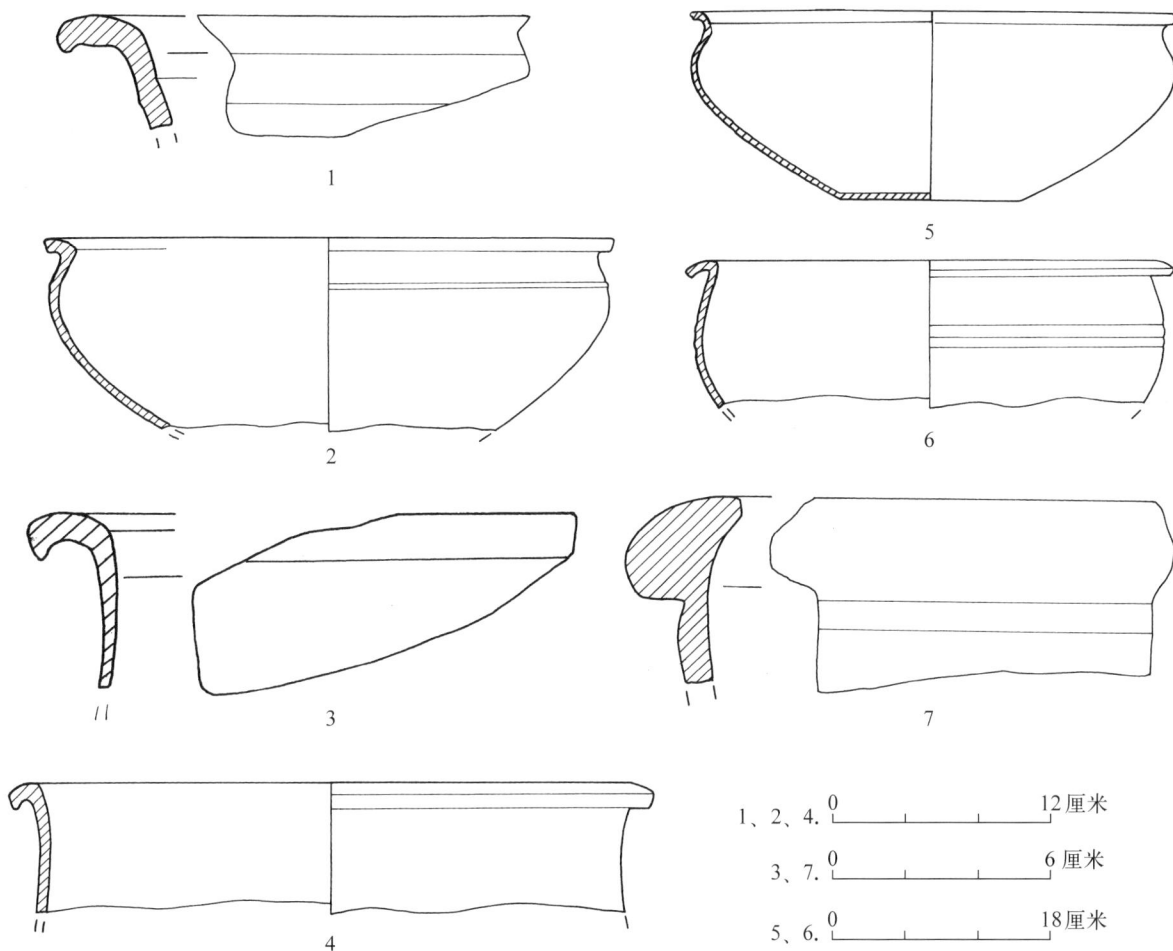

1、2、4.	0 _____	12厘米
3、7.	0 _____	6厘米
5、6.	0 _____	18厘米

图一八一 ④层陶盆

1. TN07W06－N08W05④：8 2. TN05W08－N06W07④：1 3. N01W02－N02W01④：11 4. TN07W06－N08W05④：9
5. TN05W06－N06W05④：3 6. TN05W04－N06W03④：10 7. TN03W02－TN04W01④：2

（15）器盖 1件。

标本 TN01W04－N02W03④：2，泥质灰陶。纽残。口径15、残高3.6厘米（图一八二,5）。

（16）器纽 2件。

A型 2件。标本 TN01W04－N02W03④：13，泥质灰陶。盘状纽。器身饰多周戳印纹、器上有一圆孔。纽径7.6、残高7.8厘米（图一七八,5）。标本 TN01W04－N02W03④：24，泥质灰陶。盘状纽。器身饰多周戳印纹、器上有一圆孔。纽径7.6、残高8.6厘米（图一七八,6）。

（17）圈足 1件。

A型 1件。标本 TN01W04－N02W03④：9，夹砂灰黑陶。底部中心有方形戳印纹。足径10、残高3.6厘米（图一八三,1）。

（18）器底 3件。

标本 TN01W02－N02W01④：4，泥质灰黄陶。底径12、残高5.4厘米（图一八三,2）。标本 TN01W04－N02W03④：5，泥质灰黑陶。斜直腹。底径22、残高9.2厘米（图一八三,3）。标

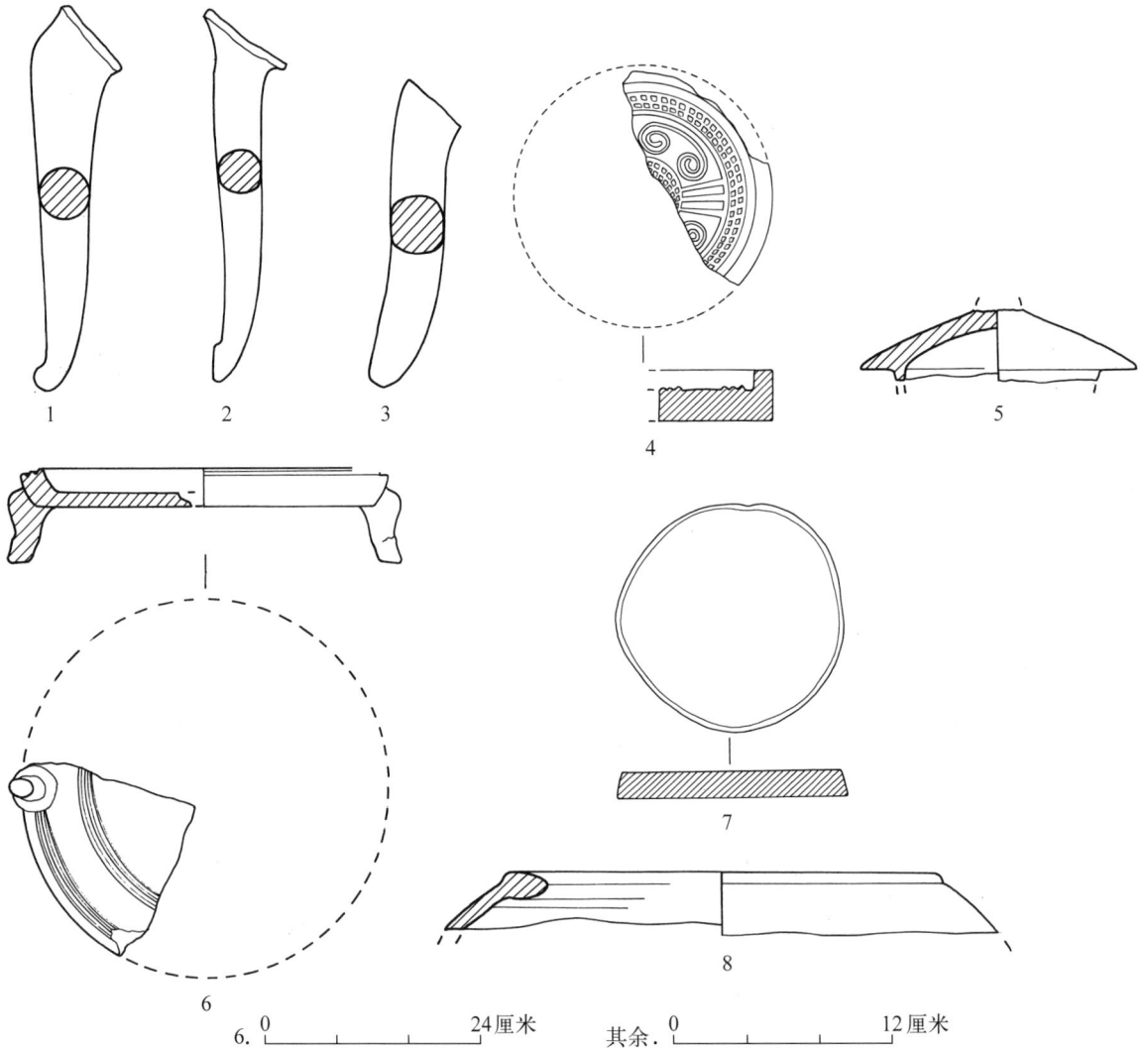

图一八二 ④层陶器

1－3. 鼎足（TN07W06－N08W05④：10、TN07W06－N08W05④：11、TN05W04－N06W03④：3） 4. 瓦当（TN01W02－N02W01④：3）
5. 器盖（TN01W04－N02W03④：2） 6. 三足盘（TN05W02－N06W01④：1） 7. 饼状陶器（TN01W04－N02W03④：17）
8. 敛口罐（TN01W02－N02W01④：12）

本TN07W06－N08W05④：4，夹砂灰陶。深鼓腹。器表饰细弦纹。底径11.2、残高15厘米（图一八三，4）。

（19）鼎足 3件。

标本TN07W06－N08W05④：10，夹砂灰褐陶。残高20.3厘米（图一八二，1）。标本TN07W06－N08W05④：11，夹砂灰黑陶。直径2.4、残高20厘米（图一八二，2）。标本TN05W04－N06W03④：3，夹砂灰褐陶。直径3、残高16.3厘米（图一八二，3）。

（20）纺轮 4件。

C型 3件。标本TN01W09－N02W09④：1，泥质灰陶。算珠形。直径3.9、高2.5厘米（图一七九，7）。标本TN01W09－N02W09④：2，泥质灰陶。算珠形。直径3.9、高2.7厘米（图一七九，

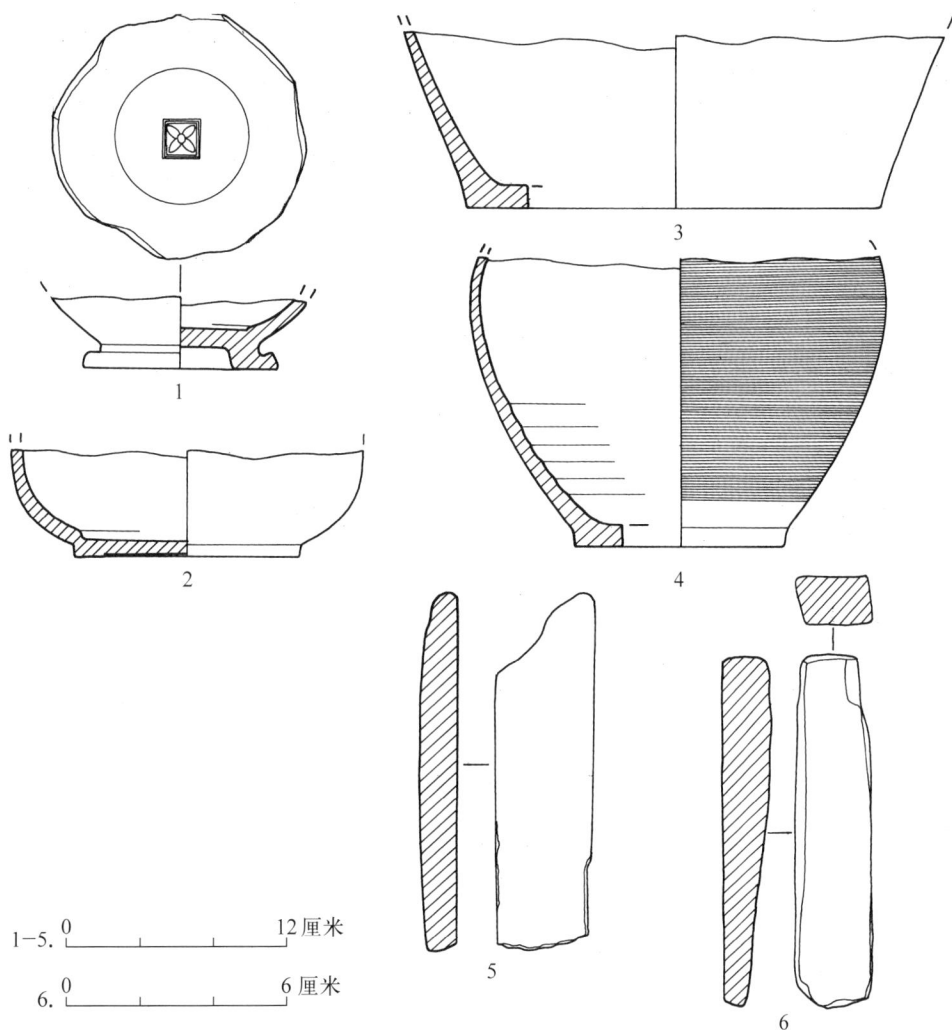

图一八三 ④层遗物

1. 陶圈足(TN01W04-N02W03④:9) 2、3、4. 陶器底(TN01W02-N02W01④:4、TN01W04-N02W03④:5、
TN07W06-N08W05④:4) 5、6. 条形石器(TN01W06-N02W05④:1、TN01W04-N02W03④:18)

8)。标本TN01W04-N02W03④:16,泥质灰陶。算珠形。直径3.6、高3厘米(图一七九,9)。

D型 1件。标本TN07W04-N08W03④:5,泥质黄褐陶。圆球形。饰菱形及方形相间的花纹,制作较精细。直径4.3、高3.8厘米(图一七九,10)。

(21)瓦当 1件。

标本TN01W02-N02W01④:3。中部和边缘饰网格纹,两者之间饰卷云纹,云纹之间两竖线间隔。直径14、厚2.7厘米(图一八二,4)。

2. 石器

条形石器 2件。

标本TN01W06-TN02W05④:1,黑色。长18.5、宽5.1厘米(图一八三,5)。标本TN01W04-N02W03④:18,灰色。长9、宽2.2厘米(图一八三,6)。

3. 铜器

（1）勺 1件。

标本TN01W04-N02W03④：23，浅勺、短柄。通长5.6、直径2.7、柄长2.9厘米（图一八四，5；彩版三四，3）。

（2）扎马钉 1件。

标本TN01W04-N02W03④：19。长4.2厘米（图一八四，4；彩版三四，4）。

（3）残件 1件。

标本TN01W04-N02W03④：22，烟斗形，表面腐蚀风化。长3.9、宽0.4-0.9厘米（图一八四，3）。

（4）钱币 11枚。

五铢钱 5枚。标本TN02W03-N01W04④：26，直径2.5、穿径1厘米（图一八五，1）。标本TN02W03-N01W04④：27，直径2.5、穿径1厘米（图一八五，2）。标本TN03W04-N04W03④：15，直径2.5、穿径1厘米（图一八五，3）。标本TN01W06-N02W05④：5，直径2.5、穿径1厘米（图一八五，4）。标本TN02W03-N01W04④：25，直径2.4、穿径1厘米（图一八五，5）。

半两钱 5枚。标本TN03W04-N04W03④：17，直径2.4、穿径0.8厘米（图一八五，6）。标本TN03W04-N04W03④：18，直径2.5、穿径0.8厘米（图一八五，7）。标本TN03W04-N04W03④：19，直径3.1、穿径0.9厘米（图一八五，8）。标本TN03W04-N04W03④：20，直径2.4、穿径1厘米（图一八五，9）。标本TN03W04-N04W03④：16，直径2.4、穿径0.8厘米（图一八五，10）。

大泉五十 1枚。标本TN02W03-N01W04④：28，直径2.8、穿径0.8厘米（图一八五，11）。

4. 铁器

（1）钉 1件。

标本TN03W02-TN04W01④：6，呈"U"形。长7厘米（图一八四，1）。

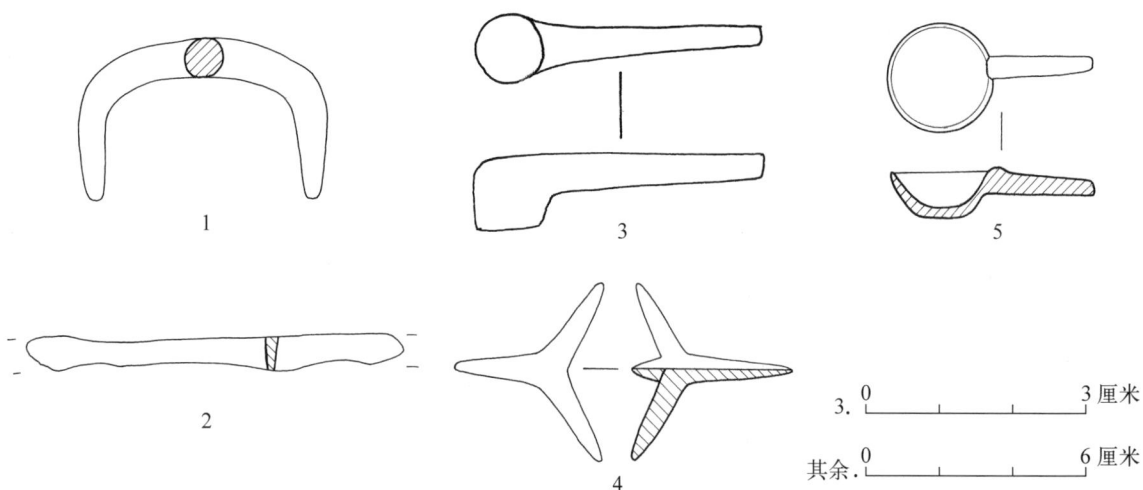

图一八四 ④层铜、铁器

1. 铁钉（TN03W02-TN04W01④：6） 2. 铁器残件（TN03W02-TN04W01④：4） 3. 铜器残件（TN01W04-N02W03④：22）
4. 铜扎马钉（TN01W04-N02W03④：19） 5. 铜勺（TN01W04-N02W03④：23）

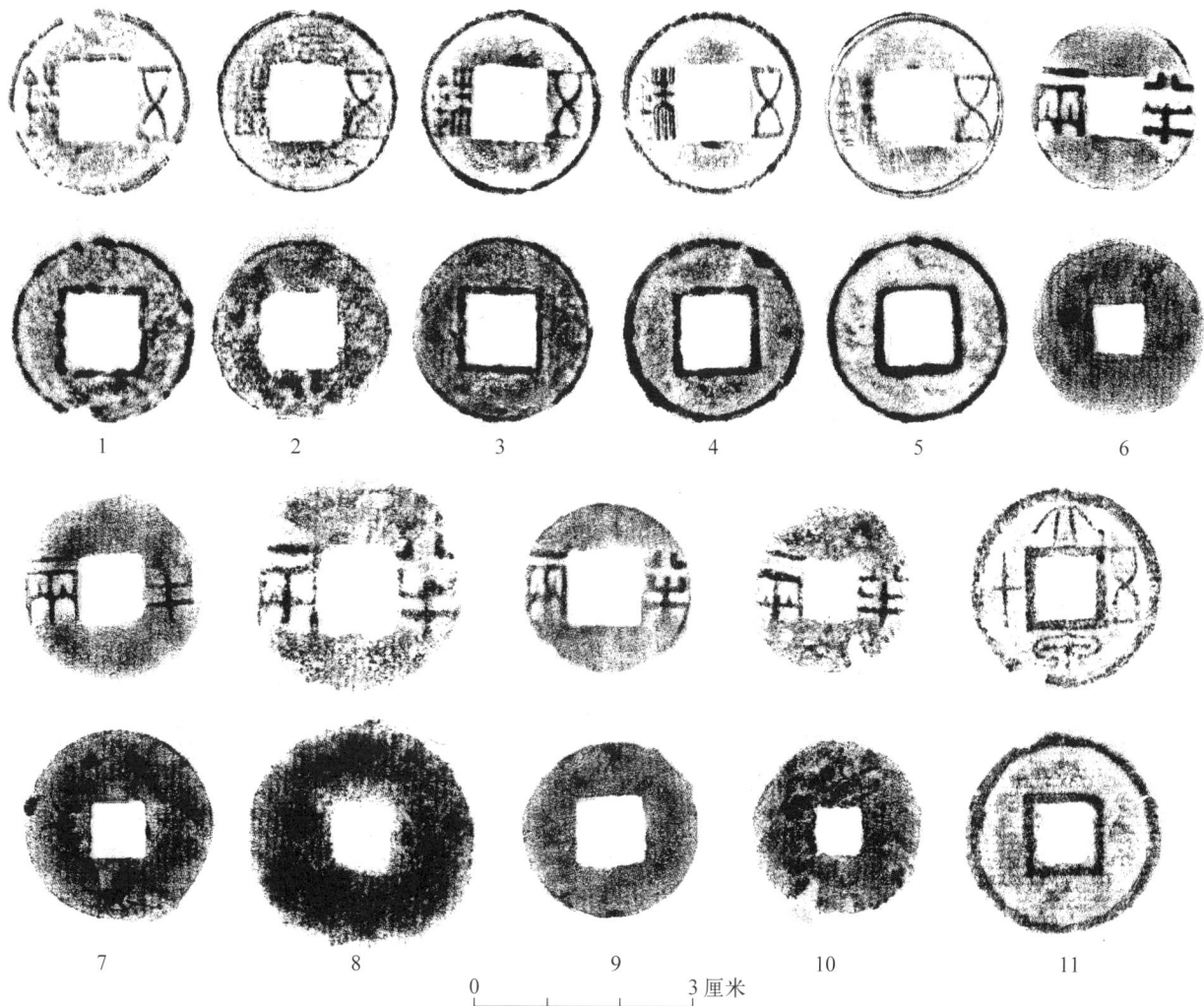

图一八五 ④层铜钱币

1-5.五铢(TN02W03-N01W04④:26、TN02W03-N01W04④:27、TN03W04-N04W03④:15、TN01W06-N02W05④:5、TN02W03-N01W04④:25) 6-10.半两(TN03W04-N04W03④:17、TN03W04-N04W03④:18、TN03W04-N04W03④:19、TN03W04-N04W03④:20、TN03W04-N04W03④:16) 11.大泉十五(TN02W03-N01W04④:28)

（2）残件 2件。

长条形。标本TN03W02-TN04W01④:4,长10.4厘米(图一八四,2)。

第七节 分期与年代

根据遗迹叠压打破关系,结合出土器物组合及器物形制特征,可将新一村汉代遗存分为三期。

第一期,以J9、H16为代表,还包括H18等。主要陶器组合为翻沿矮领罐、A型釜、B型釜、A

型折腹钵、B型折腹钵、Ba型豆等。其中翻沿矮领罐与涪陵针织厂M1：10形制相近[1]，涪陵针织厂M1时代为西汉初期。釜（J9：9）形制与郫县花园别墅HM9：13相近[2]，郫县花园别墅HM9时代为西汉早期。釜（J9：45）与什邡城关M21：8形制相近，什邡城关M21时代为西汉初期。釜（J9：43）与什邡城关M69：3[3]、二龙岗M38：5形制相近[4]，什邡城关M69时代为战国早期，二龙岗M38时代为西汉早期，又根据《四川地区船棺葬的考古学观察》[5]一文的研究，该类陶釜延续时间较长，流行时代从战国早期一直到西汉初期。折腹钵（J9：47）与临江支路M3：52形制相近[6]，临江支路M3时代为西汉中期偏晚。陶豆（H16：2）与新一村1995年度发掘的M1：62形制相近[7]，M1时代为战国中期，另根据《四川地区船棺葬的考古学观察》[8]一文的研究，该类陶豆延续时间较长，流行时代从战国中晚期一直到西汉初期，应该属于晚期遗存出土早期战国时期遗物的情况。半两钱（J9：50）出土于J9第三层井圈填土内，应为西汉早期四铢半两钱。综合出土器物组合、器物形制特征以及出土钱币，该期时代约为战国晚期至西汉早期。

　　第二期包括开口于第④层下的H7、H8、H12、K5；还包括J1、J2、H14、K3、K4、G4、W1和W2等。出土器物组合有釜、折腹钵、弧腹钵、大口瓮、小口瓮、盆、器盖、豆、鼎足等。不见第一期的翻沿矮领罐、A型釜、B型釜、A型折腹钵。新出现D型釜、Aa型弧腹钵、A型大口瓮、B型大口瓮、A型小口瓮、Aa型盆、Ab型盆、Ba型盆、Aa型豆、鼎足等器物。其中釜（K5：10）与宜昌前坪M97：8敛口罐形制相近[9]，宜昌前坪M97时代为西汉晚期。绳纹深腹罐（H8：7）与昭化宝轮院M21：19口沿部分形制相近[10]，昭化宝轮院M21时代为西汉初期。Cb型绳纹深腹罐（H8：5）与涪陵镇安M14：2形制相近[11]，涪陵镇安M14时代为西汉初期。釜（H7：13）与棕树村M6：4形制相当[12]，棕树村M6时代约为西汉晚期。釜（H7：18）形制与杜家院子M2：11[13]、龙王庙M16：9相近[14]，杜

[1]　四川省文物管理委员会、涪陵县文化馆：《四川涪陵西汉土坑墓发掘简报》，《考古》1984年第4期。
[2]　成都市文物考古研究所、郫县博物馆：《郫县风情园及花园别墅战国至西汉墓群发掘报告》，《成都考古发现》（2002），科学出版社，2004年。
[3]　四川省文物考古研究院、德阳市文物考古研究所、什邡博物馆：《什邡城关战国秦汉墓地》，文物出版社，2006年，第94页。
[4]　四川省文物考古研究院、广汉市文物保护管理所：《广汉二龙岗》，文物出版社，2014年，第75页。
[5]　陈云洪：《四川地区船棺葬的考古学观察》，《边疆考古研究》（第17辑），科学出版社，2015年。
[6]　重庆市博物馆：《重庆临江支路西汉墓》，《考古》1980年第5期。
[7]　成都市文物考古研究所：《成都十二桥遗址新一村发掘简报》，《成都考古发现》（2002），科学出版社，2004年。
[8]　陈云洪：《四川地区船棺葬的考古学观察》，《边疆考古研究》（第17辑），科学出版社，2015年。
[9]　宜昌地区博物馆：《1978年宜昌前坪汉墓发掘简报》，《考古》1985年第5期。
[10]　四川省文物考古研究所、广元市文物管理所：《广元市昭化宝轮院船棺葬发掘简报》，《四川考古报告集》，文物出版社，1998年，第202页。
[11]　北京市文物研究所三峡考古队、重庆市涪陵区博物馆：《涪陵镇安遗址发掘报告》，《重庆库区考古报告集（1999卷）》，科学出版社，2006年，第766页。
[12]　成都市文物考古工作队：《成都市南郊十街坊遗址年度发掘纪要》，《成都考古发现》（2001），科学出版社，2003年。
[13]　成都市文物考古研究所、重庆市忠县文物管理所：《重庆市忠县杜家院子遗址2001年度发掘简报》，《成都考古发现》（2001），科学出版社，2003年。
[14]　四川省文物考古研究院、雅安市文物管理所等：《四川汉源龙王庙遗址2009年发掘简报》，《东方考古》（第8集），科学出版社，2011年。

家院子 M2 以及龙王庙 M16 时代均为西汉晚期。盆(H7∶2)与郫县花园别墅 HM1∶23 陶盆[1]、郫县古城乡 M22∶18 陶瓮形制相近,郫县花园别墅 HM1 时代为西汉早期、郫县古城乡 M22 时代为西汉中期偏早[2]。陶盆(H8∶1)与什邡城关西汉中晚期 M53∶7 陶盆形制相近[3]。盆(H7∶1)与崖脚墓地 BM17∶7 形制相近[4],崖脚墓地 BM17 时代约为西汉末东汉初期。盆(H8∶18)与崖脚墓地 M22∶118 形制相近[5],崖脚墓地 M22 时代约为西汉末东汉初时期。盆(H12∶10)与丰都汇南 M26∶20 形制相近[6],丰都汇南 M26 时代约为西汉末东汉初时期。折腹钵(H12∶1)与青白江区磷肥厂 M13∶3 形制略相近[7],可能时代相当,磷肥厂 M13 时代为西汉晚期。弧腹钵(J1∶1—2)与风情园 M12∶17 形制相近[8],风情园 M12 时代约为西汉中期。小口瓮(H7∶7)与风情园 FM12∶4 形制相近[9],FM12 时代为西汉中期偏早。器纽(H8∶12)、器纽(H12∶2)形制与《四川地区船棺葬的考古学观察》[10]一文中划分的 II 式、IV 式器盖相近,应该属于晚期遗存出土早期战国时期遗物的情况。圈足豆(K5∶9)与什邡城关 M21∶9 形制相近[11],什邡城关 M21 时代为西汉初期。此外,J1 第 8、9 层井圈填土内出土有近 100 枚钱币,大多锈蚀严重,可辨有宣帝五铢以及大泉五十铜钱。综合器物组合、器物形制特征以及出土钱币,该期时代约为西汉中晚期。

第三期包括第④层以及开口于第③层下的 G3、H10 等,出土器物组合仍为釜、钵(折腹钵减少、弧腹钵数量增加)、盆、大口瓮、小口瓮、器盖、豆、鼎腿等。A 型釜、Ba 型盆等器物仍有少量出土。不见 Aa 型弧腹钵、A 型大口瓮、Aa 型盆等器物。新出现 E 型釜、Ab 型弧腹钵、B 型弧腹钵、C 型大口瓮、B 型小口瓮等。其中大口瓮(TN07W06-N08W05④∶5)与新都县三河镇五龙村 M1∶8 形制相近[12],五龙村 M1 时代为西汉末至东汉初时期。小口瓮(TN01W04-N02W03④∶7)

[1] 成都市文物考古研究所、郫县博物馆:《郫县风情园及花园别墅战国至西汉墓群发掘报告》,《成都考古发现》(2002),科学出版社,2004 年。

[2] 成都市文物考古研究所、郫县博物馆:《四川郫县古城乡汉墓》,《考古》2004 年第 1 期。

[3] 四川省文物考古研究院、德阳市文物考古研究所、什邡博物馆:《什邡城关战国秦汉墓地》,文物出版社,2006 年,第 249 页。

[4] 北京大学考古文博学院三峡考古队、重庆市忠县文物管理所:《忠县崖脚墓地发掘报告》,《重庆库区考古报告集(1998 卷)》,科学出版社,2003 年。

[5] 北京大学考古文博学院三峡考古队、重庆市忠县文物管理所:《忠县崖脚墓地发掘报告》,《重庆库区考古报告集(1998 卷)》,科学出版社,2003 年。

[6] 四川省文物考古研究所、丰都县文管所:《丰都汇南墓群发掘报告》,《重庆库区考古报告集(1998 卷)》,科学出版社,2003 年,第 810 页。

[7] 成都文物考古研究所、青白江区文物保护管理所:《成都市青白江区大同磷肥厂工地汉墓发掘报告》,《成都考古发现(2018)》,第 316 页,科学出版社,2010 年。

[8] 成都市文物考古研究所、郫县博物馆:《郫县风情园及花园别墅战国至西汉墓群发掘报告》,《成都考古发现(2002)》,科学出版社,2004 年。

[9] 成都市文物考古研究所、郫县博物馆:《郫县风情园及花园别墅战国至西汉墓群发掘报告》,《成都考古发现(2002)》,科学出版社,2004 年。

[10] 陈云洪:《四川地区船棺葬的考古学观察》,《边疆考古研究》(第 17 辑),科学出版社,2015 年。

[11] 四川省文物考古研究院、德阳市文物考古研究所、什邡博物馆:《什邡城关战国秦汉墓地》,文物出版社,2006 年,第 203 页。

[12] 成都市文物考古研究所、新都县文物管理所:《四川新都县三河镇五龙村汉代木椁墓发掘简报》,《成都考古发现》(2000),科学出版社,2002 年,第 162 页。

与郫县古城乡汉墓M22∶6形制相近，郫县古城乡M22时代为西汉中期偏早[1]。折腹钵（TN03W04-N04W03④∶9）与西窑村M27∶1形制相近[2]，西窑村M27时代约为西汉晚期。弧腹钵（TN07W04-N08W03④∶1）与背后山M2∶6形制相近[3]，背后山M2时代为西汉中期。弧腹钵（G3∶16）与二龙岗M9∶36[4]、新一村ⅡT73⑤∶2[5]形制相近，二龙岗M9时代约为东汉早期。弧腹钵（G3∶15）与丰都冉家路口M4∶38形制相近，冉家路口M4时代约为东汉中晚期。盆（G3∶17）与巫山瓦岗槽M10∶28形制相近[6]，瓦岗槽M10时代为西汉末至东汉早中期。高圈足豆（TN07W04-N08W03④∶6）形制与什邡城关M99∶6相近[7]，与十二桥B型圈足豆（ⅡT54⑧∶13）形制相近[8]，该类器物流行于战国晚期至西汉早期，可能属于晚期地层出土早期遗物的情况。第④层中还出土有多种半两钱、五铢钱以及大泉五十。TN03W04-N04W03④∶19半两钱形制特征与吕后八铢半两相近，TN03W04-N04W03④∶18半两形制特征与西汉早期四铢半两相近[9]，TN03W04-N04W03④∶16与青白江西汉木椁墓出土的Ⅰ式文帝四株半两形制相近[10]。TN02W03-N01W04④∶26五铢与《四川汉墓研究》一文中的Ⅲ式五铢钱形制相近[11]，与昭帝五铢形制相当。TN02W03-N01W04④∶27五铢与洛阳烧沟第二型五铢钱形制相近[12]，与宣帝五铢形制相当。综合出土器物组合、器物形制特征以及出土钱币，该期时代约为西汉末至东汉早中期。

[1]　成都市文物考古研究所、郫县博物馆：《四川郫县古城乡汉墓》，《考古》2004年第1期。

[2]　成都市文物考古研究所：《成都西郊土坑墓、砖室墓发掘简报》，《成都考古发现》（2001），科学出版社，2003年。

[3]　四川省文物考古研究院、南京师范大学文物与博物馆学系：《四川汉源县背后山遗址发掘简报》，《四川文物》2011年第6期。

[4]　四川省文物考古研究院、广汉市文物保护管理所：《广汉二龙岗》，文物出版社，2014年，第46页。

[5]　四川省文物考古研究院、成都文物考古研究所：《成都十二桥》，文物出版社，2009年，第157页。

[6]　南京博物院考古研究所、巫山县文物管理所：《巫山瓦岗槽汉代墓地发掘报告》，《重庆库区考古报告集（1997卷）》，科学出版社，2001年，第135页。

[7]　四川省文物考古研究院、德阳市文物考古研究所、什邡博物馆：《什邡城关战国秦汉墓地》，文物出版社，2006年，第236页。

[8]　四川省文物考古研究院、成都文物考古研究所：《成都十二桥》，文物出版社，2009年，第146页。

[9]　吴镇烽：《半两钱及其相关的问题》，《考古与文物》1983年第3期；王雪农：《半两钱的铸造工艺与半两钱的分类断代》，《中国钱币论文集（第四辑）》，中国金融出版社，2002年，第170-197页；唐石父：《中国古钱币》，上海古籍出版社，2001年。

[10]　曾咏霞、杨晓明：《成都青白江西汉木椁墓出土的半两钱》，《中国钱币》2013年第5期。

[11]　索德浩：《四川汉墓研究》，四川大学历史文化学院博士学位论文，2017年。

[12]　中国科学院考古研究所：《洛阳烧沟汉墓》，科学出版社，1959年，第224页。

第六章　唐宋时期遗存

唐宋时期遗迹包括房址1座：F1；坑10个：H1、H2、H3、H4、H5、H6、H9、H15、K1、K2；水池4座：C1-C4；沟1条：G2；水井7口：J5、J6、J7、J11、J12、J13、J14。其中H2、H6、H9、H15开口于③层下；F1、H1、H3、H4、H5、K1、K2、J5、J6、J7、J11、J12、J13、J14、C1-C4、G2开口于第②层下（图一八六）。第②、③层也属于唐宋时期文化堆积。出土器物包括瓷器、陶器、铜器、铁器等。

第一节　房　　址

仅F1一座。

F1

位于TN03W06-N04W05西北部，部分深入北壁。开口第②层下，打破第③层。平面呈长方形。四周为条状基槽，现仅存西部和南部两侧的基槽；基槽内为散落的碎砖块及碎瓷片等。在房址中间似有一道隔断，以方形砖横砌而成。长6.8、宽5.8、基槽深0.2米。出土少量瓷片（图一八七；彩版一一，1）。

第二节　坑

包括H1、H2、H3、H4、H5、H6、H9、H15、K1、K2等10个。

一、H1

位于TN05W06-N06W05探方东南部。开口于第②层下，打破第③层。平面呈椭圆形，斜壁、底部近平。长1.56、宽1.3、深0.2米。填土为灰褐色土，略带黏性，较紧密。出土遗物有瓷片、陶纺轮等（图一八八，1）。

1. 瓷器

罐　1件。

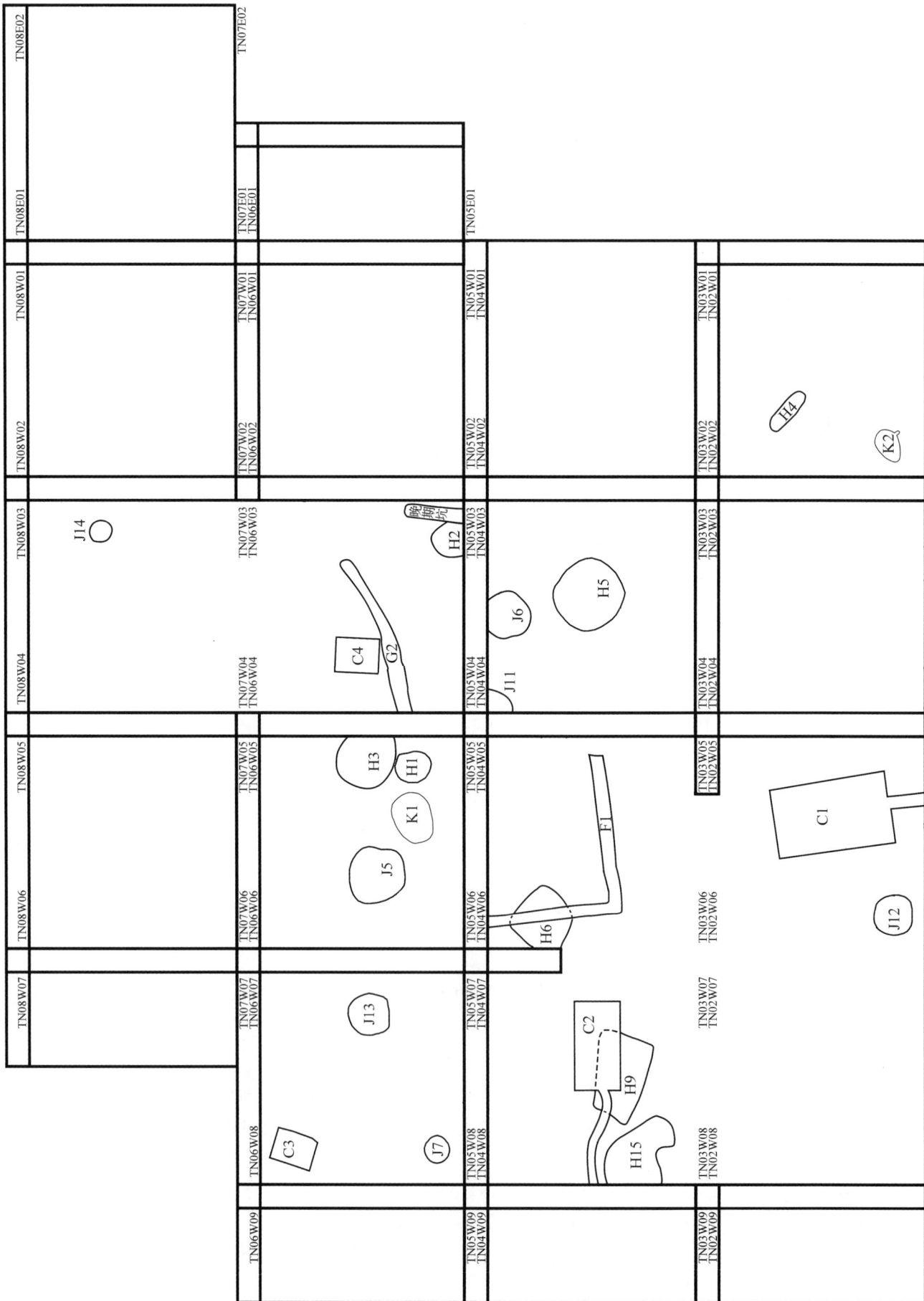

北

TN08E02

TN07E02

TN08E01

TN07E01
TN06E01

TN05E01

TN08W01

TN07W01
TN06W01

TN05W01
TN04W01

TN03W01
TN02W01

TN01W01

TN08W02

TN07W02
TN06W02

TN05W02
TN04W02

H4

K2

TN03W02
TN02W02

TN01W02

TN08W03

J14

TN07W03
TN06W03

骆驼坑
H2

TN05W03
TN04W03

H5

J6

TN03W03
TN02W03

TN01W03

TN08W04

TN07W04
TN06W04

C4
G2

TN05W04
TN04W04

J11

TN03W04
TN02W04

TN01W04

5米

TN08W05

TN07W05
TN06W05

H3
H1

TN05W05
TN04W05

TN03W05
TN02W05

TN01W05

0

C1

K1

F1

TN08W06

TN07W06
TN06W06

J5

TN05W06
TN04W06

H6

TN03W06
TN02W06

J12

TN01W06

TN08W07

TN07W07
TN06W07

J13

TN05W07
TN04W07

C2

TN03W07
TN02W07

TN01W07

TN06W08

C3

J7

TN05W08
TN04W08

H9

H15

TN03W08
TN02W08

TN01W08

TN06W09

TN05W09
TN04W09

TN03W09
TN02W09

TN01W09

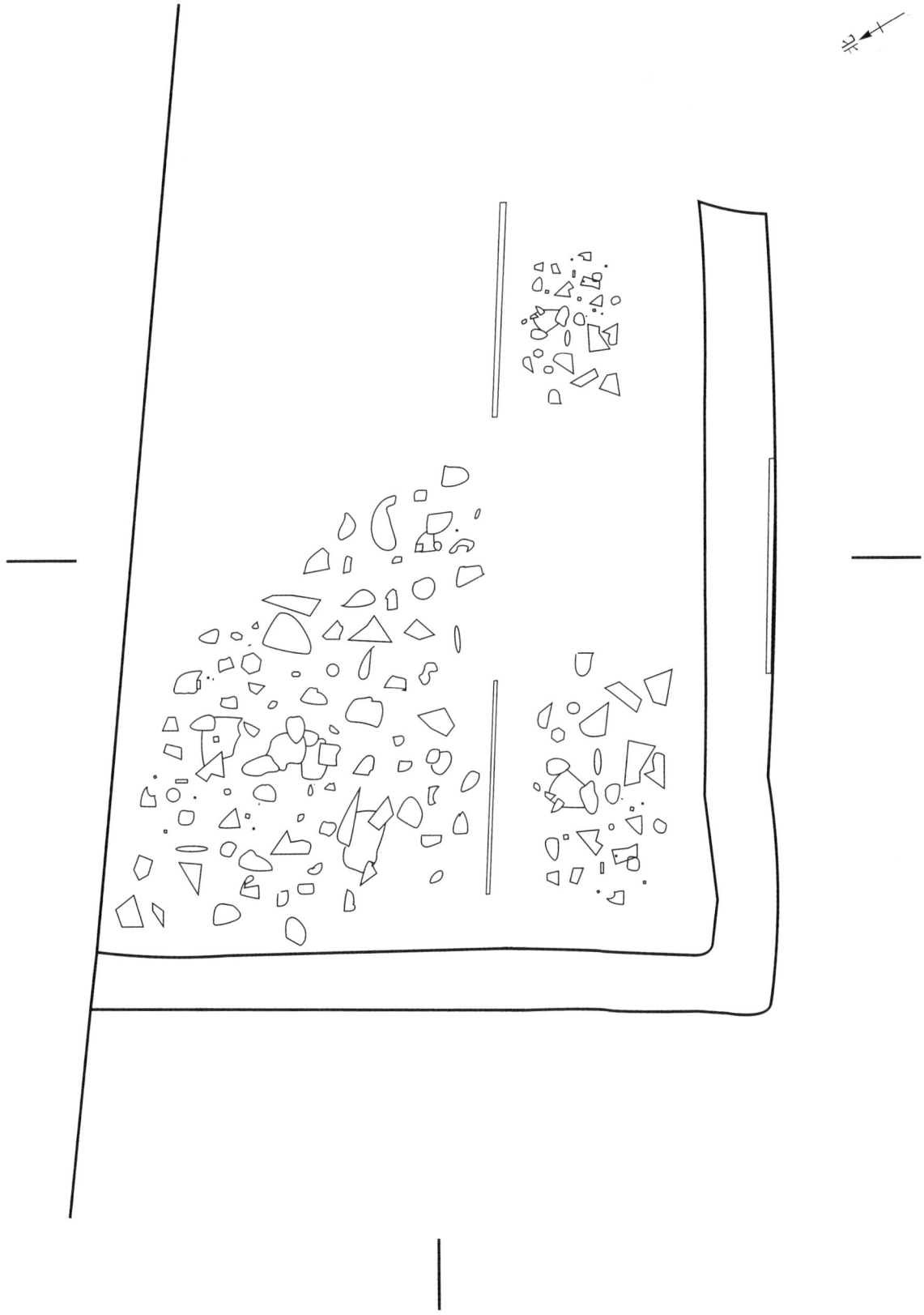

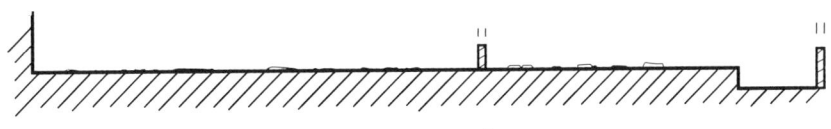

图一八七　F1平、剖面图

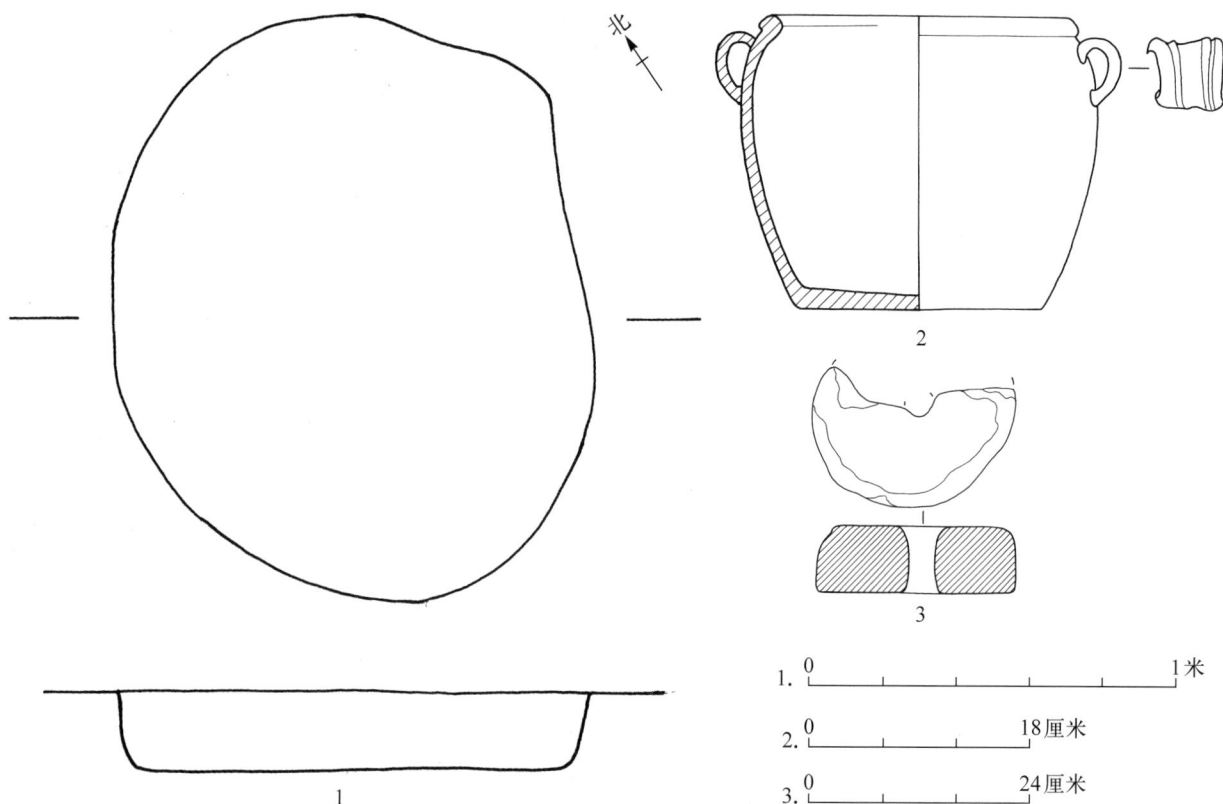

图一八八　H1平、剖面图及遗物

1. H1平剖面图　2. 瓷罐（H1：5）　3. 陶纺轮（H1：4）

标本H1：5，无釉、灰褐胎。敛口、鼓肩、弧腹、平底。肩部置两纵系。口径25.5、底径19.8、高23厘米（图一八八，2；彩版三五，1）。

2. 陶器

纺轮　1件。

标本H1：4，泥质灰陶。圆饼形。直径21.4、孔径2.8、厚7厘米（图一八八，3）。

二、H2

位于TN05W04-N06W03东南部，部分伸入南壁。开口于第③层下，打破第④层，东部被晚期坑打破。平面呈半圆形，直壁、底部近平，长1.4、宽1.4、深1米。填土为灰黑色，较疏松。出土遗物包括瓷器和陶器，瓷器中可辨器形有碗、盏、带系罐等（图一八九；彩版一一，2）。

1. 瓷器

（1）青羊宫窑

盏　1件。

标本H2：4，白釉、褐胎。口沿一侧带柄。口径10.8、底径5、高3.2厘米（图一九〇，1；彩版三五，2）。

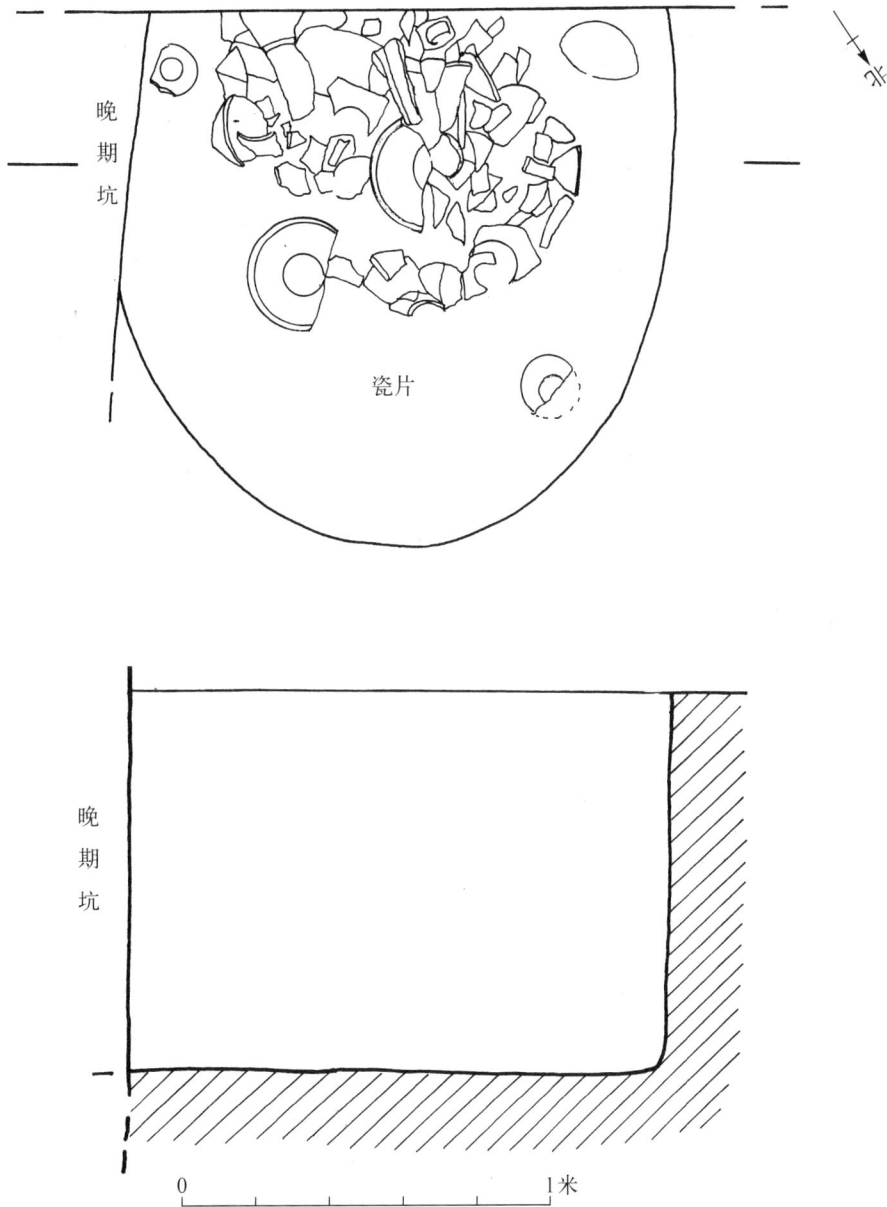

图一八九　H2平、剖面图

（2）琉璃厂窑

碗　9件。

标本 H2∶84,灰黄釉、黑胎。直口、弧腹较深。口径14、残高5.6厘米(图一九〇,2)。

标本 H2∶90,白釉、褐胎。敞口、斜直腹内收、假圈足状平底。口径18、残高5.8厘米(图一九〇,3)。标本 H2∶91,灰白釉、褐胎。敞口、斜直腹内收、假圈足状平底。口径18、残高5厘米(图一九〇,4)。标本 H2∶92,灰白釉、灰黄胎。敞口、斜直腹内收、假圈足状平底。口径19、残高5厘米(图一九〇,5)。标本 H2∶140,青黄釉、褐胎。敞口、斜直腹内收、假圈足状平底。口径18、

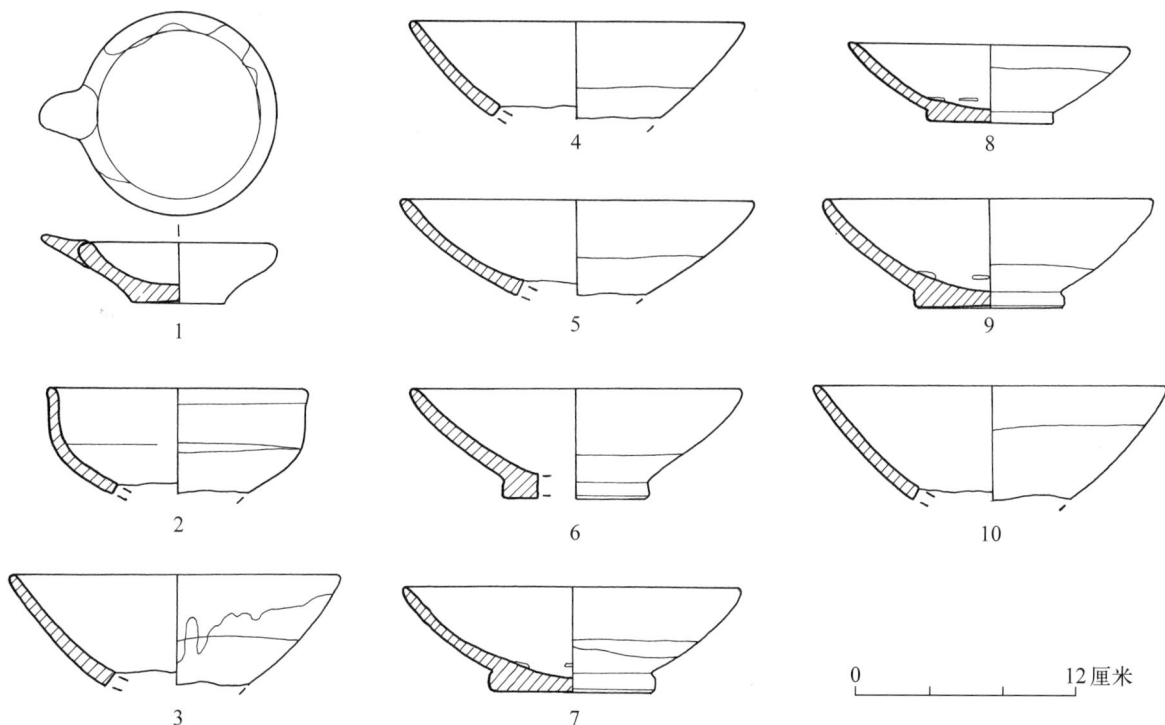

图一九〇　H2瓷器

1. 青羊宫窑盏(H2∶4)　2—10. 琉璃厂窑碗(H2∶84、H2∶90、H2∶91、H2∶92、H2∶140、H2∶135、H2∶147、H2∶83、H2∶105)

底径8、高5.8厘米(图一九〇,6)。标本H2∶135,灰釉、褐胎。敞口、斜直腹内收、假圈足状平底。口径18.4、底径8.8、高5.5厘米(图一九〇,7)。标本H2∶147,青黄釉、灰胎。敞口、斜直腹内收、假圈足状平底。口径15.2、底径6.8、高4厘米(图一九〇,8)。标本H2∶83,青釉、褐胎。敞口、斜直腹内收、假圈足状平底。口径18、底径8、高5.8厘米(图一九〇,9)。标本H2∶105,青釉局部脱落、灰黄胎。敞口、斜直腹内收、假圈足状平底。口径19、残高6厘米(图一九〇,10)。

盘　1件。

标本H2∶136,白釉、褐胎。敞口、弧腹、饼状平底。口径12.2、底径5.6、高3厘米(图一九一,1;彩版三五,3)。

钵　3件。

标本H2∶124,灰白釉、黑胎。敛口、鼓腹。口径8、残高3.6厘米(图一九一,2)。标本H2∶66,灰白釉、褐胎。敛口、鼓腹。残高4.2厘米(图一九一,3)。标本H2∶61,白釉、灰黑胎。敛口、唇沿外凸、斜直腹。口径20.6、残高5厘米(图一九一,4)。

盆　4件。

标本H2∶68,灰白釉、褐胎。宽折沿、斜弧腹内收。口径26.4、残高6厘米(图一九一,5)。标本H2∶119,灰白釉、灰胎。宽折沿、斜弧腹内收。口径14、残高4厘米(图一九一,6)。标本H2∶120,白釉、灰白胎。宽折沿、斜弧腹内收。口径16、残高4.2厘米(图一九一,7)。标本H2∶134,灰白釉、褐胎。宽折沿、斜弧腹内收、假圈足。口径16、底径6.4、高5.6厘米(图一九一,8;彩版三五,4)。

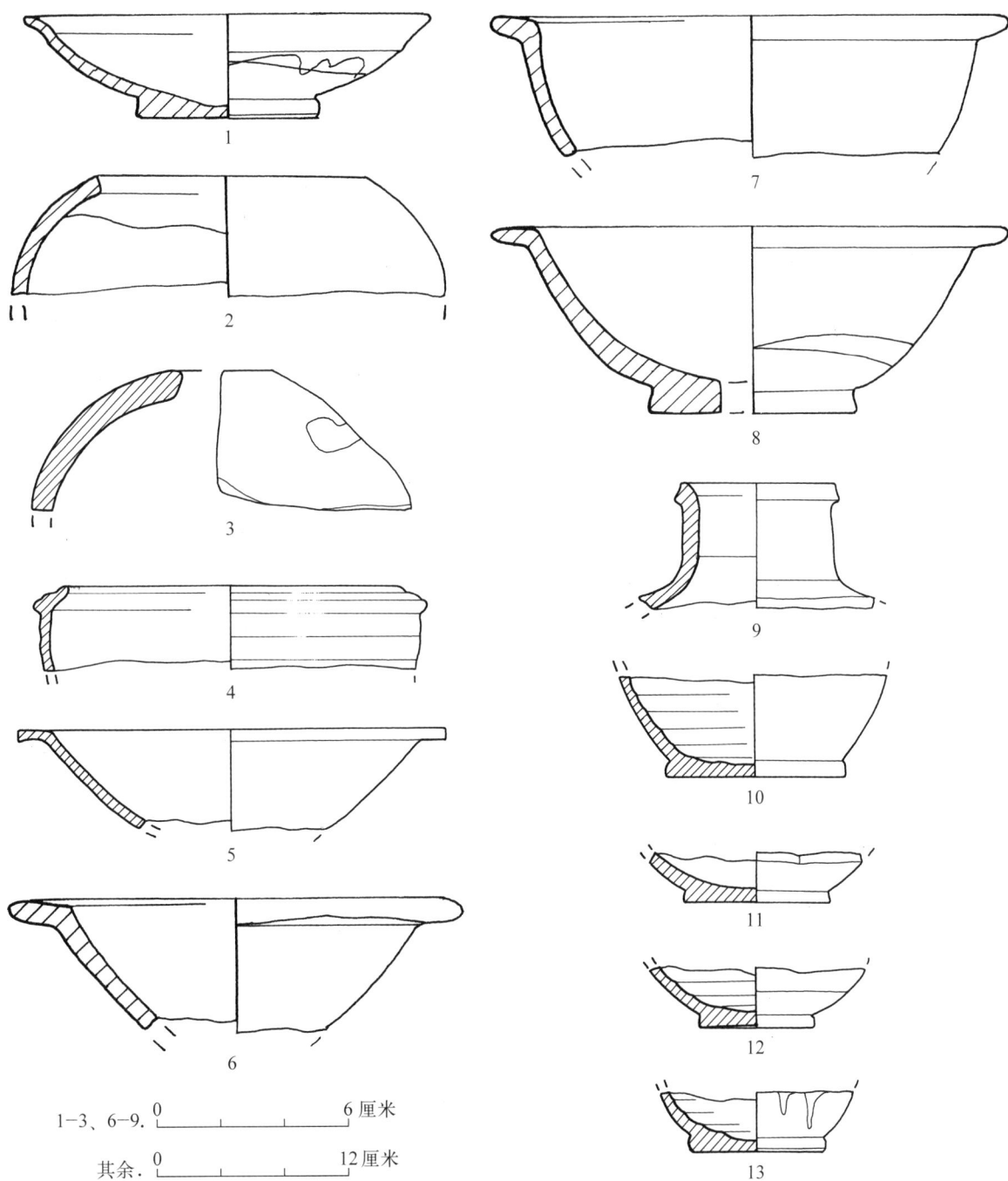

图一九一　H2琉璃厂窑瓷器

1. 盘（H2∶136）　2-4. 钵（H2∶124、H2∶66、H2∶61）　5-8.（H2∶68、H2∶119、H2∶120、H2∶134）　9. 瓶（H2∶104）
10-13. 器底（H2∶98、H2∶107、H2∶102、H2∶72）

罐　13件。

标本H2∶123，灰白釉、褐胎。敛口、无领。口径18、残高2.2厘米（图一九二，1）。

标本H2∶75，灰白釉、褐胎。侈口、矮领、微束颈。肩部置对称两纵系。口径12、残高5.6

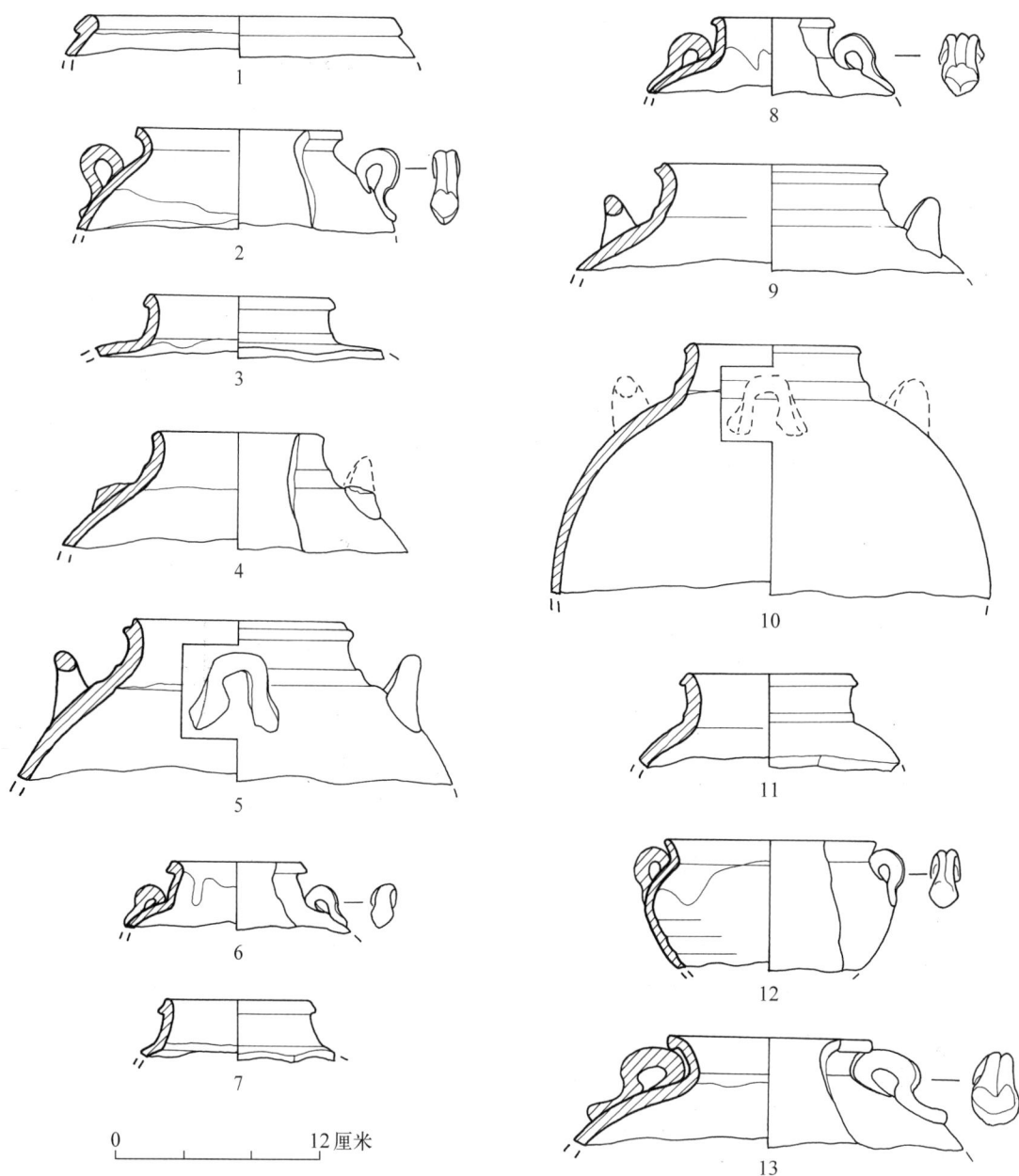

图一九二　H2琉璃厂窑罐

1. H2：123　2. H2：75　3. H2：76　4. H2：46　5. H2：82　6. H2：141　7. H2：114　8. H2：182　9. H2：77
10. H2：47　11. H2：80　12. H2：44　13. H2：78

厘米（图一九二，2）。标本H2：76，黄釉、褐胎。侈口、矮领、微束颈。口径11、残高3.6厘米（图一九二，3）。标本H2：46，青黄釉、红褐胎。侈口、矮领、微束颈。肩部置对称两横系。口径10、残高6.6厘米（图一九二，4）。标本H2：82，灰白釉、褐胎。侈口、矮领、微束颈。肩部置四横系。口径13.2、残高9厘米（图一九二，5）。标本H2：141，灰釉、灰胎。侈口、矮领、微束颈。肩部置对称两纵系。口径8、残高3.8厘米（图一九二，6）。标本H2：114，青黄釉、褐胎。侈口、矮领、微束颈。

口径9、残高3.4厘米(图一九二,7)。标本H2:182,灰白釉、黑胎。侈口、矮领、微束颈。肩部置对称两纵系。口径7、残高4.2厘米(图一九二,8)。标本H2:77,灰白釉、褐胎。侈口、矮领、微束颈。肩部置两横系。口径13.2、残高6厘米(图一九二,9)。标本H2:47,青黄釉、褐胎。口微敛、矮领、微束颈。肩部置横系,系及流残缺。口径10、残高14厘米(图一九二,10)。标本H2:80,青黄釉、红褐胎。侈口、矮领、微束颈。口径10、残高5.2厘米(图一九二,11)。

标本H2:44,青釉部分脱落、黑胎。侈口、无领。肩部置对称两纵系。口径12、残高7.2厘米(图一九二,12)。

标本H2:78,青釉部分脱落、黑褐胎。喇叭口、圆唇。肩部置对称两纵系。口径11.6、残高6厘米(图一九二,13)。

瓶　1件。

标本H2:104,青黄釉、褐胎。侈口、直领。口径5、残高3.7厘米(图一九一,9)。

器底　4件。

假圈足式平底。标本H2:98,黄釉、褐胎。底径11、残高6.1厘米(图一九一,10)。标本H2:107,白釉、灰黄胎。底径9、残高3厘米(图一九一,11)。标本H2:102,灰白釉、黑褐胎。底径7、残高3.6厘米(图一九一,12)。标本H2:72,灰白釉、红褐胎。底径8.4、残高3.8厘米(图一九一,13)。

(3) 邛窑

碗　8件。

标本H2:51,白釉、黑胎。敛口、弧腹、饼状平底。口径13、底径6、高4.9厘米(图一九三,1;彩版三五,5)。

标本H2:143,青黄釉、灰胎,釉面有密集开片,内外壁均有窑变现象。敞口、斜直腹、饼状平底。内底有三颗支钉齿痕。口径13.2、底径5.6、高4厘米(图一九三,2;彩版三五,6)。标本H2:50,青黄釉、灰黄胎。敞口、斜直腹、饼状平底。内底部有两颗支钉齿痕。口径15、底径7、高5厘米(图一九三,3)。标本H2:146,灰白釉、褐胎。敞口、斜直腹、饼状平底。口径16.4、底径8、高4.4厘米(图一九三,4;彩版三六,1)。标本H2:63,白釉、灰胎。敞口、斜直腹、饼状平底。口径20、底径9.2、高5.5厘米(图一九三,5)。标本H2:132,青黄釉、灰胎。敞口、斜直腹、饼状平底。内壁底部有三颗支钉齿痕。口径19.6、底径8.4、高7厘米(图一九三,6)。标本H2:31,灰釉、灰胎。敞口、斜直腹、饼状平底。外壁近口处一周釉较厚,有流釉现象。内底部有五颗支钉齿痕。口径14.6、底径6.2、高4.7厘米(图一九三,7;彩版三六,2)。标本H2:95,青黄釉、釉层较薄、灰胎。敞口、斜直腹。口径14、残高3厘米(图一九三,8)。

盆　5件。

标本H2:54,白釉、灰胎。宽折沿、鼓腹。沿面及腹部饰褐色卷叶纹。口径20.4、残高9.6厘米(图一九三,9)。标本H2:74,白釉、灰胎。宽折沿、鼓腹。沿面及腹部饰褐色卷叶纹。口径22.4、残高7厘米(图一九三,10;彩版三六,3)。

标本H2:64,白釉、灰胎。宽折沿、斜弧腹。圆唇。沿面及腹部饰褐绿双彩草叶纹。口径14、残高3.7厘米(图一九三,11)。标本H2:97,灰白釉、褐胎。宽折沿、斜弧腹。沿面褐绿双彩点

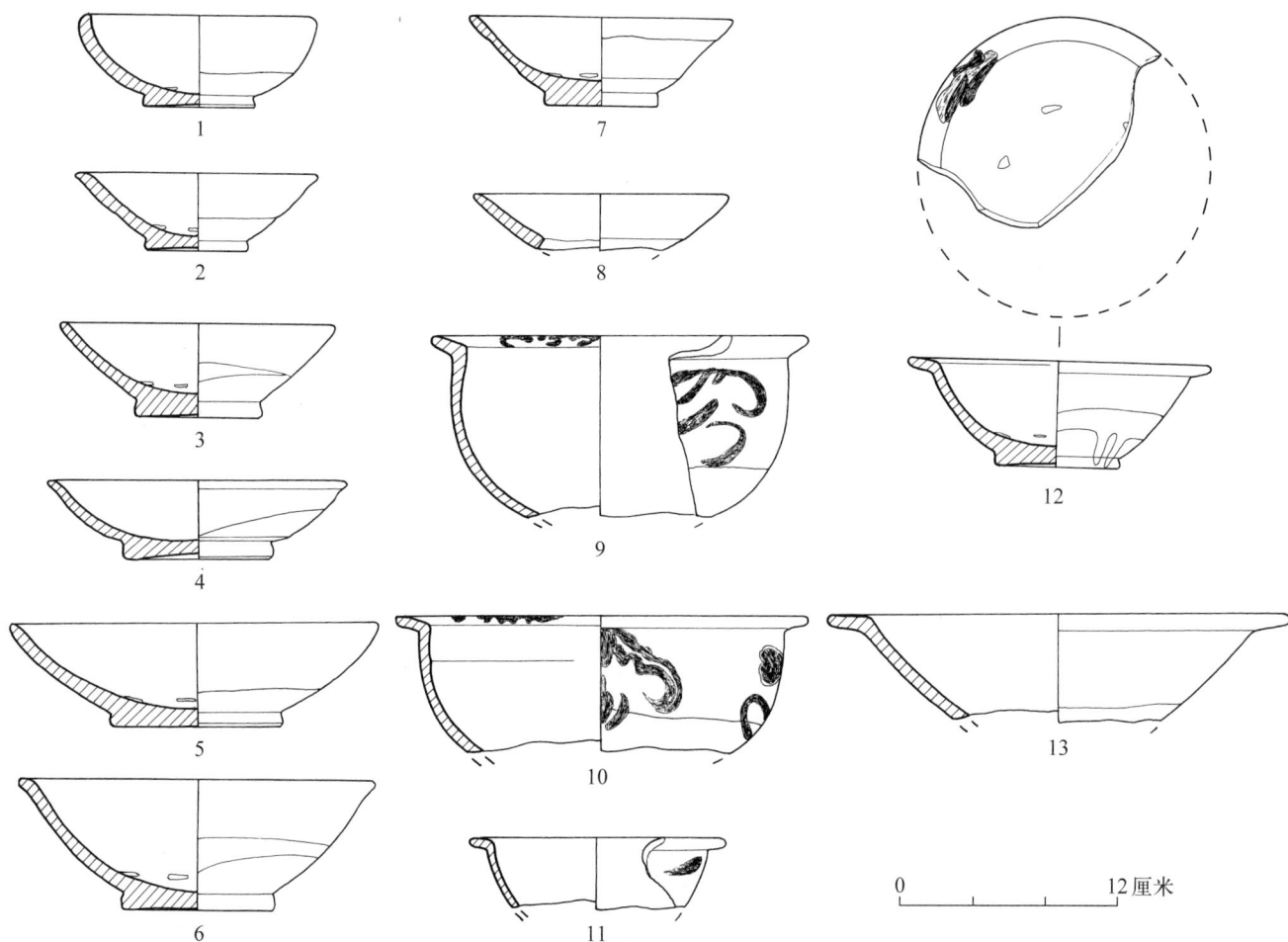

图一九三　H2邛窑瓷器

1—8.碗（H2：51、H2：143、H2：50、H2：146、H2：63、H2：132、H2：31、H2：95）　9—13.盆（H2：54、H2：74、H2：64、H2：97、H2：48）

缀。内底有支钉齿痕。口径16.4、底径6.8、高5.6厘米（图一九三，12）。标本H2：48，白釉、灰胎。宽折沿、斜弧腹。口径25、残高5.6厘米（图一九三，13）。

罐　2件。

标本H2：23，青黄釉、褐胎。口微侈、矮领、鼓肩。肩部置四横系。口径11、残高7.4厘米（图一九四，1）。标本H2：103，灰白釉、黑褐胎。侈口、矮领、鼓肩。肩部置两纵系。口径9.2、残高7.2厘米（图一九四，2）。

撮箕砚　1件。

标本H2：7，无釉、灰胎。椭圆形、浅盘状。底部有两矮足。长11.1、宽8.2、高2.8厘米（图一九四，10）。

器底　3件。

标本H2：100，无釉、褐胎。底径10、残高5厘米（图一九四，3）。标本H2：35，白釉、褐胎。有流釉。底径14.4、残高22.2厘米（图一九四，4）。标本H2：96，青黄釉、灰胎。内底有五颗支钉

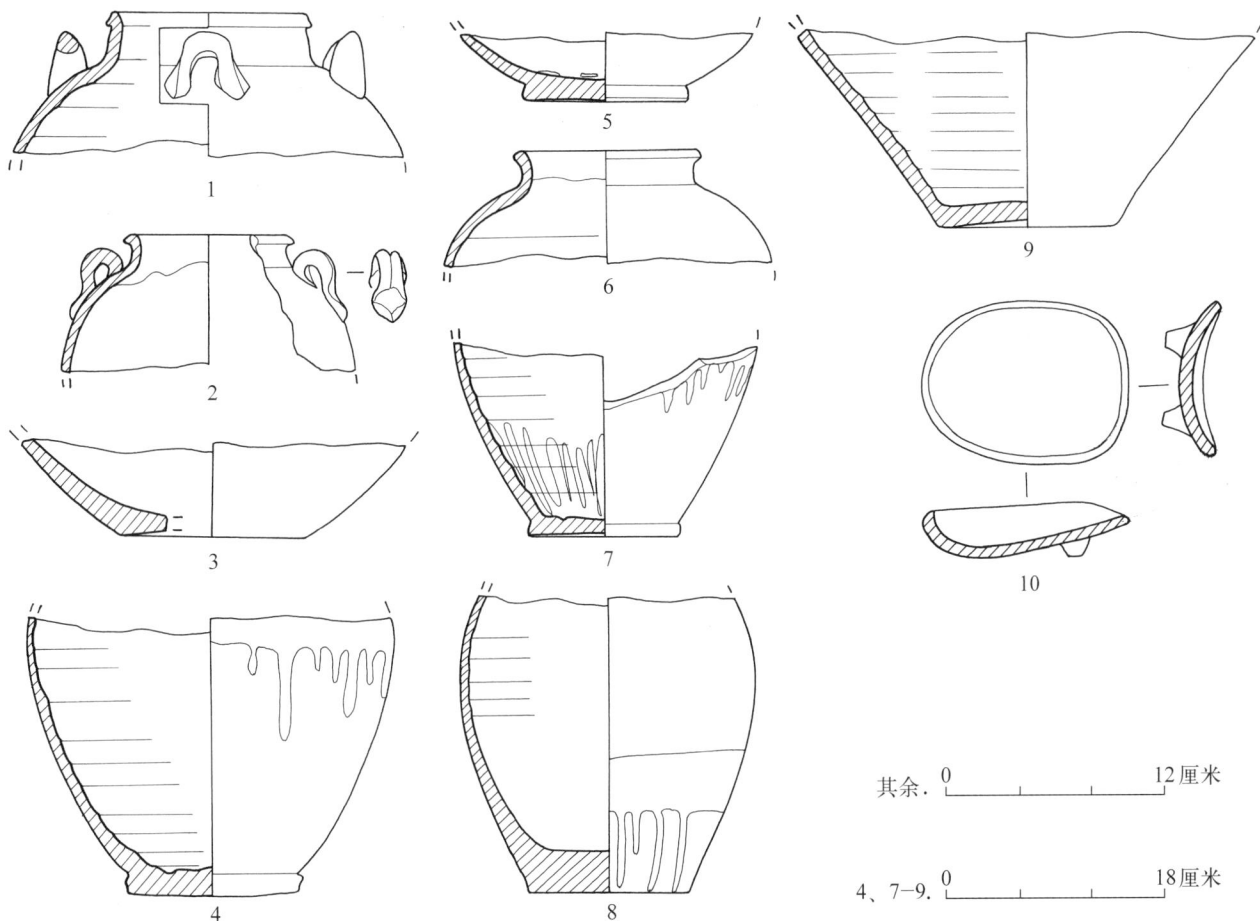

图一九四　H2瓷器

1、2. 邛窑罐（H2：23、H2：103）　3、4、5. 邛窑器底（H2：100、H2：35、H2：96）　6. 未定窑口罐（H2：300）
7-9. 未定窑口器底（H2：87、H2：10、H2：206）　10. 邛窑撮箕砚（H2：7）

齿痕。底径8.8、残高3.6厘米（图一九四，5）。

（4）未定窑口

罐　1件。

标本 H2：300，灰白釉、褐胎。直口、矮领、鼓腹。口径10、残高6厘米（图一九四，6）。

盘　8件。

标本 H2：5，灰白釉、褐胎。敞口、斜弧腹、饼状平底。口径13、底径6、高4.2厘米（图一九五，1）。标本 H2：9，灰白釉、褐胎。敞口、斜弧腹、饼状平底。口径14.8厘米，底径7.2厘米，高3.8厘米（图一九五，2）。标本 H2：24，灰白釉、褐胎。敞口、斜弧腹、饼状平底。口径16.6、底径8.6、高3.2厘米（图一九五，3）。标本 H2：21，灰白釉、褐胎。敞口、斜弧腹、饼状平底。口径15.8、底径7、高3.8厘米（图一九五，4）。标本 H2：29，灰白釉、褐胎。敞口，圆唇，平沿，斜腹内收，平底。口径11.6厘米，底径4.8厘米，高3.4厘米（图一九五，5）。标本 H2：62，灰白釉、褐胎。敞口、斜弧腹、饼状平底。口径12.8厘米，底径6厘米，高3厘米（图一九五，6）。标本 H2：40，灰白釉、褐胎。敞口、

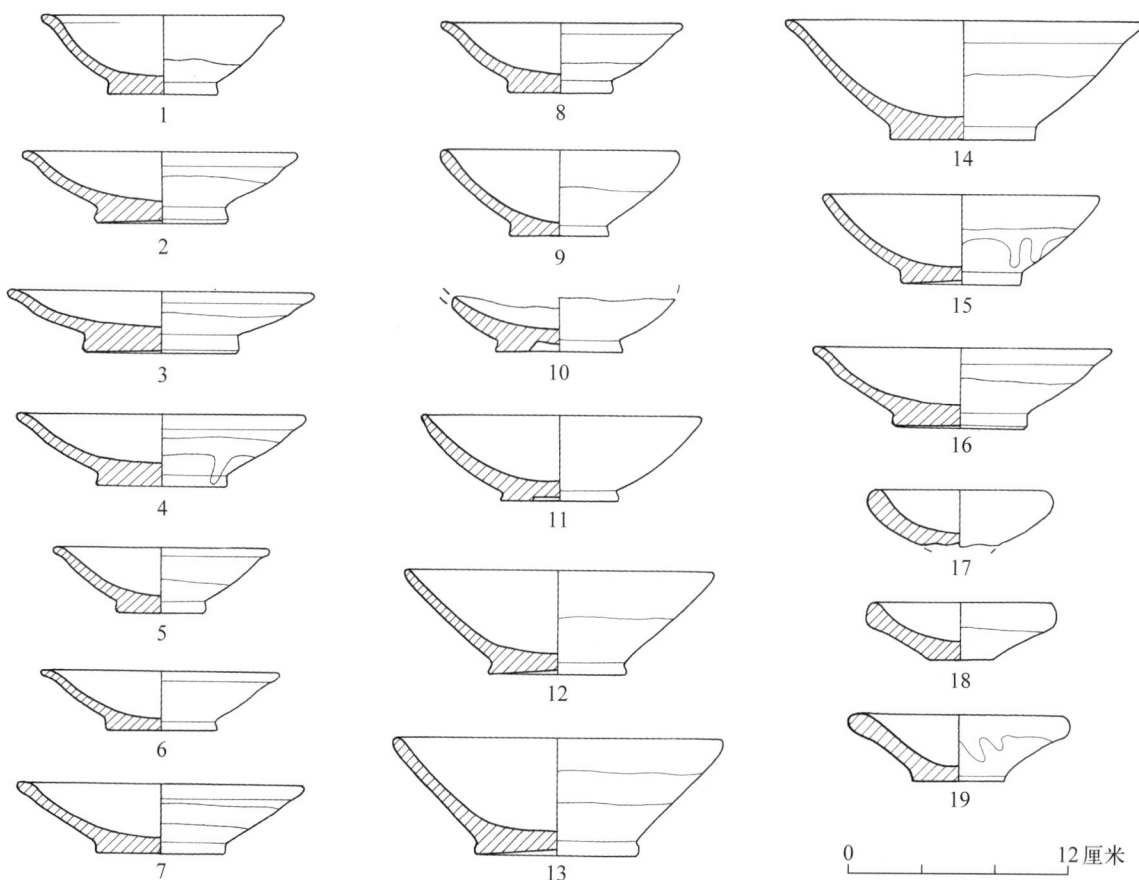

图一九五　H2 未定窑口瓷器

1—8. 盘（H2：5、H2：9、H2：24、H2：21、H2：29、H2：62、H2：40、H2：165）
9—16. 碗（H2：73、H2：42、H2：43、H2：32、H2：19、H2：38、H2：1、H2：6）　17—19. 盏（H2：41、H2：137、H2：209）

斜弧腹、饼状平底。口径15.6厘米，底径6.8厘米，高3.6厘米（图一九五，7）。标本H2：165，灰白釉、褐胎。敞口、斜弧腹、饼状平底。口径13厘米，底径6厘米，高4.2厘米（图一九五，8）。

碗　8件。

标本H2：73，灰白釉、褐胎。敞口、圆唇、斜腹内收、平底。口径12.8厘米，底径5.2厘米，高4.4厘米（图一九五，9）。标本H2：42，灰白釉、褐胎。口残，斜腹内收、矮圈足。底径6.8厘米，残高2.8厘米（图一九五，10）。标本H2：43，灰白釉、褐胎。敞口、斜腹内收、矮圈足。口径15.2厘米，底径6.4厘米，高4.4厘米（图一九五，11）。标本H2：32，灰白釉、褐胎。敞口、斜弧腹、饼状平底。口径16.8厘米，底径7.2厘米，高5.4厘米（图一九五，12）。标本H2：19，灰白釉、褐胎。敞口、斜弧腹、饼状平底。口径18厘米，底径8.8厘米，高6厘米（图一九五，13）。标本H2：38，灰白釉、褐胎。敞口、斜弧腹、饼状平底。口径19.2厘米，底径8厘米，高6.2厘米（图一九五，14）。标本H2：1，灰白釉、褐胎。敞口、斜弧腹、饼状平底。口径14.8厘米，底径5.6厘米，高5.2厘米（图一九五，15）。标本H2：6，灰白釉、褐胎。敞口、斜弧腹、饼状平底。口径16厘米，底径7.2厘米，高4.2厘米（图一九五，16）。

盏　3件。

标本H2:41,灰白釉、褐胎。敞口。口径10、底径4、残高3厘米(图一九五,17)。灰白釉、褐胎。标本H2:137,敞口、平底。口径10.4、底径3.8、高3厘米(图一九五,18)。标本H2:209,灰白釉、褐胎。敞口、平底。口径12、底径5、高3.4厘米(图一九五,19)。

器底　3件。

标本H2:87,白釉、褐胎。底径12、残高15.6厘米(图一九四,7)。标本H2:10,无釉、红褐胎。底径12.6、残高23.4厘米(图一九四,8)。标本H2:206,白釉、褐胎。底径14.4、残高16厘米(图一九四,9)。

2.陶器

釜　2件。

标本H2:162,夹砂灰黑陶。喇叭口、扁垂腹,圜底。腹部饰绳纹。腹径19.2、残高9.6厘米(图一九六,9)。标本H2:207,夹砂红陶。喇叭口、扁垂腹,圜底。腹部饰绳纹。口径28.2、腹径33、高17.4厘米(图一九六,10)。

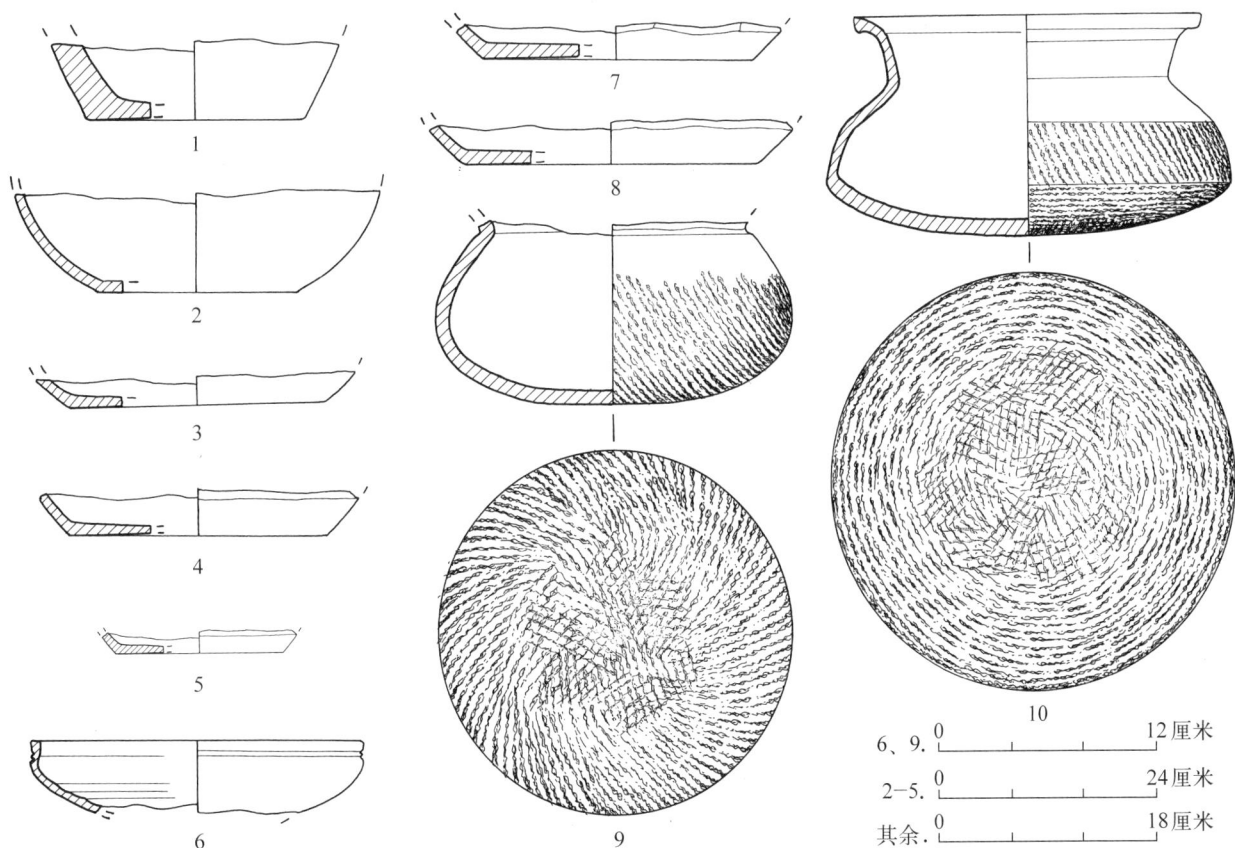

图一九六　H2陶器

1-5、7、8.器底(H2:174、H2:163、H2:168、H2:175、H2:198、H2:169、H2:181)
6.豆(H2:201)　9、10.釜(H2:162、H2:207)

豆　1件。

标本 H2：201，夹砂灰黑陶。碗形、口微敛、方唇。口径18、残高3.8厘米（图一九六，6）。

盆　19件。

标本 H2：187，泥质灰陶。窄沿、弧腹。口径40、残高4厘米（图一九七，1）。标本 H2：190，泥质灰陶。窄卷沿、直口。口径50、残高1.6厘米（图一九七，2）。标本 H2：194，泥质灰陶。窄卷沿、侈口、弧腹。口径40、残高5.6厘米（图一九七，4）。标本 H2：155，泥质灰黑陶。窄沿、直口、弧腹。口径37.6、残高5.2厘米（图一九七，14）。标本 H2：11，泥质灰陶。窄沿、弧腹、平底，口部变形。口径30.6、底径15.9、高10.8厘米（图一九七，18；彩版三六，6）。标本 H2：18，泥质灰陶。窄平沿、弧腹、平底。口径15厘米，底径6厘米，高6.4厘米（图一九七，19）。

标本 H2：156，泥质灰陶。侈口、短唇外凸、弧腹。口径44、残高12厘米（图一九七，3）。标本 H2：186，泥质灰陶。敛口、弧腹。口径38、残高8厘米（图一九七，5）。标本 H2：180，泥质灰陶。敛口、弧腹。口径40、残高3.6厘米（图一九七，6）。标本 H2：184，泥质黄褐陶。敛口、短唇外凸、弧腹。口径42、残高5.6厘米（图一九七，7）。标本 H2：179，泥质灰陶。敛口、弧腹。口径38、残高5.2厘米（图一九七，8）。标本 H2：204，泥质灰陶。窄沿、直口、弧腹、平底。口径28.8、底径15.6、高12厘米（图一九七，9）。标本 H2：172，泥质黄褐陶。敛口、斜直腹。口径40、残高6厘米（图一九七，10）。标本 H2：200，泥质灰陶。敛口、斜直腹。口径42.4、残高7厘米（图一九七，11）。标本 H2：30，泥质灰陶。窄沿、直口、弧腹。平底为内凹。口径29.4、底径15、高11.7厘米（图一九七，12）。标本 H2：164，泥质灰陶。敛口。口径50、残高5.2厘米（图一九七，13）。标本 H2：192，泥质灰陶。口径50.4、残高3.6厘米（图一九七，15）。标本 H2：28，泥质黄褐陶。敛口、斜直腹。口径46.4、残高8厘米（图一九七，16）。标本 H2：176，泥质灰陶。窄沿、直口、弧腹。口径28、残高7.5厘米（图一九七，17）。

罐　7件。

标本 H2：167，泥质灰陶。敛口、唇外凸、鼓肩。口径32.2、残高8厘米（图一九八，1）。标本 H2：197，泥质灰陶。敛口、唇外凸、鼓肩。口径19.7、残高5.2厘米（图一九八，2）。标本 H2：145，泥质灰陶。敛口、鼓肩。口径22、残高4.8厘米（图一九八，3）。标本 H2：188，泥质灰陶。敛口、鼓肩。肩部置两纵系。口径16.6、腹20.4、底径11.6、高16厘米（图一九八，4）。标本 H2：13，泥质灰陶，敛口、无沿、弧腹。口径17、残高5.4厘米（图一九八，5）。标本 H2：170，泥质灰陶。敛口、无沿、弧腹。口径28、残高12.9厘米（图一九八，6）。标本 H2：17，泥质灰陶。敛口、无沿、弧腹。口径26、残高12.9厘米（图一九八，7）。

器底　7件。

标本 H2：174，泥质灰陶。底径18、残高6厘米（图一九六，1）。标本 H2：163，泥质黄陶。底径22、残高10.4厘米（图一九六，2）。标本 H2：168，泥质黄陶。底径28、残高3厘米（图一九六，3）。标本 H2：175，泥质灰陶。底径28、残高4.5厘米（图一九六，4）。标本 H2：198，泥质灰陶。底径18、残高2.2厘米（图一九六，5）。标本 H2：169，泥质黄陶。底径21.6、残高2.7厘米（图一九六，7）。标本 H2：181，夹砂灰黑陶。底径23.4、残高3厘米（图一九六，8）。

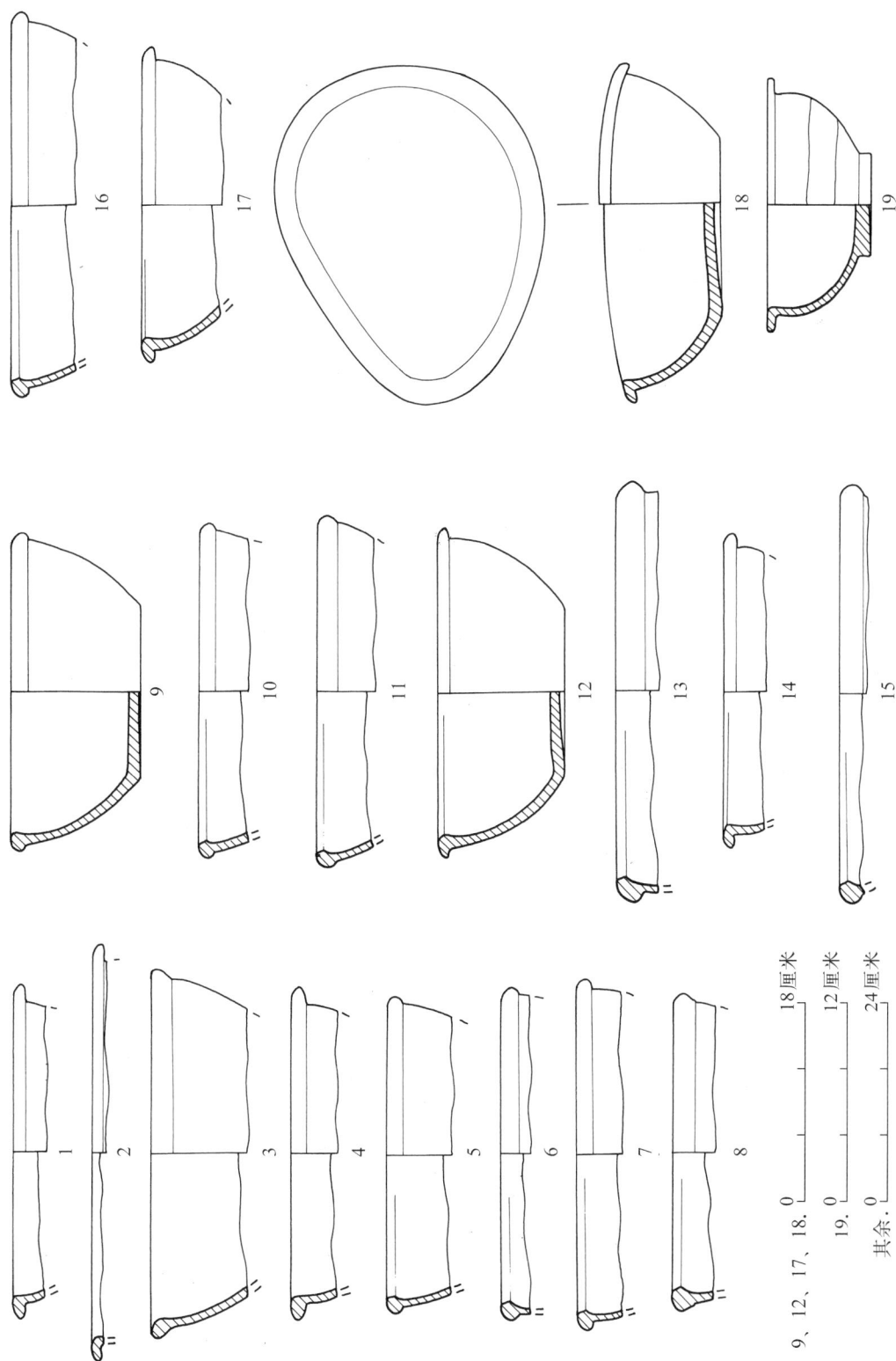

图一九七　H2陶盆

1. H2：187　2. H2：190　3. H2：156　4. H2：194　5. H2：186　6. H2：180　7. H2：184　8. H2：179　9. H2：204　10. H2：172　11. H2：200　12. H2：30
13. H2：164　14. H2：164　15. H2：155　16. H2：192　17. H2：28　18. H2：176　19. H2：11　19. H2：18

9、12、17、18. 0_____18厘米

19. 0_____12厘米

其余. 0_____24厘米

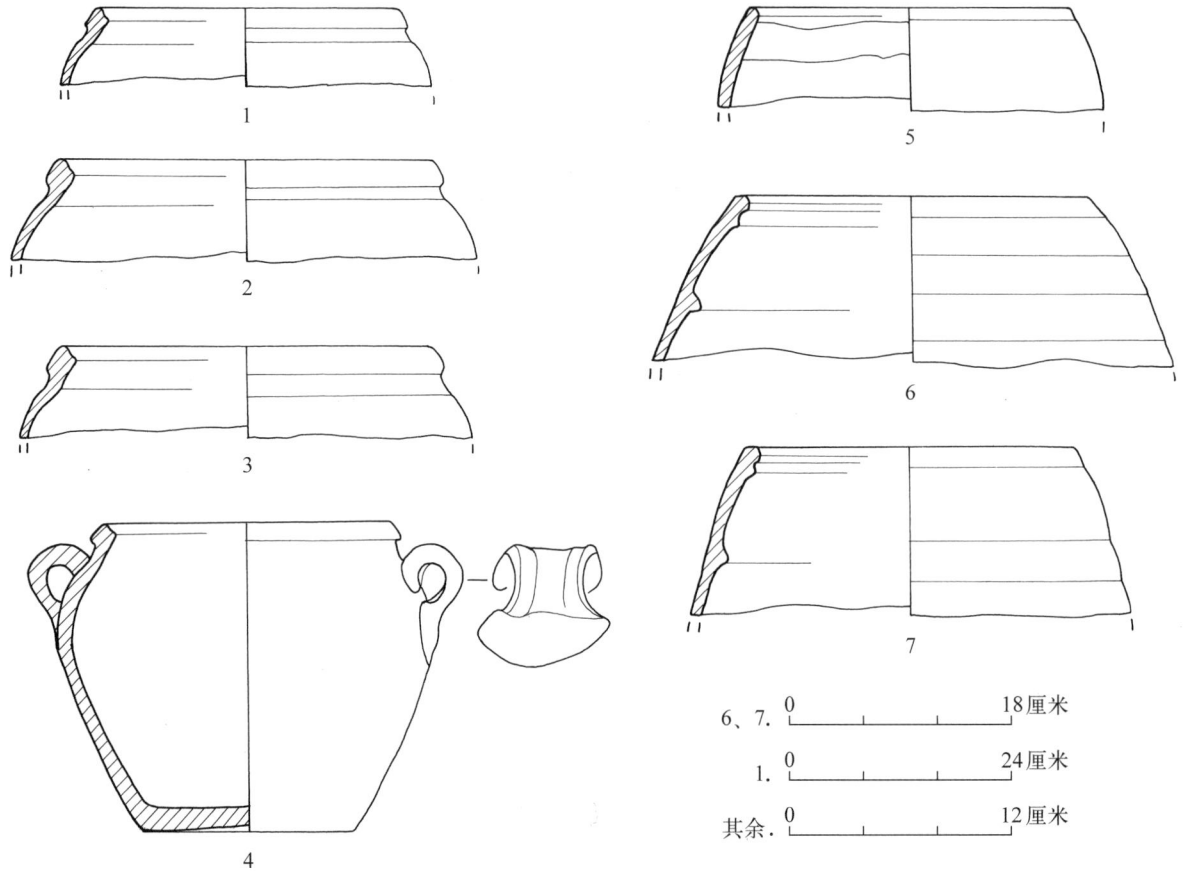

圈一九八　H2陶罐

1. H2：167　2. H2：197　3. H2：145　4. H2：188　5. H2：13　6. H2：170　7. H2：17

三、H3

位于TN05W06-N06W05探方东部,部分伸入东壁。开口于第②层下,打破第③层。平面大致呈圆状,斜壁、弧底。长2.64、宽2.2、深0.36米。填土为灰黑色偏褐色黏土,较紧密。堆积中出土遗物以瓷器为主,可辨器形有碗、盘、盏、罐等(图一九九)。

1. 瓷器

(1)琉璃厂窑

碗　7件。

标本H3：112,白釉、黑褐胎。直口、弧腹、矮圈足底。底部有支钉痕。口径15.2、底径8、高5.8厘米(图二〇〇,1;彩版三七,1)。

标本H3：50,青黄釉、红褐胎。敞口、弧腹、假圈足底。底部有支钉痕。口径13.2、底径5、高3.3厘米(图二〇〇,2;彩版三七,2)。标本H3：86,灰白釉、红褐胎。敞口、斜弧腹。口径17、残高3.6厘米(图二〇〇,3)。标本H3：214,白釉、黑褐胎。敞口、斜弧腹。残高2.8厘米(图二〇〇,4)。标本H3：99,白釉、黑褐胎。敞口、斜弧腹。残高3.5厘米(图二〇〇,5)。标本

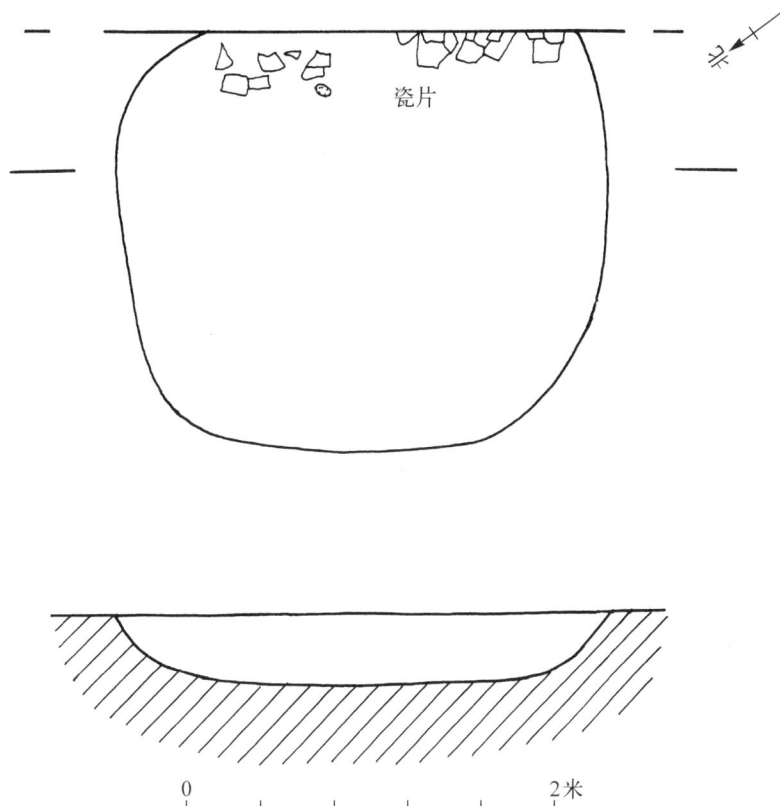

图一九九　H3平、剖面图

H3：58，青黄釉、红褐胎。敞口、斜弧腹。残高3.8厘米（图二〇〇，6）。标本H3：90，灰白釉、红胎。敞口、斜弧腹。残高4厘米（图二〇〇，7）。

　　盘　6件。

　　标本H3：76，灰白釉局部脱落、红胎。敞口、弧腹、假圈足状底。内底部有支钉痕。口径12.6、底径5、高3.5厘米（图二〇二，1）。标本H3：57，灰白釉、褐胎。敞口、弧腹。口径20、残高3.2厘米（图二〇二，2）。标本H3：67。褐色釉、红胎。敞口、弧腹、假圈足状底。口径13.2、底径5、高3.5厘米（图二〇二，3）。标本H3：98，白釉、黑褐胎。敞口、弧腹。口径16、残高2.8厘米（图二〇二，4）。标本H3：94，青黄釉、红褐胎。敞口、弧腹。口径18、残高3.2厘米（图二〇二，5）。标本H3：215，灰白釉、黑褐胎。敞口、弧腹、假圈足状底。口径17、底径6、高3.8厘米（图二〇二，6；彩版三七，3）。

　　罐　3件。

　　标本H3：120，青黄釉、褐胎。敛口微外侈。口径18、残高6.8厘米（图二〇三，1）。标本H3：150，青黄釉、褐胎。敛口。口径17、残高6厘米（图二〇三，2）。标本H3：7。酱黄釉、红褐胎。直口、颈微束、长鼓腹、假圈足平底。口径11、腹径13.8、底径8、高15.8厘米（图二〇三，3；彩版三七，4）。

　　瓶　5件。

　　标本H3：85，青黄釉局部脱落，褐胎。卷沿微外侈、微束颈、长鼓肩。口径7、残高3.4厘米（图二〇三，4）。标本H3：79，酱黑釉、褐胎。侈口、束颈、鼓肩。口径6、残高8厘米（图二〇三，

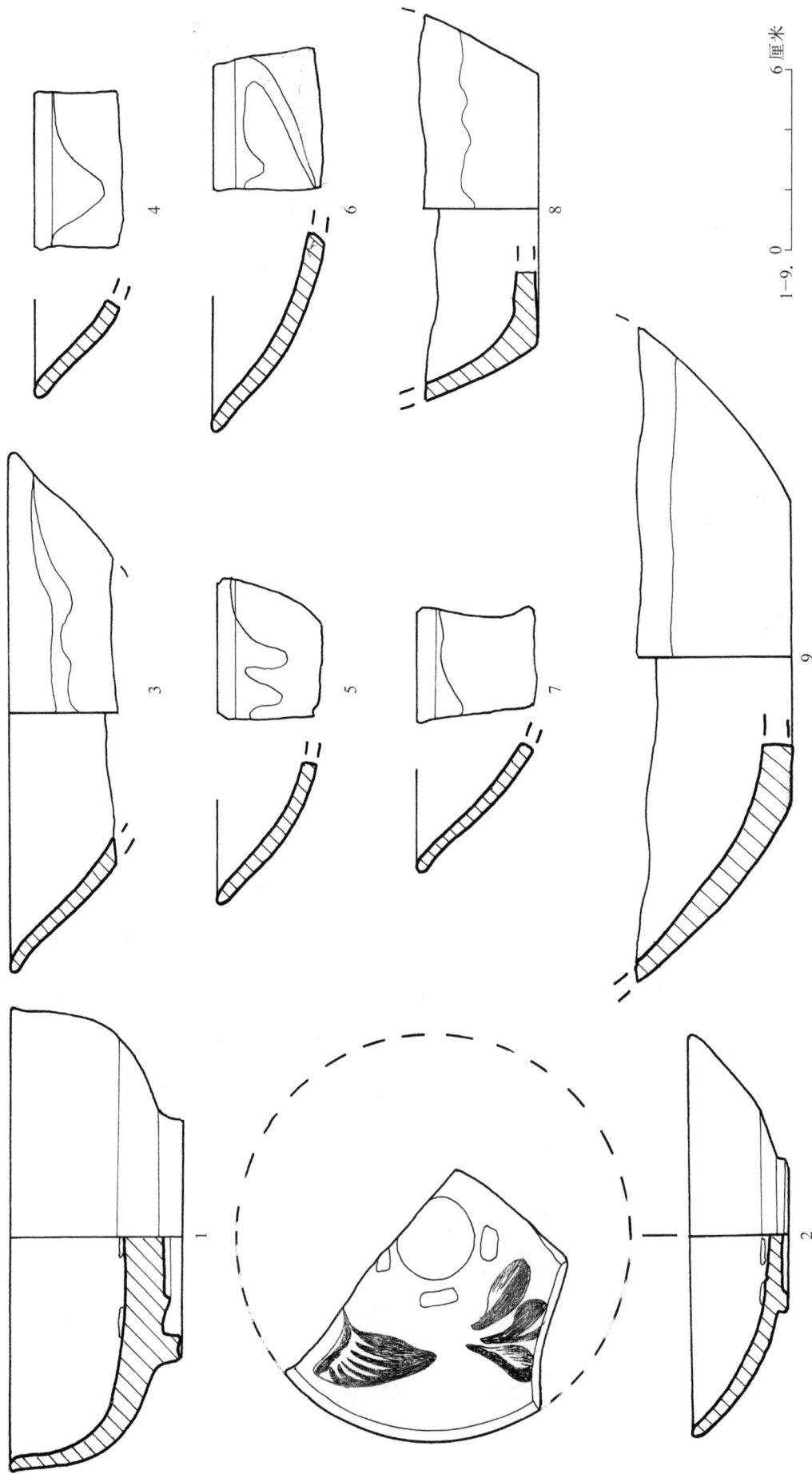

图二〇〇 H3琉璃厂窑瓷器

1—7. 碗（H3：112、H3：50、H3：86、H3：214、H3：99、H3：58、H3：90） 8、9. 器底（H3：100、H3：52）

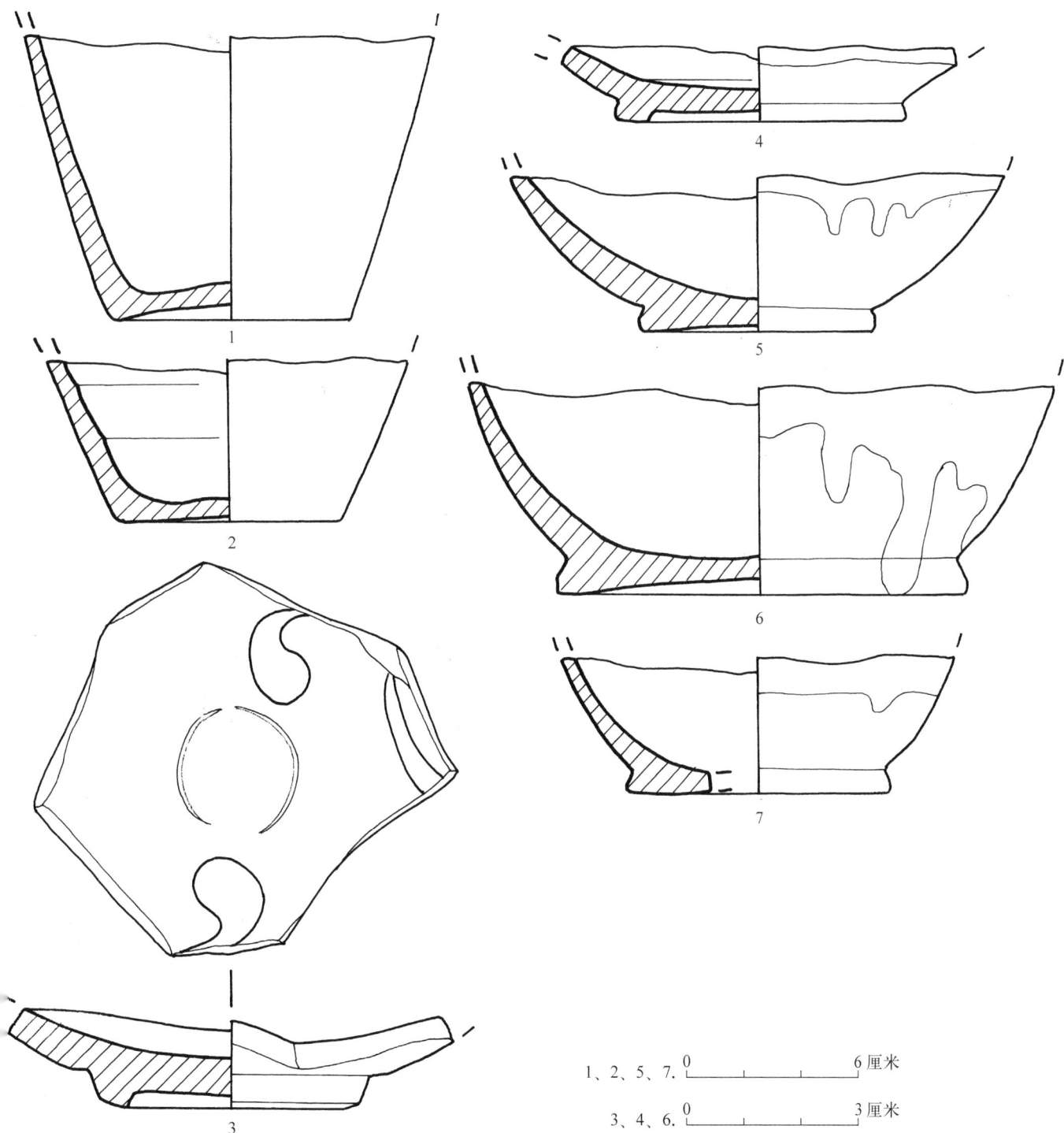

图二〇一　H3琉璃厂窑瓷器

1. H3∶47　2. H3∶43　3. H3∶75　4. H3∶158　5. H3∶31　6. H3∶302　7. H3∶33

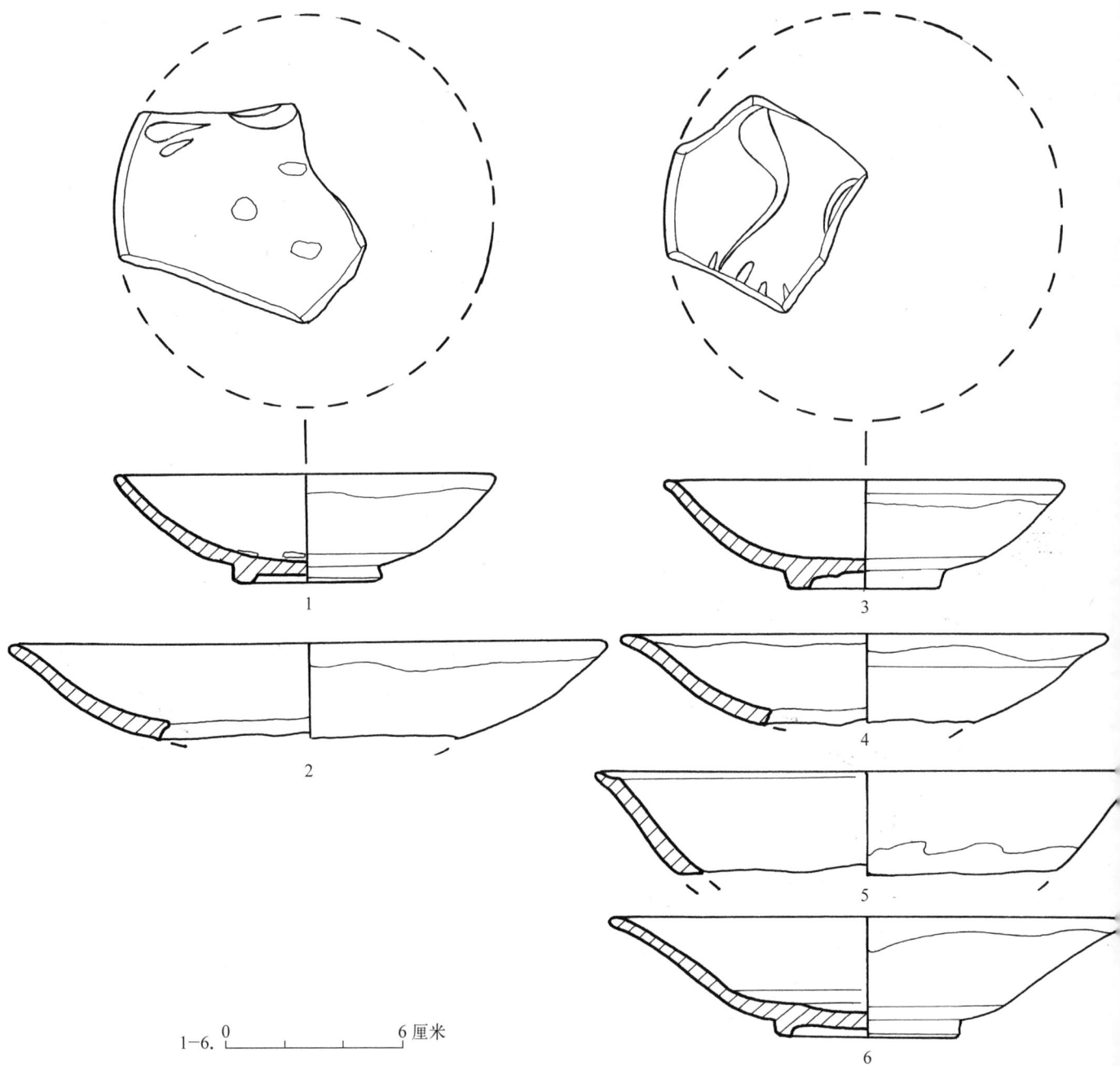

图二〇二　H3琉璃厂窑盘

1. H3：76　2. H3：57　3. H3：67　4. H3：98　5. H3：94　6. H3：215

5)。标本H3：71，酱黑釉、红褐胎。侈口、束颈、鼓肩。口径6、残高5厘米（图二〇三，6）。标本H3：66，灰黄釉、红褐胎。侈口、束颈、鼓肩。口径6.6、残高7厘米（图二〇三，7）。

　　标本H3：45，灰黄釉、红胎。无颈、折沿、弧肩。肩部置两纵系。口径4、残高3.8厘米（图二〇三，8）。

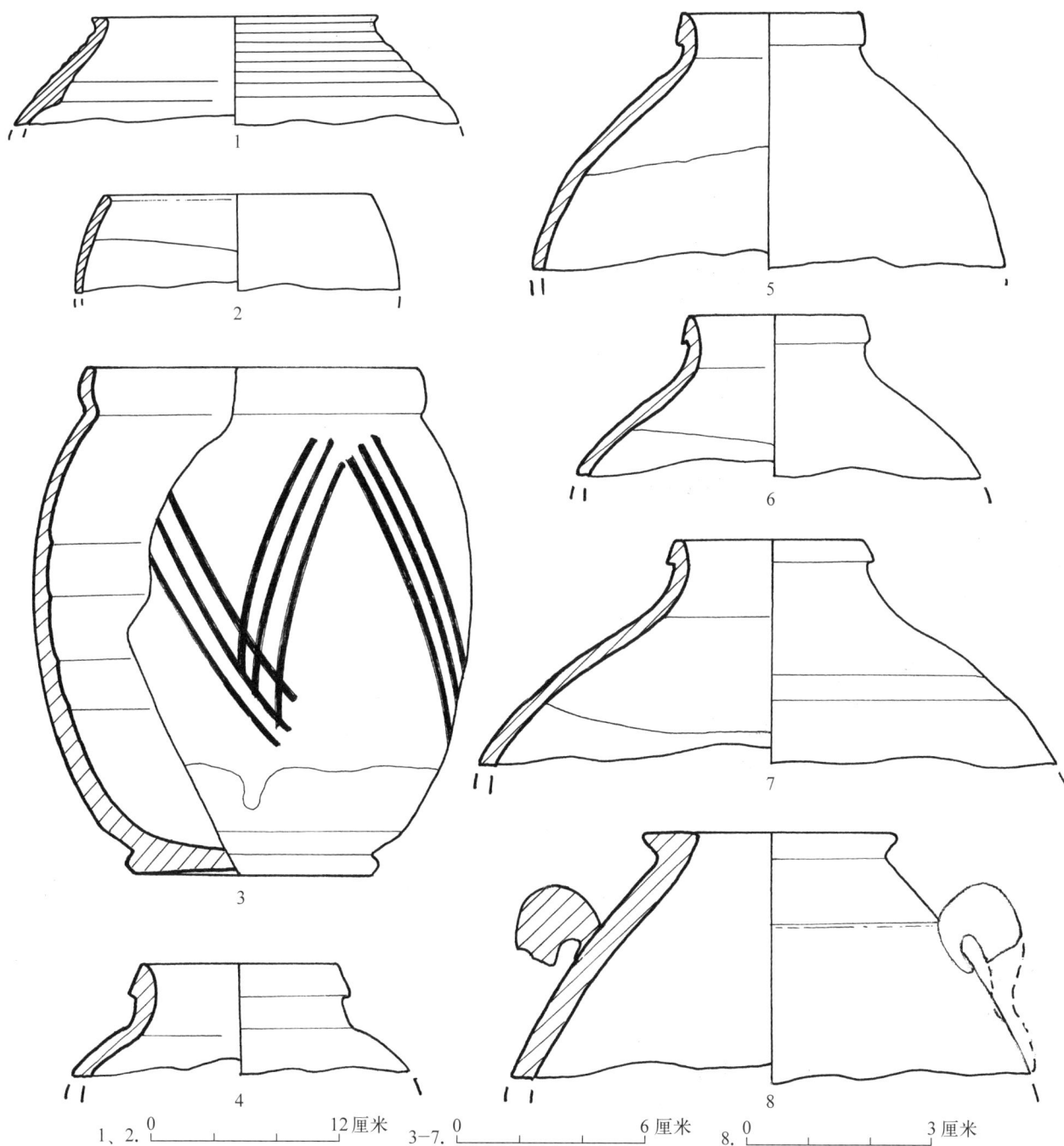

图二〇三 H3琉璃厂窑罐、瓶

1—4.罐（H3∶120、H3∶150、H3∶7） 4—8.瓶（H3∶85、H3∶79、H3∶71、H3∶66、H3∶45）

壶 5件。

标本H3∶104，酱黄色釉、褐胎。敛口、弧腹。残高8厘米（图二〇四，1）。标本H3∶41，灰白釉、褐胎。敛口、弧腹。口径15、残高8厘米（图二〇四，2）。标本H3∶36，酱黑釉、褐胎。直口、方唇。肩部置横系。口径8、残高7厘米（图二〇四，3）。标本H3∶212，黑釉、灰黑胎。敛口、圆唇。

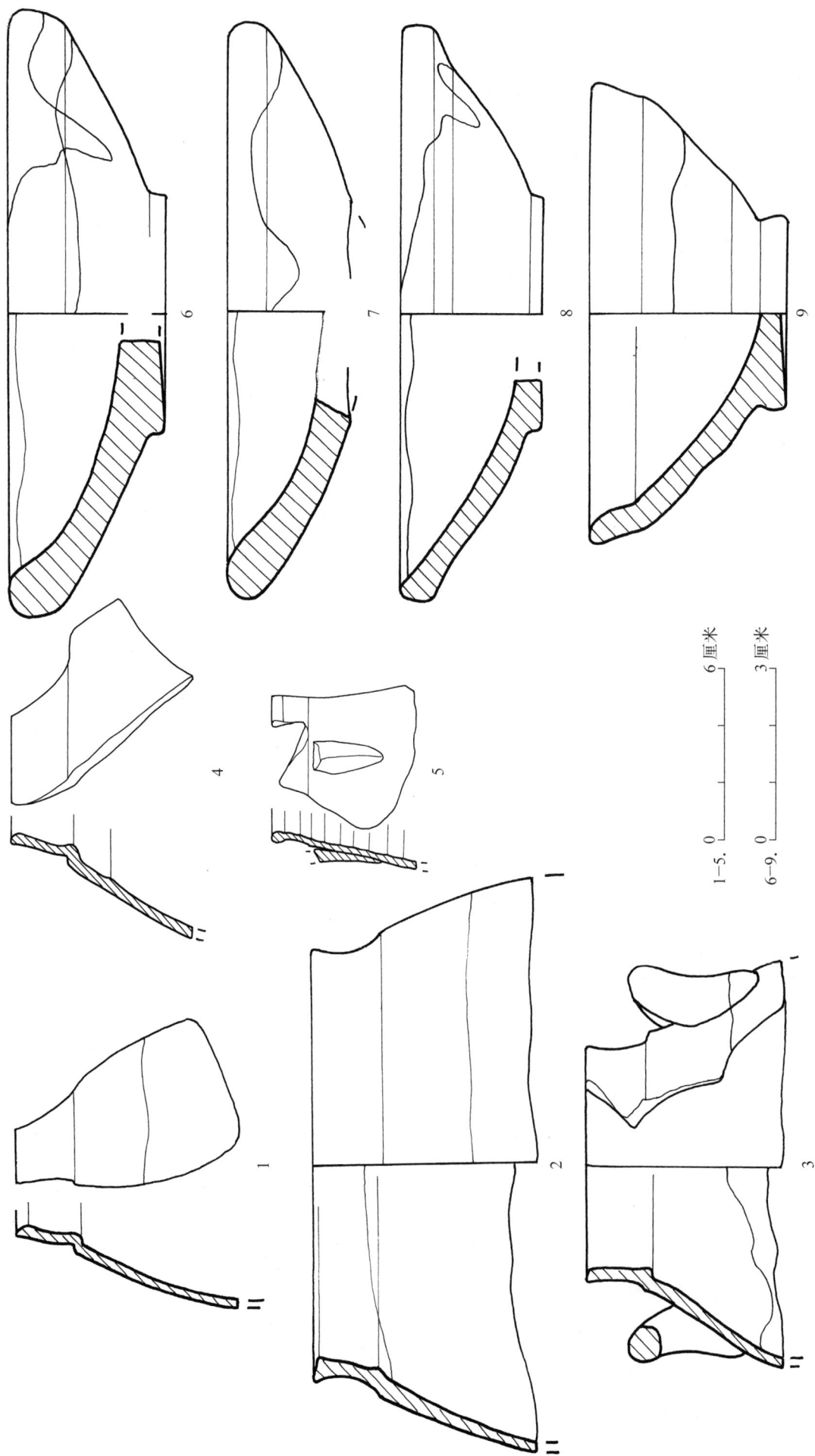

图二〇四　H3琉璃厂窑壶、盏

1—5. 壶（H3：104，H3：41，H3：36，H3：212，H3：34）　6—9. 盏（H3：78，H3：81，H3：95，H3：210）

残高6.5厘米（图二〇四,4）。标本H3:34,酱釉、红胎。口微侈、内壁呈波浪状。肩部有一残耳。残高5.3厘米（图二〇四,5）。

盏　4件。

标本H3:78,青黄釉、红褐胎。浅盘形、假圈足、厚胎。口径10.5、底径4.2、高2.8厘米（图二〇四,6）。标本H3:81,青黄釉、红褐胎。浅盘形、假圈足、厚胎。口径10、残高2.2厘米（图二〇四,7）。标本H3:95,青黄釉、红褐胎。浅盘形、假圈足、厚胎。口径10、底径4、高2.5厘米（图二〇四,8）。

标本H3:210,黑釉、红褐胎。碗形、假圈足。口径8、底径3.4、高3.5厘米（图二〇四,9）。

器底　9件。

平底　4件。平底。标本H3:100。酱黑釉,红褐胎。底径9、残高3.8厘米（图二〇〇,8）。标本H3:52。酱黄釉,红胎。底径10、残高5.2厘米（图二〇〇,9）。标本H3:47,无釉、红胎。底内凹。底径8.2、残高9.5厘米（图二〇一,1）。标本H3:43,无釉、红胎。底径7.8、残高5.6厘米（图二〇一,2）。

假圈足式饼状底　5件。标本H3:75,无釉、红胎。底径4.9、残高2.1厘米（图二〇一,3）。标本H3:158,灰白釉、红胎。底径5、残高1.2厘米（图二〇一,4）。标本H3:31,酱釉、红褐胎。底径8、残高5.2厘米（图二〇一,5）。标本H3:302,酱釉、红胎。底径7、残高3.5厘米（图二〇一,6）。标本H3:33,酱釉、褐胎。底径9、残高5厘米（图二〇一,7）。

（2）邛窑

碗　18件

标本H3:12,青釉、灰胎,釉面薄。敞口、深弧腹、矮圈足底。口径18.2、底径6.2、高6.6厘米（图二〇五,1）。标本H3:264,青釉、灰胎,釉面薄。敞口、深弧腹、矮圈足底。口径17.8、底径6.2、高6.6厘米（图二〇五,2）。标本H3:260,青釉、灰胎。敞口、深弧腹。口径16、残高2.8厘米（图二〇五,3）。标本H3:167,青釉、灰胎。敞口、深弧腹。残高2.8厘米（图二〇五,4）。标本H3:163,青釉、灰胎。敞口、深弧腹。口径16.2、残高2.8厘米（图二〇五,5）。标本H3:252,青釉、灰胎。敞口、深弧腹。残高2厘米（图二〇五,6）。标本H3:246,青釉、灰胎。敞口、深弧腹。残高2厘米（图二〇五,7）。标本H3:263,灰黄釉、灰胎。敞口、深弧腹。口径16、残高4.4厘米（图二〇五,8）。标本H3:259,灰黄釉、敞口、深弧腹。灰胎。口径17、残高2.4厘米（图二〇五,9）。标本H3:254,灰黄釉、灰胎。敞口、深弧腹。口径16、残高3.2厘米（图二〇六,1）。标本H3:255,灰黄釉、灰胎。敞口、深弧腹。残高2.2厘米（图二〇六,2）。标本H3:267,灰黄釉、灰胎。敞口、深弧腹。残高2.5厘米（图二〇六,3）。标本H3:262,灰黄釉、灰胎。敞口、深弧腹。残高2.2厘米（图二〇六,4）。标本H3:313,灰黄釉、褐胎。敞口、深弧腹。残高2厘米（图二〇六,5）。标本H3:222,青釉、灰胎,釉面薄。敞口、深弧腹、矮圈足底。口沿外侧有一周浅凸棱。内壁饰一朵莲花。口径18.6、底径5.6、高7.2厘米（图二〇六,6）。标本H3:224,青釉、灰胎,釉面薄。敞口、深弧腹。口沿外侧有一周浅凸棱。内壁饰一朵莲花。口径18.8、残高5厘米（图二〇六,7）。标本H3:17,青灰黄釉、灰胎。敞口、深弧腹。口沿外侧有一周浅凸棱。内壁饰一朵莲花。口径19、底径5.4、高7厘米（图二〇七,1;彩版三七,5）。标本H3:223,青釉、灰胎,敞口、圆唇。釉面

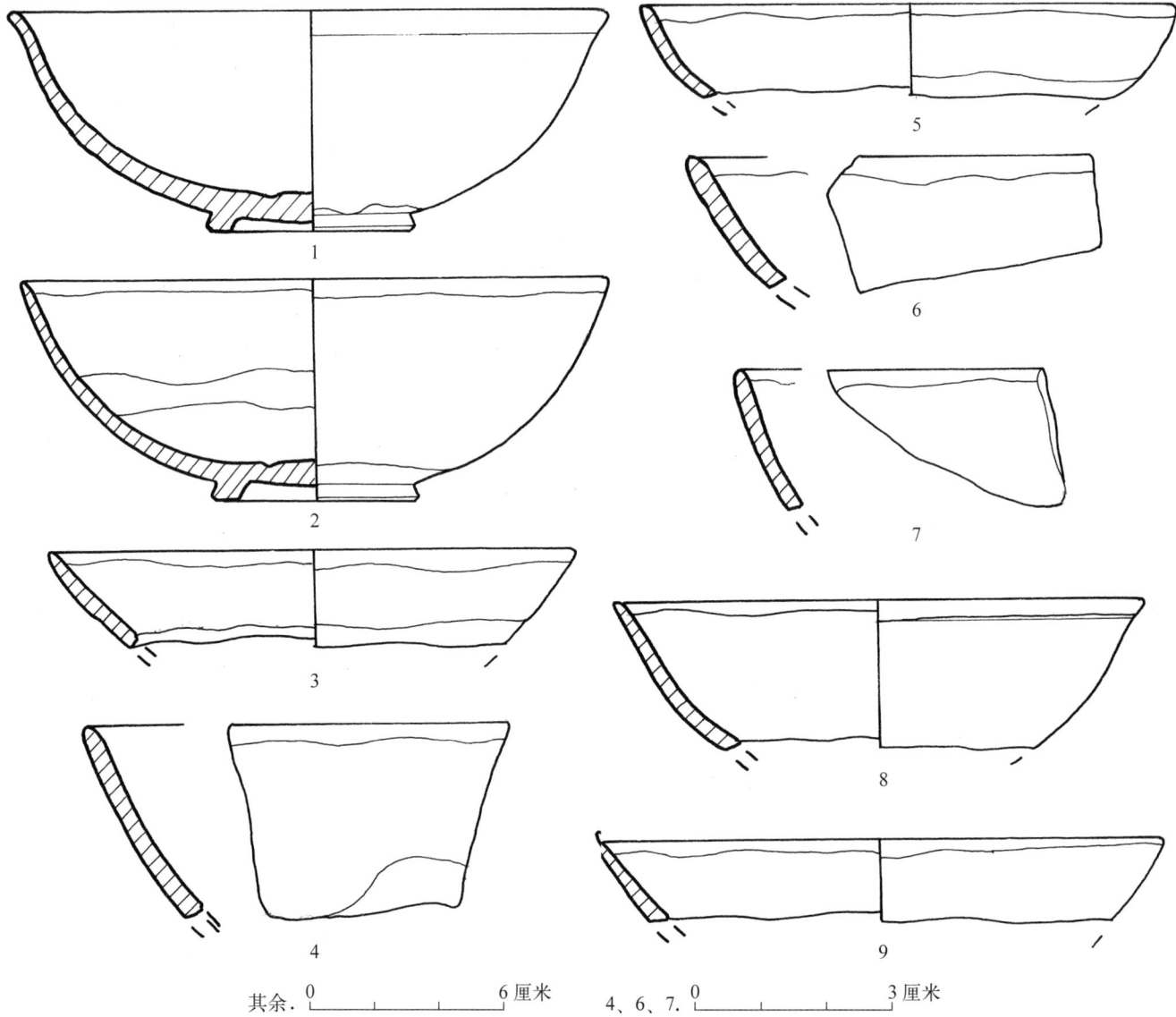

其余. 0 ____ 6厘米   4、6、7. 0 ____ 3厘米

图二〇五　H3邛窑碗

1. H3∶12　2. H3∶264　3. H3∶260　4. H3∶167　5. H3∶163　6. H3∶252　7. H3∶246　8. H3∶263　9. H3∶259

薄口沿外侧有一周浅凸棱。口径18.6、残高3厘米（图二〇七,2）。

盏　2件。

标本H3∶96,酱釉、褐胎。敞口、浅弧腹、平底。口径9.8、底径4.3、高3.3厘米（图二〇七,3；彩版三七,6）。标本H3∶74,酱黄釉、褐胎。敞口、浅弧腹、平底。口径12.6、底径4.8、高3.5厘米（图二〇七,4）。

（3）金凤窑

碗　11件。

标本H3∶310,黑釉、灰白胎。侈口、口沿内部有一凸棱、腹部较深。口径14、残高5厘米

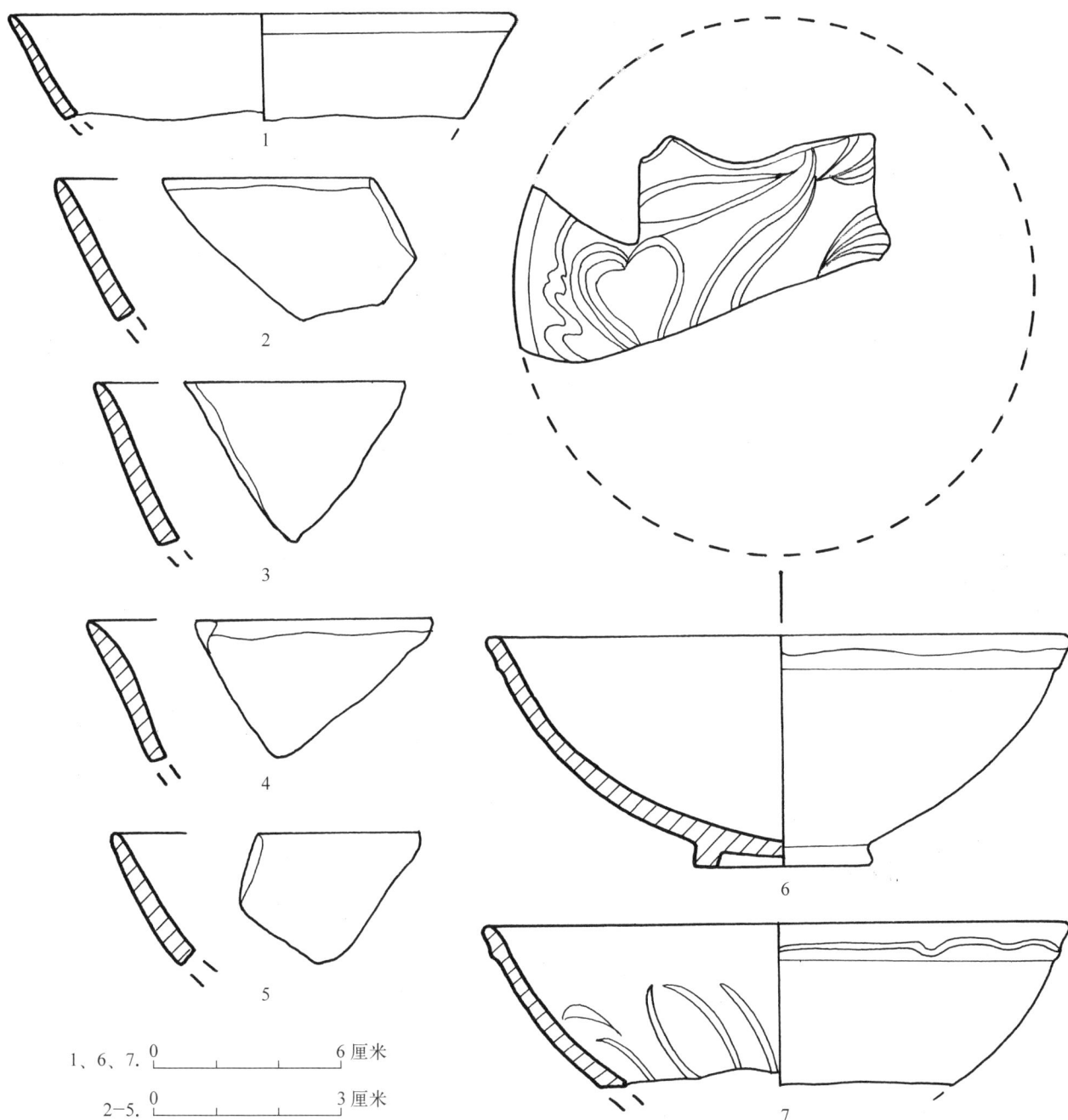

图二〇六　H3邛窑碗

1. H3：254　2. H3：255　3. H3：267　4. H3：262　5. H3：313　6. H3：222　7. H3：224

（图二〇八，1）。标本H3：299，黑釉、灰胎。盘口状、弧腹。残高4.4厘米（图二〇八，2）。标本H3：180，黑釉、灰胎。盘口状、弧腹。残高3.5厘米（图二〇八，6）。标本H3：5，黑釉、灰胎。盘口状、弧腹、假圈足底。口径11、底径4、高5.4厘米（图二〇八，9；彩版三八，1）。标本H3：146，黑釉、灰胎，釉面较厚。沿部略有残损。盘口状、弧腹。口径12、残高5.2厘米（图二〇八，11）。

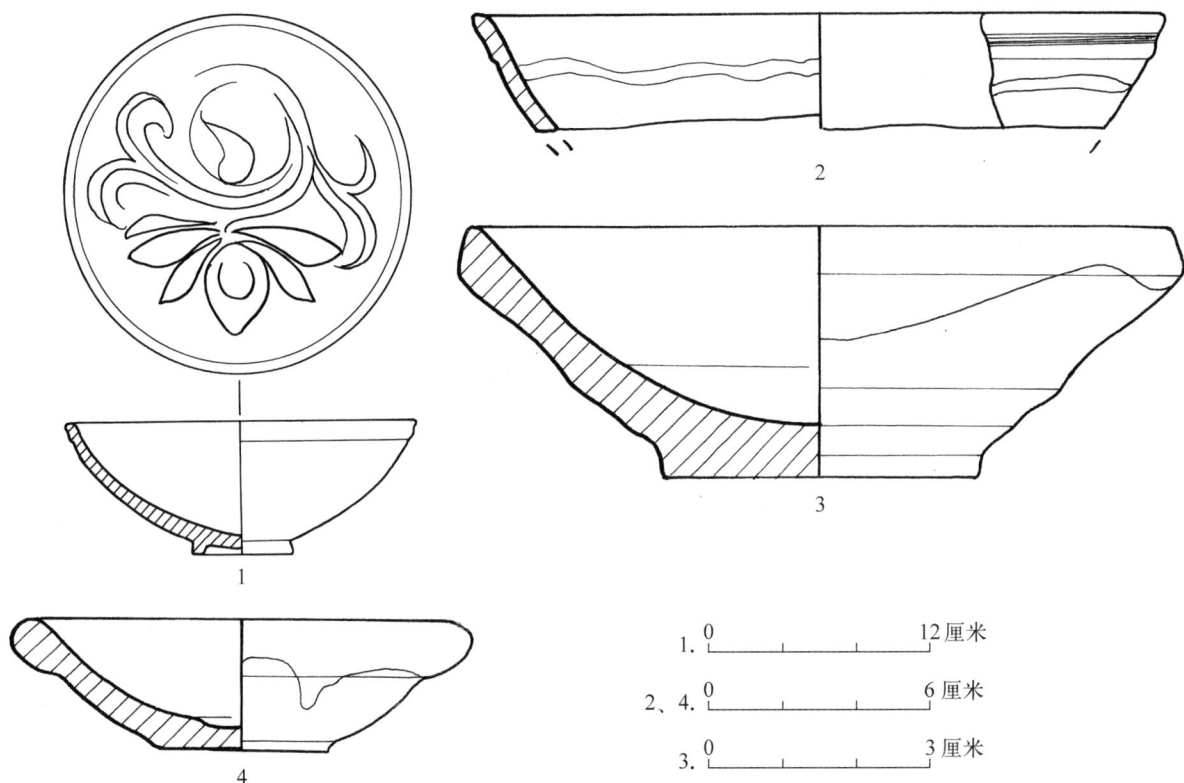

图二〇七　H3邛窑碗、盏

1-2.碗(H3：17、H3：223)　3、4.盏(H3：96、H3：74)

标本H3：301，黑釉、灰胎。敞口、弧腹较浅、假圈足。残高3.5厘米(图二〇八，3)。标本H3：296，黑釉、灰胎。侈口、斜弧腹。残高3.3厘米(图二〇八，4)。标本H3：143，黑釉、灰胎。表面有灰黄色斑点。敞口、斜直腹。口径18、残高5厘米(图二〇八，5)。标本H3：145，青釉、灰胎。表面有灰黄色斑点。敞口、斜直腹。口径16、残高3.5厘米(图二〇八，7)。标本H3：149，青釉、灰胎。敞口、斜直腹。口径17.2、残高2.6厘米(图二〇八，8)。标本H3：15，青黄釉、褐胎。表面有灰黄色斑点。敞口、斜直腹、假圈足底。口径16、底径5.4、高4.4厘米(图二〇八，10；彩版三八，2)。

盘　1件。

标本H3：187，酱釉、褐陶。敞口、浅弧腹、假圈足。口径13、底径5.4、高3.4厘米(图二〇九，1)。

器底　2件。

标本H3：142，酱黑釉、灰胎。弧腹、假圈足。底径7、残高3.2厘米(图二〇九，2)。标本H3：300，黑釉、灰黄胎，釉层较厚。弧腹、假圈足。底径4.4、残高5厘米(图二〇九，3)。

（4）磁峰窑

碗　25件。

敞口、弧腹较深、假圈足或矮圈足。均白釉、白胎，釉面光洁且较薄。

标本H3：4，白釉、白胎，釉面光洁且较薄。敞口、弧腹较深、矮圈足。内壁模印花卉纹饰。口径17.9、底径4.9、高6.8厘米(图二一〇，1；彩版三八，3)。标本H3：8，白釉、白胎，釉面光洁且较薄。口

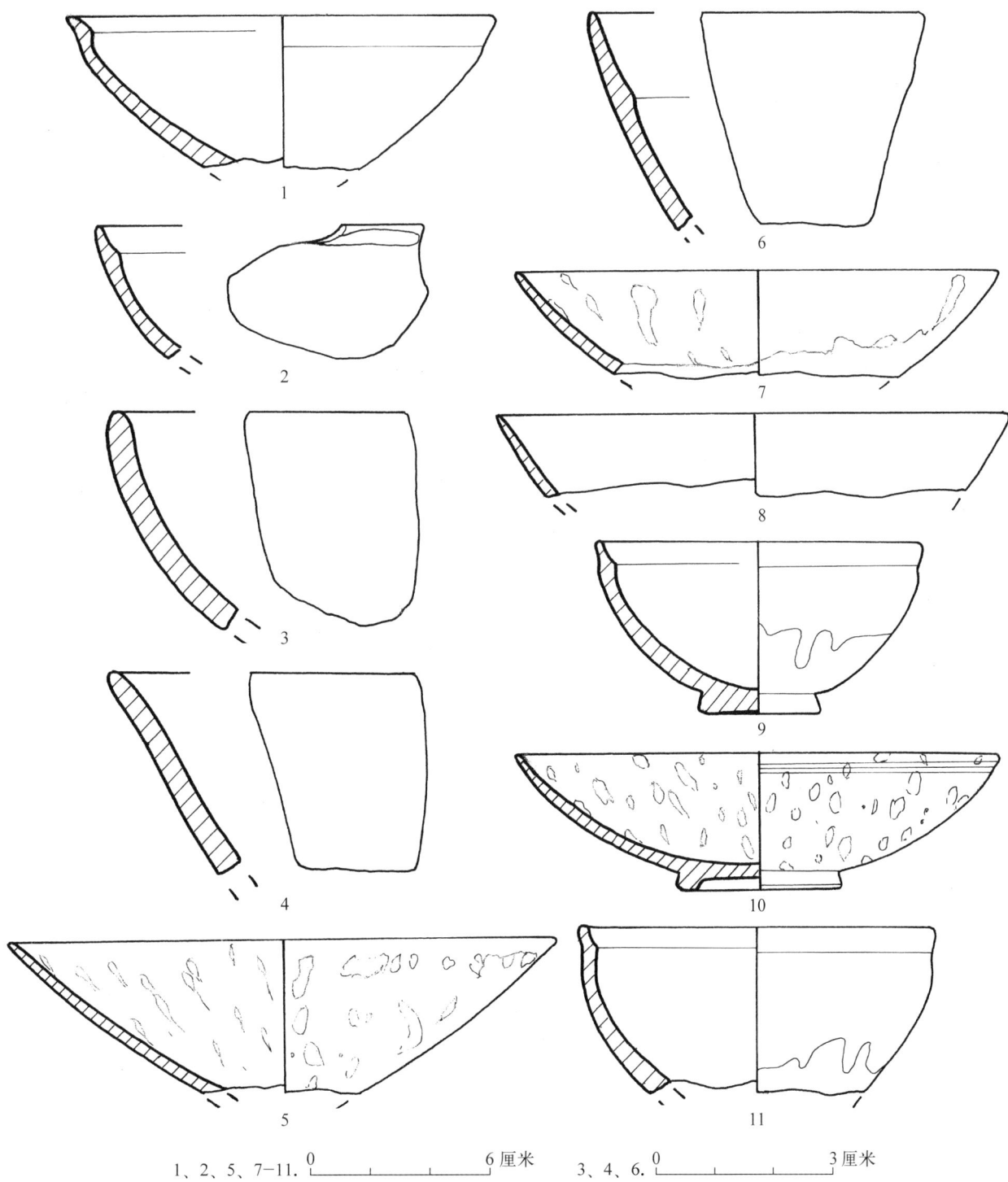

1、2、5、7-11. 0 ⎣_____⎦ 6厘米　　3、4、6. 0 ⎣_____⎦ 3厘米

图二〇八　H3金凤窑碗

1. H3：310　2. H3：299　3. H3：301　4. H3：296　5. H3：143　6. H3：180　7. H3：145　8. H3：149　9. H3：5　10. H3：15　11. H3：146

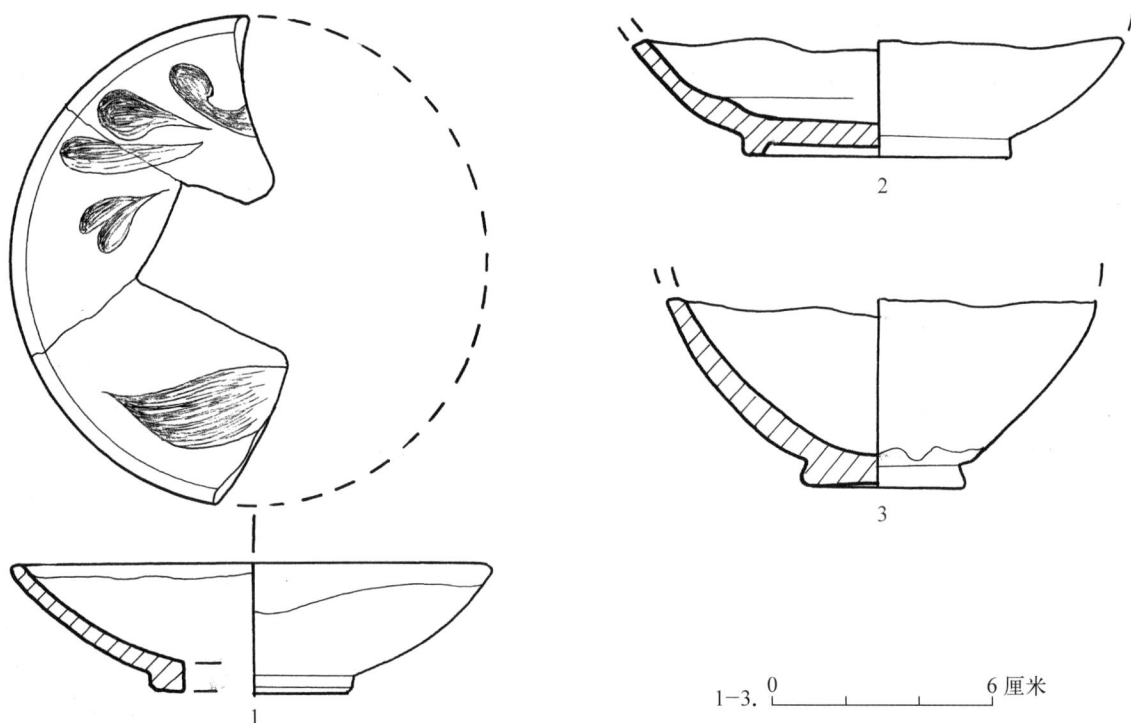

图二〇九 H3金凤窑盘、器底

1. 盘（H3：187） 2-3. 器底（H3：142、H3：300）

敞口、弧腹较深、矮圈足。口径17、底径6、高6.2厘米（图二一〇，2；彩版三八，4）。标本H3：25，白釉、白胎，釉面光洁且较薄。敞口、弧腹较深、矮圈足。内壁模印花纹，外壁呈莲瓣形。口径18、底径6.4、高6.9厘米（图二一〇，3；彩版三八，5）。标本H3：169，白釉、白胎，釉面光洁且较薄。内壁模印花纹，外壁饰莲瓣花纹。残高3.6厘米（图二一〇，4）。标本H3：35，白釉、白胎，釉面光洁且较薄。敞口、弧腹较深、矮圈足。内壁分格模印花纹。口径19、底径6.5、高7.2厘米（图二一〇，5）。标本H3：140，白釉、白胎，釉面光洁且较薄。敞口、弧腹较深、矮圈足。内壁模印花纹，外壁呈莲瓣形。口径18.2、底径7、高7厘米（图二一一，1）。标本H3：115，白釉、白胎，釉面光洁且较薄。直口、弧腹较深。外壁饰莲瓣花纹。口径11、残高6.2厘米（图二一一，2）。标本H3：121，白釉、白胎，釉面光洁且较薄。弧腹较深、矮圈足。内壁模印花草纹。底径7.2、残高4.5厘米（图二一一，3）。标本H3：173，白釉、白胎，釉面光洁且较薄。敞口、弧腹较深、矮圈足。内壁模印花纹，外壁呈莲瓣形。口径18、底径6.4、高7.1厘米（图二一一，4）。标本H3：59，白釉、白胎，釉面光洁且较薄。敞口、弧腹较深。内壁模印花纹，外壁成莲瓣形。口径18.9、残高5.3厘米（图二一一，5）。标本H3：161，白釉、白胎，釉面光洁且较薄。敞口、弧腹较深。内壁模印花草纹，外壁呈莲瓣形。口径18、残高5.5厘米（图二一二，1）。标本H3：23，白釉、白胎，釉面光洁且较薄。敞口、弧腹较深。内壁模印花草纹。口径18、残高6厘米（图二一二，2）。标本H3：162，白釉、白胎，釉面光洁且较薄。敞口、弧腹较深。内壁分格模印花草纹。残高7.4厘米（图二一二，3）。标本H3：160，白釉、白胎，釉面光洁且较薄。敞口、弧腹较深。内壁模印孔雀穿花纹。口径18、残高6.5厘米（图二一二，4）。标本H3：178，

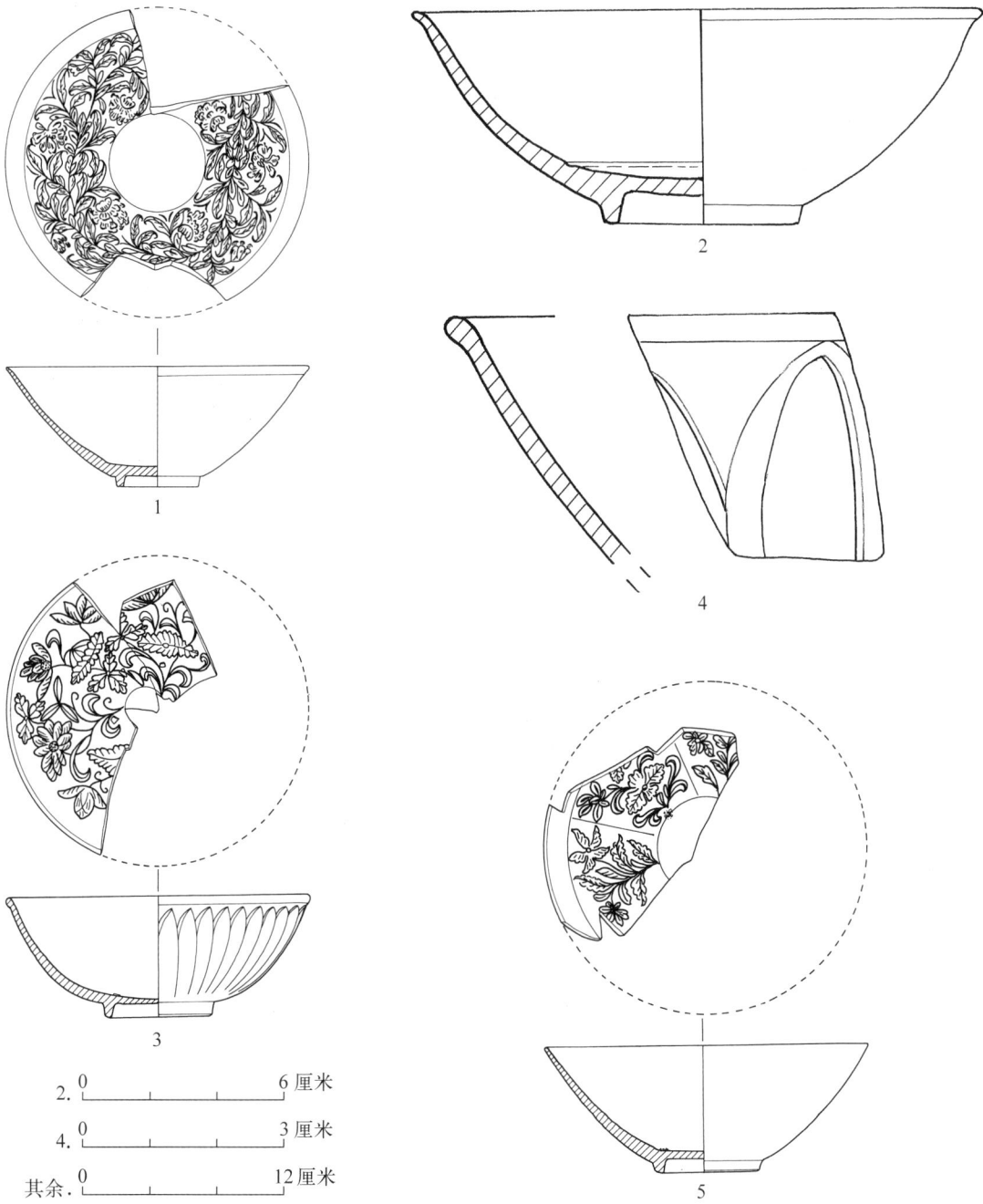

2.
0 ——————————— 6 厘米

4.
0 ——————————— 3 厘米

其余.
0 ——————————— 12 厘米

图二一〇　磁峰窑碗

1. H3：4　2. H3：8　3. H3：25　4. H3：169　5. H3：35

图二一一　磁峰窑碗

1. H3：140　2. H3：115　3. H3：121　4. H3：173　5. H3：59

1

3

2

4

1-4.　　0　　　　　6 厘米

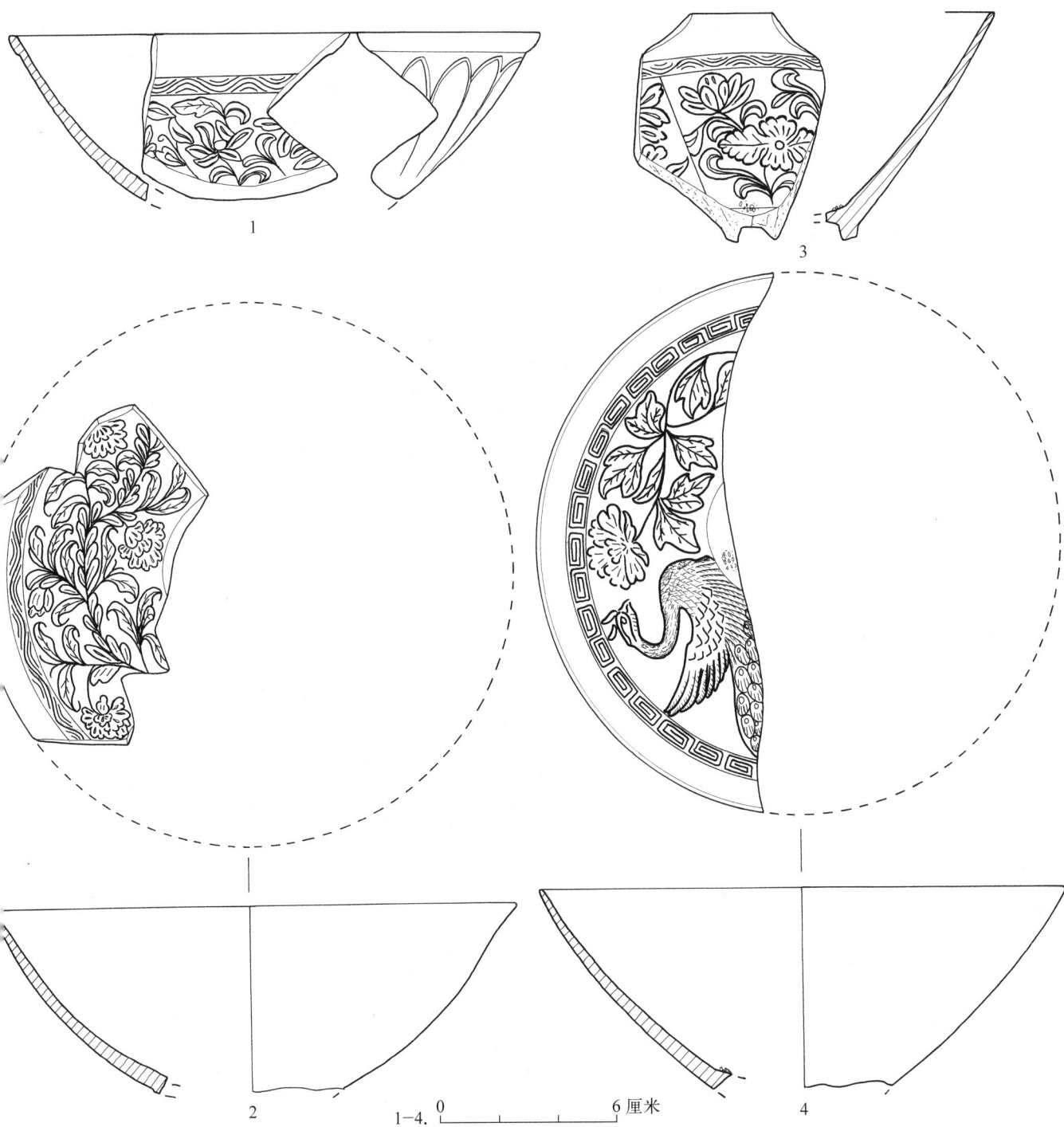

图二一二　H3磁峰窑碗

1. H3：161　2. H3：23　3. H3：162　4. H3：160

白釉、白胎，釉面光洁且较薄。敞口、弧腹较深。内壁饰花草纹。残高4.8厘米（图二一三，1）。标本H3：56，白釉、白胎，釉面光洁且较薄。敞口、浅弧腹。口径16、残高3.4厘米（图二一三，2）。标本H3：114，白釉、白胎，釉面光洁且较薄。弧腹较深、矮圈足。内壁模印花草纹。底径7、残高4厘米（图二一三，3）。标本H3：318，白釉、白胎，釉面光洁且较薄。敞口、弧腹较深、矮圈足。内壁模印花纹和双鱼纹。口径18、底径7.5、高7.2厘米（图二一三，4）。标本H3：319，白釉、白胎，釉面光洁且较薄。弧腹较深、矮圈足。内壁饰刻划纹和双鱼纹。底径7、残高4.2厘米（图二一四，1）。标本H3：101，白釉、白胎，釉面光洁且较薄。弧腹较深、矮圈足。内壁模印大雁穿花纹。底径7、残高3.4厘米（图二一四，2）。标本H3：320，白釉、白胎，釉面光洁且较薄。敞口、弧腹较深、矮圈足。内壁

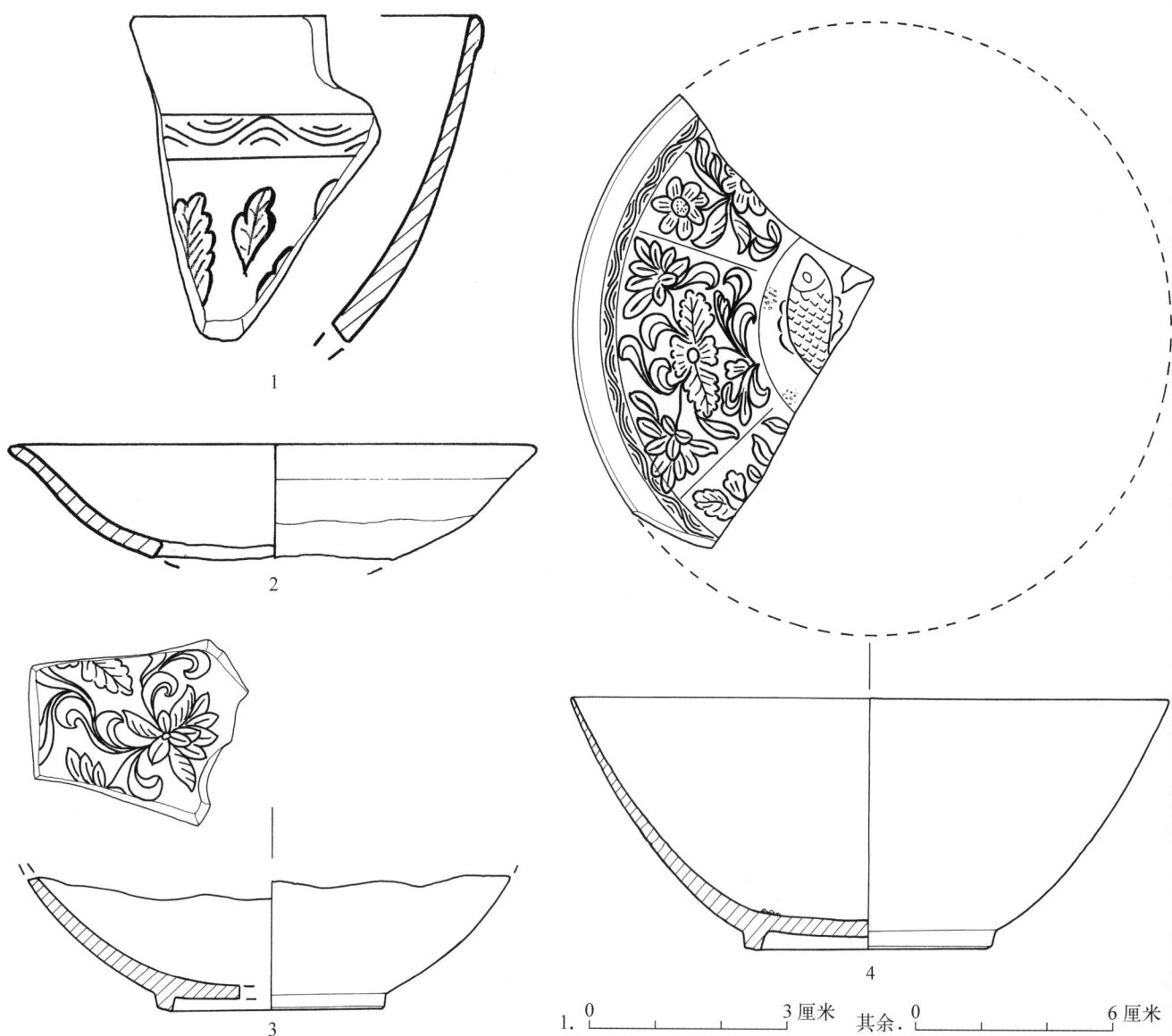

图二一三　H3磁峰窑碗

1. H3：178　2. H3：56　3. H3：114　4. H3：318

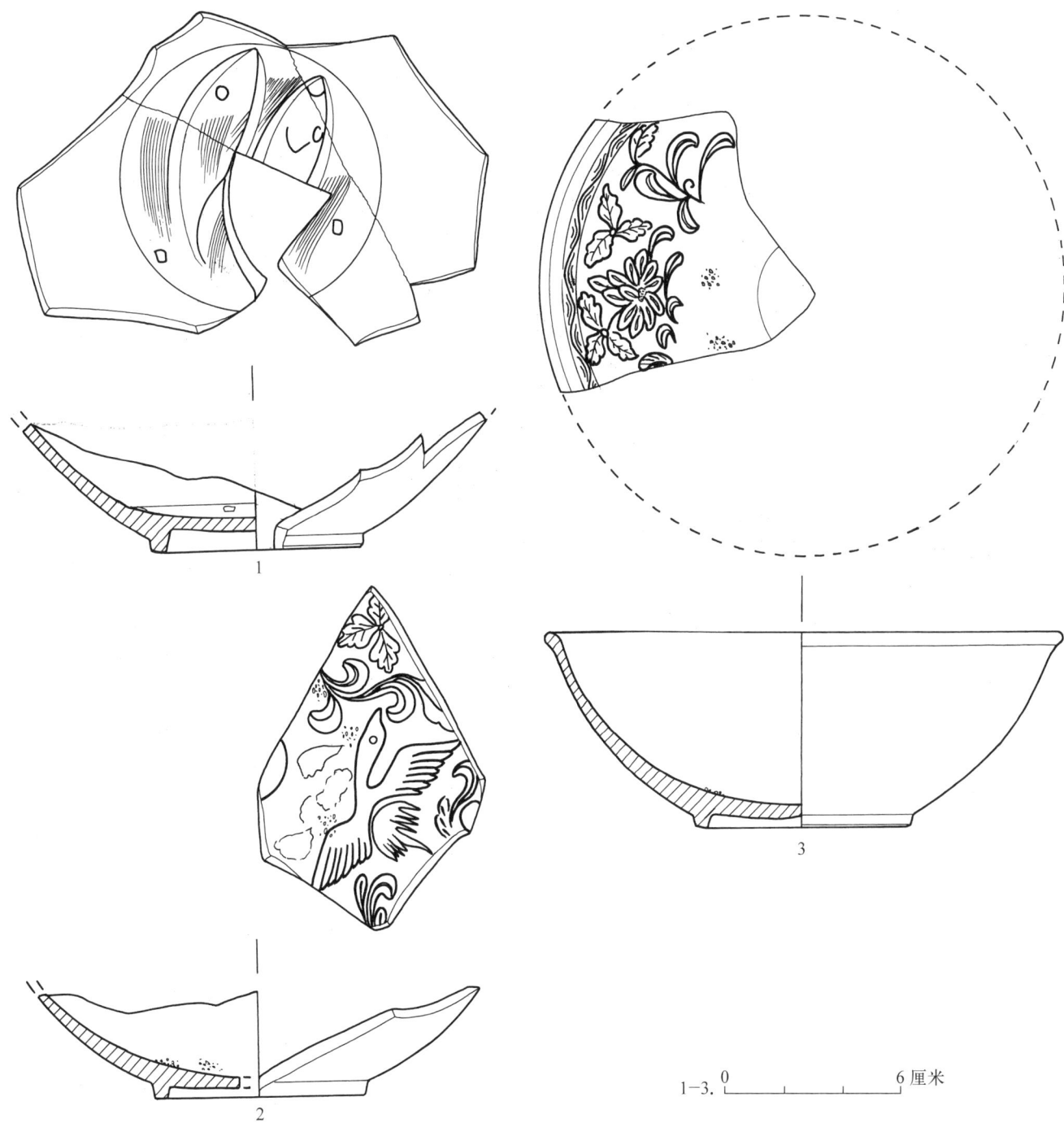

图二一四　H3磁峰窑碗

1. H3：319　2. H3：101　3. H3：320

模印花纹。口径17.5、底径7.5、高6.2厘米（图二一四，3）。标本H3：68，白釉、白胎，釉层薄。敞口、深弧腹、矮圈足底。口径16、底径5.3、高6.3厘米（图二一五，1）。标本H3：188，白釉、白胎，釉层薄。敞口、深弧腹。矮圈足底。口径18、底径6.6、高5.7厘米（图二一五，2）。标本H3：190。白胎，白釉，釉层薄。敞口、斜直深腹。底部残缺。口径21、残高5.6厘米（图二一五，3）。标本H3：138，白胎，白釉，釉层薄。敞口、斜直深腹。口径16、残高2.5厘米（图二一五，4）。

盘　14件。

H3：323，白釉、白胎，釉面光洁且较薄。敞口、浅弧腹、假圈足式底。内壁模印花草纹。口径16.4、底径6.5、高3.4厘米（图二一五，5）。H3：321，白釉、白胎，釉面光洁且较薄。敞口、浅弧腹、假圈足式底。内壁模印花草纹。口径17、底径6.8、高4厘米（图二一五，6；彩版三八，6）。标本H3：181，白釉、白胎，釉面光洁且较薄。敞口、浅弧腹、假圈足式底。内壁有支钉痕及出筋装饰。口径17.3、底径7.6、高3.8厘米（图二一六，1）。标本H3：202，白釉、白胎，釉面光洁且较薄。敞口、浅弧腹、假圈足式底。内壁模印花纹，外壁呈莲瓣形。口径16.6、底径6.5、高3.8厘米（图二一六，2）。标本H3：205，白釉、白胎，釉面光洁且较薄。敞口、浅弧腹、假圈足式底。内壁模印花纹，外壁呈莲瓣形。口径18、底径8.2、高3.4厘米（图二一六，3）。标本H3：324，白釉、白胎，釉面光洁且较薄。敞口、浅弧腹、假圈足式底。内壁模印花卉纹。口径17、底径7、高4厘米（图二一六，4；彩版三九，1）。标本H3：206，白釉、白胎，釉面光洁且较薄。敞口、浅弧腹、假圈足式底。内壁模印花草纹。口径17、底径7、高3.8厘米（图二一七，1）。标本H3：179，白釉、白胎，釉面光洁且较薄。敞口、浅弧腹、假圈足式底。内底有支钉痕，内壁模印孔雀穿花纹。口径17.6、底径6.5、高4.5厘米（图二一七，2）。标本H3：209，白釉、白胎，釉面光洁且较薄。敞口、浅弧腹、假圈足式底。内壁模印花草纹，外壁呈莲瓣形。口径16.4、底径7.4、高3.3厘米（图二一七，3）。标本H3：186，白釉、白胎，釉面光洁且较薄。敞口、浅弧腹、假圈足式底。内壁模印花草纹。口径18、底径7.5、高4.2厘米（图二一七，4）。标本H3：125，白釉、白胎，釉面光洁且较薄。敞口、浅弧腹、假圈足式底。内底有支钉痕，内壁分格模印花草纹。口径17.2、底径7.8、高4厘米（图二一七，5）。标本H3：126，白釉、白胎，釉面光洁且较薄。敞口、浅弧腹、假圈足式底。内壁分格模印花草纹。口径16.6、底径7、高3.8厘米（图二一七，6）。标本H3：127，白釉、白胎，釉面光洁且较薄。敞口、浅弧腹、假圈足式底。口径17、底径7、高4厘米（图二一八，1）。标本H3：182，白釉、白胎，釉面光洁且较薄。敞口、浅弧腹、假圈足式底。内壁分格模印花草纹。高3.6厘米（图二一八，2）。

碟　1件。

标本H3：27，白釉、白胎，釉层薄。敞口、浅弧腹、平底。近底处有一周凹弦纹。口径8.6、底径3、高2厘米（图二一八，3）。

器盖　1件。

标本H3：303，白釉、白胎，釉层薄。圜底、子盖。口径13.2、高3.4厘米（图二一八，4；彩版三九，2）。

杯　1件。

标本H3：1，白釉、白胎，釉层薄。直口、深弧腹、矮圈足。口径9.4、底径4.2、高5.6厘米（图二一八，5）。

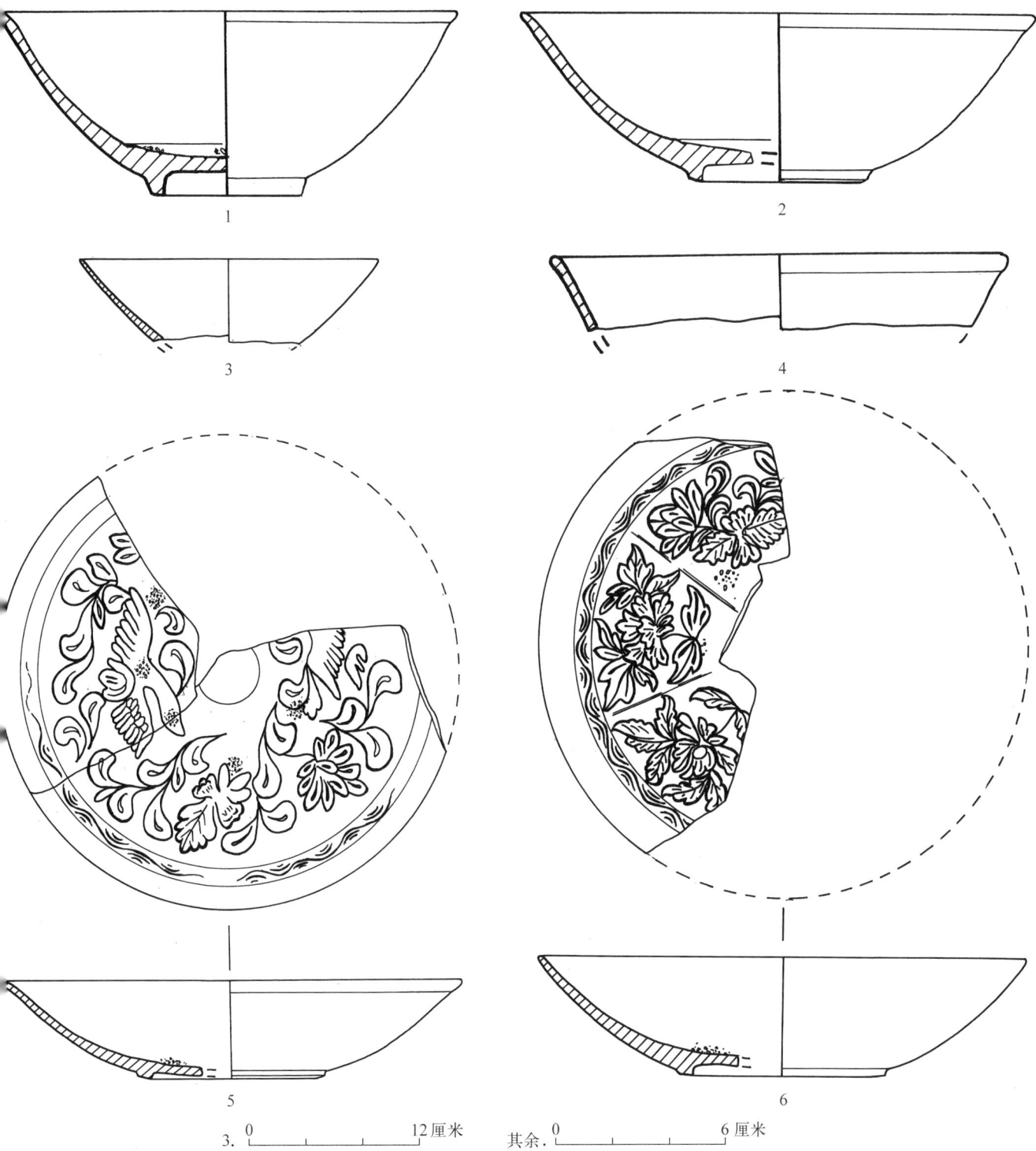

3. ⊢———12厘米   其余. ⊢———6厘米

图二一五　H3磁峰窑瓷器

1—4.碗（H3：68、H3：188、H3：190、H3：138）　5、6.盘（H3：323、H321）

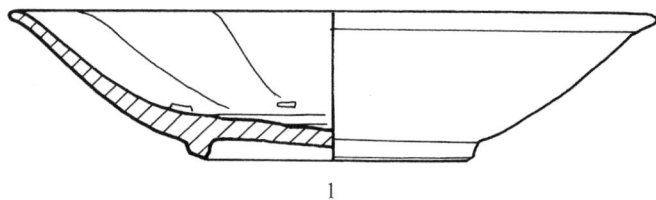

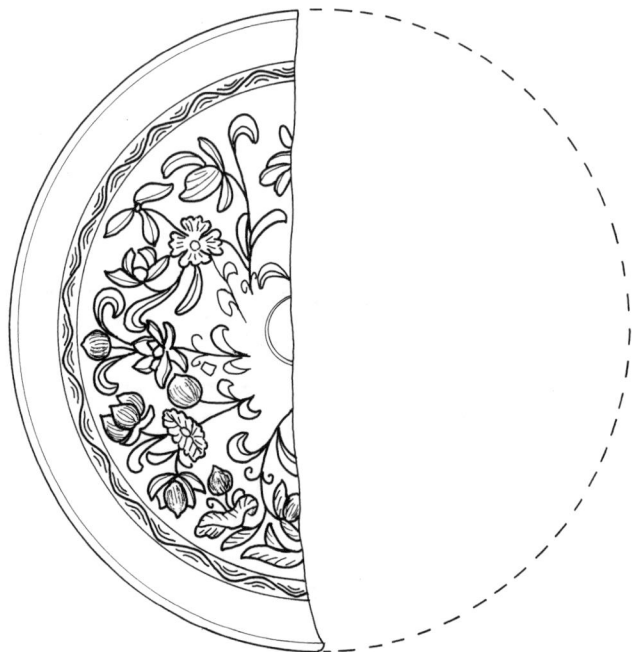

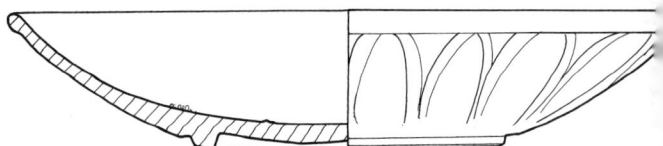

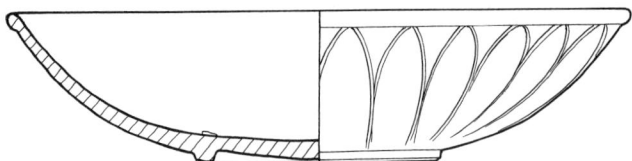

0   6 厘米

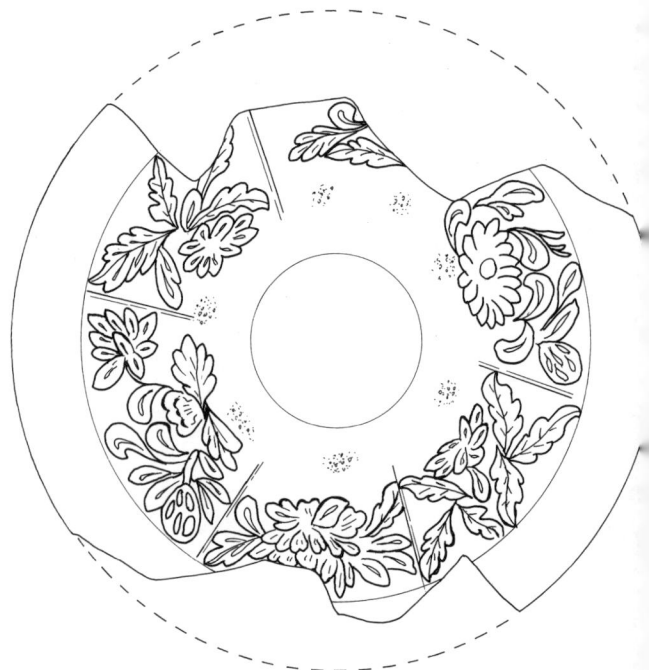

图二一六　H3磁峰窑盘

1. H3：181　2. H3：202　3. H3：205　4. H3：324

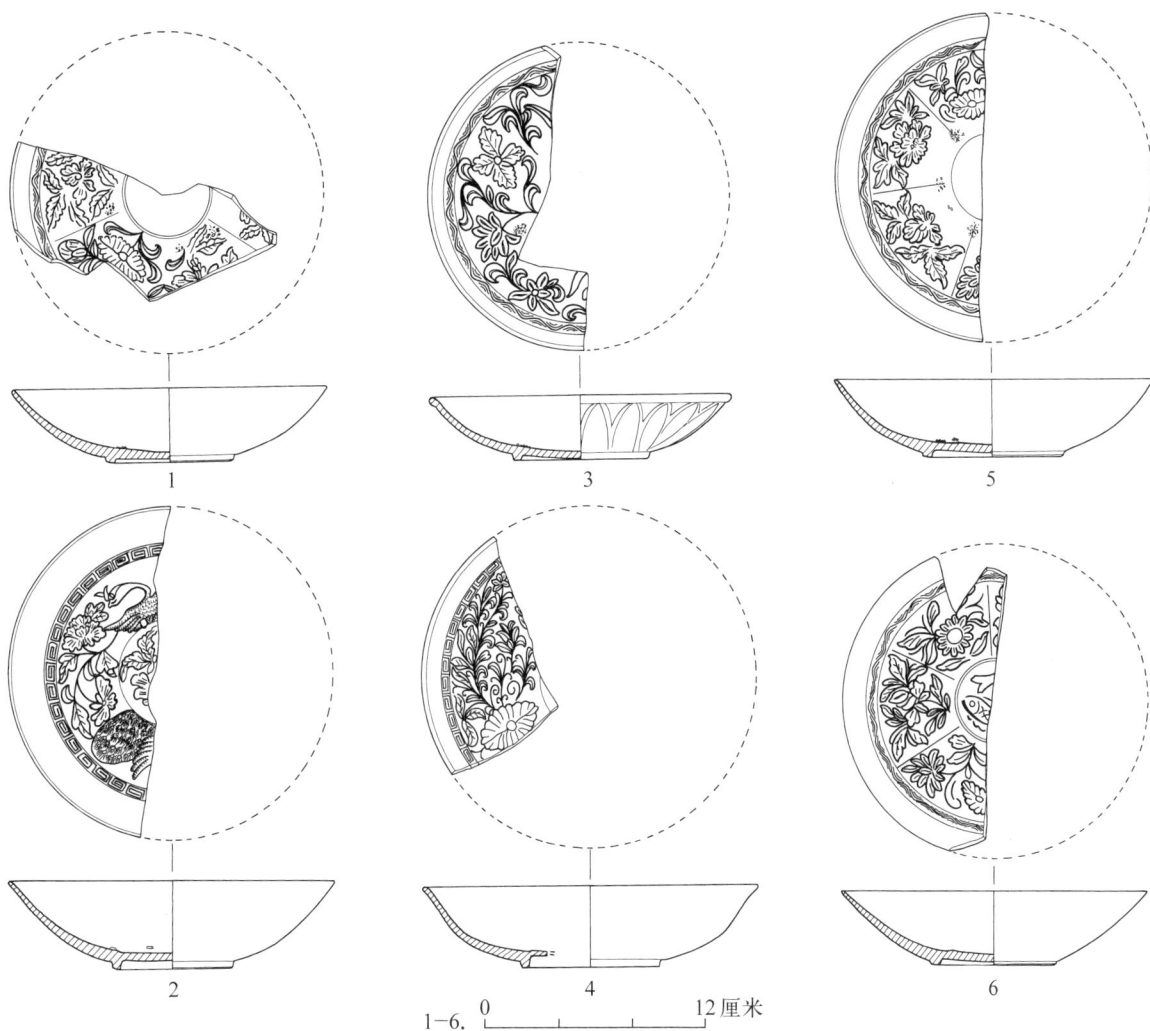

图二一七　H3磁峰窑盘

1. H3：206　2. H3：179　3. H3：209　4. H3：186　5. H3：125　6. H3：126

器底　7件。

标本H3：24，白釉、白胎、釉层薄。假圈足。内壁模印花纹。底径7.5、残高5.4厘米（图二一八，6）。标本H3：139，白釉、白胎、釉层薄。矮圈足。底径4.4、残高2.8厘米（图二一八，7）。标本H3：124，白釉、白胎、釉层薄。假圈足。底径8、残高1.4厘米（图二一九，1）。标本H3：164，白釉、白胎、釉层薄。矮圈足。底径5.4、残高2.6厘米（图二一九，2）。标本H3：20，白釉、白胎、釉层薄。矮圈足。内壁分格模印花纹。底径7、残高5厘米（图二一九，3）。标本H3：28，白釉、白胎、釉层薄。圈足。底径5.8、残高6厘米（图二一九，4）。标本H3：123，白釉、白胎、釉层薄。假圈足。内底有支钉痕，内壁饰花草纹。底径7、残高3.2厘米（图二一九，5）。

（5）龙泉窑

碗　8件。

标本H3：175，青黄釉、灰白胎，釉面开片、脱落。侈口、深弧腹。残高3厘米（图二二〇，1）。

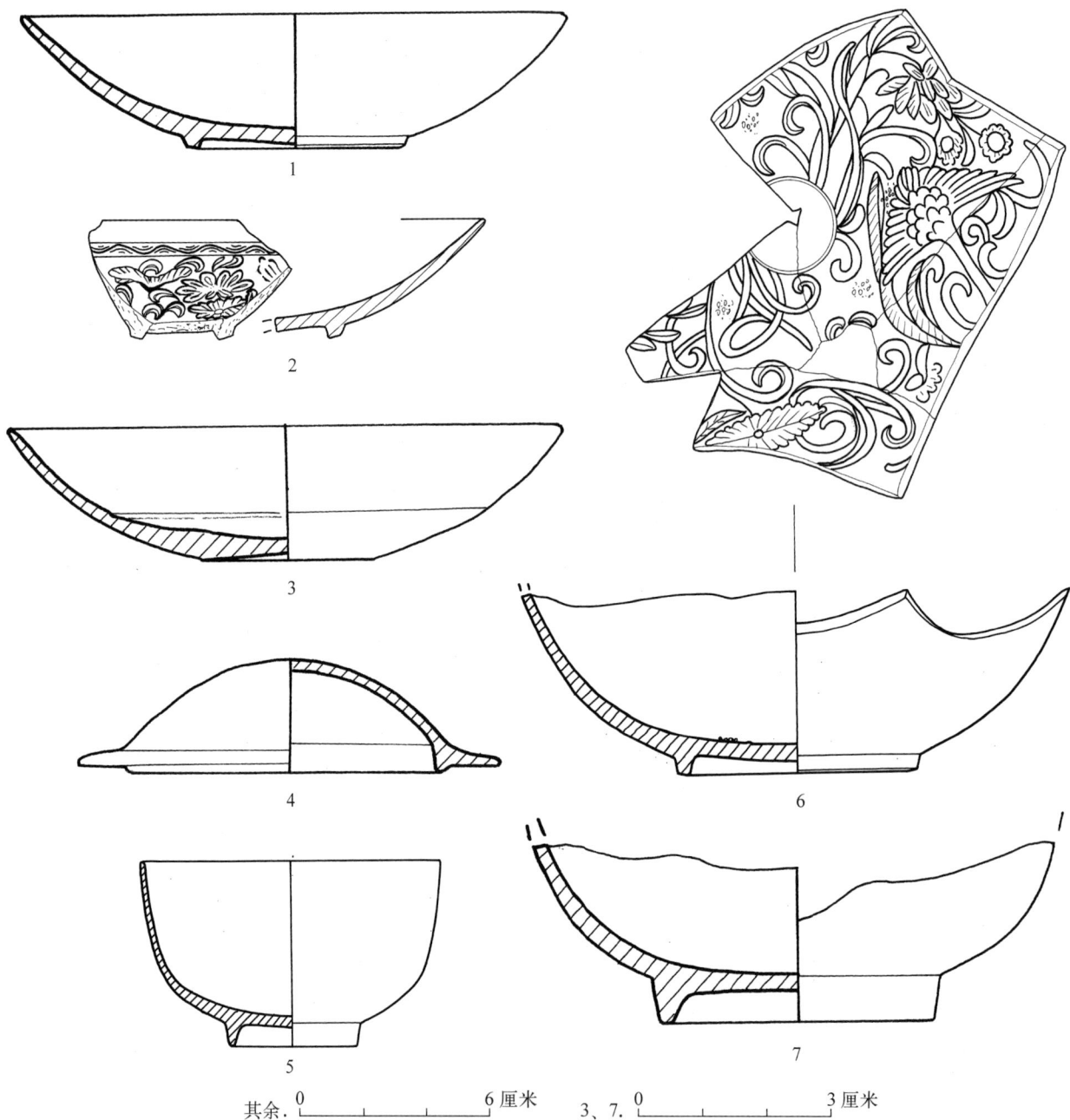

图二一八　H3磁峰窑瓷器

1、2.盘(H3：127、H3：182)　3.碟(H3：27)　4.(H3：303)　5.杯(H3：1)　6、7.(H3：24、H3：139)

标本H3：236,灰白釉、白胎,釉层较薄。直口、深斜直腹。外壁饰花纹。残高4.6厘米(图二二〇,2)。标本H3：14、蓝白釉、灰白胎,有细密开片及脱釉现象。侈口、深弧腹、矮圈足。口径8、底径4.2、高5.5厘米(图二二〇,3;彩版三九,3)。标本H3：281,蓝白釉、灰白胎,有细密开片及脱釉现象。侈口、深弧腹。口径9.8、残高3.5厘米(图二二〇,4)。

标本H3：280,青白釉、灰胎,釉面较厚大部分已脱落。敞口、浅弧腹。口径20、残高4.8厘米

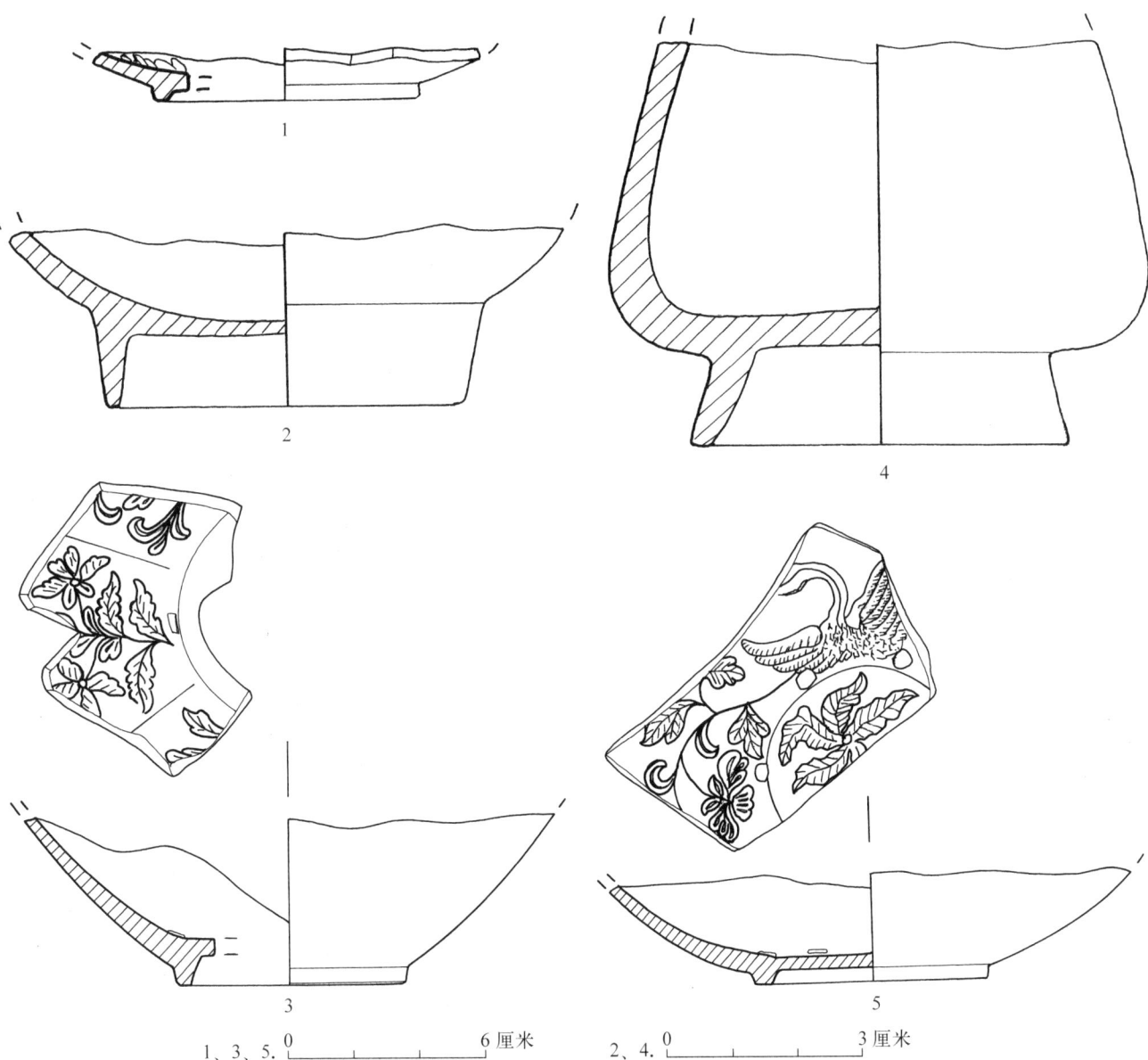

图二一九　H3磁峰窑器底

1. H3：124　2. H3：164　3. H3：20　4. H3：28　5. H3：123

（图二二〇，5）。标本H3：274，青白釉、灰胎，釉面较厚大部分已脱落。敞口、浅弧腹。口径17、残高4.6厘米（图二二〇，6）。标本H3：278，青白釉、灰胎，釉面较厚大部分已脱落。敞口、浅弧腹。残高4.8厘米（图二二〇，7）。标本H3：237，青白釉、白胎，釉面较薄。敞口、浅弧腹。残高3.9厘米（图二二一，1）。

盘　1件。

标本H3：3，青白釉、白胎，釉层略厚，口部未施釉。敞口、浅腹、大平底。内壁模印花卉纹饰。口径14、底径9.4、高2.8厘米（图二二一，2；彩版三九，4）。

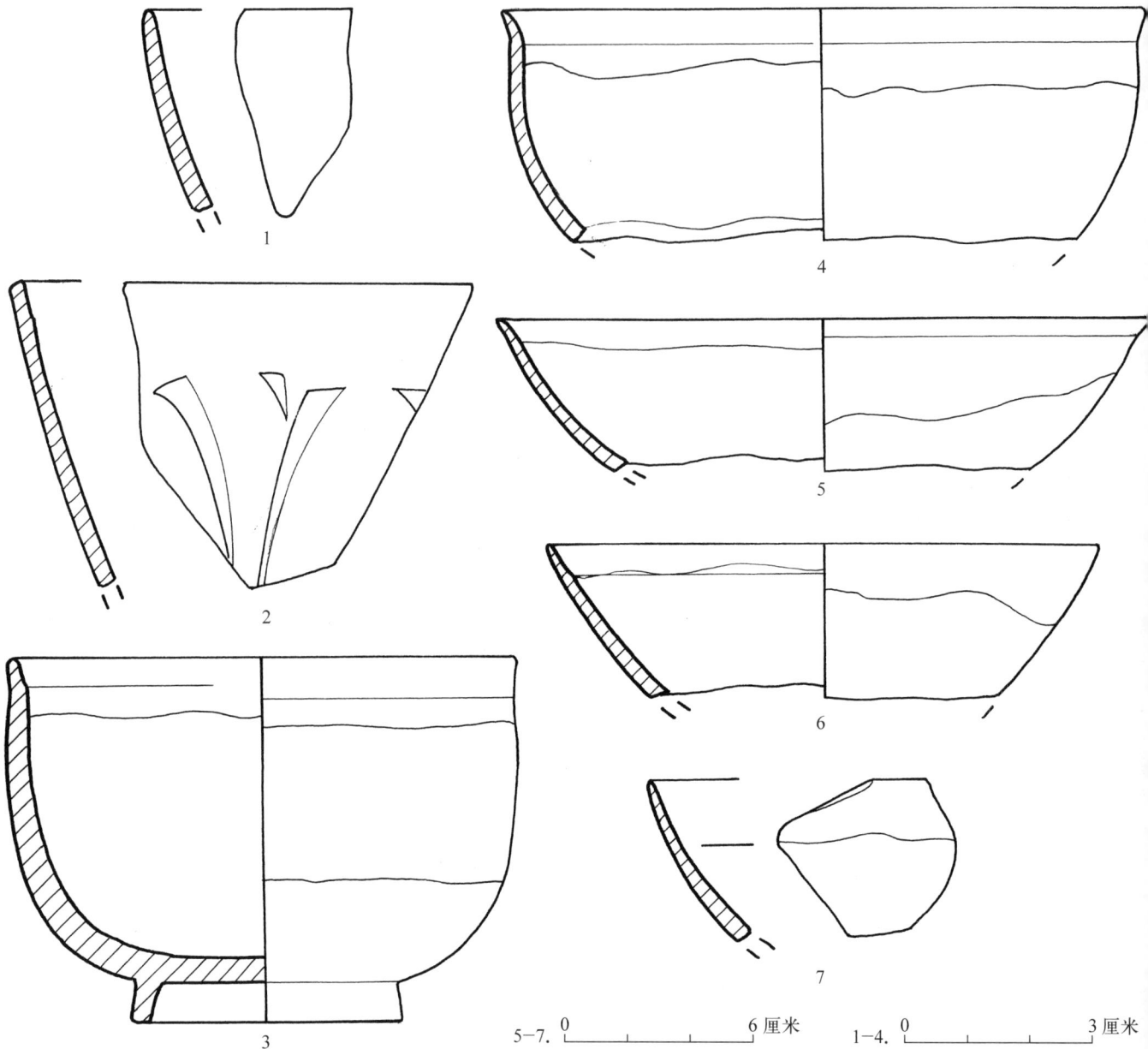

图二二〇 H3龙泉窑碗

5—7. 0 6厘米　　1—4. 0 3厘米

1. H3：175　2. H3：236　3. H3：14　4. H3：281　5. H3：280　6. H3：274　7. H3：278

碟　4件。

标本H3：288，青黄釉、灰白胎，釉面较厚，有密集开片和脱釉现象。敞口、宽平沿、浅弧腹、平底。口径10、底径4.4、高2.3厘米（图二二一，3）。标本H3：282，青黄釉、灰白胎，底部釉面较厚，有密集开片及脱釉现象。敞口、宽平沿、浅弧腹、平底。口径10.5、底径3.6、高2.8厘米（图二二一，4）。标本H3：287，青黄釉、灰白胎，釉面较厚，有密集开片及脱釉现象。敞口、宽平沿、浅弧腹、平底。口径10、高2.3厘米（图二二一，5）。标本H3：6，青黄釉、灰白胎，釉面较厚，釉面密集开片，大

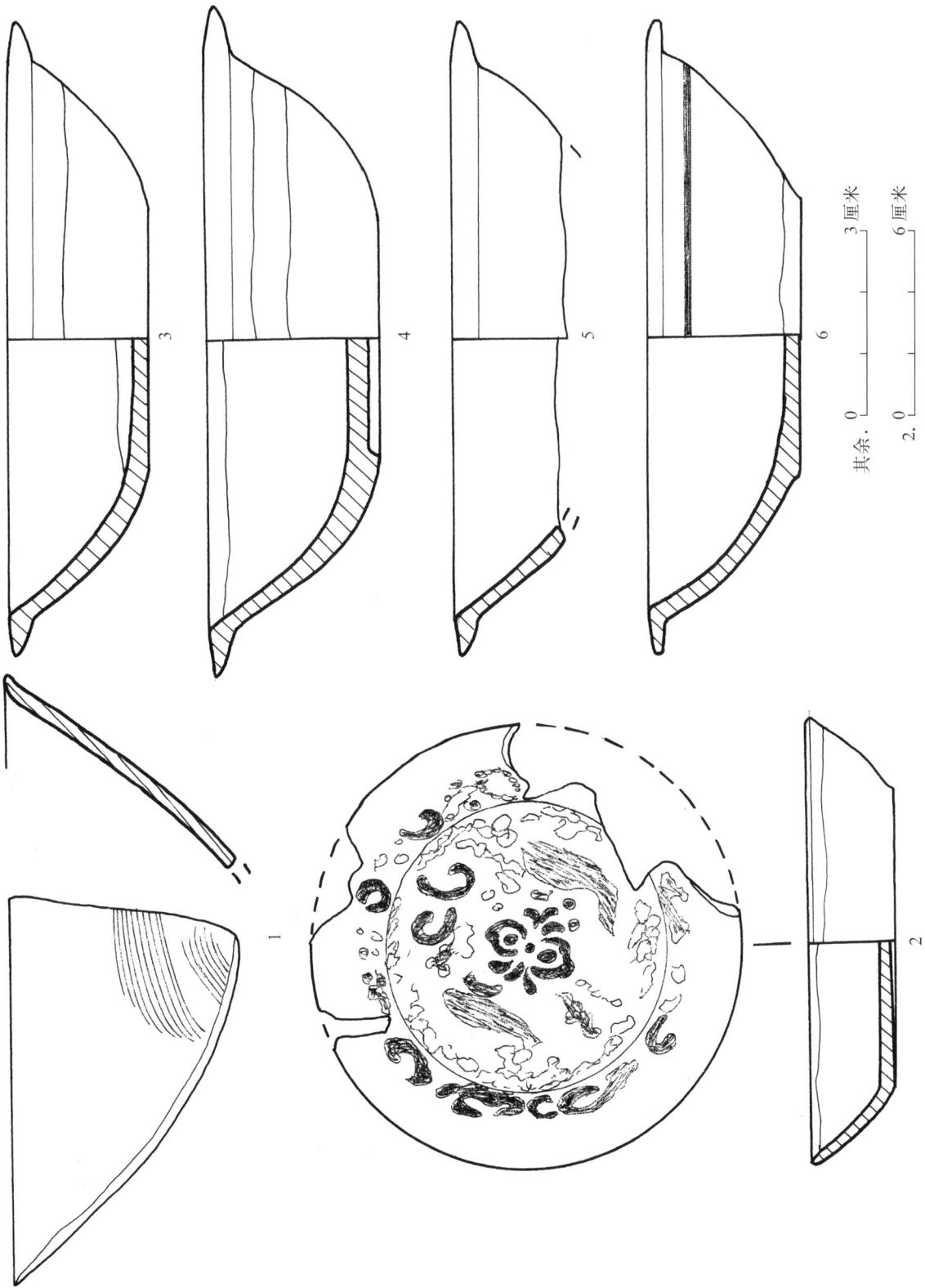

图二二一 H3龙泉窑瓷器

1. 碗 (H3∶237) 2. 盘 (H3∶3) 3—8. 碟 (H3∶288, H3∶282, H3∶287, H3∶6)

部分已脱落。敞口、宽平沿、浅弧腹、平底。口径10、底径4.3、高2.5厘米（图二二一，6）。

杯　3件。

标本H3∶16，青白釉、白胎，釉层较薄。子母口带盖。直口微侈、深腹、矮圈足。器身口径7.8、底径4.8、高6.4厘米。盖直径8、高1.8厘米（图二二二，1；彩版三九，5）。标本H3∶290，白釉、灰白胎，釉层较厚，有细密开片及脱釉现象。口部未施釉。直口微侈、深腹、矮圈足。口径8.7、底径4.3、高5.4厘米（图二二二，2）。标本H3∶269，白釉、灰白胎，釉层较厚，有细密开片及脱釉现象。深腹、矮圈足。底径4.2、残高4.6厘米（图二二二，3）。

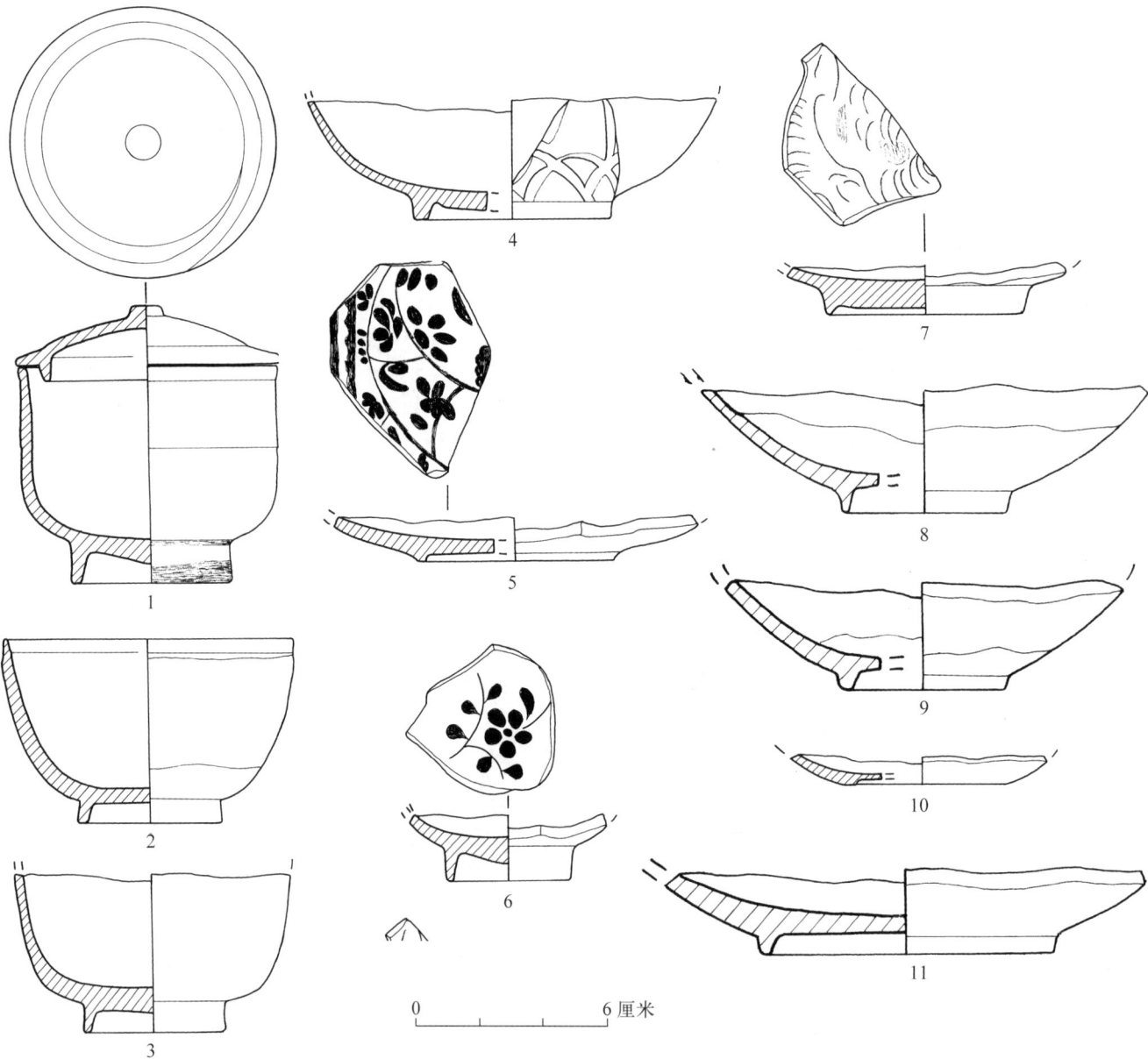

图二二二　H3龙泉窑杯、器底

1-3. 杯（H3∶16、H3∶290、H3∶269）　4-11. 器底（H3∶227、H3∶229、H3∶228、H3∶230、H3∶270、H3∶272、H3∶284、H3∶268）

器底 8件。

标本H3：227，青白釉、灰白胎，釉面薄。外壁饰花纹。矮圈足状底。底径6、残高3.5厘米（图二二二，4）。标本H3：229。青白釉、灰白胎，釉面薄。内壁饰点状花纹。底径6、残高1.3厘米（图二二二，5）。标本H3：228，青白釉、灰白胎，釉面薄。内壁饰点状花纹。底径3.8、残高2厘米（图二二二，6）。标本H3：230，青白釉、灰白胎，釉面薄。内壁模印花纹。底径6、残高1.5厘米（图二二二，7）。标本H3：270，青白釉、灰白胎，釉面厚，有密集开片及脱落现象。底径5、残高3.5厘米（图二二二，8）。标本H3：272，青白釉、灰胎，釉面厚，有密集开片及脱落现象。底径5、残高3.2厘米（图二二二，9）。标本H3：284，青黄釉、灰白胎，局部釉面脱落。底径5、残高0.8厘米（图二二二，10）。标本H3：268，青白釉、灰白胎，有密集开片及脱落现象。底径8.8、残高2.4厘米（图二二二，11）。

（6）未定窑口

碗 2件。

标本H3：311（图二二三，20），青釉、白胎。敞口、斜直腹。口径18、残高5厘米。标本H3：315，青釉、灰胎。敞口、浅弧腹、矮圈足。口径17.4、底径6、高4.6厘米（图二二三，21）。

壶 4件。

标本H3：104，酱黄色釉、褐胎。直口、弧肩、深腹。残高8厘米（图二二三，1）。标本H3：41，灰白釉、褐胎。直口、弧肩、深腹。口径15、残高8厘米（图二二三，2）。标本H3：36，灰白釉、褐胎。直口、弧肩、深腹。肩部置横系。口径8、残高7厘米（图二二三，3）。标本H3：212，黑釉、灰胎。直口、弧肩、深腹。残高6.5厘米（图二二三，4）。

器底 18件。

假圈足或矮圈足 15件。标本H3：20，青白釉、白胎。内壁分格模印花纹。底径7、残高5厘米（图二二三，5）。标本H3：53。褐胎。矮圈足。底径6.5、残高3.8厘米（图二二三，6）。标本H3：92。褐胎。底径6、残高2.5厘米（图二二三，7）。标本H3：80。褐胎。底径6、残高3厘米（图二二三，8）。标本H3：51。褐胎。底径6.4、残高3.4厘米（图二二三，9）。标本H3：316。褐胎。底径5.6、残高3厘米（图二二三，10）。标本H3：55。褐胎。底部有一"土"字。底径5.6、残高2.7厘米（图二二三，11）。标本H3：72。褐胎。底径6、残高3.5厘米（图二二三，12）。标本H3：93，褐胎。底径4.5、残高1.5厘米（图二二三，13）。标本H3：48，红褐胎。底径8.8、残高3.5厘米（图二二三，17）。标本H3：152，红褐胎。底径8、残高2.5厘米（图二二三，18）。标本H3：91，红褐胎。底径6、残高2.2厘米（图二二三，19）。标本H3：253，青釉、灰胎。饼状平底。底径5.9、残高2厘米（图二二三，22）。标本H3：309，酱釉、红胎。底径5、残高1.5厘米（图二二三，23）。标本H3：13，青白釉、白胎。内壁饰花纹。底径5.8、残高5厘米（图二二三，24）。

平底 3件。标本H3：77，褐胎。平底。底径9、残高2.5厘米（图二二三，14）。标本H3：73，褐胎。平底。底径10、残高3厘米（图二二三，15）。标本H3：317，褐胎。平底。底径7、残高4.8厘米（图二二三，16）。

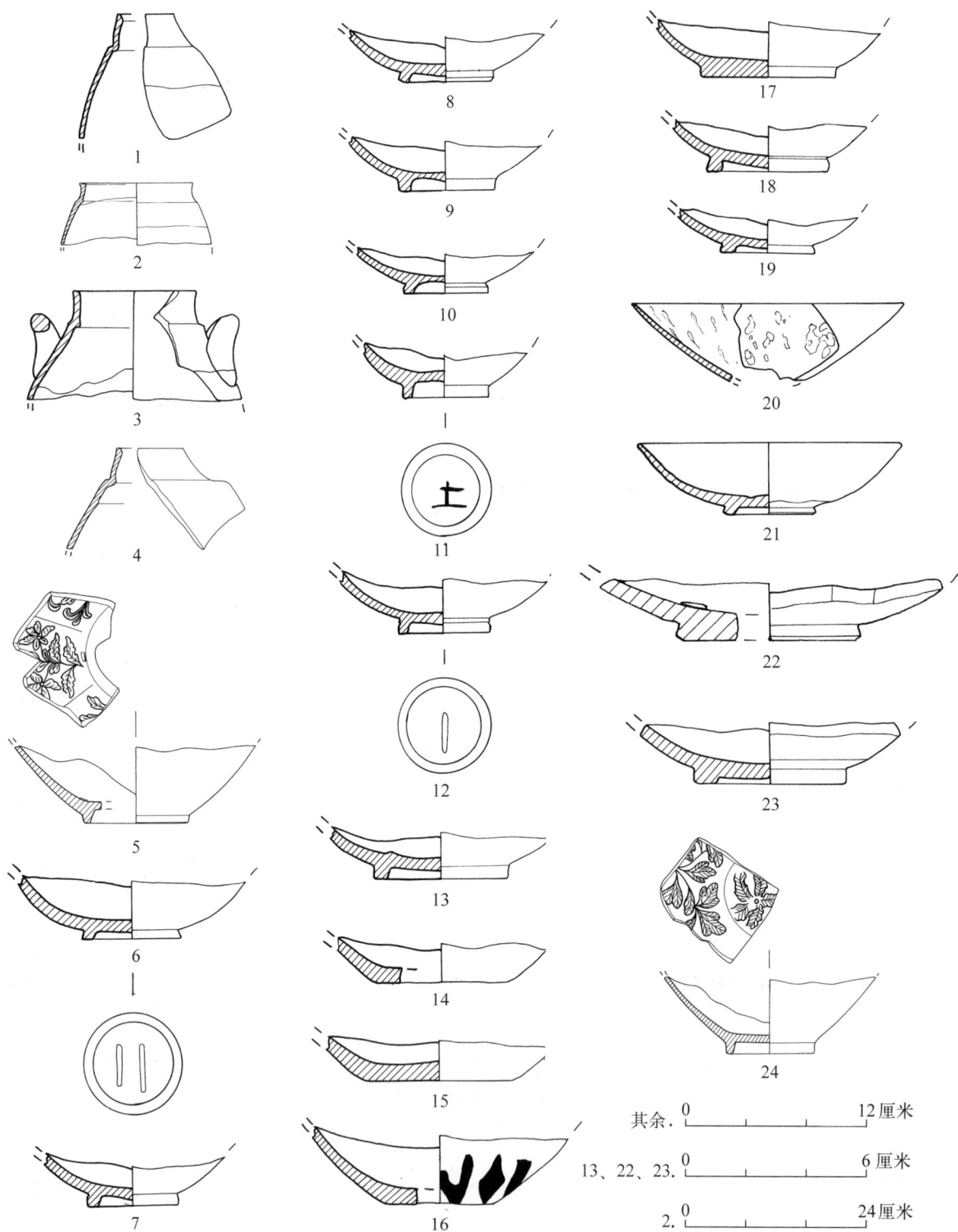

图二二三　H3 未定窑口瓷器

1-4. 壶（H3：104、H3：41、H3：36、H3：212）　5-19、22-24. 器底（H3：20、H3：53、H3：92、H3：80、H3：51、H3：316、H3：55、H3：72、H3：93、H3：77、H3：73、H3：317、H3：48、H3：152、H3：91、H3：253、H3：309、H3：13）　20、21. 碗（H3：311、H3：315）

2. 陶器

盆　2件。

标本H3∶195，泥质灰陶。敛口、唇外凸。口径41.6、残高4厘米（图二二四，8）。标本H3∶192，泥质灰陶。敛口、唇外凸。口径48、残高5.6厘米（图二二四，9）。

钵　7件。

标本H3∶60，夹砂红陶。侈口、唇部外凸、斜弧腹。口径24、残高5厘米（图二二四，1）。标本H3∶61，夹砂红陶。侈口、唇部外凸、斜弧腹。口径25.6、残高5.6厘米（图二二四，2）。标本H3∶63，夹砂红陶。侈口、唇部外凸、斜弧腹。口径20、残高5厘米（图二二四，4）。标本H3∶62，夹砂红陶。侈口、唇部外凸、斜弧腹。口径22、底径6、高8厘米（图二二四，6）。

标本H3∶88，夹砂红陶。口微敛、深弧腹。口径16.8、残高7厘米（图二二四，3）。标本H3∶97，红陶。口微敛、深弧腹。口径16、残高5厘米（图二二四，5）。标本H3∶84，红陶。口微敛、深弧腹。口径16、残高4.5厘米（图二二四，7）。

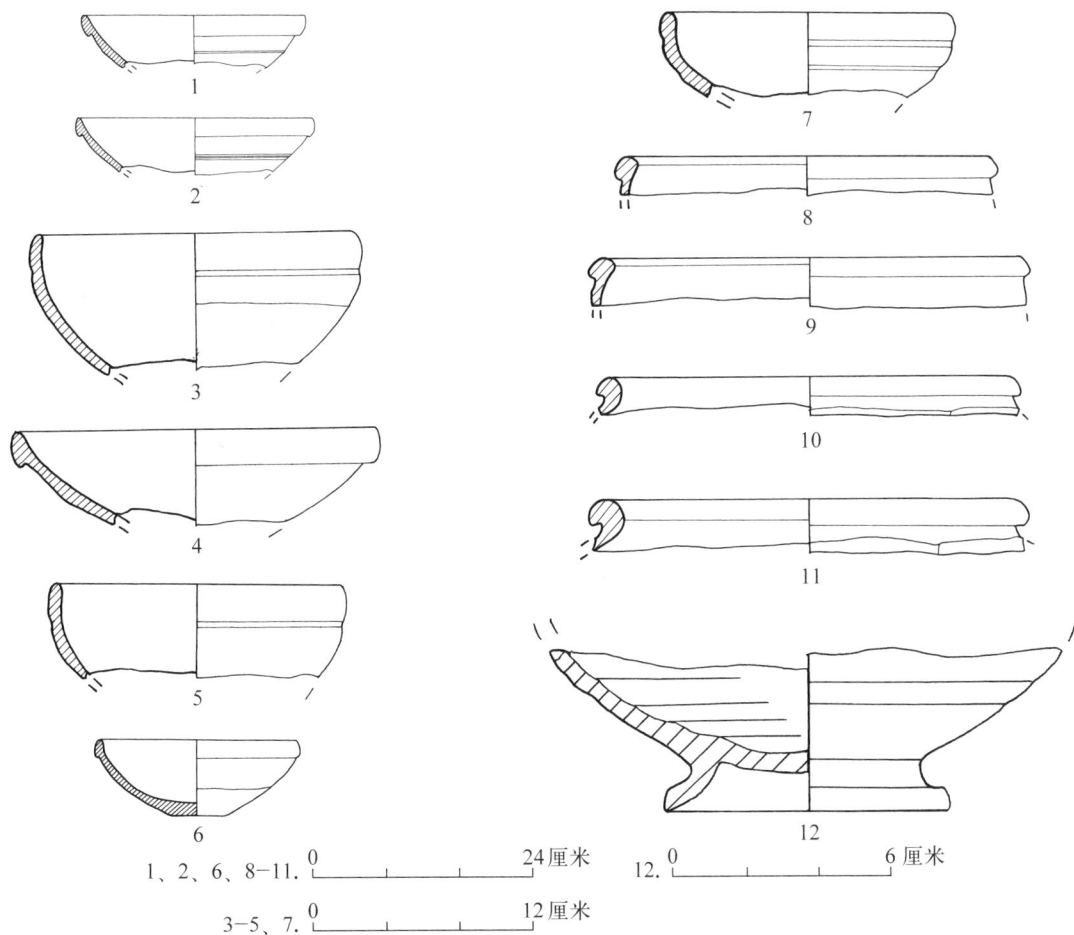

图二二四　H3陶器

1-7.钵（H3∶60、H3∶61、H3∶88、H3∶63、H3∶97、H3∶62、H3∶84）　8、9.盆（H3∶195、H3∶192）　10、11.瓮（H3∶197、H3∶193）
12.圈足（H3∶9）

瓮 2件。

标本H3：197，夹砂灰陶。卷沿外侈、矮束颈。口径46.4、残高4厘米（图二二四，10）。标本H3：193，夹砂红褐陶。卷沿外侈、矮束颈。口径48、残高5.6厘米（图二二四，11）。

圈足 1件。

标本H3：9，夹砂灰黑陶。足径7.8、残高4.2厘米（图二二四，12）。

四、H4

位于TN01W02-N02W01探方西北部。开口于②层下，打破③层。平面呈椭圆形，直壁、底部较平。长2、宽0.72、深0.1米。填土为灰黑偏褐色黏土，较紧密。出土遗物主要为陶器，可辨器形有钵（图二二五）。

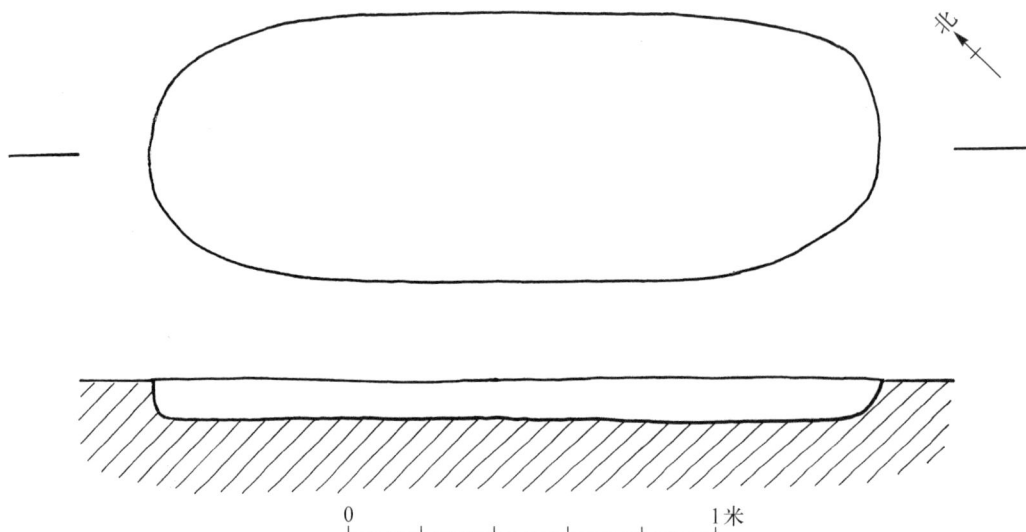

图二二五 H4平、剖面图

钵 1件。

标本H4：1，泥质灰褐陶。直口、弧腹、假圈足。口径11.6、底径6.4、高5厘米（图二二七，1）。

五、H5

位于TN03W04-N04W03探方中部。开口于第②层下，打破第③层。平面呈圆形，直壁、底部较平。直径3、深0.7米。填土为灰黑色，土质较疏松。出土遗物主要为瓷器，可辨器形有罐、碗、铜钱等（图二二六）。

1.陶器

碗 1件。

标本H5：6，黄褐色釉、褐胎。敞口、腹斜直内收、平底。口径17.4、底径8.4、高5.6厘米（图二二七，2）。

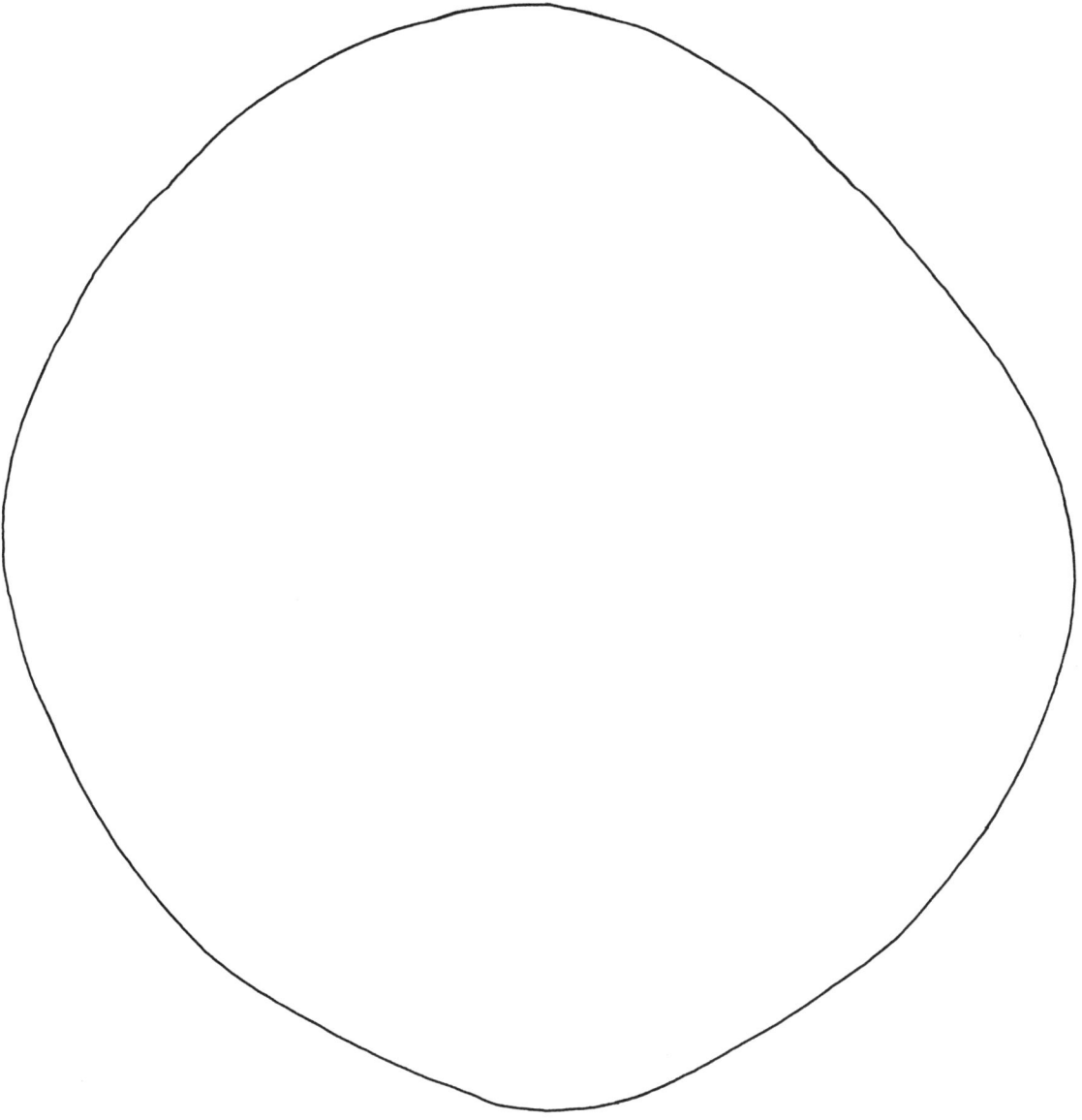

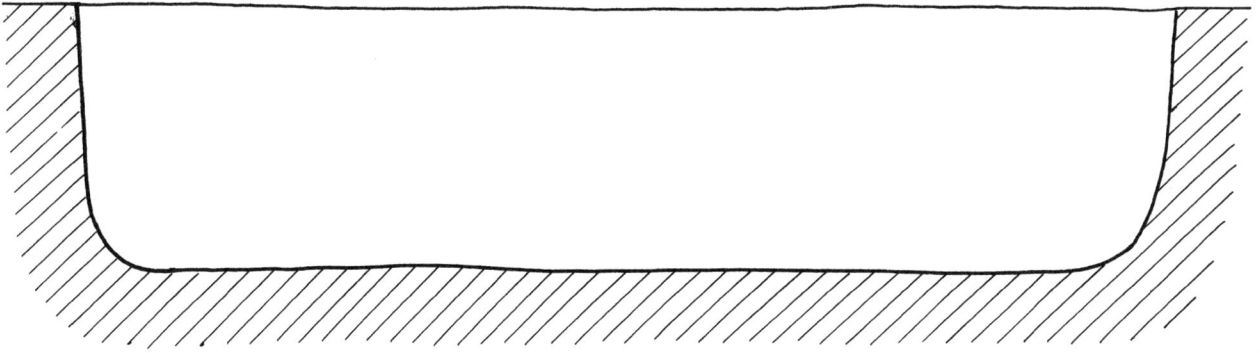

北

图二二六　H5平、剖面图

0　　　　　　　　　　　　1米

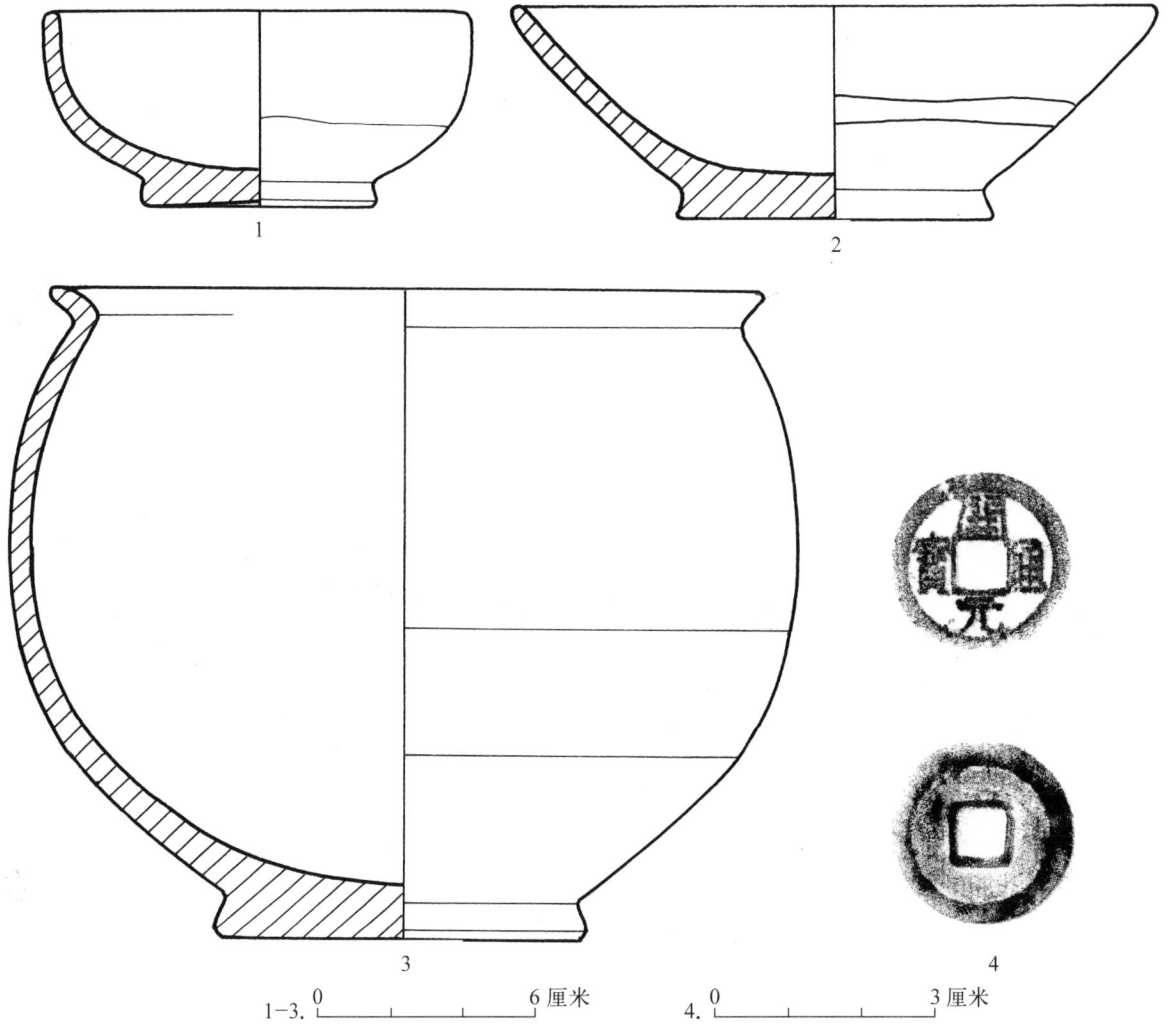

图二二七　H4、H5遗物

1.陶钵（H4：1）　2.陶碗（H5：6）　3.陶罐（H5：4）　4.开元通宝（H5：3）

罐　1件。

标本H5：4，无釉、褐胎。折沿外侈、束颈、溜肩、扁球形腹、假圈足平底。口径19.4、底径10、高17厘米（图二二七，3）。

2. 铜器

铜钱　1枚。

开元通宝。标本H5：3。字体清晰。直径2.4、穿径0.7厘米（图一二七，4）。

六、H6

位于TN03W06-N04W05西北部，部分伸入西壁。开口于第③层下，打破第④层，被F1打破。平面呈椭圆形，斜直壁、底部呈锅底状，长2.6、宽2.52、深0.66米。填土为黑褐色黏土，较紧密。出土遗物中可辨器形有钵、碗、瓦当等（图二二八）。

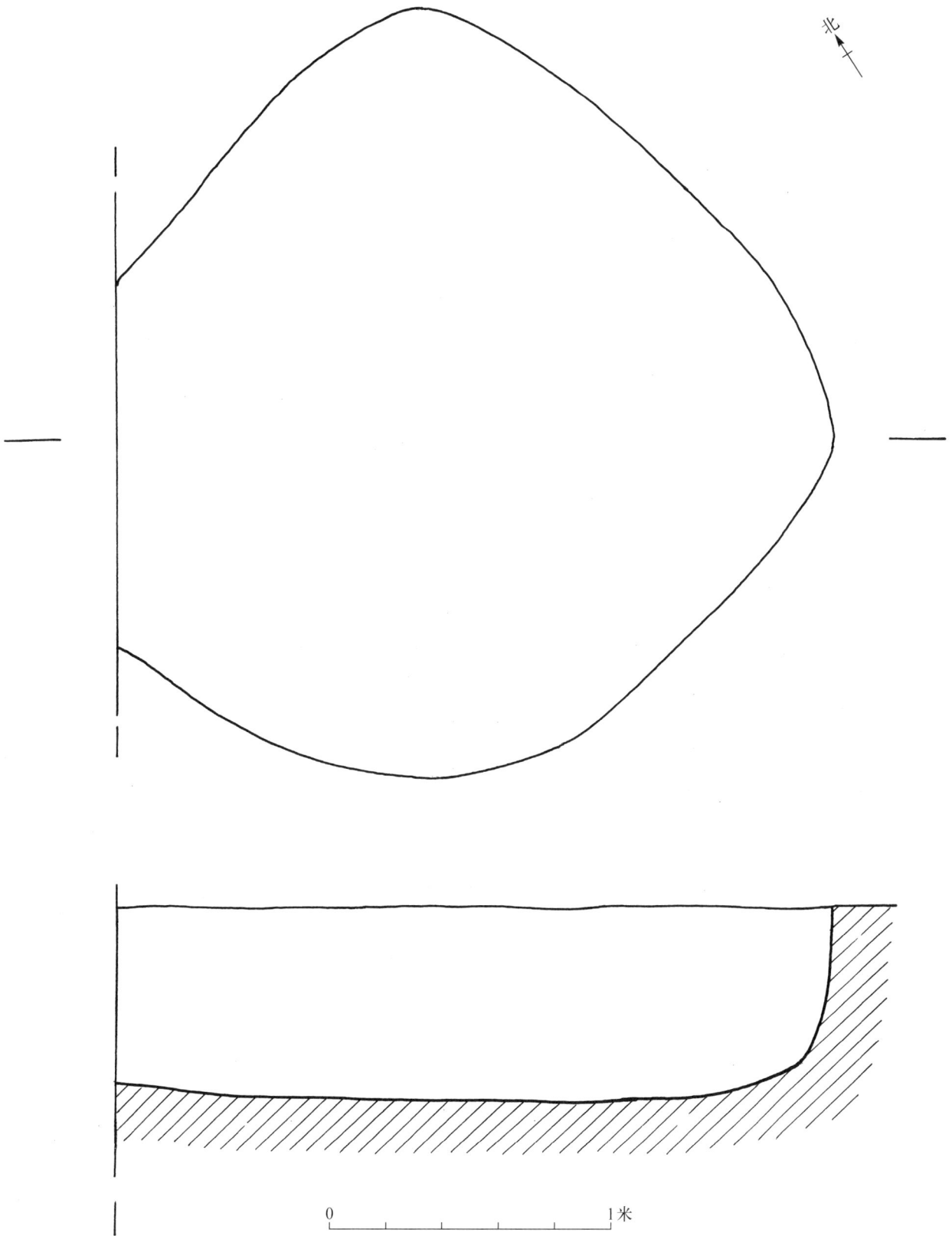

图二二八　H6平、剖面图

1. 瓷器

钵 2件。

标本H6：13，灰釉、褐胎。敛口较甚、圆鼓腹。口径6.6、残高4.2厘米（图二二九，1）。

标本H6：17，灰釉、褐胎。侈口、折腹、壁内弧、平底。口径17.6、底径8.8、高5.6厘米（图二二九，2）。

碗 4件。

标本H6：11，灰白釉、褐胎。敛口、弧腹、圈足，口径11、底径6.4、高4.8厘米（图二二九，3）。

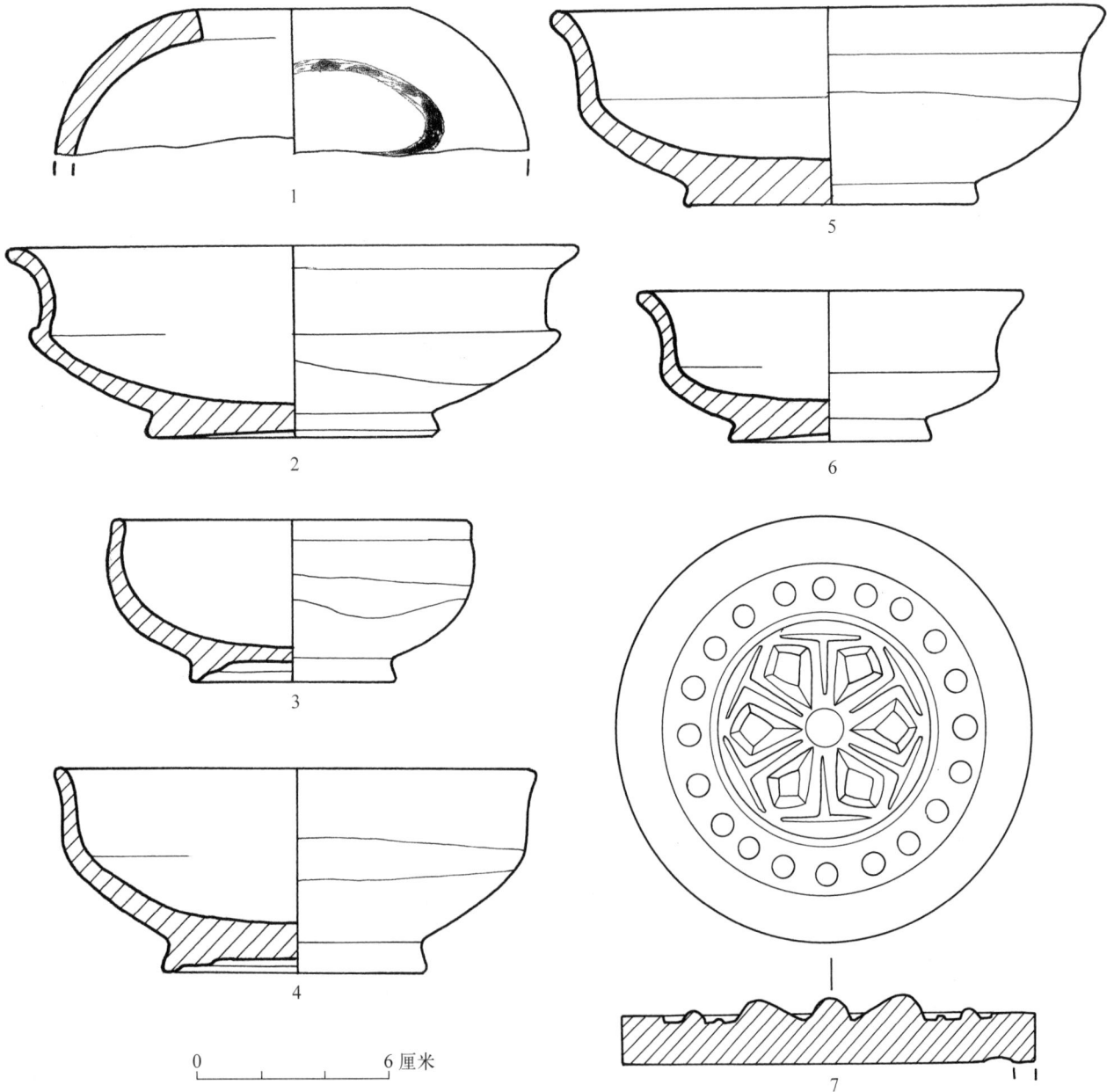

图二二九 H6遗物

1、2.瓷钵（H6：13、H6：17） 3-6.瓷碗（H6：11、H6：16、H6：5、H6：2） 7.陶瓦当（H6：19）

标本H6：16，灰釉、褐胎。侈口、折腹、假圈足平底。口径14.8、底径8、高6厘米（图二二九，4）。标本H6：5，灰釉、褐胎。侈口、折腹、上腹内曲、假圈足平底。口径16.8厘米，底径8.8厘米，高6厘米（图二二九，5）。标本H6：2，灰釉、褐胎。侈口、折腹、上腹内曲、假圈足平底。口径11.8厘米，底径6厘米，高4.4厘米（图二二九，6）。

2.陶器

瓦当　1件。

标本H6：19。饰菱纹，菱纹尖以"T"字样间隔，外饰一周连珠纹。直径12.7、高2厘米（图二二九，7）。

七、H9

位于TN03W08-N04W07中部。开口于第③层下，打破第④层。平面呈长方形，直壁、底部较平。长3.94、宽2.4、深0.4米。填土为黑褐色黏土，较紧密。出土遗物包括瓷器和陶器，可辨器形有盆、碗、壶、盏、罐、支座等（图二三〇）。

（1）瓷器

碗　1件。

标本H9：21，灰釉、灰胎。敞口、斜弧腹、假圈足平底。内底有支钉痕。口径19.6、底径8.8、高7厘米（图二三一，1）。

罐　2件。

标本H9：8，无釉、褐胎。直口。口径10.4、残高2.7厘米（图二三一，9）。标本H9：25，灰白釉、褐胎。折沿外侈、鼓肩。残高8.8厘米（图二三一，11）。

壶　1件。

标本H9：22，灰釉、褐胎。盘口。口径28.4、残高10厘米（图二三一，14）。

盏　1件。

标本H9：23，灰釉、褐胎。敞口、腹壁较厚。口径10、残高3.4厘米（图二三一，13）。

（2）陶器

豆　1件。

标本H9：1，泥质灰褐陶。碗形、侈口、弧腹。口径17、残高5厘米（图二三二，1）。

罐　3件。

标本H9：13，夹砂灰黑陶。敛口、广肩、肩部饰戳印的几何形纹饰。残高8.6厘米（图二三一，2）。标本H9：2，夹砂灰陶。敛口、折鼓肩。口径25.8、残高8.7厘米（图二三一，10）。

标本H9：9，泥质灰陶。直口。口径30、残高6.9厘米（图二三一，12）。

盆　6件。

标本H9：11，泥质灰陶。敛口、唇部微内收、弧腹。口径44、残高8厘米（图二三一，6）。标本H9：10，泥质灰陶。敛口、唇部微内收、弧腹。口径36、残高6厘米（图二三一，7）。

标本H9：6，夹砂灰黑陶。卷沿、侈口、直腹。口径33、残高5.5厘米（图二三一，3）。标本

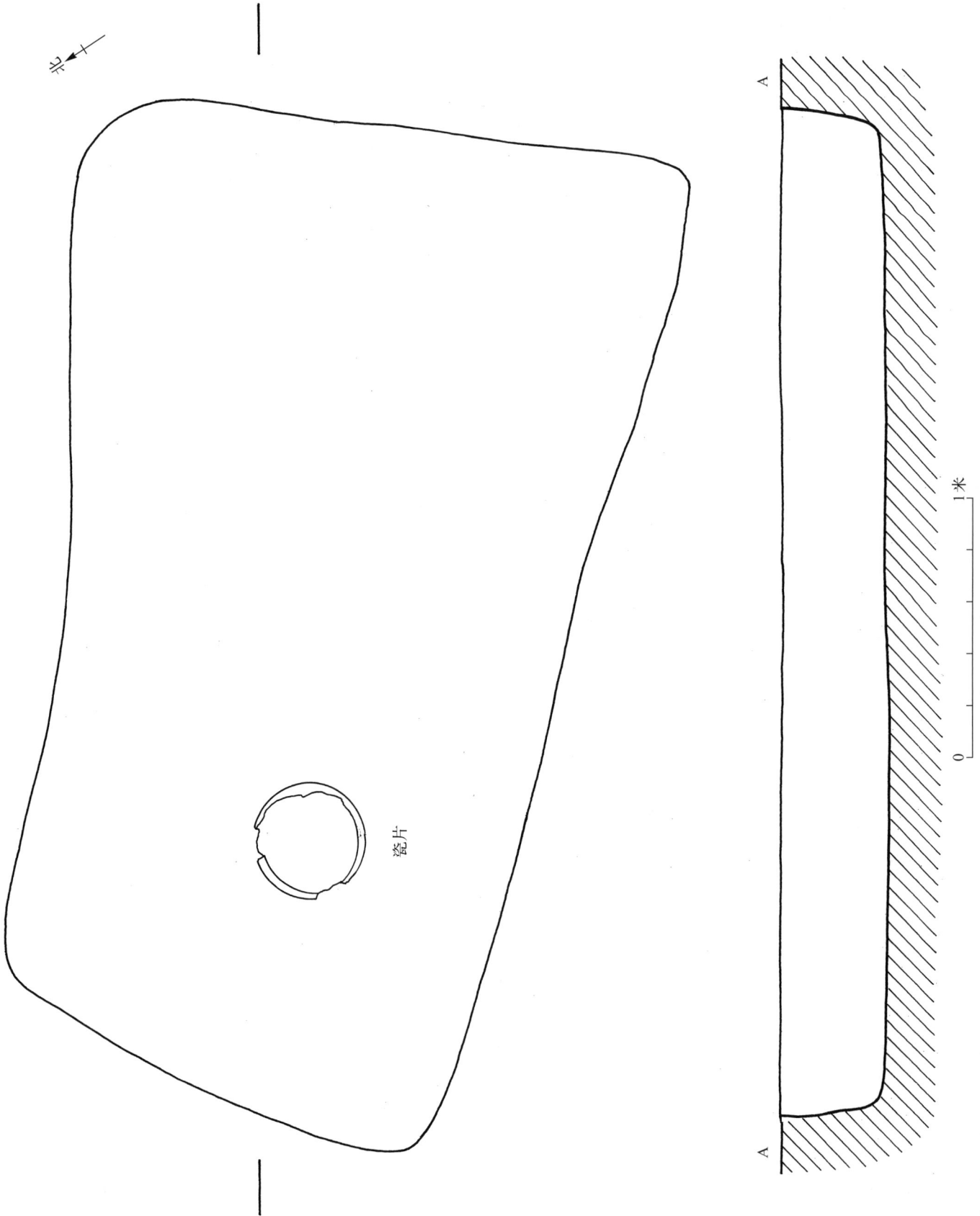

瓷片

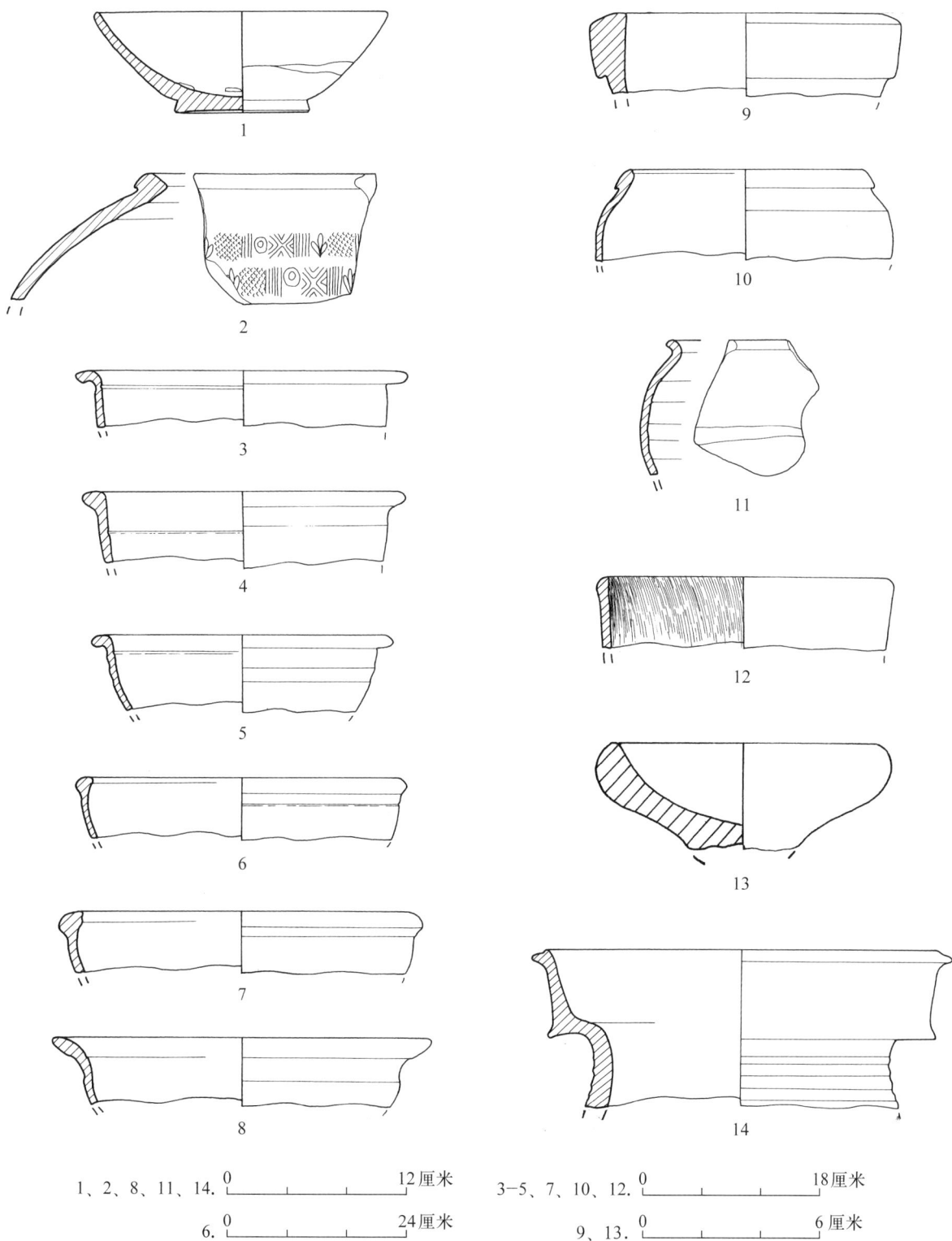

1、2、8、11、14. 0 ⊢——⊢——⊢ 12厘米　　　3-5、7、10、12. 0 ⊢——⊢——⊢ 18厘米

6. 0 ⊢——⊢——⊢ 24厘米　　　9、13. 0 ⊢——⊢——⊢ 6厘米

图二三一　H9遗物

1.瓷碗（H9：21）　2、10、12.陶罐（H9：13、H9：2、H9：9）　3-8.陶盆（H9：6、H9：5、H9：3、H9：11、H9：10、H9：4）

9、11.瓷罐（H9：8、H9：25）　13.瓷盏（H9：23）　14.瓷壶（H9：22）

H9:5,泥质灰陶。卷沿、侈口、直腹。口径32.4、残高7.2厘米(图二三一,4)。标本H9:3,泥质灰陶。卷沿、侈口、斜弧腹。口径30、残高7.8厘米(图二三一,5)。

标本H9:4,夹砂红褐陶。宽沿、敞口、弧腹。口径25、残高4.4厘米(图二三一,8)。

器纽　1件。

标本H9:12,泥质灰陶。底径5.8、残高5厘米(图二三二,2)。

器底　1件。

标本H9:26,夹砂灰黑陶。底径13、残高13.8厘米(图二三二,3)。

支座　4件。

标本H9:15,夹砂褐陶。直径16、孔径10.4、高4.8厘米(图二三二,4)。标本H9:16,夹砂褐陶。直径12、孔径6、高3.6-4厘米(图二三二,5)。标本H9:18,夹砂褐陶。直径17、孔径8.4、高4厘米(图二三二,6)。标本H9:17,夹砂褐陶。直径17、孔径10、高3.6厘米(图二三二,7)。

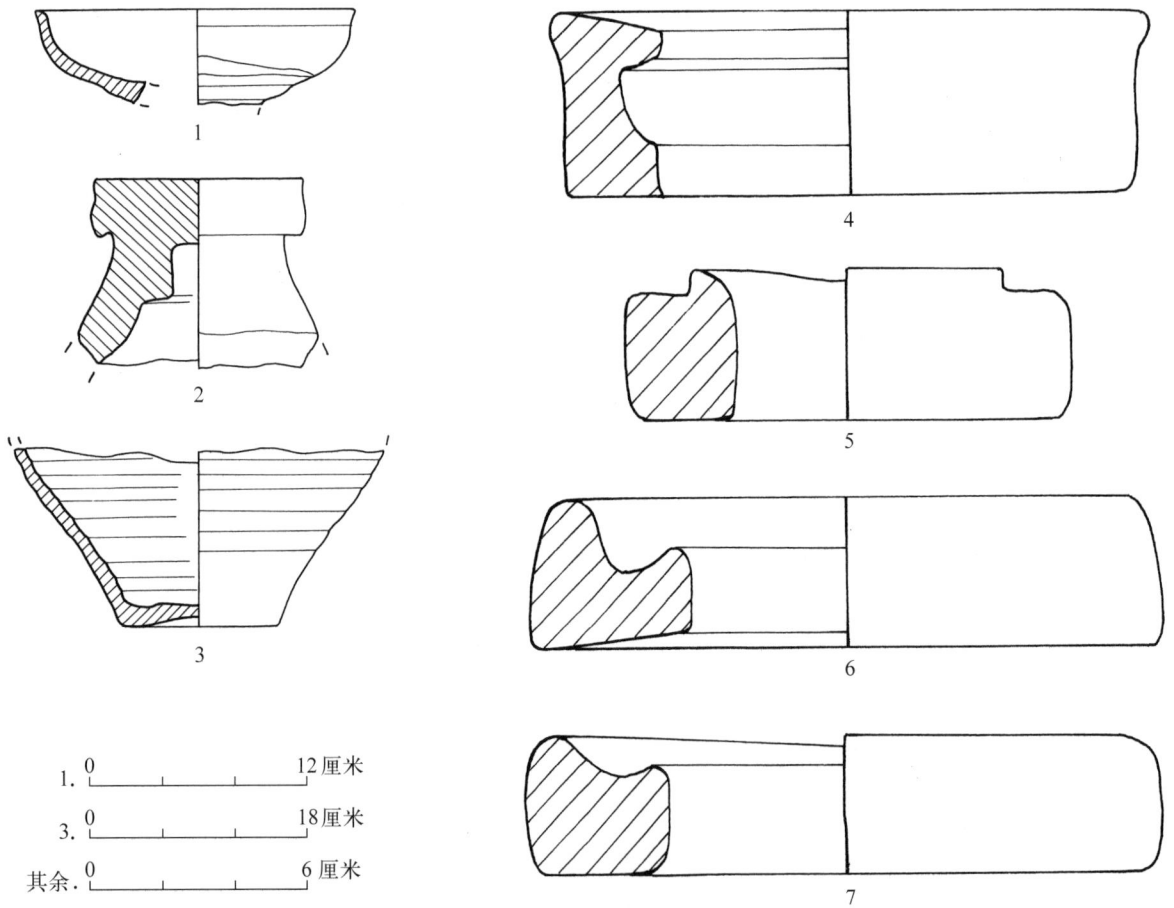

图二三二　H9陶器

1.豆(H9:1)　2.器纽(H9:12)　3.器底(H9:26)　4-7.支座(H9:15、H9:16、H9:18、H9:17)

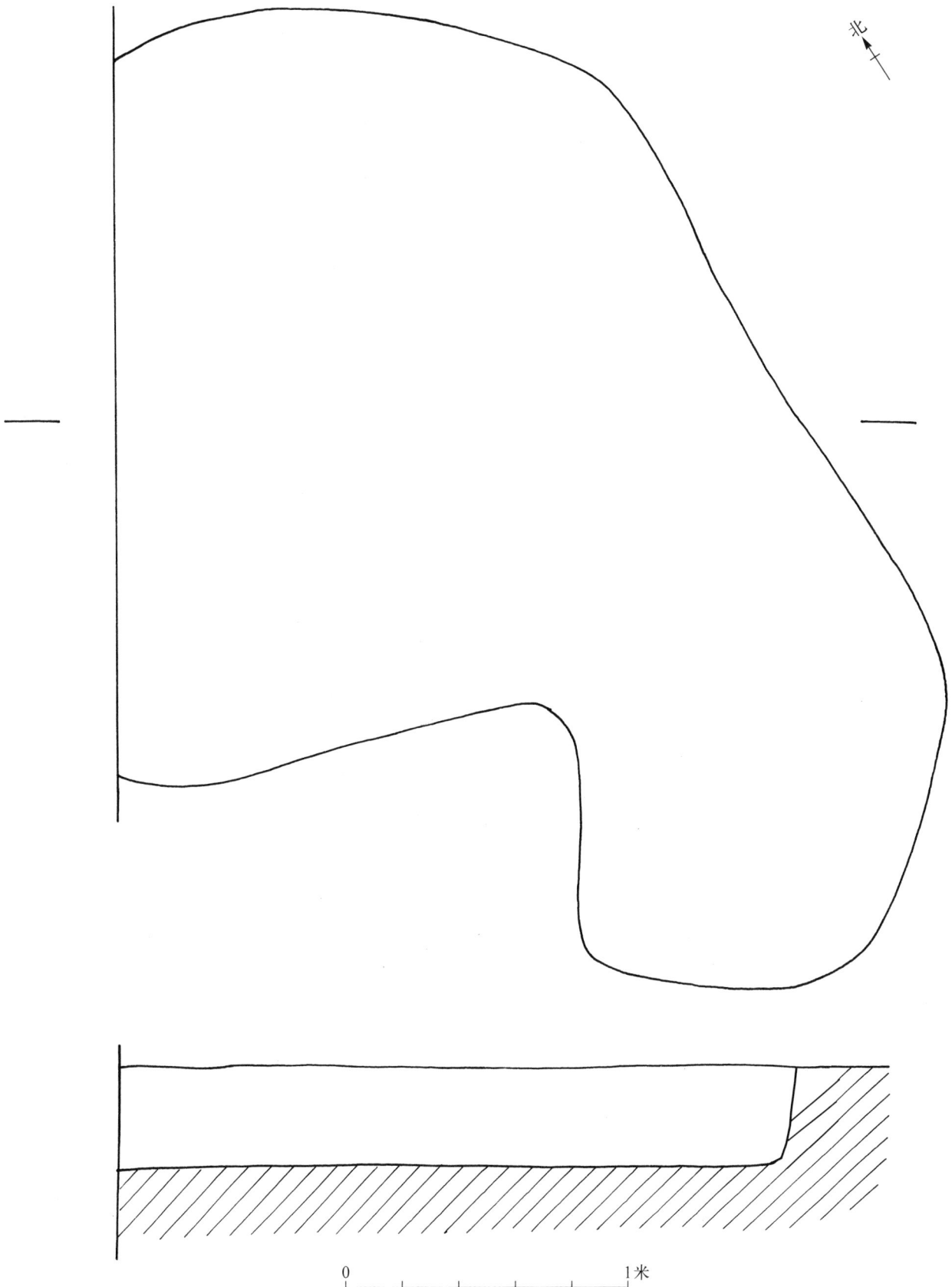

图二三三 H15平、剖面图

八、H15

位于TN03W08-N04W07探方西部,部分伸入西壁。开口于第③层下,打破第④层。堆积平面形状呈不规则形,斜壁、底部较平。长2.5、宽2.46、深0.34米。填土为黑褐色沙土,较疏松。出土遗物包括瓷器和陶器,可辨器形有盆、罐、碗等(图二三三)。

瓷器

盆　1件。

标本H15:4,青黄釉、褐胎。敞口、斜直腹。口径22、残高4.6厘米(图二三四,2)。

碗　2件。

标本H15:6,灰白釉、褐胎。直口、深弧腹、假圈足。口径16.4、底径8.8、高5.8厘米(图二三四,3)。标本H15:2,灰白釉、褐胎。直口、深弧腹、假圈足。口径15.4、底径8.2、高6.4厘米(图二三四,4)。

罐　1件。

标本H15:5,夹砂灰陶。直口。口径10、残高3厘米(图二三四,1)。

九、K1

位于TN05W06-N06W05探方东南部。开口于第②层下,打破第③层。平面呈椭圆形,斜壁、平底。长2.08、宽1.6、深0.16米。填土呈灰黑色,较疏松。出土较多碎砖块(图二三五,1)。

十、K2

位于TN01W02-N02W01探方西南部。开口于第②层下,打破第③层。平面近椭圆形,直壁,底部不平。长1.5、宽1.22、深0.2米。坑内填以较多红烧土,夹杂大量黑灰色炭屑,红烧土较坚硬。出土一些碎砖块。K2的废弃填充物表明其可能与窑烧造的活动有关(图二三五,2;彩版一二,1)。

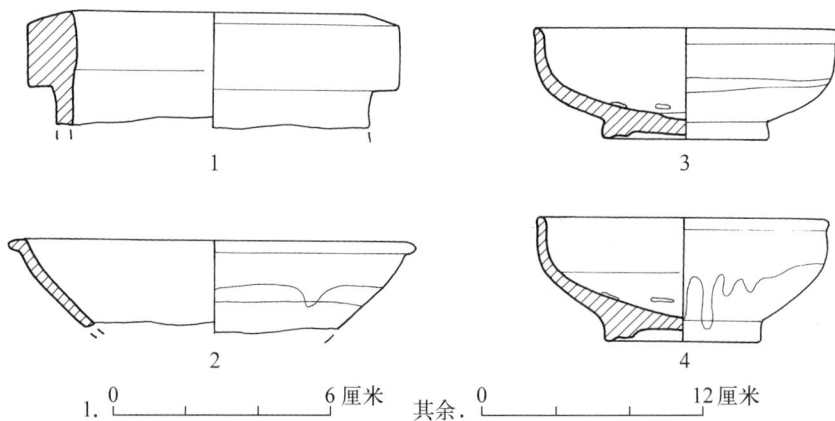

图二三四　H15瓷器

1.罐(H15:5)　2.盆(H15:4)　3、4.碗(H15:6、H15:2)

北

砖块

红烧土

砖块

2

1米

0

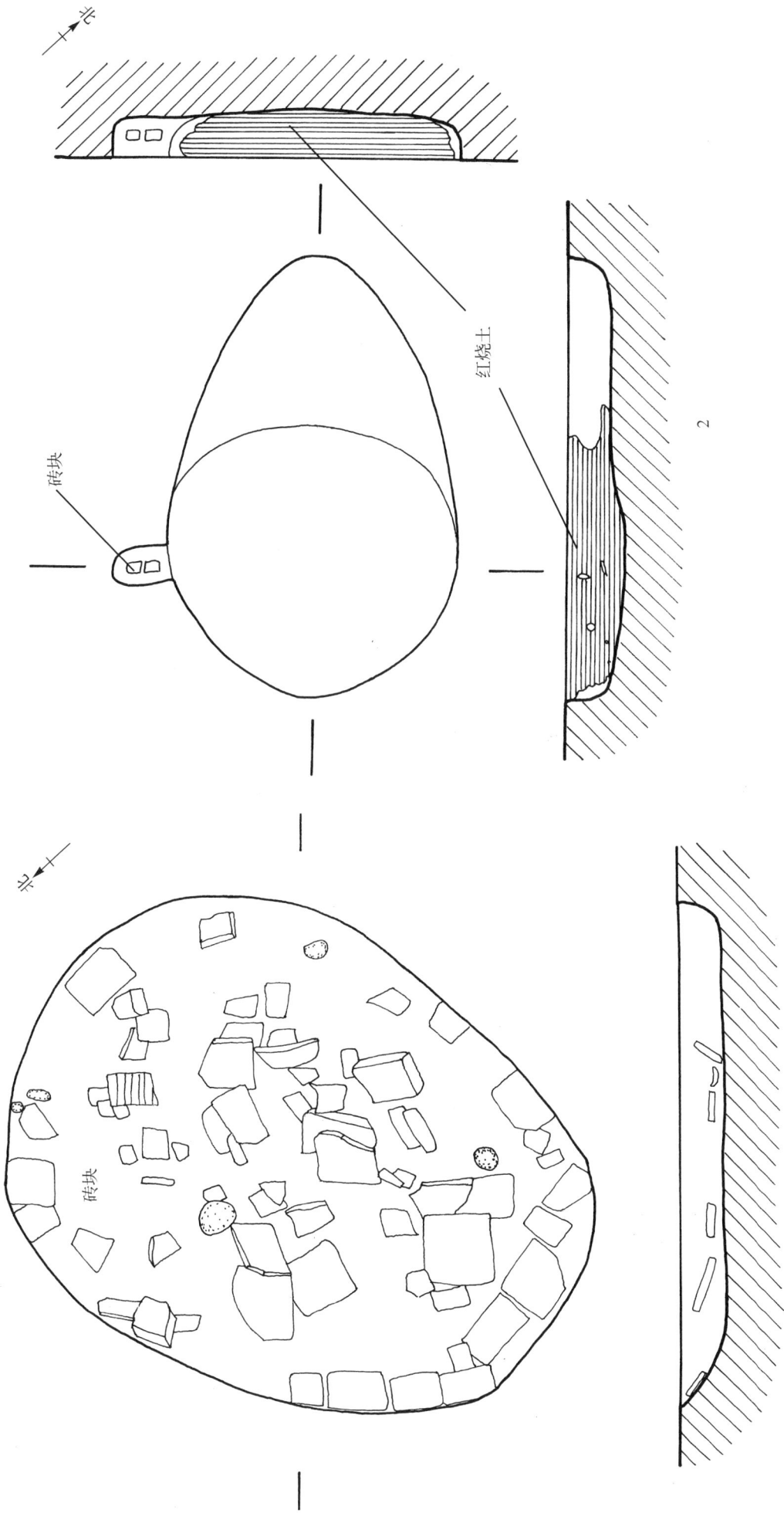

图二三五 K1、K2平、剖面图

1. K1平、剖面图 2. K2平、剖面图

1

第三节　水　　池

包括C1-C4四座。

一、C1

位于TN01W06-N02W05东南部。开口于第②层下，打破第③层。平面"甲"字形，由长方形水池和水沟组成，直壁、平底。水池四周平铺长方形砖而成，较为规整；再往内则以碎砖块填充；水池中央则无砖块。水沟两壁为砖平铺而成，中间未铺砖。总长6.78米。水池长5.1、宽2.85、深0.09米；水沟长1.68、宽0.55、深0.07米。填土呈灰褐色，较紧密。出土少量瓷片（图二三六）。

二、C2

位于TN03W08-N04W07中部。开口于第②层下，打破第③层。平面"甲"字形，由长方形水池和水沟组成，直壁、平底。水池四周平铺长方形砖而成，较为规整；内部则以碎砖块填充。水沟两壁为砖平铺而成，中间未铺砖。总长8.03米。水池长3.9、宽2.15、深0.1米；水沟长4.13、宽0.37、深0.07米。填土呈灰褐色，较紧密。出土少量瓷片（图二三七；彩版一二,2）。

三、C3

位于TN05W08-N06W07西北部。开口于第②层下，打破第③层。平面近长方形，直壁、平底。水池四周平铺长方形砖而成；内部则以碎砖块填充。长1.98、宽1.43、深0.11米。填土呈褐色，土质较紧密，含少量红烧土颗粒。出土少量瓷片（图二三八）。

四、C4

位于TN05W04-N06W03西部。开口于第②层下，打破第③层。平面长方形，直壁、平底。水池四周及底部平铺长方形砖而成，较为规整。长2、宽1.55、深0.08米。填土呈褐色，土质较紧密，含少量红烧土颗粒。出土少量瓷片（图二三九；彩版一三,1）。

C4与G2层位相同，位置紧邻，G2可能为C4的附属水渠之类。

北

0 ____ 1米

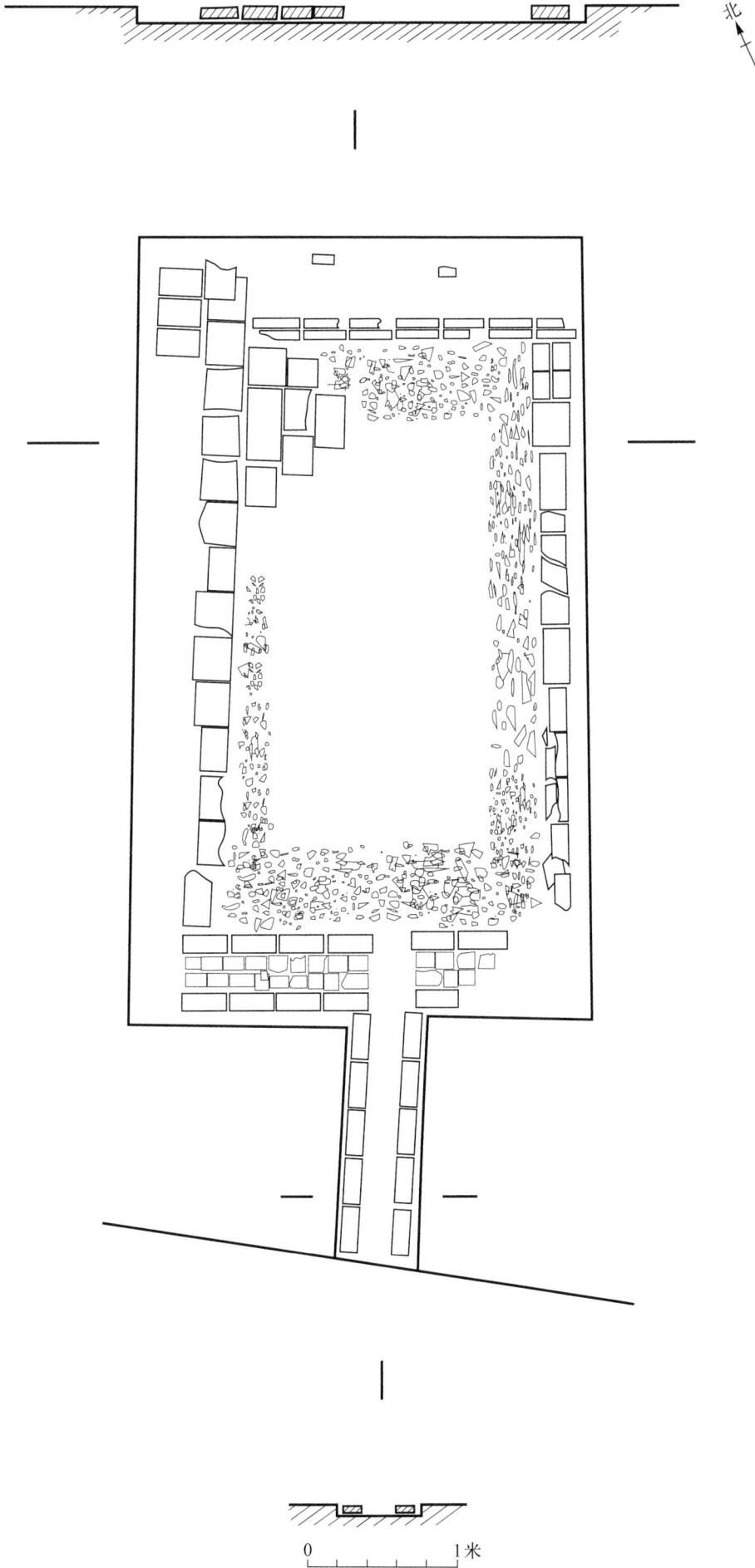

图二三六 C1平、剖面图

0　　　　　　　1米

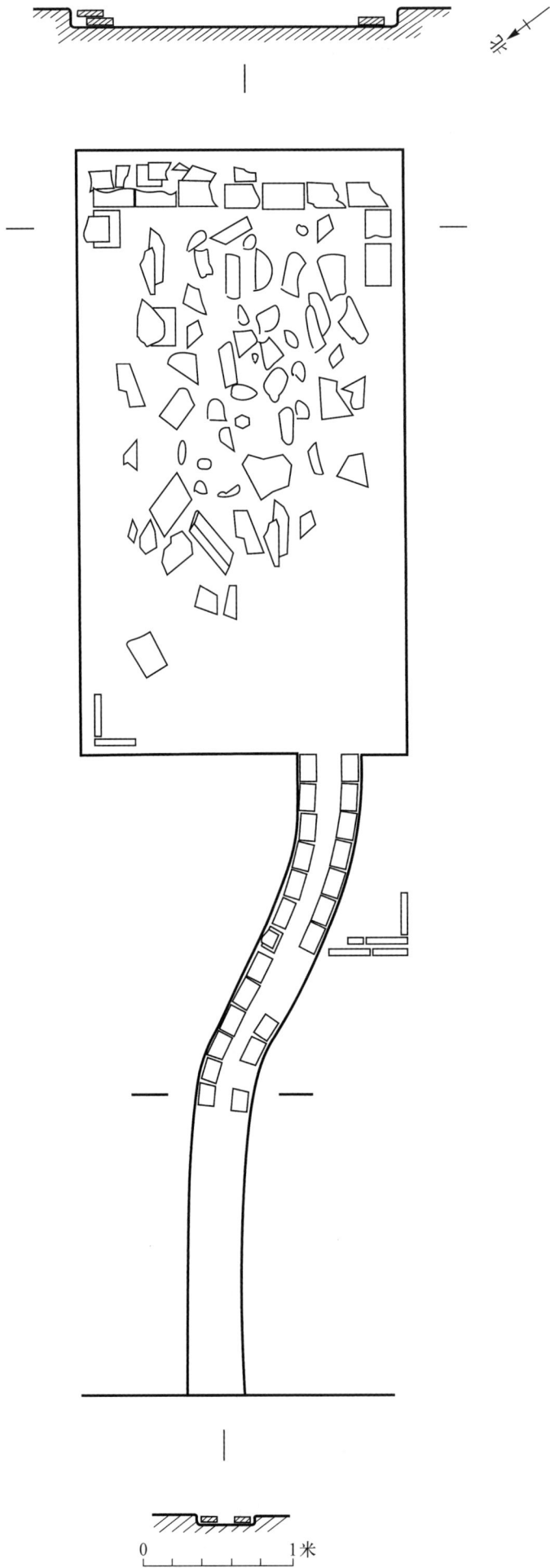

图二三七　C2平、剖面图

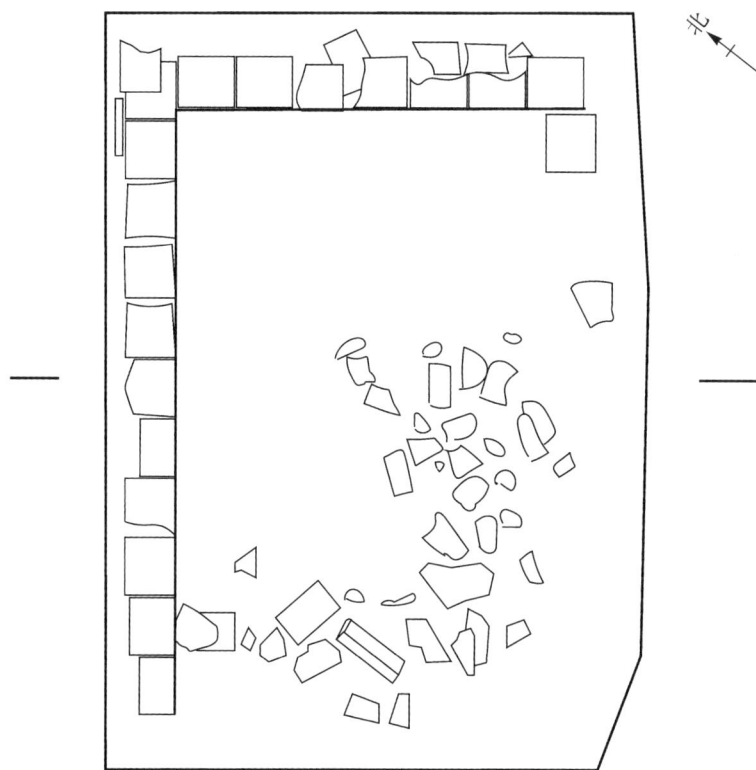

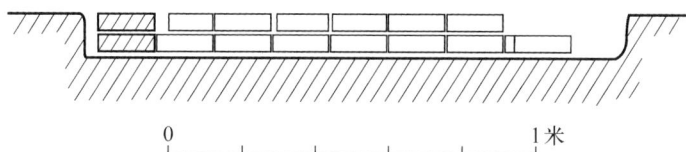

图二三八 C3平、剖面图

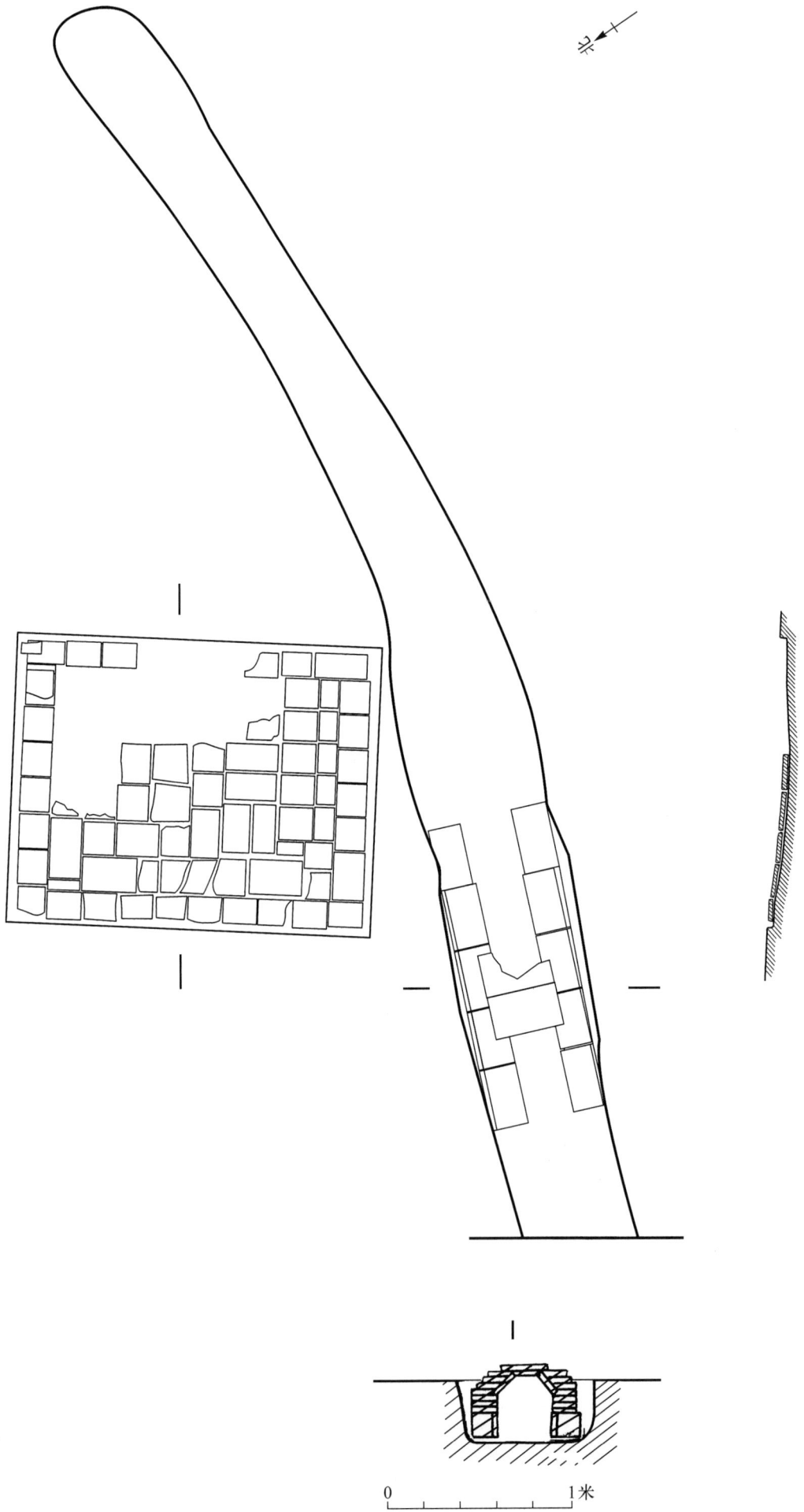

图二三九　C4和G2平、剖面图

第四节 沟

仅G2一条。

G2

位于TN05W04-N06W03西部。开口于第②层下,打破第③层。平面呈不规则的长条形,直壁、平底。沟两壁以长方形砖平铺而成。长7.25、宽0.71、深0.28米(图二三九)。

第五节 水 井

包括J5、J6、J7、J11、J12、J13、J14等7口。

一、J5

位于TN05W06-N06W05探方西部。开口于②层下,打破③层。平面近椭圆形,直壁、圜底。井圹长径2.58、短径2.46、深0.8米。井圈为砖筑,上部分已缺失,仅残存三层,为一横一丁砌成。井圈内直径1.1米。砖长0.4、宽0.16、厚0.02米。填土为灰褐色黏土,较疏松,含红烧土颗粒及少量炭屑。出土遗物中有青灰瓦、铭文砖等(图二四○;彩版一三,2)。

二、J6

位于TN03W04-N04W03探方北部,部分伸入北隔梁。开口于第②层下,打破第③层。平面近椭圆形,直壁、圜底。井圹长径2.14、短径1.9、深1.7米。井圈为砖筑,共砌筑8层,每层由八块砖横砌而成。井圈直径0.8米。砖长0.32、宽0.18、厚0.06厘米。填土为灰褐色黏土,较疏松,含红烧土颗粒及少量炭屑。仅出土少许瓷片(图二四一;彩版一四,1)。

三、J7

位于TN05W08-N06W07西南部。开口于第②层下,打破第③层。保存较差,仅存底部。平面呈圆形,剖面呈筒状,壁面倾斜、底部呈锅底状。井圈及底部均用砖砌筑。井圈直径1.08、深0.48米。砖长0.32-33、宽0.12-17、厚0.03米。填土为灰褐色黏土,较疏松,含少量红烧土颗粒。出土少许瓷片(图二四二)。

四、J11

位于TN03W04-N04W03西北角,部分伸入西壁和北隔梁。开口于第②层下,打破第③层。

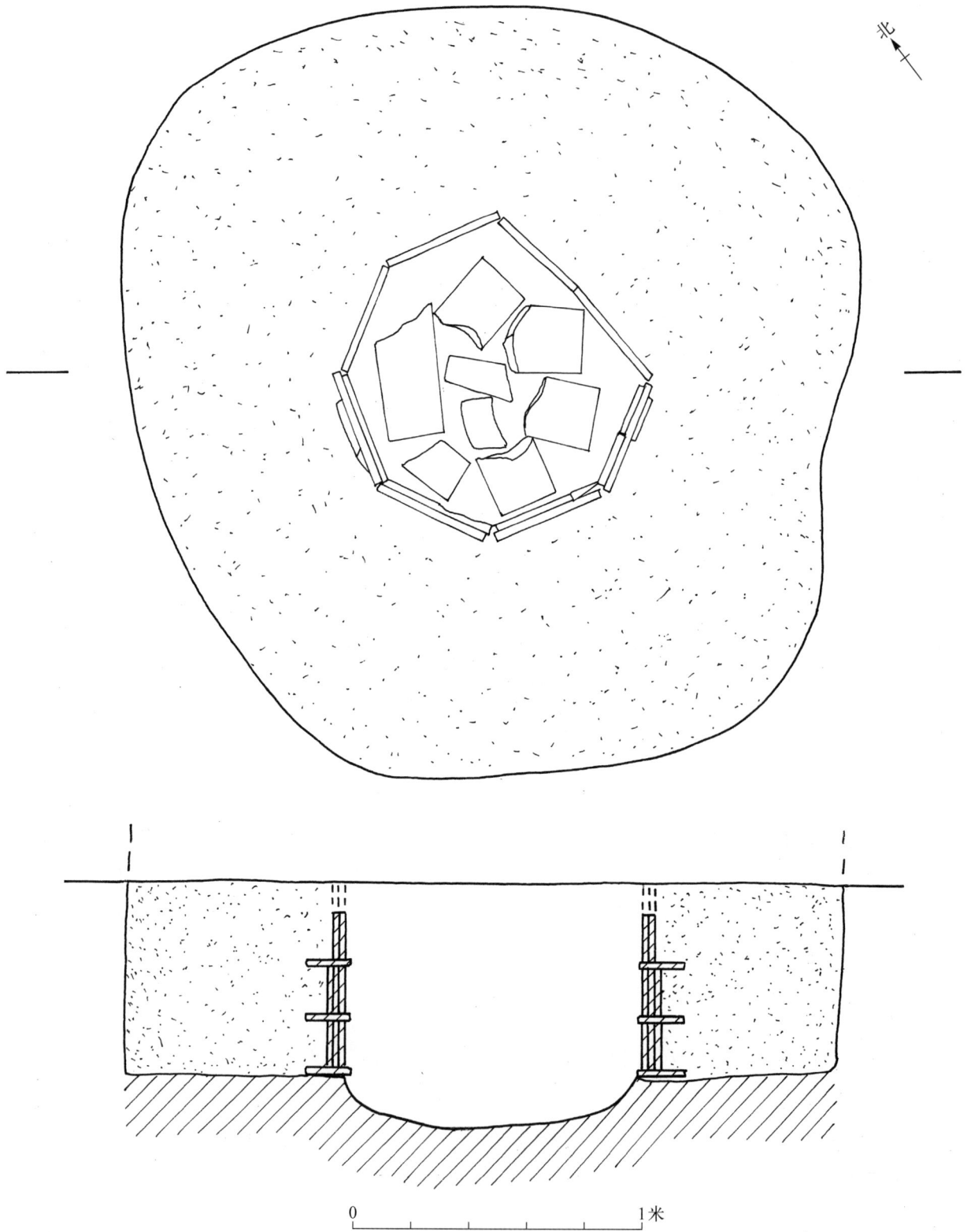

图二四〇　J5平、剖面图

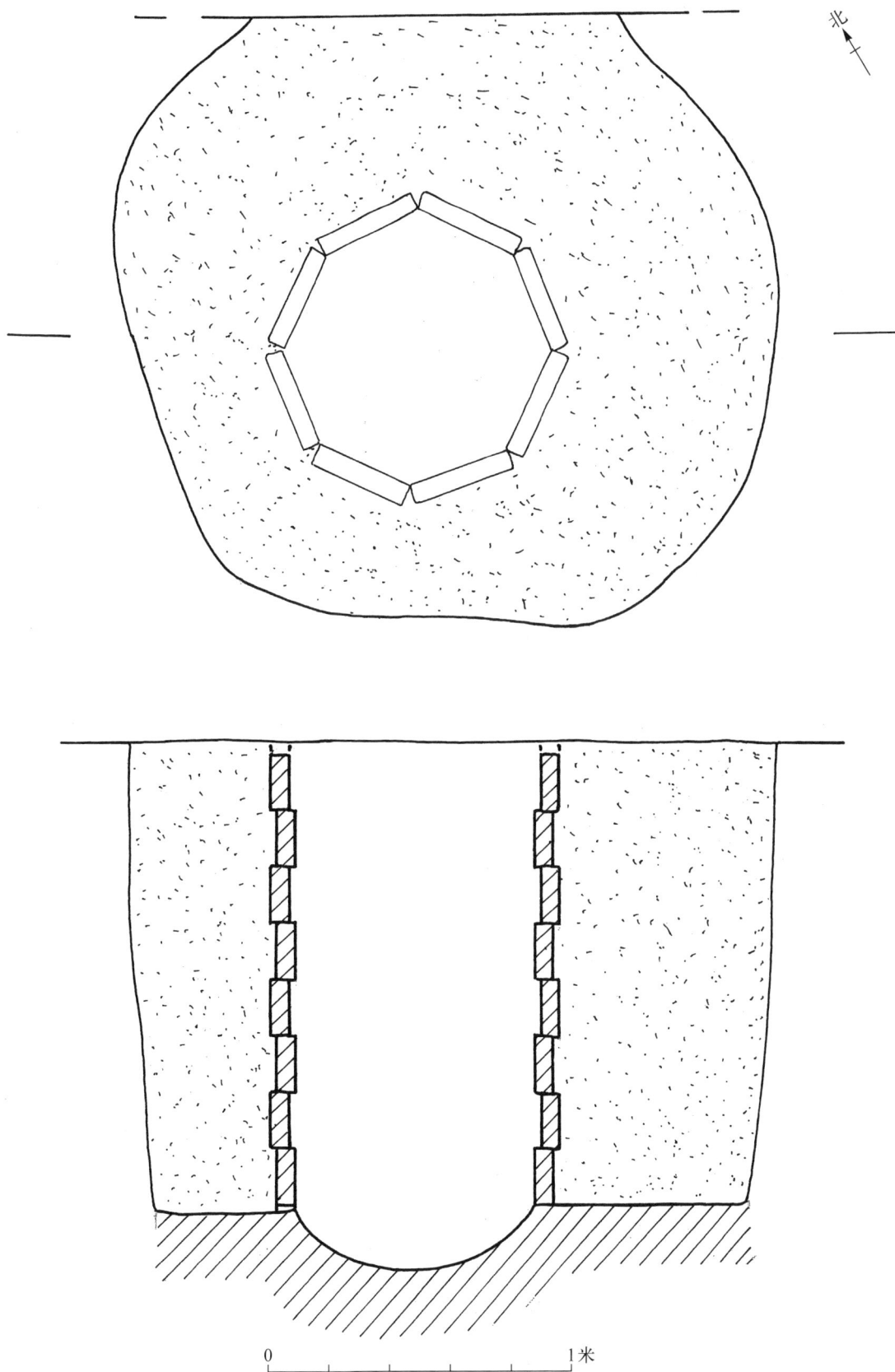

图二四一　J6平、剖面图

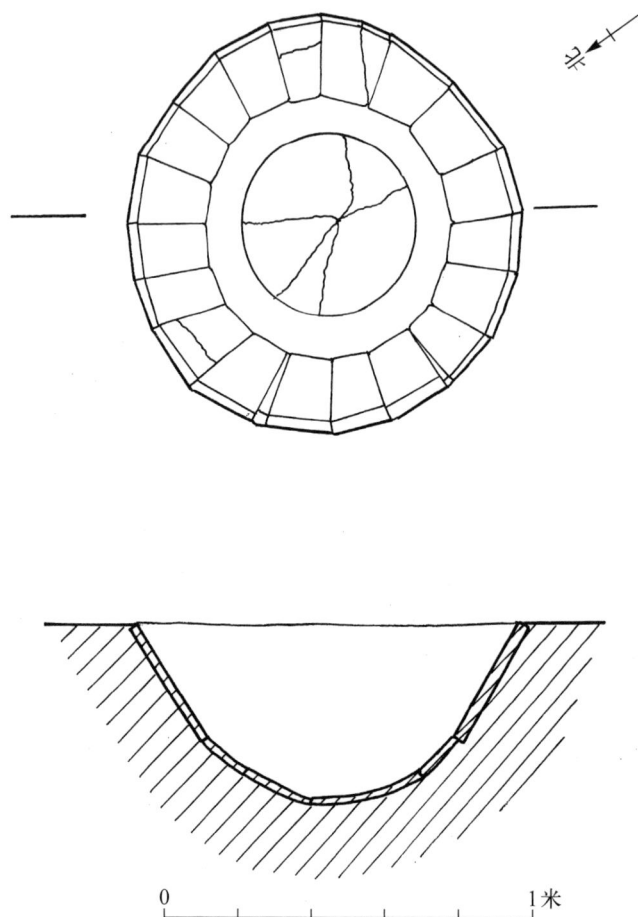

图二四二　J7 平、剖面图

平面呈半圆形,剖面呈筒状,壁面凹凸不平,底部较平。井圹残径 1.15、深 2.3 米。井圈以砖砌而成,共砌筑 12 层。填土为灰褐色黏土,较疏松,含少量红烧土颗粒及炭屑。出土罐、碗等瓷器和青砖、绳纹瓦片等(图二四三)。

瓷器

器底　1 件。

标本 J11∶1,无釉、红褐胎。鼓腹、假圈足。底径 9.6、残高 12 厘米(图二四四,1)。

五、J12

位于 TN01W06-N02W05 西南部。开口于第②层下,打破第③层。平面近圆形,直壁、圜底。井圹直径 1.7、深 1.94 米。以砖砌成井圈,共砌筑 9 层。井圈直径 0.6 米。填土为灰褐色黏土,较疏松,含少量红烧土颗粒及炭屑。出土瓷器和陶器,可辨器形有盆等(图二四五;彩版一四,2)。

陶器

盆　1 件。

标本 J12∶1,夹砂灰黑陶。卷沿外侈、弧腹。口径 46.2、残高 12 厘米(图二四四,2)。

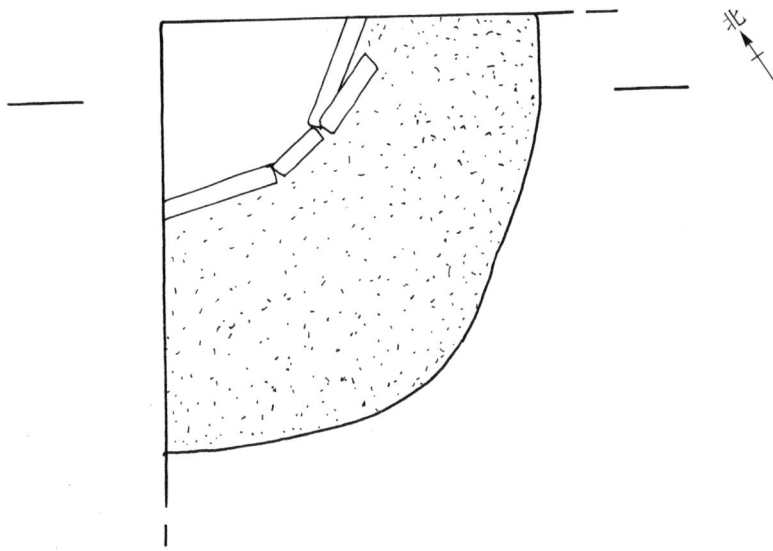

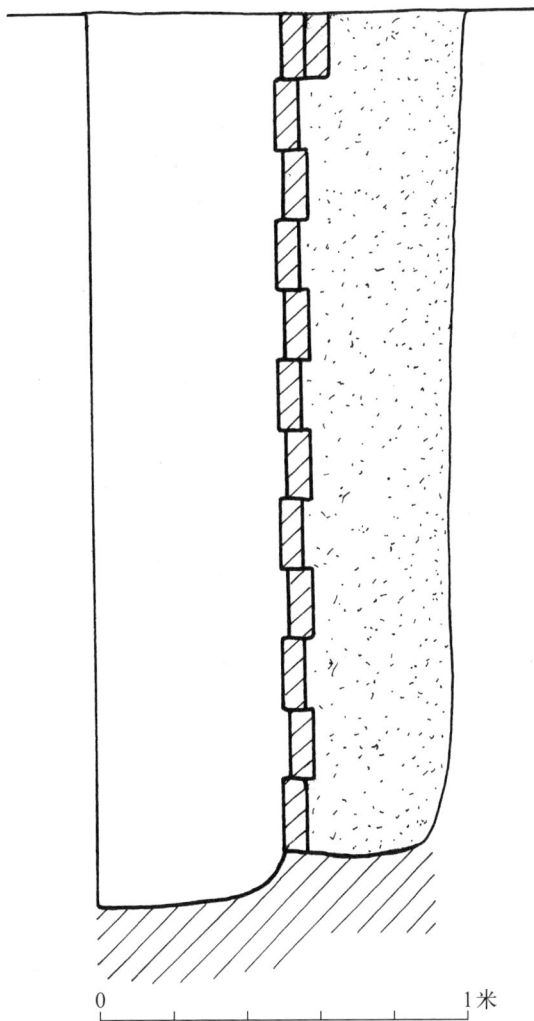

图二四三　J11平、剖面图

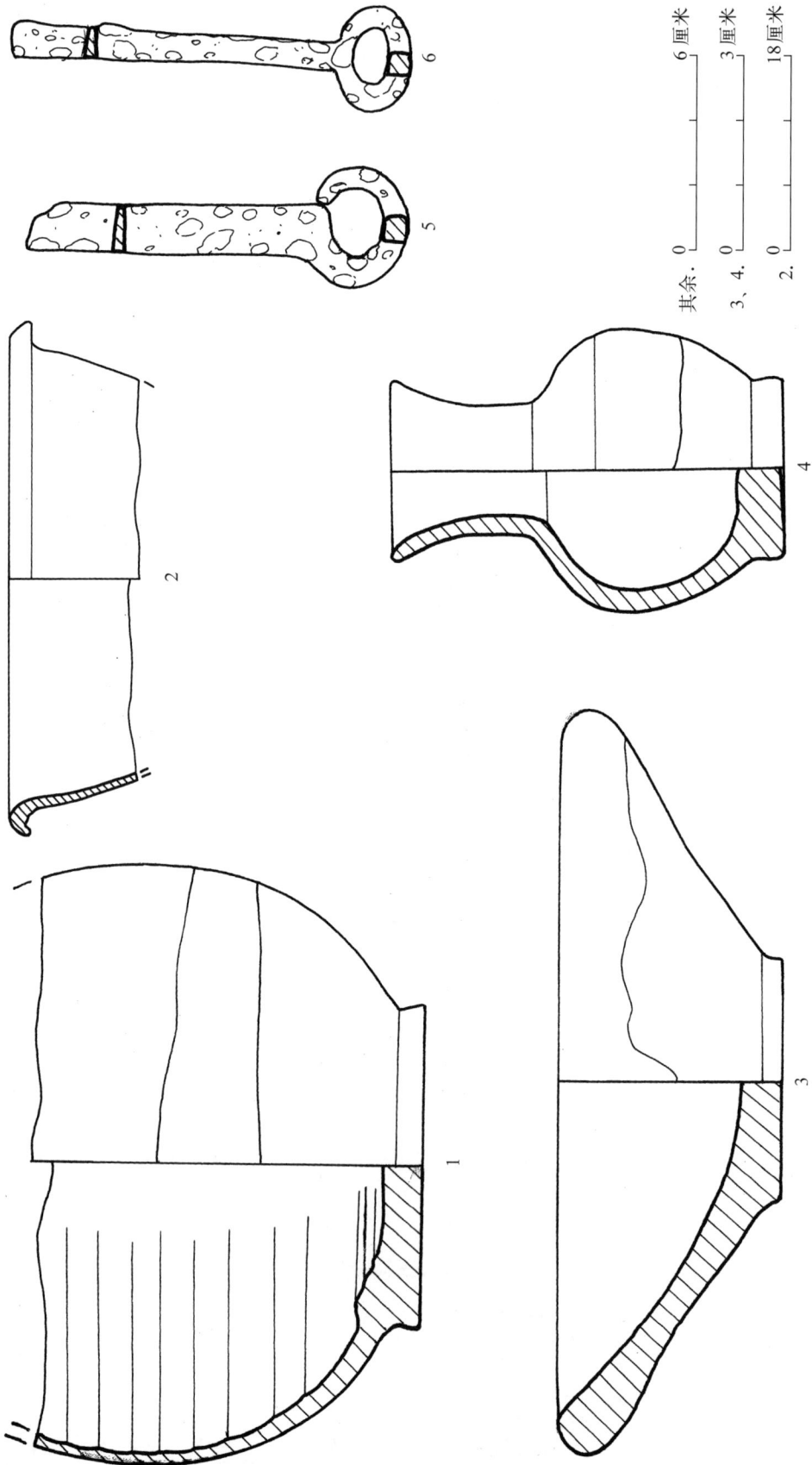

图二四四　J11、J12、J13、J14遗物

1. 瓷器底（J11：1）　2. 陶盆（J12：1）　3. 琉璃厂窑瓷盏（J13：2）　4. 邛窑瓷瓶（J13：1）　5、6. 铁器（J14：1、J14：2）

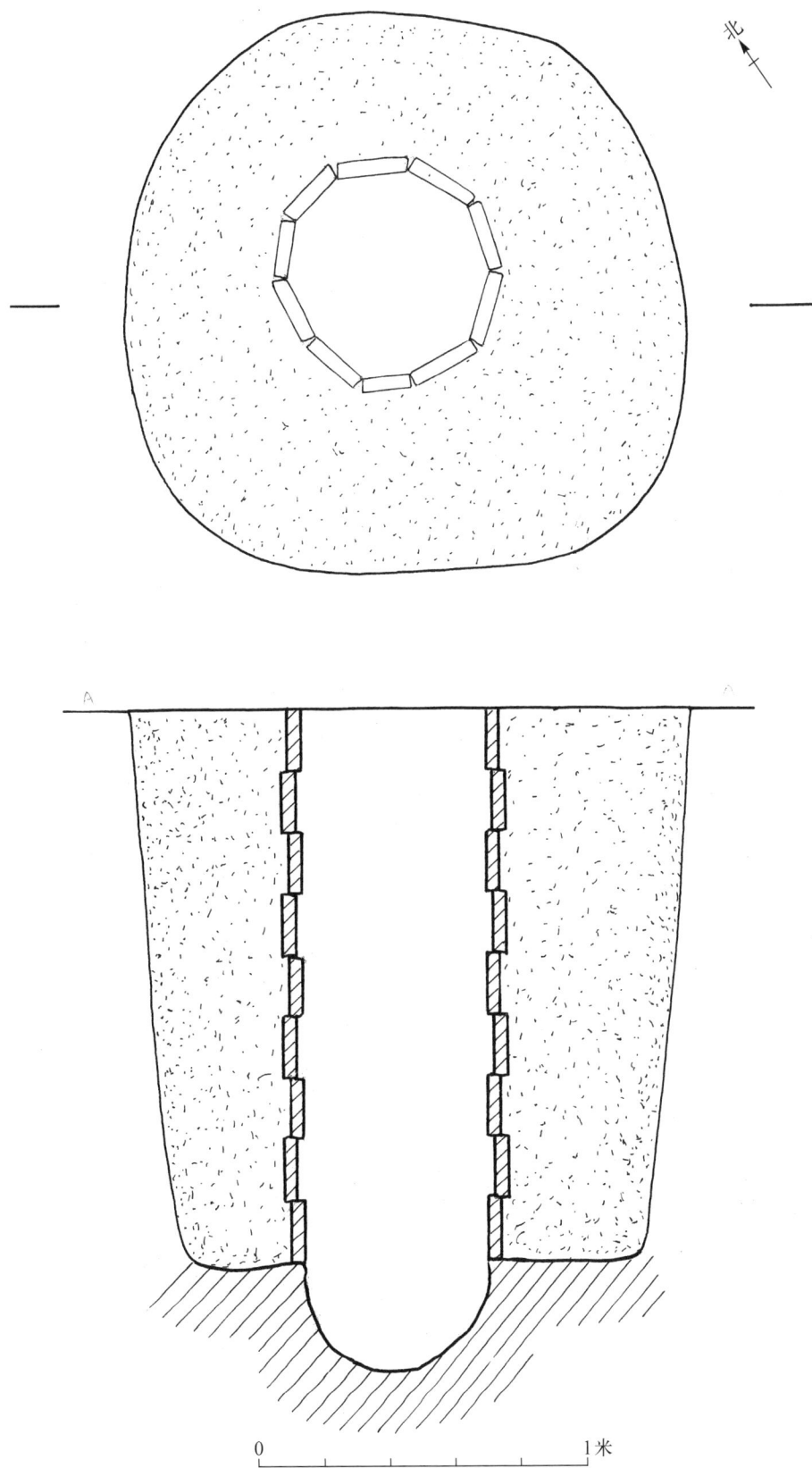

图二四五　J12平、剖面图

六、J13

位于TN05W08-N06W07东部。开口于第②层下,打破第③层。平面近圆形,直壁、圜底。井圹直径1.74、深1米。以砖平铺成井圈,共筑11层。井圈直径0.86米。砖长0.22-24、宽0.16、厚0.07米。填土为灰黄色黏土,较紧密。出土遗物均为瓷器,可辨器形有盏、瓶等(图二四六)。

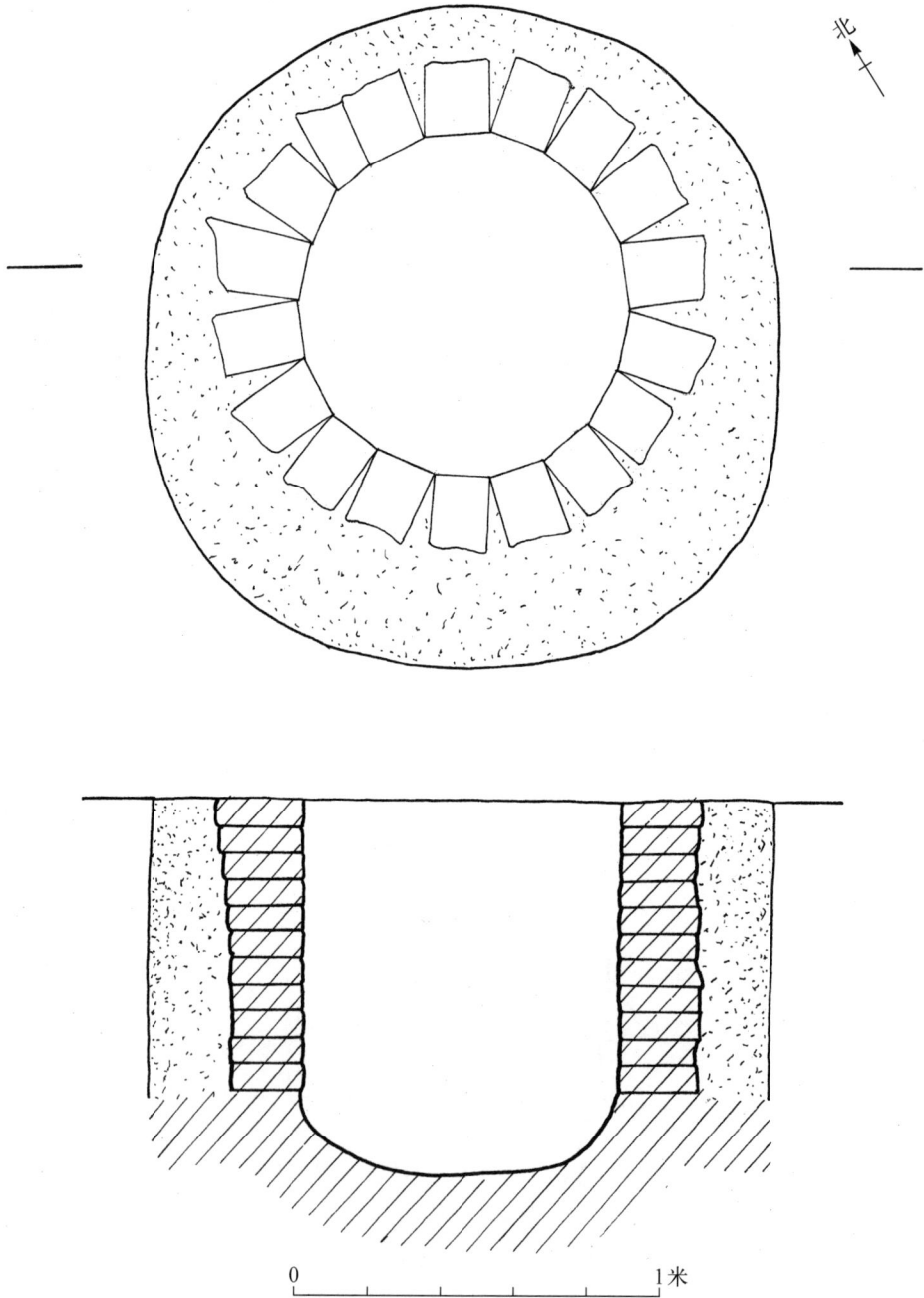

图二四六　J13平、剖面图

北

0   1米

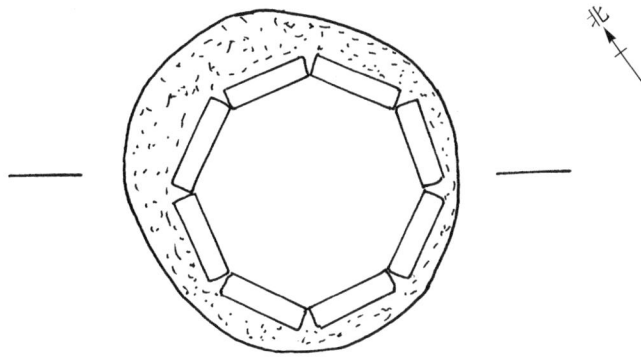

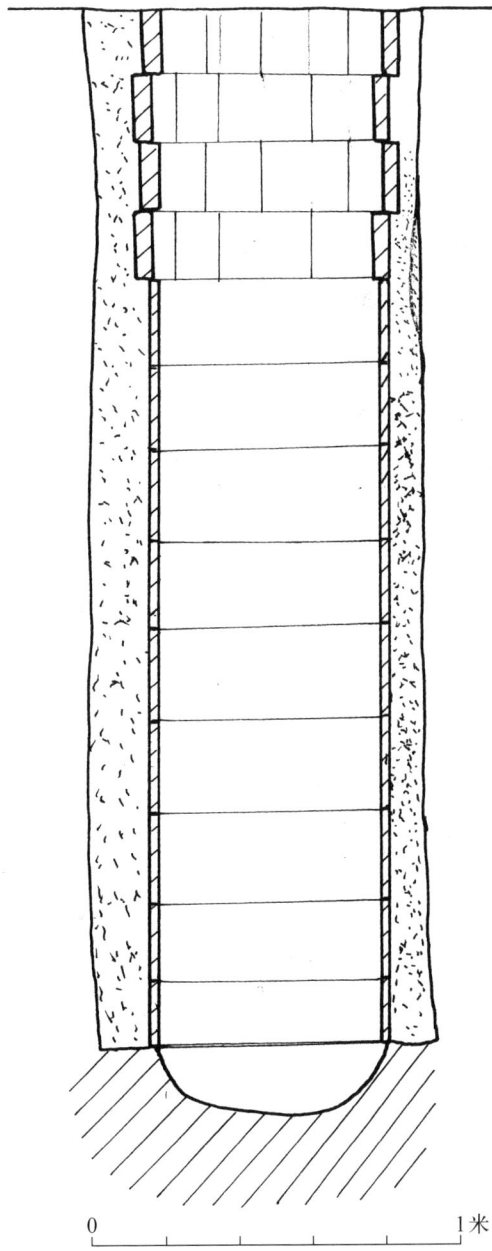

图二四七　J14平、剖面图

瓷器

（1）琉璃厂窑

盏　1件。

标本J13：2，酱黄釉、褐胎。敞口、斜直腹、平底。口径11、底径3.6、高3.4厘米（图二四四，3；彩版三九，6）。

（2）邛窑

瓶　1件。

标本J13：1，青釉。喇叭口、长颈、鼓腹、假圈足。口径2.7、腹径4.2、高6厘米（图二四四，4；彩版四〇，1）。

七、J14

位于TN07W04—N08W03探方东部。开口于第②层下，打破第③层。平面近圆形，壁面上凹凸不平、圜底。井圹直径0.93、深2.92米。井圈共13层。上4层为砖砌成，每层高0.18米；下9层为陶制井圈，每层高0.24米。井圈外填土为灰黄色黏土，井圈内为灰黄色花土，较疏松，含少量炭屑。出土瓷片、陶片及绳纹瓦片、铁器等（图二四七）。

铁器

标本J14：1。长条形，一端带有圆环。长12、宽1.5厘米（图二四四，5）。标本J14：2。长条形，一端带有圆环。长12.6、宽0.8厘米（图二四四，6）。

第六节　地层出土遗物

一、③层出土遗物

1. 瓷器

（1）青羊宫窑

砚台　1件。

标本TN05W04—N06W03③：9，无釉、黑皮、褐胎。浅盘状。直径25.8、孔径6.6、高2.5厘米（图二四八，16）。

垫圈　4件。

标本TN05W04—N06W03③：8，无釉、红褐胎。直径18、孔径14、高1.8厘米（图二四八，1）。标本TN05W09—TN06W09③：17，无釉、褐胎。束腰。直径14.4、高4.6厘米（图二四八，2）。标本TN05W09—TN06W09③：6，无釉、黑皮、褐胎。直径15、高3.8厘米（图二四八，3）。标本TN03W08—N04W07③：38，无釉、青灰皮、褐胎。直径13、高2.2厘米（图二四八，4）。

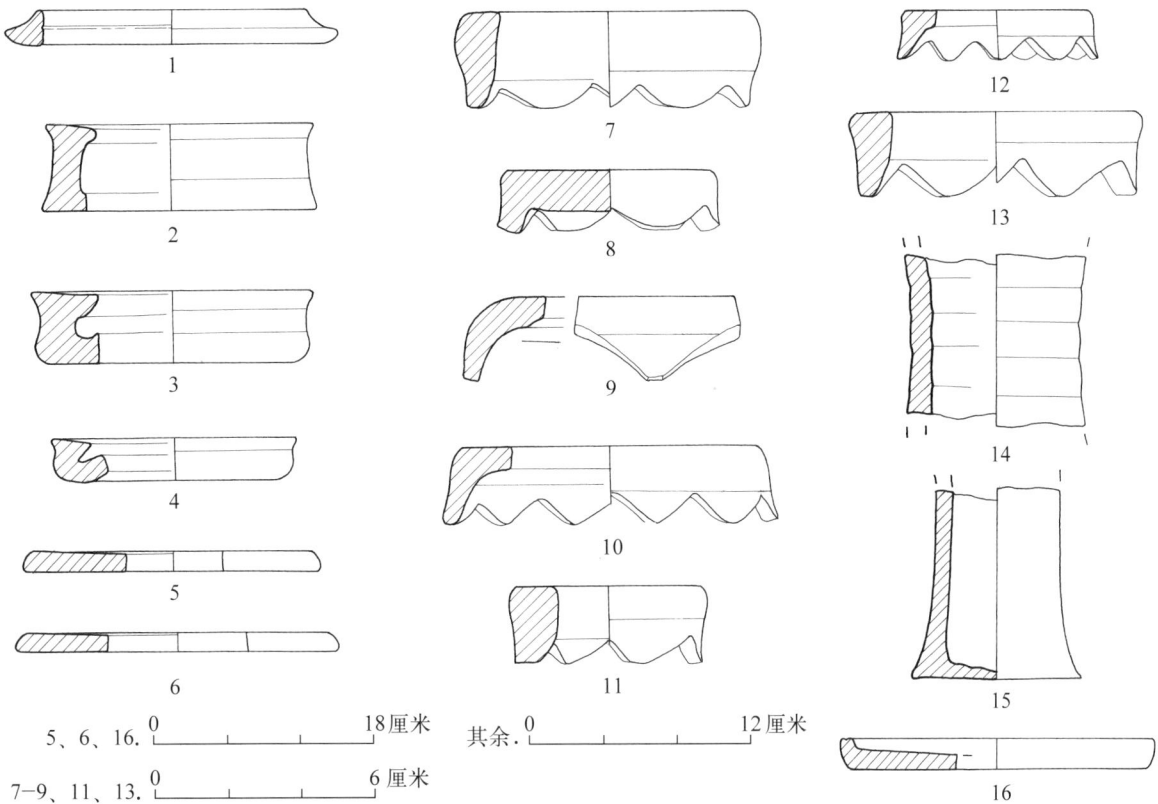

图二四八　③层青羊宫窑瓷器

1-4.垫圈（TN05W04-N06W03③：8、TN05W09-TN06W09③：17、TN05W09-TN06W09③：6、TN03W08-N04W07③：38）
5、6.垫板（TN05W09-TN06W09③：21、TN03W08-N04W07③：23）　7-13.支钉（TN05W09-TN06W09③：7、
TN05W04-N06W03③：10、TN05W09-TN06W09③：25、TN03W09-N04W09③：12、TN03W08-N04W07③：71、
TN05W09-N06W09③：27、TN05W09-N06W09③：26）　14、15.支柱（TN05W09-TN06W09③：15、TN03W08-N04W07③：40）
16.砚台（TN05W04-N06W03③：9）

　　垫板　2件。

　　标本TN05W09-TN06W09③：21，无釉、红褐胎。圆形。直径24、孔径7.8、高1.7厘米（图二四八，5）。标本TN03W08-N04W07③：23，无釉、黑皮、褐胎。圆形。直径26、孔径11、高1.5厘米（图二四八，6）。

　　支钉　7件。

　　标本TN05W09-TN06W09③：7，无釉、黑皮、褐胎。齿状足。直径8.2、高2.5厘米（图二四八，7）。标本TN05W04-N06W03③：10，无釉、黑褐胎。齿状足。直径6、高1.6厘米（图二四八，8）。标本TN05W09-TN06W09③：25，无釉、红褐胎。齿状足。高2.2厘米（图二四八，9）。标本TN03W09-N04W09③：12，无釉、红褐胎。齿状足。直径18、高4厘米（图二四八，10）。标本TN03W08-N04W07③：71，无釉、褐胎。齿状足。直径5.4、高2厘米（图二四八，11）。标本TN05W09-N06W09③：27，无釉、褐胎。齿状足。直径10.4、高2.6厘米（图二四八，12）。标本TN05W09-N06W09③：26，无釉、褐陶。齿状足。直径8、高2.3厘米（图二四八，13）。

支柱　2件。

标本TN05W09—TN06W09③：15，无釉、黑皮、褐胎。高筒形。残高9.2厘米（图二四八，14）。标本TN03W08—N04W07③：40，无釉、褐胎。高筒形。底径9.2、残高10厘米（图二四八，15）。

（2）琉璃厂窑

盘　1件。

标本TN03W08—N04W07③：74，白釉、褐胎。敞口、浅折腹、假圈足平底。口径14.4、底径6、高3.4厘米（图二四九，1）。

罐　1件。

标本TN03W09—TN04W09③：4，白釉、褐胎。侈口、束颈、深鼓腹。腹部饰勾形纹饰。口径12、残高10厘米（图二四九，2）。

器底　1件。

标本TN03W08—N04W07③：108，无釉、褐胎。底径9.2、残高2.6厘米（图二四九，3）。

（3）邛窑

碗　1件。

标本TN03W08—N04W07③：76，灰白釉、褐胎。侈口、深腹、假圈足底。口部及底部用褐绿双彩点缀。内底有四颗支钉齿痕。口径9.8、底径4.6、高4厘米（图二四九，4）。

钵　2件。

标本TN03W08—N04W07③：67，白釉、褐胎。敛口、鼓腹。肩部饰褐绿双彩卷叶纹。口径14.4、残高9厘米（图二四九，5）。标本TN03W08—N04W07③：2，白釉、褐胎。敛口、鼓腹。肩部饰褐绿双彩卷叶纹。口径14、残高4厘米（图二四九，6）。

瓶　2件。

标本TN03W08—N04W07③：92，白釉、灰褐胎。鼓肩、深弧腹、平底。腹部饰褐绿双彩卷叶纹。腹径13.8、底径7.8、残高20厘米（图二四九，7；彩版四〇，2）。标本TN07W02—N08W01③：21，白釉、灰褐胎。圆鼓腹。腹部饰褐绿双彩条纹。腹径5.8、残高4.6厘米（图二四九，8；彩版四〇，3）。

鸭首　1件。

标本TN03W04—TN04W03③：3，白釉、灰胎。眼睛用褐彩点缀并用线条画出眼眶，眼眶周围线条刻画羽毛，额头用墨彩。宽3、残长8厘米（图二四九，9；彩版四〇，4）。

（4）未定窑口

碗　38件。

标本TN03W08—N04W07③：16，灰白釉、褐胎。直口、深弧腹、假圈足底。口径16、底径8、高6厘米（图二四九，10）。标本TN03W08—N04W07③：35，灰白釉、褐胎。直口、深弧腹、假圈足底。口径14.8、底径8.4、高6厘米（图二四九，11）。标本TN01W04—N02W03③：36，灰白釉、褐胎。直口、深弧腹、假圈足底。口径14.8、底径8.8、高6.2厘米（图二四九，12）。标本TN03W08—N04W07③：43，灰白釉、褐胎。直口、深弧腹、假圈足底。口径11.2、底径6.2、

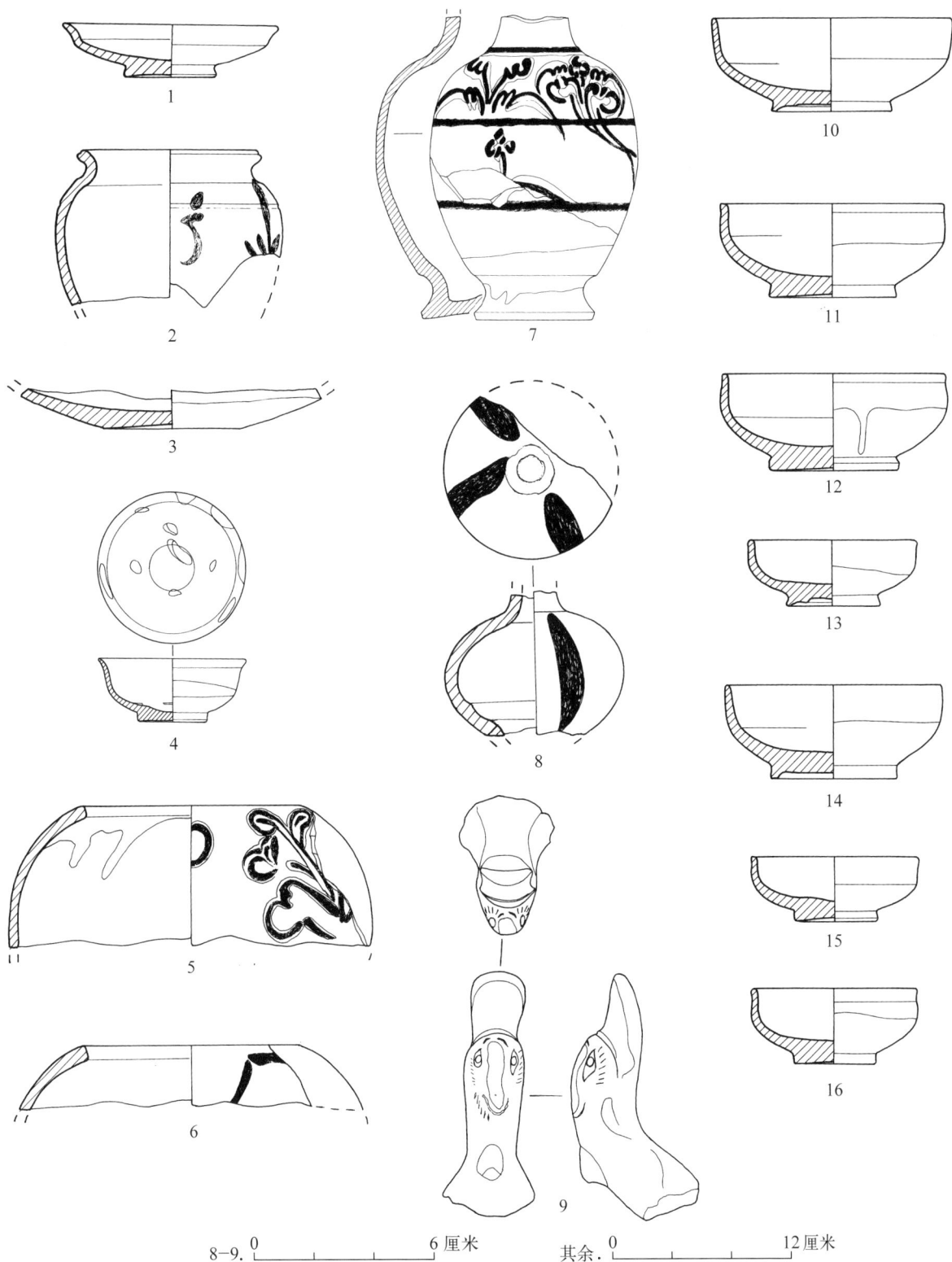

8-9. 0 _____ 6厘米   其余. 0 _____ 12厘米

图二四九　③层出土瓷器

1. 琉璃厂窑盘TN03W08-N04W07③∶74　2. 琉璃厂窑罐TN03W09-TN04W09③∶4
3. 琉璃厂窑器底（TN03W08-N04W07③∶108）　4. 邛窑碗（TN03W08-N04W07③∶76）　5、6. 邛窑钵（TN03W08-N04W07③∶67、
TN03W08-N04W07③∶2）　7、8. 邛窑瓶（TN03W08-N04W07③∶92、TN07W02-N08W01③∶21）　9. 邛窑鸭首（TN03W04-
TN04W03③∶3）　10-16. 未定窑口碗（TN03W08-N04W07③∶16、TN03W08-N04W07③∶35、TN01W04-N02W03③∶36、
TN03W08-N04W07③∶43、TN03W04-TN04W03③∶2、TN03W08-N04W07③∶95、TN07W02-N08W01③∶18）

高4.2厘米(图二四九,13)。标本TN03W04-TN04W03③:2,灰白釉、褐胎。直口、深弧腹、假圈足底。口径14.4、底径8.4、高6厘米(图二四九,14)。标本TN03W08-N04W07③:95,灰白釉、褐胎。直口、深弧腹、假圈足底。口径11.2、底径5.6、高4厘米(图二四九,15)。标本TN07W02-N08W01③:18,灰白釉、褐胎。直口、深弧腹、假圈足底。口径11.2、底径5.6、高4.8厘米(图二四九,16)。标本TN03W08-N04W07③:73,灰白釉、褐胎。直口、深弧腹、假圈足底。口径10.8、底径5.2、高5.2厘米(图二五〇,1)。标本TN03W04-TN04W03③:1,灰白釉、褐胎。直口、深弧腹、假圈足底。口径16.4、底径8.4、高7.8厘米(图二五〇,2)。标本

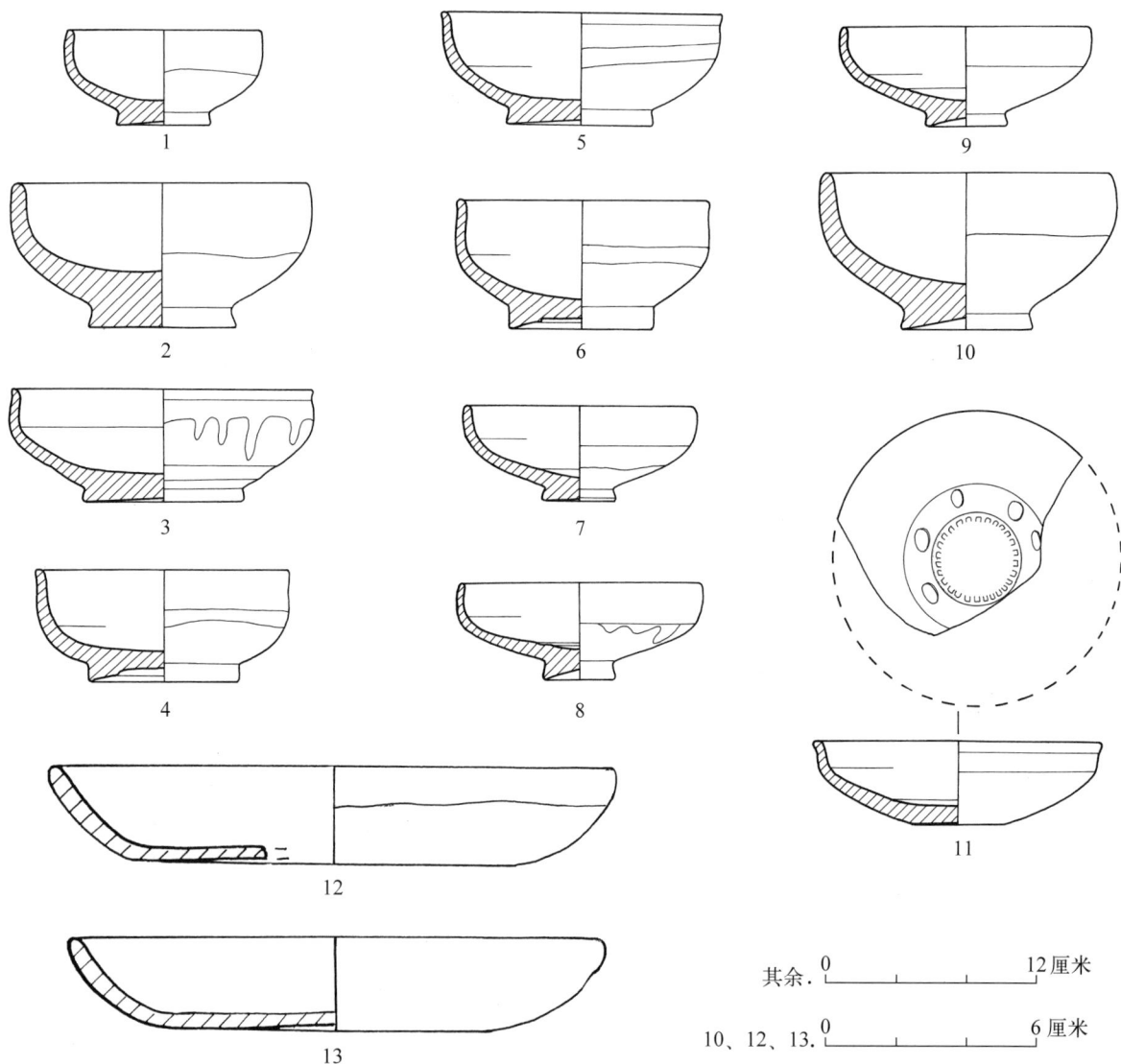

图二五〇　③层未定窑口瓷器

1—11.碗(1.TN03W08-N04W07③:73　2.TN03W04-TN04W03③:1　3.TN03W08-N04W07③:57　4.TN07W02-N08W01③:20　5.TN03W02-TN04W01③:14　6.TN03W08-N04W07③:75　7.TN03W09-TN04W09③:5　8.TN05W09-TN06W09③:23　9.TN05W09-TN06W09③:10　10.TN03W08-N04W07③:70　11.TN03W08-N04W07③:105)
12、13.盘(TN03W08-N04W07③:109、TN05W04-N06W03③:1)

TN03W08-N04W07③：57，灰白釉、褐胎。直口、深弧腹、假圈足底。口径16.8、底径8.8、高6厘米（图二五〇，3）。标本TN07W02-N08W01③：20，灰白釉、褐胎。直口、深弧腹、假圈足底。口径14.4、底径8.4、高6厘米（图二五〇，4）。标本TN03W02-TN04W01③：14，灰白釉、褐胎。直口、深弧腹、假圈足底。口径15.6、底径8、高6厘米（图二五〇，5）。标本TN03W08-N04W07③：75，灰白釉、褐胎。直口、深弧腹、假圈足底。口径14、底径8、高7厘米（图二五〇，6）。标本TN03W09-TN04W09③：5，灰白釉、褐胎。直口、深弧腹、底径较小。口径12.8、底径4、高5厘米（图二五〇，7）。标本TN05W09-TN06W09③：23，灰白釉、褐胎。直口、深弧腹、底径较小。口径13.6、底径4、高5厘米（图二五〇，8）。标本TN05W09-TN06W09③：10，灰白釉、褐胎。直口、深弧腹、底径较小。口径14、底径4.6、高5.4厘米（图二五〇，9）。标本TN03W08-N04W07③：70，灰白釉、褐胎。直口、深弧腹、假圈足底。口径8、底径3.6、高4.2厘米（图二五〇，10）。标本TN03W08-N04W07③：105，灰白釉、褐胎。直口、腹部微折、平底。内底饰有一周圆圈纹，圆圈纹内有一周方形锯齿纹。口径16、底径5.2、高4.4厘米（图二五〇，11）。

　　标本TN07W02-N08W01③：5，灰白釉、褐胎。侈口、弧腹、下腹微鼓、假圈足。口径15.2、底径8.4、高5.4厘米（图二五一，1）。标本TN03W04-TN04W03③：4，灰白釉、褐胎。侈口、弧腹、假圈足。口径18.4、底径9.6、高7厘米（图二五一，2）。标本TN07W02-N08W01③：12，灰白釉、褐胎。侈口、弧腹、假圈足。口径17.2、底径8.8、高5.4厘米（图二五一，3）。标本TN05W08-N06W07③：3，灰白釉、褐胎。侈口、弧腹、假圈足。口径16、底径9.6、高4.4厘米（图二五一，4）。标本TN07W06-N08W05③：4，灰白釉、褐胎。侈口、弧腹、假圈足。口径15.6、底径8、高6厘米（图二五一，5）。标本TN05W09-TN06W09③：19，灰白釉、褐胎。侈口、弧腹、假圈足。口径16.8、底径8.4、高5厘米（图二五一，6）。标本TN03W08-N04W07③：14，灰白釉、褐胎。侈口、弧腹、假圈足。口径15.6、底径8.2、高6厘米（图二五一，7）。标本TN01W04-N02W03③：2，灰白釉、褐胎。侈口、弧腹、假圈足。口径10.8、底径6、高5厘米（图二五一，8）。标本TN07W06-N08W05③：1，灰白釉、褐胎。侈口、弧腹、假圈足。口径14.8、底径8、高6.4厘米（图二五一，9）。标本TN07W02-N08W01③：3，灰白釉、褐胎。侈口、弧腹、假圈足。口径15.6、底径8.4、高5.8厘米（图二五一，10）。标本TN05W04-N06W03③：3，无釉、灰胎。侈口、弧腹、假圈足。口径16、底径7.6、高6厘米（图二五一，11；彩版四〇，5）。标本TN03W08-N04W07③：12，灰白釉、褐胎。侈口、弧腹、假圈足。口径21.6、底径8.8、高6.8厘米（图二五一，12）。标本TN03W08-N04W07③：7，灰白釉、褐胎。侈口、弧腹、假圈足。口径15.6、底径8、高5.8厘米（图二五一，13）。

　　标本TN03W08-N04W07③：27，灰白釉、褐胎。侈口、鼓腹微折、假圈足。口径16.4、底径8.4、高5.8厘米（图二五二，2）。标本TN03W08-N04W07③：18，无釉、褐胎。侈口、鼓腹微折、假圈足。口径11.2、底径5.2、高4厘米（图二五二，3）。标本TN05W02-N06W01③：4，灰白釉、褐胎。侈口、鼓腹微折、假圈足。口径16、底径8.8、高5厘米（图二五二，4）。标本TN03W08-N04W07③：59，灰白釉、褐胎。侈口、鼓腹微折、假圈足。口径16.4、底径8.8、高5厘米（图二五二，5）。标本TN03W06-N04W05③：4，无釉、灰胎。敞口、深折腹、平底。口径12、底径5、高4.2厘米（图二五二，6；图版五，3）。

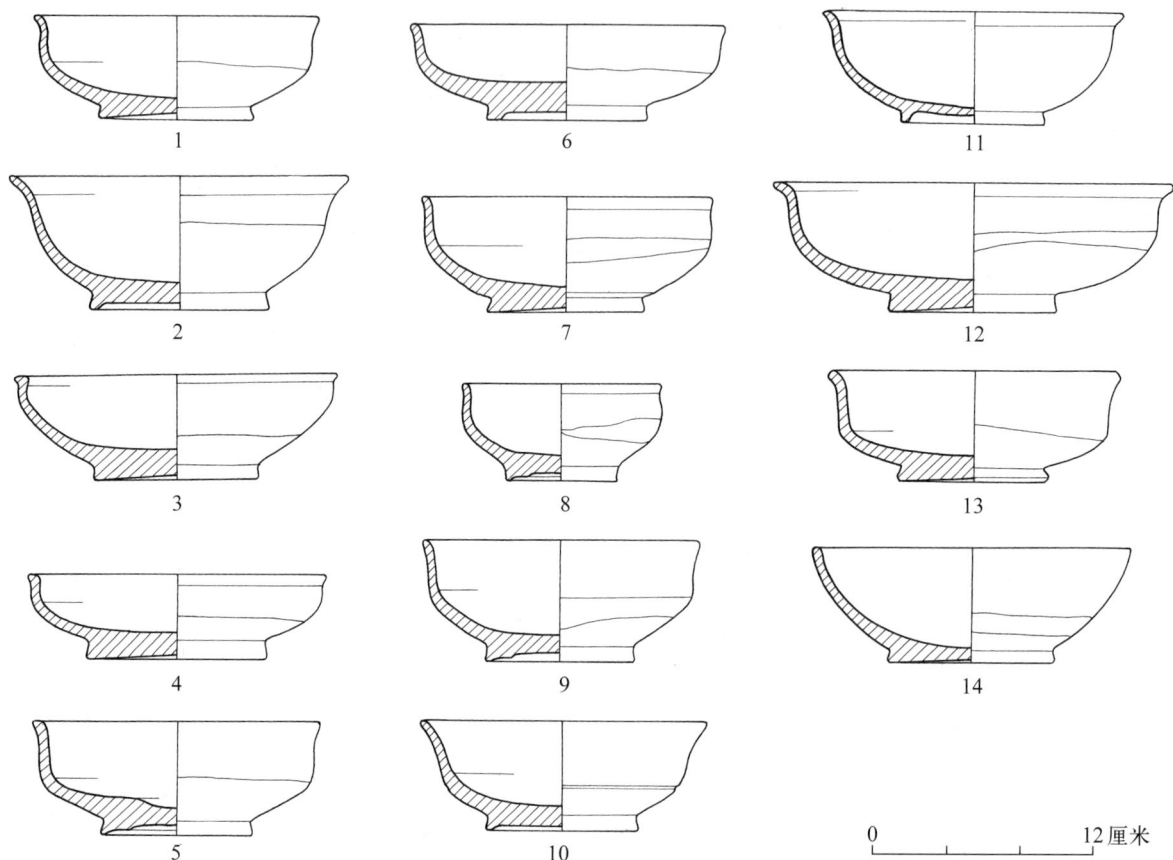

图二五一　③层未定窑口瓷碗

1. TN07W02-N08W01③:5　2. TN03W04-TN04W03③:4　3. TN07W02-N08W01③:12　4. TN05W08-N06W07③:3
5. TN07W06-N08W05③:4　6. TN05W09-TN06W09③:19　7. TN03W08-N04W07③:14　8. TN01W04-N02W03③:2
9. TN07W06-N08W05③:1　10. TN07W02-N08W01③:3　11. TN05W04-N06W03③:3　12. TN03W08-N04W07③:12
13. TN03W08-N04W07③:7　14. TN03W08-N04W07③:49

标本TN03W08-N04W07③:49,灰白釉、褐胎。敞口、弧腹、假圈足。口径17.2、底径8.8、高6厘米(图二五一,14)。标本TN07W02-N08W01③:16,灰白釉、褐胎。敞口、弧腹、假圈足。口径19.6、底径8、高4.8厘米(图二五二,1)。

盘　2件。

标本TN03W08-N04W07③:109,灰白釉、灰白胎。敞口、大平底。口径16、底12、高2.6厘米(图二五〇,12)。标本TN05W04-N06W03③:1,无釉、黄褐胎。敞口、大平底。口径15、底径10、高2.5厘米(图二五〇,13;彩版四〇,6)。

盏　11件。

标本TN03W08-N04W07③:82,无釉、褐胎。敛口、浅弧腹、平底。口径15.2、底径4.8、高4厘米(图二五四,11)。

标本TN05W02-N06W01③:6,无釉、灰胎。口微敛、深弧腹、平底。口径9.6、底径4.8、高3.8厘米(图二五四,12)。标本TN05W02-N06W01③:11,无釉、灰胎。口微敛、深弧腹、平底。口径

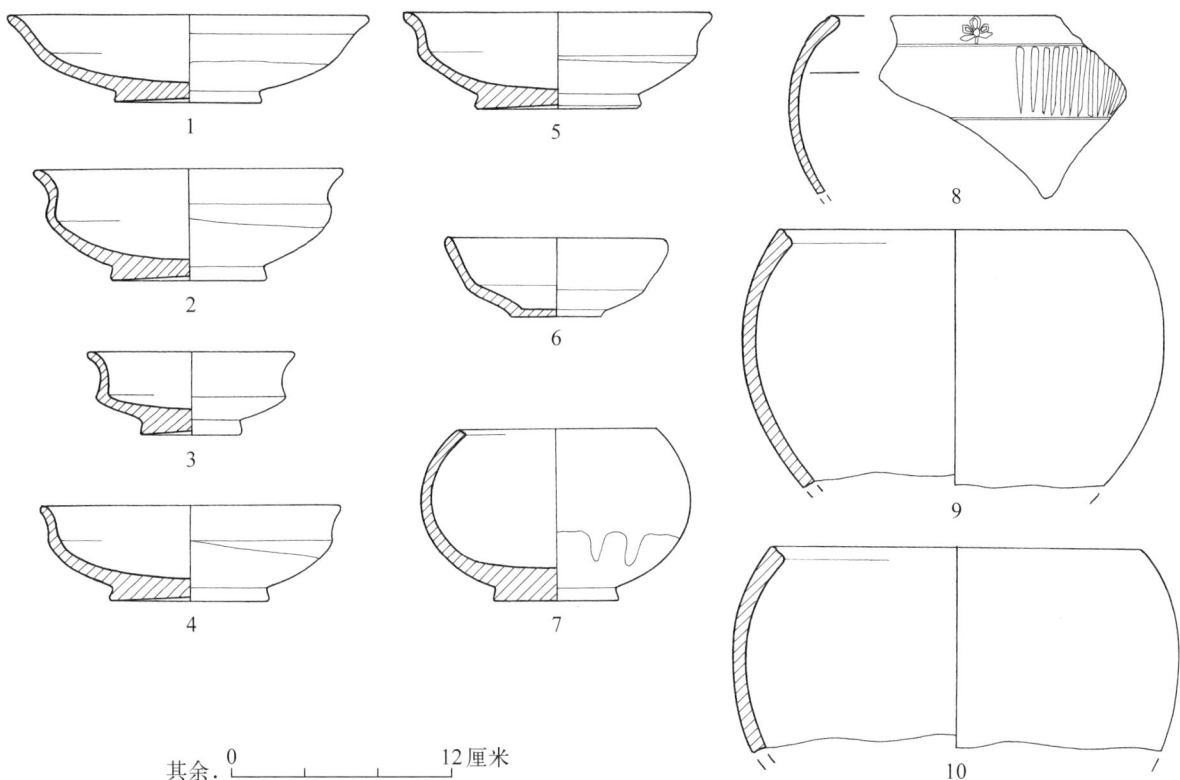

图二五二　③层未定窑口瓷器

1—6.碗（TN07W02－N08W01③：16、TN03W08－N04W07③：27、TN03W08－N04W07③：18、TN05W02－N06W01③：4、
TN03W08－N04W07③：59、TN03W06－N04W05③：4）　7—10.钵（TN03W08－N04W07③：11、TN07W02－N08W01③：8、
TN03W08－N04W07③：107、TN03W08－N04W07③：3）

7.2、底径4.2、高3厘米（图二五四，13）。标本TN05W02－N06W01③：5，无釉、灰胎。口微敛、深弧腹、平底。口径7.6、底径4.6、高3.3厘米（图二五五，1；图版五，1）。标本TN05W02－N06W01③：1，无釉、灰胎。口微敛、深弧腹、平底。口径16.8、底径10.8、高5.6厘米（图二五五，2）。标本TN05W02－N06W01③：13，无釉、灰胎。口微敛、深弧腹、平底。口径7.6、底径4.3、高3.2厘米（图二五五，3；图版五，2）。

标本TN01W09－N02W09③：6，无釉、灰胎。敛口、折腹。口径11.4、残高4.2厘米（图二五五，4）。标本TN07W02－N08W01③：17，无釉、灰胎。敛口、折腹。口径11.2、底径4.2、高5.6厘米（图二五五，5）。

标本TN03W06－N04W05③：2，无釉、灰胎。侈口、浅腹、平底。口径10、底径4.8、高3厘米（图二五五，6）。标本TN05W08－N06W07③：5，无釉、褐胎。侈口、浅腹、平底。口径10.8、底径4、高3.4厘米（图二五五，7）。标本TN03W04－TN04W03③：6，无釉、灰胎。侈口、浅腹、平底。口径9.4、底径4、高3厘米（图二五五，8）。

壶　4件。

标本TN05W08－N06W07③：1，无釉、褐胎。盘口、束颈。口径26、残高12厘米（图二五五，

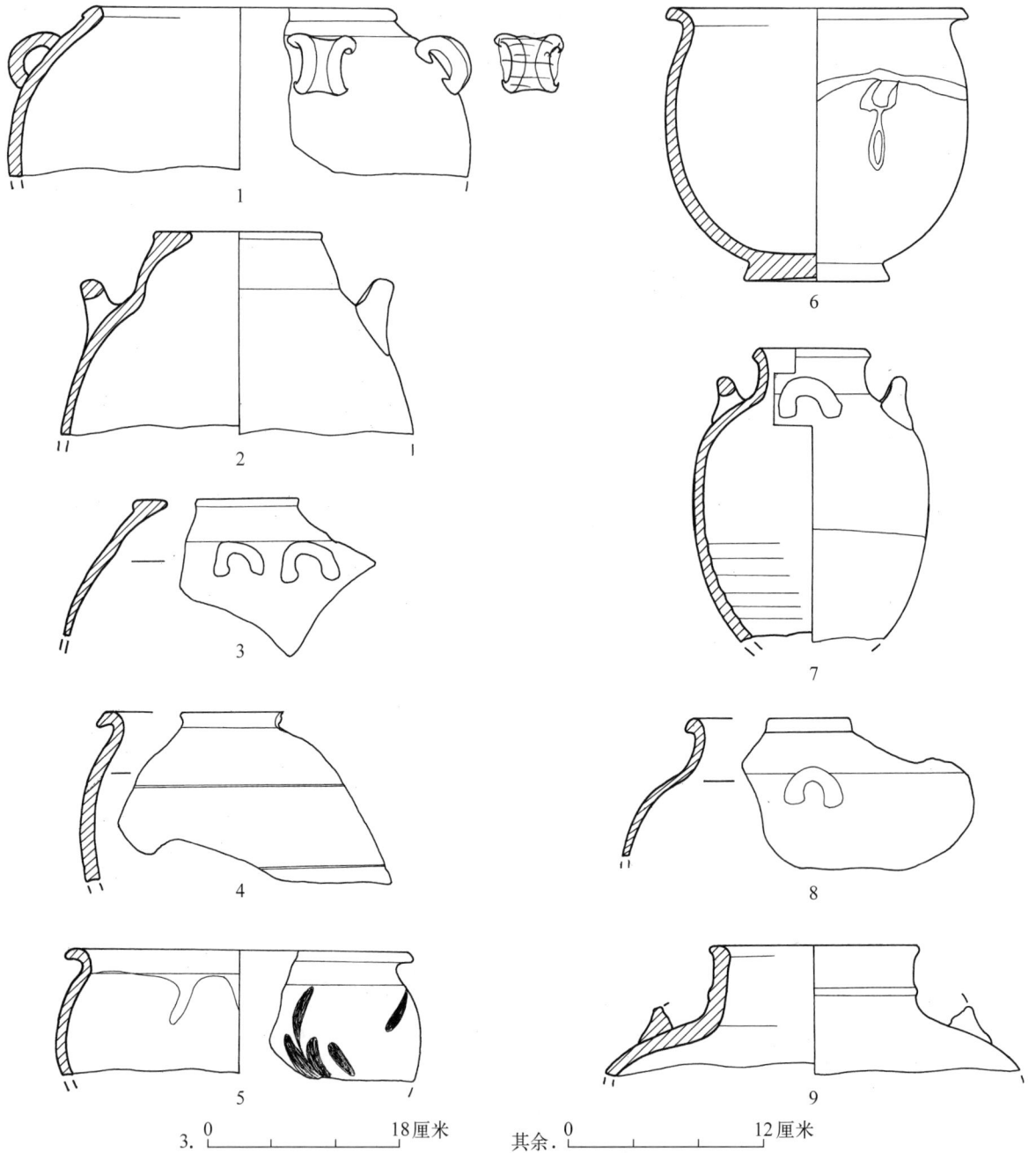

图二五三　③层未定窑口瓷罐

1. TN05W02-N06W01③：7　2. TN05W04-N06W03③：12　3. TN03W08-N04W07③：30　4. TN07W02-N08W01③：1
5. TN03W08-N04W07③：104　6. TN07W02-N08W01③：2　7. TN03W08-N04W07③：15　8. TN03W08-N04W07③：24
9. TN03W08-N04W07③：17

9）。标本TN03W02-TN04W01③：1，无釉、褐胎。盘口、束颈。肩部双横系。口径25、残高16.6
厘米（图二五五，10）。标本TN03W08-N04W07③：77，无釉、褐胎。盘口、束颈。颈部饰有多周
凸弦纹。口径24、残高12.2厘米（图二五五，11）。标本TN05W09-TN06W09③：24，无釉、褐胎。

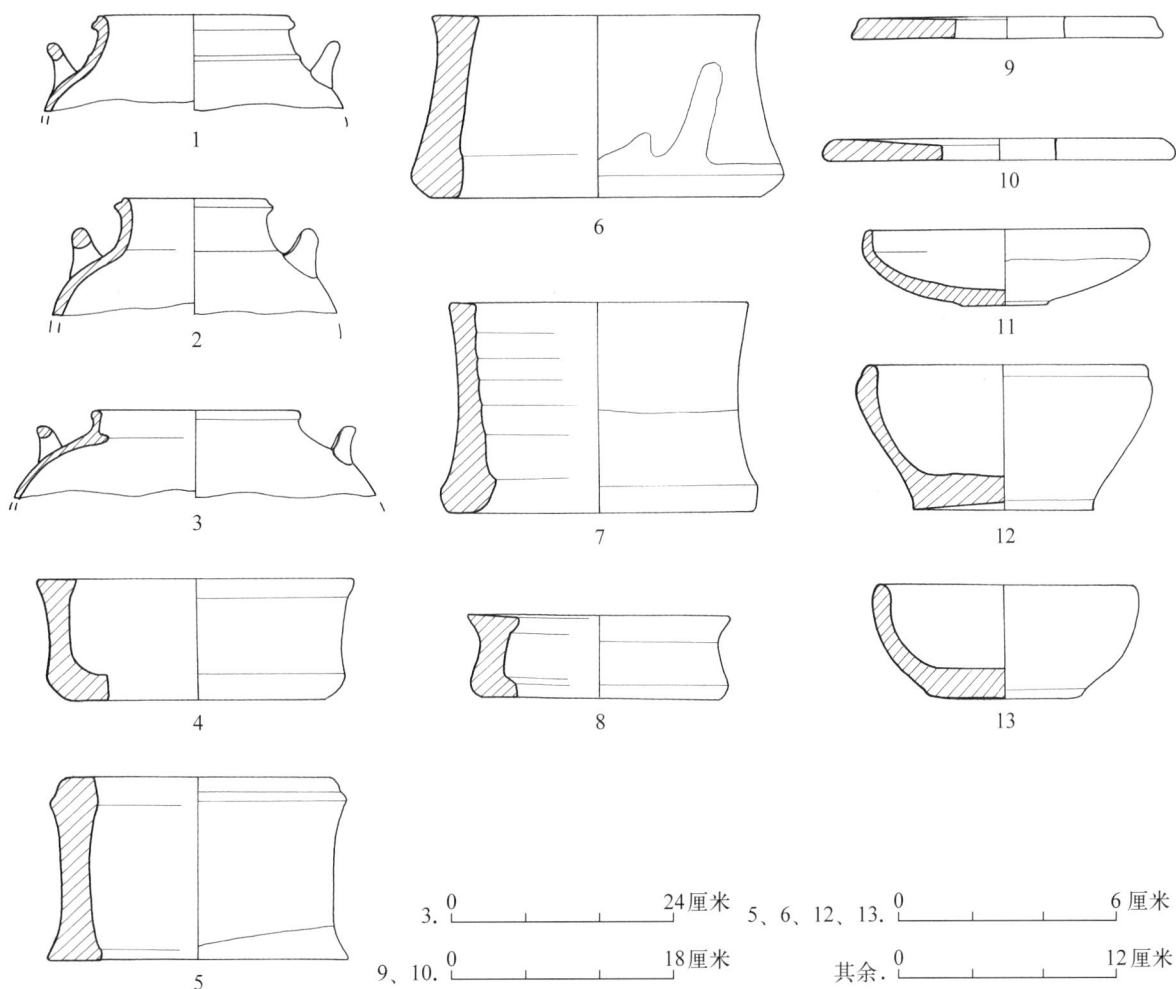

图二五四　③层未定窑口瓷器

1—3.罐（TN03W02—TN04W01③：4、TN03W08—N04W07③：29、TN01W04—N02W03③：3）　4—8.支柱（TN05W04—N06W03③：6、
TN03W09—TN04W09③：8、TN03W09—TN04W09③：11、TN05W09—TN06W09③：3、TN05W04—N06W03③：7）　9、10.垫圈
（TN03W04—TN04W03③：4、TN05W09—TN06W09③：18）　11—13.盏（TN03W08—N04W07③：82、TN05W02—N06W01③：6、
TN05W02—N06W01③：11）

　　盘口、束颈。颈部饰凹弦纹。口径14.4、残高11.2厘米（图二五五，12）。
　　罐　13件。
　　标本TN05W02—N06W01③：7，无釉、灰白胎。敛口、肩部四纵系。口径19、残高9.8厘米
（图二五三，1）。标本TN05W04—N06W03③：12，无釉、灰白胎。敛口、鼓肩。肩部两横系。口径
10.4、残高12厘米（图二五三，2）。标本TN03W08—N04W07③：30，无釉、灰白胎。敛口、鼓肩。
肩部饰有两个半环形装饰。残高13.8厘米（图二五三，3）。
　　标本TN07W02—N08W01③：1，无釉、灰白胎。卷沿外侈、束颈、弧肩。肩部饰有一道
弦纹。残长16.4、残宽10厘米（图二五三，4）。标本TN03W08—N04W07③：104，灰釉、褐
胎。卷沿外侈、束颈、弧肩。腹部饰叶片状纹饰。口径21.2、残高7.6厘米（图二五三，5）。标本

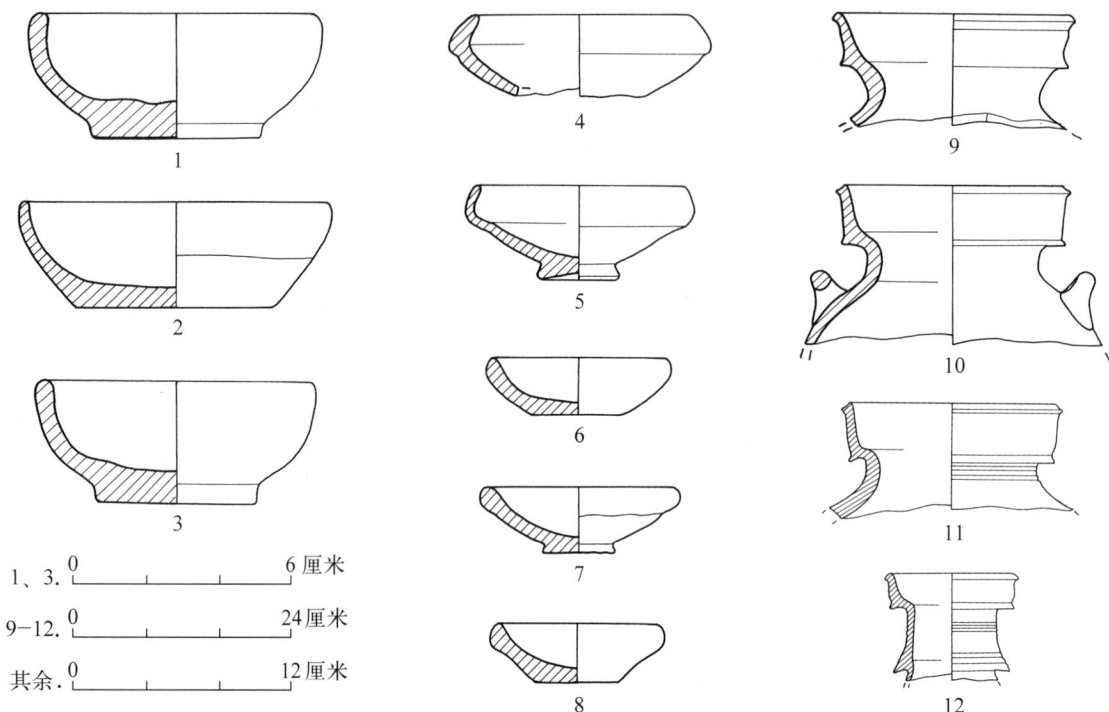

图二五五　③层未定窑口瓷器

1—8.盏（TN05W02-N06W01③：5、TN05W02-N06W01③：1、TN05W02-N06W01③：13、TN01W09-N02W09③：6、
TN07W02-N08W01③：17、TN03W06-N04W05③：2、TN05W08-N06W07③：5、TN03W04-TN04W03③：6）
9—12.壶（TN05W08-N06W07③：1、TN03W02-N04W01③：1、TN03W08-N04W07③：77、TN05W09-N06W09③：24）

TN07W02-N08W01③：2，灰白釉、褐胎。卷沿外侈、束颈、弧肩。腹部饰有圆环纹。口径18厘米，底径8.4、高16厘米（图二五三，6）。

标本TN03W08-N04W07③：15，无釉、褐胎。口微侈、矮领、鼓肩、深弧腹。肩部四横系。口径7.2、腹径14、残高17.2厘米（图二五三，7）。标本TN03W08-N04W07③：24，无釉、褐胎。口微侈、矮领、鼓肩、深弧腹。肩部饰有一个半环形装饰。残高9.2厘米（图二五三，8）。标本TN03W08-N04W07③：17，无釉、褐胎。口微侈、矮领、鼓肩、深弧腹。肩部两系。口径12.4、残高7.6厘米（图二五三，9）。标本TN03W02-TN04W01③：4，无釉、褐胎。口微侈、矮领、鼓肩、深弧腹。肩部两横系。口径10.8、残高4.8厘米（图二五四，1）。标本TN03W08-N04W07③：29，无釉、褐胎。口微侈、矮领、鼓肩、深弧腹。肩部两横系。口径8.4、残高6.2厘米（图二五四，2）。标本TN01W04-N02W03③：3，无釉、褐胎。口微侈、矮领、鼓肩、深弧腹。肩部两横系。口径22.4、残高9厘米（图二五四，3）。

钵　4件。

标本TN03W08-N04W07③：11，灰白釉、褐胎。敛口、鼓腹、假圈足。口径10.4、底径6.8、高9厘米（图二五二，7）。标本TN07W02-N08W01③：8，灰白釉、褐胎。敛口、鼓腹、假圈足。口沿外侧饰有一朵花形刻划纹饰，腹部饰有竖条纹。残高9.6厘米（图二五二，8）。标本TN03W08-N04W07③：107，灰白釉、褐胎。敛口、鼓腹、假圈足。口径18.8、残高13.4厘米（图二五二,9)。标本TN03W08-N04W07③:3,灰白釉、褐胎。敛口、鼓腹、假圈足。口径20、残高10.4厘米(图二五二,10)。

器底　8件。

假圈足状底。标本TN03W08-N04W07③:69,无釉、褐胎。底微凹。底径10.6、残高5.2厘米(图二五六,1)。标本TN07W02-N08W01③:22,无釉、红褐胎。底径11.4、残高15.6厘米(图二五六,2)。标本TN03W08-N04W07③:102,底径9.2、残高12厘米(图二五六,3)。标本TN03W08-N04W07③:65,无釉、褐胎。底径8.8、残高8厘米(图二五六,4)。标本TN05W06-N06W05③:2,底径12、残高14.8厘米(图二五六,5)。标本TN05W04-N06W03③:11,白釉、褐胎。底径4、残高4厘米(图二五六,6)。标本TN01W09-N02W09③:3,白釉、褐胎。底径3.8、残高5.5厘米(图二五六,7)。标本TN03W08-N04W07③:26,灰白釉、褐胎。底径6.8、残高7.2厘米(图二五六,8)。

把手　1件。

标本TN05W09-N06W09③:9,无釉、褐胎。残高5.6厘米(图二五六,9)。

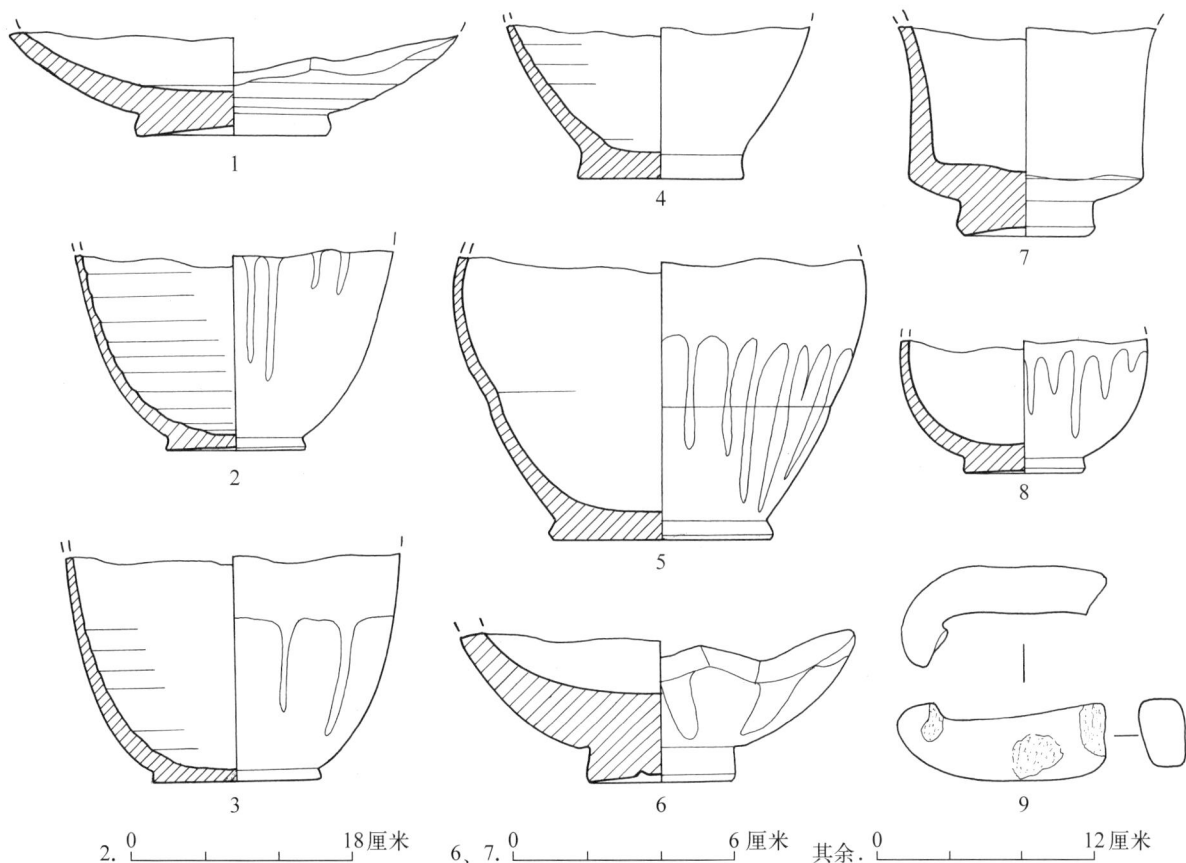

图二五六　③层未定窑口瓷器

1-8.器底(TN03W08-N04W07③:69、TN07W02-N08W01③:22、TN03W08-N04W07③:102、TN03W08-N04W07③:65、TN05W06-N06W05③:2、TN05W04-N06W03③:11、TN01W09-N02W09③:3、TN03W08-N04W07③:26)

9.把手(TN05W09-N06W09③:9)

支柱 5件。

标本TN05W04-N06W03③:6,无釉、灰胎。直筒形、略有束腰、中空。直径17.2、高6.4厘米(图二五四,4)。标本TN03W09-TN04W09③:8,无釉、褐胎。直筒形、略有束腰、中空。直径8、高4.8厘米(图二五四,5)。标本TN03W09-TN04W09③:11,无釉、褐胎。直筒形、略有束腰、中空。直径10、高4.8厘米(图二五四,6)。标本TN05W09-TN06W09③:3,无釉、褐胎。直筒形、略有束腰、中空。直径17、高11厘米(图二五四,7)。标本TN05W04-N06W03③:7,无釉、褐胎。直筒形、略有束腰、中空。直径14、高4.4厘米(图二五四,8)。

垫圈 2件。

标本TN03W04-TN04W03③:4,无釉、褐胎。直径25.2、高1.7厘米(图二五四,9)。标本TN05W09-TN06W09③:18,无釉、褐胎。直径28.8、高1.8厘米(图二五四,10)。

2. 陶器

敛口罐 3件。

标本TN03W09-TN04W09③:6,泥质灰陶。敛口、折鼓肩。口径30、残高5.4厘米(图二五七,6)。标本TN03W08-N04W07③:83,泥质灰陶。敛口、鼓腹。口径18.4、残高8.2厘米(图二五七,9)。标本TN03W08-N04W07③:89,泥质灰陶。敛口、鼓腹。口径18.4、残高6厘米(图二五七,10)。

矮领罐 1件。

标本TN05W08-N06W07③:26,夹砂褐陶。小口、唇外侈、矮领、鼓肩、深弧腹内收、平底。口径9.6、底径13、高21.3厘米(图二五七,7;图版五,4)。

束颈罐 1件。

标本TN05W09-TN06W09③:8,泥质灰陶。侈口、束颈、鼓肩。肩部饰一周凹弦纹。口径10、残高6.4厘米(图二五七,8)。

深腹罐 1件。

标本TN03W08-N04W07③:110,夹砂灰黑陶。折沿外侈、束颈、鼓腹。口径26、残高12.3厘米(图二五八,1)。

盆 7件。

标本TN03W09-TN04W09③:10,泥质灰陶。口微敛、斜弧腹。口径48、残高8.8厘米(图二五七,11)。标本TN05W09-TN06W09③:12,泥质灰陶。口微敛、斜弧腹。口径48、残高3.5厘米(图二五七,12)。标本TN03W08-N04W07③:60,泥质灰陶。敛口、弧腹、平底。口径30、底径17.4、高10.5厘米(图二五七,1)。标本TN03W08-N04W07③:61,泥质灰陶。敛口、弧腹。口径30、残高9.6厘米(图二五七,2)。标本TN01W09-N02W09③:5,泥质灰陶。侈口、斜弧腹、较浅。残高5.1厘米(图二五七,3)。

标本TN03W06-N04W05③:5,夹砂褐陶。侈口,口部微束。口径50、残高14厘米(图二五七,4)。标本TN05W02-N06W01③:8,泥质褐陶。侈口,口部微束。口径30、残高9.3厘米(图二五七,5)。

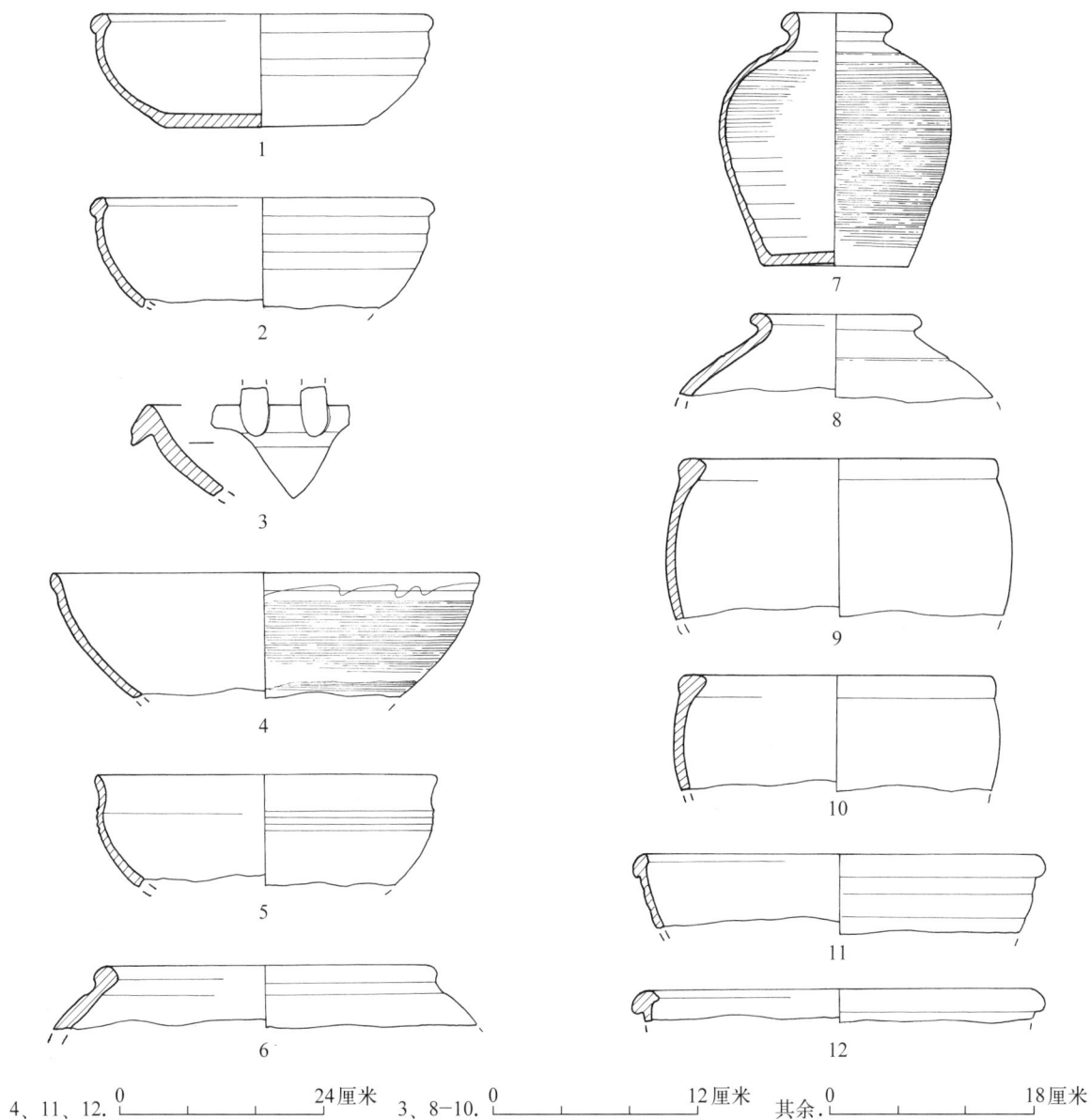

4、11、12. 0 ————— 24厘米   3、8—10. 0 ————— 12厘米   其余. 0 ————— 18厘米

图二五七 ③层陶器

1—5. 盆（TN03W08—N04W07③：60、TN03W08—N04W07③：61、TN01W09—N02W09③：5、TN03W06—N04W05③：5、标本 TN05W02—N06W01③：8）　6—10. 罐（TN03W09—N04W09③：6、TN05W08—N06W07③：26、TN05W09—N06W09③：8、TN03W08—N04W07③：83、TN03W08—N04W07③：89）　11、12. 盆（TN03W09—N04W09③：10、TN05W09—N06W09③：12）

钵　1件。

TN07W04—N08W03③：1，夹砂灰陶。敞口、斜折腹、平底。口径11.2、底径4.8、高3.8厘米（图二五八，3）。

器盖　1件。

标本TN03W08—N04W07③：58，夹砂灰黑陶。敛口。口径12.6、纽径5、高5厘米（图二五八，2）。

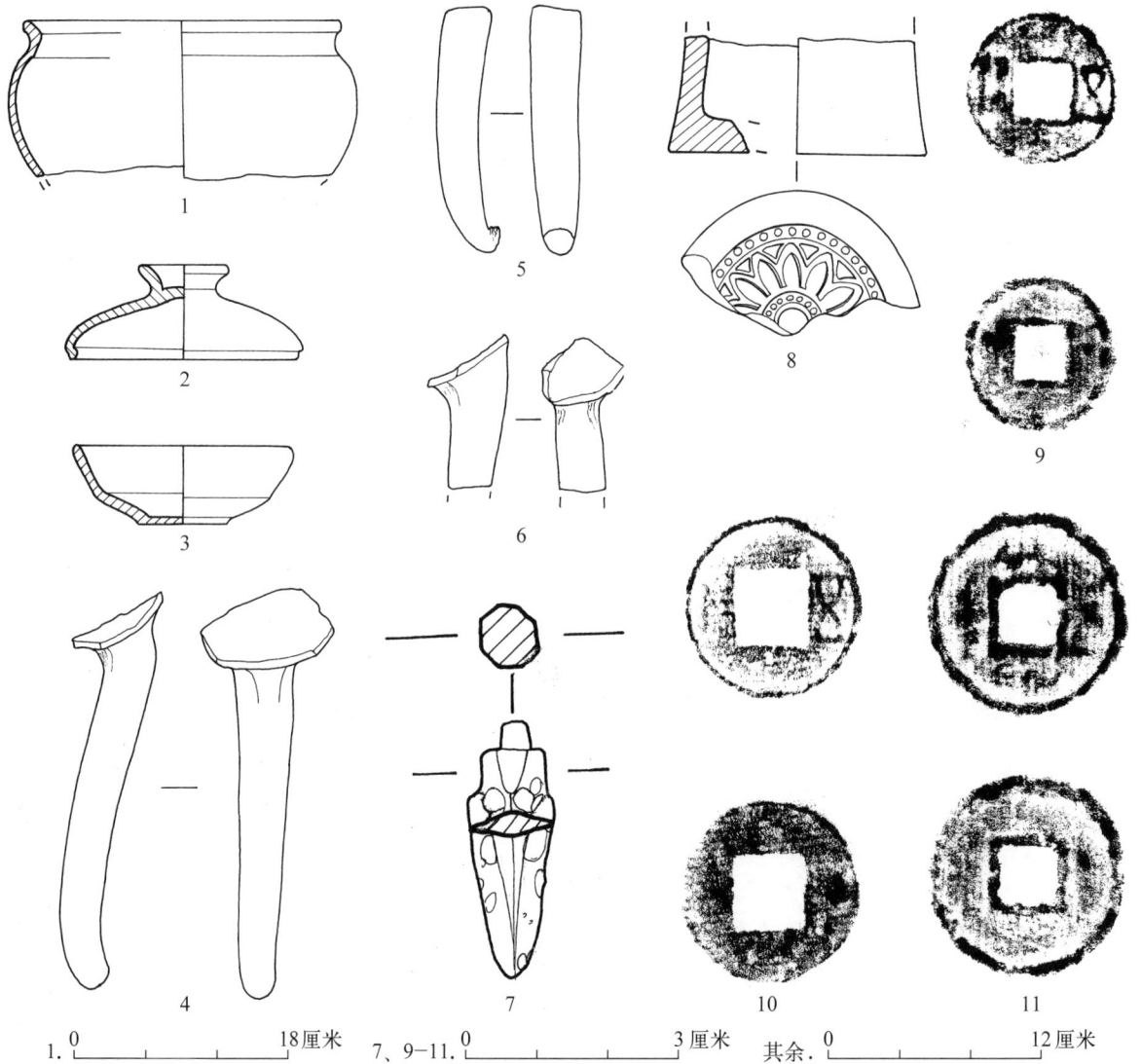

图二五八　③层遗物

1. 陶深腹罐（TN03W08-N04W07③:110）　2. 陶器盖（TN03W08-N04W07③:58）　3. 陶钵（TN07W04-N08W03③:1）
4-6. 陶鼎足（TN03W08-N04W07③:64、TN03W08-N04W07③:63、TN05W09-N06W09③:14）
7. 铜箭镞（TN05W06-N06W05③:1）　8. 陶瓦当（TN03W08-N04W07③:112）　9-11. 铜五铢（TN03W08-N04W07③:114、
TN01W04-N02W03③:37、TN05W02-N06W01③:14）

　　鼎足　4件。

　　标本 TN03W08-N04W07③:64，夹砂灰陶。足较长、足端外撇。残高22厘米（图二五八，4）。标本 TN03W08-N04W07③:63，夹砂灰陶。足端外撇。残高13.2厘米（图二五八，5）。标本 TN05W09-N06W09③:14，夹砂灰陶。残高8厘米（图二五八，6）。

　　瓦当　1件。

　　标本TN03W08-N04W07③:112，泥质灰陶。中心为莲花，花瓣间以三角形，边轮间饰一周连珠纹。残长14.4、残高6.2厘米（图二五八，8；图版五，5）。

3. 铜器

箭簇　1件。

标本TN05W06-N06W05③：1，短铤，三面刃，刃部锋利。长3.5、宽1.2厘米（图二五八，7；图版五，6）。

钱币　3枚。

五铢钱。TN03W08-N04W07③：114，直径2.1、穿径0.8厘米（图二五八，9）。标本TN01W04-N02W03③：37，直径2.5、穿径1厘米（图二五八，10）。标本TN05W02-N06W01③：14，直径2.8、穿径0.7厘米（图二五八，11）。

二、②层出土遗物

1. 瓷器

（1）琉璃厂窑

罐　1件。

标本TN03W08-N04W07②：1，白釉、红胎。口微侈、矮领、鼓肩。肩部置两横系。口径6、残高4.8厘米（图二五九，1）。

（2）磁峰窑

碗　1件。

标本TN05W04-N06W03②：2，白釉、白胎，釉面光洁，釉层薄。敞口、斜弧腹内收、矮圈足。内壁分格模印花纹。口径18.9、底径6.8、高6.6厘米（图二五九，2）。

盘　1件。

标本TN05W04-N06W03②：24，白釉、白胎，釉面光洁，釉层薄。敞口。内壁模印花卉纹饰，外壁呈莲瓣形。口径16、残高3.5厘米（图二五九，3）。

（3）未定窑口

碗　11件。

标本TN03W08-N04W07②：3，灰白釉、灰胎。敞口、斜弧腹内收、矮圈足底。口径16、底径4.8、高4.5厘米（图二五九，4）。标本TN05W04-N06W03②：16，灰白釉、灰胎。敞口、斜弧腹内收、矮圈足底。口径16、底径6.4、高3.8厘米（图二五九，5）。标本TN03W06-N04W05②：5，灰白釉、褐胎。敞口、斜弧腹内收、假圈足底。口径13、底径4.5、高5.2厘米（图二五九，6）。标本TN03W04-N04W03②：1，灰白釉、褐胎。敞口、斜弧腹内收、假圈足底。口径13.6、底径6、高4.7厘米（图二五九，7）。标本TN03W08-N04W07②：4，青黄釉、红胎。敞口、斜弧腹内收、矮圈足底。底部内侧饰花瓣状纹饰。口径18、底径7.2、高6厘米（图二六〇，1）。标本TN03W02-N04W01②：3，无釉、褐胎。敞口、斜弧腹内收、矮圈足底。底部饰花纹。底径6.4、残高5.2厘米（图二六〇，2）。标本TN03W06-N04W05②：2，灰白釉、褐胎。敞口、斜弧腹内收。口径13、残高2.8厘米（图二六〇，3）。标本TN05W04-N06W03②：11，青黄釉、红胎。敞口、斜弧腹内收。饰花纹。口径10.6、残高2.7厘米（图二六〇，4）。标本TN05W06-N06W05②：1，

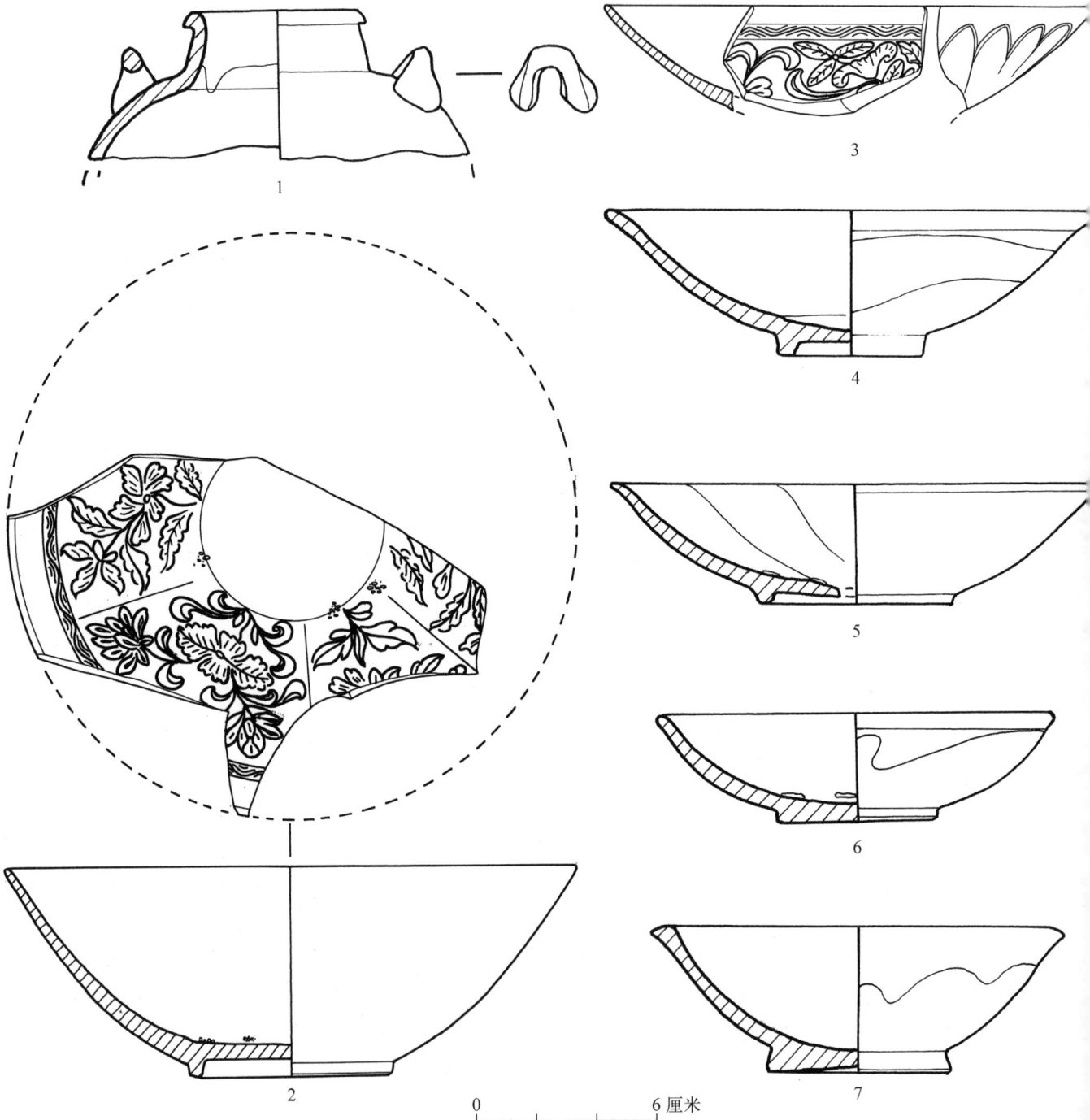

图二五九 ②层瓷器

1. 琉璃厂窑罐（TN03W08-N04W07②：1） 2. 磁峰窑碗（TN05W04-N06W03②：2） 3. 磁峰窑盘（TN05W04-N06W03②：24）
4-7. 未定窑口碗（TN03W08-N04W07②：3、TN05W04-N06W03②：16、TN03W06-N04W05②：5、TN03W04-N04W03②：1）

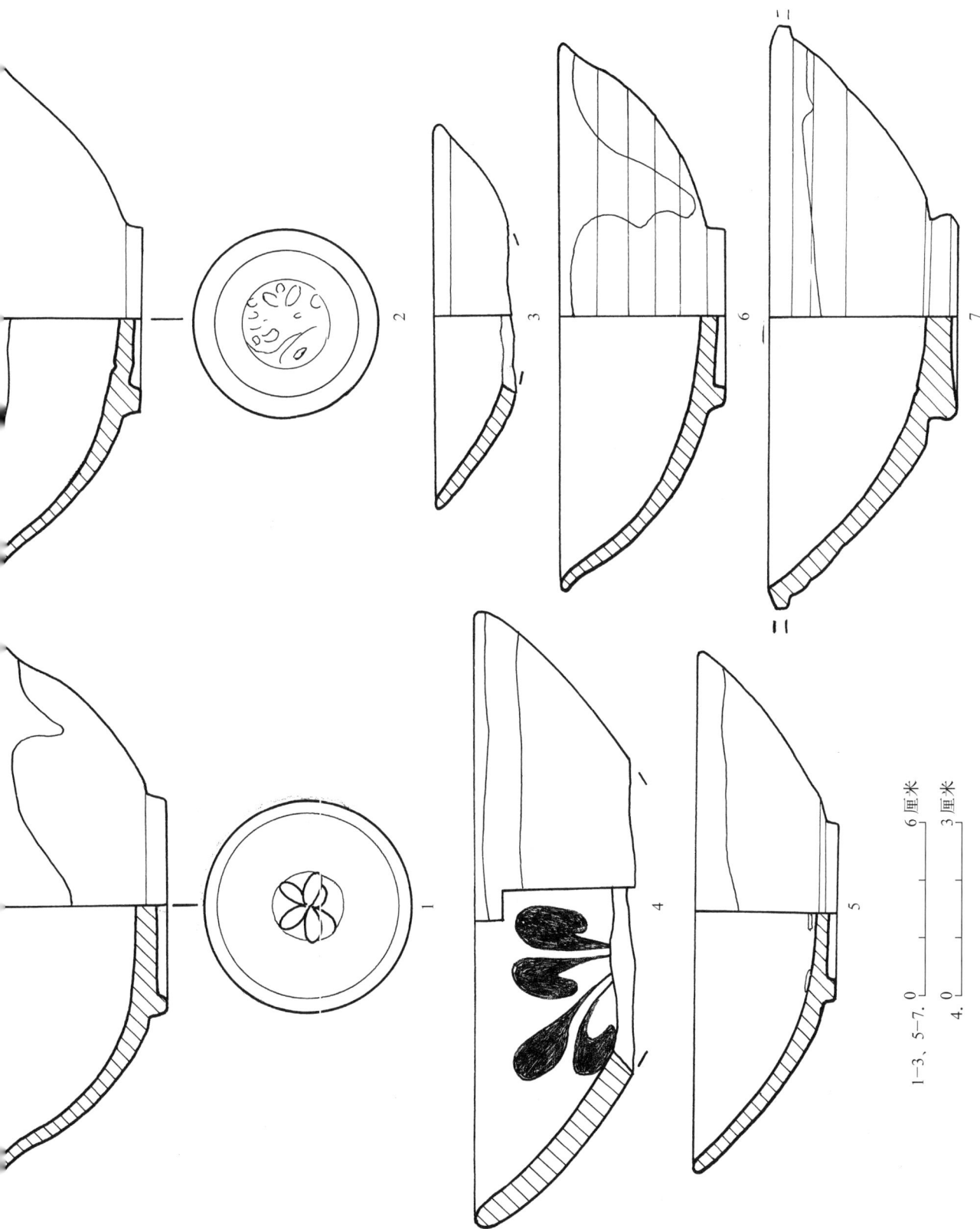

图二六〇　②层未定窑口瓷碗

1.TN03W08-N04W07②:4,TN03W02-N04W01②:3,TN03W06-N04W05②:1,TN05W06-N06W05②:2,TN05W04-N06W03②:11,TN05W04-N06W03②:5

灰白釉、褐胎。敞口、斜弧腹内收、矮圈足底。口径18、底径6、高5.2厘米(图二六〇,5)。标本TN03W02-N04W01②:4,青釉、红胎。敞口、斜弧腹内收、矮圈足底。口径18.8、底径6、高5.8厘米(图二六〇,6)。标本TN05W04-N06W03②:5,灰白釉、灰胎。敞口、斜弧腹内收、假圈足底。口径20、底径7、高6.7厘米(图二六〇,7)。

盏 2件。

标本TN03W09-N04W09②:1,无釉、褐胎。敞口、平底。口径9、底径3.2、高2.4厘米(图二六三,3)。标本TN07W04-N08W03②:1,无釉、褐胎。侈口、浅弧腹、假圈足。口径12厘米,底径5.2、高3.8厘米(图二六三,4)。

瓶 2件。

标本TN03W02-TN04W01②:2,青黄釉、红胎。侈口、矮领、弧肩。口径8、残高8.3厘米(图二六二,1)。标本TN05W02-N06W01②:9,灰白釉、褐胎。侈口、矮领、弧肩。口径6、残高4.6厘米(图二六二,2)。

壶 3件。

标本TN05W02-N06W01②:10,青黄釉、红褐胎。直口、弧肩。肩置横系。残高6.8厘米(图二六二,3)。标本TN03W04-N04W03②:18,无釉、褐胎。直口、矮领、鼓腹较深、平底。肩部置双横系。口径3、底径4、高6.6厘米(图二六二,4)。标本TN03W02-N04W01②:1。无釉、褐胎。直口。肩部置双纵系。口径8、残高5厘米(图二六二,5)。

罐 2件。

标本TN03W08-N04W07②:1,青黄釉、红褐胎。直领、鼓肩。肩部置双横系。口径6、残高4.8厘米(图二六三,1)。标本TN03W04-N04W03②:2,灰黄釉、灰胎。敛口、弧肩。肩部饰纵系。残高5厘米(图二六三,2)。

盆 5件。

标本TN01W02-N02W01②:2,青黄釉、褐胎。卷沿。敞口、斜直浅腹。外壁饰划纹。残高4.8厘米(图二六一,6)。标本TN05W04-N06W03②:19,青黄釉、褐胎。敞口、浅弧腹。口沿残片,残高4厘米(图二六一,7)。标本TN03W06-N04W05②:3,灰黄釉、褐胎。侈口、弧腹。残高6厘米(图二六一,8)。标本TN05W04-N06W03②:17,无釉、褐胎。宽平沿、弧腹内收。口径17.2厘米,残高6厘米(图二六一,9)。标本TN05W04-N06W03②:6,无釉、褐胎。宽平沿、斜腹内收。口径26.4厘米,残高3.4厘米(图二六一,10)。

器底 7件。

矮圈足 5件。标本TN03W06-N04W05②:4,灰白釉、褐胎。底径8、残高6.8厘米(图二六一,1)。标本TN03W08-N04W07②:2,青黄釉、褐胎。底径6.2、残高4.6厘米(图二六一,2)。标本TN05W04-N06W03②:9,灰白釉、褐胎。底径6.6、残高3.2厘米(图二六一,3)。标本TN05W02-N06W01②:8,无釉、灰胎。底径7、残高3厘米(图二六一,4)。标本TN05W08-N06W07②:1,灰白釉、红褐胎。底径9.2、残高7厘米(图二六一,5)。

平底 2件。标本TN01W02-N02W01②:1,无釉、褐胎。深腹。底径9.6、残高13厘米(图

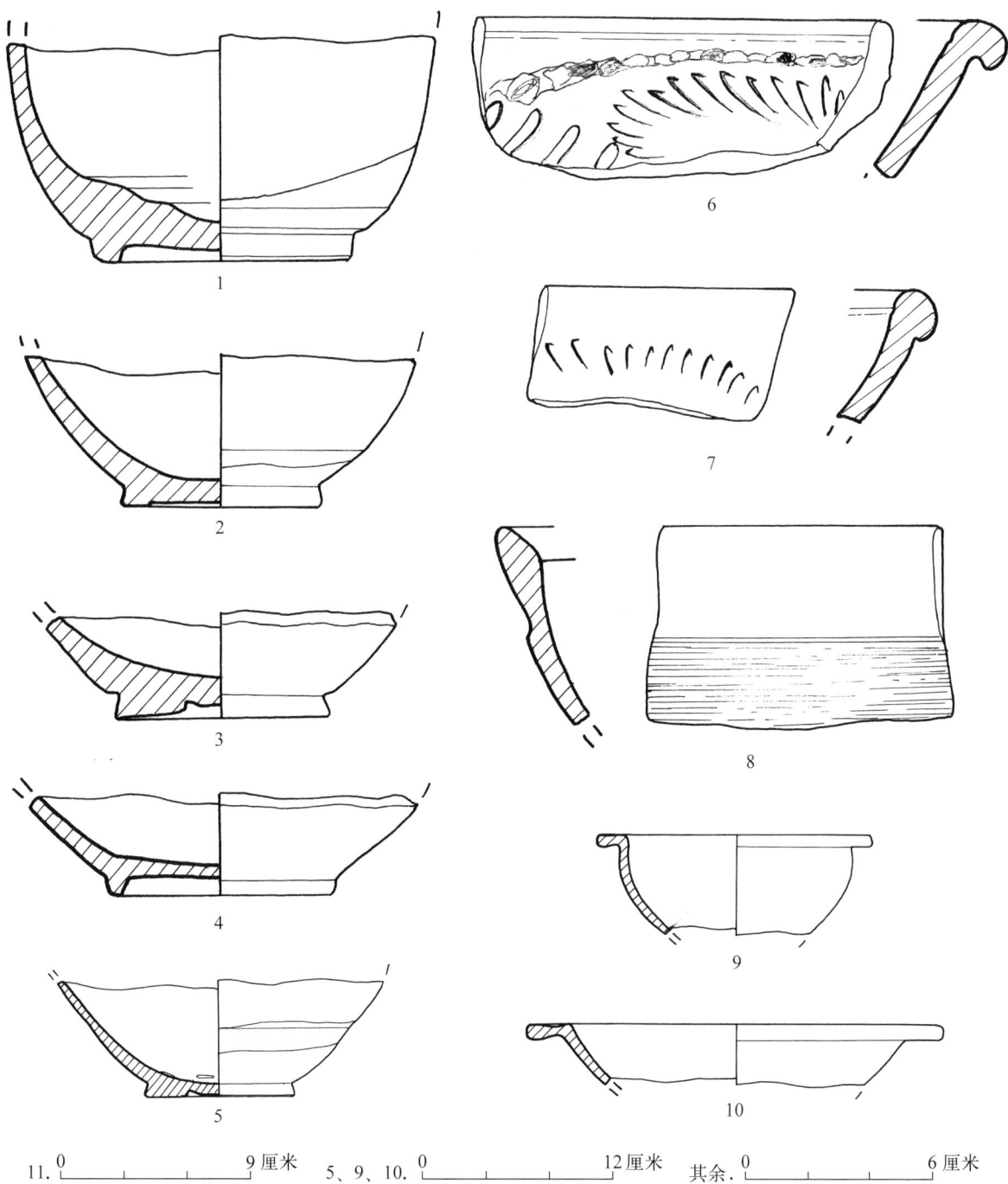

图二六一　②层未定窑口瓷器

1—5.器底（TN03W06－N04W05②：4、TN03W08－N04W07②：2、TN05W04－N06W03②：9、TN05W02－N06W01②：8、TN05W08－N06W07②：1）　6—10.盆（TN01W02－N02W01②：2、TN05W04－N06W03②：19、TN03W06－N04W05②：3、TN05W04－N06W03②：17、TN05W04－N06W03②：6）

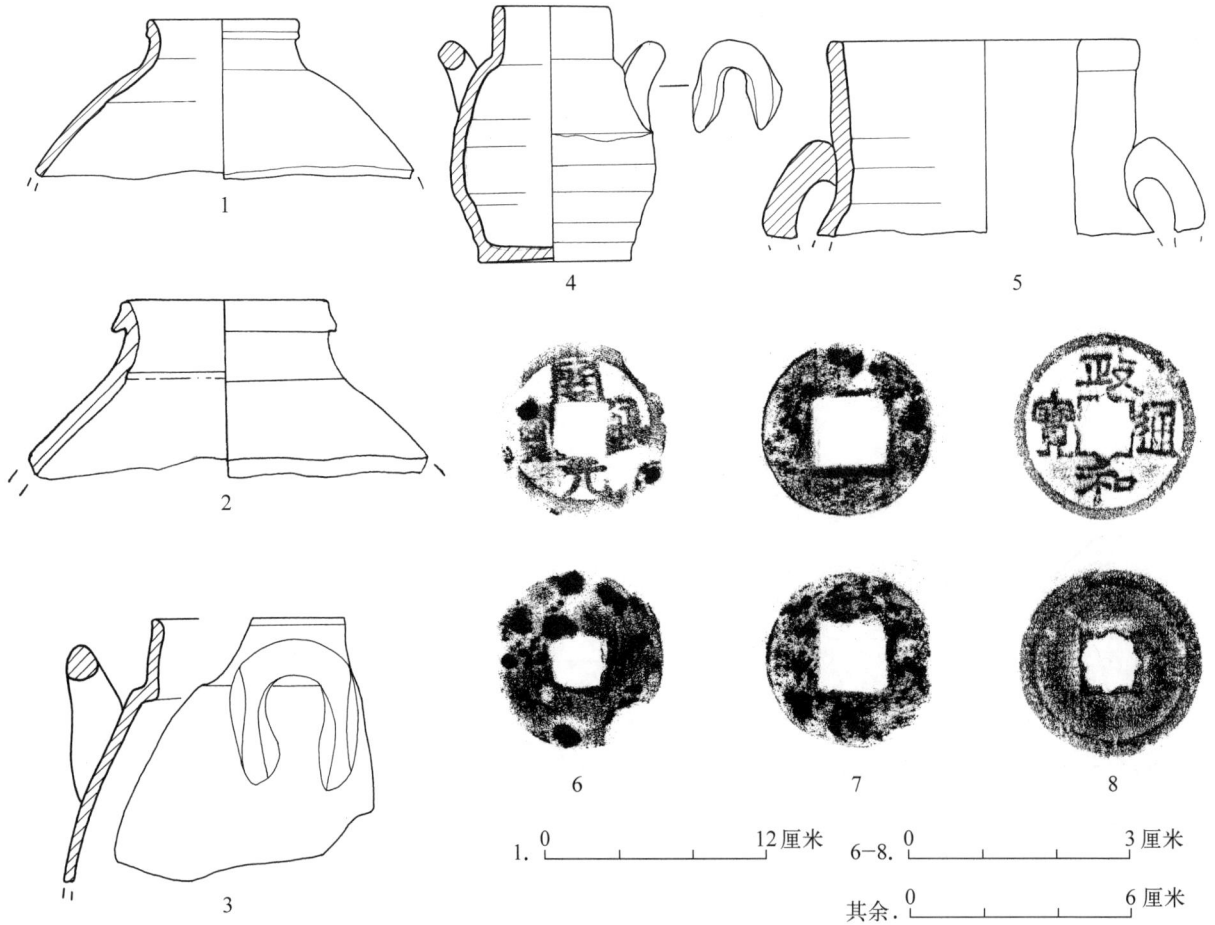

图二六二　②层瓷器和铜钱币

1-2. 瓷瓶（TN03W02-TN04W01②:2、TN05W02-N06W01②:9）　3-5. 瓷壶（TN05W02-N06W01②:10、TN03W04-N04W03②:18、
TN03W02-N04W01②:1）　6-8. 铜钱币（TN05W04-N06W03②:13、TN05W04-N06W03②:25、TN01W02-N02W01②:3）

二六三,5）。标本TN05W04-N06W03②:3,青黄釉、褐胎。内底饰花纹。底径16、残高3.6厘米
（图二六三,6）。

2. 铜器

铜残件　1件。

标本TN01W04-N02W03②:13,器身弯曲,圆锥形。长8.5厘米（图二六三,7）。

铜钱　3枚。

半两钱　1枚。标本TN05W04-N06W03②:25。直径2.3、穿径0.9厘米（图二六二,7）。

开元通宝　1枚。标本TN05W04-N06W03②:13。器表锈蚀,略有残损。直径2.4、穿径0.7
厘米（图二六二,6）。

政和通宝　1枚。标本TN01W02-N02W01②:3。字体清晰,保存较好。直径2.4、穿径0.7
厘米（图二六二,8）。

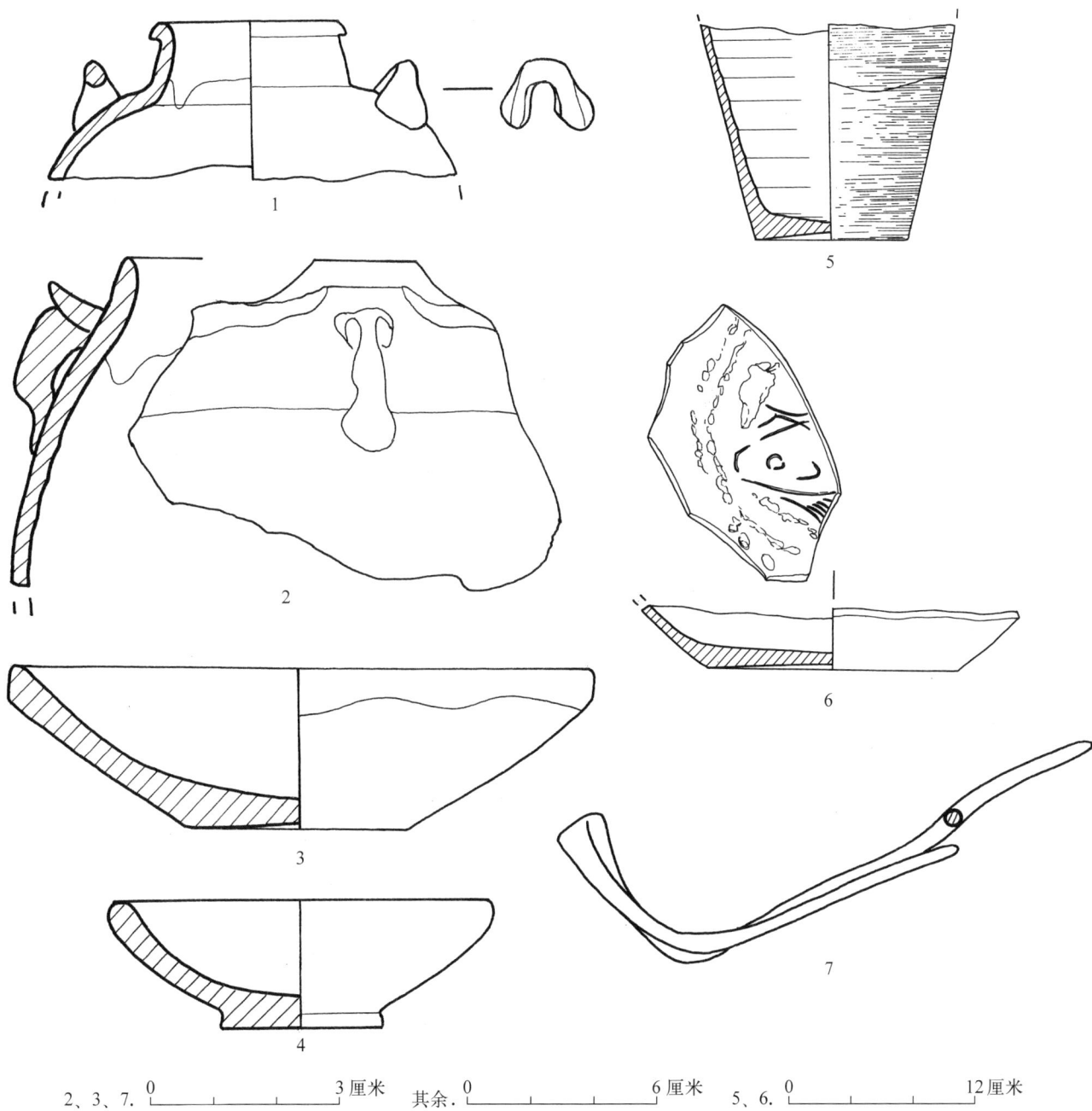

2、3、7. ⌊0————————3厘米⌋　　其余. ⌊0————————6厘米⌋　　5、6. ⌊0————————12厘米⌋

图二六三　②层瓷器和铜器

1－2.瓷罐（TN03W08－N04W07②：1、TN03W04－N04W03②：2）　3－4.瓷盏（TN03W09－N04W09②：1、TN07W04－N08W03②：1）

5、6.瓷器底（TN01W02－N02W01②：1、TN05W04－N06W03②：3）　7.铜残件（TN01W04－N02W03②：13）

第七节　分期与年代

一、分期

唐宋时期遗存包括第③和第②层，以及F1、H1、H2、H3、H4、H5、H6、H9、H15、K1、K2、C1-C4、J5、J6、J7、J11、J12、J13、J14等，遗迹较为丰富。但除了H2、H3出土大量器物，其余大多仅出土少量器物，甚至部分水井、沟和水池没有出土遗物。根据这种实际情况，在分期时我们主要依据出土瓷器较多的H2、H3及第③、第②层来进行，其余遗迹单位根据层位及形制结构，进行归并。

H2开口于③层下，出土瓷器以青羊宫窑、琉璃厂窑及邛窑为主，这些窑口的产品基本可归入本地风格的邛窑系瓷器之中[1]，H2中还有部分不易确定窑口的瓷器，也大多是褐色釉，也与琉璃厂窑等邛窑系统瓷器风格接近。第③层出土瓷器也包括青羊宫窑、琉璃厂窑和邛窑，未定窑口瓷器风格也与之接近。因此，从瓷器窑口风格这一大的类别来看，H2与第③层比较接近，年代可能也比较接近。具体器类上，第③层包括碗、盏、壶、钵、罐等，以及一些垫板、支钉等窑具。H2器类主要为碗、盆、罐、盏等，无窑具出土。在器类上，二者均以碗、罐为大宗，共性较强。因此，可将H2和③层归入第一组。

H3开口于第②层下，所出瓷器数量和种类均非常丰富，包括了琉璃厂窑和邛窑等邛窑系瓷器，还包括了金凤窑、磁峰窑和龙泉窑等窑口的瓷器。器类也非常丰富，主要有碗、盘、碟、罐、瓶、杯、壶等，较为多样。第②层出土瓷器数量不多，包括了琉璃厂窑、磁峰窑等，还有一些不能确定窑口的瓷器，可能属于邛窑系风格的瓷器。器类与H3比较接近。H3和第②层大致可归为一组。

开口③层下的遗迹还有H6、H9和H15，均出土少量瓷器，以褐色釉或无釉瓷器为主，深腹碗的形态与第③层出土的形制一致。因此，这三个遗迹单位可归入③层所在的第一组。

开口于第②层下的遗迹较多，包括F1、H1、H3、H4、H5、K1、K2、J5、J6、J7、J11、J12、J13、J14、C1-C4、G2等，其中仅H1、H4、H5、J11、J12、J13、J14出土少量器物。H4出土钵与第③层钵接近，应归入第一组。H5出土敞口碗与H2比较接近，也应归入第一组。H1双系罐与③层出土较为相似。J13出土盏与H3比较接近，可归入第二组。由于这些水井在结构和层位均比较接近，因此这些水井均可以归入第二组。四座水池结构接近，可大致认为属于同一个大的时期，而G2与C4应属一组有关联的遗迹，因此，G2与水池基本同时。F1砖与水池比较接近，也应该是同一时期的建筑。这些砖构的房址、水井、水池、水沟，应该是当时聚落的某个局部，推测为同时是较为合理的。因此这些遗迹均可归入第二组。K1为砖结构，属于第二组的可能性较大，K1也暂归入第二组。

综上所述，我们将唐宋时期遗存分为两组，每组分别为一期。

第一期包括第③层及H1、H2、H4、H5、H6、H9、H15等遗迹。该期遗迹类型较少，仅有少量灰

---

[1]　成都文物考古研究院、四川大学历史文化学院考古学系、四川大学考古学国家级实验教学示范中心：《成都金沙遗址雍锦湾地点秦汉至明清遗存》，《南方民族考古》第十四辑，科学出版社，2017年，第1-112页。

坑,无房址等遗迹。出土遗物以瓷器为主,另有少量陶器。瓷器均为邛窑系统瓷器,包括邛窑、琉璃厂窑和青羊宫窑等,瓷器类别包括碗、罐、钵、盆、盏等,釉多为褐色等深色系,胎较厚,一般为褐胎或灰胎等。总的来说,这一阶段瓷器主要以邻近的本地窑口为主。这一时期还有窑具出土,反映了这一阶段青羊宫窑存在瓷器生产活动。

第二期包括第②层及F1、H3、K1、K2、J5、J6、J7、J11、J12、J13、J14、C1-C4、G2等遗迹。该期遗迹类型有房址、水井等,可能是当时聚落的一个局部的呈现。而这些遗迹说明当时该地为一较重要的居住址。出土遗物以瓷器为主,包括邛窑系及金凤窑的黑瓷、磁峰窑的白瓷及龙泉窑的青白瓷等。瓷器类别以碗、罐、盘、盆、瓶、盏、碟、杯等为主,釉色多样,胎厚薄不一。这一阶段瓷器从本地为主,转向了本地与外地的结合的情况。这一期较少有窑具出土,反映了青羊宫窑的生产活动可能式微。

二、年代

第一期,以H2和第③层为代表。

H2包括了青羊宫窑、邛窑、琉璃厂窑及其他未辨窑口的瓷器。青羊宫窑仅一件带柄盏,与十二桥遗址T36④:2较为接近,约为中晚唐时期。H2中琉璃厂窑瓷器最多,包括碗、盘、盆、钵、罐、瓶等类。碗、盘、钵等多为灰白釉、白釉;罐既有灰白釉,也有呈酱色的青黄釉。胎为褐胎或灰黑胎或红褐胎等。与琉璃厂窑2010年出土材料相比,无论是器类,还是釉色种类,都比较接近。2010年器物年代分为五代和北宋末至南宋中期两期,H2琉璃厂窑瓷器比较复杂,部分碗为饼状足,与第一期比较接近,而一些双系罐又与第二期比较接近,年代跨度较大,综合推测其年代约为五代至北宋时期。H2中邛窑瓷器包括碗、盆、罐和砚等类,釉色丰富,包括白釉、青黄釉、灰釉等多种,一般为灰胎,少量褐胎。少量瓷器表明有褐色、绿色等装饰。这些瓷器大多为邛窑青瓷,年代约为晚唐五代。H2中还有一些瓷器窑口不易确定,但从器类来看,与琉璃厂窑等比较接近,应该也属于邛窑系统瓷器。

综上所述,H2中瓷器年代约为晚唐至北宋时期,其废弃年代当为北宋时期。

第③层,出土瓷器也包括青羊宫窑、琉璃厂窑及邛窑等。其中青羊宫窑瓷器包括砚台及垫圈、垫板、支钉等窑具。这些器物表面施釉不明显,显示出较早的年代特征,表面多呈黑褐色。支钉等窑具与十二桥遗址出土的基本一致[1],年代约为隋唐时期。第③层中还出土了少量琉璃厂窑瓷器,与琉璃厂2010年发掘的第一期瓷器风格有接近之处,年代约为五代至北宋时期。第③层中还出土了一些瓷器,部分有釉,部分无釉,为高温陶器。这些陶瓷器以深腹碗、钵最多,器形与十二桥遗址同类器接近[2],年代约为唐代。

综合来看,第③层出土瓷器年代在隋唐至北宋时期。

结合H2和第③层的年代,推测新一村遗址唐宋遗存第一期年代约为隋唐至北宋时期,主体

[1]　四川省文物考古研究院、成都文物考古研究所:《成都十二桥》,文物出版社,2009年,第202页。

[2]　四川省文物考古研究院、成都文物考古研究所:《成都十二桥》,文物出版社,2009年,第183页。

为唐代。

第二期,以H3和第②层为代表。

H3出土瓷器数量很多,器类也非常丰富,产品包括琉璃厂窑、磁峰窑、金凤窑、邛窑、龙泉窑等诸多窑口的产品。

磁峰窑的瓷器数量较多,主要是碗、盘,另有少量碟、器盖、杯等。其中碗最具特色,以敞口、侈口,斜弧腹,圈足为主要特征;多数有类似刻画的纹饰,外壁多有莲瓣花纹,内壁多装饰花草纹、大雁穿花纹等。素面和纹饰盘皆有,素面的还有少量葵口形态,外壁均无莲瓣纹装饰,内壁多装饰花草纹、大雁穿花等纹饰。以碗、盘为代表的磁峰窑瓷器特征与2000年磁峰窑发掘出土的瓷器高度接近,其中又主要与第二、三期瓷器接近,如莲瓣纹外壁装饰、花草纹等都是磁峰窑第二、三期的常见装饰,年代为南宋时期。而部分盘还有葵口装饰,与磁峰窑第一期的风格比较接近[1]。综合来看,H3磁峰窑瓷器年代主体为南宋时期,少量为北宋中晚期。H3中琉璃厂窑瓷器数量也较多,以碗、盘、罐等器类为主。碗、盘均已圈足为主,近口部有釉,器形与装饰特征与琉璃厂窑2010年发掘的第二期瓷器非常接近[2],年代在南宋时期。罐装饰酱黑釉的刻划线纹,与琉璃厂窑同类器非常接近,年代也在南宋时期。综合推测,H3琉璃厂窑瓷器年代约为南宋时期。H3中的龙泉窑青白瓷器,包括碗、盘、碟等类,以宽平沿碟最具特色,与易立对四川地区龙泉窑分期的第一期瓷器接近[3],约为南宋中晚期。H3中还有一些黑釉瓷器,应为金凤窑的产品,主要是碗。碗以深腹、素面为特征,与金凤窑发掘的第二期瓷器风格接近[4],年代约为南宋中晚期。

H3出土不同窑址的瓷器年代均较为一致,主体在南宋中晚期,其中有少量北宋时期的磁峰窑等瓷器。据此推测,H3废弃年代应该为南宋晚期甚至元初。

第②层,能分辨窑口的主要是琉璃厂窑和磁峰窑,瓷器数量较少,器物形态与H3比较接近,年代约为南宋中晚期。而不能分辨窑口的高温陶器或瓷器,年代也大致在南宋时期。

结合H3和第②层出土瓷器的年代,推测新一村唐宋时期遗存第二期年代为南宋中晚期。

[1] 成都市文物考古研究所、彭州市博物馆:《2000年磁峰窑发掘报告》,《成都考古发现》(2000),科学出版社,2002年。

[2] 成都文物考古研究所:《成都市琉璃厂古窑址2010年试掘报告》,《成都考古发现》(2010),科学出版社,2012年。

[3] 易立:《四川地区出土龙泉窑青瓷的类型与分期》,《四川文物》2013年第5期。

[4] 成都市文物考古研究所、都江堰市文物局:《都江堰市金凤窑发掘报告》,《成都考古发现(2000)》,科学出版社,2002年。

第七章 结 语

新一村遗址作为十二桥遗址群的一部分,发现了从新石器时代晚期至唐宋时期的遗存,其中主要以周代、秦汉和唐宋三个阶段的遗存为主。而周代遗存的发现,引起了学界的较高关注,尤其是关于其文化性质的争论是最为核心的问题。

一

新石器时代遗存仅在遗址中少量分布,且多位于淤沙中,保存状况较差,很难辨认出遗迹,仅有一些细碎陶片出土。从陶器特征来看,这些遗存属于宝墩文化。在成都市区一带,以往较少有新石器时代遗存被发现,可能与其埋藏环境有关。事实上,在成都市区的十街坊遗址[1]、金沙遗址群中,均发现较多宝墩文化遗存。这些遗存大多属于宝墩文化晚期,其意义在于暗示成都市区后来大量出现的商周时期文化遗存是有迹可循,而非突然出现的。

二

新一村遗址中,周代遗存是最为丰富的堆积,也是成都市区除金沙遗址以外,一处较为重要的周代遗存分布区域。周代遗存可分为两期四段,其中前三段为第一期,第四段为第二期。第一期一段年代为西周早中期,第一期二段为西周晚期至春秋早期,第一期三段为春秋中期至晚期偏早。第二期四段为春秋末期至战国晚期。

第一期在陶器上具有一些共性特征,基本组合为尖底杯、尖底盏等尖底器,以及喇叭口罐、绳纹深腹罐、敛口罐、束颈罐、釜、瓮、簋形器等陶器。如何认识以新一村第一期遗存为代表的这批周代遗存,是成都平原先秦文化体系构建的重要一环。这一段器物群的变化较为显著,但并非完全以新的器物群取代了十二桥文化的器物群。这导致学者对这类遗存的认识存在较大分歧。部

[1] 朱章义等:《成都南郊十街坊遗址年度发掘纪要》,《成都考古发现》(1999),科学出版社,2001年,第1-29页。

分学者认为其应该属于十二桥文化的晚期阶段[1]，部分学者则认为其应该属于一种新的文化类型[2]。以下从陶器及时空关系两个层面谈一些对此问题的认识。

第一期由第一段至第三段，尖底器占比不断减少，最后尖底杯和尖底罐已经少见，主要为尖底盏。而以釜、绳纹深腹罐、箕形器、喇叭口罐、敛口广肩罐为代表的新兴文化因素不断加强。这是西周中期以来发生的变化。在商代晚期至西周早期的十二桥文化遗存中，是不见这些器物组合的。而尖底器在成都平原一直延续至战国时期。十二桥文化的尖底杯和尖底盏常为泥质，表面较为光滑，制作比较精细；而西周中期以后，尖底盏及尖底杯器形变小，常为夹砂制作，较为粗糙。从陶器精细程度来讲，西周中期以后的尖底器地位有所下降。而新兴的一组陶器逐渐占据了主导地位。再者，容易被我们忽视的一点是陶器的质地，十二桥时期陶器整体颜色较深，一般为灰褐色、灰黑色，而新一村这批陶器在灰色系之外，红褐色也占有较大比例，这是陶器烧制技术的变化所造成的。总之，从典型陶器群的变化，以及尖底器的式微、陶器质地的变化，我们认为以新一村遗址为代表的西周中期至春秋中晚期的遗存与之前十二桥文化存在较大差异，是一种新的文化类型。

考古学文化除了代表文化特征的器物群，还有其分布的时间和空间。十二桥文化在成都平原大量发现，从三星堆文化至十二桥文化的所谓"过渡遗存"，到典型的十二桥文化，都在成都平原大量发现。十二桥文化鼎盛阶段的代表就是金沙遗址祭祀区，其鼎盛阶段约为商代晚期至西周早期，发现了大量祭祀遗迹及代表较高技术水平的珍贵遗物。祭祀区周围还有较多不同等级的居住址，年代也集中在商代晚期至西周早期。西周中期以后，周边的一般性居址出现了废弃的迹象。十二桥遗址中，有大型木构建筑F1，一般认为不是一般的居住场所，而可能是类似"宫殿"的组成部分，年代也约为商代晚期至西周早期。这种大的房址是当时政治中心的一种代表。金沙遗址祭祀区及十二桥遗址木构建筑表明，商代晚期至西周早期的十二桥文化达到了高峰，以这两处遗址为中心，遍布成都平原。但类似新一村第一期的这类遗存，在同样的区域却少有发现。目前而言，还仅限于新一村遗址、金沙遗址祭祀区[3]及成都市区东北部的红花堰遗址[4]有所发现。而在金沙遗址的核心区和周边区域，均较少发现这一阶段的遗存，祭祀区的新一村遗存主要发现在一河道中，晚于金沙遗址祭祀类遗存的主体年代，大多是在金沙遗址核心区废弃之后才形成的堆积。十二桥遗址群同样有多个地点经过发掘，但除新一村地点外，其余均未发现类似遗存。这些现象暗示以金沙-十二桥遗址群为代表的十二桥文化群落，在大约西周中晚期的时候有集体衰退的迹象，文化面貌也发生了较大的变化，之后才出现了新一村这类遗存。这类遗存的分布范围较十二桥文化缩小较多，目前主要发现于成都市区一带，且遗址等级和规模均远小于十二桥文化时期的诸遗址。因此，从文化空间分布范围的缩小以及十二桥文化聚落的衰退来看，新一村阶段相对于十二桥文化发生了巨大的变化。

---

[1]　江章华、王毅、张擎：《成都平原先秦文化初论》，《考古学报》2002年第1期。

[2]　孙华：《四川盆地的青铜时代》，科学出版社，2000年，第96～115页。

[3]　成都文物考古研究院、金沙遗址博物馆：《金沙遗址祭祀区考古发掘报告》，文物出版社，2020年。

[4]　成都文物考古研究院：《2018年成都市成华区红花堰遗址的发掘》，《成都考古发现》(2018)，科学出版社，2020年。

从文化更替的角度来讲,新一村这类遗存,继承和发展了十二桥文化,且是在十二桥社会、文化发生巨大衰落之后才形成的。从西周中晚期延续到春秋中晚期,可将其视为一种区别于十二桥文化的新考古学文化,可称为新一村文化或新一村类型。

新一村遗址周代遗存第一期第一段发现木构建筑F2,为一大型干栏式建筑。虽然本报告将其归入第一期第一段,但由于其位于整个周代堆积的最下层,属于地面向上修建的建筑,又加之其并无遗物出土,其年代可能会早于第一段的年代。F2与邻近的十二桥遗址F1结构高度一致,应是同一类建筑。《成都十二桥》报告编写者认为其年代在商代晚期[1],新一村F2的年代极有可能也早到商代晚期。这类较大体量的木构建筑可能不是一般的居住场所,而可能是宫殿建筑的组成部分。新一村木构建筑的发现进一步确认了十二桥遗址群中包含有十二桥文化时期的较大规模的高等级建筑群。进而可以推测,十二桥遗址群在十二桥文化时期是一中心的高等级聚落。在金沙遗址东北部的"三合花园"、"城乡一体化"及"朗寓"等地点[2],发现了多处类似的大型建筑基址,年代和形制均与十二桥-新一村高等级建筑群接近,这些都暗示十二桥遗址群在十二桥文化时期的聚落地位是较高的。在大约商代晚期之时,十二桥文化可能存在金沙和十二桥两处较大规模的中心聚落。

进入新一村文化阶段,暂时还没有发现十二桥遗址群中有较高等级的居址或者墓葬等遗存,整个聚落可能已经衰退。新一村这一阶段仅发现几处规模不大的居址,出土遗物也没有能够表明其社会发展水平的。反而陶器制作工艺较十二桥文化有了一定程度的退化,或者说陶器的地位和功能发生了变化。十二桥文化时期轻薄细腻的泥质尖底器不在,以夹砂陶代之。新一村文化相对十二桥文化,文化分布地域较小,聚落等级和规模均有所降低,陶器制作工艺有所下降。除此以外,墓葬的情形也发生了较大的变化。在三星堆文化至十二桥文化时期,成都平原的墓葬随葬器物较少,且多为陶器,另有少量玉石器和青铜兵器。大量的墓葬无随葬品或仅有几件陶器。以至于在金沙遗址中,我们很难寻找出那些可能与祭祀区高等级遗存相对应人群的贵族墓葬。这可能涉及当时的丧葬观念问题。从西周中晚期开始,情况发生了一些变化。在西周晚期的"国际花园"地点,有一批墓葬随葬了一批小型的铜兵器[3]。在进入春秋以后,金沙遗址"黄河"墓地大多墓葬随葬了青铜兵器[4],在西周中期以前的墓葬是不见的。较多随葬兵器是成都平原春秋至战国时期墓葬的一个特征。伴随兵器,铜容器及仿铜陶器也逐渐出现在墓中,且出现了较多外来文化风格的器物。墓葬所表现出的这些变化说明春秋以后成都平原的社会发生了较大变化。而这种变化的起始阶段,至少可追溯到西周晚期,其与十二桥文化向新一村文化的过渡,十二桥高等级遗址群及金沙遗址群的衰落是密切相关的。从成都平原社会进程来看,这种变化的程度,甚至超过了三星堆文化向十二桥文化的转变。

---

[1] 四川省文物考古研究院、成都文物考古研究所:《成都十二桥》,文物出版社,2009年,第131-132页。
[2] 资料现存成都文物考古研究院,正在整理中。
[3] 成都文物考古研究所:《金沙遗址"国际花园"地点发掘简报》,《成都考古发现(2004)》,科学出版社,2006年。
[4] 成都文物考古研究所:《成都市金沙遗址"黄河"地点墓葬发掘简报》,《成都考古发现(2012)》,科学出版社,2014年。

三

周代遗存第二期年代主体为战国时期。从陶器的种类来看，基本继承了新一村文化的主要类型，如釜、绳纹罐等，其形态发生了较大变化；一些器类如盘口罐、喇叭口罐、盆等已经不见；一些新的器类如矮柄豆、钵、鼎等流行起来。这说明战国时期文化结构较新一村文化有了较大变化。这一阶段遗存在成都平原已经多有发现，大多数为墓葬，居址材料发表的主要有青羊宫[1]、上汪家拐[2]、下东大街[3]及彭州龙泉村遗址[4]等。其中青羊宫和上汪家拐遗址与新一村遗址距离较近，均属于十二桥遗址群的范围中，下东大街遗址也相距不远。该区域也是成都平原战国墓葬较为集中的区域，如中医学院[5]、百花潭[6]、张墩子、商业街船棺等墓地均相距不远。说明该区域是成都平原战国文化较为重要的分布区域。因此，有学者认为战国时期成都平原的中心无疑是在今成都市区一带[7]。成都平原这类遗存器物组合明显，墓葬也与之前区别较大，多数学者将其视为独立的一种考古学文化，称为青羊宫文化[8]或上汪家拐遗存[9]。

青羊宫文化较新一村文化，除了在陶器组合及形态上发生变化之外，墓葬进一步发生了变化。在十二桥遗址群的周边地区，出现了大量的战国时期墓地，数量多，高规格的墓葬也较多。成规模的墓地的出现，暗示战国时期成都市区一带已经有较大规模的人群和居址存在。近年来，战国秦汉遗存在成都市区范围内不断被发现，如天府广场东北侧等地。联系到十二桥遗址群内也发现了较多秦汉时期的居址遗存。说明战国时期成都市区的文化遗存的繁荣，是后来汉代成都城市发展的基础条件。

四

新一村秦汉时期遗存可分为三期，时代从西汉早期延续至东汉早中期。在陶器组合及风格上基本保持一致，遗迹类型以水井为主，说明此地汉代是一处居住之地。十二桥遗址也曾发现一

[1]　四川省博物馆：《成都青羊宫遗址试掘简报》，《考古》1959年第8期。

[2]　成都市文物考古队、四川大学历史系：《成都市上汪家拐遗址发掘报告》，《南方民族考古》（第五辑），四川科学技术出版社，1993年。

[3]　成都文物考古研究所：《成都市下东大街遗址战国时期文化遗存清理简报》，《成都考古发现（2009）》，科学出版社，2011年。

[4]　成都文物考古研究所、彭州市博物馆：《四川彭州市龙泉村遗址战国遗存》，《考古》2007年第4期。

[5]　成都市博物馆考古队：《成都中医学院战国土坑墓》，《文物》1992年第1期。

[6]　四川省博物馆：《成都百花潭中学十号墓发掘记》，《文物》1976年第3期。

[7]　孙华：《四川盆地的青铜时代》，科学出版社，2000年，第107页。

[8]　孙华：《四川盆地的青铜时代》，科学出版社，2000年，第107页。

[9]　江章华、王毅、张擎：《成都平原先秦文化初论》，《考古学报》2002年第1期。

批秦汉时期的水井等遗迹,与新一村这批形制接近。近年来,秦汉时期遗存在成都市区大量发现,包括天府广场东北侧遗址、成都博物馆新馆项目等地,这些地点大多位于天府广场附近,可能是秦汉时期成都城的核心地点。天府广场等地遗迹均以灰坑、水井等为主,新一村遗迹类型也大致接近,应该也是秦汉成都城重要的居址。新一村最重要的是水井类遗存,其结构形式多样,为了解当时居民的生活提供了一定的参考。新一村秦汉时期堆积虽然不够丰富,但其存在也对秦汉成都城市面貌的复原提供了一些参考。

五

新一村唐宋时期遗存可分为两期,第一期为隋唐至北宋时期,第二期为南宋中晚期。

唐宋时期遗迹主要为水井及水池、沟渠等。这些都与居民的日常生活密切相关,说明当时此地也是一处居址场所。出土器物主要是与生活密切相关的瓷器,瓷器的窑口、器类等都有着不小的变化。第一期中瓷器产地以本地窑口为主,包括青羊宫窑、邛窑、琉璃厂窑等,大体上都属于邛窑系统的瓷器。这些瓷器的出现,与技术、人口和商品流通的情况密切相关。新一村虽然地处青羊宫窑范围内,但却出土了大量琉璃厂和邛窑的瓷器,说明隋唐时期,瓷器作为商品的流通及贸易是比较发达的。总的来说,这一时期瓷器还主要是本地生产的,相关贸易似乎也集中在成都地区,在一个比较小的范围内进行。天府广场等遗址的情形也大体如此[1]。

第二期为南宋时期,瓷器的窑口就非常丰富了,除了邛窑、琉璃厂和青羊宫窑的产品,成都周边地区的彭州磁峰窑、都江堰金凤窑等瓷器也有较多出现,尤其以H3为代表,出土了多个产地的瓷器。H3中还出土了大量龙泉窑的瓷器,甚至还有少量可能来自景德镇官窑的产品。这说明南宋时期,外来瓷器更多的进入了成都地区的市场,对本地所产瓷器产生了冲击。本地瓷器生产业,在外来瓷器的压力下,可能会受到一定的影响。新一村瓷器从南朝兴起至本地窑口占据主要地位,再到外来瓷器的影响,基本反映了成都地区瓷器发展的线索。而瓷器的生产及相关的贸易活动,从侧面反映了唐宋时期成都城市发展具有较高的水平,商业贸易也较为发达。

六

新一村遗址先秦时期文化遗存共经历了四个阶段:宝墩文化-十二桥文化-新一村文化-青羊宫文化。各时期文化遗存均较为丰富,在成都平原是不多见的。其中十二桥文化遗存不多,但其中有一处较大规模的木构建筑,说明此地与十二桥遗址为当时成都平原的一个较高等级的聚落。新一村文化是遗址的主体,堆积较为丰富,是成都平原新一村文化堆积最丰富的遗址,应当

---

[1]　成都文物考古研究所:《成都天府广场东北侧古遗址发掘报告》,文物出版社,2016年,第264-265页。

是新一村文化的主要聚落之一。至于该文化在成都平原的分布情况,目前还不够清晰,但近年一系列春秋时期墓葬的发现提供了一些线索。战国时期的青羊宫文化也是该遗址的主体堆积之一,在周边区域发现了大量这一时期的遗存,且存在一些较高等级的墓葬,表明战国时期成都市区一带应是一处中心聚落。秦汉至唐宋时期遗存也非常丰富,从侧面反映了成都城市在不同时期的文化面貌、社会发展水平。尤其是唐宋时期的瓷器贸易和城市商业发展值得关注。

新一村遗址从宝墩文化时期延续至唐宋时期,中间大多数时间是有人类活动的。且该地在各时期的遗迹与遗物均主要与人类生活相关,而非墓葬,说明该地的功能未发生大的变化。同时期的墓葬均分布在遗址的周边地区,邻近的战国墓葬、秦汉墓葬及宋代墓葬均多有发现,唯独此地较少,所以可以认为,新一村遗址及邻近的十二桥遗址是一处延续了2000年以上的人类居住址,这是其独特之处。

最后需要指出的是,十二桥遗址群邻近河道,在商周时期可能发生过重大的洪水事件,导致十二桥[1]、指挥街、新一村等遗址的地层堆积均存在不同程度的"混乱",部分明显的晚期器物混入早期地层,在新一村遗址的第⑩-⑦层中均不同程度存在这种现象。尤其是测年数据显示出各层位的年代跨度很大,如第⑨层的测年从商代晚期至春秋时期,也暗示该遗址并非原生堆积,其面貌受到了水冲击的重要影响。本报告原始材料的公布,对于进一步理解十二桥遗址群聚落的变迁有重要意义。

---

[1]　万娇:《成都十二桥遗址早期堆积的性质及成因分析》,《文物》2017年第12期。

附录一

新一村遗址遗迹登记表

一、房址登记表

编号	位　　置	层位关系	形　状	结构	尺　寸	年代
F1	位于TN03W06－N04W05西北部,部分深入北壁	②→F1→③	平面呈长方形	砖石结构	长6.8、宽5.8、基槽深0.2米	唐宋
F2	位于TN01W04－TN02W03、TN03W04－TN04W03和TN05W04－TN06W03的南部	⑨→F2→生土	平面大致呈长方形	木质结构	长约23.2、宽约7.5米	周代

二、坑登记表

编号	位　　置	层位关系	形　状	尺　寸	年代
H1	位于TN05W06－N06W05探方东南部	②→H1→③	平面呈椭圆形	长1.56、宽1.3、深0.2米	唐宋
H2	位于TN05W04－N06W03东南部,部分伸入南壁	③→H2→④	平面呈半圆形	长1.4、宽1.4、深1米	唐宋
H3	位于TN05W06－N06W05探方东部,部分伸入东壁	②→H3→③	平面大致呈圆状	长2.64、宽2.2、深0.36米	唐宋
H4	位于TN01W02－N02W01探方西北部	②→H4→③	平面呈椭圆形	长1、宽0.72、深0.1米	唐宋
H5	位于TN03W04－N04W03探方中部	②→H5→③	平面呈圆形	直径3、深0.7米	唐宋
H6	位于TN03W06－N04W05西北部,部分伸入西壁	③→H6→④	平面呈椭圆形	长2.6、宽2.52、深0.66米	唐宋
H7	位于TN07W06－N08W05东北部	④→H7→⑤	平面为长方形	长2.5、宽0.94、深0.75米	汉代
H8	位于TN07W06－N08W05东北部	④→H7→H8→⑤	平面为不规则椭圆形	长径2.9、短径1.8－2.08、深0.5米	汉代

编号	位　　置	层位关系	形　状	尺　　寸	年代
H9	位于TN03W08－N04W07中部	③→H9→④	平面呈长方形	长3.94、宽2.4、深0.4米	唐宋
H10	位于TN03W06－N04W05探方西部	③→H10→④	平面呈长方形	长1.7、宽1.16、深0.89米	汉代
H11	位于TN05W08－N06W07探方东南部	④→H11→⑤	平面形状呈长方形	长2.1、宽0.43－0.68、深0.9米	周代
H12	位于TN01W06－N02W05西部	④→H12→⑤	坑口平面近靴形	长2.36、宽2、深0.44米	汉代
H13	位于TN03W06－N04W05探方北部	④→H14→H13→⑤	平面呈不规则形	长2.15、宽1.88、深0.68米	周代
H14	位于TN03W06－N04W05探方东部,部分伸入东壁	④→H14→⑤	平面形状呈长方形	长3.5、宽1.34、深0.92米	汉代
H15	位于TN03W08－N04W07探方西部,部分伸入西壁	③→H15→④	平面形状呈不规则形	长2.5、宽2.46、深0.34米	唐宋
H16	位于TN03W06－N04W05东南部	④→H16→⑤	平面近圆形	坑口直径约0.85、深0.3米	汉代
H17	位于TN03W06－N04W05探方北部,部分伸入北壁	④→H17→⑤	平面形状呈不规则形	长1.46、宽1.5、深0.5米	周代
H18	位于TN05W06－N06W05探方东南部,部分伸入南壁	④→H18→⑤	平面呈不规则形	长2.9、宽1.24、深0.46米	汉代
H19	位于TN05W09－N06W09探方西北角,部分伸入西壁和北隔梁	⑤→H19→⑥	平面呈不规则形	长3.5、宽2.06、深0.56米	周代
H20	位于TN05W06－N06W05探方西北角,部分叠压于北壁、西壁下	⑤→H20→⑥	平面呈不规则形	长2.34、宽1.3、深0.56米	周代
H21	位于TN05W06－N06W05探方西南部	⑥→H21→⑦	平面形状近椭圆形	最长约2.36、深0.14米	周代
K1	位于TN05W06－N06W05探方东南部	②→K1→③	平面呈椭圆形	长2.08、宽1.6、深0.16米	唐宋
K2	位于TN01W02－N02W01探方西南部	②→K2→③	平面近椭圆形	长1.5、宽1.22、深0.2米	唐宋
K3	位于TN01W04－N02W03探方东南部	③→K3→④	平面呈长方形	长5.1、宽1.4、深0.24米	汉代

编号	位　　置	层位关系	形　状	尺　　寸	年代
K4	位于TN01W04－N02W03探方西南部	③→K4→④	平面形状呈长方形	长4.3、宽1.3、深0.5米	汉代
K5	位于TN07W04－N08W03、TN05W04－N06W03及TN03W04－N04W03等3个探方,部分伸入东壁	②→J6→④→K5→⑤	平面呈长条形	长14、宽7.8、深1.8米	汉代
K6	横跨TN01W08－N02W07、TN01W06－N02W05、TN03W08－N04W07、TN03W06－N04W05等4个探方,部分叠压于TN01W06－N02W05探方的东壁和南壁下	④→K6→⑤	平面呈长条形	长25、宽8.2、深1.15米	周代
K7	位于TN03W06－N04W05探方西北部,部分伸入西壁	⑥→K7→⑦	平面形状呈长条形	长4.85、宽0.65、深0.5米	周代

三、水池登记表

编号	位　　置	层位关系	形　状	尺　　寸	年代
C1	位于TN01W06－N02W05东南部	②→C1→③	平面"甲"字形	总长6.78米。水池长5.1、宽2.85、深0.09米	唐宋
C2	位于TN03W08－N04W07中部	②→C2→③	平面"甲"字形	总长8.03米。水池长3.9、宽2.15、深0.1米	唐宋
C3	位于TN05W08－N06W07西北部	②→C3→③	平面近长方形	长1.98、宽1.43、深0.11米	唐宋
C4	位于TN05W04－N06W03西部	②→C4→③	平面长方形	长2、宽1.55、深0.08米	唐宋

四、沟登记表

编号	位　　置	层位关系	形　状	尺　　寸	年代	备注
G2	位于TN05W04－N06W03西部	②→G2→③	平面呈不规则的长条形	长7.25、宽0.71、深0.28米	唐宋	
G3	位于TN01W04－N02W03探方中部	③→K4→G3→④	平面呈长条形	长11、宽1.7、深0.7米	汉代	

　　　　　　　　　　成都新一村遗址发掘报告

编号	位　　置	层位关系	形　状	尺　寸	年代	备注
G4	位于TN01W08－N02W07探方西南部	④→G4→⑤	平面形状呈长条形	长4.25、宽0.21、深0.35米	汉代	
G5	位于TN05W08－N06W07探方西南部	②→J7→⑤→G5→⑥	平面为长条形	长8.7、宽2.7、深0.75米	周代	

五、水井登记表

编号	位　　置	层位关系	形　状	结构	尺　　寸	年代
J1	位于TN01W02－N02W01南部	③→J1→J9→④	平面约为圆形	陶制井圈	直径1.54、深约4米	汉代
J2	位于TN01W02－N02W01东北部	③→J2→④	平面呈圆形	陶制井圈	上部直径约1.14、深约1.9米，下部直径约0.8、深1.27米。总深度为3.17米	汉代
J3	位于TN03W06－N04W05探方东南部、部分伸入南壁	③→J3→④	平面呈椭圆形	陶制井圈	长径1.59、短径1.2、深2.4米	汉代
J4	位于TN03W08－N04W07探方东北部	③→J4→④	平面呈不规则的方形	陶制井圈	长径1.78、短径1.6、深2.41米	汉代
J5	位于TN05W06－N06W05探方西部	②→J5→③	平面近椭圆形	砖石结构	长径2.58、短径2.46、深0.8米	唐宋
J6	位于TN03W04－N04W03探方北部，部分伸入北隔梁	②→J6→③	平面近椭圆形	砖石结构	长径2.14、短径1.9、深1.7米	唐宋
J7	位于TN05W08－N06W07西南部	②→J7→③	平面呈圆形	砖石结构	直径1.08、深0.48米	唐宋
J8	位于TN07W04－N08W03探方西南部，部分伸入西壁	③→J8→④	平面呈椭圆形	陶制井圈	长径1.47、短径1.05、深2.2米	汉代
J9	位于TN01W02－N02W01南部	③→J1→J9→④	平面呈圆形	陶制井圈	直径1.4、深1.3米	汉代
J10	位于TN03W08－N04W07探方中部	③→J10→④	平面呈圆形	陶制井圈	直径0.98、深1.96米	汉代
J11	位于TN03W04－N04W03西北角，部分伸入西壁和北隔梁	②→J11→③	平面呈半圆形	砖石结构	深2.3米	唐宋
J12	位于TN01W06－N02W05西南部	②→J12→③	平面近圆形	砖石结构	直径1.7、深1.94米	唐宋

续表

编号	位 置	层位关系	形 状	结构	尺 寸	年代
J13	位于TN05W08－N06W07东部	②→J13→③	平面近圆形	砖石结构	直径1.74、深1米	唐宋
J14	位于TN07W04－N08W03探方东部	②→J14→③	平面近圆形	砖石结构	直径0.93、深2.92米	唐宋
J15	位于TN07W04－N08W03探方东南部	③→J15→④	平面呈圆形	陶制井圈	直径0.98、深2.6米	汉代
J16	位于TN07E01－N08E02探方东部,部分伸入东隔梁	③→J16→④	平面近圆形	陶制井圈	直径1.1、深2.25米	汉代
J17	位于TN01W08－N02W07探方东部	③→J17→④	平面呈圆形	陶制井圈	直径1.06、深2.18米	汉代

六、墓葬登记表

编号	位 置	层位关系	形制	葬具	葬式	随葬品	年代
M1	位于TN07W06－N08W05探方东北部	④→M1→⑤	长方形竖穴土坑墓	无	葬式不明	陶器(豆、盆、釜、束颈罐等)	周代
W1	位于TN03W04－N04W03探方西部	④→W1→⑤	平面近圆形	葬具为一罐一盆套合	葬式不明		汉代
W2	位于TN03W04－N04W03探方西南部	④→W2→⑤	平面呈椭圆形	葬具为两件绳纹罐套合	葬式不明		汉代

附录二

陶片统计表

H11

陶质 纹饰	夹砂陶					小计	%	泥质陶				小计	%
	灰黑	灰	灰褐	红褐	黄褐			灰	红	黑皮	黄褐		
素面	40			30		70	100						
粗绳纹													
细绳纹													
交错绳纹													
凹绳纹													
凸绳纹										11		11	100
线纹													
方格纹													
乳丁纹													
镂孔纹													
重菱纹													
刻划纹													
压印纹													
戳印纹													
附加堆纹													
小计	40			30		70				11		11	
百分比	57.1			42.9						100			
合计	81												

H13

纹饰 \ 陶质陶色	夹砂陶					小计	%	泥质陶				小计	%
	灰黑	灰	灰褐	红褐	黄褐			灰	红	黑皮	黄褐		
素面	78		57	52		187	56.7						
粗绳纹	40		39	52		131	39.7						
细绳纹													
交错绳纹													
凹绳纹	4		3	2		9	2.7						
凸绳纹	1		1	1		3	0.9						
线纹													
方格纹													
乳丁纹													
镂孔纹													
重菱纹													
刻划纹													
压印纹													
戳印纹													
附加堆纹													
小计	123		100	107		330							
百分比	37.3		30.3	32.4			100						
合计	330												

H19

纹饰 \ 陶质陶色	夹砂陶					小计	%	泥质陶				小计	%
	灰黑	灰	灰褐	红褐	黄褐			灰	红	黑皮	黄褐		
素面	838		222	403		1463	92.7	2		1		3	75
粗绳纹	4		1	4		9	0.6						
细绳纹													
交错绳纹													
凹绳纹	40		17	26		83	5.3	1				1	25
凸绳纹													

陶质 陶色 纹饰	夹砂陶					小计	%	泥质陶				小计	%
	灰黑	灰	灰褐	红褐	黄褐			灰	红	黑皮	黄褐		
线纹													
方格纹	5		1	2		8	0.5						
乳丁纹													
镂孔纹	2		1	5		8	0.5						
重菱纹	6		1	1		8	0.5						
刻划纹													
压印纹													
戳印纹													
附加堆纹													
小计	895		243	441		1579		3		1		4	
百分比	56.7		15.4	27.9			100	75		25			100
合计	1583												

H21

陶质 陶色 纹饰	夹砂陶					小计	%	泥质陶				小计	%
	灰黑	灰	灰褐	红褐	黄褐			灰	红	黑皮	黄褐		
素面	42		17	16		75	68.2						
粗绳纹	17		3	4		24	21.8						
细绳纹													
交错绳纹													
凹绳纹	7					7	6.4						
凸绳纹													
线纹													
方格纹													
乳丁纹	2					2	1.8						
镂孔纹	2					2	1.8						
重菱纹													

陶质陶色 纹饰	夹砂陶					小计	%	泥质陶				小计	%
	灰黑	灰	灰褐	红褐	黄褐			灰	红	黑皮	黄褐		
刻划纹													
压印纹													
戳印纹													
附加堆纹													
小计	70		20	20		110							
百分比	63.6		18.2	18.2			100						
合计	110												

K6

陶质陶色 纹饰	夹砂陶					小计	%	泥质陶				小计	%
	灰黑	灰	灰褐	红褐	黄褐			灰	红	黑皮	黄褐		
素面	15		11	22	34	82	82						
粗绳纹	1		5	6	5	17	17						
细绳纹													
交错绳纹													
凹绳纹					1	1	1						
凸绳纹													
线纹													
方格纹													
乳丁纹													
镂孔纹													
重菱纹													
刻划纹													
压印纹													
戳印纹													
附加堆纹													
小计	16		16	28	40	100							
百分比	16		16	28	40		100						
合计	100												

TN01W04－N02W03 ⑩

陶质陶色 纹饰	夹砂陶					小计	%	泥质陶				小计	%
	灰黑	灰	灰褐	红褐	黄褐			灰	红	黑皮	黄褐		
素面	35		18	16		69	88.5	1				1	50
粗绳纹			3			3	3.8						
细绳纹													
交错绳纹													
凹弦纹	2		2			4	5.1	1				1	50
凸弦纹													
线纹													
方格纹	1					1	1.3						
乳丁纹													
镂孔纹													
重菱纹	1					1	1.3						
刻划纹													
压印纹													
戳印纹													
附加堆纹													
小计	39		23	16		78		2				2	
百分比	50		29.5	20.5			100	100					100
合计	80												

TN03W04－N04W03 ⑨

陶质陶色 纹饰	夹砂陶					小计	%	泥质陶				小计	%
	灰黑	灰	灰褐	红褐	黄褐			灰	红	黑皮	黄褐		
素面	184		69	63		316	92.9			5		5	71.4
粗绳纹	3			4		7	2.1						
细绳纹													
交错绳纹													
凹弦纹	8		1	1		10	2.9						
凸弦纹													

陶色 / 陶质 / 纹饰	夹砂陶					小计	%	泥质陶				小计	%
	灰黑	灰	灰褐	红褐	黄褐			灰	红	黑皮	黄褐		
线纹													
方格纹													
乳丁纹													
镂孔纹	3			2		5	1.5						
重菱纹	1					1	0.3						
刻划纹			1			1	0.3			1		1	14.3
压印纹													
戳印纹										1		1	14.3
附加堆纹													
小计	199		71	70		340				7		7	
百分比	58.5		20.9	20.6			100			100			100
合计	347												

TN05E01-TN06E01 ⑨

陶色 / 陶质 / 纹饰	夹砂陶					小计	%	泥质陶				小计	%
	灰黑	灰	灰褐	红褐	黄褐			灰	红	黑皮	黄褐		
素面	599		359	427	212	1597	84.8	17	1	3		21	91.3
粗绳纹	114		40	53	25	232	12.3						
细绳纹													
交错绳纹													
凹弦纹	7		4	9	3	23	1.2	2				2	8.7
凸弦纹				1		1	0.1						
线纹													
方格纹	1					1	0.1						
乳丁纹													
镂孔纹	2		4	3	1	10	0.5						
重菱纹	3					3	0.2						
刻划纹													

纹饰 \ 陶质陶色	夹砂陶					小计	%	泥质陶				小计	%
	灰黑	灰	灰褐	红褐	黄褐			灰	红	黑皮	黄褐		
压印纹			7	8	2	17	0.9						
戳印纹													
附加堆纹													
小计	726		414	501	243	1884		19	1	3		23	
百分比	38.5		22	26.6	12.9		100	82.6	4.3	13			100
合计	1907												

TN07W06—N08W05 ⑨

纹饰 \ 陶质陶色	夹砂陶					小计	%	泥质陶				小计	%
	灰黑	灰	灰褐	红褐	黄褐			灰	红	黑皮	黄褐		
素面	265		64	102	210	641	88.9	23		5		28	96.6
粗绳纹	26		2	10	9	47	6.5						
细绳纹													
交错绳纹	1		1		1	3	0.4						
凹弦纹	9		2	1	2	14	1.9			1		1	3.4
凸弦纹	1					1	0.1						
线纹													
方格纹													
乳丁纹				1		1	0.1						
镂孔纹	1		1	1	2	5	0.7						
重菱纹	3			1	3	7	1						
刻划纹	1			1		2	0.3						
压印纹													
戳印纹													
附加堆纹													
小计	307		70	117	227	721		23		6		29	
百分比	42.6		9.7	16.2	31.5		100	79.3		20.7			100
合计	750												

TN03W06-N04W05 ⑧

陶质陶色 纹饰	夹砂陶					小计	%	泥质陶				小计	%
	灰黑	灰	灰褐	红褐	黄褐			灰	红	黑皮	黄褐		
素面	44		15	18		77	94			1		1	100
粗绳纹													
细绳纹													
交错绳纹													
凹弦纹	1					1	1.2						
凸弦纹													
线纹													
方格纹	1					1	1.2						
乳丁纹													
镂孔纹													
重菱纹	3					3	3.6						
刻划纹													
压印纹													
戳印纹													
附加堆纹													
小计	49		15	18		82				1		1	
百分比	59.7		18.3	22			100			100			100
合计	83												

TN03W06-N04W05 ⑦

陶质陶色 纹饰	夹砂陶					小计	%	泥质陶				小计	%
	灰黑	灰	灰褐	红褐	黄褐			灰	红	黑皮	黄褐		
素面	375		71	52		498	90.7	3		1		4	100
粗绳纹	3		1	1		5	0.9						
细绳纹													
交错绳纹													
凹弦纹	21		4	11		36	6.6						

续表

陶质/陶色 纹饰	夹砂陶					小计	%	泥质陶				小计	%
	灰黑	灰	灰褐	红褐	黄褐			灰	红	黑皮	黄褐		
凸弦纹	2					2	0.4						
线纹	1					1	0.2						
方格纹													
乳丁纹			1			1	0.2						
镂孔纹													
重菱纹	1		1	3		5	0.9						
刻划纹			1			1	0.2						
压印纹													
戳印纹													
附加堆纹													
小计	403		79	67		549		3		1		4	
百分比	73.4		14.4	12.2			100	75		25			100
合计	553												

TN05W04-N06W03 ⑧

陶质/陶色 纹饰	夹砂陶					小计	%	泥质陶				小计	%
	灰黑	灰	灰褐	红褐	黄褐			灰	红	黑皮	黄褐		
素面	84		21	45		150	90.4						
粗绳纹	3		1	3		7	4.2						
细绳纹													
交错绳纹													
凹弦纹	2		2	1		5	3						
凸弦纹	1					1	0.6						
线纹													
方格纹	1					1	0.6						
乳丁纹			1			1	0.6						
镂孔纹	1					1	0.6						
重菱纹													

陶质 陶色 纹饰	夹砂陶					小计	%	泥质陶				小计	%
	灰黑	灰	灰褐	红褐	黄褐			灰	红	黑皮	黄褐		
刻划纹													
压印纹													
戳印纹													
附加堆纹													
小计	92		25	49		166							
百分比	55.4		15.1	29.5			100						
合计	166												

TN05W06-N06W05 ⑦

陶质 陶色 纹饰	夹砂陶					小计	%	泥质陶				小计	%
	灰黑	灰	灰褐	红褐	黄褐			灰	红	黑皮	黄褐		
素面	381		100	169		650	91.4						
粗绳纹	9			2		11	1.5						
细绳纹													
交错绳纹													
凹弦纹	23		5	12		40	5.6						
凸弦纹													
线纹													
方格纹													
乳丁纹	4					4	0.6						
镂孔纹	1			1		2	0.3						
重菱纹	1			1		2	0.3						
刻划纹				1		1	0.1						
压印纹			1			1	0.1						
戳印纹													
附加堆纹													
小计	419		106	186		711							
百分比	58.9		14.9	26.2			100						
合计	711												

TN05W08—N06W07 ⑦

陶质陶色 纹饰	夹砂陶					小计	%	泥质陶				小计	%
	灰黑	灰	灰褐	红褐	黄褐			灰	红	黑皮	黄褐		
素面	1226		263	540		2029	92.1	5				5	100
粗绳纹	3					3	0.1						
细绳纹													
交错绳纹													
凹弦纹	76		20	46		142	6.4						
凸弦纹													
线纹													
方格纹	2					2	0.1						
乳丁纹			1	1		2	0.1						
镂孔纹	2		1	2		5	0.2						
重菱纹	11		4	4		19	0.9						
刻划纹													
压印纹													
戳印纹													
附加堆纹													
小计	1320		289	593		2202		5				5	
百分比	59.9		13.1	26.9			100	100					100
合计	2207												

TN05W06—N06W05 ⑥

陶质陶色 纹饰	夹砂陶					小计	%	泥质陶				小计	%
	灰黑	灰	灰褐	红褐	黄褐			灰	红	黑皮	黄褐		
素面	147		17	69		233	83.8						
粗绳纹	8		1	10		19	6.8						
细绳纹													
交错绳纹													
凹弦纹	11		1	7		19	6.8						
凸弦纹													

续表

陶质/陶色/纹饰	夹砂陶					小计	%	泥质陶				小计	%
	灰黑	灰	灰褐	红褐	黄褐			灰	红	黑皮	黄褐		
线纹													
方格纹													
乳丁纹				1		1	0.4						
镂孔纹	1			1		2	0.7						
重菱纹	2			2		4	1.4						
刻划纹													
压印纹													
戳印纹													
附加堆纹													
小计	169		19	90		278							
百分比	60.8		6.8	32.4			100						
合计	278												

TN05W08-N06W07　⑥

陶质/陶色/纹饰	夹砂陶					小计	%	泥质陶				小计	%
	灰黑	灰	灰褐	红褐	黄褐			灰	红	黑皮	黄褐		
素面	216		37	108		361	93.8	1				1	100
粗绳纹	1			3		4	1.1						
细绳纹													
交错绳纹													
凹弦纹	9		2	3		14	3.6						
凸弦纹													
线纹													
方格纹													
乳丁纹													
镂孔纹	1			1		2	0.5						
重菱纹	2		1	1		4	1.1						
刻划纹													

续表

陶质 纹饰	夹砂陶					小计	%	泥质陶				小计	%
	灰黑	灰	灰褐	红褐	黄褐			灰	红	黑皮	黄褐		
压印纹													
戳印纹													
附加堆纹													
小计	229		40	116		385		1				1	
百分比	59.5		10.4	30.1			100	100					100
合计	386												

TN01W08-N02W07 ⑤

陶质 纹饰	夹砂陶					小计	%	泥质陶				小计	%
	灰黑	灰	灰褐	红褐	黄褐			灰	红	黑皮	黄褐		
素面	51		51			102	67.5						
粗绳纹	24		21			45	29.8						
细绳纹													
交错绳纹													
凹弦纹													
凸弦纹	2		1			3	2						
线纹													
方格纹													
乳丁纹													
镂孔纹													
重菱纹													
刻划纹	1					1	0.7						
压印纹													
戳印纹													
附加堆纹													
小计	78		73			151							
百分比	51.7		48.3			100							
合计													

TN03W06-N04W05　⑤

陶质 纹饰	夹砂陶					小计	%	泥质陶				小计	%
	灰黑	灰	灰褐	红褐	黄褐			灰	红	黑皮	黄褐		
素面	38		17	7		62	67.4						
粗绳纹	9		4	13		26	28.3						
细绳纹													
交错绳纹													
凹弦纹	1					1	1.1						
凸弦纹	1					1	1.1						
线纹													
方格纹	1					1	1.1						
乳丁纹													
镂孔纹													
重菱纹													
刻划纹	1					1	1.1						
压印纹													
戳印纹													
附加堆纹													
小计	51		21	20		92							
百分比	55.4		22.8	21.7			100						
合计	92												

H7

陶质 纹饰	夹砂陶					小计	%	泥质陶				小计	%
	灰黑	灰	灰褐	红褐	黄褐			灰	红	黑皮	黄褐		
素面	23			18		41	70.7	29	3			32	60.4
粗绳纹	8			7		15	25.9	2				2	3.8
细绳纹													
交错绳纹													
凹绳纹								3				3	5.7
凸绳纹	2					2	3.4	5				5	9.4

陶色 陶质 纹饰	夹砂陶					小计	%	泥质陶				小计	%
	灰黑	灰	灰褐	红褐	黄褐			灰	红	黑皮	黄褐		
线纹								11				11	20.8
方格纹													
乳丁纹													
镂孔纹													
重菱纹													
刻划纹													
压印纹													
戳印纹													
附加堆纹													
小计	33			25		58		50	3			53	
百分比	56.9			43.1			100	94.3	5.7				100
合计	111												

H12

陶色 陶质 纹饰	夹砂陶					小计	%	泥质陶				小计	%
	灰黑	灰	灰褐	红褐	黄褐			灰	红	黑皮	黄褐		
素面	5			6		11	64.7	9				9	50
粗绳纹				1		1	5.9	6				6	33.3
细绳纹													
交错绳纹													
凹绳纹	1	2		1		4	23.5	2				2	11.1
凸绳纹								1				1	5.6
线纹				1		1	5.9						
方格纹													
乳丁纹													
镂孔纹													
重菱纹													
刻划纹													

续表

陶质陶色 纹饰	夹砂陶					小计	%	泥质陶				小计	%
	灰黑	灰	灰褐	红褐	黄褐			灰	红	黑皮	黄褐		
压印纹													
戳印纹													
附加堆纹													
小计	6	2		9		17		18				18	
百分比	35.3	11.8		52.9			100	100					100
合计	35												

H16

陶质陶色 纹饰	夹砂陶					小计	%	泥质陶				小计	%
	灰黑	灰	灰褐	红褐	黄褐			灰	红	黑皮	黄褐		
素面	1		3	6		10	66.7	1				1	100
粗绳纹	2			2		4	26.7						
细绳纹													
交错绳纹													
凹绳纹													
凸绳纹	1					1	6.7						
线纹													
方格纹													
乳丁纹													
镂孔纹													
重菱纹													
刻划纹													
压印纹													
戳印纹													
附加堆纹													
小计	4		3	8		15		1				1	
百分比	26.7		20	53.3			100	100					100
合计	16												

H18

陶质 陶色 纹饰	夹砂陶					小计	%	泥质陶				小计	%
	灰黑	灰	灰褐	红褐	黄褐			灰	红	黑皮	黄褐		
素面	37		20	24		81	57.4						
粗绳纹	18		16	25		59	41.8						
细绳纹													
交错绳纹													
凹绳纹	1					1	0.7						
凸绳纹													
线纹													
方格纹													
乳丁纹													
镂孔纹													
重菱纹													
刻划纹													
压印纹													
戳印纹													
附加堆纹													
小计	56		36	49		141							
百分比	39.7		25.5	34.8			100						
合计	141												

K3

陶质 陶色 纹饰	夹砂陶					小计	%	泥质陶				小计	%
	灰黑	灰	灰褐	红褐	黄褐			灰	红	黑皮	黄褐		
素面	2		18	13		33	73.3		7			7	77.8
粗绳纹	2		4	5		11	24.4		2			2	22.2
细绳纹													
交错绳纹													
凹绳纹													
凸绳纹													

纹饰＼陶质陶色	夹砂陶					小计	%	泥质陶				小计	%
	灰黑	灰	灰褐	红褐	黄褐			灰	红	黑皮	黄褐		
线纹													
方格纹	1					1	2.2						
乳丁纹													
镂孔纹													
重菱纹													
刻划纹													
压印纹													
戳印纹													
附加堆纹													
小计	5		22	18		45			9			9	
百分比	11.1		48.9	40			100	100					100
合计	54												

K5

纹饰＼陶质陶色	夹砂陶					小计	%	泥质陶				小计	%
	灰黑	灰	灰褐	红褐	黄褐			灰	红	黑皮	黄褐		
素面	11		8	12		31	43.1						
粗绳纹	22		7	12		41	56.9						
细绳纹													
交错绳纹													
凹绳纹													
凸绳纹													
线纹													
方格纹													
乳丁纹													
镂孔纹													
重菱纹													
刻划纹													

续表

陶质 陶色 纹饰	夹砂陶					小计	%	泥质陶				小计	%
	灰黑	灰	灰褐	红褐	黄褐			灰	红	黑皮	黄褐		
压印纹													
戳印纹													
附加堆纹													
小计	33		15	24		72							
百分比	45.8		20.8	33.3			100						
合计							72						

TN03W04-N04W03 ④

陶质 陶色 纹饰	夹砂陶					小计	%	泥质陶				小计	%
	灰黑	灰	灰褐	红褐	黄褐			灰	红	黑皮	黄褐		
素面	5	1		1		7	43.75						
粗绳纹	9					9	56.25						
细绳纹													
交错绳纹													
凹弦纹													
凸弦纹													
线纹													
方格纹													
乳丁纹													
镂孔纹													
重菱纹													
刻划纹													
压印纹													
戳印纹													
附加堆纹													
小计	14	1		1		16							
百分比	87.5	6.25		6.25			100						
合计							16						

TN05W08-N06W07 ④

陶质陶色 纹饰	夹砂陶					小计	%	泥质陶				小计	%
	灰黑	灰	灰褐	红褐	黄褐			灰	红	黑皮	黄褐		
素面	22		2	20		44	74.6						
粗绳纹	3		1	3		7	11.9						
细绳纹													
交错绳纹													
凹弦纹	4		1	1		6	10.2						
凸弦纹			1			1	1.7						
线纹													
方格纹	1					1	1.7						
乳丁纹													
镂孔纹													
重菱纹													
刻划纹													
压印纹													
戳印纹													
附加堆纹													
小计	30		5	24		59							
百分比	50.8		8.5	40.7			100						
合计	59												

附录三

测年数据表

一、北京大学加速器质谱（AMS）碳－14测试报告

送样单位：成都文物考古研究院

送样人：姜铭

测定日期：2018年11月

Lab编号	样品	样品原编号	出土单位	出土地点	碳十四年代（BP）	树轮校正后年代	
						1σ（68.2%）	2σ（95.4%）
BA171403	炭屑	XYC1	TN01W02－N02W01③	四川省成都市青羊区十二桥路新一村	2145±25	346BC（15.2%）321BC 206BC（45.8%）160BC 132BC（7.2%）118BC	353BC（23.1%）296BC 230BC（1.4%）220BC 213BC（70.9%）93BC
BA171404	稻谷	XYC2	TN01W02－N02W01④	四川省成都市青羊区十二桥路新一村	2120±25	193BC（68.2%）111BC	334BC（0.5%）331BC 204BC（94.9%）53BC
BA171405	稻谷	XYC3	TN01W02－N02W01⑤	四川省成都市青羊区十二桥路新一村	2125±25	198BC（68.2%）112BC	344BC（4.0%）324BC 205BC（85.3%）86BC 80BC（6.1%）55BC
BA171406	炭屑	XYC4	TN03W04－N04W03⑩	四川省成都市青羊区十二桥路新一村	3730±25	2196BC（23.4%）2171BC 2147BC（14.3%）2131BC 2086BC（30.5%）2050BC	2203BC（55.3%）2111BC 2104BC（40.1%）2036BC
BA171407	炭屑	XYC5	TN03W04－N04W03⑪	四川省成都市青羊区十二桥路新一村	4165±25	2873BC（11.6%）2853BC 2812BC（38.6%）2744BC 2726BC（18.0%）2696BC	2879BC（19.4%）2834BC 2818BC（74.8%）2664BC 2646BC（1.2%）2639BC

注：所用碳十四半衰期为5568年，BP为距1950年的年代。

树轮校正所用曲线为IntCal13 atmospheric curve（Reimer et al., 2013），所用程序为OxCal v4.2.4 Bronk Ramsey（2013）；r：5。

1. Reimer, P.J., Bard, E., Bayliss, A., Beck, J.W., 2013. IntCal13 and Marine13 radiocarbon age calibration curves 0－50,000 years cal BP, Radiocarbon 55, 1869－1887.

2. Christopher Bronk Ramsey 2015,https://c14.arch.ox.ac.uk/oxcal/OxCal.html.

二、北京大学加速器质谱(AMS)碳-14测试报告

送样单位：成都文物考古研究院

送样人：周志清

测定日期：2012年11月

Lab编号	样品	样品原编号	出土单位	出土地点	碳十四年代(BP)	树轮校正后年代	
						1σ(68.2%)	2σ(95.4%)
BA121193	漆皮	1	TN07W04－N08W03⑨	四川省成都市青羊区十二桥路新一村	2455±45	750BC(19.7%)680BC 670BC(7.3%)640BC 590BC(27.9%)480BC 470BC(13.3%)410BC	760BC(23.7%)680BC 670BC(71.7%)400BC
BA121196	漆皮	4	TN05W04－N06W03⑨	四川省成都市青羊区十二桥路新一村	2700±40	895BC(24.2%)865BC 860BC(44.0%)810BC	920BC(95.4%)790BC
BA121198	稻谷	6	TN07W04－N08W03⑨	四川省成都市青羊区十二桥路新一村	2560±35	800BC(46.8%)750BC 690BC(12.9%)660BC 640BC(8.5%)590BC	810BC(52.3%)730BC 690BC(15.3%)660BC 650BC(27.8%)540BC

注：所用碳十四半衰期为5568年，BP为距1950年的年代。

树轮校正所用曲线为IntCal04(1)，所用程序为OxCal v3.10(2)。

三、美国贝塔实验室碳-14测试报告

送样人：林圭侦、原海兵

测定日期：2018年11月、2021年8月

实验室编号	样品	出土单位	出土地点	碳十四年代(BP)	树轮校正后年代	
					1σ(68.2%)	2σ(95.4%)
509013	骨骼	TN01W02－N02W01⑥	四川省成都市青羊区十二桥路新一村	2450±30		595BC(53.2%)411BC 754BC(26.7%)681BC 670BC(15.5%)609BC
509014	稻谷	TN03W04－N04W03⑨	四川省成都市青羊区十二桥路新一村	2560±30		805BC(66.3%)746BC 643BC(21.6%)553BC 686BC(7.5%)666BC
599317	人头骨	TN07W02－N08W01⑨	四川省成都市青羊区十二桥路新一村	3090±30	1351BC(39.2%)1302BC 1413BC(29%)1375BC	1426BC(95.4%)1269BC

注：所用碳十四半衰期为5568年，BP为距1950年的年代。

509013、509014号样本送测人为林圭侦博士，送测时间为2018年11月，树轮校正所用曲线为IntCal13，所用程序为BetaCal3.21。

599317号样本送测人为原海兵博士，送测时间为2021年8月，树轮校正所用曲线为IntCal20 atmospheric curve，所用程序为BetaCal4.20。

附录四

成都十二桥遗址新一村一期
出土漆彩绘陶的分析研究

杨颖东[1]　　何秋菊[2]　　周志清[3]　　崔剑锋[4]

1、3. 成都文物考古研究院

2. 首都博物馆文物保护修复中心　　4. 北京大学考古文博学院

引　言

成都十二桥遗址是四川地区发现的重要古文化遗址之一,在2011年被评为全国重点文物保护单位。该遗址商周时期的文化遗存,是成都平原商周时期典型遗存之一。该遗址文化内涵极为丰富,除了发现大型商周时期的木结构建筑遗存外,还出土了大量有别于中原地区以及其他地区同时期文化的具有典型地域特征的陶器群[1]。

2010年底,为了配合成都市交通道路的建设,对地处该遗址东南部区域的新一村一期地点进行了抢救性发掘,发掘区位于1995年度发掘区[2]的南部,二者相邻,应属于同一个遗址。在发掘区内发现了大批的木构建筑遗迹,其建筑结构和形制与1985年十二桥遗址发现的木结构建筑类似,二者之间可能有着某种渊源关系。同时在依据陶片特征推测为西周晚期至春秋的地层中发现了较大数量的彩绘陶残片,陶片上的彩绘呈红、黑色,某些残片疑似漆彩绘。陶片上的彩绘纹饰因器物残碎,纹饰多不可辨,可辨的有兽面纹、卷云纹、弧线纹等。古文献和考古资料证实,四川成都的漆器制造业向来历史悠久,在2000年度成都商业街船棺遗址大量漆器的出土,表明最迟在战国早期蜀人的漆器制作工艺就已经非常发达,甚至可以和同时期楚国出土的漆器相媲美[3],本次在十二桥遗址新一村一期西周至春秋时期地层中发现的彩绘陶,如果被证实为漆彩绘,则对研究成都漆器制造历史无疑具有十分重要的价值。

为了进一步确认彩绘陶的时代特质,充分认识陶器胎体、彩绘及施彩工艺、彩绘使用年代,

[1]　四川省文物考古研究院、成都文物考古研究所:《成都十二桥》,文物出版社,2009年。

[2]　成都市文物考古研究所:《成都考古发现2002》,科学出版社,2004年,第172-173页。

[3]　成都文物考古研究所:《成都商业街船棺葬》,文物出版社,2009年,第134页。

选择保存较好、具有代表性的样品,利用傅里叶变换红外光谱(FTIR)、显微激光拉曼(Micro-Raman)、X射线荧光(XRF)、加速器质谱碳十四年代测定(AMS-^{14}C)等多种方法对样品进行了比较全面的分析检测和研究。

一、实验样品及方法

1. 实验样品

所测试样品共计六块,分别依次以1$^{#}$-6$^{#}$编号,均出土自第⑨层淤积地层,样品详细情况见表一,照片见图一。

表一　彩绘陶器样品情况

样品编号	出土地层	样品名称
1$^{#}$	2010CSXTN07W03⑨：3	彩绘陶片
2$^{#}$	2010CSXTN07W03⑨：2	彩绘陶片
3$^{#}$	2010CSXTN05W05⑨：1	彩绘陶片
4$^{#}$	2010CSXTN07W04⑨：3	彩绘陶片
5$^{#}$	2010CSXTN07W03⑨：4	彩绘陶片
6$^{#}$	2010CSXTN07W03⑨：5	彩绘陶片

图一　彩绘陶器样品

2. 实验方法

(1)显微镜观察　显微观察使用日本Hirox KH-3000VD三维视频显微镜,镜头MX-5040RZ非接触式平面卡口,放大倍数100倍。用显微镜观察彩绘层结构,判断髹漆工艺。

（2）激光拉曼光谱分析　为了判断颜料中的显色物质，使用激光拉曼光谱仪进行分析。仪器为法国 J Y 公司 LabRAM HR 800 型激光显微共焦拉曼光谱仪。在室温、暗室条件下，采用 $\lambda_0=532$ nm 的激发光源，物镜 50 倍长焦，信号采集时间 10-30 s，累加次数 1-2 次，光栅 600，狭缝宽度 100 μm，仪器分辨率 2 cm^{-1}，光斑尺寸 1 μm，采用单晶硅片校准，光谱测试范围 4000-100 cm^{-1}，在显微镜下找准测试点，进行聚焦后测试，样品表面的激光功率 2-3 mW。

（3）X 射线荧光光谱分析　用日本堀场 XGT-5000II 能量色散型 X 射线荧光光谱仪对陶胎及彩绘层进行成分分析。仪器测试条件：端窗铑（Rh）靶 X 射线管，真空光路，光管电压 30 KV，电流 1 mA，测量时间 200 s。

（4）红外光谱分析　为了判定颜料中成膜材料及显色物质，使用日本岛津 IRPrestige-21 傅里叶变换红外光谱仪进行检测。采用 KBr 压片法，取 3 mg 样品，与 300 mgKBr 混合制样，样品红外干燥箱干燥，检测范围 4000-400 cm^{-1}，分辨率 4 cm^{-1}。

（5）加速器质谱测年　彩绘颜料的年代测定采用北京大学第四纪年代测定实验室加速器质谱仪（AMS-^{14}C）。

二、结果及讨论

1. 碳十四年代测定结果

将 1$^{\#}$、4$^{\#}$、6$^{\#}$ 样品送至北京大学科技考古实验室进行了加速器质谱碳十四年代测定。测试结果见表二。

表二　新一村漆彩绘碳十四（AMS-^{14}C）年代测定数据

样品编号	出土单位	^{14}C 年代（BP）	树轮校正后年代	
			1 σ（68.2%）	2 σ（95.4%）
1$^{\#}$	2010CSXTN07W03⑨	2455±45	750BC（19.7%）680BC 670BC（7.3%）640BC 590BC（27.9%）480BC 470BC（13.3%）410BC	760BC（23.7%）680BC 670BC（71.7%）400BC
4$^{\#}$	2010CSXTN05W04⑨	2700±40	895BC（24.2%）865BC 860BC（44.0%）810BC	920BC（95.4%）790BC
6$^{\#}$	2010CSXTN07W03⑨	2560±35	800BC（46.8%）750BC 690BC（12.9%）660BC 640BC（8.5%）590BC	810BC（52.3%）730BC 690BC（15.3%）660BC 650BC（27.8%）540BC

注：所用碳十四半衰期为 5568 年，BP 为据 1950 年的年代。树轮校正所用曲线为 IntCal04（1），所用程序为 Ox-Cal v3.10（2）。

从碳十四测定数据看出，1$^{\#}$、4$^{\#}$、6$^{\#}$ 三个样品的年代依次是：春秋中晚期、西周中晚期、西周晚期至春秋。从年代数据段分布情况来看，主要为西周中晚期至春秋时段。结合该地层出土最晚的陶器属于新一村文化,时代为西周晚期至春秋[1],因此初步确定该地层年代为西周晚期至春秋。测年数据显示在淤积地层中陶器年代跨度较大,包括了较早的西周中晚期的彩绘陶片,只是这类陶片出土量不如后期的多。测年数据所表现的陶片年代与地层判定的年代稍有差异,这与传统考古类型学上常常根据出土最晚陶器的年代判定地层年代并不矛盾。

2. 漆彩绘膜红外分析

为了确定彩绘陶残片上的各种颜色的成膜材料,首先对1#样品的黑色、红色彩绘膜取样,利用溴化钾(KBr)压片后,进行红外光谱(FTIR)分析,分析结果见图二。黑、红彩绘膜的FTIR谱图的峰形近乎一致。其中,在3437、2928、2856、1635、1384、1266、1101和1041 cm^{-1}出现的吸收峰与漆酚(生漆的主要成分之一)的红外特征吸收峰十分吻合[2]。在3437 cm^{-1}左右出现了一个宽且大的峰,为漆酚苯环中羟基的伸缩振动峰vOH,1384 cm^{-1}的峰很可能是羟基的变形振动δO_2H,而1266 cm^{-1}处的峰是苯环上碳2氧键伸缩振动vC_2O,在1635 cm^{-1}处的峰为烯烃碳碳双键的伸缩振动吸收峰vC=C。另外,红外吸收峰2928 cm^{-1}和2856 cm^{-1}分别属于亚甲基(CH$_2$–)的不对称伸缩振动峰vas和对称伸缩振动vs峰。可见,黑色和红色彩绘膜的成膜材料均应为生漆(大漆)。用同样方法对3#和4#样品红色、黑色膜进行检测,均检测出大漆的成分存在。这表明,这些彩绘陶应该都是陶胎漆器。

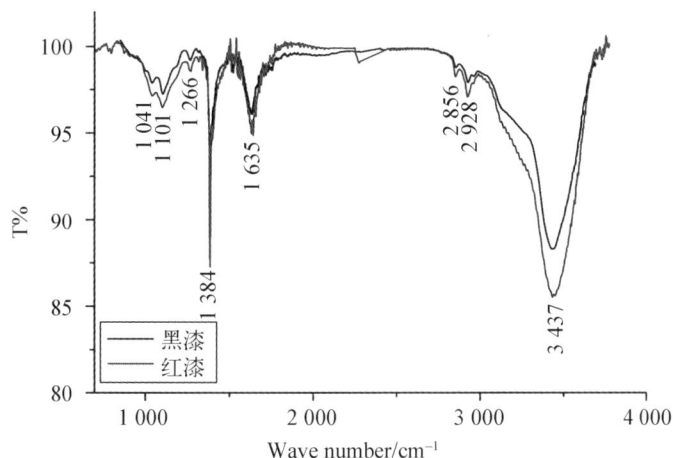

图二 1#样品黑红色漆膜的红外光谱

成都商业街战国时期的船棺遗址曾经出土木胎漆器,结合本次分析,可以说明从西周中期一直到战国时期,成都地区的漆器制造业都有连续的发展,而大漆这种工艺可能在该地区至迟于西周中期即已出现。

3. 彩绘断面显微观察

陶器彩绘的断面观察可揭示各层的分层结构、色泽,测量各层的厚度,这样即可有效地探索

---

[1] 成都市文物考古研究所:《成都考古发现2002》,科学出版社,2004年,第172-208页。
[2] 金普军:《汉代髹漆工艺研究》,中国科学技术大学博士论文,2008年,第62-67页。

陶器髹漆工艺特点。对1#样品边缘红彩处取样。通过树脂埋封镶样,然后采用不同目数的砂纸由粗到细打磨光滑,制得厚度适宜的载片。将载片置于三维视频显微镜下进行观察,并利用其自带测量软件,对断面分层进行厚度测量。样品断面显微照片见图三。由图可知陶胎上是一层约0.08-0.16 mm的黑色底漆层,然后再髹了一层0.5-0.6 mm的红漆。漆片与胎体附着力较差,随着样品出土后环境温湿度的剧烈变化,大部分漆片有开裂、起翘现象。

图三 1#样品漆片断面显微观察图

4. 彩绘颜料分析

采用Micro-Raman、XRF对漆彩绘和彩绘陶颜料成分进行分析。图4为1#、2#、3#样品表面红色彩绘层的拉曼光谱图。可见三个样品红色彩绘的拉曼峰基本一致,拉曼峰位253,284和342 cm^{-1}与朱砂(Cinnabar,HgS)的拉曼散射峰(254 vs,285 w,344 m)非常吻合[1]。因此,可以确定各红色彩绘的呈色物相应为朱砂。通过XRF对其包含的元素做了进一步分析(表三),得知各样品除了含有Hg、S外,还含有Fe、Ca、K等元素,由于显色元素Hg含量的不同,各样品色相有所区别。而且部分样品因为受到土壤污染,还含有Al、K、Ca等较多土壤中的元素。

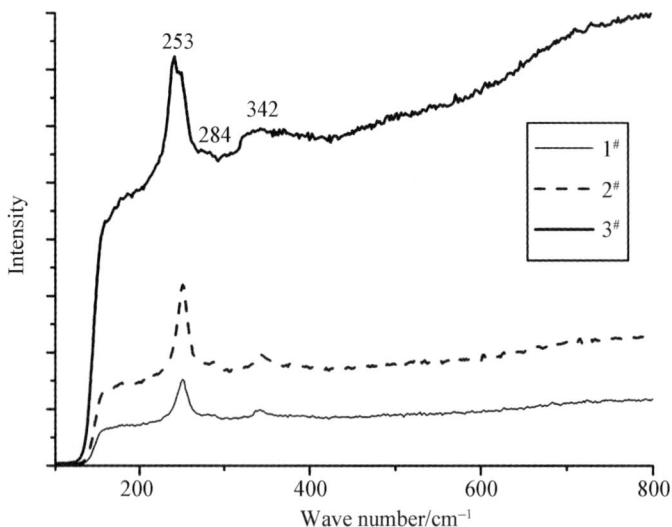

图四 样品红色彩绘拉曼光谱图

[1] Perez-Alonso M, Castro K., Martinez-Arkarazo I, et al. "Analysis of bulk and inorganic degradation products of stones, mortars and wall paintings by portable Raman microprobe spectroscopy". Anal Bioanal Chem. 2004, 379: 42-50.

表三　样品红色彩绘XRF分析结果

（wt%）

样品编号	K	Ca	Hg	Fe	S	Ti	Al
1#	–	10.47	78.09	11.07	–	0.37	–
2#	–	15.00	60.01	23.49	–	0.67	–
3#	4.73	–	45.24	16.15	14.69	1.30	17.89
4#	1.76	0.76	88.01	2.09	–	0.21	7.18
5#	1.50	3.68	77.72	6.28	–	0.40	10.41
6#	4.23	15.60	68.60	11.37	–	–	–

2#漆彩绘陶残片红色彩漆大多已脱落，露出陶器胎体的黑色底色。通过拉曼光谱分析（图五），1366、1603 cm^{-1}出现了很明显的双峰，该双峰位置与文献[1]中炭黑（Carbon Black，C）的特征峰位（1355 br，1592 br）比较吻合，为了进一步确认是否为炭黑，用手术刀小心刮下微量黑色底层，采用KBr压片制样进行红外光谱分析（图六），3433 cm^{-1}的强吸收峰是墨（炭黑）表面氧化后羟基的伸缩震动，1630 cm^{-1}吸收峰是C=C伸缩振动峰。综合拉曼光谱和红外光谱分析结果可以确定黑色物质为炭黑。

从以上漆彩绘膜、彩绘断面显微观察及颜料分析可以清楚地看出，这批陶器是以生漆为胶结材料，分别以朱砂和炭黑为显色物质调制成颜料对陶器进行装饰，顺序为先髹饰黑色底漆层，后用红色朱砂颜料漆勾勒图案，黑红相间形成鲜明对比，起到良好的装饰效果。

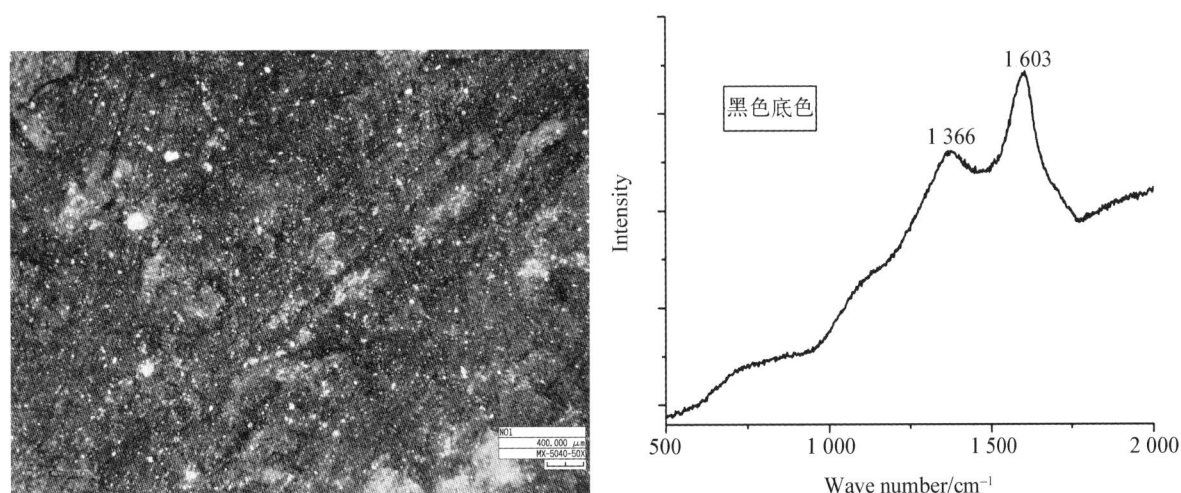

图五　2#样品陶胎黑色底色拉曼光谱

[1]　ZUO Jian, ZHAO Xichen, WU Ruo, *et al*. "Analysis of the pigments on painted pottery figurines from the Han Dynasty's Yangling Tombs by Raman microscopy". *J Raman Spectr*. 2003, (34): 123-124.

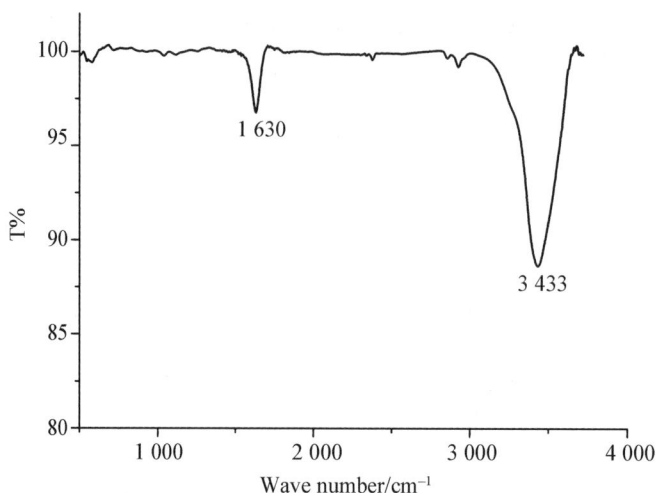

图六　2#样品陶胎黑色底层红外光谱

5. 陶片胎体分析

采用XRF对彩绘陶样品4#、5#胎体进行分析(表四)。结果表明,陶胎原料为黏土,陶胎中Fe_2O_3含量达到了12%以上,说明制作陶胎的黏土为古代烧陶常用的高铁易熔黏土。

表四　彩绘陶胎体XRF分析结果

（wt%）

样品编号	SiO_2	K_2O	CaO	Al_2O_3	Fe_2O_3	TiO_2	MnO	P_2O_5
4#	48.78	11.93	1.79	20.32	12.62	0.90	2.24	1.42
5#	54.45	5.60	3.70	16.57	18.00	1.38	0.12	–

6. 讨论

由分析结果得知十二桥遗址新一村一期地点西周晚期至春秋地层中发现了以朱砂和炭黑为呈色物质,生漆为成膜材料的漆彩绘陶(简称漆陶)。漆陶是漆工艺与彩陶装饰的融合体,以陶土为原材料烧制而成,并在其上以漆液综合各种装饰材料来进行髹饰。因为是以漆为媒介的器物,从其工艺表现手法到外观的视觉审美特征都具有漆器的特点,所以一直以来都把它作为漆器的一部分。漆陶属于复合文物,漆膜与陶胎组成和结构上都有比较大的区别,收缩率差别较大,而且漆膜在长期的自然环境中老化,弹性已经明显降低,出土后漆膜易开裂,自身保存较困难。

漆陶最早出现于新石器时代,在江苏吴江的良渚文化遗址中出土有漆绘彩陶杯和漆绘黑陶罐,陶杯和陶罐胎体呈灰黑色,用生漆描绘粗线纹,亦有用生漆在杯口进行大面积的涂饰,其色彩以朱黑色为主,也有的漆色呈赭黄。通过考证,这是目前发现最早的漆陶[1]。在春

---

[1]　龚声明:《论漆陶艺术》,《佛山陶瓷》2009年第2期,第33—35页。

秋战国时期,因漆器的盛行,漆陶器也得到了进一步的发展。漆陶类型也逐渐丰富,有杯、壶、罐、钫等多种样式,其造型装饰以云凤纹、几何纹、狩猎纹等为主,手法有描绘、雕刻等。这时期的漆陶有[1]:1957年河南信阳长台关二号墓出土的大量的漆绘高足陶壶,这些陶壶器身细长有盖,全身用漆彩绘图案,类似铜器花纹。另有湖北云梦县珍珠坡一陶器造型美观,其外观图案以蟠虺纹装饰,用黑、红、黄等色漆描绘,鲜艳温和、富丽华美。秦汉时期,由于低温釉彩的出现,用漆在陶器上进行装饰也逐渐减少,漆陶种类因陶瓷应用推广而有所扩大,但其规模数量不如战国时期,其造型装饰纹样以流云纹、菱格纹、飞禽走兽辟邪图案等为主,色彩多以红、黑、赭、黄等色为主,因漆工艺的发展,装饰手法出现描绘、雕刻、变涂等多种形式。据考证,现在出土的汉代漆陶主要有1961年湖南长沙西汉大墓出土的漆绘陶方壶(仅存残片),河南洛阳出土的朱地黑漆描绘的陶盘、陶奁等。自汉代以后,随着陶瓷工艺技术的发展,陶瓷日用品逐渐取代漆器日用品的历史地位,漆器开始向纯观赏性发展,用漆在陶胎上装饰的漆陶已不多见。

　　四川成都地区的漆器制造业向来历史悠久。在2000年度成都商业街船棺遗址出土的漆器证明至少在战国早期成都的漆器制作工艺就已经相当发达,而此次成都十二桥遗址新一村一期地点漆彩绘陶的出土,表明在西周中晚期至春秋成都地区漆器制造业就已经发展起来了。关于漆器髹漆工艺及保护研究主要集中于木胎或夹纻胎体[2][3][4][5][6],而在漆陶髹漆工艺的研究方面,国内仅见到胡克良等人[7]采用不同的红外光谱制样法和光谱差减技术对徐州地区出土的西汉漆衣陶残片的漆膜进行了测试分析,结合实验结果和传统制漆工艺分析,认为漆衣陶的漆膜是由麦漆涂饰而成的。本研究利用多种科技手段对成都西周至春秋地层中出土漆陶残片的成膜材料、彩绘颜料、胎体成分、施彩工艺的探讨及彩绘漆皮的碳十四年代测定,对研究成都漆器制造历史具有重要的学术意义。

三、结论

　　通过以上分析结果可得出以下结论:

　　1. 成都十二桥遗址新一村一期西周至春秋地层中发现了以朱砂和炭黑为呈色物质,生漆为

[1]　沈福文:《中国漆艺美术史》,人民美术出版社,1992年,第16-51页。

[2]　张炜、单伟芳、郭时清:《汉代漆器的剖析》,《文物保护与考古科学》1995年第2期,第28-35页。

[3]　金普军、毛振伟、秦颖等:《江苏盱眙出土夹纻胎漆器的测试分析》,《分析测试学报》2008年第4期,第372-376页。

[4]　李映福、唐光孝:《绵阳双包山一、二号西汉木椁墓出土漆器的检测报告》,《四川文物》2005年第3期,第80-86页。

[5]　李涛、杨益民、王昌燧等:《司马金龙墓出土木板漆画屏风残片的初步分析》,《文物保护与考古科学》2009年第3期,第24-27页。

[6]　金普军、王昌燧、郑一新等:《安徽巢湖放王岗出土西汉漆器漆膜测试分析》,《文物保护与考古科学》2007年第3期,第44-49页。

[7]　胡克良、李银德、杨嘉玲等:《徐州西汉陶漆的红外光谱分析》,《光谱学与光谱分析》1994年第5期,第31-34页。

成膜材料的漆彩绘陶（简称漆陶）。这表明在西周中晚期至春秋成都地区的漆器制作工艺较为成熟，漆器制造业已经发展起来了。漆器多以陶作胎，有别于当地战国至汉代的木胎漆器。碳十四测年数据显示，大漆工艺在成都地区开始出现最早可能在西周中期，至迟在西周中晚期可能得到广泛应用。

2. 漆彩绘陶胎体以高铁易熔黏土为原料烧制而成。漆陶胎体上首先以一层约0.08-0.16 mm厚的黑色底漆层整体打底，然后再用约0.5-0.6 mm厚的红色漆层勾勒图案，黑红相间形成鲜明对比，起到良好装饰效果；漆片与胎体附着力较差，随着样品出土后环境温湿度的剧烈变化，大部分漆片有开裂、起翘现象。

附录五

成都市新一村遗址十二桥文化人骨的勘验

原海兵[1]　何锟宇[2]　周志清[3]　田剑波[4]

1. 四川大学考古文博学院　四川大学考古学实验教学中心
2-4. 成都文物考古研究院

新一村遗址位于四川省成都市青羊区十二桥路以南,其东临西郊河、南接文化公园,西距十二桥遗址第Ⅰ发掘区约100米。2010-2011年,成都文物考古研究所为配合成都市内环线(通惠门至青羊上街)道路工程建设对其进行抢救性考古发掘,总计揭露面积1625平方米,主体文化堆积从新石器时代晚期延续至唐宋时期,主要集中于周、秦汉和唐宋三个阶段。先秦时期文化堆积分属于宝墩文化、十二桥文化和新一村文化,以新一村文化为主,宝墩文化和十二桥文化堆积相对较少[1]。此外,在发掘区域若干地层内发现散乱人类骨骼多块,且保存相对较好。经研究,其主要分布的新一村遗址(CSX)TN03W04-N04W03⑨、TN03W06-N04W05⑨、TN05E01-N06E01⑨、TN05W04-N06W03⑨、TN07W02-N08W01⑨、TN07W04-N08W03⑨等,常见出土石锛和陶尖底盏等,根据共存陶器组合和形态、植物碳十四测年,综合判定这些堆积应大致在西周晚期至春秋早期形成,属十二桥文化晚期至新一村文化遗存。笔者在四川大学考古学实验教学中心生物考古实验室对其进行了详细的观察与鉴定,报告如下。

一、骨骼保存及性别年龄鉴定

依据吴汝康等《人体测量方法》[2]、邵象清《人体测量手册》[3]、Ubelaker[4]以及White等[5]提

[1] 周志清、邱艳、左志强、易立:《成都市十二桥遗址新一村地点商周至隋唐时期遗址》,《中国文物报》2012年5月11日第8版。
[2] 吴汝康、吴新智、张振标:《人体测量方法》,科学出版社,1984年,第11-101页。
[3] 邵象清:《人体测量手册》,上海辞书出版社,1985年,第34-56页。
[4] Ubelaker, D.H., *Human skeletal remains: excavation, analysis, interpretation* (2nd ed.), Washington, DC: Taraxacum, 1989, pp.44-95.
[5] White, T.D., & Folkens, P.A., *The human bone manual*, Amsterdam Academic Press, 2005, pp.363-398.

出的相关参照标准,性别鉴定主要依据骨盆及颅骨的性别特征,年龄鉴定主要依据耻骨联合面形态变化、骨化点的出现与骨骺愈合程度、颅骨骨缝的愈合程度及牙齿的萌出与磨耗程度等情况综合判定。

可供观察的人类骨骼分属于8个单位,均为地层出土。由于现存骨骼较少,难以建立既存骨骼之间是否为同一个体的关联。根据最小个体数计数原则,可知TN03W04-N04W03⑨、TN03W06-N04W05⑨、TN05E01-N06E01⑨、TN05W04-N06W03⑨、TN07W02-N08W01⑨、TN07W04-N08W03⑨、TN07E01-N08E02⑨以及TN07W06-N08W05⑧中均至少应包含1例个体。经鉴定的骨骼均不同程度残损,大部分缺失可资判定性别的标志点,难以明确其性别。但根据骨骼发育状况以及骨骺愈合情况来看,这些可见个体死亡时均已成年。参见表一。

表一 新一村遗址出土人类遗骸性别、年龄鉴定统计表

出土单位	保存状况	性别	判定依据	年龄(岁)	判定依据
2010CSX TN03W04-N04W03⑨	残损的右侧顶骨	不详	可见骨骼不足以判定	成年	骨骼发育
	左侧股骨上半段	男?	骨骼发育、肌嵴发达	成年	骨骼发育
	右侧股骨中段	男?	骨骼发育、肌嵴发达	成年	骨骼发育
2010CSX TN03W06-N04W05⑨	左侧股骨上半段	男?	骨骼发育、肌嵴发达	成年	骨骺愈合
2010CSX TN05E01-N06E01⑨	左侧股骨上半段	男?	骨骼发育、肌嵴发达	成年	骨骼发育
	完整的枕骨一块	女?	骨骼发育、枕外隆突稍显	成年	骨骼发育
	残损的右侧顶骨	不详	可见骨骼不足以判定	成年	骨骼发育
2010CSX TN05W04-N06W03⑨	残损的右侧下颌骨	男?	下颌角骨骼发育形态	成年	骨骼发育
	右侧掌骨一根	男?	骨骼发育粗壮	成年	骨骺愈合
	右侧腓骨下段	不详	可见骨骼不足以判定	成年	骨骺愈合
2010CSX TN07W02-N08W01⑨	颅骨(不含下颌骨)	男	颅骨发育形态	40岁左右	牙齿磨耗
2010CSX TN07W04-N08W03⑨	右侧股骨中段	男?	骨骼发育、肌嵴发达	成年	骨骼发育
	右侧股骨下半段	不详	可见骨骼不足以判定	成年	骨骺愈合
	右侧中指骨	不详	可见骨骼不足以判定	成年	骨骺愈合
2010CSX TN07E01-N08E02⑨	左侧股骨上半段	不详	可见骨骼不足以判定	成年	骨骺愈合
2010CSX TN07W06-N08W05⑧	残损右侧顶骨	不详	可见骨骼不足以判定	成年	骨骼发育

注:"男?"表示倾向于男性;"女?"表示倾向于女性。

二、骨骼病理及发育异常

经观察,存在于新一村人群中的骨骼发育异常主要表现为颅骨的骨质压痕、颅骨的多孔性骨肥厚发育和牙齿周围的牙周炎三种。

骨质压痕: 2010CSXTN07W06-N08W05⑧保留有残损的右侧顶骨,且后部保存较好,可见其矢状缝与冠状缝相交的前囟区顶骨上存在骨质压痕痕迹,但已完全愈合。

多孔性骨肥厚: 2010CSXTN07W06-N08W05⑧残损的右侧顶骨顶结节前部可见多孔性骨骼发育表现;2010CSXTN07W02-N08W01⑨的额骨前囟点周围以及两侧顶骨矢状缝周围可见炎症滋生的多孔性骨质增生表现,这些骨骼表现可能与这些个体生前营养缺乏导致骨骼发育障碍有一定关系。

牙周炎: 2010CSXTN07W02-N08W01⑨的上颌左侧侧门齿生前脱落,并在唇侧形成瘘道,可见明显的瘘道融合骨质的现象;第二前臼齿齿槽脓肿,且齿槽已经部分闭合;第三臼齿齿槽脓肿。上颌右侧中门齿齿槽脓肿,唇侧齿槽已经暴露,在舌侧也形成瘘道;侧门齿生前缺失,齿槽已经闭合。

三、颅骨形态及相关问题

新一村人骨仅2010CSXTN07W02-N08W01⑨可供观察和测量,考察其颅骨形态及与其他人群颅骨形态表型之间的关系。可知,其表现为卵圆形颅。眉弓发育中等,前额倾斜,无额中缝,椭圆形眶,鼻根区略有凹陷,鼻前棘稍发育,梨形梨状孔,梨状孔下缘为混合型,颧骨上颌骨下缘转角和缓,犬齿窝不发育,U形齿弓,丘状腭圆枕,颅顶缝发育简单,乳突中等发育,枕外隆突中等发育,左侧翼区呈额颞型连接、右侧为翼上骨型连接,下颌缺失。经测量可知,其颅型表现为偏长的中颅型,偏正的高颅型和狭颅型,面部中颌型,中上面型,左侧中眶型、右眶偏低,偏狭的阔鼻型,阔额型,阔型枕骨大孔,阔腭型,短颌型,中等面宽以及中等扁平的上面部形态。

综合来看,该颅骨反映出发育简单的颅顶缝、欠发达的犬齿窝和鼻根凹、宽阔而扁平的面形、朝向前方的颧骨形态等特征应与亚洲蒙古人群最为相似。经过对比可知,该颅骨基本颅面形态与亚洲蒙古人群中的东北亚类群和东亚类群最为相似,相比而言,颅形更接近东北亚类群,面形更接近东亚类群。与近现代华北组、抚顺组、华南组、爱斯基摩组和藏族B组显示出更为接近的颅面部形态。与成都及周边地区的营盘山文化、宝墩文化中存在的"古西北类型"人群体质因素表现出相当的一致性,且与商业街船棺墓埋葬人群差异度较小,而与后世汉代迁徙而至的老官山组人群表现出明显差异。总之,其与先秦时期邻近北部地区的人群表现出更为一致的体质特征[1]。

[1]　原海兵、何锟宇、周志清、田剑波:《古蜀人群遗传表型特征探微——基于成都新一村十二桥文化人颅骨的观察与测量分析》,四川大学博物馆、四川大学考古学系、成都文物考古研究院编:《南方民族考古》第20辑,科学出版社,2020年,第398-412页。

四、讨论

经过观察分析,还有如下收获:

第一,所鉴定骨骼均为散落在地层中的人类遗骸,难以进行个体归类。该地层中除人骨及人工遗物外,还夹杂有大量碎石块、细砂,其堆积形成与十二桥文化时期洪水及其河流相沉积可能有较大相关性[1]。

第二,综合来看,尽管骨骼零散,难以按照个体归类,但其骨质本身保存较好,尤其是相较成都平原先秦时期墓葬中一般情况下保存的人骨,其风化程度较轻、骨质坚硬,其被泥沙裹挟的埋藏环境可能是相较墓葬更适宜骨骼保存的一类堆积。

第三,如若地层堆积为河流相沉积,其骨骼保存较好显示其堆积形成年代与人骨代表的个体死亡埋葬年代应不远,即人骨形成年代应早于堆积形成年代,且相距不远。

附记:本文系国家哲学社会科学基金一般项目“高山古城宝墩文化人类骨骼考古研究”(课题编号:19BKG038)阶段性成果。研究过程中得到成都文物考古研究院颜劲松、江章华、陈云洪、陈剑、邱艳、易立等先生大力帮助,在此表示衷心感谢。

---

[1] 万娇:《成都十二桥遗址早期堆积的性质及成因分析》,《文物》2017年第12期,第38-47页。

附录六

古蜀人群遗传表型特征探微
——基于成都新一村十二桥文化人颅骨的观察与测量分析

原海兵[1] 何锟宇[2] 周志清[3] 田剑波[4]
1. 四川大学考古文博学院 四川大学考古学实验教学中心
2-4. 成都文物考古研究院

成都平原自新石器时代的桂圆桥文化、宝墩文化发展到青铜时代的三星堆文化,再到十二桥文化等,逐步形成了独具地域特色的古蜀文明,直到秦并巴蜀融入中华文明多元一体的文化共同体。自二十世纪二十年代成都平原首次发现三星堆遗存以来,相关的物质文化考古发现层出不穷,研究成果汗牛充栋,但长久以来囿于考古材料的局限,对于创造古蜀文明以及川西地区其他史前文化,乃至推动文化之间联系与互动交流的古代人群本体鲜有研究,从人类骨骼视角探索古蜀人群本身的容貌、体质、营养、食性等几乎处于空白状态。本文着眼于成都新一村出土的一例十二桥文化男性颅骨标本,试图通过对其进行观察与测量分析,对其表现出来的生物学遗传表型特征进行阐述,以期有益于学术界对古蜀人群及其文化内涵有全面系统的了解。

人体是由200多种共几万亿个细胞组成的复杂系统,基因、蛋白质、环境及其相互之间的共同作用塑造了人类。一般来说,人的骨骼形态是人的遗传学结构、表观遗传学作用、环境以及人类行为共同作用的结果,其不仅体现了一定的基因结构、变异,还体现了基因传递和遗传表达等信息。在分子生物学和遗传学研究领域,针对人的遗传学研究主要包含基因组和表型组两种。基因组是指人所有遗传物质的总和,包括DNA和RNA。基因组学主要通过基因组高通量DNA测序、分析,结合生物信息学来组装和分析整个基因组的结构、功能、进化及相互作用等,并对生物体所有基因进行定位、集体表征定量及不同基因组的比较研究,研究基因表达测量和基因功能核定以及它们对生物体的影响。表型是生物体可以观察到的性状或特征,是特定的基因型与环境相互作用的结果[1]。表型组学着眼于细胞、组织、器官、生物体或物种所有表型总和的研究,通过对样本组织和器官等形状的研究,探索表型谱(主要包括器官形状、大小及影像数据等)可测量、

---

[1] 全国科学技术名词审定委员会审定:《遗传学名词》,科学出版社,2006年,第3、7-8、112页。

可观察的结构类特征，样本机能、反应速度等生理、生化指标所反映的体质、体征的功能类特征等。体质人类学研究中将针对这种可测量、可观察结构类特征的表型研究称之为骨骼形态学研究。基因组学、表型组学与转录组学、蛋白质组学和代谢组学共同构成系统生物学的组学基础。

　　新一村遗址位于成都市青羊区十二桥路以南，东临西郊河、南濒文化公园，西距十二桥遗址Ⅰ发掘区约100米。2010年，成都文物考古研究所为配合成都市内环线（通惠门至青羊上街）道路工程建设对其进行发掘，揭露面积1625平方米，主体文化堆积从新石器时代晚期延续至唐宋时期，主要集中于周、秦汉和唐宋三个阶段。先秦时期文化堆积分属于宝墩文化、十二桥文化和新一村文化，以新一村文化为主，而宝墩文化和十二桥文化堆积相对较少[1]。本文研究标本出土于新一村遗址TN07W02—N08W01的第⑨层，出土有石锛和陶尖底盏等，根据共存陶器组合和形态、植物碳十四测年，综合判定该层堆积应大致在西周晚期至春秋早期形成，属十二桥文化晚期至新一村文化遗存。

一、颅骨的观察与测量

　　本文主要依据《人体测量方法》[2]和《人体测量手册》[3]相关著述对颅骨非测量形态与测量特征进行记述。测量结果见表一。

表一　新一村组颅骨主要测量项目统计表

马丁号	项　目	男（例数）	马丁号	项　目	男（例数）
1	颅骨最大长（g-op）	181.00（1）	62	腭长（ol-sta）	43.50（1）
8	颅骨最大宽（eu-eu）	136.00（1）	63	腭宽（enm-enm）	41.00（1）
17	颅高（b-ba）	136.00（1）	7	枕骨大孔长（ba-o）	37.50（1）
21	耳上颅高（po-v）	118.00（1）	16	枕骨大孔宽	33.00（1）
9	最小额宽（ft-ft）	95.00（1）	72	总面角（n-pr FH）	79.00（1）
23	颅周长（g-op-g）	531.00（1）	73	中面角（n-ns FH）	85.00（1）
24	颅横弧（po-b-po）	323.00（1）	74	齿槽面角（ns-pr FH）	66.00（1）
25	颅矢状弧（arc n-o）	379.00（1）	32	额角Ⅰ（n-m FH）	84.00（1）
26	额骨矢状弧（arc n-b）	122.00（1）		额角Ⅱ（g-m FH）	78.00（1）
27	顶骨矢状弧（arc b-l）	135.00（1）		前囟角（g-b FH）	45.50（1）
28	枕骨矢状弧（arc l-o）	120.00（1）	77	鼻颧角（fmo-n-fmo）	141.51（1）
29	额骨矢状弦（chord n-b）	109.00（1）		鼻根点角（pr-n-ba）	69.80（1）

---

［1］　周志清、邱艳、左志强、易立：《成都市十二桥遗址新一村地点商周至隋唐时期遗址》，《中国文物报》2012年5月11日第8版。
［2］　吴汝康、吴新智、张振标：《人体测量方法》，科学出版社，1984年，第11-101页。
［3］　邵象清：《人体测量手册》，上海辞书出版社，1985年，第57-132页。

马丁号	项　目	男（例数）	马丁号	项　目	男（例数）
30	顶骨矢状弦（chord b-l）	123.00（1）		上齿槽点角（n-pr-ba）	71.36（1）
31	枕骨矢状弦（chord l-o）	101.50（1）		基底角（n-ba-pr）	38.84（1）
5	颅基底长（n-ba）	105.50（1）	8：1	颅长宽指数	75.14（1）
40	面基底长（pr-ba）	104.80（1）	17：1	颅长高指数	75.14（1）
48	上面高（n-pr）	69.70（1）	17：8	颅宽高指数	100.00（1）
	（n-sd）	74.00（1）	54：55	鼻指数	51.89（1）
45	颧宽（zy-zy）	133.00（1）*	SS：SC	鼻根指数	19.05（1）
54	鼻宽	27.50（1）	52：51	眶指数（mf-ek）　　左	79.09（1）
55	鼻高（n-ns）	53.00（1）		右	75.43（1）
SC	鼻骨最小宽	10.50（1）	52：51a	眶指数（d-ek）　　左	95.34（1）
SS	鼻骨最小宽高	2.00（1）		右	91.32（1）
51	眶宽（mf-ek）　　左	44.00（1）	48：45	上面指数（pr）	52.41（1）*
	右	46.00（1）		（sd）	55.64（1）*
51a	眶宽（d-ek）　　左	36.50（1）	48：17	垂直颅面指数（pr）	51.25（1）
	右	38.00（1）		（sd）	54.41（1）
52	眶高　　　　左	34.80（1）	61：60	上颌齿槽指数	117.44（1）
	右	34.70（1）	63：62	腭指数	94.25（1）
50	眶间宽（mf-mf）	16.20（1）	9：8	额宽指数	69.85（1）
49a	眶内缘点间宽（d-d）	25.60（1）	40：5	面突指数	99.34（1）
43（1）	两眶外缘宽（fmo-fmo）	98.00（1）	47：45	全面指数	/
11	耳点间宽（au-au）	126.20（1）	45：8	颅面宽指数	97.79（1）*
60	上颌齿槽弓长（pr-alv）	58.50（1）	17：0.5（1+8）	高平面指数	85.80（1）
61	上颌齿槽弓宽（ekm-ekm）	68.70（1）	16：7	枕骨大孔指数	88.00（1）

注：长度单位为毫米；角度为度；指数为百分比（%）；* 表示稍残缺，供参考

　　TN07W02-N08W01⑨男性，40岁左右。卵圆形颅，保存较完好。该个体眉弓发育中等，前额倾斜，无额中缝，眶形为椭圆形，鼻根区略有凹陷，鼻前棘稍发育，梨状孔高而窄呈梨形，梨状孔下缘左侧为鼻前沟型、右侧为锐型，颧骨上颌骨下缘转角和缓，犬齿窝不发育，齿弓形状为U形，腭圆枕稍显呈丘状；颅顶缝前囟段及后段愈合，顶段为复杂型，顶孔段为锯齿型，颅顶缝结构发育较

简单；乳突中等发育，枕外隆突中等发育，左侧翼区呈额颞型（I）连接、右侧为翼上骨型（一块）；下颌缺失不详。整体上看颅型表现为长宽指数（75.14）偏长的中颅型，长高指数（75.14）偏正的高颅型和宽高指数（100.00）的狭颅型，面突指数（99.34）表现为中颌型，上面指数（52.41）表现为中上面型，眶指数表现为左侧眶稍高为中眶型（79.09）、右侧眶偏低（75.43），鼻指数（51.89）表现为偏狭的阔鼻型，额宽指数（69.85）表现为阔额型，阔型枕骨大孔（88.00），腭指数（94.25）表现为阔腭型，上颌齿槽指数（117.44）表现出的短颌型，中等面宽等特点，鼻颧角为141.51度，表现出中等扁平的上面部形态。综上来看，该颅骨反映出发育简单的颅顶缝、欠发达的犬齿窝和鼻根凹、宽阔而扁平的面形，朝向前方的颧骨形态等特征应与亚洲蒙古人群最为相似。参见图版六。

二、比较与分析

首先，为了明晰新一村组颅骨的遗传表型特征与现代亚洲蒙古人群主要区域类群的相似程度，我们将其与北亚、东北亚、东亚和南亚四个区系类群[1]相比较，具体比较项目和测量值见表二。

从表二列出的17项颅面部特征的比较中可以看出，新一村组颅骨有鼻颧角、总面角、眶指数和鼻根指数4项超出亚洲蒙古人群变异界值范围，反映出其明显的低眶特征和不甚扁平的上面部形态，其余对比的13项均落入亚洲蒙古人群变异范围。由此可见，该组颅骨反映的基本体质特征符合亚洲蒙古人群的一般性特征，这一结果与前文分析的该组颅骨的颅面部形态观察的结论一致。其与亚洲蒙古人群的各区域类群相比较，新一村组有4项落入到北亚类群界值范围内，反映出其较高的上面部以及较宽较陡直的额面部形态与北亚类群人群表现出较多的一致性。另外，新一村组有10项落入东北亚类群界值范围，颅面形态表现出极高的一致性；而有9项落入到东亚类群界值范围内，相比较而言，颅宽较小，颅形更狭长，面部相似度则更高。而落入南亚类群界值范围的有6项，其在狭颅、绝对面宽、阔鼻以及不甚扁平的上面部形态等特征上与南亚类群较为一致。

综合分析可知，新一村组颅骨反映的基本颅面形态与亚洲蒙古人群中的东北亚类群和东亚类群最为相似，相比较而言，颅形更接近东北亚类群，面形更接近东亚类群，而与南亚以及北亚类群人群均存在相对较大的形态距离。

第二，为了考察新一村组十二桥文化古代人群与现代亚洲蒙古人群各地区小群体在遗传表型特征上的亲疏关系，我们选择近代华北组、华南组、爱斯基摩组、蒙古组、通古斯组、抚顺组[2]、广西壮族组[3]、藏族A组与藏族B组[4]等9个近现代组人群的18项项目与之相比较，各对比组项目及数据见表三。采用计算新一村组与各近现代组之间欧氏距离系数的方法进行定量分析，

---

[1] 转引自韩康信、潘其风：《安阳殷墟中小墓人骨的研究》，《安阳殷墟头骨研究》，文物出版社，1985年，第50-81页。

[2] 华北组、爱斯基摩组、蒙古组、通古斯组转引自韩康信、潘其风：《安阳殷墟中小墓人骨的研究》，《安阳殷墟人骨研究》，文物出版社，1985年，第50-81页；华北组、蒙古组、通古斯组上面指数以及华南组、抚顺组数据转引自中国科学院考古研究所体质人类学组：《赤峰、宁城夏家店上层文化人骨研究》，《考古学报》1975年第2期，第157-169页。

[3] 朱芳武、卢为善、雷一鸣：《广西壮族颅骨的测量与研究》，《人类学学报》1989年第2期，第139-146页。

[4] G.M. Morant, "A First Study of the Tibetan Skull", *Biometrika*, Vol.14, No.3/4, 1923: 193-260.

表二　新一村组颅骨与现代亚洲蒙古人群各区域类群的比较（男性）

马丁号	项目 组别→	新一村组	现代亚洲蒙古人群				
			北亚类群	东北亚类群	东亚类群	南亚类群	变异范围
1	颅长（g-op）	181.00(1)	174.90-192.70	180.70-192.20	175.00-182.20	169.90-181.30	169.90-192.70
8	颅宽（eu-eu）	136.00(1)	144.40-151.50	134.30-142.60	137.60-143.90	137.90-143.90	134.30-151.50
8：1	颅长宽指数	75.14(1)	75.40-85.90	69.80-79.00	76.90-81.50	76.90-83.30	69.80-85.90
17	颅高（ba-b）	136.00(1)	127.10-132.40	132.90-141.10	135.30-140.20	134.40-137.80	127.10-141.10
17：1	颅长高指数	75.14(1)	67.40-73.50	72.60-75.20	74.30-80.10	76.50-79.50	67.40-80.10
17：8	颅宽高指数	100.00(1)	85.20-91.70	93.30-102.80	94.40-100.30	95.00-101.30	85.20-102.80
9	最小额宽（ft-ft）	95.00(1)	90.60-95.80	94.20-96.60	89.00-93.70	89.70-95.40	89.00-96.60
32	额角I(n-m FH)	84.00(1)	77.30-85.10	77.00-79.00	83.30-86.90	84.20-87.00	77.00-87.00
45	颧宽（zy-zy）	133.00(1)*	138.20-144.00	137.90-144.80	131.30-136.00	131.50-136.30	131.30-144.80
48	上面高（n-sd）	74.00(1)	72.10-77.60	74.00-79.40	70.20-76.60	66.10-71.50	66.10-79.40
48：17	垂直颅面指数（sd）	54.41(1)	55.80-59.20	53.00-58.40	52.00-54.90	48.00-52.20	48.00-59.20
48：45	上面指数（sd）	55.64(1)*	51.40-55.00	51.30-56.60	51.70-56.80	49.90-53.30	49.90-56.80
77	鼻颧角（fmo-n-fmo）	141.51(1)	147.00-151.40	149.00-152.00	145.00-146.60	142.10-146.00	142.10-152.00
72	总面角（n-pr FH）	79.00(1)	85.30-88.10	80.50-86.30	80.60-86.50	81.10-84.20	80.50-88.10
52：51	眶指数右	75.43(1)	79.30-85.70	81.40-84.90	80.70-85.00	78.20-81.00	78.20-85.70
54：55	鼻指数	51.89(1)	45.00-50.70	42.60-47.60	45.20-50.20	50.30-55.50	42.60-55.50
SS：SC	鼻根指数	19.05(1)	26.90-38.50	34.70-42.50	31.00-35.00	26.10-36.10	26.10-42.50

注：长度单位为毫米；角度为度；指数为百分比（%），*表示稍残缺，供参考。

表三　新一村组与各近现代人群颅骨组的比较（男性）

马丁号	项目↓ 组别→	新一村组	华北组（步达生）	华南组（哈罗维）	爱斯基摩组（杰别茨）	蒙古组（杰别茨）	通古斯组（杰别茨）	抚顺组（岛五郎）	广西壮族组	藏族A组	藏族B组	同种系标准差
1	颅长 (g-op)	181.00 (1)	178.50	179.90	181.80	182.20	185.50	180.80	178.28	174.80	185.50	5.73
8	颅宽 (eu-eu)	136.00 (1)	138.20	140.90	140.70	149.00	145.70	139.70	140.58	139.40	139.40	4.76
17	颅高 (ba-b)	136.00 (1)	137.20	137.80	135.00	131.40	126.30	139.20	136.61	131.20	134.10	5.69★
9	最小额宽 (ft-ft)	95.00 (1)	89.40	91.50	94.90	94.30	90.60	90.80	94.29	92.60	94.30	4.05
45	颧宽 (zy-zy)	133.00 (1)*	132.70	132.60	137.50	141.80	141.60	134.30	135.48	130.40	137.50	4.57
48	上面高 (n-sd)	74.00 (1)	75.30	73.82pr	77.50	78.00	75.40	76.20pr	69.38	69.40	76.50	4.15
52	眶高右	34.70 (1)	35.50	34.60	35.90	35.80	35.00	35.50	33.89	35.00	36.50	1.91
51	眶宽 (mf-ek)	46.00 (1)	44.00	42.10L	43.40	43.20	43.00	42.90	43.03	41.70	44.00	1.67
54	鼻宽	27.50 (1)	25.00	25.25	24.40	27.40	27.10	25.70	26.23	25.30	27.10	1.77
55	鼻高 (n-ns)	53.00 (1)	55.30	52.60	54.60	56.50	55.30	55.10	51.77	51.65	55.00	2.92
72	总面角 (n-pr FH)	79.00 (1)	83.39	81.70	83.80	87.50	86.60	83.60	84.60	87.40	85.70	3.24
8:1	颅长宽指数	75.14 (1)	77.56	78.75	77.60	82.00	78.70	77.30	79.06	79.80	75.30	2.67
17:1	颅长高指数	75.14 (1)	77.02	77.02	<74.26>	<72.12>	<68.09>	77.01	76.57	75.10	72.10	2.94
17:8	颅宽高指数	100.00 (1)	99.53	97.80	<95.95>	<88.19>	<86.68>	100.00	94.82	<94.12>	<96.20>	4.30
48:45	上面指数 (sd)	55.64 (1)*	56.80	55.67	<56.36>	55.01	53.25	56.80	51.31	<53.22>	<55.64>	3.30▲
52:51	眶指数右	75.43 (1)	80.66	84.90	83.00	82.90	81.50	83.00	79.01	84.30	83.00	5.05
54:55	鼻指数	51.89 (1)	45.23	49.40	44.80	48.60	49.40	46.90	53.82	49.30	49.40	3.82
9:8	额宽指数	69.85 (1)	<64.69>	<64.94>	<67.45>	<63.29>	<62.18>	<65.00>	<67.07>	<66.43>	<67.65>	3.29★

注：1. 长度单位为毫米；角度为度；指数为百分比（%）。

2. 标注"< >"中的数值是依等均数计算的近似值。

3. 标注"★"的采用挪威组的同种系标准差，标注"▲"的采用欧洲组的同种系标准差，其余的选自埃及E组[1]的同种系标准差。

4. *表示稍残缺，供参考。

[1] G.M.Morant, "A First Study of the Tibetan Skull", Biometrika, Vol.14, No.3/4, 1923: 193–260.

并根据欧氏距离系数绘制出各组之间相似度关系的树状聚类图,统计分析均运用SPSS25.0 for windows进行运算,所有统计数据均经过标准化。比较结果见表四、图一。

　　从表四及图一显示的结果来看,新一村组颅骨在刻度20以内与华北组、抚顺组、华南组、爱斯基摩组和藏族B组聚类为一大组,相比较其他组显示出更为接近的颅面部形态。这与前述新一村组颅骨反映的基本颅面形态与亚洲蒙古人群中的东北亚类群和东亚类群最为相似的结果一致。

表四　新一村组与亚洲蒙古人群各近现代对比组之间的欧氏距离近似值矩阵(男性)

	1	2	3	4	5	6	7	8	9	10
1	0.00									
2	13.80	0.00								
3	14.49	8.48	0.00							
4	15.39	10.75	10.82	0.00						
5	26.17	22.29	20.31	15.66	0.00					
6	26.90	24.57	23.13	18.89	10.38	0.00				
7	14.23	5.23	6.55	9.24	20.88	24.04	0.00			
8	13.71	15.12	11.76	15.27	20.16	21.96	14.74	0.00		
9	19.02	14.84	12.57	15.95	21.19	22.23	16.12	11.78	0.00	
10	14.52	13.88	12.98	7.82	16.34	17.10	11.68	15.01	17.15	0.00

　　注:1. 新一村组　2. 华北组　3. 华南组　4. 爱斯基摩组　5. 蒙古组　6. 通古斯组　7. 抚顺组　8. 广西壮族组　9. 藏族A组　10. 藏族B组

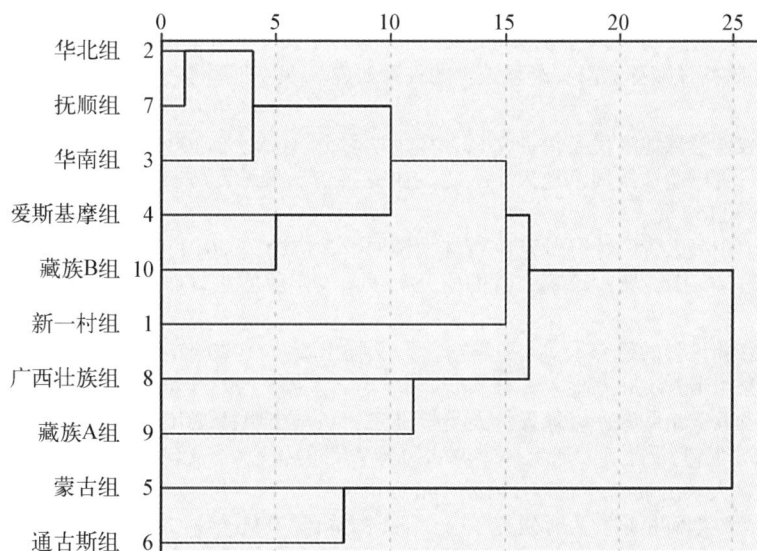

图一　新一村组人群与各近现代对比组人群组间联系的树状聚类图

第三，为了进一步探讨新一村组十二桥文化人群与我国古代各地区人群之间在遗传表型体质特征上的相似程度，我们选择了邻近的成都商业街组[1]、老官山组[2]，湖北荆门左冢楚墓组[3]、江陵九店组[4]，广西桂林甑皮岩组[5]、福建闽侯昙石山组[6]，陕西凤翔孙家南头组[7]、澄城良辅组[8]，山西天马曲村组[9]，河南安阳殷墟中小墓B组[10]、殷墟中小墓③组[11]，黑龙江泰来平洋组[12]，青海湟中李家山组[13]、西宁陶家寨组[14]、大通上孙家寨汉代组[15]，辽宁朝阳鲜卑组[16]，蒙古匈奴全组[17]及内蒙古林西县井沟子组[18]等18组人群颅骨材料来与其做对比分析，各对比组项目及数据见表五。计算新一村组人群与各古代组人群颅面特征之间欧氏距离的系数，并定量绘制出各组之间相似度关系的树状聚类图，所有统计分析都运用SPSS25.0 for windows运算，用于统计分析的所有数据均经过标准化。比较结果见表六、图二。

从图二可以看出新一村组十二桥文化人群与其他相关古代人群之间遗传表型上的相似度关系，在刻度小于25的范围内，19个古代人群颅骨组大致可以区分为两个大的聚类群。第一大聚类群又可以依次分为六个小聚类群，第一小聚类群包括李家山组、上孙家寨汉代组和陶家寨组；第二小聚类群包括孙家南头组、澄城良辅组、殷墟中小墓B组和天马曲村组；第三小聚类群包括甑皮岩组和昙石山组；第四小聚类群包括殷墟中小墓③组和平洋组；第五小聚类群包括朝阳鲜卑组、蒙古匈奴全组和井沟子组；第六小聚类群包括左冢楚墓组和江陵九店组。以青海湟中李

[1] 张君、王毅、颜劲松：《成都商业街船棺葬出土人骨研究》，见《成都商业街船棺葬》，文物出版社，2009年，第138-150页。
[2] 原海兵、谢涛、何锟宇：《成都市天回镇老官山汉墓出土颅骨的观察与测量》，《边疆考古研究》（第二十三辑），科学出版社，2018年，第261-286页。
[3] 李天元：《左冢楚墓人骨研究》，见《荆门左冢楚墓》，文物出版社，2006年，第214-226页。
[4] 李天元：《江陵九店楚墓人骨观测》，见《江陵九店东周墓》，科学出版社，1995年，第513-528页。
[5] 张银运、王令红、董兴仁：《广西桂林甑皮岩新石器时代遗址的人类头骨》，《古脊椎动物与古人类》1977年第1期，第4-13页。
[6] 韩康信、张振标、曾凡：《闽侯昙石山遗址的人骨》，《考古学报》1976年第1期，第121-129页。
[7] 陈靓、田亚岐：《陕西凤翔孙家南头秦墓人骨的种系研究》，见《西部考古》（第三辑），三秦出版社，2008年，第164-173页。
[8] 韩巍：《陕西澄城良辅墓地汉代人骨研究》，吉林大学硕士学位论文，2006年，第8-50页。
[9] 潘其风：《天马-曲村遗址西周墓地出土人骨的研究报告》，见《天马-曲村（1980-1989）》，科学出版社，2000年，第1138-1152页。
[10] 原海兵：《殷墟中小墓人骨的综合研究》，吉林大学博士学位论文，2010年，第147页。
[11] 韩康信、潘其风：《安阳殷墟中小墓人骨的研究》，见《安阳殷墟头骨研究》，文物出版社，1985年，第50-81页。
[12] 潘其风：《平洋墓葬人骨的研究》，见《平洋墓葬》，文物出版社，1990年，第187-235页。
[13] 张君：《青海李家山卡约文化墓地人骨种系研究》，《考古学报》1993年第3期，第381-413页。
[14] 张敬雷：《青海省西宁市陶家寨墓地人骨人类学研究》，科学出版社，2016年，第45-51页。
[15] 韩康信、谭婧泽、张帆：《青海大通上孙家寨古墓地人骨的研究》，见《中国西北地区古代居民种族研究》（第一部分），复旦大学出版社，2005年，第1-190页。
[16] 朱泓：《朝阳魏晋时期鲜卑墓葬人骨研究》，《沧海文物学刊》1996年第2期，第79-90页。
[17] 转引自张全超：《内蒙古和林格尔县新店子墓地人骨研究》，科学出版社，2010年，第97页。
[18] 朱泓、张全超：《内蒙古林西县井沟子遗址西区墓地人骨研究》，《人类学学报》2007年第2期，第97-106页。

表五　新一村组十二桥文化人群与各古代人群颅骨组的比较（男性）

马丁号	项目 ↓　组别 →	新一村组	商业街组	老官山组	左家组	九店组	甑皮岩组	昙石山组	孙家南头组	澄城良辅组	天马曲村组
1	颅长（g－op）	181.00	183.00	181.00	175.20	176.00	193.30	189.70	181.60	184.93	183.26
8	颅宽（eu－eu）	136.00	139.40	149.00	145.20	136.50	143.20	139.20	142.00	141.23	141.56
17	颅高（ba－b）	136.00	136.80	141.00	138.20	135.00	140.90	141.30	139.20	137.58	141.30
9	最小额宽（ft－ft）	95.00	91.30	87.70	93.70	90.70	93.50	91.00	93.56	93.23	94.70
45	颧宽（zy－zy）	133.00*	128.00	148.50	127.80	127.00	138.00	135.60	139.50	136.27	138.28
48	上面高（n－sd）	74.00	68.20	83.00	75.00	71.20	69.70	71.10	74.67	74.67	73.55
52	眶高右	34.70	34.10	33.00	33.80	33.50	34.40	33.80	33.88	35.26	34.21
51	眶宽（mf－ek）右	46.00	42.00	45.00	39.80	36.70	42.60	42.20	43.85	45.53	44.45
54	鼻宽	27.50	26.70	31.80	24.20	27.30	28.30	29.50	26.92	26.14	27.16
55	鼻高（n－ns）	53.00	50.20	62.00	54.50	53.10	53.10	51.90	53.75	52.65	53.99
72	总面角（n－pr FH）	79.00	/	89.00	81.00	88.00	84.00	81.00	86.20	84.75	85.58
8：1	颅长宽指数	75.14	76.10	82.32	82.88	77.56	73.20	73.40	78.36	77.31	77.30
17：1	颅长高指数	75.14	74.90	77.90	78.88	76.70	70.50	73.80	76.74	76.93	77.18
17：8	颅宽高指数	100.00	98.30	94.63	95.18	98.90	97.90	99.50	98.06	97.54	99.68
48：45	上面指数（sd）	55.64*	53.30	55.89	58.82	56.06	50.40	52.50	54.21	52.74	53.56
52：51	眶指数右	75.43	81.20	73.33	82.41	91.28	80.40	80.00	77.30	77.44	77.05
54：55	鼻指数	51.89	53.10	51.29	44.65	51.41	53.30	57.00	50.05	50.30	50.52
9：8	额宽指数	69.85	<65.50>	58.86	64.53	66.45	<65.29>	<65.37>	<65.89>	67.02	70.68

续表

马丁号	项目↓组别→	殷墟中小墓B组	殷墟中小墓3组	平洋组	李家山组	陶家寨组	上孙家寨汉代组	朝阳鲜卑组	蒙古匈奴全组	井沟子组	同种系标准差
1	颅长 (g-op)	183.66	187.18	190.54	182.20	183.98	181.20	185.00	183.70	184.43	5.73
8	颅宽 (eu-eu)	139.60	142.67	144.60	140.00	140.32	139.70	150.00	147.40	147.88	4.76
17	颅高 (ba-b)	139.72	134.83	140.11	136.50	135.56	136.20	131.50	130.10	131.50	5.69★
9	最小额宽 (ft-ft)	91.78	93.86	91.29	91.20	90.42	91.10	91.50	93.50	93.83	4.05
45	额宽 (zy-zy)	134.54	145.40	144.90	138.60	137.73	137.10	137.75	140.00	143.67	4.57
48	上面高 (n-sd)	73.61	75.08	77.08	77.30	75.91	75.80	76.05	75.20	76.00	4.15
52	眶高右	33.54	35.52	33.91	35.40	35.75	35.80	33.40	34.60	32.84	1.91
51	眶宽 (mf-ek) R	43.05	44.88	43.74	43.20	44.06	42.80	43.90	42.30	43.34	1.67
54	鼻宽	26.98	28.96	28.90	26.70	26.59	27.10	25.75	26.40	27.66	1.77
55	鼻高 (n-ns)	53.03	56.42	58.38	57.00	54.43	56.50	52.40	53.10	57.72	2.92
72	总面角 (n-pr FH)	84.45	84.63	90.89	87.00	84.38	85.30	85.50	86.90	89.80	3.24
8:1	颅长宽指数	76.18	76.27	75.89	76.93	76.38	77.30	81.13	80.40	80.39	2.67
17:1	颅长高指数	75.93	72.08	74.09	74.96	73.81	75.90	71.02	<70.80>	71.76	2.94
17:8	颅宽高指数	99.69	94.53	97.30	97.60	96.77	97.70	87.67	<88.30>	89.51	4.30
48:45	上面指数 (sd)	53.96	51.66	53.06	55.88	55.61	55.20	55.20	54.00	51.93	3.30▲
52:51	眶指数	77.62	79.32	77.77	82.02	81.24	83.70	76.05	81.50	75.88	5.05
54:55	鼻指数	51.21	51.41	49.40	47.01	48.94	48.40	49.12	50.10	47.99	3.82
9:8	额宽指数	65.30	65.46	63.19	65.25	64.43	65.40	61.00	<63.40>	61.77	3.29★

注：1. 长度单位为毫米；角度为度；指数为百分比（%）。

2. 标注"<>"中的数值是依平均数计算的近似值。

3. 标注"★"的采用挪威组的同种系标准差，标注"▲"的采用欧洲组的同种系标准差，其余的选自埃及E组的同种系标准差。

4. ＊表示稍残缺，供参考。

5. 聚类时未增加面角项。

表六　新一村组人群与各古代对比组人群颅骨之间相似程度的欧氏距离近似值矩阵（男性）

	1	2	3	4	5	6	7	8	9	10	11	12	13	14	15	16	17	18	19
1	0.00																		
2	13.28	0.00																	
3	29.76	33.45	0.00																
4	21.02	18.81	29.92	0.00															
5	21.20	15.07	37.66	17.73	0.00														
6	19.74	17.12	29.65	28.63	27.58	0.00													
7	15.74	13.02	29.28	26.70	23.32	8.85	0.00												
8	11.78	15.62	20.73	18.04	22.58	16.52	14.81	0.00											
9	9.95	13.14	24.31	19.11	22.40	14.54	12.93	6.03	0.00										
10	10.70	15.84	24.53	20.36	23.59	15.75	13.99	6.29	6.94	0.00									
11	9.36	10.52	25.21	18.46	19.76	14.37	10.45	7.10	6.10	8.07	0.00								
12	18.63	21.77	20.98	26.91	28.58	14.35	16.72	12.33	12.78	14.62	15.57	0.00							
13	21.33	23.81	17.58	27.39	30.94	14.18	16.65	13.27	14.30	15.16	15.58	9.32	0.00						
14	14.03	17.07	22.06	17.47	19.95	18.48	17.25	8.86	10.01	12.11	10.44	12.80	13.81	0.00					
15	12.96	14.51	23.16	18.61	20.07	15.82	14.51	8.68	8.10	12.09	8.84	11.51	13.45	4.73	0.00				
16	13.56	14.91	23.79	16.29	16.93	18.53	16.49	9.32	10.04	12.23	9.96	14.07	15.85	3.56	5.39	0.00			
17	23.92	23.04	23.02	22.36	30.15	22.43	24.35	17.98	17.89	22.11	20.41	16.93	19.35	18.77	16.58	19.66	0.00		
18	22.53	21.57	24.50	21.89	26.35	20.89	22.85	16.71	16.87	20.64	19.61	13.60	18.75	16.09	14.26	16.38	8.00	0.00	
19	23.85	25.52	18.99	24.98	31.59	21.74	24.50	16.41	17.71	20.56	20.54	11.92	15.16	16.98	16.28	18.44	9.74	9.46	0.00

注：1.新一村组　2.商业街组　3.老官山组　4.左家组　5.九店组　6.瓢皮岩组　7.昙石山组　8.孙家南头组　9.澄城良辅组　10.天马曲村组　11.殷墟中小墓B组　12.殷墟中小墓③组　13.平洋组　14.李家山组　15.陶家寨组　16.上孙家寨汉代组　17.朝阳鲜卑组　18.蒙古匈奴全组　19.并沟子组

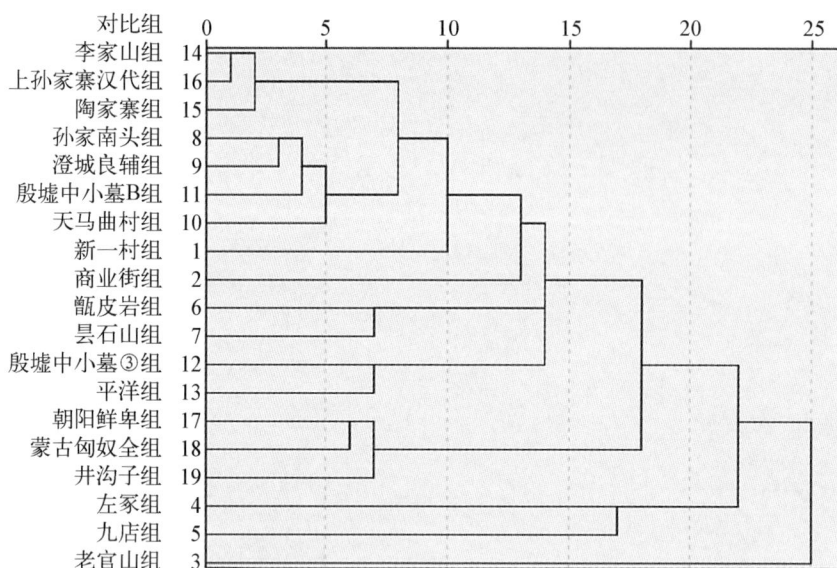

图二 新一村组人群与各古代对比组人群组间联系的树状聚类图

家山组、上孙家寨汉代组和西宁陶家寨组为代表的第一小聚类群通常以长颅型、高颅型结合狭颅型为主要颅型，面宽中等偏狭，面型整体高而狭，同时伴有中等面部扁平度，且以中眶狭鼻正颌为主要面部特征，是"古西北类型"古人群的代表；以孙家南头秦文化人群、澄城良辅汉代人群、殷墟中小墓商文化B组人群和天马曲村周文化人群为代表的第二小聚类群各组一般是以偏长的中颅型，同时结合高而偏狭的颅型，面宽中等偏狭和中等的上面部扁平度，眶型较低，以明显的低面和阔鼻倾向为主要表型特征，是广泛分布于先秦时期黄河中下游地区"古中原类型"古人群的代表；以甑皮岩组和昙石山组为代表的第三小聚类群通常是以长颅型、低面、阔鼻、低眶以及突颌等为主要颅面表型特征，是广泛分布于先秦时期两广、闽浙等地区"古华南类型"体质特征人群的代表；以殷墟中小墓商文化③组和黑龙江泰来平洋组人群为代表的第四小聚类群各组一般以较高的颅型、较宽阔且颇为扁平的面型为主要颅面表型特征，是广泛分布于中国东北地区"古东北类型"人群的主要代表；以朝阳鲜卑组、蒙古匈奴全组和井沟子组"东胡系"人群为代表的第五小聚类群通常以圆颅、阔颅为主要颅型，并伴以低眶及颇大的颧宽绝对值和上面部扁平度，以较宽阔扁平的面部等颅面表型特征为主，是"古蒙古高原类型"[1]人群的典型代表；而以湖北荆门左冢楚墓组和九店楚墓组为代表的第六小聚类群则主要反映出中颅型、正颅或高颅及中狭颅的颅形特点，并伴以低狭的上面部和阔鼻低眶的面部形态，反映出楚系文化相关南方人群的表型特征。而成都地区目前发现的新一村组十二桥文化人群、商业街船棺组东周时期人群和汉代的老官山组人群与目前对比的这些古代人群体质表型特征均存在不同程度的差异。

研究表明，老官山组汉代人群反映了明显不同于新一村组和成都商业街船棺墓主人的体质表型特征，已被论证为具有明显人群迁徙交流表现，是跨地区不同基因交流融合的一个特殊体质表

---

[1] 张全超：《内蒙古和林格尔县新店子墓地人骨研究》，科学出版社，2010年，第89页。

型特征的群体[1]。而新一村组十二桥文化人群和商业街船棺组人群均表现出与"古西北类型"和"古中原类型"人群更为接近的体质特征，体现出其可能与邻近北部的人群有更近的遗传学表型上的族源关系。

目前来看，桂圆桥文化是成都平原最早的新石器时代文化，其文化渊源可能与川西北的营盘山文化关系密切，而营盘山文化人群表现出来的人群体质表型特征与"古西北类型"人群相似度极大[2]，且"古西北类型"人群体质因素也是构成桂圆桥文化之后的宝墩文化一期甚至更早高山古城遗址人群的重要组成部分[3]。是故，新一村十二桥文化人群很可能继承了早已存在于宝墩文化人群中的"古西北类型"人群遗传表型因素，而与邻近北部地区的人群表现出更为一致的体质特征。

三、结论与讨论

经过对成都市新一村十二桥文化男性颅骨的观察、测量、比较分析可知：

第一，该组人群主要体质表型特征可以概括为：卵圆形颅，眉弓发育中等，前额倾斜，椭圆形眶，鼻根区略有凹陷，鼻前棘稍发育，梨形梨状孔，颧骨上颌骨下缘转角和缓，不发育的犬齿窝，U形齿弓，稍显的丘状腭圆枕，颅顶缝发育较简单，中等发育的乳突及枕外隆突，翼区连接多样。颅型整体上表现为偏长的中颅型，偏正的高颅型和狭颅型，中颌、中眶、偏狭的阔鼻型，阔额、阔腭、短颌，中等宽高的上面部，且伴有中等扁平的上面部形态等。整体表现出与亚洲蒙古人群最为相似的特点。

第二，新一村组颅骨反映的基本体质表型特征与亚洲蒙古人群中的东北亚类群和东亚类群最为接近，相比较而言，颅形更接近东北亚类群，而面形更接近东亚类群，且与近现代的华北组、抚顺组、华南组、爱斯基摩组和藏族B组显示出更为接近的颅面部表型特征，而与南亚以及北亚类群均存在较大的表型差距。

第三，新一村组颅骨表型特征与成都及周边地区发现的营盘山文化、宝墩文化中存在的"古西北类型"人群体质因素体现出相当的一致性，且与商业街船棺墓埋葬人群差异度较小，而与后世汉代迁徙而至的老官山组人群表现出很大差异。新一村十二桥文化人群很可能继承了早已存在于宝墩文化人群中的"古西北类型"人群遗传表型因素，而与邻近北部地区的人群表现出更为一致的体质特征。

附记：本文系国家哲学社会科学基金项目"高山古城宝墩文化人类骨骼考古研究"（课题编号：19BKG038）、四川大学"创新火花项目库（交叉研究专项）"项目"成都商业街船棺出土人骨多学科研究"（课题编号：2019hhf-11）阶段性成果。研究过程中得到成都文物考古研究院颜劲松、江章华、陈云洪、陈剑、邱艳、易立等先生大力帮助，在此表示衷心感谢。

[１]　原海兵、谢涛、何锟宇：《成都市天回镇老官山汉墓出土颅骨的观察与测量》，《边疆考古研究》（第二十三辑），科学出版社，2018年，第261-286页。
[２]　原海兵、陈剑、何锟宇：《茂县营盘山遗址祭祀坑出土人骨研究》，《华夏文明》2018年第3期，第39-41页。
[３]　杨剑、李灿、雷雨、冉宏林：《"古蜀文明保护传承暨纪念桂圆桥遗址发现十周年"学术研讨会综述》，《四川文物》2020年第1期，第117-120页。

后　记

　　在发掘工作完成时隔 11 年之后,新一村遗址发掘报告终于付梓出版,本书的出版得到了国家文物局、四川省文物局、成都市文物局及成都文物考古研究院的关心和支持,这也是编者、出版社等多方共同努力的结果。新一村遗址 2010 至 2011 年的发掘工作由成都文物考古研究院周志清研究员主持,先后参与发掘与资料整理工作的人员有易立、邱艳、左志强、刘祥宇、高寒(四川省文物考古研究院)、林圭侦("中研院"史语所)、陈贵元、宋世友、崔志萍、熊谯乔、田剑波、陈睿、郝晓晓(武汉大学)、张春秀(重庆市文物考古研究院)、唐建芳、刘利、邓江燕、杨宗贤、刘睿、童玄磊、韩雪婷、祝恬等,正是在各位同仁持之以恒的工作和集体努力之下,使得报告能够得以顺利出版。新一村遗址的发掘和整理工作得到了四川省文化和旅游厅副厅长王毅,成都文物考古研究院颜劲松院长、江章华副院长、蒋成副院长等领导的大力支持,同时也得到北京大学考古文博学院李水城教授,四川大学历史文化学院黄伟、赵德云教授等指导,瓷器分类工作得到易立、王瑾的帮助,植物遗存分析由姜铭完成,年代测定工作由北京大学加速器质谱实验室和美国贝塔分析实验室完成。上海古籍出版社张亚莉女士在报告编辑和校稿过程中提供了诸多专业建议,在此一并致谢。

　　本报告为集体编写完成。第一、七章由田剑波、周志清执笔,第二章、第三章、第四章第一节和第四至七节、第六章由田剑波执笔,第四章第二、三节由左志强、刘祥宇执笔,第五章由邱艳执笔,最后由田剑波负责统稿、校稿。现场遗迹图由陈贵元、宋世友、崔志萍等绘制。遗迹图描图由孙志辉、陈睿完成,器物图由孙志辉、陈睿、卢引科、郑咏霞等绘制,陶器修复由张家秀完成,拓片由唐建芳完成,器物照片由邱艳、唐建芳、田剑波等拍摄。附录一至三由田剑波统计制作,附录四彩绘陶分析报告由杨颖东完成,附录五、六人骨研究由四川大学原海兵完成。

　　囿于笔者学识水平和资料限制,报告中存在的不足或缺憾之处,均由执笔者负责,涵望专家学者批评指正。

编　者

2022 年 2 月

彩　　版

1. 领导、专家视察（从左往右依次为颜劲松、易立、江章华、周志清、王林）

2. 专家考察（从左往右依次为江章华、李水城）

1. 拼对陶片

2. 浮选

1. 遗址发掘后全景（西北－东南）

2. TN07W04－N08W03西壁地层剖面

1. F2（东南－西北）

2. H13（西北－东南）

1. H17（北-南）

2. H19（西北-东南）

1. K7（北-南）

2. M1（北-南）

1. H7（东北－西南）

2. G3自东北向西南（未清到底）

1. J9 和 J1（南－北）

2. J9 出土陶器（南－北）

1. J2平面（北－南）

2. J2井壁细部（北－南）

1. W1（西-东）

2. W2

1. F1南-北

2. H2（北-南）

1. K2（北—南）

2. C2（北—南）

1. C4（北－南）

2. J5（南－北）

1. J6（北-南）

2. J12（北-南）

1. 尖底盏（H11∶1）

2. 尖底盏（H11∶2）

3. 豆（H13∶1）

4. 豆（H13∶4）

5. 豆（H13∶30）

6. 豆（H13∶2-1）

1. 陶钵（H17：1）

2. 陶束颈罐（H19：2）

3. 骨锥形器（H20：8）

4. 陶尖底盏（H21：1）

5. 尖底杯（TN01W04—N02W03⑩：1）

6. 尖底盏（TN07W04—N08W03⑩：5）

1. 陶尖底罐（TN05W08－N06W07⑩：1）

2. 陶敛口罐（TN07W04－N08W03⑩：2）

3. 喇叭口罐（TN07W04－N08W03⑩：4）

4. 石璧坯料（TN07W04－N08W03⑩：28）

5. 石璜（TN05W04－N06W03⑩：1）

6. 骨锥形器（TN01W06－N02W05⑩：4）

1. 陶尖底杯（TN03W04－N04W03⑨：114）

2. 陶尖底杯（TN05E01－N06E01⑨：3）

3. 陶尖底杯（TN05W04－N06W03⑨：113）

4. 陶尖底杯（TN05W06－N06W05⑨：35）

5. 陶尖底杯（TN05W04－N06W03⑨：123）

6. 陶尖底盏（TN05E01－N06E01⑨：81）

1. 陶豆（TN03W06－N04W05⑨：42）

2. 陶喇叭口罐（TN05E01－N06E01⑨：2）

3. 陶喇叭口罐（TN05W04－N06W03⑨：224）

4. 陶器柄（TN01W04－N02W03⑨：21）

5. 陶袋足（TN03W04－N04W03⑨：49）

6. 陶纺轮（TN03W04－N04W03⑨：54）

1. 陶纺轮（TN03W04－N04W03⑨：60）　　2. 陶纺轮（TN07W04－N08W03⑨：63）

3. 陶纺轮（TN07W04－N08W03⑨：90）　　4. 陶纺轮（TN05W04－N06W03⑨：4）

5. 陶纺轮（TN07W04－N08W03⑨：18）　　6. 陶房屋模型（TN05W06－N06W05⑨：55）

1. 玉矛（TN05W04－N06W03⑨：223）

2. 玉锛（TN05W04－N06W03⑨：231）

3. 玉凿（TN05W04－N06W03⑨：244）

4. 玉璧（TN07W04－N08W03⑨：58）

5. 玉璧（TN07W07－N08W07⑨：44）

6. 玉璜（TN05W04－N06W03⑨：203）

1. 玉璜（TN03W06－N04W05⑨：30）

2. 玉璜（TN05W04－N06W03⑨：42－13）

3. 玉璜（TN05W06－N06W05⑨：10）

4. 玉璜（TN05W06－N06W05⑨：12）

5. 玉璜（TN03W06－N04W05⑨：38）

6. 玉璜（TN03W06－N04W05⑨：24）

1. 玉串珠（TN05W04－N06W03⑨：219）

2. 玉串珠（TN05W04－N06W03⑨：220）

3. 玉串珠（TN05W04－N06W03⑨：170）

4. 玉饰件（TN05W04－N06W03⑨：222）

5. 磨石（TN05W04－N06W03⑨：212）

6. 美石（TN05W04－N06W03⑨：213）

1. 美石（TN03W04-N04W03⑨∶88）

2. 美石（TN07W04-N08W03⑨∶4）

3. 玉料（TN05W04-N06W03⑨∶38-2）

4. 石斧（TN07W04-N08W03⑨∶10）

5. 石斧（TN05W04-N06W03⑨∶187）

6. 石斧（TN05W06-N06W05⑨∶40）

1. 石斧（TN03W04－N04W03⑨：90）

2. 石锛（TN07W07－N08W07⑨：45）

3. 石凿（TN05W04－N06W03⑨：186）

4. 石璧（TN05W04－N06W03⑨：185）

5. 石璧（TN07W04－N08W03⑨：77）

6. 石璧（TN07W04－N08W03⑨：76）

1. 石璧半成品（TN07W04－N08W03⑨：5）

2. 石璧坯料（TN05W04－N06W03⑨：208）

3. 石璧坯料（TN07W04－N08W03⑨：75）

4. 穿孔石器（TN03W08－N04W07⑨：1）

5. 磨石（TN07W04－N08W03⑨：7）

6. 铜凿（TN05W06－N06W05⑨：32）

1. 铜刀（TN05W04－N06W03⑨：230）

2. 铜刀（TN05W04－N06W03⑨：226）

3. 铜刀（TN05W04－N06W03⑨：229）

4. 铜刀（TN05W04－N06W03⑨：147）

5. 铜箭镞（TN05W04－N06W03⑨：6）

6. 铜箭镞（TN07W04－N08W03⑨：1）

1. 铜箭镞（TN07W04－N08W03⑨：2）

2. 铜箭镞（TN05W04－N06W03⑨：153）

3. 铜箭镞（TN05W04－N06W03⑨：150）

4. 铜器残件（TN05W04－N06W03⑨：149）

5. 铜器残件（TN05W04－N06W03⑨：146）

6. 骨簪（TN03W06－N04W05⑨：52）

1. 骨锥形器（TN03W04－N04W03⑨：72）

2. 骨锥形器（TN07W04－N08W03⑨：69）

3. 骨锥形器（TN07W07－N08W07⑨：43）

4. 骨锥形器（TN03W04－N04W03⑨：66）

5. 骨锥形器（TN03W04－N04W03⑨：70）

6. 骨锥形器（TN05W04－N06W03⑨：141）

1. 骨角形器（TN07W04－N08W03⑨：73）

2. 骨角形器（TN05W04－N06W03⑨：167）

3. 骨角形器（TN05W04－N06W03⑨：168）

4. 兽角（TN07W04－N08W03⑨：60）

5. 骨挂饰（TN07W04－N08W03⑨：68）

6. 骨挂饰（TN05W06－N06W05⑨：38）

1. 陶尖底盏（TN05W09－N06W09⑦：2）

2. 陶尖底罐（TN05W08－N06W07⑦：3）

3. 陶尖底罐（TN07W07－N08W07⑦：4）

4. 陶敛口罐（TN07W07－N08W07⑦：5）

5. 陶釜（TN05W06－N06W05⑦：1）

6. 陶杯（TN07W07－N08W07⑦：6）

1. 异形陶器（TN05W04-N06W03⑦：1）

2. 玉璜（TN03W06-N04W05⑦：19）

3. 玉璜（TN03W06-N04W05⑦：20）

4. 铜凿（TN03W06-N04W05⑦：22）

5. 铜刀（TN05W06-N06W05⑦：29）

1. 陶尖底盏（TN05W08－N06W07⑥：1）

2. 陶尖底盏（TN05W04－N06W03⑤：1）

3. 陶尖底盏（TN05W06－N06W05⑤：3）

4. 陶豆（TN05W04－N06W03⑤：4）

5. 陶豆（TN01W04－N02W03⑤：4）

6. 陶折腹钵（TN01W06－N02W05⑤：1）

1. 陶器盖（TN05W04－N06W03⑤：3）

2. 陶盆（W1：1）

3. 铜勺（TN01W04－N02W03④：23）

4. 铜扎马钉（TN01W04－N02W03④：19）

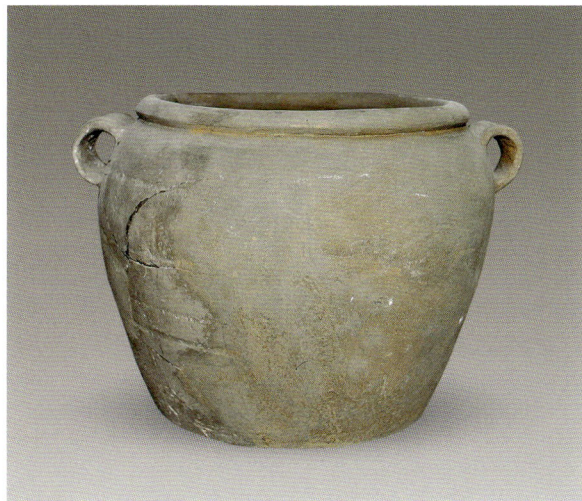

1. 瓷罐（H1∶5）

2. 瓷盏（H2∶4）

3. 瓷盘（H2∶136）

4. 瓷盆（H2∶134）

5. 瓷碗（H2∶51）

6. 瓷碗（H2∶143）

1. 瓷碗（H2：146）

2. 瓷碗（H2：31）

3. 瓷盆（H2：74）

4. 瓷罐（H2：23）

5. 陶釜（H2：207）

6. 陶盆（H2：11）

1. 瓷碗（H3：112）

2. 瓷碗（H3：50）

3. 瓷盘（H3：215）

4. 瓷罐（H3：7）

5. 瓷碗（H3：17）

6. 瓷盏（H3：96）

1. 瓷碗（H3∶5）

2. 瓷碗（H3∶15）

3. 瓷碗（H3∶4）

4. 瓷碗（H3∶8）

5. 瓷碗（H3∶25）

6. 瓷盘（H3∶321）

1. 瓷盘（H3：324）

2. 瓷器盖（H3：303）

3. 瓷碗（H3：14）

4. 瓷盘（H3：3）

5. 瓷杯（H3：16）

6. 瓷盏（J13：2）

1. 瓷瓶（J13：1）

2. 瓷瓶（TN03W08－N04W07③：92）

3. 瓷瓶（TN07W02－N08W01③：21）

4. 瓷鸭首（TN03W04－N04W03③：3）

5. 瓷碗（TN05W04－N06W03③：3）

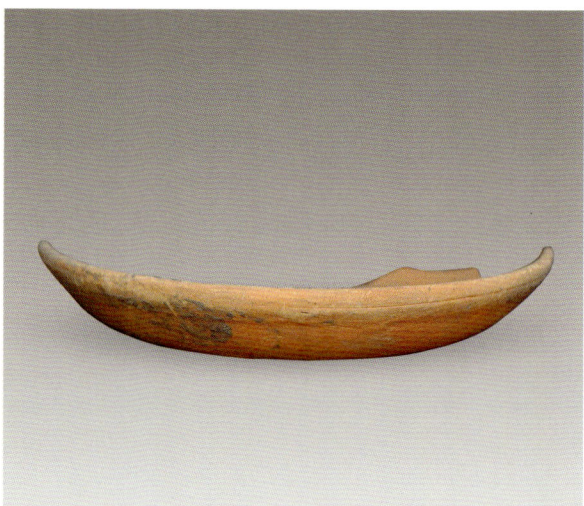

6. 瓷盘（TN05W04－N06W03③：1）

图　版

1. 尖底盏（TN07E01－N08E02 ⑨：2）

2. 陶尖底罐（TN03W06－N04W05 ⑨：6）

3. 陶尖底罐（TN03W06－N04W05 ⑨：1）

4. 陶尖底罐（TN07W04－N08W03 ⑨：9）

5. 陶瓶（TN03W06－N04W05 ⑨：43）

6. 陶杯（TN03W04－N04W03 ⑨：112）

1. 陶纺轮（TN05W06－N06W05 ⑨：5）

2. 陶纺轮（TN07E01－N08E02 ⑨：1）

3. 陶纺轮（TN07W04－N08W03 ⑨：16）

4. 陶纺轮（TN07W04－N08W03 ⑨：64）

5. 陶纺轮（TN03W04－N04W03 ⑨：17）

6. 陶纺轮（TN03W04－N04W03 ⑨：59）

1. 陶尖底盏（TN01W06−N02W05⑧∶5）

2. 陶豆（TN03W06−N04W05⑧∶3）

3. 陶钵（TN05W06−N06W05⑧∶1）

4. 铜箭镞（TN05W06−N06W05⑧∶5）

5. 陶尖底杯（TN05W08−N06W07⑦∶4）

6. 陶尖底盏（TN05W09−N06W09⑦∶3）

1. 陶喇叭口罐（TN07W07－N08W07⑦：1）

2. 陶喇叭口罐（TN07W07－N08W07⑦：13）

3. 陶器盖（TN05W08－N06W07⑦：6）

4. 陶器盖（TN05W08－N06W07⑦：8）

5. 异形陶器（TN05W08－N06W07⑦：1）

6. 玉璜（TN03W06－N04W05⑦：21）

1. 瓷盏（TN05W02−N06W01③：5）

2. 瓷盏（TN05W02−N06W01③：13）

3. 瓷钵（TN03W06−N04W05③：4）

4. 陶罐（TN05W08−N06W07③：26）

5. 陶瓦当（TN03W08−N04W07③：112）

6. 铜箭镞（TN05W06−N06W05③：1）

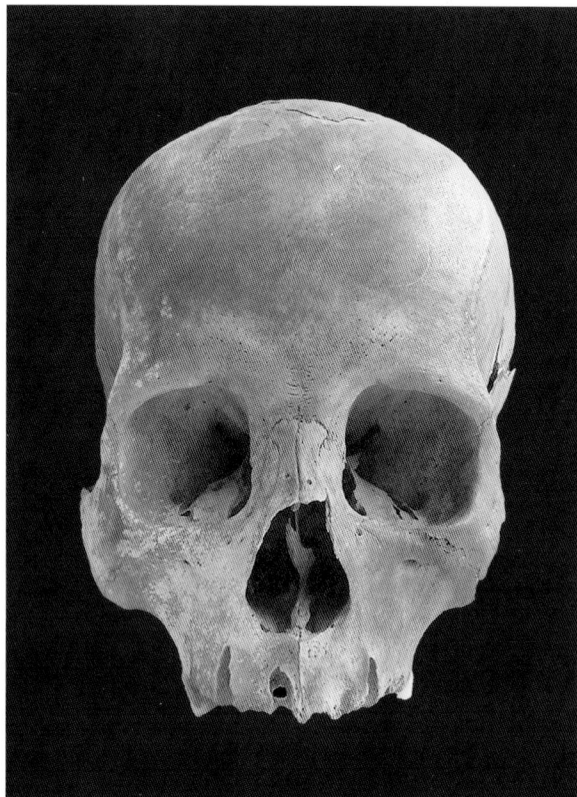

1. 正面观

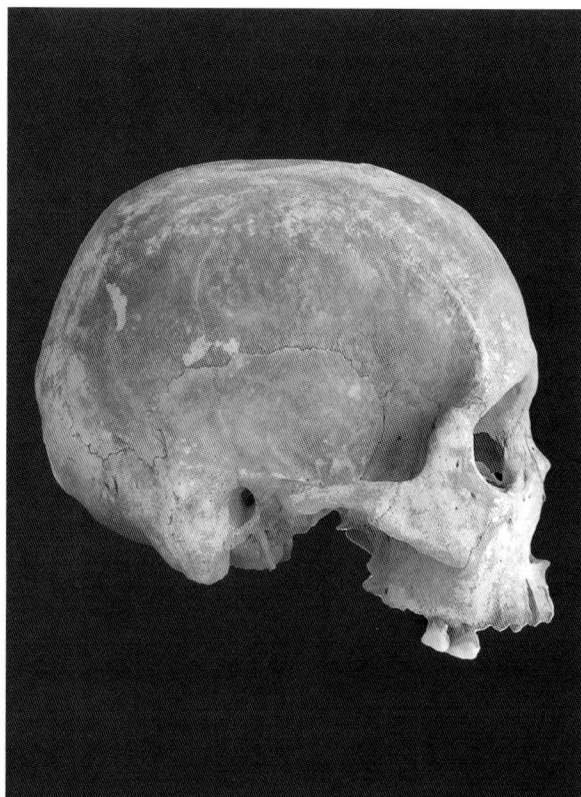

2. 侧面观

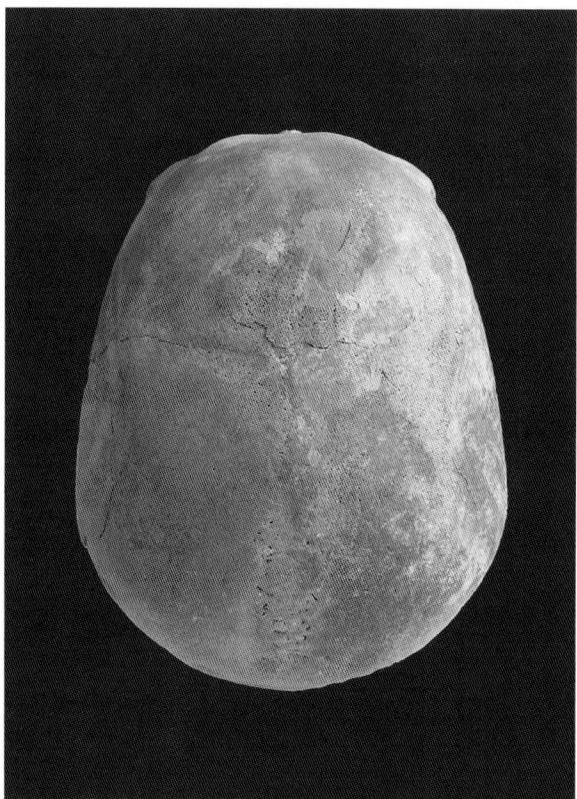

3. 顶面观

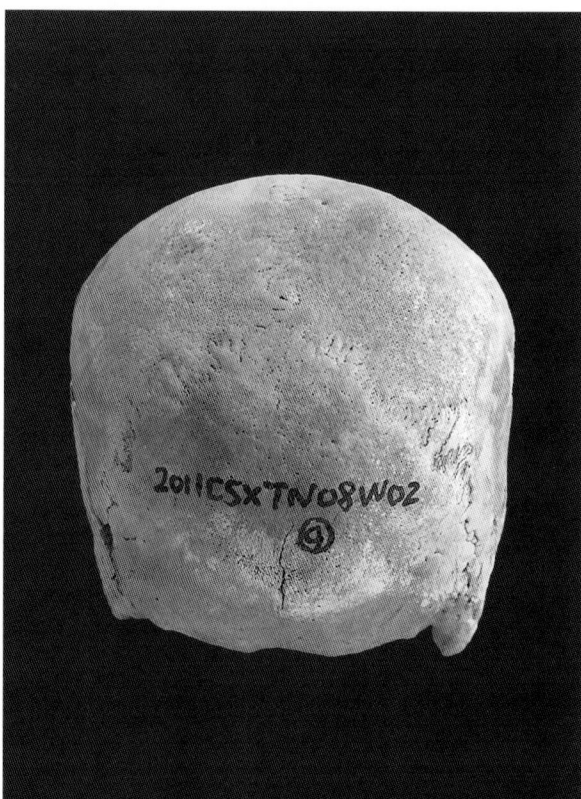

4. 后面观

新一村男性颅骨

TN07W02-N08W01 ⑨层出土